中央高校基本科研业务费专项资金资助项目
Fundamental Research Funds for the Central Universities

非法集资的认定逻辑与处置策略

(第二版)

郭 华 著

中国财经出版传媒集团

经济科学出版社

Economic Science Press

图书在版编目（CIP）数据

非法集资的认定逻辑与处置策略/郭华著.—2 版.
—北京：经济科学出版社，2021.7
ISBN 978 – 7 – 5218 – 2683 – 8

Ⅰ.①非… Ⅱ.①郭… Ⅲ.①金融诈骗罪 – 认定 – 研究 – 中国②金融诈骗罪 – 处罚 – 研究 – 中国 Ⅳ.
①D924.334

中国版本图书馆 CIP 数据核字（2021）第 132480 号

责任编辑：于海汛　张立莉
责任校对：李　建
责任印制：王世伟

非法集资的认定逻辑与处置策略
（第二版）
郭　华　著
经济科学出版社出版、发行　新华书店经销
社址：北京市海淀区阜成路甲 28 号　邮编：100142
总编部电话：010 – 88191217　发行部电话：010 – 88191522
网址：www.esp.com.cn
电子邮箱：esp@esp.com.cn
天猫网店：经济科学出版社旗舰店
网址：http://jjkxcbs.tmall.com
北京季蜂印刷有限公司印装
787×1092　16 开　22.75 印张　500000 字
2021 年 11 月第 1 版　2021 年 11 月第 1 次印刷
ISBN 978 – 7 – 5218 – 2683 – 8　定价：98.00 元
（图书出现印装问题，本社负责调换。电话：010 – 88191510）
（版权所有　侵权必究　打击盗版　举报热线：010 – 88191661
QQ：2242791300　营销中心电话：010 – 88191537
电子邮箱：dbts@esp.com.cn）

修 改 说 明

本书作为论述非法集资问题的专著出版后，得到了读者的厚爱而被多次印发。基于方便读者学习有关防范和处置非法集资的基础知识和相关规定的诉求，本书对初版的结构与体例进行了调整，在保持原有基本内容的基础上选择了国外与国内较为典型以及富有争议的非法集资案例进行剖析，旨在为全面认识、深刻理解与准确认定非法集资提供较为鲜活的实践经验和翔实的理论素材。同时，根据国务院制定的《防范和处置非法集资条例》《地方金融监督管理条例》（已多次征求意见）以及国家处置非法集资领导小组、国务院金融稳定发展委员会、银保监会、证监会等中央金融监管部门针对非法集资发布的政策，最高人民法院、最高人民检察院、公安部等部门的《关于办理非法集资刑事案件若干问题的意见》《关于办理非法放贷刑事案件若干问题的意见》、最高人民检察院印发的《关于办理涉互联网金融犯罪案件有关问题座谈会纪要》以及部分省市司法机关有关非法集资的规范性文件等，特别是处置非法集资的政策指引、实践做法、辩护经验和我国处置非法集资体制机制的新变化新动向，对本书内容进行了修改补充和完善丰富。本书在修改中增添了一些近年来的新的典型案件，增补了行政处置非法集资的原则、方法以及防范非法集资的措施，添加了非法集资共同犯罪以及帮助犯的认定，增加了非法集资涉案资产的责令清退、追缴、退赔以及如何处置涉案税收、广告费用、律师费用、社会公益项目以及第三人取得财产等出现的新问题，使之更具有可操作的实用价值和处置疑难非法集资案件的参考意义。本书在编写过程中参考了有关学者的专著和研究的最新成果，尤其是有些地方法院关于非法集资与民间融资案件的调研报告，在此表示谢意。倘若有些成果未能注明出处或者注明的出处存在错误，敬请诸位专家学者和实务部门谅解。

2021 年 7 月 15 日

目 录

导论 ··· 1

第一章 非法集资的界分与解读 ·· 6
第一节 集资与非法集资的理论界分 ·· 8
第二节 非法集资概念的变化与规范诠释 ···································· 17
第三节 非法集资刑事规制的分析与评价 ···································· 51

第二章 非法集资犯罪的结构与认定思路 ···································· 60
第一节 非法集资犯罪的结构及逻辑 ·· 60
第二节 非法集资基础犯罪与认定思路 ······································ 65
第三节 非法集资其他犯罪的逻辑与认定 ··································· 99
第四节 非法集资的共犯与认定逻辑 ·· 145
第五节 非法集资单位犯罪的认定 ·· 156

第三章 非法集资的行刑衔接机制 ·· 160
第一节 非法集资的行政处置机构与程序 ································· 161
第二节 非法集资案件的刑事司法程序 ···································· 174
第三节 非法集资案件行刑衔接机制 ·· 193

第四章 非法集资案件的刑民交叉选择 ······································ 198
第一节 非法集资刑民交叉规定的梳理 ···································· 198
第二节 民刑交叉案件处理的基本原则 ···································· 206
第三节 民刑交叉案件的程序选择 ·· 213

第五章 非法集资涉案资产的处理策略 ······································ 225
第一节 非法集资涉案资产的处置现状 ···································· 226
第二节 非法集资涉案资产处理的原则与流程 ························· 233
第三节 非法集资案件涉及民事关系资产处置的观点与策略 ······ 237

        第四节　非法集资涉案资产的追缴程序与策略⋯⋯⋯⋯⋯⋯⋯⋯⋯ 243
        第五节　非法集资涉案资产的退赔程序与策略⋯⋯⋯⋯⋯⋯⋯⋯⋯ 263

第六章　非法集资犯罪的流变趋势与防控对策⋯⋯⋯⋯⋯⋯⋯⋯⋯⋯ 268
        第一节　非法集资的基本类型与流变趋势⋯⋯⋯⋯⋯⋯⋯⋯⋯⋯⋯ 268
        第二节　非法集资的动因与防控措施⋯⋯⋯⋯⋯⋯⋯⋯⋯⋯⋯⋯⋯ 293

附录 ⋯⋯⋯⋯⋯⋯⋯⋯⋯⋯⋯⋯⋯⋯⋯⋯⋯⋯⋯⋯⋯⋯⋯⋯⋯⋯⋯⋯ 310
        附录一：《国务院关于进一步做好防范和处置非法集资
                    工作的意见》⋯⋯⋯⋯⋯⋯⋯⋯⋯⋯⋯⋯⋯⋯⋯⋯⋯⋯⋯ 310
        附录二：最高人民法院《关于审理非法集资刑事案件具体应用
                    法律若干问题的解释》⋯⋯⋯⋯⋯⋯⋯⋯⋯⋯⋯⋯⋯⋯⋯ 316
        附录三：最高人民法院　最高人民检察院　公安部《关于办理组织
                    领导传销活动刑事案件适用法律若干问题的意见》⋯⋯⋯⋯ 320
        附录四：最高人民法院　最高人民检察院　公安部《关于办理
                    非法集资刑事案件适用法律若干问题的意见》⋯⋯⋯⋯⋯⋯ 323
        附录五：最高人民检察院《关于办理涉互联网金融犯罪案件
                    有关问题座谈会纪要》⋯⋯⋯⋯⋯⋯⋯⋯⋯⋯⋯⋯⋯⋯⋯ 326
        附录六：最高人民法院　最高人民检察院　公安部《关于办理
                    非法集资刑事案件若干问题的意见》⋯⋯⋯⋯⋯⋯⋯⋯⋯ 335
        附录七：最高人民法院　最高人民检察院　公安部　司法部
                    《关于办理非法放贷刑事案件若干问题的意见》⋯⋯⋯⋯⋯ 341
        附录八：最高人民法院关于在审理经济纠纷案件中涉及经济
                    犯罪嫌疑若干问题的规定⋯⋯⋯⋯⋯⋯⋯⋯⋯⋯⋯⋯⋯⋯ 344
        附录九：国务院《防范和处置非法集资条例》⋯⋯⋯⋯⋯⋯⋯⋯⋯ 347

参考文献⋯⋯⋯⋯⋯⋯⋯⋯⋯⋯⋯⋯⋯⋯⋯⋯⋯⋯⋯⋯⋯⋯⋯⋯⋯⋯ 354

导　　论

　　资本害怕没有利润或利润太少，就像自然界害怕真空一样。一旦有适当的利润，资本就胆大起来。如果有10%的利润，资本就保证到处被使用；有20%的利润，资本就活跃起来；有50%的利润，资本就铤而走险；为了100%的利润，资本就敢践踏一切人间法律；有300%的利润，资本就敢犯任何罪行，甚至冒绞首的危险。①

　　集资，亦称融资，作为经济学术语染指于"非法"并与之嫁接后，② 不仅携带了否定性的社会评价，而且还披上了负面性的术语色彩，扮演了违法犯罪的角色，演变成国家专项治理的对象，并推动治理成为一场运动性、持久性、全民性地化解"金融风险战争"。在此方面，我国无论是在制度上还是治理成本上均付出了沉重的代价。在实践层面上，设置了处置非法集资部际联席会议和处置非法集资的专门机构，③ 还形成了处置非法集资的"打早打小""打防并举""防治结合"的工作机制；在法律层面上，刑法不仅对非法吸收公众存款罪、集资诈骗罪等做了专门规定，还在2020年12月国务院在专门制定《防范和处置非法集资条例》前，出台一系列的行政法规、相关政策和司法解释。针对上述做法和行动，人们难免衍生疑惑：我国的非法集资为何如此的突出？政府为何如此关注并动员各种力量或者手段对此进行治理？我国针对处置非法集资问题值得为付出如此高昂代价和治理上的沉重成本吗？为何非法集资始终成为久治不愈的顽症，还呈现出严峻性、危险性的趋势。这些现象、问题和征兆的存在不仅需要追问，而且值得理论和政策的制定者对治理的实践效果不显著予以反思，特别是对长期偏好与倚重在"前线"的刑事治理模式的深思。

　　2015年2月21日，中央决策层在中央经济工作会议公报中提到，"要加强全方位监管，规范各类融资行为，抓紧开展金融风险专项整治，坚决遏制非法集资蔓延势头，加强风险监测预警，妥善处理风险案件，坚决守住不发生系统性和区域性风险的底线。"2015年10月19日，国务院发布了《关于进一步做好防范和处置非

---

① 参见［德］马克思：《资本论》（第一卷），人民出版社2004年版，第871页。
② 也有论者认为，集资既不是一个金融概念，也不是一个法律概念。参见李蕊：《非法集资的界定与集资犯罪的认定——兼评非法集资的司法解释（法释〔2010〕18号）》，载《东方法学》2015年第3期。
③ 2006年5月，国务院研究决定成立由银监会作为牵头单位包括18个成员单位的处置非法集资部际联席会议的工作机制（《国务院关于同意建立处置非法集资部际联席会议制度的批复》）。

法集资工作的意见》。2015年12月23日，国务院常务会议要求"强化监管和风险防范，加强相关制度建设，坚决依法依规严厉打击金融欺诈、非法集资等行为，切实保护投资者合法权益"。2019年3月28日，处置非法集资部际联席会议（扩大会议）指出，当前非法集资形势依然严峻，新案高发与陈案积压并存，区域及行业风险集中，上网跨域特点明显，集资参与人量大、面广。从处置非法集资工作看，还存在法律法规滞后、基层工作力量不足、外部生态亟待改善等问题。为此，继续深入推进非法集资案件处置三年攻坚，加快陈案积案消化。据统计，2005年1月~2010年6月，我国非法集资类案件超过1万起，涉案金额1000多亿元，每年约以2000起、集资额200亿元的规模快速增加。[①] 2019年我国共立案打击涉嫌非法集资刑事案件5888起，涉案金额5434.2亿元人民币，同比分别上升3.4%、53.4%。[②] 2020年4月20日，处置非法集资部际联席会议在京召开，并认为，2019年以来，各地各部门打非处非工作取得显著成效。公安部多次部署打击非法集资犯罪专项行动。民政部、农业农村部等将防范非法集资风险与促进行业发展同部署、同推进、同考核。全国非法金融活动风险防控平台上线试运行，28个省份监测平台已投入使用。各地重拳出击、精准拆弹，一些积累多年的风险得到化解，一批久拖未决的案件得以处置。2020年公安机关共立案侦办非法集资犯罪案件6800余起，涉案金额1100余亿元，抓获犯罪嫌疑人约1.6万名，从境外10余个国家和地区缉捕外逃犯罪嫌疑人80余名。[③] 2021年1~5月，各省（自治区、直辖市）查处涉案金额亿元以上的大案要案80余起，涉案金额超过900亿元。[④] 这些陈案积案的存量未消而又新添一些大案要案，实践中的非法集资类犯罪已由非常态类经济犯罪转变为常态化经济犯罪，并呈现出"道高一尺魔高一丈"的怪状。这种国家预期和现实状态的差异，再次反映出原有治理非法集资策略的失灵，也折射出治理非法集资能力的有限，非法集资成为长期困扰我国金融风险治理的影响社会稳定问题。

基于非法集资的严峻形势，最高人民法院于2010年12月13日公布了《关于审理非法集资刑事案件具体应用法律若干问题的解释》（以下简称《2010非法集资司法解释》）。针对非法集资、处置的分歧与争议，2014年3月25日，最高人民法院、最高人民检察院、公安部联合颁布了《关于办理非法集资刑事案件适用法律若干问题的意见》（以下简称《2014办理非法集资案件意见》）。[⑤] 检察机关在参与

---

① 参见罗书臻：《最高人民法院出台司法解释明确非法集资法律界定及适用》，载《人民法院报》2011年1月5日。
② 参见钟源：《防范和处置非法集资条例将加快推出》，载《经济参考报》2020年4月22日。
③ 参见卢俊宇：《2020年全国公安机关立案侦办6800余起非法集资犯罪案涉案金额1100余亿元》，新华网，http://www.xinhuanet.com/legal/2021-01/07/c_1126957847.htm，访问时间2021年1月12日。
④ 参见张琼新：《银保监会胡美军：一些全国性非法集资大案要案已分批次清退资金 挽损比例稳步上升》，上海证券报中国证券网，https://www.cnstok.com，访问时间2021年7月14日。
⑤ 该《意见》2012年年初由公安部建议并起草，后经全国人大法工委、最高人民法院、最高人民检察院、公安部、处置非法集资部际联席会议等单位多次研究，并多次征求基层公检法机关意见后，最后最高人民法院、最高人民检察院、公安部于2014年3月25日联合公布。

专项整治工作和依法办理进入检察环节的涉互联网金融犯罪案件同时,针对办案中遇到的新情况、新问题,最高人民检察院公诉厅先后在昆明、上海、福州召开座谈会,对办理涉互联网金融犯罪案件中遇到的有关行为性质、法律适用、证据审查、追诉范围等问题进行了深入研究,于2017年形成了《关于办理涉互联网金融犯罪案件有关问题座谈会纪要》(以下简称《高检院互联网金融犯罪纪要》)。非法集资无论是发案数量、涉案金额,还是参与集资人数以及危害的群体均处于高位,其集资涉及的领域从种植养殖、资源开发到投资理财、网络借贷、众筹、期货、股权、虚拟货币转变,尤其是假借迎合国家政策,打着"金融创新""经济新业态""资本运作"等幌子,出现了迷惑性更强的"金融互助"、消费返利、养老投资、"军民融合""影视文化"等新类型,互联网+传销+非法集资模式案件多发,层级扩张快,传染性很强,跨区域大案多。特别是采用互联网手段进行非法集资的案件,具有跨区域、人数众多、金额巨大、社会影响重大的案件特点,极易引发不稳定因素,给维稳带来巨大压力。在此背景下,最高人民法院、最高人民检察院、公安部于2019年1月30日又发布了《关于办理非法集资刑事案件若干问题的意见》(以下简称《2019办理非法集资意见》)。人们难免会问,是何种原因导致非法集资案件呈高发态势?为何在高压态势下非法集资仍然我行我素而不断蔓延?采用何种治理模式能够有效控制非法集资?这些问题既是政府需要考虑的,也是普通公民作为集资参与人需要思考的,更是理论工作者需要关注的。

现代市场经济活动中,集资不仅出现了合法与非法的交织,还出现了股市的场外配资甚至借助于"地下钱庄"渗透到国际金融的局势。[①] 在我国经济发展放缓和强监管的背景下又呈现出民刑交叉、跨领域多元化渗透、国内外交融多变的复杂的境况。由于风险社会介入现代社会生活使得传统犯罪控制的情景因素变得更具不确定性,特别是犯罪控制模式与犯罪生成结构的不一致,使得国家在非法集资犯罪控制能力提升缓慢,再加上我国经济下行和传统经济的产能过剩,一些中小型企业的"融资难""融资贵"问题依然突出,致使有些中小型企业为了维护经营不惜抛出"高息"诱饵而向社会进行集资。由于社会积累了大量的闲散资金,民间的大量闲散资金和游资或者"热钱"在缺少有效的投资渠道和"高息"诱惑下,源源不断地涌入非法集资领域。随着互联网和信息通信技术的快速发展,尤其是以"开放、平等、协作、分享"为理念的互联网金融在迎合了资本市场需求的同时,不仅催生了群众投资获利和资产保值的迫切愿望,还引发了互联网金融违法犯罪的"跑路"问题,为非法集资犯罪设置骗局提供了空间,集资违法犯罪案件出现了高发、频发的现象。从前期的"万里大造林""蚁力神",到安徽"e租宝"、昆明"泛

---

① 公安部于2015年8月底至11月底在全国范围组织开展打击地下钱庄集中统一行动,旨在引导各类市场主体通过合法渠道办理金融业务,最大限度压缩地下钱庄生存空间。这里的地下钱庄不纯粹是民间高利贷活动,重点是指不法分子以非法获利为目的,未经国家主管部门批准,擅自从事跨境汇款、买卖外汇、资金支付结算业务等违法犯罪活动。2021年7月6日中办、国办公布了《关于依法从严打击证券违法犯罪活动的意见》,并要求加强场外配资监测,依法坚决打击规模化、体系化场外配资活动。

亚"、河北"卓达新材"、上海"大大集团"等"地震级"事件以及湖南"善心汇"、南京"钱宝系"、上海"善林金融"、天津"权健"等一大批全国性重特大案件,其集资额不仅触目惊心,涉及参与集资人员相当惊人,而且还出现了一些影响社会稳定的非法集资事件。这些非法集资的事件引发的社会问题需要政府有关部门对此予以深思,也需要金融界对此予以省察,更需要法学理论予以总结。

在现实生活中,由于投资者对集资的风险认识不清,一旦出现投资难以收回、损失惨重或者血本无归的情况,就期望政府能够维护其投资利益,一旦政府处理不及时极易出现一些群体性事件或者过激行为,引发一些社会治安问题,影响社会稳定。例如,云南昆明的泛亚有色金属交易所因兑付危机引发涉众事件,集资参与人或者投资者不仅奔走于泛亚总(分)机构及昆明市政府等相关部门,还在上海、北京以及证监会、国家信访局门前要求清算泛亚,其社会影响较为恶劣。我国在非法集资问题上主张遵循"非法集资不受法律保护,参与非法集资风险自担"的处置政策。这种政策尽管可以增强社会公众"远离非法集资"以及"理性投资、风险自担"的理念,提高社会公众识别能力,引导社会公众自觉远离非法集资,但实践中依然未能阻止部分民众参与非法集资或者投资的热情与冲动。国家治理非法集资侧重于控制非法集资行为或者活动,而不是将非法集资的责任转嫁给集资参与人或者投资者,应当对非法集资资金"应追尽追""应退尽退"。倘若机械地理解参与集资者完全责任自担而不予保护,打击非法集资的价值何在?为此,国务院《关于进一步做好防范和处置非法集资工作的意见》要求:"梳理非法集资有关法律规定适用中存在的问题,对罪名适用、量刑标准、刑民交叉、涉案财物处置等问题进行重点研究,推动制定和完善相关法律法规及司法解释。建立健全非法集资刑事诉讼涉案财物保管移送、审前返还、先行处置、违法所得追缴、执行等制度程序。修订《非法金融机构和非法金融业务活动取缔办法》,研究地方各级人民政府与司法机关在案件查处和善后处置阶段的职责划分,完善非法集资案件处置依据。"为依法惩治非法集资犯罪,加快涉案款物的追缴工作,最大限度地维护广大人民群众的合法权益,需要理论和实践对非法集资与民间借贷予以界分,通过对合法民间借贷的充分保护及对非法集资的妥善处置来化解民间融资中的矛盾与冲突。由于现行相关刑事司法解释规定入罪的门槛较低,再加上刑罚权天然的滥用倾向,致使多数案件在缺乏行政监管进入刑事处理领域,出现了理论与实践在"刑民交叉"上的纠缠,处置上的前期促进经济发展与后期违法犯罪涉及相关政策变动带来问题上的纠结。因为涉众型债务危机的形成有一个自然的时序发展过程,一般情况下,前期属于正常的借贷或者合法经营,由于出现资金短缺或者局部违约,进而演变成全面性清偿危机,不得不通过集资的方式解决面临的问题,遇到集中兑付或者挤兑时演变为结果上的非法集资。应正确地认识、对待非法集资及如何合法、理性地处置非法集资涉案资产等问题,特别是"涉案财物保管移送、审前返还、先行处置、违法所得追缴、执行等制度程序"。2014年12月30日,中央全面深化改革领导小组审议了《关于进一步规范刑事诉讼涉案财物处置工作的意见》;2015年

3月6日，最高人民检察院印发了《人民检察院刑事诉讼涉案财物管理规定》；2015年7月22日，公安部公布了《公安机关涉案财物管理若干规定》；2019年4月9日，最高人民法院、最高人民检察院、公安部、司法部印发了《关于办理黑恶势力刑事案件中财产处置若干问题的意见》。2016年11月4日，中共中央、国务院发布了《关于完善产权保护制度依法保护产权的意见》；2016年11月29日，最高人民法院发布了《最高人民法院关于充分发挥审判职能作用切实加强产权司法保护的意见》等。为了充分发挥行政防范和处置非法集资的资源优势，2016年由银保监会代为起草的《处置非法集资条例》草案经过多次向各省区市和有关部门征求意见，国务院法制办于2017年8月9日就《处置非法集资条例》向社会公开征求意见。随后，处置非法集资部际联席会议办公室积极配合国务院法制办逐条梳理有关意见建议，充分研究讨论，又几易其稿，2020年12月21日国务院第119次常务会议通过了《防范和处置非法集资条例》。从此，非法集资的处理从专项的政策治理走向行政法治化处置，解决了仅仅依靠动用刑法解决社会蕴藏矛盾的传统做法，其意义不可低估。基于上述的梳理与讨论，防范与处置非法集资亟待抓住其风险的关键环节，深化全行业、全流程、全生态链防控，守住了不发生系统性风险的底线，最大限度地减少投资者损失，并形成了行政制裁、刑事惩罚和民事补偿的处置结构体系。2021年4月30日，中央政治局会议上强调，要防范化解经济金融风险，建立地方党政主要领导负责的财政金融风险处置机制。非法集资不仅是新时代持续整顿金融乱象需要解决的社会问题，也是现实创新资本市场化、法治化的资产保值和处置机制必须解决的法律问题，更是推进社会经济治理体系和治理能力现代化的时代抉择。

第一章

非法集资的界分与解读

天下熙熙皆为利来，天下攘攘皆为利往。①

集资尤其是募集资金或者融资是我国现代经济和社会发展不可缺少的常态事务，而体制外"高息"集资或者集资骗局不仅会影响体制内金融机构的利益，或者扰乱现有的金融政策秩序，还会侵犯集资参与者或者投资者的合法利益。在我国，随着信用违约的转换以及复杂金融衍生工具的参与，特别是互联网金融虚拟性增强，使得有些融资在逐利动机的背景下走偏并演变为金融骗局。我国非法集资的历史并不太长，肇起于1992年到1993年的投资热情高涨与金融监管严格的时期，当时的沿海很多地方，民间拆借资金的年利息基本在16%~20%，这一特殊的时代环境造就了一些特别的事件。其中，较早涉及集资犯罪案件则是1993年北京市长城机电科技产业公司总裁沈某福案。②

1989年3月16日，沈某福经北京新技术实验开发区批准筹集30万元以私人资本注册成立了集体性质的北京长城机电技术开发公司（长城公司的前身）。1990年6月，沈某福低价购买了一名工程师的电机发明专利，并将公司的专利权放置到他和妻子的名下。此后，便以"机电开发"的名义在海南、长春成立了两家公司。1992年5月，以发展节能电机和高利息的名义，通过签订"技术开发合同"等向社会集资。在全国先后设立了20多个分公司和100多个分支机构，雇用职员3000多人；主要业务是登广告、炒新闻、集资。共集资10多亿元人民币，投资者高达10万人。1993年3月6日，中国人民银行对其发出了《关于北京长城机电产业集团公司及其子公司乱集资问题的通报》。《通报》指出，长城公司"实际上是变相发行债券，且发行额大大超过其自有资产净值，担保形同虚设，所筹集资金用途不明，投资风险大，投资者利益难以保障""限期清退所筹集资金"。沈某福对通报不仅不执行，反而向法院起诉中国人民银行。1993年3月31日，沈某福在首都机场准备出境时被警方截获。

---

① 参见司马迁《史记》第一百二十九章的"货殖列传"第六十九。
② 参见《泥塑的"长城"——北京长城机电公司沈太福非法集资案》，国务院新闻办公室网站，http://www.scio.gov.cn/ztk/xwfb/2013/13/10/Document/1317871/1317871.htm. 访问时间：2020年4月16日。

法院审理认定：沈某福及其妻于1993年3月2日以借电机款的名义，从公司集资部提取集资款现金100万元，其妻个人的名义存入银行，后将此款据为己有。1993年2月，沈某福以借取专利提成费为名，先后填写两张各100万元的借款单，将其中的一张从北京市长城机电科技产业公司所属的深圳太福公司支取100万元，另一张交他人代提现金。此后，他又指使他人，拟定了沈某福个人可按销售额的10%提取专利提成费的董事会决议，并把该决议的日期倒签为1月4日。沈某福提取的100万元给了其妻40万元，她即以个人名义存入北京市长城机电科技产业公司集资部，另60万元被沈某福送给他人。他让他人代提的100万元在他被羁押后，由公司的有关人员为沈某福缴纳了个人收入调节税32万元，冲抵他在深圳太福公司的部分个人借款68万元。1994年3月4日，北京市中级人民法院依法作出一审判决：被告人沈某福犯贪污罪，判处死刑，剥夺政治权利终身，没收个人全部财产；犯行贿罪，判处有期徒刑4年；决定执行死刑，剥夺政治权利终身，并没收个人全部财产。

沈某福集资案被视为一则颇具荒诞色彩的"商业传奇事件"。沈某福所称的"高效节能机电"项目尽管通过了国家级科技成果鉴定，但银行对这一带有风险的项目不感兴趣，触发其从民间获取资金。投资者与公司直接签订"技术开发合同"，集资金额的起点为3000元，高者不限；投资者可随时提取投资金，按季支付"补偿费"，年"补偿率"达24%（当时银行的储蓄利率为12%左右）。由于高息集资（利率高出银行一倍）、扰乱中央金融政策而被立案侦查，但因当时没有与之行为相对应的罪名，法院最终以贪污罪和行贿罪等数罪并罚判处其死刑。该案历经半年时间的清查、清退，其投资者领回了70%的本金，全国清退款总比例达90%以上。

由于该案件涉及20万人10多亿元的高息集资，引发了席卷全国的集资风暴。一旦这种模式被广泛效仿，中央的金融管制政策将会面临失效的危险，以至于引起了中央高层的高度关注，金融监管部门特别警惕，自此拉开了治理非法集资违法犯罪的序幕。1995年5月，全国人大常委会通过的《中华人民共和国商业银行法》第一次将"非法吸收公众存款"作为专门法律术语。由于非法集资与民间融资相伴而生并存在一定程度的交织，无论是对民间融资活动的有效监管抑或对非法集资违法犯罪的打击在立法与实践中均存在相对复杂的问题。尽管司法实践在处置日趋凶猛的非法集资过程中不断扩大非法集资的范围以及加大打击力度，但实际效果并不明显，而且还遭到经济学界的不断质疑、法学界的尖锐批评以及残酷的经济现实的挑战。鉴于我国在非法集资问题上存在一些模糊性规定和逻辑性缺陷，再加上实践中不断拓展的滥用，致使一些中小微企业因民间融资与非法集资的混淆而陷入不确定的法律状态，非法集资便成为悬在他们头上的"达摩克利斯之剑"。那么，何为非法集资？何为民间融资以及如何厘清其边界？也就是说，实践如何在正当的民间融资与非法集资、集资犯罪间划出一条较为清晰的界限？理论能否给出界分的依据和理由以及这些依据或者理由在多大程度上能够获得立法、监管和处置部门的认同？这些疑问期待理论给出答案。

第一节 集资与非法集资的理论界分

就集资本身而言，集资属中性的词语，并不必然包括所谓的非法与合法的因素，但其行为一旦被纳入金融政策秩序、金融管理秩序以及金融交易秩序进行规范评价，则无法摆脱应有的价值分析与现有法律制度的框定，也无法舍弃正当性的考量与法益保护的价值判断。基于这些层面的考虑，对集资以及非法集资等有关术语有必要从理论上予以厘清，通过正本清源防止恣意解读。在厘清这些术语的内涵与界分其外延的同时，还需要对与它有关的术语进行梳理与廓清，以便在诠释非法集资概念时能够对其作出较为全面的认识与深刻的理解。

一、合法、违法与非法的界限

何为合法？何为违法？何为非法？违法与非法有何区别？非法与不法、违法又有何种关系？对上述术语进行学脉爬梳可以发现，前两者界限似乎相对清晰、相对明确，但在它们嵌入"非法"后却使原来较为明确的界限变得相对模糊，当加裹上"不法"时又会衍生出认识上的分歧以及观点上的争执。因此，在探讨非法集资之前需要对这些术语有一个较为清晰的界定，以期对非法集资含义有一个合理的判断，为正确认定非法集资以及科学厘定金融风险性质、行政监管、民刑交叉、行刑衔接以及追赃挽损等问题提供依据。

合法，是指人们的行为符合法律要求即合法行为。合法行为包括狭义的合法行为和中性行为的非法律行为。从行为的法律性质来看，合法行为是合乎法律规范要求的行为，表现为对法律规范中指引的行为模式的遵从与坚守；从行为后果来看，合法行为会产生满足社会需求和人类正当诉求的结果，是有益于社会至少是无害于社会的行为或者利己而不害他人的行为；从国家意志的角度来看，合法行为是国家所要求、希望、追求或者允许、鼓励、激励的行为，法律设有相对应的职责或者义务来保障其实现；从法律后果来看，合法行为引起肯定性法律后果，属于受国家法律保护的行为，即使受到侵害，国家也有责任予以恢复或者抚慰并给予救济。

违法，是指特定主体实施了与现行法律相冲突的行为，引起抽象的危害以及现实的损害事实，法律对之给予否定性评价的状态。从法律意义上进行分类，违法可分为民事违法、行政违法与刑事违法。广义的违法包括一般违法与严重违法（犯罪）；狭义的违法仅仅指犯罪（刑事违法）以外的一般违法。尽管违法与犯罪在存在程度上不同，但在一些领域中违法与犯罪存在交织，其区隔并非清晰，以至于有些法律以及规范性文件中直接将"违法"与"犯罪"并列规定，其共性特征均具有公德上的可责性即"悖德性"。例如,《2010非法集资司法解释》第4条规定:"以非法占有为目的,使用诈骗方法实施本解释第二条规定所列行为的,应当依照刑法第一百九十二条的规定,以集资诈骗罪定罪处罚""使用诈骗方法非法集资,具有下列情形之一的,可以认定为'以非法占有为目的':……(四)将集资款用于违法犯罪活动的"。对此规定进行规范分析,其中的"违法犯罪活动"并列规定似乎多此一举,完全可以依靠违法来替代犯罪,犯罪必然违法,因为犯罪是最为严重的违法。如果如此理解,将违法与犯罪并行规定则有画蛇添足的嫌疑。然而,在非法集资中,违法与犯罪并非存在清晰的界限,况且实践中远非存在先有违法后有犯罪的递进式情况,对于非法集资犯罪的预备认定相对难度较大,非法集资犯罪中多数涉及数额、人数或者损失额等的不确定性,同时,有些犯罪未有前置法可违,也未满足"出乎他法而入刑法"原则,将违法犯罪放置在一起并列规定,不仅便于实践处理,更注意定罪上的理论自洽与实践的对接,使之具有了相对的合理性、可解释性和可接受性。

集资的非法在刑法、民法的界定存在逻辑上的不同路径。前者侧重行为人取得或消灭财务行为是否有合法依据;后者倾向于当事人双方交互后的整体行为。[①] 我国刑法不仅存在涉及"非法"作为限定词的罪名,如"非法提供出口退税凭证罪",还存在一些"违法"作为限定词的罪名,如"违法发放林木采伐许可证罪""违法发放运用资金罪"。然而,非法集资的非法不完全等同于刑法上的"非法",也不同于民法上的"非法",是指违反法律的禁止性规定或者处于法律没有规定的具有行政性的法律范畴。非法不仅包括违法,还包括缺乏法律依据的行为,着重强调后者的意义,主要是指在法律规范防范状态下危害社会行为的否定性评价。例如,《2010非法集资司法解释》第3条规定:"对非法吸收或者变相吸收公众存款,主要用于生产经营活动,能够及时清退所吸收资金,可以免予刑事处罚;情节显著轻微的,不作为犯罪处理。"尽管情节显著轻微的可以不作为犯罪,但从违反金融相应的管理规范的视角仍未放弃法律对其的否定性评价。

非法和违法是两个相近似的概念,但有所不同。非法相对的是合法,而违法相对的则是不违法。一般而言,违法与不违法属于相对应的范畴。前者主要涉及违反法律的强制性规范的行为;后者着重于法律没有对行为进行规制与约束,反映了法的自由需求,但并非代表其是国家鼓励的行为。从一定意义上说,合法这一概念更多地体现了一种义务,而不违法较多地体现了一种权利。《中华人民共和国刑法》分则中有50多个条文以"非法"作为犯罪的构成要件(不包括以非法占有为目的、获取非法利益等表述),其中有的条文也多次使用"非法"术语,即使在相同的章节其含义有所不同。一般来说,非法有以下四类情形:一是对违法阻却事由的提示;二是对违反法律、法规的表示;三是对行为非法性的强调;四是已有表达的

---

① 参见胡金龙、陈溶溶:《合同类"刑民交叉"案件检控路径》,载《检察日报》2019年8月29日。

同位语。① 除此之外，还存在"非法所得"是与合法所得相对的概念。"非法所得"，是指收入来源不符合法律、行政法规、规章等规范性法律文件的收入或者报酬。非法所得的外延大于违法所得，相似于非法财物，其本身可能是违法的收入，也可能是不违法的报酬。有些收入无法确定是否为违法收入，或者当处于不能肯定是合法途径获得的收入情况下，一般将其划归到"非法所得"的范围，将非法作为违法的要件。但是，这种违法所得在性质上不同于"赃款赃物"，更不同于"犯罪所得"或者"涉案财物"。对非法需要关注现实的期待可能、对经济发展的作用与经济发展规律，不可简单机械地采用惩治的方式作为处置的唯一策略，对非法认定不宜简单视为违法，需要审慎对待，对非法应关注其"治理"；对违法应侧重"治裁"，因此，实践应注意其差异化，以免处罚扩大化影响资本市场的发展和降低经济形态创新的信心。

二、合法集资与非法集资的界分

集资作为融通资金的一种方式，是指集聚资金的行为。集资中的"资"是仅限于货币还是包括"资金""货币"抑或其他可以转换或者兑付的财物等，理论上存在不同的观点。一种观点认为，集资中的"资"仅限于货币。其理由为，应当将募集资金与聚集资本相区别。另一种观点认为，集资中资不限于货币，应当包括一切可变现的财物。对此问题的界分在现实中具有重要的意义。例如，ICO（initial coin offering）业务的代币发行融资行为。这种募集比特币、以太坊等所谓通用"数字货币"是"资"吗？对于这些身份并不明晰的代币是认定为货币抑或是可以变现的财物，是确定其是否属于非法集资的关键。

2017年9月2日，互联网金融风险专项整治工作领导小组办公室发布的《关于对代币发行融资开展清理整顿工作的通知》（99号文）指出：ICO本质上属于未经批准的非法公开融资，涉嫌非法集资、非法发行证券、非法发售代币募集资金，部分主体涉及金融诈骗、传销等违法犯罪活动，严重扰乱了经济金融秩序。2017年9月4日，中国人民银行联合中央网信办、工信部、工商总局、银监会、证监会以及保监会发布的《关于防范代币发行融资风险的公告》认为：代币发行融资是指融资主体通过代币的违规发售、流通，向投资者筹集比特币、以太币等所谓"虚拟货币"，本质上是一种未经批准非法公开融资的行为，涉嫌非法发售代币票券、非法发行证券以及非法集资、金融诈骗、传销等违法犯罪活动。同时，各类代币发行融资活动应当立即停止。对于存在违法违规问题的代币融资交易平台，金融管理部门将提请电信主管部门依法关闭其网站平台及移动App，提请网信部门对移动App在应用商店做下架处置，并提请工商管理部门依法吊销其营业执照。

---

① 参见张明楷：《刑法分则的解释原理》，中国人民大学出版社2011年版，第533页。

要求各金融机构和非银行支付机构不得开展与代币发行融资交易相关的业务。任何所谓的代币融资交易平台不得从事法定货币与代币、"虚拟货币"相互之间的兑换业务，不得买卖或作为中央对手方买卖代币或"虚拟货币"，不得为代币或"虚拟货币"提供定价、信息中介等服务。2018年1月17日中国人民银行营业管理部支付结算处发布了《关于开展为非法虚拟货币交易提供支付服务自查自改工作的通知》；2021年5月18日中国互联网金融协会、中国银行业协会、中国支付清算协会联合下发了《关于防范虚拟货币交易炒作风险的公告》。

然而，对于ICO项目认识存在不断深化的过程。2013年12月3日，央行联合四部委发的《关于防范比特币风险的通知》将比特币定义为虚拟商品，明确界定它不是货币，尤其不是法定货币，不具备有偿性和强制性等货币属性。ICO项目的融资大致有两种方式：一是给投资者ICO项目所创建的代币，而这种代币随后可以在公开平台上进行交易，投资者可以赚得代币价格波动的收益；二是投资者得到债权，融资方与投资者约定好期限与收益。那么，ICO所筹集的虚拟货币到底是"资金"还是"商品"抑或是特殊的"理财产品"呢？这是认定ICO是否为非法集资的争议点。随着确认比特币具有财产属性受保护的被誉为"深圳仲裁填补司法空白"的裁决被深圳市中级人民法院2020年4月26日以该案违反社会公共利益为由撤销，[①]以及2021年5月2日国务院金融稳定发展委员会第51次会议明确提出"打击比特币挖矿和交易行为，坚决防范个体风险向社会领域传递"，这一争点问题的争议相对减弱。因此，对这些相关术语或者概念的含义进行比较分析，能够为实践中遇到的新问题提供较为清晰的认识、深刻的理解和合理地把握。

1. 根据集资方法的不同，集资可以分为直接集资和间接集资。直接集资，是指资金需求者直接向多个资金供给者发出要约或者要约邀请，在给定条件下，请求资金供给者提供资金。如发行股票募集资金。间接集资，是指通过金融中介机构的

---

① 案件情况：某企业、李某根据其与高某于2017年12月2日签订的《股权转让协议》中约定的仲裁条款，向深圳仲裁委员会申请仲裁。某企业、李某申请仲裁，主要请求为：变更A路企业持有的X公司5%股份到高某名下，高某向A企业支付股权款25万元，高某向李某归还数字货币资产20.13个BTC（比特币）、50个BCH（比特币现金）、12.66个BCD（比特币钻石）资产相等价值的美金493158.40美元和利息，高某支付李某违约金人民币10万元。仲裁庭经审理认为，高某未依照案中合同的约定交付双方共同约定并视为有财产意义的比特币等，构成违约，应予赔偿。深圳市中级人民法院经审理后认为，《中国人民银行 工业和信息化部 中国银行业监督管理委员会 中国证券监督管理委员会 中国保险监督管理委员会关于防范比特币风险的通知》明确规定，比特币不具有与货币等同的法律地位，不能且不应作为货币在市场上流通使用。涉案仲裁裁决高某赔偿李某与比特币等值的美元，再将美元折算成人民币，实质上是变相支持了比特币与法定货币之间的兑付、交易，与上述文件精神不符，违反了社会公共利益，该仲裁裁决应予撤销。申请人高某提出的其他申请理由本院不再予以审查。综上，申请人高某申请撤销仲裁裁决的部分理由成立。经向最高人民法院报核，依据《中华人民共和国仲裁法》第五十八条第三款的规定，裁定如下：撤销深圳仲裁委员会（2018）深仲裁字第64号仲裁裁决。参见（2018）粤03民特719号。而上海市第一中级人民法院（2019）沪01民终13689号判决中上诉人迫使被上诉人转出比特币的行为，侵犯了被上诉人的财产权利。生效刑事裁定书也载明，上诉人自愿返还被上诉人处获取的财物。关于系争比特币，无论从法律规定，还是上诉人在诉讼中曾作出的承诺，上诉人均应将系争比特币返还被上诉人。关于系争比特币的数量。根据被上诉人提交的公证书，系争比特币的数量为18.87997062个，根据计数习惯，一审法院保留小数点后两位，四舍五入计为18.88个，并无不当。侵占他人财产，若不能返还的，应当折价赔偿。这一问题是否因代币发行融资行为涉嫌的违法犯罪对当事人基于比特币持有、流转的效力影响尚需研究。

融资，如银行借贷业务。一般而言，在交易成本过高和信息严重不对称的情况下，间接融资可以减少交易成本和减弱信息不对称带来的不必要麻烦。目前，我国企业主要是依靠贷款，其渠道为间接融资，以至于我国有关债权关系研究较为发达和理论上的探讨相对深刻。

2. 根据集资方式的不同，集资可以分为公开集资和不公开集资。公开集资，是指依法以非特定的公众投资者为交易对象，通过在公开金融市场上发行有价证券的融资。不公开集资，是指依法在有限范围内向特定投资者出售债务或股权的外部融资。例如，私募基金是通过非公开方式募集资金。

3. 根据集资是否有法律依据的不同，集资可分为合法集资和非法集资。合法集资，是指公司、企业或者团体、个人依照法律法规所规定的条件和程序，通过向社会公众发行有价证券，或者利用融资租赁、联营、合资、企业在资金市场上的融资。如股份有限公司、有限责任公司为了设立或者生产、经营的需要发行股票或者债券等的集资。非法集资，是指"未经国务院金融管理部门依法许可或者违反国家金融管理规定，向社会公众（包括单位和个人）吸收资金的行为"。即单位或者个人未依照法定程序经有关部门批准或者借用合法经营的形式以发行股票、债券、彩票、投资基金证券或者其他债权凭证的方式向社会公众筹集资金，并承诺在一定期限内以货币、实物以及其他方式向出资人还本付息或给予回报的融资。对其内涵将在第二节作具体阐述，在此不再赘述。

在一定意义上讲，合法集资与非法集资界限在理论上是分明的，是否还存在合法形式的非法活动呢？现实中曾出现所谓的"合法的传销"之说法。基于直销和传销两种营销方式自身特性，尤其是分销模式使得两者之间存在一定的联系，致使人们难以分清与辨识。特别是直销或者传销均存在团队计酬的营销方式。团队计酬作为一种薪酬的激励分配方式，这种分配方式在商品或服务的营销领域大量存在，其本身仅仅是一套规则计算方法和计算公式，无须进行合法与非法界分。然而，如果下线不断发展下线，横向、纵向不断倍裂变倍增，上线人员即可实现按相应的规则计提报酬，其经营模式本身具有非法性。对于以销售商品为目的、以销售业绩为计酬依据的单纯的"团队计酬"的，仅是不作为犯罪处理。实践中，所谓的传销有合法和非法之分，单纯的团队计酬式传销不违法，属于一种错误的认识，与其没有理清非法的本质有关。

三、委托理财与非法集资

委托理财，是金融证券行业的一个习惯用语，是指证券公司或者投资公司接受客户委托，通过证券市场对客户资产进行有效管理和运作，在严格遵守客户委托意愿的前提下，在尽可能确保客户委托资产安全的基础上，实现资产保值增值的一项业务。委托理财是当下最为流行的集资理财方式之一，是一种合法的集资行为。在司法实践中，也不乏存打着"委托理财"或者"财富管理"的幌子进行非法集资

第一章 非法集资的界分与解读

的现象。由于其法律风险呈现出一定的不可预测性特点，司法实践对此存在不同的理解与认识，以至于不同的风险事件产生不同的法律后果。以上海法院与北京法院判决的案件为例。①

上海的案件：2001年，被告单位上海某某投资管理有限公司成立。2006年底，王某某作为被告单位上海某某投资管理有限公司法定代表人，在未经中国证券监督管理委员会批准的情况下，决定公司利用上海市浦东新区某写字楼办公室作为办公场所，开展证券资产管理业务，同时聘用李某某为公司总经理，在2007年1~2月，由其全面负责该项经营业务。在此期间，被告人罗某作为李某某助理参与了上述经营业务。2007年3~5月，王某某聘用被告人罗某担任公司副总经理，具体负责公司该项经营业务。经查，上海某某投资管理有限公司自2007年1~6月，通过在互联网投放广告及非法购买客户电信资料安排业务员拨打电话等方式招揽客户后，先后与谭某等2523名客户签订《委托理财协议书》或《资产管理协议书》，约定以股票账户资产1%~10%收取资产管理费，为客户代理买卖证券，并对证券投资盈利部分公司按20%提成。被告单位上海某某投资管理有限公司通过上述经营方式，非法获利达人民币1800余万元。上海的法院认为，未经国家有关主管部门批准非法经营证券、期货、保险业务的，或者非法从事资金支付结算业务的，以非法经营罪论处。被告单位上海某某投资管理有限公司及其直接责任人员被告人罗某等人未经国家有关部门批准，非法经营证券业务，扰乱市场秩序，情节特别严重，其行为均已构成非法经营罪，并依法对被告单位判处罚金，对主要责任人员判处不等的有期徒刑，并处罚金。

北京的案件：廖某与宗某某于2007年4月8日签订《委托理财顾问协议》，约定宗某某全权委托廖某管理专项资金，即现金5000万元，此专项资金为宗某某委托廖某进行证券市场投资，委托资金放置在某证券公司北京营业部宋某某名下。委托理财顾问费一年结算一次，即从本协议生效之日起一年，并约定了委托理财顾问费计算标准和支付方法。宗某某于2007年4月11日投入资金2000万元，2007年4月23日投入资金3000万元。廖某负责进行证券市场的操作，至2008年4月7日，账户资产总额为6628.6万元。宗某某于2008年8月25日从资金账户中抽回资金500万元；2009年4月7日账户资产总额为4484.0577万元；2010年1月29日账户资产总额为6628.6420万元。2010年1月29日，双方协商一致，停止委托代理，宗某某于2010年2月9日将资金账户中的6628.6420万元转走。后因宗某某拒绝支付报酬产生纠纷。宗某某一审答辩称，《委托理财顾问协议》无效。该协议是金融类委托理财合同，是管理资金用于证券市场投资，廖某从事的是证券业务。《证券法》规定：未经国务院证券监督管理机构批准，任何单位和个人不得经营证券业务。廖某从事这一业务违反了法律禁止性规定，合同无效。同时廖某的行

---

① 参见肖飒、张超：《同行为不同判委托理财之罪与非罪》，载《证券时报》2015年8月22日。

为也违反了《刑法》的规定——未经国家有关主管部门批准非法经营证券、期货、保险业务的，或者非法从事资金支付结算业务的，以非法经营罪论处。一审法院在审理期间认为，宗某某没有证据证明廖某与其签署《委托理财顾问协议》违反了相关金融法律法规的禁止性规定或借委托理财之名从事金融违法犯罪活动，其关于合同无效的主张，一审法院不予支持。双方签订合同的意思表示真实，《委托理财顾问协议》的内容不违反国家法律法规的强制性规定，应属合法有效。

上海与北京两地法院对案件的不同处理引发了不同观点的争议。有论者认为，上海的案件被告人以接受委托理财为业，实际上变相实施了担任与证券交易、证券投资活动有关的财务顾问的角色，违反了《证券法》规定的未经许可从事证券业务，吸纳多名客户资金进行股票交易，其行为相当于将客户资金置于风险之中，扰乱金融市场秩序，属于非法金融业务活动，构成非法经营罪。而北京案件的被告人廖某仅对宗某某个人的资金进行管理，虽然廖某实施了代理宗某某买卖股票的行为，但是该行为并没有成为廖某常态的经营，所以法院未按非法经营罪追究廖某的刑事责任。

就委托理财而言，主要包括两种情形：一是以证券公司或投资公司为主体的狭义上的委托理财。这些证券公司或投资公司仅包括符合我国证监会要求，能开展委托理财业务的综合类券商。这类委托投资受《信托法》《关于规范证券公司受托投资管理业务的通知》等法律法规规章的规制，具有集资的合法性。二是一般公司或个人作为主体的委托理财。这种委托理财可以通过民法规制一般的委托合同或合伙协议来实现，具有集资的合法性。在司法实践中，行为人为了吸收资金，往往打出保本付息等广告，加以高额利息，从而达到吸收巨额资金的目的。法律并不禁止委托理财，个人也可以委托他人理财，其关键是受托方是否有理财的业务资质。如果委托的炒股、投资的单位未取得国务院金融管理部门颁发的相关许可证，且理财又涉金融的业务，其行为涉嫌违法、违规。一般而言，判断理财是否合法的关键是，是否存在保本付息式的保底公开承诺，而委托理财关系中的受托人是否将委托理财作为一种常态进行经营以及主体的性质也是认定非法集资的重要因素。

四、合法私募与非法集资

私募基金作为一种金融创新方式，随着私募行业规模的迅速扩大不断出现假借私募之名实为"公募"进行非法集资的现象。如何厘清合法的私募基金行为与非法的集资类犯罪之间的界限，是司法实践走出困境并从模糊地带走向清晰的关键。私募基金（private fund），又称私募股权投资，是指以非公开方式直接向特定群体募集的资金。私募基金因获得国务院政策允许而取得了合法身份。2006年12月30日，天津设立渤海产业投资基金。随后，各种类型的私募基金如雨后春笋般出现在全国各地。有些不法分子打着金融创新的旗号，将私募基金披上华丽的伪装进行非法集资活动，并通过私募基金中的"代持股"规避法律对私募的限制。实践中私募作为金融的衍生工具，其投资基金公司往往具有合法的形式要件，在行政规章或者规范性文件的规范下开展吸收资金业务，在监管上基金管理人仅向基金业协会备案，一旦操作违规就有可能涉嫌非法集资。考虑到我国经济发展对金融创新的现实需求以及行政监管的相对缺位，对此类行为认定应保持必要的克制，给行政监管前置留有充足余地。对确已构成非法集资犯罪的，要做到犯罪构成认定上的典型性。[①] 在我国，已经出现了涉及集资诈骗和非法经营犯罪的"PE第一案"。[②]

2006年，黄某等人先后成立的汇乐投资、汇仁投资、汇义投资和汇乐宏宇等公司均对外宣称为创投企业，其实际投资范围却与"创业投资"毫无关系。通过贩卖零风险、高收益的"独特"投资理念，创设上线发展下线和层层持股的"滚雪球"经营模式，汇乐集团吸引社会公众投资囊括医疗器械、网络游戏、房地产、典当、农林等众多领域的十余家公司，在大部分公司亏损或停产后，仍通过借新还旧或挪用本金等方式向投资者兑现每年10%的分红以及超额回购（原投资额的108%～110%）的承诺。2008年7～11月，汇乐集团先后成立了上海德浩投资管理合伙企业（有限合伙）、天津德厚基金管理有限公司、天津德厚投资基金合伙企业（有限合伙），又以产业基金名义开始了新一轮融资，由天津德厚基金管理有限公司任基金管理人，鼓动投资者以合伙人身份加入上海德浩投资管理合伙企业，以获得预期每月0.9%的收益。实际上，所吸收的资金并未进行产业性投资，而被挪用于炒股。在短短3年内，从近800名投资者手中吸收了1.9亿元资金，员工提成、公司开支、炒股损失和个人消费等挥霍了公司巨额资金。最后，法院以集资诈骗罪和非法经营罪判处黄某无期徒刑，没收财产1000万元，其他同案犯以非法吸收公众存款罪均被判处有期徒刑6年，分别并处罚金10万元和30万元。

在实践中，某些私募发起人为了获取注册，默许甚至明示投资能力不足的投资者，借助"代持股"的方式进入企业作为隐名股东，募集对象的实际人数远超过特定投资人人数的标准。在私募基金资本运作方式当中，在部分股东投入的资金为非法资金的情况下，一旦进入项目投资阶段，无一例外地存在着因合法资金与非法资金的混同带来法律上辨识的难度。发起人与投资人两者是收益风险共同体，如果发起人不如实向投资人披露应当披露的信息、不提示风险或者虚假披露，与采用诈骗的方法吸收资金、非法占有资金的犯罪行为方式没有本质上的差别。有些制作私募基金网站、理财讲座、投资研讨会等宣传形式无形当中把私募基金资金募集行为不断推向了非法集资的边缘。实质上，"代持股"在一定程度上改变了投资人结构的一元化状态，形成了投资人群体的二元化多层次的结构，还包含不特定的实际投资人，其背后隐藏着不断积聚的非法集资违法犯罪的风险。

---

① 参见张志富、常秀娇：《划清私募基金与非法集资的边界》，载《经济参考报》2018年8月22日。
② 参见彭洁云：《中国PE第一案：黄浩设下非法集资骗局》，载《第一财经日报》2011年7月1日。

据中国人民银行《中国金融稳定报告2019》披露，一些私募基金存在的违规现象较为突出，甚至有些违规私募行为已涉及非法集资，对私募基金市场秩序造成较大冲击。部分私募基金却变相自融，先备后募，在完成备案后，随意扩大对象和规模，从而偏离了基金业务本质，这给非法集资的司法认定带来许多新的难点。① 实践中，私募涉及非法集资一般会成立公司或企业，并以企业的名义实施违法犯罪行为，使得非法集资犯罪与合法私募在主体上容易混淆，尤其是在私募创新类的非法集资犯罪中。私募基金的投资者需具备相应风险识别能力和风险承担能力，属于合格的投资人；私募基金管理人、私募基金销售机构不得通过报刊、电台、电视、互联网等公众传播媒体或者讲座、报告会、分析会和布告、传单、手机短信、微信、博客和电子邮件等方式，向不特定对象宣传推介，倘若对投资人不加选择、不特定，貌似不公开，实际是变相公开方式；私募基金募集完毕，私募基金管理人应当根据基金业协会的规定，办理基金备案手续。私募基金募集登记备案属于强制性规定。目前，还存在部分私募基金名为投资，实为高息揽存、利用"资金池"赚取巨额利差，甚至还有一些私募基金虽名为股权投资，却通过强制回购等兜底条款或者抽屉协议藏污纳垢，实为单一项目的借贷业务，甚至为实际控制人及其关联方自融为主要目的，特别是部分非法私募通常违规拆分转让，通过互联网平台拆分私募基金份额或者以"拆分私募基金收益权"等模式，将相关主体持有的私募基金份额或其他收益权转让给平台投资者。私募基金的收益属于投资收益，不同于固定收益，投资收益不涉及任何形式的固定回报，如果私募基金的发起人向投资人许诺高比例的保底收益，对风险避而不谈，特别是在基金管理人与投资人间直接约定利润分成，可能涉嫌非法集资。因此，无论是监管制度设计还是新型金融产品的推出抑或金融衍生工具的创新，单纯从民事和行政法律角度对私募加以衡量还远远不够，对刑法的风险控制机能和犯罪预防功能也应当加以重视，并很好地运用，"未雨绸缪"应为金融机制建设的应有之意。② 据统计，2018年上半年，证监会组织对453家私募机构开展了专项检查，检查发现139家私募机构存在违法违规问题，其中10家私募机构涉嫌非法集资、挪用基金财产、从事损害基金财产和投资者利益等严重违法违规行为。证监会表示，将持续加强私募基金监管力度，坚决整治行业乱象和严重干扰市场秩序的行为，并将6家机构涉嫌违法犯罪线索通报地方政府或移送公安部门。③ 即使私募基金的管理人将私募基金在协会登记备案甚至持牌私募机构，如果行为违反《私募投资基金监督管理暂行办法》《私募投资基金募集行为管理办法》等部门规章或行业管理规定，也会成为非法集资类犯罪。2020年中国

---

① 参见王新：《私募基金刑事法律风险防控的问题》，中国法院网，https：//www.chinacourt.org/article/detail/2020/01/id/4782861.shtml．访问时间：2020年4月24日。
② 参见姚奎彦：《私募基金资本运作过程中的非法集资犯罪问题研究》，天津市第二中级人民法院网站，http：//www.tj2zy.com/News/201308/201308301657511.htm，访问时间：2016年1月15日。
③ 参见证监会：《上半年10家私募机构涉嫌非集资等问题》，中国新闻网，http：//www.chinanews.com/cj/2018/10-12/8648395.shtml．访问时间：2019年9月2日。

证券投资基金业协会发布的《私募投资基金备案须知（2019版）》规定5类不符合"基金"本质的募集、投资活动包括：第一，变相从事金融机构信（存）贷业务的，或直接投向金融机构信贷资产；第二，从事经常性、经营性民间借贷活动，包括但不限于通过委托贷款、信托贷款等方式从事上述活动；第三，私募投资基金通过设置无条件刚性回购安排变相从事借（存）贷活动，基金收益不与投资标的的经营业绩或收益挂钩；第四，投向保理资产、融资租赁资产、典当资产等与私募投资基金相冲突业务的资产、股权或其收（受）益权；第五，通过投资合伙企业、公司、资产管理产品等方式间接或变相从事上述活动。同时还要求私募基金不得进行刚性兑付，不得存在短募长投、期限错配、分离定价、滚动发行、集合运作等违规操作，不得在私募投资基金内部设立由不同投资者参与并投向不同资产的投资单元/子份额，以规避备案义务或不公平对待投资者。为此，2021年证监会又发布了《关于加强私募投资基金监管的若干规定》。基于此，明确私募与非法集资概念之间关系，防止合法私募的融资滑向非法集资，有助于对非法集资获得较为全面的认识和深刻理解，以免沦为非法集资行为的"遮羞布"或者"挡风墙"。

另外，民间借贷与非法集资存在交织问题，有些民间借贷融资逐渐走向非法集资，致使合法借贷与非法集资在整体上的界限不清，特别是涉众型债务危机的形成有一个自然的时序发展过程，出现了前期合法而后期违法犯罪的问题。有些非法集资往往前期可能是正常的借贷，在经营过程中逐渐出现局部违约，进而演变成全面性清偿危机，直至最后经营困难被定性为非法集资，使得非法集资的认定出现泛化，对失败的集资者以刑事惩处来化解群体性借贷纠纷，出现"胜者为王败者寇"的结果论现象。这些问题值得探讨，相关内容将在以下章节论述，在此不再赘述。

第二节 非法集资概念的变化与规范诠释

在非法集资问题上，不仅存在着河北"孙某午案件"与浙江"吴某非法集资案"等典型案件是否需要定罪以及如何定罪的实践分歧，也存在着有关法律的规定和大量规范性文件对非法集资的规定是否正当的理论争议。由于媒体对涉及非法集资事件成篇累牍的报道以及学者们的深度跟进，特别是政府、司法机关的深切关注，促使人们对非法集资问题的讨论不断从法律层面向"维护社会稳定"的政治层面渗透，使得这一术语无论是内涵还是外延都在不断扩张，甚至在政策上出现了一些误导，理论上出现了一些误用，实践上出现了一些误读。基于此，有必要从其术语的嬗变历程作为认识此问题的逻辑起点，对其内涵、外延以及特征等与之有关的基础性问题予以界分，以便对有关不正确的认识能够澄清并防止类似不应当出现的现象发生。

一、非法集资概念的出现与演变

非法集资作为法律术语的历史相对短暂。早期将其称为"乱集资""有偿集资"或者"高利集资",主要源于政府文件。1986年,"非法集资"这一概念进入我国规范性文件。1986年颁布的《银行管理暂行条例》规定了"非法集资属于地下金融范畴"。1993年8月6日,国务院在批转《中国人民银行关于集中信贷资金保证当前经济发展重点需要意见的通知》指出,对违反国家规定乱集资或把贷款用于搞房地产和股票交易的企业,对被主管部门抽走资金或向其他企业和非银行金融机构转移资金的企业,要限期纠正,否则停止贷款,并"要坚决制止和纠正违章拆借、非法集资"。1993年9月3日,国务院《关于坚决制止乱集资和加强债券发行管理的通知》以及《关于清理有偿集资活动坚决制止乱集资问题的通知》指出,"为了贯彻中共中央、国务院关于加强宏观调控、整顿金融秩序的要求,现就清理有偿集资活动、坚决制止乱集资"。在这一时期,非法集资与有偿集资在意义上具有等同性。

1995年5月,全国人大常委会通过的《商业银行法》首次将"非法吸收公众存款"作为法律术语。同年6月,全国人大常委会通过的《关于惩治破坏金融秩序犯罪的决定》将非法吸收公众存款罪和集资诈骗罪作为非法集资犯罪的基本内容。1996年12月,最高人民法院发布的《关于审理诈骗案件具体应用法律若干问题的解释》界定了"非法集资"概念的内涵。该解释第3条第3款规定:"'非法集资'是指法人、其他组织或个人未经有权机关批准,向社会公众募集资金的行为。"1997年修订的《刑法》吸收了《关于惩治破坏金融秩序犯罪的决定》的相关规定,将这类犯罪纳入"破坏金融管理秩序罪",同时还增加了擅自发行股票、公司、企业债券罪,并形成了"非法集资犯罪体系"的最初架构。1998年4月,国务院颁布了《非法金融机构和非法金融业务活动取缔办法》(2021年5月1日失效)。该办法第4条将非法集资纳入了非法金融业务活动的范畴。1998年7月,中国人民银行发布的《整顿乱集资乱批设金融机构和乱办金融业务实施方案》提出了与非法集资异曲同工的"乱集资"的概念,即未经依法批准,以任何名义向社会不特定对象进行的集资活动。1999年,中国人民银行发布的《关于取缔非法金融机构和非法金融业务活动中有关问题的通知》对非法集资又进一步作出了较为详尽的规定,并认为,"非法集资",是指单位或个人未依照法定程序经有关部门批准,以发行股票、债券、彩票、投资基金证券或其他债权凭证的方式向社会公众筹集资金,并承诺在一定期限内以货币、实物及其他方式向出资人还本付息或给予回报的行为。2010年12月13日,最高人民法院《关于审理非法集资刑事案件具体应用法律若干问题的解释》第1条规定:"'非法集资'是指违反国家金融管理法律规定,向社会公众(包括单位和个人)吸收资金的行为。"

1998年《非法金融机构和非法金融业务活动取缔办法》出台之前,非法集资涵摄了非法吸收公众存款，集资诈骗，擅自发行股票，公司、企业债券等非法集资行为。在一定程度上说，非法集资成为具备刑罚可罚性的非法民间融资行为的专有名词。《非法金融机构和非法金融业务活动取缔办法》出台以后，对非法集资作出了限定，将"非法集资"置于同非法吸收公众存款相互平行的地位，其共同的上位概念是非法金融业务活动，以至于出现了非法集资的狭义概念，但在对非法集资的解释上，广义的非法集资概念并未因此退出或者消失。

2007年，国务院法制办公室在总结十二种"非法集资"类型中将非法集资从直接融资扩大到间接融资。《2010非法集资司法解释》在概念上续接了广义上的非法集资概念，致使广义上的非法集资概念无论在规范性文件还是在实践中被高频使用，其本质似乎与投资的安全性相关，而狭义上的非法集资概念在实践中逐渐被疏远。由于我国刑法对非法集资罪名体系的分类未能将各种可能的情形予以涵盖，致使有两种行为在刑法上没有与之相对应的罪名：一是以资金的高回报为目的的集资行为。这种行为无法归结为"吸收公众存款"，因为资金提供者并不单纯追求资金的安全，而是把资金的回报率置于首要位置。二是集资过程中的各种不能构成诈骗罪而存在舞弊的行为，如集资者并不存在所谓的"以非法占有为目的"的虚假陈述，仅仅存在虚构资金用途等行为。[①] 这些现象在实践中被不断增添一些额外的因素，致使其隐蔽复杂的关系不断演绎为显露的影响社会稳定的风险事件。

非法集资概念从产生到发展，其内涵不断变化，而外延也被不断"丰富"。从司法实践的视角来看，非法集资最初进入司法机关视野是基于社会稳定，参与融资活动的出资方主要是下岗职工、离退休工人，集资参与人属于弱势群体。在此种条件下，法律采取刑事规制强势的集资方以抑强扶弱具有特定的正当性。因为法律打击非法集资的落脚点在于保护投资者。然而，伴随着社会经济的发展和资本市场的形成，投融资双方在非法集资活动中的地位发生了变化，有相当一部分民间借贷活动中的出资方拥有雄厚的资金实力，其出资实际上是一种投资，在整个集资活动中投资者对利益的渴求却演变为推动非法集资成功的主导力量。这些出资人作为投资者已经不再是立法者力图保护的弱势群体，而是追求高额回报的专业货币资金的经营投机者。按照市场经济法则来分析，高额回报的投资应当承担高风险，体现投资与风险之间的基本匹配。如果这些投资者仅仅是以民间借贷名义行投资放债之实，法律再加强对其予以特殊保护的"刚性兑付"，实质上是在保证其固定收益的不合理承诺，甚至成为规避投资风险的保护伞，显然与金融风险的内在逻辑不相一致，在另一个方面也会促发这些投资者不计借贷风险而不断促使非法集资者在非法集资路上越走越远，当陷入不能自拔的境地时，转而求救于政府或者司法机关来降低其投资风险或者减少损失并分担其损失。在政策问题上，2010年5月，国务院发布的《关于鼓励和引导民间投资健康发展的若干意见》第5条第18款规定，允许民间资本兴办金融机构。鼓励民间资本发起或参与设立村镇银行、贷款公司、农村资

[①] 参见李有星、范俊浩：《论非法集资概念的逻辑演进及展望》，载《社会科学》2012年第10期。

金互助社等金融机构。支持民间资本发起设立信用担保公司。鼓励民间资本发起设立金融中介服务机构。2010年10月，中共中央公布的《关于制定国民经济和社会发展第十二个五年规划的建议》鼓励民间资本进入金融领域。《中共中央关于全面深化改革若干重大问题的决定》在"加快完善现代市场体系"中的"（12）完善金融市场体系"规定："扩大金融业对内对外开放，在加强监管前提下，允许具备条件的民间资本依法发起设立中小型银行等金融机构。""发展普惠金融，鼓励金融创新，丰富金融市场层次和产品。"在司法层面，2013年9月，最高法院在全国法院商事审判工作座谈会上提出，在商事审判中，对于企业间借贷，应当区别认定不同借贷行为的性质与效力。对不具备从事金融业务资质，但实际经营放贷业务、以放贷收益作为企业主要利润来源的，应当认定借款合同无效。对不具备从事金融业务资质的企业之间，为生产经营需要所进行的临时性资金拆借行为，如提供资金的一方并非以资金融通为常业，不属于违反国家金融管制的强制性规定的情形，不应当认定借款合同无效。2015年，《最高人民法院关于审理民间借贷案件适用法律若干问题的规定》改变了企业之间借贷一律无效的状况，尤其是不超过年利率24%的利息受司法强制力保护，超过24%年利率不超过36%年利率的利息为自然债务。2020年8月18日，最高人民法院审判委员会第1809次会议通过的《关于修改〈关于审理民间借贷案件适用法律若干问题的规定〉的决定》以中国人民银行授权全国银行间同业拆借中心每月20日发布的一年期贷款市场报价利率（LPR）的4倍为标准确定民间借贷利率的司法保护上限，取代原来的"以24%和36%为基准的两线三区"的规定，从而大幅度降低民间借贷利率的司法保护上限，促进民间借贷利率逐步与我国经济社会发展的实际水平相适应。在银行利率不断调整的状况下，最高人民法院民间借贷年化率在一定程度上刺激了民间投资的热情，引发为获得高于银行利息的投资热潮。然而，民间借贷年化率降低有可能使得有些资金通过地下通道而出现新型的非法集资案件，再次使集资案件由隐形转化凸显。"法律的基本作用就是改变参与非法活动的激励。增加参与非法活动的价格会导致某些人减少或放弃参加此类活动，然而继续参与非法活动的人则是那些收益仍超出现有较高成本的人。"[1] 如果处置非法集资的规定继续漠视这一问题，赋予他们以存款人一般强有力的保护，则势必使融资方的合法利益遭到侵害，也将逐渐侵蚀市场经济的基石。立法者有必要转变对民间融资（借贷）的融资方单方管制观念、转向对资金融入方、融出方的双向平衡管制，尤其注意对资金出借方（非法放贷方）的法律约束。[2]

非法集资在解释上的广义与狭义交替使用以及外延不断走向扩大化：一方面，反映经济变化的速度较快以及法律滞后于经济发展的现实；另一方面，也表明理论

---

[1] Mercuro, Nicholas and Medema, Steven G. (1997), Economics and Law: From Posner to Postmodernism, Princeton University Press, p. 58.

[2] 参见李有星、范俊浩:《论非法集资概念的逻辑演进及展望》，载《社会科学》2012年第10期。

研究跟进实践创新的迟滞。这些问题使得非法集资在实践中不断通过社会性事件暴露出来，也使得集资这一术语渐渐成为人们耳熟能详的大众化术语，其含义在不断扩张中失去专业术语固有的法律意义。尽管最高人民法院为了应对现实与规定之间的紧张关系，出台了《2010 非法集资司法解释》《2014 办理非法集资案件意见》和《2019 办理非法集资案件意见》，但并未因此消解媒体、公众、学者、行政部门与司法机关在此问题上的分歧与争议，相反，使得人们原有对非法集资概念的理解越来越模糊，在新的时期把握起来更加困难，处置起来更加复杂。2020 年 12 月 21 日，国务院第 119 次常务会议通过的《防范和处置非法集资条例》第 2 条规定："本条例所称非法集资，是指未经国务院金融管理部门依法许可或者违反国家金融管理规定，以许诺还本付息或者给予其他投资回报等方式，向不特定对象吸收资金的行为。"将司法解释规定的"非法性、利诱性、社会性和公开性"的"四要件"解释为"非法性、利诱性和社会性""三要件"。如何解决两者之间衔接依然需要研究，亟待理论对非法集资的含义予以厘清，也需要对原有概念的含义予以重新审视。

二、非法集资的规范性界定与诠释

基于非法集资手段与模式的不断"创新"，其衍生的途径出现变化与方式不断翻新，使得非法集资的法律规定越来越不够明确、具体，在政策法律界限上也难以把握。无论是理论还是司法实践，面对名目繁多、花样不断翻新的非法集资均需要在认识上予以深化和把握上更加精准。例如，非法集资与创新融资、合法生产经营活动与借用合法经营形式进行的非法集资如何界分；非法吸收公众存款中的"公众"作何理解；集资诈骗罪中的"非法占有目的"的具体认定如何达到主客观的统一；以转让股权向社会公众变相发行股票的行为能否认定为擅自发行股票等。解决诸如此类的问题，不仅需要对其相关规定予以把握，还需要对非法集资的本质作出合理的诠释。

（一）非法集资内涵的确立轨迹与分析

1996 年，《最高人民法院关于审理诈骗案件具体应用法律若干问题的解释》对非法集资做出了界定。该解释规定："'非法集资'是指法人、其他组织或者个人，未经有权机关批准，向社会公众募集资金的行为。"其中，"未经有权机关批准"被认为确立了"批准标准"。这一将非法集资的定义落脚于"未经有权机关批准"在实践中越来越不能满足新形势下对新型非法集资活动的打击，况且存在诸多的局限性和不确定性。因为"未经批准"仅适用于法律明确规定应当审批而未经审批的非法融资行为，但对不需要批准或者法律法规未规定需要批准以及"备案"的融资的认定留下了空隙。例如，合法借贷、私募基金等合法融资活动无须有关部门批准。实际上，即使获经批准也并非一概合法，特别是违法批准、骗取批准的集资。对此依然应当作为非法集资，况且对以生产经营、商品销售等形式进行非法集资的行为是否经过批准作为判断依据不具有直接判断意义，以批准标准作为衡量非法集资的标准成了影响打击非法集资的障碍。

为了科学、准确地定位非法集资，确保非法集资定义的包容性和确定性，更好地适应政策法律的调整和对新型非法集资活动打击的需要，《2010非法集资司法解释》第1条第1款将非法集资界定为"违反国家金融管理法律规定，向社会公众（包括单位和个人）吸收资金的行为"。该解释从法律要件和实体要件两个方面对非法集资进行了再次定义，不仅明确了非法金融业务活动是非法集资行为的上位概念，采用"违法性标准"来替代"批准标准"，而且还将未经批准仅仅作为违法性判断的一个方面，从而厘清了"违法性标准"与"批准标准"位阶关系。非法集资一词是融合了众多实务经验衍生而来，体现了实践的经验与打击过程中的智慧，这种从金融监管、资本市场角度来论述非法集资的含义，与原来从行政、计划经济角度认识以及从监管的视角界定非法集资相比，具有积极的意义。

《2010非法集资司法解释》规定："违反国家金融管理法律规定，向社会公众（包括单位和个人）吸收资金的行为，同时具备下列四个条件的，除刑法另有规定的以外，应当认定为刑法第一百七十六条规定的'非法吸收公众存款或者变相吸收公众存款'：（一）未经有关部门依法批准或者借用合法经营的形式吸收资金；（二）通过媒体、推介会、传单、手机短信等途径向社会公开宣传；（三）承诺在一定期限内以货币、实物、股权等方式还本付息或者给付回报；（四）向社会公众即社会不特定对象吸收资金。""未向社会公开宣传，在亲友或者单位内部针对特定对象吸收资金的，不属于非法吸收或者变相吸收公众存款。"基于以上规定对非法集资需要作出以下分析。

1. 在非法集资定义上，《2010非法集资司法解释》对非法集资概念的解释，不仅用语更加规范，在一定程度上消除了因用语含义不统一带来的认识混乱与理解上的分歧。在此之前，曾经有两部行政法规和一部司法解释对非法集资予以界定，还有其他规范性文件对非法集资含义进行了不同程度的补充，如在其后的《2014办理非法集资案件意见》和《2019办理非法集资案件意见》。尽管这些规定力求做到规范，但因"乱集资""有偿集资"和非法集资三个概念的混同，其内涵与外延依然具有一定模糊性。

2. 在非法集资解释技术上，《2010非法集资司法解释》将1999年中国人民银行《关于取缔非法金融机构和非法金融业务活动中有关问题的通知》规定的"未经有关部门依法批准"和"以合法形式掩盖其非法集资的性质"两个要件合并为一个要件即"非法性要件"，在此基础上又新增加了公开性要件，以至于"公开宣传"成为区分非法集资与合法集资的关键性要素，甚至成为判断是否向社会公众吸收资金的重要标志，这为及早发现非法集资违法犯罪活动和有效地遏制和及时处理提供了发现依据。

3. 在非法集资边界的划定上，《2010非法集资司法解释》划清了非法集资与

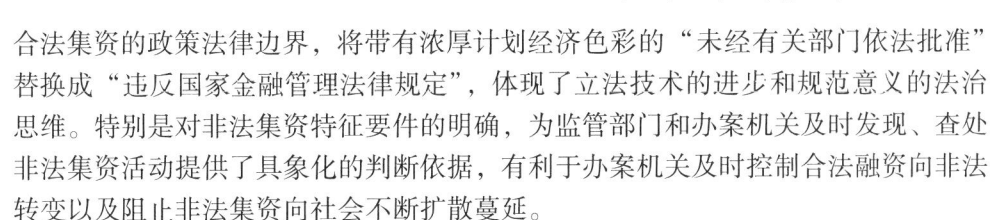

合法集资的政策法律边界，将带有浓厚计划经济色彩的"未经有关部门依法批准"替换成"违反国家金融管理法律规定"，体现了立法技术的进步和规范意义的法治思维。特别是对非法集资特征要件的明确，为监管部门和办案机关及时发现、查处非法集资活动提供了具象化的判断依据，有利于办案机关及时控制合法融资向非法转变以及阻止非法集资向社会不断扩散蔓延。

4. 在非法集资表达方式上，《2010非法集资司法解释》对实践中不同类型的非法集资活动作出的"定性＋定量"的表达，其"具体类型概括"＋"列举"的形式，特别对"亲友或单位内部针对特定对象"的集资是否"主要用于正常生产经营活动"的集资作了除罪化或者定罪免刑的处理，体现了金融刑法的行政犯价值。同时将"未向社会公开宣传的单位内部针对特定对象吸收资金"行为排除在非法集资之外，统一了单位内部集资的性质认定。这种解释不仅减少人们对刑法积极介入非法集资管制的偏见，也为民间集资争取合法提供了解释空间。

5. 在非法集资本质理解上，《2010非法集资司法解释》从正反两个方面对非法集资进行解释与说明，尽管这种解释是对刑法意义上吸收公众存款的解释，与行政法规上对非法集资定义存在一定差距，如果仅仅在刑法意义上考虑此问题，未能考虑前置性行政监管法规，极易陷入定罪量刑的纠缠，不同程度地放逐防范金融风险的要求，在处理上淡忘资产增值保值的特质。

尽管如此，理论界对《2010非法集资司法解释》界定的非法集资概念的认识仍存在分歧与不同观点，甚至在非法集资特征上还形成了所谓的"二要件说""三要件说"和"四要件说"。2007年国务院办公厅《关于依法惩处非法集资有关问题的通知》将非法集资的主要特征总结为：一是未经有关监管部门依法批准，违规向社会（尤其是向不特定对象）筹集资金。如未经批准吸收社会资金；未经批准公开、非公开发行股票、债券等。二是承诺在一定期限内给予出资人货币、实物、股权等形式的投资回报。有的犯罪分子以提供种苗等形式吸收资金，承诺以收购或包销产品等方式支付回报；有的则以商品销售的方式吸收资金，以承诺返租、回购、转让等方式给予回报。三是以合法形式掩盖非法集资的目的。为掩饰其非法目的，犯罪分子往往与受害者签订合同，伪装成正常的生产经营活动，最大限度地实现其骗取资金的最终目的。这些规定对于通过外在特征来把握非法集资的本质具有经验性价值，也是形成所谓"三要件"的原因之一。从非法集资处置的行政法规的制定变化上可以窥见一斑。国务院《防范和处置非法集资条例（征求意见稿）》规定："非法集资，是指未经依法许可或者违反国家有关规定，向不特定对象或者超过规定人数的特定对象筹集资金，并承诺还本付息或者给付回报的行为。金融管理法律、行政法规另有规定的，从其规定。"而最终颁布的《防范和处置非法集资条例》第2条规定："本条例所称非法集资，是指未经国务院金融管理部门依法许可或者违反国家金融管理规定，以许诺还本付息或者给予其他投资回报等方式，向不特定对象吸收资金的行为。"这种前后变化，对于如何保持行政法规的规定与司法解释衔接需要进一步研究。

(二) 非法集资的规范性特征与诠释

根据《2010非法集资司法解释》的规定，理论界与司法实务将非法集资归结为应当具备非法性、公开性、利诱性、社会性四个外在的客观特征。而《防范和处置非法集资条例》却明确了非法集资的三要件，即"未经国务院金融管理部门依法许可或者违反国家金融管理规定"（非法性）、"许诺还本付息或者给予其他投资回报"（利诱性）和"向不特定对象吸收资金"（社会性），体现了行政违法与刑事犯罪处置上的不同。由于其刑事犯罪"四性"涵盖了行政违法"三性"，对此仍从以下四个特征予以介绍。

1. 非法性。是指违反国家金融管理法律规定的"吸收资金"行为。它属于基础性的要件，是划分非法集资罪与非罪边界的重要依据。《2010非法集资司法解释》将"吸收资金"作为非法集资的主要特征，与其将"非法'吸收'公众存款或者变相'吸收'公众存款"作为非法集资犯罪的基础性罪名相一致。对于"国家金融管理法律规定"限定在"国家金融管理法律规定"的法律层级上，应当从三个层面界定：（1）金融管理法律规定不是专指某一个具体的法律，而是一个法律体系；（2）非法集资违反的是融资管理法律规定，而不能是其他法律规定；（3）只有融资管理法律规定明确禁止的融资行为才构成违法性。非法性具体表现为"未经有关部门依法批准吸收资金"和"借用合法经营的形式吸收资金"两种类型。

"未经有关部门依法批准"主要包括没有批准权限的部门批准的集资，也包括有批准权限超越批准权限批准的集资。批准似乎是集资逾越非法的关键，也存在擅自设立金融机构的情形。其主要情形为：一是未经有关部门许可或者批准。主要是指没有募集资金权利的组织或者机构擅自从事募集资金业务。对于需要经过审批或者批准的，在未经法定部门审批前，任何单位或个人不得向社会不特定对象募集资金。例如，2019年8月12日以来，上海市公安局浦东分局陆续接到群众报案称上海证大文化创意发展有限公司（以下简称"证大公司"）旗下"捞财宝"平台及"证大财富"公司涉嫌非法集资，警方遂受理开展调查。[1] 同年8月29日，"证大公司"法定代表人戴某康、总经理戴某新等人向警方投案自首，并称在公司经营过程中存在设立资金池、挪用资金等违法违规行为，且已无法兑付。据此，上海市公安局浦东分局以涉嫌非法吸收公众存款罪对"证大公司"立案侦查，对戴某康、戴某新等41名犯罪嫌疑人依法采取刑事强制措施，查封相关涉案资产。经查，"证大公司"在未取得国家相关金融资质许可的情况下，通过旗下"捞财宝"线上理财平台（上海证大爱特金融信息服务有限公司），"证大财富"线下理财门店（上海证大大拇指财富管理有限公司）向不特定社会公众非法吸收存款。二是骗取批准募集资金进行集资。三是具有主体资格，但该项具体业务未经批准。主要是指经营范围包括存贷款业务的金融机构，未经许可或者批准，不能以超出批准的事项

---

[1] 参见张艳芬：《证大公司被立案侦查法定代表人投案自首》，载《上海证券报》2019年9月2日。

或经营范围向社会吸收资金。四是具有主体资格，但经营行为违法。例如，经营范围包括存贷款业务的金融机构，以擅自提高利率的不法方式吸收公众存款，扰乱金融秩序。

实践中存在依法批准的金融机构是否存在非法集资问题有不同的观点。目前，银行职工涉及"飞单"被判处非法吸收公众存款罪的案件不断发生，尽管银行作为金融机构判决单位犯罪的罕见，但银行负有相应管理责任而承担补充责任的案件却时有发生。例如，民生银行北京分行航天桥支行行长张某涉嫌伪造理财产品事件因涉及近30亿元资金案件。[①]

民生银行航天桥支行行长张某及其他工作人员，向在该支行多次购买理财产品的众多高净值客户推销"非凡资产安赢"等"非凡"系列理财产品，年化收益率高达8.4%~9.16%不等。众多投资者在民生银行航天桥支行营业场所购买了理财产品，有投资者所签文书包括《中国民生银行理财产品说明书》《中国民生银行理财产品协议书》《中国民生银行理财产品转让协议》《交易资金监管协议》四份。这些协议均加盖了"中国民生银行北京航天桥支行储蓄业务公章"。这些保本高收益理财产品是在民生银行总行从未备案、从未有过的理财产品，实属假理财产品。张某接受了公安机关的立案调查。

由于理财产品仅仅备案不做实质审查，没有严格行政监管，无疑会为不法分子提供非法集资的空间。该案的张某对销售飞单行为承担法律责任尽管不存在争议，但对民生银行应否承担责任、承担何种责任以及为何承担责任存在不同认识。不可否认，对于"飞单"简单适用非法吸收公众存款罪存在一定的局限性。因为这种定罪偏重于评价"飞单"破坏金融管理秩序，在一定程度上忽视了行为人对购买理财产品的客户财产安全风险的考虑。因其"假理财"属于骗局，也可以诈骗犯罪处理。基于此，众多学者对于将批准作为非法集资违法性的判断标准提出了批评，但这种规定对解决以合法经营之名行非集资之实的行为判断来说，简单直观，操作起来也相对简便。对此问题的价值分析与评价将会在理论分析中予以探讨，在此不赘述。

"借用合法经营的形式吸收资金"是指集资在形式上符合金融法律规定，但实质上却违反了金融法律规定，即以合法募集资金的形式达到非法集资目的。在实践中表现形式多种多样，以至于形成了不同观点。有论者认为，"借用合法经营的形式"可以作为独立的构成要件，无论是否需要批准的吸收资金行为均可被涵盖。一是在必须批准的吸收资金行为经有关部门依法批准后，若在实际操作中的行为违反了批准的内容，则构成违法；二是在现实经营活动中，很多吸收资金行为并不需要批准，若吸收资金行为与实际经营活动不符，在吸收对象与吸收主体之间转移的

---

① 参见周芬棉：《航天桥支行飞单后果应由民生银行担责》，载《法制日报》2017年4月20日。

仅仅是货币所有权，获取某些债权凭证，并不涉及经营权的对价，① 也构成违法。司法实践中，并非所有的吸收资金行为均受融资管理法律规定的调整，只有融资管理法律规定明确禁止的吸收资金行为才有违法性。例如，民间借贷、私募基金等虽然也表现为吸收资金，往往也约定回报，但因不公开地向社会公众吸收资金，并不构成违法。即便约定高额利息，也只是超出规定部分的利息不受法律保护而已，不能据此将之认定为非法集资。② 对此的理解应当结合《2010 非法集资司法解释》第 2 条以及 1999 年中国人民银行《关于进一步打击非法集资等活动的通知》③、2007 年国务院办公厅总结的四类十二种等有关非法集资的行政法规或者规章进行。

由于我国金融管理法律规定不尽完善，在某些从事金融领域尚属于空白，无法穷尽对各种吸收资金行为的规定，将吸收资金作为一种开放式规定，可为处理未来出现的一些新情况提供开放式的依据。有论者认为，"非法性"仅仅是风险向危险转化可能性程度的标示。任何金融风险的可能性均有向危险转化的现实性，但从转化可能性的大小和频率来分析，违背金融法规规定的集资行为因脱离监管带来的金融风险转化为危险的可能性大。这就意味着对"非法性"理解不能仅仅从正面直接肯定非法集资行为的违法性，"非法性"更重要的意义在于其否定性的一面，但缺乏"非法性"的集资行为，无论其是否制造了金融危险，都不构成非法集资。④ 也就是说，非法性作为明确合法集资的界限能够为非法集资认定提供相应的参照物，但是这种参照物因来自不同视角，其获得的认识存在不同，在理解上必然会引发不同观点的分歧与争议。

（1）从行政管理角度出发，对集资进行行政干预最为典型的表现是以维护传统金融"专营"为前提的金融秩序。这种前提必然会注重以是否经过有权机关批准作为界定非法集资的标准。基于浓厚计划经济的定势思维以及按照行政管理的逻辑进行推演，倘若集资是有偿的，则会扰乱金融秩序以及侵犯国家的金融利益。这也是非法吸收公众存款罪在实践中的适用远远超过欺诈发行证券罪和擅自发行股票、公司、企业债券罪的原因之一。以至于有论者认为，"将之改为'违反国家金融管理法律规定'，从'未经批准'到'违反金融法规'已经体现了金融多元化和金融深化实践进程对司法的冲击，却没有真正改变行政取向的本质。"⑤《2019 办

---

① 参见林清红：《安全法益维度下的非法吸收公众存款罪分析》，载刘宪权主编《刑法学研究（第 9 卷）》，上海人民出版社 2012 年版，第 185 页。
② 刘为波：《关于审理非法集资刑事案件具体应用法律若干问题的解释的理解与适用》，载《人民司法·应用》2011 年第 5 期。
③ 中国人民银行《关于进一步打击非法集资等活动的通知》将"非法集资"归纳为以下十种：（1）通过发行有价证券、会员卡或债务凭证等形式吸收资金；（2）对物业、地产等资产进行份额分割，通过出售其份额的处置权进行高息集资；（3）利用民间会社形式进行非法集资；（4）以签订商品经销等经济合同的形式进行非法集资；（5）以发行或变相发行彩票的形式集资；（6）利用传销或秘密串联的形式非法集资；（7）利用果园或庄园开发的形式进行非法集资；（8）利用现代电子网络技术构造的"虚拟"产品，如"电子商铺""电子百货"投资委托经营、到期回购等方式进行非法集资；（9）利用互联网设立投资基金的形式进行非法集资；（10）利用"电子黄金投资"形式进行非法集资。
④ 参见张洪成：《非法集资行为违法性的本质及其诠释意义的展开》，载《法治研究》2013 年第 8 期。
⑤ 参见林越坚：《非法集资与民间借贷的刑民界限》，载《财经科学》2013 年第 1 期。

案非法集资案件意见》又将"违反国家金融法律法规"进一步扩张,即"对于国家金融管理法律法规仅作原则性规定的,可以根据法律规定的精神并参考中国人民银行、中国银行保险监督管理委员会、中国证券监督管理委员会等行政主管部门依照国家金融管理法律法规制定的部门规章或者国家有关金融管理的规定、办法、实施细则等规范性文件的规定予以认定。"尽管这一扩张性解释能够解决目前"私募""网贷"等没有相应审批制度或者法律法规调整的问题,但因将其纳入行政性犯的犯罪圈,在一定程度上破坏了刑法的谦抑性和作为最后手段的本质要求,可通过加强行政监管解决这些问题,而不应动用刑法手段,将刑法放置在解决非法集资第一线,其做法未必是解决问题的良策。

(2)从金融交易市场的角度出发,对集资问题的认识应充分尊重个人或者企业的自由融资权,维护公开、平等竞争的金融交易秩序,保护投资者的利益作为行政干预的目的,由此实现金融秩序的安全和稳定,而非是基于行政管理的需要。目前,证券领域的高额的罚款,则折射出另外一种"以罚代监"的情形。由于我国金融的发展与改革不仅审批标准不再表现得强制化,仅就金融管理法规规制而言,也是滞后于金融改革实践的,借助于"借用合法经营的形式吸收资金"可以满足其打击非法集资的需要,但要防止其扩大化,对此限定在金融交易秩序而非仅仅用金融管理秩序作为判断标准。

(3)从非法集资规定的演变来看,1998年国务院《非法金融机构和非法金融业务活动取缔办法》(2021年5月1日废止》和1999年中国人民银行《关于取缔非法金融机构和非法金融业务活动中有关问题的通知》采取的路径是一致的,而《2010非法集资司法解释》将"未经有关部门依法批准"和"借用合法经营的形式吸收资金"作为"非法性"特征,实质上是对非法集资概念的修正,这种新增的违法性判断,可以解决一些不需批准的集资行为的违法性问题。然因我国有关国家金融管理法律相对国家金融监管部门的规定来看相对稀少,将违反国家金融管理法律作为判断非法集资的"非法性"在实践中不足以遏制非法集资蔓延,且"非法"与"违法"存在不同,以至于司法实践将国家金融管理法律作了扩大性解释,将国家金融监管部门的部门规章和规范性文件纳入"非法性"认定的刑事司法参考依据。

对于互联网金融领域的非法集资行为尤其是新类型的非法集资手段难以在短期内被现有法律规制,在这种情况下,行政主管部门规章或规范性文件能够及时有效地提供监管规范,为司法机关辨识"非法性"提供据以参考的标准与依据。然而,国家金融监管部门的部门规章在效力层次上低于行政法规的,在制定程序、数量及范围上也明显有别于行政法规,将其作为认定非法的参考依据,在一定程度上会降低"非法性"在非法集资犯罪构罪的认定标准。对于非法吸收公众存款罪中"非法性"本质特征的认定标准,我国相关司法解释和法律规范的变化频次很高,内容的修改幅度也较大,将过去"非法性"的一元认定标准修改为二元标准,体现了"非法性"认定的困难。非法集资行为的违法性本质应依据实质解释的方法解析，在触及金融制度意图目的的最后位阶目标即财产需要特别保护时，刑法介入才具有正当性。但在司法实践中，该实质标准的弹性和模糊空间较大，非常容易成为认定"非法性"的"黑洞"。换而言之，许多司法人员在无法以形式标准认定非法集资的"非法性"时，则转向于以该实质标准作为打击入罪的标准，这在很大程度上等于废弃了"非法性"认定门槛标准，从而导致打击非法集资范围的任意扩大化。可以说，这是非法吸收公众存款罪沦为非法集资犯罪体系中"口袋罪"的根本原因，需要引起我们高度的警惕。①

2. 公开性。是指通过媒体、推介会、传单、手机信息、微信等途径向社会公开宣传与传播，旨在使社会公众知晓。其中，包括主动公开并对外散布，也包括被动公开或者消极传播，甚至还包括不采取保密措施放任传播，如采取传销的方式秘密串联等。《2010非法集资司法解释》将"公开宣传与否"作为区分非法集资与合法融资的关键，也视其为判断是否向社会公众吸收资金的重要依据。从公开性特征与其他相关规定的协调来看，它与《证券法》的公开发行具有对接性，对此，有必要在《刑法》与《证券法》对公开发行特征认识的基础上理解非法集资的公开性。

《证券法》第九条规定："有下列情形之一的，为公开发行：（一）向不特定对象发行证券；（二）向特定对象发行证券累计超过二百人的，但依法实施员工持股计划的员工人数不计算在内；（三）法律、行政法规规定的其他发行行为。非公开发行证券，不得采用广告、公开劝诱和变相公开方式。"这种"不特定对象"具有人员的延散性、不可控性和波及范围的广泛性等特征。公开发行并不以公开宣传为本质内容，是否向社会公众吸收资金并不以有没有公开宣传作为判断的决定因素。《2010非法集资案件解释》仅列举了通过媒体、推介会、传单、手机信息等公开宣传途径，主要是考虑这些途径在实践中比较典型和相对突出，借助于物质媒介，属于例示性的规定，不是一个封闭性的规定，宣传途径不在于此，更不限于此，实践中常见的标语、横幅、宣传册、宣传画、讲座、论坛、研讨会等形式也可以作为宣传途径。公开宣传是公开性的实质。之所以将公开性作为非法集资的特征之一，是因为"公开性"是危险源扩展成真正金融危险的重要方式。金融危险之所以可怕甚至恐怖，就在于一些小的危险源能够通过大众媒体和现代通信技术迅速地复制、传染以及不断放大，特别是"高收益""高回报"等收益性带有利诱性的蛊惑宣传，一旦任其发展而不予控制，必然会造成规模巨大的严重后果。

在互联网化的信息社会中，任何行为所产生的效应，无论是正效应还是负效应，都会被网络等媒介迅速有效地进行叠加或者扩散，产生巨大的风险累积效应，致使本有的风险出现扩大化、密切化、复杂化的不良后果。非法集资人正是通过现代社会的网络结构，使其非法集资行为产生巨大的网络效应，从而使得非法集资行为成为危及金融秩序、经济秩序、他人财产安全，乃至社会稳定的社会性事件。

---

① 参见王新：《"非法性"是确定融资活动罪与非罪的界限》，载《检察日报》2019年4月2日。

《2010非法集资司法解释》规定的"通过媒体、推介会、传单、手机短信等途径向社会公开宣传",包括并不限于网络、标语、横幅、宣传册、宣传画、讲座、论坛、研讨会、口口相传等途径。利用社会的、单位的、个人的媒体平台和个人的手机短信、微信、媒体直播平台抖音、邮件等均可以成为非法集资的宣传途径。这些宣传途径是否被认定为非法集资的信息扩散渠道,关键要看受众接受集资信息的方式是开放的还是封闭的。"向社会公开宣传"一般应限定在主动地"通过媒体、推介会、传单、手机短信等途径"进行公开宣传,即采取主动积极的明确方式的作为行为,才能够按照非法集资予以定性。然而,对于实践中占据很大比例的"口口相传"的宣传方式如何认定,是理论界和实务界争议最大的问题之一。

"口口相传",是指"通过亲朋好友以及相关集资户,用明示、暗示方式要求这些人员将集资的信息传播给社会上不特定的人员,以达到更多集资的目的"。对于"口口相传",在起草《非法集资司法解释》的过程中就曾激烈讨论,多数学者认为,"口口相传是否属于公开宣传,能否将口口相传的效果归责于集资人,需要根据主客观相一致的原则进行具体分析,区别对待"。[①] 实质上,"口口相传"在本质上就是将信息向外宣传,其目的和效果体现了公开性,而实践中很多集资类犯罪均是以此方式进行的,应作为典型的集资宣传方式。对"口口相传"可作以下理解。

首先,从司法解释的表述上看,司法解释用了一个"等"字表示未尽之意,以至于在解释上或者在适用上不限于列举的四种形式。从规定的目的上看,制定者将媒体、推介会、传单、手机信息这四种形式进行明确规定,是因为它们都具有对外性、公开性的典型特征。采用这些方式会使不特定多数的公众陷入所谓的借贷圈套中,使集资行为变得公开化,严重扰乱国家的金融管理秩序。而"口口相传"也具备这一特点。在熟人社会里,亲朋好友间的信任,使得口口相传也能达到受众面不断扩大的公开效果,将"口口相传"解释到"等"方式里,符合规定的目的,以免仅仅在实践中将"高息"采用"我仅仅告知你一人,不要告知他人"等似乎在制止的方式予以规避,实则扩大传播范围。

其次,从司法实践来看,"口口相传"作为非法集资公开性的判断因素存在争议。对于"口口相传"的认识,是作为一种变相的"公开宣传"来看待的。主要是针对集资人开始只是针对亲友借款,但是亲友把借款需求的信息扩散,引发亲友的亲友主动找集资人出借资金,集资人作为借款人对此来者不拒,基于集资人是否知情、态度如何,有无具体参与、是否设法加以阻止等主客观因素进行判断。例如,江西省范某国集资诈骗案。[②]

被告人范某国在2006~2011年以做稀土生意需要资金周转为由,以高息为诱

[①] 参见刘为波:《关于审理非法集资刑事案件具体应用法律若干问题的解释的理解与适用》,载《人民司法·应用》2011年第5期。
[②] 参见赣中刑二初字[2012]第20号;赣刑二终字[2013]第00015号。

饵，通过亲友等熟人口口相传（未通过媒体、推介会、传单、手机短信等向社会公开宣传的途径进行宣传），先后向20名亲戚、朋友、生意伙伴非法吸收资金，骗取上述20名人民币1.04亿余元，所骗资金被其用于赌博、支付高额利息等。公诉机关以集资诈骗罪将范某国诉至江西省赣州市中级人民法院。江西省赣州市中级人民法院经审理认为，被告人范某国以非法占有为目的，采用诈骗方法非法集资1.04亿余元，数额特别巨大，并且给国家和人民利益造成特别重大损失，其行为构成集资诈骗罪，公诉机关指控犯罪成立，对其应当依法予以严惩。赣州中院以集资诈骗罪判处被告人范某国死刑，缓期二年执行，剥夺政治权利终身，并处没收个人全部财产。范某国提起上诉后，江西省高级法院二审认为，范某国在向他人借款时并没有通过媒体、推介会、传单、手机短信、公告等途径向社会公开宣传。同时，本案中20名被害人大多数是上诉人范某国的亲友、熟人，少数人是范某国经其亲友、熟人介绍认识的，都是具体的特定的人，而并非社会上不特定的人，即范某国没有向社会公众吸收资金。因此，范某国的行为不具备集资诈骗罪的构成要件，但其行为特征符合诈骗罪的构成要件，成立诈骗罪。江西省高院判决：范某国犯诈骗罪，判处无期徒刑，[①]剥夺政治权利终身，并处没收个人全部财产。

有观点认为，口口相传情形有三种：一是在行为人授意下，其亲友以口头形式向社会公开宣传；二是未在行为人授意下，其亲友擅自以口头形式向社会公开宣传，但之后行为人未予制止或予以了制止；三是无论行为人是否授意，其亲友自始至终未向社会公众进行口头宣传，仅在亲友之间相互宣传。根据主客观相统一的原则，上述三种情形中，第一种和第二种未予制止的情形符合《2010非法集资司法解释》向社会公开宣传的特点，而第二种予以制止的情形和第三种情形不符合。

再次，对于通过口口相传进行宣传的行为，应当结合"集资人"对此是否知情、对此态度如何、有无具体参与、是否设法加以阻止以及防阻措施等主客观因素来认定是否符合公开性特征要件。有观点认为，以通过媒体、推介会、传单、手机信息等途径向社会公开宣传作为公开性判断标准，在实践中并不能实现解释者的初衷，尤其是不能独立解决口口相传是否属于公开宣传。与媒体、推介会、传单、手机信息这些列举的方式相比，口口相传显然具有不同的传播路径，如果集资人采取了口口相传的方式，他人将集资消息扩散，自己"明知吸收资金的信息向社会公众扩散而予以放任"就要承担公开宣传的后果。"口口相传"也有例外情况，比如，行为人不知晓，以为集资款来源于特定人群；行为人在知晓亲朋好友进行了口口相传之后，对来自不特定人员的集资款有退回行为等，这表明集资信息传递到不特定多数人不符合行为人的意愿，不能认定集资具有公开性。[②]

公开性特征非但没有说明和判定非法集资的社会性特征，还得依靠向社会公众

[①] 需要说明的是，当时的刑法对集资诈骗罪规定了死刑，现在已经取消。
[②] 参见孙海泉等：《非法集资若干疑难问题研究》，载《黑龙江省政法干部管理学院学报》2013年第1期。

吸收资金的后果的社会性特征的内容来解围，造成了理论解释的困惑，导致同类案不同判的现象。为此，《2014办理非法集资案件意见》第2条规定："关于'向社会公开宣传'的认定问题""《最高人民法院关于审理非法集资刑事案件具体应用法律若干问题的解释》第一条第一款第二项中的'向社会公开宣传'，包括以各种途径向社会公众传播吸收资金的信息，以及明知吸收资金的信息向社会公众扩散而予以放任等情形"。即别人在宣传或者传播以及符合集资人的期待，导致别人"自愿"投资或者借钱给你的，如果你知晓而不去制止，实质上暗合你的愿望，将其作为非法集资的判断因素是情理之中的事情。但是，这种将公开性包括消极放任标准的规定，在一定程度上等于取消了"主动宣传"要件，不仅会扩大了集资入罪的范围，而且还会使企业入罪也更为容易，这是目前认定非法集资需要关注的问题。

最后，还应注意"公开宣传"与"虚假宣传"的关系。公开性是社会性的基础，包括现实可能性以及期待可能性。也就是说，公开性不限于集资信息事实上已经被公众所知悉，还包括可能被公众知悉的情形。对于公开性不应作孤立的理解，如果过分强调集资活动构成非法集资必须满足面向社会公众公开宣传的要求，有可能会产生荒谬的结论。因此，对非法集资的公开性条件必须结合社会性条件来理解。公开宣传不限于虚假宣传，实践中的非法集资活动通常会以实体公司的名义进行虚假宣传，蒙骗群众。但是，非法集资的本质在于违反规定向社会公众吸收资金，即使未采取欺骗手段进行虚假宣传，因其风险控制和承担能力有限，且缺乏有力的内外部监管，社会公众的利益难以得到切实保障，法律仍有干预的必要。尽管非法集资往往带有欺骗性质，但欺骗性不属于非法集资的必备要件。

3. 利诱性。利诱性源于"有偿集资"，但不同于有偿性，即不包括将一手交钱、一手交货或者现时给付回报类型的商品交易活动，是指集资人向集资参与人承诺在一定期限内以货币、实物、股权等方式还本付息或者给付回报以及回报的承诺。利诱性主要包含有偿性和承诺性两个方面内容。

首先，非法集资是有偿集资。我国对非法集资是以"有偿集资"的有偿性作为打击的逻辑起点。1993年9月，国务院《关于清理有偿集资活动坚决制止乱集资问题的通知》规定，"除股份公司股票、企业债券、短期融资券或金融债券外，禁止其余有偿集资活动。"1999年中国人民银行《关于取缔非法金融机构和非法金融业务活动中有关问题的通知》和2007年发布的《国务院办公厅关于依法惩处非法集资有关问题的通知》均将"有偿性"作为非法集资的一个特征。《2010非法集资司法解释》以此为基础，并从中发展出了包含有偿性和承诺性两个方面内容的利诱性特征。利诱性相较于有偿性特征固然可以将"一手交钱、一手交货"，如电商平台或者微商的交易，或者现时给付回报类型的商品交易排除在非法集资活动之外，则不能完全排除延迟交付的商品经营行为、向多人实施的高利借贷以及当下盛行的网络团购、网上预售等其他未来给付回报的资金聚集活动。

集资作为经济活动是以有偿行为作为常态的。这种有偿性不仅限于集资活动本身，其中为他人向社会公众非法吸收资金提供帮助，从中收取代理费、好处费、返点费、佣金、提成等费用，构成非法集资的帮助行为，应依法追究责任。介绍集资以及传播的有偿性同样也在限制之列。这也是《防范和处置非法集资条例》将违反法律行政法规或者国家有关规定，通过大众传播媒介、即时通信工具公开传播吸收资金信息作为非法集资行为之一的原因。

其次，非法集资具有承诺性。这种承诺一般不仅包括现时的给付回报承诺，还包括将来给付回报承诺即期权利益。在实践中，多数非法集资存在承诺回报，但也存在不明确约定给予固定回报，仅仅采取向投资人展示基金的过往回报业绩、预测投资的收益回报、展示对其他投资人的预期收益等暗示的方式，或者在招募说明书中载明按期支付高额利息、在宣传中默认给付回报等方式。回报的方式，既包括固定回报，也包括非固定回报。给付回报的形式，除货币之外，还有实物、消费、股权等形式；具体给付回报的名义，除了较为常见的利息、分红之外，还有所谓的"工资""奖金""销售提成"等。对于这些"约定不明"或者变相"承诺给付固定回报"如何判定，能否简单地依据"有偿性+承诺性"的组合来认定是否属于非法集资，是值得探讨的问题。以2015年发生的重庆臻纪文化传播有限公司涉嫌非法集资案为例。①

2015年3月17日，重庆媒体刊登了名为《关于重庆臻纪文化传播有限公司涉嫌非法集资案债权登记公告》。《公告》显示，重庆臻纪文化传播有限公司（下称"臻纪文化"）因涉嫌非法吸收公众存款已被渝中区公安机关立案侦查。"臻纪文化"从2010年成立到2015年已成立10～20家门店，发展到3000多名书画经纪人、5000～8000名藏家，营业收入大概10亿元。作为一家注册资本500万元的企业，股东由广州人马某彤和沈阳人韩某两位自然人组成，前者出资300万元，后者出资200万元，持股比例分别为60%和40%。2013年～2014年5月，重庆臻纪自身并无其他资金来源，仅仅依靠代为销售字画和高额返利吸纳投资者资金维持运转，现涉及金额3亿余元。

重庆臻纪以文化艺术交流活动为名，对外宣称在全国范围内签约艺术家提供字画，宣称艺术品增值潜力大，以字画销售、认购收藏、代为保管、委托销售为幌子，以承诺年利率22%～34%投资回报为诱饵，采取签订《收藏协议》《委托销售协议》和《作品委托销售申请确认单》的方式吸纳客户资金。这种订购模式采用会员制。投资者须先购买一幅字画才能成为会员，然后才可认购用于委托销售的字画，销售价格由客户自定。收藏者的画作如果在委托期间难以出售，重庆臻纪的经纪人则会口头承诺公司可"原价收购"。会员制仅仅是一种奖励打折方式，是针对第一次购画后以收藏为目的的藏家没有将画再次委托销售的会员，公司奖励在下次购买画作时给予折扣。投资者委托臻纪文化来销售，双方签订了《委托销售协议》，确定委托销售价格与协议期。如果在协议期未能成交，臻纪文化可以向收藏

---

① 参见卢扬、陈丽君：《重庆臻纪涉嫌非法集资被调查购画返理财是骗局?》，载《北京商报》2015年3月25日。

者支付画作原价一定比例的"定金",来对画作进行锁定,并在合同到期后以原价进行收购。根据具体作品尺幅大小、价格高低等来约定预付"定金",如标价1万~2万元的作品,所得预付定金,所折合的年化收益率约10%,5万元的作品预付定金折年化收益率约12%~15%,10万元的作品预付定金所折合的年化收益率约18%~22%。如果未能成交,还可重新签订《委托销售协议》。画廊签约的艺术家通常是被市场认可的一线画家或升值潜力大的中青年画家,藏家从画廊买画,画廊答应所售作品一年后可以退还,画廊负责加价5%收回。

由于重庆臻纪这种"购画返还理财"经营模式在业内是较为常见的方式,因此,对此是否属于非法集资存在不同观点。有观点认为,如果臻纪文化公司员工在推销中自行向客户承诺投资收益,由于员工的推销行为是职务行为,其行为代表公司。臻纪文化公司如果明知员工在推销中向客户承诺投资收益而予以放任,也难辞向社会公众宣传吸收资金之咎。也有观点认为,重庆臻纪本身没有涉嫌非法吸取公众存款,也没有非法集资之嫌,但是不排除公司高管或者员工以个人名义从事非法集资活动。此案存在以下可供讨论的问题。

一是这种公开推销的行为是否具有非法集资的有偿性。臻纪文化将签约艺术家的字画虚标十倍甚至几十倍价格推销给投资者认购,有的假冒艺术家的名义进行推销。如与该公司签约的成都某学校一教授所画国画,网上公开价格为2300元至1.2万元不等,但其推荐给投资者时标价高达7.5万元。臻纪文化字画销售价格从2万元至500万元不等,依靠代为销售字画和高额返利大肆吸纳投资者资金维持运转,而自身并无其他资金来源,具有吸收资金的特性。臻纪文化要求客户认购字画时必须缴纳部分现金,再通过POS机刷卡支付。经查,2013年~2014年5月,该公司通过POS机刷卡交易资金达5000余笔,涉及金额3亿余元。客户缴纳资金一旦进入臻纪文化账户后,立即转到私人账户。高提成、高返还使其资金链极度脆弱,一旦出现问题可能彻底断裂,导致多数投资人血本无归。[①] 这种公开推销的行为具有利诱性是毋庸置疑的。

二是其中的定金返回是否符合非法集资的回报承诺。也就是说,采用定金双倍返还是否是规避法律的变相承诺。购画销售合同记载:"工作人员在宣传过程中提到的艺术品增值预期,是以前期藏家收藏作品时间和目前有关方面对艺术品市场调查的结果,不是公司对您的未来回报的承诺。由于艺术品收藏是以时间来换取增值的空间,所以收藏时间3年到5年或以上的作品将更易获得增值空间。"对此作出判断的重要因素是这种所谓的定金是否是将来必然发生的。如果是必然发生的,就不符合合同的真实意思表示,在一定意义上属于伪装的民事行为即以合法的形式掩盖非法的目的。公安机关调查发现,马某某等人注册成立臻纪公司以来,向社会宣称全国范围内签约艺术家为其提供字画,鼓吹这些艺术品增值潜力大,打着购买后

---

① 参见闫沁波、汪楠:《涉嫌3亿非法集资重庆臻纪文化"购画返还理财"调查》,载《21世纪经济报道》2015年3月19日。

委托公司销售分红、第三方公司团购增值等幌子，以支付"预付定金"方式定期分红、到期回购返本等高额回报为诱饵向社会公众非法吸收存款。2014年4月8日，重庆臻纪在其官网发表声明称，其后存在"团购方"。然而，"团购方"是否真实存在也是判断承诺的要素之一。承诺的所谓"第三方团购增值"，系虚构的第三方公司，并无任何真实字画交易，实际是用后签约者的资金支付前签约者的定期分红，体现了回报承诺。这种回报的实质与蚁力神的"劳务费"如出一辙。例如，2009年5月25日，辽宁省沈阳市中级人民法院正式公开审理"蚁力神"案件。[1]

2001年之前，王某友以鼎新公司名义开始蚂蚁养殖经营活动。2003年1月，王某友等人出资1亿多元注册成立了辽宁省蚁力神天玺集团有限公司，王某友任法人代表。该集团内有9家企业，主要从事"蚁力神"系列产品的生产和销售，同时还经营生产蚁力神系列产品的主要原料——蚂蚁的租养活动。从2007年8月份起，蚁力神天玺集团有限公司收入和支出出现逆差，资金链开始断裂，无法履行公司与养殖户签订的合同。2007年11月30日，辽宁省蚁力神天玺集团有限公司进入破产程序。沈阳市中级人民法院指定辽宁省有关部门组成企业破产清算组，依法履行破产企业管理人职责，负责企业清算工作。沈阳市人民检察院审查认定，王某友等55人涉嫌合同诈骗等多项罪名。检察机关依法向沈阳市中级人民法院提起公诉。王某友被判处无期徒刑。

对"蚁力神"是否涉嫌"非法集资"不仅媒体对此定罪的质疑最为强烈，而且还存在不同认识。蚁力神集团的下属公司辽宁煦焱蚁力神蚂蚁养殖有限公司的"委托养殖"模式：缴纳蚁种最低保证金一万元人民币，就可以领取2大1小三箱蚂蚁在家养殖，14个半月后，公司约定对蚂蚁进行回收，退还全部保证金并支付3250元劳务费，投资报酬率高达32.5%。[2] 对其经营模式存在不同认识。有的认为，该公司上门收购蚂蚁时，根本不分品质、也不过秤，就是鼓动养殖户继续投资养殖。蚁力神真正目的不是蚂蚁，而是蚁民缴纳的保证金，用后加盟养户交的抵押金给先加盟的养户，以骗取更多养户加盟，属于以拆东墙补西墙的方式持续经营。因为在2005年，蚁力神在册养殖户已达27万户，以每户4.2万元的数据计算，按照三成的返款比例，蚁力神一年的返款额就达到40多亿元。而蚁力神系列产品的年销售额也未超过15亿元。中国人民银行办公厅曾对此模式是否属于非法集资作过批复。中国人民银行办公厅《关于沈阳长港蚁宝酒业有限公司集资活动性质认定的批复》如下：

中国人民银行沈阳分行：
你分行《关于沈阳长港蚁宝酒业有限公司涉嫌非法集资活动性质认定的请示》

---

[1] 参见范春生、张非非：《"蚁力神"案公开审理55人涉嫌合同诈骗等罪》，中国法院网，https：//www.chinacourt.org/article/detail/2009/05/id/359226.shtml。访问时间：2020年4月22日。
[2] 参见钱昊平、高爽：《蚁力神投资神话》，载《新京报》2005年1月21日。

（沈银发〔2001〕61号）收悉。经研究，批复如下：

1999年1月中国人民银行发布的《关于取缔非法金融机构和非法金融业务活动中有关问题的通知》（银发〔1999〕41号）规定，非法集资是指单位或个人未依照法定程序经有关部门批准，以发行股票、债券、彩票、投资基金证券或其他债权凭证的方式向社会公众筹集资金，并承诺在一定期限内以货币、实物及其他方式向出资人还本付息或给予回报的行为。根据你分行所报材料，沈阳长港蚁宝酒业有限公司采取"代养"的方式养殖蚂蚁，实质上是以签订代养合同的形式向社会公众筹集资金，并承诺在一定期限内还本付息的非法集资行为。

该公司以"租养"方式养殖蚂蚁的行为，因养户是通过提供劳务而取得回报，不宜认定为非法集资，其合法性可由工商行政管理部门认定。

对于代养的经营模式的代养一般为非法集资。其代养是由"养户"出资，由公司来养殖，而养户没有养殖，公司支付养户一定回报；而蚁力神天玺公司的委托养殖是养户通过养殖蚂蚁所付出的劳动，而获得劳务报酬。中国人民银行办公厅和银监会先后两次专门向辽宁省及沈阳市政府通报，蚁力神集团公司的委托养殖方式"不认定为非法集资"。[①] 就其代养方式而言，尽管是采取购买蚂蚁的形式，但购买者并不需要养殖蚂蚁，其购买蚂蚁的目的在于期望得到蚁力神公司回购蚂蚁所带来的收益。在租养方式中，因养殖户的目的并非为了养殖蚂蚁而赚取劳务费，而是通过缴纳最低1万元保证金来获得32.5%的投资回报。其租养方式在形式上看，是委托代养蚂蚁，实质是集资性质，而非正常投资活动。[②] 因为投资者的收益与劳务无关，仅仅与"保证金"投资的多少有关，投资于收益相匹配，实质上是一种交易性集资。蚁力神公司与客户签订蚂蚁销售合同、蚂蚁委托养殖合同、蚂蚁回收合同等三种系列合同，承诺客户每窝蚂蚁投资人民币10000元，1年后返还人民币3250元，年回报率为32.5%。那么，是什么导致中国人民银行对这两种蚂蚁养殖模式作出不同性质的认定？中国人民银行在批复中认为，如果投资者的回报来自其自己的努力（如提供劳务），就不构成非法集资。这个出发点是正确的，但如果不仔细考量回报与自己努力之间的关系以及经营模式的可持续性，仍然可能存在缺漏。在蚁力神公司的上述租养安排中，尽管看起来养殖户的利润来自养殖蚂蚁提供劳务，但实际上蚁力神公司支付的劳务费标准大大高于市场上类似劳务的标准，劳务费的支付只是一个幌子，租养的实质乃是以保证金方式收取本金然后支付固定回报的非法集资行为。在蚁力神案件中，蚁力神公司曾经因为类似许官成案的代养安排被认定为非法集资。此后它改变了交易模式，蚁力神公司不再向社会公众出售蚂蚁再代为养殖，而是委托社会公众为公司养殖蚂蚁，但是养殖户需要向公司交纳很

---

① 需要说明的是，2007年8月蚁力神资金链断裂，于同年11月29日，蚁力神公司向法院提出破产申请。此时，蚁力神持有78.8万份养殖合同，涉及保证金228.33亿元（人均3万元）也有人认为，这种模式与我国台湾地区"争养小鸟十姊妹的骗局"相似。

② 参见王荣芳：《合法私募与非法集资的界定标准》，载《政法论坛》2014年第6期。

高的保证金,在养殖期满后,保证金退还,同时公司向养殖户支付较高的劳务费,作为养殖的代价。两种交易模式导致的现金流向一样,区别在于养殖的主体不同,社会公众获取利润的名目不同。正是这种不同,导致中国人民银行曾经认为后一种模式并不构成非法集资。①

三是这种模式是否是一种金融创新模式。重庆臻纪商业模式不同于一般的画廊或艺术品投资公司的简单卖画,主要涉及委托销售、支付高额"定金"锁定书画、口头承诺收购等。其组织内部按吸纳的资金来升级、提成。公司管理结构呈金字塔式,按照总监(总经理)、中心主任、区域总监、业务经理、业务员设定层级。每一层级人员按照吸纳资金多少逐级升职,再按由下向上的层级提取由低到高的业务提成。② 因商业模式是否有偿的核心是其活动有无对价,集资具备投资性就符合有偿性的要求,而有偿集资未必属于投资活动。如果将《2010 非法集资司法解释》中"吸收资金"和"承诺回报"这两个集资的要素分别置换为"交易的投资性"和"投资的被动性"可能获得认识更深刻。前者是指资金提供者为了获得未来的收益;后者是指投资未来的收益主要"依赖集资或者第三人努力",并非来自投资者的自己努力。此观点具有积极的指导意义。

但是,对于非经济领域的公益性集资,即使存在利益的承诺,不宜也不应纳入非法集资的范畴。在经济活动中,有偿行为属于一般或者常态行为,无偿行为属于特殊或者例外,交易方式多样化是趋势,也不宜简单地以存在"有偿性+承诺性"作为判定利诱性的唯一依据,否则会抑制金融模式的创新。例如,明星陈某的微信公众账号推出会员制,关注陈某微信公众账号的粉丝每个月花 18 元就可以成为会员,享受各种增值服务和特权。其微信公众账号主页上分为会员讨论区、行走的力量、写真、新闻、书籍、音乐、语音定制和个人中心等八个栏目,在个人中心,用户可以进行付费成为会员。收费共分为四档,每个月是 18 元,每个季度 50 元,每半年是 100 元,一年则是 168 元。成为会员后,用户可以阅读陈某的书籍,欣赏陈某录制的音乐,查看陈某的私房照,参与会员讨论,定制语音推送。③ 对于微信公众账号开启的商业化经营模式如何认定,是否存在非法集资损害用户利益的行为,对此仅仅依据司法解释来判断依然是个困难问题。以至于有学者认为,"利诱性"条件是风险向危险转化的触发机制,金融性的集资行为如果不承诺回报,在实践中是难以想象的。非法集资者利用资金供给者逐利欲望,才有可能实现集资之目的;集资者许诺高额收益,才能让被集资的人蜂拥而至,在投资热情上不遗余力。然而,集资者以未来给付回报为利诱,才诱使金融参与人提供资金。在商品预售时,卖方接受预售款时也是"承诺在一定期限内"交付实物作为对价,购买人支付

---

① 参见彭冰:《非法集资行为的界定——评最高人民法院关于非法集资的司法解释》,载《法学家》2011 年第 6 期。
② 参见高咏梅:《涉及金额 3 亿余元老板被刑拘重庆臻纪书画传销骗局》,载《华夏时报》2015 年 3 月 21 日。
③ 参见车利侠:《微信账号试水会员制吸金》,载《北京青年报》2013 年 9 月 17 日。

预售款当然是有偿支付,但并不具有投资目的,交易的投资性是辨别集资交易的关键因素。如美国纽约市政府补贴的某个房屋合作公司建立廉租房对外出租的 Forman 案。①

美国纽约市政府补贴的某个房屋合作公司向社会公开出售股票,规定只有购买股票的人才有低价租房的资格。在该房屋公司被以未经注册发行股票起诉后,法院审查认为:该股票并不具有典型股票的一般特征,而是购买者获得低价租房资格的前提条件。美国最高法院认为,在该案中,投资者购买房屋合作公司股份的主要目的是为了获得廉价租房。尽管该房屋合作公司经营住宅小区的商业设施、停车空间以及商业性洗衣机有所收益,并形成了利润,但这些利润是附属性的,其目的不过是为了减少政府的补贴成本。购买人购买股票的目的也不是为了获取这些利润。美国最高法院最终认为:当利润的产生只是附属性的时候,购买者显然并非以获取利润为目的。

美国最高法院界定为"对初始投资的运用导致的资本增值"或者"对投资者资金运用获得的收益分享"。换句话说,利润是投资的收益或者投资后的资本增值。当购买者以使用或者消费购买产品为目的时,该交易也不会构成投资合同。② 正是在这个意义上,"利诱性"条件才成为风险向危险转化的触发机制。不管承诺的回报是确定的还是不确定的,只要有"触发"危险的可能机制存在,均可被认定存在非法集资的利诱性。但是,要正确区分非法集资回报和合法投资的回报,关键要看投资者的回报是基于提供的资金还是利用资金获得收益,前者为非法集资的回报;后者则是投资的正当回报。

4. 社会性。是指向"社会公众即社会不特定对象吸收资金"。社会性是非法集资的本质特征,禁止非法集资的重要目的在于保护公众投资者的利益,此种行为的危害性也在于涉众性。《2010 非法集资司法解释》第 1 条第 2 款规定了"未向社会公开宣传,在亲友或者单位内部针对特定对象吸收资金的,不属于非法吸收或者变相吸收公众存款"是对特定关系的界定。而《2014 办理非法集资案件意见》第 3 条规定,"关于'社会公众'的认定问题""下列情形不属于《最高人民法院关于审理非法集资刑事案件具体应用法律若干问题的解释》第一条第二款规定的'针对特定对象吸收资金'的行为,应当认定为向社会公众吸收资金:(一)在向亲友或者单位内部人员吸收资金的过程中,明知亲友或者单位内部人员向不特定对象吸收资金而予以放任的;(二)以吸收资金为目的,将社会人员吸收为单位内部人员,并向其吸收资金的。"《2010 非法集资司法解释》继承《关于取缔非法金融机构和非法金融业务活动中有关问题的通知》的规定,将社会性作为非法集资的本质特征。

---

① United Hous. Found. Inc. v. Forman, 421 U. S. 837 (1975), p. 855.
② 参见彭冰:《非法集资行为的界定——评最高人民法院关于非法集资的司法解释》,载《法学家》2011 年第 6 期。

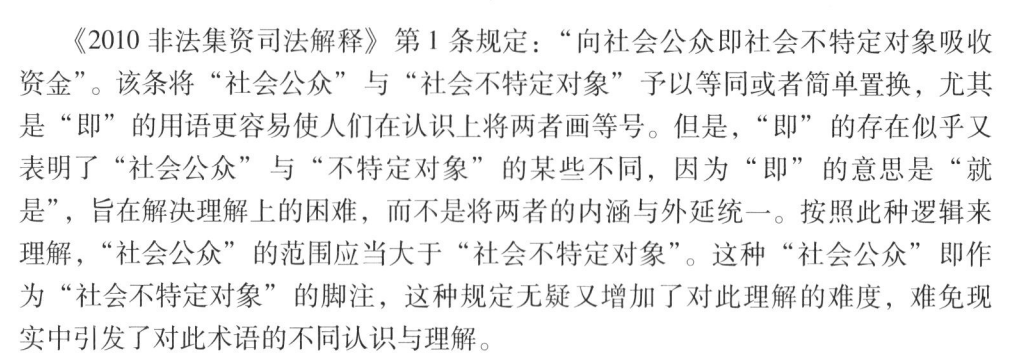

《2010非法集资司法解释》第1条规定："向社会公众即社会不特定对象吸收资金"。该条将"社会公众"与"社会不特定对象"予以等同或者简单置换，尤其是"即"的用语更容易使人们在认识上将两者画等号。但是，"即"的存在似乎又表明了"社会公众"与"不特定对象"的某些不同，因为"即"的意思是"就是"，旨在解决理解上的困难，而不是将两者的内涵与外延统一。按照此种逻辑来理解，"社会公众"的范围应当大于"社会不特定对象"。这种"社会公众"即作为"社会不特定对象"的脚注，这种规定无疑又增加了对此理解的难度，难免现实中引发了对此术语的不同认识与理解。

（1）对于"社会公众"的认识。有论者认为，对"社会公众"判断标准应当考虑以下两个因素。一是出资人属于社会公众，而非是内部人员。这是非法集资有别于民间借贷的重要特征，在许多案件中也是区分罪与非罪、此罪与彼罪的关键问题。如何认识与理解公众范围呢？集资通过"中间人"的介绍而直接出资的人是否属于"公众"。所谓"中间人"，是指在出资人和集资人之间牵线搭桥，从而使出资人和集资人之间发生资金关系的人。资金关系包括直接的资金关系和间接的资金关系。间接的资金关系是指出资人的资金到达集资人之前必须先到中间人那里，中间人仅是集资款的中转站。直接资金关系是指出资人直接将资金交给集资人。例如，南京卷烟厂工会职工陈某君非法集资案。[①]

南京市职工互助互济会确以保险加利息的形式向职工吸收过资金，后因中华全国总工会认为不合规，要求其取消了此收款行为。2002年左右，由南京市总工会牵头，南京卷烟厂工会以6%的年利息为南京市总工会下属企业南京天丰投资管理有限公司吸收存款，以帮助安置下岗职工再就业。因其行为不合规，南京市总工会给南京卷烟厂下文终止吸存合同。但南京卷烟厂并没将此真实情况通知给职工，而又以丰正投资公司的名义向职工继续吸收存款。两年后，又将丰正投资公司改成了维尚科技（南京）有限公司。2014年7月以前，陈某君作为南京卷烟厂工会的一名普通干部，后被调往包烟组。2014年7月，南京市玄武区检察院在追查其他案件时，发现了陈某君有大额资金往来的迹象。检察院传唤了陈，并询问了有关集资的情况。因不涉及公款，陈隐瞒了大量吸收存款的真实情况，故检察院未对陈采取其他措施，明确要求其停止非法集资活动。2015年，因集资案件不涉及公款，检察院将案件移交给玄武区公安分局侦办。在公安机关办理此案时陈某君突然失联。"经公安部门缜密侦查并通过科学鉴定，主要涉案人员陈某君已经死亡，综合各方面因素，确定为自杀。"

在此案中，职工反映，"能在陈某君那里存钱的几乎都是本厂的在职或退休的职工，如不是本厂的职工，想把钱存到陈那里，她是不会收的。如要存，也只能以

[①] 参见张贵志、刘立民：《工会干部吸存职工资金2.5亿失联　南京卷烟厂深陷非法吸存风波》，载《法治周末》2015年6月30日。

本厂职工名义存"。那么，对此案的社会公众如何认识则是至关重要的问题。实践中仅仅从社会公众作出认定相对困难，而从社会公众的不特定性来理解相对容易，以至于司法解释采用"社会公众即社会不特定对象吸收资金"的规定。

（2）对"不特定性"的认识。理论上对何为"不特定性"认识存在分歧。有学者认为，应从集资对象是否具有不特定性或者开放性方面来界定"社会公众"，而不能仅仅因为集资对象人数众多就可认定为"社会公众"。之所以如此强调，是因为有些集资人往往利用信息不对称的优势使投资者在不了解相关信息和潜在风险的情况下盲目进行投资。① 也有论者认为，不特定说明人员的延散性、不可控性和可波及范围的广泛性，是把握公众含义的重要向度，但是，在人数多且特定的情况下，如果否定其公众特征有可能会不适当地排除对某些具有实质违法性行为的处罚。对于单位限于内部吸收资金，需结合具体案情中的存款性质和行为方式等考察，如果单位规模较大，向职工与家属吸收存款的人数和数额较多，且符合其他构成要件的，可以认定构成非法吸收公众存款罪。② 如果"将特定多数人也纳入社会公众范围，必然扩大吸收公众存款行为的外延，有出入人罪之虞"。对不特定性如何认识便成为理论与实践难以把握的问题。对以下问题上需要特别关注。

第一，不特定是否包括"特定多数"问题。如果"不特定"不包括"特定多数"，是否与"社会公众"的"众"的含义相矛盾。对《2010非法集资司法解释》将"公开宣传"作为反映非法集资对象广泛性的规定解释起来存在困难。特别是其规定的"未向社会公开宣传，在亲友或者单位内部针对特定对象吸收资金的，不属于非法吸收或者变相吸收公众存款"，在一定程度上增添了对此解释的难度。如果不考虑社会成员的自由融资权，不考虑集资的投资性，仅仅追求金融管理有秩序，将"不特定对象"理解为"不特定少数"还是"不特定多数"抑或"特定多数"时，会将向少于200人的不公开宣传也认定为"社会公众"。如组织、领导传销活动罪的定罪门槛是3层30人，在传销人员层级方面必须达到3层，发展的传销人员方面必须达到30人以上，可以通过会员的账号数作为犯罪的人数予以认定，在虚拟空间中虚拟身份作为"真实"人数对待，超过了作为底线的数额/数量（如金额、物数、人数、次数、人次等）指标，可以采取以"身份证＋电话号码"予以确认。社会性特征不仅仅是一个数量判定，还应考虑其他社会因素。因此，对于集资对象是采取形式上的数量规则，还是考虑通过数量控制来判断保护公众利益，对此需要进行实质性判定，这是认定不特定的关键性因素。国外在不特定对象的认定上采取实质认定方法，原则上无数量限制。我国的金融制度不健全，监管措施落后于资本市场发展，在考虑这一因素上也应以集资者质量为主要评判因素，同时辅之以集资者数量。我国实践已存在一些类似的做法。如《信托公司集合资金信托管理办法》第5条第3项规定："单个信托计划的自然人人数不得超过50人，但

---

① 参见刘宪权：《刑法严惩非法集资行为之反思》，载《法商研究》2012年第4期。
② 参见谢望原：《非法吸收公众存款罪疑难问题探究》，载《法学评论》2011年第6期。

单笔委托金额在 300 万元以上的自然人投资者和合格的机构投资者数量不受限制。"这种实质化认定虽然较为复杂,但足以避免对不特定对象的完全数量化、形式化认定,可以防范认定的随意性。

第二,"不特定"是指集资对象的不特定还是指集资款来源的不特定问题。在处置非法集资类案件中,时常以集资对象是"亲友""单位内部成员"作为无罪抗辩理由。根据司法解释的规定,如果集资对象限于亲友或者单位内部,则不属于非法吸收或者变相非法吸收公众存款。那么,如何解决目前我国存在的"杀熟"而引发的传销类犯罪呢?如果机械地按照上述规定执行,可能造成部分传销类的案件无法认定,存在对危害社会的传销行为被放纵的嫌疑。有论者认为,不能武断地认为只要具有了"亲友""单位内部成员"的身份,就一定能够被认定为"特定对象"。那么,如何在亲友或者单位内部界定"特定对象"与"不特定对象"。[①]《2010 非法集资司法解释》规定:"在向亲友或者单位内部人员吸收资金的过程中,明知亲友或者单位内部人员向不特定对象吸收资金而予以放任的"应当认定为向社会公众吸收资金。集资者认识的内容不仅要包括集资对象是否属于"亲友或者单位内部的特定对象",还要认识到上述对象有无向不特定对象吸收资金。"不特定对象"是与社会公众对应的概念,解读"不特定对象"应当在"失控"的层面以及不受限制随时参与进行理论诠释。"不特定对象"无非是指集资行为指向的对象范围处于随时可以增加的状态。其真实含义乃是指对象的数目不特定或者说非法集资的规模处于不特定。就单个字含义进行解析,难以得出较为妥当的结论。例如,行为人向自己的亲朋好友、同事同学、战友难友、微信闺蜜等特定对象进行非法集资,但这些特定对象通过此类关系链条能够轻易扩展成规模极大的群体,此时能否认定行为人面向不特定对象进行集资呢?有论者主张借鉴美国法律的做法,将"不特定对象"的判断标准委之于行为人与集资对象之间是否存在"实质性的联系"。这种观点具有一定的合理性,但纳入实质性判断借助于"实质性联系"来判断却具有相当大的模糊性。不仅如此,是否具备"实质性联系"与非法集资行为制造危险之间也缺乏足够清晰的因果脉络。因此,"实质性联系"标准似乎无法取代"失控"标准,但不失为理论解读的参考。例如,浙江省发放"地基卡"案。[②]

1999 年 10 月份,浙江省苍南县龙港镇池浦村众多村民集体向村委会提出要求发放"地基卡"。村委会主任被告人赵某飞便主持召开村民委员会会议决定,村委会以预收宅基地街道设施费的名义,向本村村民收取集资费用于村集体建设。决定要求村里 23 周岁以上男性村民均可认领 1 份,每份人民币 1 万元。会后,村委会向全村符合条件的 438 人收取集资费共计人民币 438 万元。案发后,被告单位已全部退清集资款。检察机关以非法吸收公众存款罪提起公诉。审理法院认为,本案被告人客观方面实施了向不特定的群体吸收存款的行为,而被告单位苍南县龙港镇池

---

① 参见孙琳、王琳:《非法集资犯罪"不特定公众"的司法认定》,载《犯罪研究》2013 年第 5 期。
② 参见刑事判决书 [2000] 苍刑初字第 492 号。

浦村村民委员会在村民的要求下以预收街道设施费的名义向本村 23 岁以上的男性村民收取集资费，其集资对象是特定的，此行为的客观要求与非法吸收公众存款罪的客观要求不符。故被告单位的行为不构成非法吸收公众存款罪，被告人赵某飞的行为亦不构成犯罪。

但是，有论者认为法院判决是错误的，因为 23 周岁以上男性村民完全符合不特定对象的条件，应当认定为非法集资。一般而言，不特定的社会对象具有以下三个特征：第一，出资人与吸收人之间没有联系或者关系，其关系具有不确定性；第二，出资人有可能随时增加，具有数量上的不确定性；第三，出资人没有限制和选择，主体身份的不确定。基于以上特征考虑，出资人数的规模、数量与身份，仅仅是判断是否具有社会性特征的一个方面，通常情况下，可以从对象的广泛性推断出对象的不特定性，但不能以广泛性的判断取代对不特定性的判断。《证券法》规定了向特定对象发行证券累计超过 200 人的属于公开发行行为。证券法从证券发行的特点出发，推定超出 200 人的发行行为具有公开性，但不宜将该标准适用于所有非法集资行为的认定。对于其他非法集资行为的社会性特征的判断，需要具体情况具体分析，不宜一概而论。司法解释在起草过程中曾有意见认为，亲友等特定对象的认定应与出资人员的规模、数量挂钩，是否作为特定对象存在一个由量变到质变的过程。司法解释对此仅仅作了原则性的规定，未再进一步根据集资对象的规模和数量作出"一刀切"式的规定，这种做法应当说是理性的。对于不特定性可以从以下几个方面考虑：一是双方认识及交往的基础、持续时间和巩固程度；二是借款的基础和目的，是基于单纯的投资获利还是基于朋友的情谊帮扶获利。如果借款人在所谓的朋友或者熟人之间以高额利息或者其他回报为诱饵进行资本运作，仍可以认定向不特定对象吸收资金。

（3）对于近亲属以及亲友的认识。由于我国是一个熟人社会，对于亲属的认定需要从传统习惯上考虑，其认定也应符合大众的心理预期。近亲属是指以血缘或者姻缘关系为基础或者有着长期共同生活的经历，在经济利益上存在着一定的关联性或者一致性，即使近亲属之间发生的资金流动，也具有相对的封闭性，一般不宜界定为社会不特定公众。至于近亲属的范围是参考《刑事诉讼法》规定"夫、妻、父母、子女、同胞兄弟姐妹"还是《民法典》第五编婚姻家庭第 1045 条规定的"配偶、父母、子女、兄弟姐妹、祖父母、外祖父母、孙子女、外孙子女"。我们认为，非法集资涉及财产犯罪，应当扩大近亲属的范围，不应仅仅局限法律的规定。近亲属可以认为是特定对象，但实践不宜扩大"社会公众""不特定人"的范围，不应将有些案件的兄弟、岳母、表妹等一些基于亲属关系的借款列入非法集资额。

对于近亲属以外的其他亲属的认识。由于此类亲属具有一定程度的开放性，因此，既不能一概认为是"特定对象"，也不宜全盘归入"不特定对象"的范畴，否则会导致案件认定的宽严失据。对于近亲属以外的其他亲属能否属于"特定"的集资对象,需要在确定亲属关系的基础上进一步判断彼此之间日常关系是否紧密,以此作为判断的重要指标。如果日常交往密切、关系亲近的,即使是远房亲戚,也应认定为"特定对象";反之,即使是血缘或姻亲关系较近的亲戚,如果平时彼此不常走动、较少联系,也可认为是"不特定的对象"。这里仅仅是扩大"间接公众"范围,但不可无限度地扩大"公众"和"不特定社会人"的含义。因为借债不可能去追问上家债的来源,亲友借款的上家也没有义务去知悉,维护民间借贷的民间特性。

对于亲友的认识。"朋友"的概念在现代社会已经泛化,应当承认由于现代社会通信便捷及多样化,社会网络能够无限放大,对于集资人以"朋友"关系来主张出资人系特定对象的,需要特别慎重,不能仅仅以"曾经认识""认识多年""经常交往""网络朋友"等因素作为唯一的认定标准。在起草《2010 非法集资司法解释》过程中有意见提出,亲友的内涵不清,外延模糊,可能会给非法吸收公众存款的认定造成新的困扰。比如,亲友的亲友能不能认定为亲友,素有业务往来的客户是否属于亲友范围等,实践中均不无疑问。亲友只是特定对象的具体化,实践中判断是否亲友,关键在于对象是否特定。① 2015 年 12 月 30 日,河南省高级人民法院、河南省人民检察院、河南省公安厅《关于办理非法集资刑事案件适用法律若干问题的指导意见》规定:"亲友,主要包括基于婚姻、血缘关系的配偶、父母、子女、兄弟姐妹、祖父母、外祖父母、孙子女、外孙子女和有证据证明平时关系密切、交往频繁的其他亲友,亲友的'亲友'不能再认定为非法集资行为人的亲友。"《2019 办理非法集资案件意见》规定:"非法吸收或者变相吸收公众存款构成犯罪,具有下列情形之一的,向亲友或者单位内部人员吸收的资金应当与向不特定对象吸收的资金一并计入犯罪数额:(一)在向亲友或者单位内部人员吸收资金的过程中,明知亲友或者单位内部人员向不特定对象吸收资金而予以放任的;(二)以吸收资金为目的,将社会人员吸收为单位内部人员,并向其吸收资金的;(三)向社会公开宣传,同时向不特定对象、亲友或者单位内部人员吸收资金的。""非法吸收或者变相吸收公众存款的数额,以行为人所吸收的资金全额计算。集资参与人收回本金或者获得回报后又重复投资的数额不予扣除,但可以作为量刑情节酌情考虑。"这在一定意义上固化了一些不合理的认识,影响了我国资本交易市场的发达。

(4)对于单位内部成员的认识。在现代社会,企业规模的扩大,意味着对企业员工之间行为制约性的缩减。也就是说,私人之间的行为难以受到企业规范的约束和管制,容易出现扩散的情形。由于企业内部的员工和员工之间存在很大程度的开放性,对于彼此之间存在特定关系的认识也应当顺应时代发展。1993 年国务院《关于坚决制止乱集资和加强债券发行管理的通知》规定,坚决制止各种违反国家有关规定的集资。任何地区、部门、企事业单位和个人,一律不得在国务院有关规

---

① 参见刘为波:《非法吸收公众存款与内部集资的区分》,载《中国审判新闻月刊》2011 年 7 月 5 日。

定之外，以各种名义乱集资；对已搞的高利集资，要分别不同情况，分别不同情形区别对待，妥善处理。国务院《关于清理有偿集资活动坚决制止乱集资问题的通知》要求，各地区、各部门及各单位举办的向出资人还本付息或者支付股息、红利的有偿集资（不包括国家统一筹措国债和出资人依法共同出资组建各类企业、公司）活动，除本通知第二条规定的外，一律暂停；禁止国家机关、事业单位向内部职工或者社会公众进行有偿集资活动；禁止社会团体举办还本付息或者支付股息、红利的有偿集资活动。1998年国务院办公厅转发《中国人民银行整顿乱批设金融机构和乱办金融业务实施方案的通知》规定，企业通过公开发行股票、企业债券等形式进行有偿集资，必须依照有关法律、行政法规的规定，经国务院主管部门批准。在国务院对企业内部集资明确作出规定前，禁止企业进行内部有偿集资，更不能以企业内部集资为名，搞职工福利。单位内部集资的关键是集资对象限于单位内部职工以及集资资金用于单位内部活动，在实践中单位集资情形较为复杂，对于单位内部成员的界定应当区别对待。对于单位内部主要是指单位内部的职工。如某大学控股企业某生物工程股份有限公司非法集资案。某大学控股企业某生物工程股份有限公司向该大学退休教职员工集资用于生产螺旋藻，承诺高额回报。该案集资单位是公司，集资群众是大学教职员工，然而，大学与公司的职能不同，不能因为公司是大学设立的就视为是单位内部。又如，某区财政局出资或者借款设立两家公司，以10%的年利率向700多名区属行政事业单位工作人员集资3297万元，用于该区陶瓷产业基地等项目建设。因该区行政事业单位工作人员与集资单位并无任何隶属关系，不属于单位内部的集资。实践中发现存在"名义出资人"与"实际出资人"不符的情形，即表面上"出资人"都是单位内部职工，但由于某种原因（如单位给职工施加压力、职工的亲友见有利可图主动要求参与等）导致大量资金来源于非单位职工，此种情形需结合主客观情况进行综合判断。那么，集资人既向单位内部职工又向社会上的人集资如何认定其集资人数呢？因为司法实践对"公众"的界定不同，不仅是否构成犯罪问题存在性质上的差异，同时犯罪数额也随之不同，其刑罚的轻重也存在不同。如果出资人被限制为亲友或者单位内的成员，那么这些对象就不具有社会性；如果集资对象全部都是亲友或单位范围外的人，那这些对象当然具有社会性。如果集资对象里既有内部（亲友或单位）的人，又有外部的人，这些人是否均包括在"公众"内的，倘若如此，他们的出资也应纳入该案的犯罪数额。集资对象同样都是包括内部（亲友或者单位）的人，也包括外部（社会）的人，如果有证据证明向这些对象集资是在一个犯意支配下，这些对象就会作为整体被评价为"公众"。从打击非法集资的视角出发，对既有内部又有外部的人时的集资对象可以作整体评价，统一认为"社会公众"；从非法集资的"出罪"视角来看，需要将内部人员剔除，否则与"社会公众"限定的社会不一致。以湖南省湘西土家族苗族自治州中级人民法院审理的"姜某秀等非法吸收公众存款案"为例。①

　　2004年7月29日,秦某树、姜某秀二人投资成立秦简茶公司,主要从事茶叶种植、加工、销售和日用陶瓷制造、销售,注册资本人民币500万元,法定代表人为秦某树,总经理为姜某秀。2007年初,秦某树与姜某秀得知酒鬼酒股份有限公司及酒鬼酒供销有限公司要通过竞标的方式拍卖其所属的保靖四方陶瓷公司,遂打算将该公司收购。由于资金紧张,姜某秀首先发动亲朋好友及公司职工,并动员他们发动自己的亲朋好友参与秦简茶公司的集资。后姜某秀亲自到卡棚瓷厂发动职工及亲朋好友集资。7月4日,秦简茶公司以2200万元的价格购买了四方陶瓷公司,姜某秀用集资款支付首付款500万元,后通过以货款抵偿转让款等形式分期支付余款。该案的集资最初主要由姜某秀联系或办理集资手续,王某艳偶尔按照姜某秀的电话指示办理,秦某树也办理了少量自己联系户的手续。为了保证四方陶瓷公司正常进行运转,秦简茶公司的非法集资规模逐渐扩大,王某艳也负责办理相关的集资手续。2008年中期,秦简茶公司向社会集资的金额越来越大,支付的利息越来越多,而秦某树、姜某秀二人拥有的公司经营收入远远不能支付集资的还本付息,便向建设银行等金融机构申请贷款,用于偿还前期的集资款本金及利息。从2007年1月14日起至2009年4月15日止,秦简茶公司面向社会集资累计总金额7300.2万元,其中姜某秀经手5650.155万元,秦某树经手628万元,王某艳经手970.295万元,其他人经手51.75万元;累计参与集资人数345人,累计归还本金5679.44万元,支付利息837.5807万元。至案发时止,仍有集资本金1620.76万元无法归还。2011年3月8日,保靖县处置非法集资领导小组办公室经过确认,经过变卖未抵押资产和追缴利息,按照45.8%比例清退清偿,清退集资款626.9797万元,清偿其他未抵押债务133.8459万元,合计760.8256万元。租地费、风险抵押金、工资等债务已按100%清偿。尚欠集资本金993.78万元无法归还。

　　一审法院认为,被告单位秦简茶公司未经有关金融主管机关批准,擅自面向社会不特定的公众吸收资金7300.2万元,数额特别巨大,且造成集资户重大经济损失共计993.78万元,其行为触犯《刑法》第一百七十六条第二款的规定,应当以非法吸收公众存款罪追究刑事责任。被告人秦某树、姜某秀在犯罪中起了决定、批准、指挥的作用,且均亲自参与了收取集资款,办理集资手续,系对秦简茶公司非法集资直接负责的主管人员;被告人王某艳积极帮助秦简茶公司非法集资,在具体实施犯罪中起一定作用,系秦简茶公司非法集资的直接责任人员。三被告人的行为均触犯《刑法》第一百七十六条第一款的规定,均应以非法吸收公众存款罪追究刑事责任。在单位犯罪中,姜某秀超越职权,擅自利用秦简茶公司的名义向社会公众集资,作为公司董事长的秦某树知情后,认可其行为,且参与集资,均起主要作用,均系主犯。应按其组织、指挥的全部犯罪处罚;王某艳受指派参与非法集资,

---

① 参见湖南省湘西土家族苗族自治州中级人民法院刑事判决书[2011]州刑二终字第23号。

主观故意小，情节显著轻微，所经手的集资款数额相对较小，起次要作用，系从犯。且没有得到任何好处和回报，应当减轻处罚。被告人秦某树、姜某秀在案发前给集资户退还了本金5679.44万元，支付利息837.5807万元。三被告人犯罪后，认罪态度好，有悔罪表现，可以酌情从轻处罚。根据王某艳的犯罪情节和悔罪表现，适用缓刑可不致再危害社会，对其可以宣告缓刑。依照《刑法》第一百七十六条第一款、第二款，第二十五条第一款，第二十六条第一款、第四款，第二十七条第一款、第二款，第七十二条第一款，第五十二条的规定，判决：一、被告单位保靖县秦简茶科技开发有限公司犯非法吸收公众存款罪，判处罚金人民币300000元。二、被告人姜某秀犯非法吸收公众存款罪，判处有期徒刑六年，并处罚金人民币200000元。三、被告人秦某树犯非法吸收公众存款罪，判处有期徒刑五年，并处罚金人民币200000元。四、被告人王某艳犯非法吸收公众存款罪，判处有期徒刑三年，缓刑四年，并处罚金人民币50000元。

被告人姜某秀、秦某树认为，他们没有宣传集资，其向亲友、内部职工的集资金以及企业间的借贷款应在犯罪数额内剔除。而湘西州检察机关提出，姜某秀、秦某树直接找集资户集资，经手集资手续，姜某秀还动员职工告知亲属集资，二人的行为即是宣传非法集资。法院认为，姜某秀、秦某树未对集资对象作出特定的限定，集资户既有他们认识的人，也有不认识的人；既有亲友、二人所经营单位的职工，也有经亲友推荐或主动要求集资的其他人员。表明秦简茶公司非法集资对象不是少数个人或者是限定特定的范围，而是属于不特定的公众范畴，即二人所称应剔除的金额属于"公众存款"，应计入犯罪数额，故二人的辩护理由不能成立。法院对被告人提出的辩护理由不予认可，那么是否意味着指控或者法院认定的事实就成立呢？河南省安阳市北关区法院审理的"田建周非法吸收公众存款案"却提出不同的答案。[①]

公诉机关指控，1995年5月5日，由安阳县建设银行工会申请，安阳县建苑物资贸易中心注册成立。在1996年1月~1999年2月，安阳县建苑物资贸易中心未经中国人民银行批准，以月息2分，半年结算的方式，向安阳县建行内部职工和社会人员共144户非法吸收公众存款。经审计，非法吸收公众存款金额累计6343938.50元，退款金额4836076.00元，余额为1582808.00元。安阳县建苑物资贸易中心于2000年8月23日被安阳市工商行政管理局吊销。

被告人田某周辩称：他是在安阳县建行行长同意下，为了给建行职工搞福利，贸易中心从1995年开始向县建行内部人员集资，最多230万元，起诉书指控的金额与事实不符。另外，其未向社会公众集资，不构成非法吸收公众存款罪。辩护人辩称：本案未向社会公开吸收存款，只是对内部职工，且利息没有明显高于银行利息，未侵害国家金融秩序，不应按非法吸收公众存款罪定性，涉案金额中应减去正

---

① 参见河南省安阳市北关区人民法院刑事判决书［2008］北刑初字第64号。

常借款金额。

法院经审理认为，安阳县建苑物资贸易中心未经中国人民银行批准，以单位名义变相吸收社会公众存款，被告人田某周作为安阳县建苑物资贸易中心法定代表人，已构成非法吸收公众存款罪，公诉机关指控罪名成立。关于公诉机关指控被告人非法吸收公众存款金额6343938.50元的公诉意见，经查，其中5208834.50元系内部职工集资，并非针对社会不特定公众，故应当从指控金额中剔除，被告人非法吸收公众存款的数额为1135104元。关于被告人田某周及其辩护人辩称未向社会公众集资，不构成非法吸收公众存款的辩护意见，经查，建苑物资贸易中心除对内部职工集资外，还非法吸收社会公众存款1135104元，已构成非法吸收公众存款罪，故该辩护意见与事实不符，本院不予采纳。

对认定单位内部集资，有学者认为，关键在于两点：一是集资对象仅限于单位内部人员。我国刑法中的单位有其特定的含义，包括公司、企业、事业单位、机关、团体等组织。一个公司当然是刑法意义上的一个"单位"；以单位内部的分支机构或者内设机构、部门的名义实施犯罪，违法所得主要归单位的分支机构或者内设机构、部门所有的，也构成单位犯罪，此时单位内部的分支机构或者内设机构、部门也是刑法意义上的"单位"。而公司及其控股公司、关联公司涉及多个法人单位的，不能笼统作为一个单位处理。如果集资群众来源于多个法人单位，或者来源于一个公司和公司外其他社会人员，都不能视为是单位内部人员。既向单位内部职工又向社会公众集资的，因整个吸收资金行为是在同一个犯罪意愿支配下统一进行的，可以认定为刑法上的一个行为，故应将所有资金统一认定为非法吸收公众存款的数额，而不应依据存款人是否属于单位内部职工进行区分。二是集资资金必须用于单位自身的生产经营活动。用于单位生产经营活动是单位内部集资不作为非法集资处理的重要前提。这类集资行为得以正当化、合理化的重要依据在于，单位与职工利益攸关，其集资取之于单位职工、用之于单位；其集资规模和风险具有可控性，资金用途具体明确；其集资行为必须通过一系列审批程序。如果集资与单位生产经营活动无关，其集资行为不属于"单位内部集资"，就具备了构成非法吸收公众存款罪的条件。[①] 因此，需要厘清"不特定对象"与"向社会公开宣传"的关系，不应将单位内部的所有人员不加区分一概认定为特定对象，既要考察受众接受集资信息的方式，也要判断向社会公开宣传行为的主观心态，体现主客观的统一。

一是从刑法将特定对象作为非法集资的认定要素来看，由于集资人行为针对的对象范围有一定的封闭性，集资人数较有限，社会危害性较小，从打击的必要性与成本上考虑可以从宽掌握，即从定罪的层面上需要严格把握，不宜将一些有分歧的特定对象作为犯罪的人数计算。

二是从国家秩序保护的层面来讲，由于集资人的行为实际已扩散到社会上，形

[①] 参见苗有水：《两方面准确把握非法集资犯罪中的"不特定对象"》，载《检察日报》2018年3月26日第3版。

成了一定的开放性的规模,国家金融秩序此时所承受的是集资人所有集资的数额带来的冲击,而非仅从不特定对象筹集到资金的冲击,犯罪数额不涉及定罪仅涉及量刑时,可以作紧缩性解释,按照刑罚的谦抑性作出合理判断。

三是从出资人资金保护来看,如果集资范围超出了特定对象的范畴而延伸扩展到社会不特定对象,那么集资人对于出资人还本付息的能力就会大幅度下降,这种下降的风险要由所有的出资人共同承担的,一般不分内外。此时无论是特定对象还是不特定对象,其投入的资金均将面临同等的安全风险。基于此情况,对特定对象的集资款应纳入非法集资的犯罪数额,以便刑法进行统一的规制和保护。但"向特定对象集资"作为免责条款时,需要特定对象形成一个封闭的范围,即绝大部分的集资对象为特定对象。这个封闭范围一旦被打开,必然造成更多的不确定性,将所有集资款均认定为非法集资的数额并无不妥。例如,北京市第二中级人民法院审理的"黄某胜被控非法吸收公众存款宣告无罪案"。[1]

北京市东城区人民检察院指控称:北京华帝凯工艺包装制品公司系 1994 年注册成立的股份合作制企业,被告人黄某胜先后担任该公司总经理及法定代表人。1995 年 4 月~1996 年年底,为解决北京华帝凯工艺包装制品公司经营资金紧张的问题,被告人黄某胜擅自决定,采用承诺支付 24%~120% 不等高额年息的方式,在北京市东城区东四五条 137 号北京市日化三厂门前及朝阳区西坝河 11 楼 1505 号陈某家中等地,由其本人直接非法吸收北京园林服务咨询公司经营部等单位及宋某兰、陈某等人的资金,或者通过陈某向马某祥、孙某茹、陈某等 31 人非法吸收现金,共计人民币 216.7 万元。后因该公司经营不善连续亏损及未能及时收回货款,致使 113.7 万元资金无法返还。2004 年 12 月 24 日,北京市公安局东城分局将正在黑龙江省哈尔滨市松花江监狱服刑的黄某胜解回至北京市东城区看守所。公诉机关提供了书证、证人证言、被害人陈述、被告人供述等证据,提请依据《中华人民共和国刑法》第十二条及全国人大常委会《关于惩治破坏金融秩序犯罪的决定》第七条第一、二款,以非法吸收公众存款罪对被告人黄某胜判处刑罚,同时提出,此案为单位犯罪,因华帝凯公司已注销,故只追究直接责任人黄某胜的刑事责任。

被告人的答辩及其辩护人的辩护意见:被告人黄某胜辩称:(1)其与陈某约定的利息在 3% 左右,故起诉书认定的年息达到 120% 不是事实;(2)其只是向陈某借钱,大多数人其均不认识。辩护人的辩护意见为:(1)黄某胜在主观上不具有非法占有他人财物的目的,其行为属于一般借贷行为,只能按债务纠纷处理,不能以犯罪论处;(2)在客观上,黄某胜没有向不特定的个人借款,不符合非法吸收公众存款罪的特征;(3)黄某胜借款均用于生产经营,且所约定借款利息没有显著超出同期银行利率;(4)在客观方面,不存在扰乱国家金融秩序的行为。民间借贷关系法律上是允许的,只是利率超过国家规定的限度后,对于这种借贷在法

---

[1] 参见北京市东城区人民法院〔2005〕东刑初字第 376 号判决书;北京市第二中级人民法院〔2007〕二中刑终字第 1677 号裁定书。

律上不予保护。本案出借人在出借款项时就具有风险意识，没有给社会造成不良影响。法院认为，被告人黄某胜仅直接向陈某、郝某卿等少数对象借款，借款对象均与其具有相对特定的关系，不构成非法吸收公众存款罪。

对于为非法集资而将社会人员吸收为公司工作人员，继而向他们吸收资金的，不宜认定单位内部集资。但对实践中通过公开招聘，在聘用同时向应聘人员筹集资金，集资参与者参与集资的同时即成为公司的员工，以传销方式实施的非法集资较为多见。对于先将社会人员聘为单位员工，之后再向其吸收资金的问题具有一定的隐蔽性。以某果蔬加工有限公司非法吸收公众存款案为例。该公司通过设立连锁超市，聘用超市经理和代理人员，采取推广公司高科技产品，发展"促销员"招聘"业务员"等手段，先以公司的名义与群众签订协议书，使其成为公司的"促销员""业务员"后，再以公司名义向"促销员""业务员"借款，开具借款借据再返款。除返还本金外，每月还以发工资和付借款利息的形式返利，一年共返利8360元（回报率约为38%）。再如内蒙古呼和浩特的"万里大造林案"。[①]

2004年1月，万里大造林公司在内蒙古通辽市注册，注册资本金1000万元。此前，这家公司总部设在辽宁省，称辽宁万里大造林有限公司。号称"用5年时间投入100亿元，在长江以北14个省份造林1500万亩"。公司在内蒙古以每亩每年2~30元不等的价格承包（租赁）土地种植幼苗，或直接以较低的价格购买林地，再以每亩林地2660元左右的价格出售给买受人。截至2007年8月，万里大造林公司未经有关部门批准，通过公开向购买人承诺林地8年后每亩林木蓄积量达到12立方米，10年达到15立方米等"高回报零风险"的手段，总计向社会销售林地45万多亩，非法吸纳公众资金13亿元。由于万里大造林公司的行为脱离了植树造林的范畴，内蒙古自治区处置非法集资工作领导小组办公室认为"其涉嫌非法集资"；内蒙古工商局认定"其经营行为按不同层级业务人员点位复式计酬属于团队计酬的传销行为"；内蒙古农牧业厅指控"其与嘎查、苏木（乡）镇及农牧民直接签订土地（草原）承包（租赁）合同的方式取得土地（草原）使用权、并将草原变更为林业用地触犯了《草原法》和《内蒙古自治区草原管理条例》"……2007年8月22日，公安机关依法对万里大造林公司董事长陈某贵、总经理刘某英等多名"高管"采取了强制措施。

法院审理查明，被告人陈某贵于2002年8月成立了辽宁万里大造林有限公司。自2004年1月起，被告人陈某贵、刘某英又相继成立了内蒙古万里大造林有限公司、内蒙古万里大农业有限公司、山东万里大造林有限公司、山东万里大农业有限公司、内蒙古天地通林业有限公司、中国万里大造林集团有限公司等系列公司。在内蒙古、辽宁、山东、河北、黑龙江、吉林等地通过承包或租赁的方式，取得土地

[①] 参见张彬、杨文斌：《"万里大造林"案主犯陈相贵获刑11年2亿财产没收》，载《北方新报》2009年4月10日；汤计、李洁：《陈相贵：万里大造林还是万里大坑人》，载《中国林业产业》2009年第1期。

使用权,自行种植杨树幼林或者直接购进有林地。被告人陈某贵、刘某英策划,组织、领导吴某庆、陈某、陈某刚、陈某等人在内蒙古、北京、黑龙江、河北、辽宁、吉林、天津、山东等12个省、自治区、直辖市,积极组织、建立、发展传销网络和传销团队,通过媒体广告、散发传单、集会宣传等方式大肆进行虚假宣传,以传销方式销售林地。2003年9月~2007年8月,被告人陈某贵、刘某英组织、领导的传销团队共销售林地43万多亩,非法经营额为人民币12.79亿多元。主犯陈某贵以非法经营罪判处有期徒刑11年,并处没收个人财产2亿元;主犯刘某英以非法经营罪判处有期徒刑九年,并处没收个人财产1.5亿元。

对于非出于单位自用目的的集资,不能认定为单位内部集资。用于单位生产经营活动是单位内部集资不作为非法集资处理的重要前提,也是此类集资行为得以正当化、合理化的重要依据:一是单位和职工利益相关;二是较其他社会集资其风险更具可控性。以四川温江县法院审理的刘某发非法吸收公众存款案为例。①

1996年8月、9月,时任某区科协副主席的张某(另案处理)以搞人体科学研究和开发美容产品申请专利需要经费为名,以某科贸公司名义口头和书面委托某学院总务处代为集资,双方约定期限为一年,年息为20%。时任总务处处长的被告人刘某即安排工作人员夷某、赵某从1996年9~10月以总务处名义向本单位职工集资65万元。张某以"某科贸公司"名义从总务处"借"走460500元。1997年5月,刘某改任学院培训服务中心主任,又安排工作人员杨某以培训服务中心名义向本单位职工集资,张某又以"某科贸公司"名义先后从该院培训服务中心"借"走493064.50元。审理法院认为,某科贸公司委托在前,吸收、提走、使用资金在后,总务处、培训服务中心集资目的明确,故判决被告人刘某犯非法吸收公众存款罪。

对单位内部集资首先应解决其行为的性质。如果以单位内部职工为限、集资资金用于单位生产经营活动的集资行为不属于非法吸收公众存款,即使在集资中存在恶劣的手段也应当如此认定。比如,某市场建设管理服务中心为开发某市场,通过调出城关至乡下网点上班的威胁方式,以1.5%的月利率,对300余名员工进行高息集资。本案以调动职工工作岗位相威胁,情节固然恶劣,但不宜以非法吸收公众存款罪追究刑事责任。②

(5)对社会公众与不特定性的再认识。对于"公开性"要件实际上是指行为人非法集资的宣传广度已经具有社会效应,即宣传所覆盖的不确定对象的数目处于随时可以增加且能够增加的状态。对于社会性特征的具体认定,除了结合上述公开性特征进行分析之外,还需要注意从以下两个方面进行具体判断。

一是集资参与人的抗风险能力。生活中有很多种划分人群的标准,比如,年

---

① 参见四川省成都市温江县人民法院刑事判决书[2001]温江刑初字第122号。
② 参见刘为波:《非法吸收公众存款与内部集资的区分》,载《中国审判新闻月刊》2011年7月5日。

龄、性别、职业、肤色、党派、宗教信仰等，但这些分类标准与非法集资中的社会公众的认定并无关系。法律干预非法集资的主要原因是社会公众缺乏投资知识，且难以承受损失风险，从而引发风险的不断扩散。司法解释之所以排除亲友作为集资对象，有一个较为重要的原因是亲友更多的是基于自己对集资者的信任和深厚的交情将自己的资金借予集资者，而不是高额利益的回报，能够承受也愿意承受这样的风险，其抗风险能力较强，不会因非法集资引发影响金融秩序和社会稳定的问题。

二是集资行为的社会辐射力以及影响的深度。对象特定的考虑，既要求集资人的主观意图是特定的，又要求其具体实施的行为是可控的。如果集资人所实施行为的辐射面连集资人自己都难以预料、控制，或者在蔓延至社会后听之任之，不设法加以阻止的，可认定为向社会不特定对象进行非法集资。但不能也不宜因为单位内部集资的情节恶劣，作为非法集资入罪的标准。集资人恰恰利用社会辐射力而大肆集资，最终导致事态会难以控制，法律也难以制裁。

通过对《2010非法集资司法解释》有关非法集资四特征的分析，结合《2014办理非法集资案件意见》《2019办理非法集资案件意见》《防范和处置非法集资条例》以及理论上的探讨，可以发现："非法性""公开性""利诱性"和"社会性"作为非法集资的特征在非法集资过程中起到了不同的作用。"非法性""公开性""利诱性"是危险出现可能性程度的标示、危险转化的途径、危险的触发机制，就其本身而言，没有真正实现危险性，只是对非法集资行为事实属性的描述，其危险是通过"向社会公众即社会不特定对象吸收资金"转化而变成现实的。也可以说，"非法性""公开性""利诱性"是"社会性"的基础性条件，也是"社会性"外在的事实性特征，但其本身均无法独立地为非法集资行为的整体违法性提供根据，"社会性"为非法集资行为的违法性提供真正的根据。有观点认为，非法集资的内容用社会性、利诱性和非法性三个特征概括足矣。"非法性要件只是认定非法集资活动的辅助要件，并不重要，因为只有在相关交易活动被认定为构成公开集资行为时，才需要讨论该行为是否经过有权机关批准，或者是否合法。按照我国法律，公开集资的行为都是必须经过有权机关批准的，因此，首先必须讨论的是相关争议活动是否构成了公开集资活动，然后才谈得上其是合法还是非法。"[①] 社会性和利诱性是非法集资的事实特征。其中，利诱性是非法集资的本质，是包括刑法在内的法律规制非法集资的基础，社会性提供了法律监管非法集资的实质依据，非法性则是非法集资的法律特征，也是认定与处置集资活动的合法依据和判断的基础。

因此，在认定非法集资时应当以"社会性"条件为核心，整体把握这四个特征，对此不能单独适用。在判断一种资金聚集的活动是否是非法集资，应当按照利诱性、社会性、非法性的顺序依次判断，不能颠倒，也不得拆分，更不能推定。一旦拆分适用就会错误地理解有关非法集资的规范判断和价值判断的关系，从而将资

---

① 参见彭冰：《非法集资行为的界定——评最高人民法院关于非法集资的司法解释》，载《法学家》2011年第6期。

金金融活动的"非法性"——与有关法律规范的规定产生形式上的抵触——作为非法集资行为违法性的整个内容。实践中,辩护律师在一些案件中一般以"吸收公众存款需要批准"的正当性作为辩护的理由,实质上,这种辩护已经跳出规范层面,仅仅是一种价值判断。无论是在司法实践中,还是在理论研究上,都出现过将四特征拆分适用的错误。例如,"河北孙某午非法集资案"。该案之所以广遭理论的诟病,与司法实践将这四个特征拆分适用存在较大关系,① 这是司法实践需要注意的,也是理论研究需要关注的。

第三节 非法集资刑事规制的分析与评价

美籍德国学者冯·亨梯在《论犯罪人与被害人的相互作用》中提到,在很多时候,欺诈犯罪中的被害人对犯罪的产生负有很大责任,如果没有被害人的密切配合,行为人的欺诈行为就不可能实现。② 非法集资案件的"受害人"的称谓转化为集资参与人,因其在非法集资过程中扮演了配合集资的角色,在一定程度上助推着非法集资像滚雪球一样不断走高,甚至起到了推波助澜的作用,对因非法集资者资金链断裂造成的投资损失负有一定的责任。如果他们的行为与非法集资人的行为相互作用共同导致了损害结果的发生。如果对非法集资这种民间集资活动的犯罪化处置完全由国家承担金融领域的信用成本,一些集资参与人就会将遭受损失的责任转嫁于国家对行为人集资行为刑事责任的追究,从而加大了民间融资需求与刑事管制之间的紧张关系。③ 在非法集资过程中,集资犯罪人的主观非法性相对不太特别明显,因非自然的恶而被怜悯,对其被害性的判断应当采取主客观一致的标准,国家不应作为非法集资损失的担保人。那么,如何处理集资犯罪的理论与司法实践中惩治非法集资犯罪之间的冲突,如何保障融资和满足资金需要之间的平衡关系,依然是理论研究的重要课题。如果打击非法集资的规定不当或者运用失当,不仅会出现司法的实质性不公,还会因引发民众对公正司法的怀疑,进而影响打击非法集资的惩罚力度与实际效果,甚至会影响到正常融资的发展与融资模式的创新。从目前办案机关社会维稳角度考量,我国实践中帮助经济受损的集资参与人进行财产、清退追缴与返还退赔的做法较为一致,一定程度上反映了司法机关对集资参与人的诉求表达并非完全置之不理,对其遭受的现实损害进行司法救济存在实践需求的合理性。然而,这一实践做法并非出于对集资参与人被害性的刑事规范分析,如果一律给予集资参与人被害人地位,采用法律救济的"一刀切"做法,既违背司法的公平正义(实则是司法向社会现实妥协的无奈之举),也会纵容集资参与人的"不

---

① 参见胡杰:《亿万富翁孙大午被捕是经济犯罪还是因言获罪?》,载《南方都市报》2003年7月24日。
② 参见徐久生:《德语国家的犯罪学研究》,中国法制出版社1999年版,第181页。
③ 参见毛玲玲:《金融犯罪的新态势及刑法应对》,载《法学》2009年第7期。

法"投资。[①]

一、对非法集资刑事规制的理论分析

对于非法集资如何规制尤其如何进行刑事规制存在不同的观点。学界的观点主要聚焦在非法集资的认定条件和罪名适用上，致使这种带有教义学的诠释在实践的运用中具有积极的意义。我国刑事规制对非法集资采取了较为严密的制裁措施，然而实践效果依然不理想，甚至还遭遇法律适用和社会效果的双重围困。有论者认为，《2010非法集资司法解释》以"非法吸收公众存款"作为非法集资犯罪的基础性罪名，采用了四要件的判断标准，从形式上看，似乎趋于严格与完整，就其实质仍然存在一些不足。（1）这种不断泛化的"公众存款"不当地压缩了为《公司法》《民法典》等基本法律所保护的投融资活动；（2）不特定对象与公开宣传双重限制并未清晰地界定吸收公众存款的非法性；（3）无视民间借贷等非正规金融活动，未能像对待银行吸储一样视为合法的吸收社会资金活动。结合我国现行有效的民商事法律之规定，对"非法吸收公众存款罪"需要作去罪化处理，回归集资应有的合法本性。[②] 特别是"向社会不特定对象吸收资金"的规定，在目前的经济实践中特别是资本市场经济形成时期实际上已不具有"非法"的性质，"私募基金"在证券市场上的出现更加淡化了它依靠是否经过批准的非法性。在一定意义上，私募基金模式因具有"向社会不特定对象吸收资金"的特征，基本具有"非法集资"的典型特征，但经过主管机关批准的部分私募基金公开募集，承认了这一行为的合法化，从而使其成为所谓的"阳光私募"。但在实践中，"非阳光私募"基金依然存在甚至相当活跃，不仅实践对其采取了宽容和默认的态度，而且法律也没有以"非法集资"予以取缔和惩治。法律对于同等的行为采用不同的评价尺度和治理模式，在一定程度上加剧了集资的不断寻租，同时也加速了非法集资的不断蔓延以及非法集资领域的转移和扩张。对此问题有必要对现有刑事规制的思路予以重新审视，也有必要对现有非法集资刑事规制的路径安排予以省察。

（一）非法集资犯罪的刑法安排

从非法集资的立法体例安排来看，我国将非法集资放置在"破坏金融秩序罪"和"金融诈骗罪"中予以刑事规制。其意义在于将金融活动必须完全置于国家的控制之下，采用是否影响金融秩序作为衡量的唯一依据，在一定程度上遏制了金融秩序的混乱，但难以抑制民间融资的强烈冲动，尤其是民间融资寻租到"合法"外衣后出现了一些不规律而无法有效控制的非正常生长的现象。由于原有的立法观

[①] 参见时方：《非法集资犯罪中的被害人认定——兼论刑法对金融投机者的保护界限》，载《政治与法律》2017年第11期。
[②] 参见刘新民：《"非法吸收公众存款罪"去罪论——兼评〈关于审理非法集资刑事案件具体应用法律若干问题的解释〉（法释〔2010〕18号）第一条》，载《江苏社会科学》2012年第3期。

念已经不能完全适应社会主义市场经济的发展尤其是资本经济的基本要求,出现了一些与市场经济和资本市场的基本常识和观念的冲突与对峙,致使人们对非法集资类案件的定罪量刑颇有微词。从司法解释规定的内容来分析,非法吸收公众存款作为非法集资犯罪的基础性罪名。禁止非法集资重在保护公众投资者的利益,更需要对于公众投资者需要予以特别保护:一是不同于专业投资者,社会公众欠缺投资知识,缺乏投资理性;二是不同于合法融资,非法集资活动信息极不对称,社会公众缺乏投资所需的真实而必要的信息;三是社会公众抗风险能力较弱,往往难以承受集资款无法返还的损失风险,且牵涉人数众多,易引发社会问题。刑事规制面对以上三种情形,安排何种规制模式以及何种刑事规制能够体现保护的目的,未能在相关立法、司法解释以及司法实践中充分体现,有些刑事规制选择了错误的治理路径,致使非法集资的整治一步步陷入非法集资越打越多的怪圈,甚至在资本市场中衍生了"胜者为王、败者为寇"的投机性"赌徒"现象。

(二)非法集资犯罪的刑事政策考量

"最好的社会政策就是最好的刑事政策"。就刑事政策而言,我国融资活动并未完全社会化、市场化,民间融资有其现实生长的土壤和发展的环境,不可能一概禁止。由于我国存在一定数量的"杀熟"类集资犯罪,刑事规制未将亲友和单位内部的集资行为完全纳入犯罪圈。内部集资中的出资人对于相关信息和风险往往有着较为充分的了解,不存在信息不对称的问题,对于潜在的风险也能客观看待,具有一定的承受能力。在实践中,单位内部集资主要是为了解决单位发展所需资金问题,对此类行为予以刑事打击,不仅不利于公司的发展和稳定,还会损害到职工的利益。内部集资不作为刑事犯罪处理,不意味本身具有行政合法性或者应当受到民事法律的保护,只是不作为刑法意义上的非法集资对待。现实的金融秩序一般由金融交易秩序、金融管理秩序和金融机构内部秩序三种秩序所构成。金融机构内部秩序是金融秩序的前提和基础,金融交易秩序是金融秩序的核心和关键,金融管理秩序是金融秩序的补充和保障。[1] 我国立法和司法实践的传统观点均主张非法集资犯罪主要侵害的是金融管理秩序,此观点映射到司法实践中的做法就是"追随行政化导向",[2] 刑事规制难免会追逐这种行政化导向,甚至替代行政监管冲在遏制非法集资的一线。

在我国经济体制改革尤其是金融体制改革过程中,民间经济主体的投资权得到了一定程度的释放与制度上的保障。例如,2015年中国人民银行就《非存款类放贷组织条例(征求意见稿)》向社会征求意见,旨在解决社会关注已久的民间借贷问题,从而打破被银行垄断的信贷市场,在社会投资相对不足的背景下释放更多的

---

[1] 参见刘远:《金融欺诈犯罪的概念及其功能》,载《刑法论丛(2008年)》,法律出版社2018年版,第390页。

[2] 参见林越坚等:《非法集资与民间借贷的界限与刑民处分研究》,载《西南政法大学学报》2014年第3期。

民间融资。由于融资权力集中于金融机构，会使非正规金融组织的融资受到限制。因为金融制度的供给制度出现失衡，使得民间经济主体特别是中小微企业从正规金融机构获得合法融资受阻，而又遇到大量的民间资本因为存款利率低、理财产品品种少、收益低希望找到更为便利和高效投资渠道的渴望和追逐高收益的盲动，在客观上为民间融资的非法集资孕育了供给条件与空间。随着社会的发展，相关的金融政策一直在不停地调整之中，力求通过改革来减轻国家垄断和严格管制金融带来的负面效果。例如，2005年国务院通过的《关于鼓励支持和引导个体私营等非公有制经济发展的若干意见》明确允许民间资本进入国家金融机构和加大对非公有制经济金融支持的政策取向。2010年，《国务院关于鼓励和引导民间投资健康发展的若干意见》进一步强化了这一政策。2012年银监会发布了《中国银监会关于鼓励和引导民间资本进入银行业的实施意见》。2017年11月28日，国家发展改革委发布了《关于鼓励民间资本参与政府和社会资本合作（PPP）项目的指导意见》。这些政策表明我国为民间资本和非公有制经济发展提供支持，然而刑事政策对此未作出及时反应，既存的适用民间融资相关罪名也未能出现变化。因民间融资行为不审批以及未纳入监管，况且实践中不出问题不受重视，致使出现风险事件不得不以确定的"非法性"为基点，通过"堵截性刑事规制"予以治理。现实中，"几乎没有一件非法集资案件在进入刑事诉讼之前受到相关行政执法机关的处罚"。[①] 特别是政策对我国民间资本的不断调整，再加上多数的民间资本持有利用政策的投机心态和政策套利的短视行为，遇到特殊时期，如经济下行，极易引发一些社会问题。对此治理需要行政引导，而非机械的刑事规制。

（三）非法集资犯罪的刑事规制思路

无论是从历史的角度还是现实的角度来看，刑事政策都是社会政策在刑事领域的具体表现，在非法集资刑法规制领域不应背离刑事政策。非法集资刑法规制的刑事政策要反映、吸纳金融政策的新取向和金融体制机制改革的成果，特别是金融供给侧结构性改革，更应以宽严相济的刑事政策为基础，构筑具有时代特色的金融刑事政策。遵循上述思路，可以将非法集资行为的法律责任体系设置为"民事行政法律责任"—"刑事危险犯责任"—"刑事实害犯责任体系"。即使在刑事责任上也应当建立不同的刑罚梯度。在一定意义上，认定非法集资行为所采用的"非法性、公开性、利诱性、社会性"四项要件是以风险责任和危险责任作为隔离带的：一方面，要求司法实践认定行为是否构成非法集资，必须分析集资行为是否具备这四个要件，即不具备四要件的集资行为应当排除非法集资之列；另一方面，在认定了四要件时还应当受危险责任的指导约束，即具备四要件但根本不可能制造金融危险行为的，也应当排除出非法集资的范围，不予认定为非法集资。

[①] 参见肖凯：《互联网金融领域行刑衔接法律适用问题研究》，载最高人民检察院法律政策研究室编写：《金融犯罪指导性案例实务指引》，中国检察出版社2018年版，第59页。

在法律规制非法集资不发达与刑事规制落后的情势下，在办理集资案件的过程中，应当将传统的"国家本位主义"观念转变为"市场本位主义"，在集资行为没有破坏正常金融交易秩序的情况下，刑法不应过多干预。这也是市场经济环境下金融"市场本位主义"对司法实践的基本要求。① 我国前些年闹得沸沸扬扬的"果园开发热"的非法集资案件与美国的 Howey 案有相似之处，② 但在处理上却存在一定差距。他们将非法集资的问题交给证券监管部门来处理，让其回归证券发行行为，这种理念带来了管制非法集资模式的转向。③

在 20 世纪 40 年代，豪威公司和豪威山间服务公司是在美国佛罗里达州注册的一家公司。豪威公司在佛罗里达州的大湖县拥有大片柑橘地，每年种植大约 500 英亩柑橘树，将其中的一半留给自己，另一半卖给各地的投资者，以便为业务的进一步发展融资。豪威山间服务公司负责培育和照管这些柑橘树以及收获和销售果实。豪威公司与每个投资者分别签订一份土地销售合同和一份服务合同，并告诉他们如果不做专门的服务安排，投资于柑橘树是不可能成功的。

豪威公司提供的土地销售合同以统一的价格将柑橘地分块出售，在投资者付清全部价款后将土地转让给后者。投资者购买的土地面积通常都不大。在 1941 年 2 月 1 日～1943 年 5 月 31 日，共有 42 名投资者购买了豪威公司的柑橘地，其中有 31 人购买的面积少于 5 英亩。这 31 名投资者的平均购买面积是 1.33 英亩，有的甚至少至 0.65 英亩、0.70 英亩和 0.73 英亩。每个投资者的柑橘地并未单独围起来，区分所有权的唯一标志是一些小界标，需要借助公司的账簿才能够辨明。服务合同的有效期一般为 10 年。服务有效期内豪威山间服务公司租赁权以及对柑橘地"完全和完整"的占有，对柑橘树的种植及柑橘的收获和销售拥有完全的判断、决策和管理权。豪威山间服务公司作为柑橘种植行业的行家里手拥有大批技术熟练的员工和大量设备。未经其许可，土地购买者无权进入柑橘园或销售柑橘，因此，后者并不能对特定的柑橘果实主张权利。买卖双方对于土地和产品不是联营，买方只是在收获季节收到一份表示他那一份收益的支票。他们中的许多人是一家由豪威公司所有和经营的旅游消闲宾馆的老主顾，这家宾馆坐落于毗邻柑橘林的一处风景点。旅馆一方面在广告中提及附近的优质柑橘树；另一方面其服务人员在陪同客人参观附近的景致时也特别将后者的注意力引向柑橘林。客人主要是商人或者职业人士，缺乏培育和照料柑橘树所必要的知识、技能和设备。由于他们是被巨大的预期利益所吸引，当被告知这些柑橘树对外销售，他们表现出兴趣，时常会被介绍去进行正式商谈。

这种经营模式被证券交易委员会获知后，将上述土地销售合同和服务合同作为

---

① 参见林越坚等：《非法集资与民间借贷的界限与刑民处分研究》，载《西南政法大学学报》2014 年第 3 期。
② 参见董春华：《美国证券法"投资合同"的法律辨析》，载《证券市场导报》2003 年第 4 期。
③ 参见李有星：《中国证券非公开发行融资制度研究》，浙江大学出版社 2008 年版，第 67～68 页。

一个整体，认为构成了1933年《证券法》第2（a）（1）节所指的"投资合同"，属于证券法所规范的"证券"的范围，豪威公司的行为是发行证券，而发行证券必须按照《证券法》第5条的规定向SEC注册并履行相应的信息披露义务。豪威公司没有履行注册和披露义务，属于违反了《证券法》的行为。于是，证券交易委员会对豪威公司提起了诉讼。美国联邦最高法院受理了此案，并于1946年作出了判决。默菲大法官代表最高法院宣读判决并指出，虽然1933年《证券法》和其他立法没有对"什么是投资合同"进行说明与解释，但下级法院在许多案件的审理中都对这个概念进行了宽泛的解释，给予了广大投资者充分的保护，并提出了一个包括四个要素在内的检验标准："证券法中所谓的投资合同是指这样一个合同、交易或计划：某人（1）用其钱财进行投资；（2）投资于一项共同的事业；（3）不直接参与经营，仅仅凭借发起人或第三方的努力；（4）期待获取利润。"在判断一项安排是否构成"投资合同"时，关键不是看形式，而是看其所体现的经济现实；投资者在共同事业中的份额是否有正式的权益凭证无关紧要。将此标准适用于本案，最高法院支持证券交易委员会的主张，认为上述土地销售合同和服务合同共同构成了"投资合同"，进而属于"证券"。这种通过民事方式来保护投资人利益的思路，与我国直接刑事规制相比，更能够节约司法成本，更符合刑罚的谦抑性。

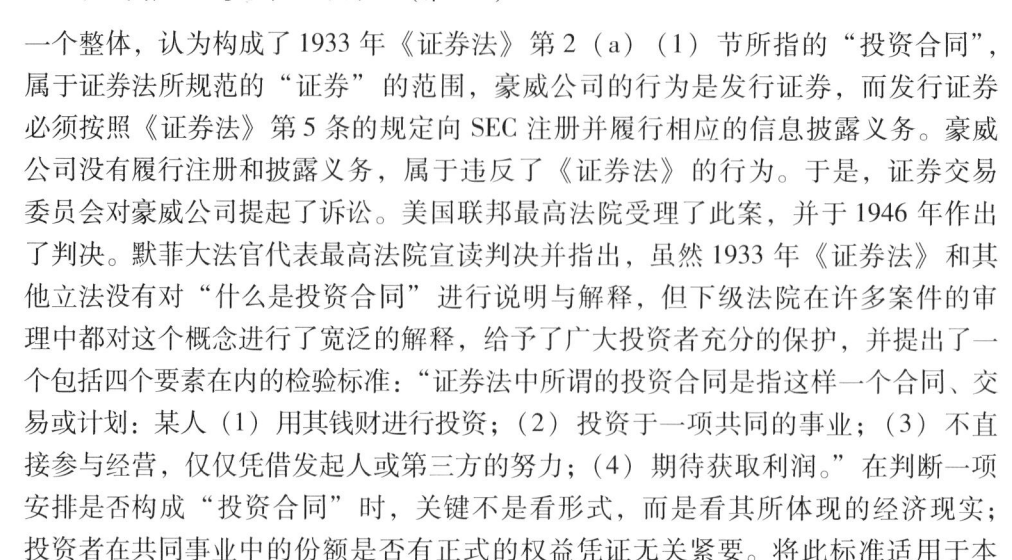

二、对非法集资刑事规制的价值分析

我国的非法集资从强调"未经有权机关批准"到"违反国家金融管理法律规定"，在一定意义上淡化了"行政审批标准约束"，改变了原有的刑事规制导向。有论者认为，从"未经批准"到"违反金融管理法律法规"，业已体现了金融多元化和金融深化实践进程对司法的冲击，但还尚未真正改变行政导向的本质。[①]由于《2019办理非法集资案件意见》又强化了监管审批，致使有关非法集资的认定出现了左右摇摆。金融作为特许行业，一般的工商企业未经许可不得从事或者变相从事法定金融业务，所有金融均应纳入监管，均不得"无照驾驶"，但在集资问题的非法与合法上仍需要关注刑事规制与行政监管之间平衡以及民事责任对投资人利益的保护。

（一）正确区分风险与危险的边界，合理界定非法集资的危害性

乌尔里希·贝克指出："'风险'（risko）本身并不是'危险'（gefahr）或'灾难'（katastrophe），而是一种相对可能的损失（nachteil）、亏损（verlust）和伤害（schaden）的起点。"风险在预见和避免的可能性上没有形成确定的知识基础，即使采取相关的行为，消除风险结果的出现仍然是一个概率性的事件。在风险源发展

[①] 参见林越坚等：《非法集资与民间借贷的界限与刑民处分研究》，载《西南政法大学学报》2014年第3期。

成损害或者收益的过程中，其存在条件和触发因素是不明确的，也是无法预见的。相反，在危险源逐渐演变为将来损害的过程中，其存在条件和触发因素是明确的，却是可以预见的。相对于刑法所保护的法益而言，由于风险形成最终损害状态的存在条件和触发因素无法明确，最终导致的结果是损害还是收益也不明确，因此，不具备刑法学意义上的"预见可能性"。相反，危险形成最终损害状态的存在条件和触发因素却是明确的，如果任其发展，最终导致的结果只能是确切的损害，于是，危险具备刑法学意义上的"预见可能性"。只有非法集资存在危险负有"预见可能性"的义务时，将其纳入刑事规制才能获得正当性理由。

无论是设立金融机构还是从事金融业务活动，金融刑法规范以相关的金融法规作为前置内容，必然导致任何没有经过相关主管机关批准的融资活动遭遇"身份危机"的可能，很难具有"形式合法性"，难免会打上"非法集资"的标签。一旦出现结果上的刚兑困难，就有可能列入非法集资予以打击。将金融刑法规范中"违法性"与金融法规中"非法"意义作同一理解，则有必须将刑事规范诠释的维度与刑法自身的原理结合起来考虑，并以"风险"和"危险"作为判定金融活动参加者的行为合理性抑或危害性的标准。金融刑法规范中违法性的内涵应当基于"风险"与"危险"的界限作为判断非法集资的依据。行为人对行为危害的预见可能性是刑事责任最外缘的边界，是否具备刑法学意义上的"预见可能性"，可以作出选择性认定，并以非法集资的实质标准作为判断依据。因为投资有风险，不得采用投资是否能否刚兑作为处置集资问题的标准。

（二）正确判定缺位金融制度的可替代性集资，理性地确立集资的"合法"标准

我国与集资相关的金融制度相对传统金融而言是缺位的，而就目前我国金融制度在市场经济尤其是资本经济制度方面而言还是落后的。在我国的金融架构中，目前融资渠道主要为：（1）向各类银行等金融机构贷款获取资金；（2）通过证券市场发行各类证券以融资。然而这两种方式，对于我国中小微企业而言均不具有现实性，即使我国的"新三板"也未能改善我国资本市场的资本配置效率，无法满足中小微企业融资的需求。我国的"科创板"尽管发挥了作用，但针对骗取国家科技扶持资金或者政府纾困资金的企业和个人如何依法追究刑事责任又成为问题。为此，2019年6月出台了《最高人民法院关于为设立科创板并试点注册制改革提供司法保障的若干意见》，并通过对未取得特许经营许可的互联网配资平台、民间配资公司等法人机构与投资者订的股票配资合同以及对于配资公司或交易软件运营商利用交易软件实施的变相经纪业务的合同无效方式提供司法保障。然而，科创板"散户投资者必须有至少50万元资产"的高门槛要求与"允许适当加杠杆"的规则，又为违规场外配资业务借机让众多散户们的配资需求提供飙升和机会，有可能使原来股市上出现的非法集资卷土重来并重现于世。由于中小微企业在金融市场上是天然的"劣质"客户，金融机构为了规避市场风险，降低企业信用、发展潜力审核评估等方面的金融成本，难免会将"劣质"客户排除之外。由于证券法在内的系列金融法规都为证券融资设置了较高的门槛，绝大多数中小微企业难以满足金融法规所设置的这些条件。再加上我国在解决中小企业融资困境方面的制度缺位，基于供求关系的影响，必然会衍生出金融实践与现行法律规范之间的紧张。当现行金融供给制度缺位，集资者的集资行为被视为对缺位金融制度的一种替代措施时，其集资行为不应被视为非法的融资行为。否则，其"非法"缺乏正当性与合理性。

（三）合理界定"危险"与"实害"递进关系，科学划定"非法"在民事、行政与刑事上的层级结构

"危险"与"实害"均属非法集资行为在客观上给社会造成的危害。但实害结果的状态在此时并未出现，不代表不存在，对此时如何判断最为关键。实害是指不仅威胁已经被触发，并且出现了刑法规范所规定具体的实际危害结果。一般而言，危险轻而实害重，实害是危险进一步发展的严重结果，其内容不仅包括对金融秩序的侵害，还包括对金融交易秩序的破坏，以及对他人财产权利的直接侵害。基于以上逻辑可以发现，"危险"与"实害"存在一定的递进关系，这种关系却为界定危险和实害之间的民事、行政与刑事规制的层级关系提供了理论基础。将这一理论予以展开，可将危险作为认定非法集资非法性的底线，而实害作为非法性的最高限。从一定意义上说，集资是否制造危险是非法的界限，是否会进一步发展为实害以及已经造成实害是认定集资行为是否需要刑事规制的内在要求。

（四）厘清"实害"与投机、欺诈的逻辑关系，合理界定罪与非罪的界限

美国学者海曼·P. 明斯基（Hyman P. Minsky）认为，投机性融资所占的比重越大，经济中总的安全边际就越低，金融结构就越脆弱。金融领域不同于实体经济领域的地方在于它的虚拟性和投机性，但是投机性不等于欺诈，也不一定会带来"实害"，因此，不得将投资亏损等风险的出现作为动用刑法的理由，也不得借助于非法集资的犯罪化这一公权力来追缴亏损的资本。相反，如果这样，在形式上表现为国家关心投资人的利益，其带来的结果却是促使投资更加盲目和任性，引发投资人产生过重的投机心理，金融交易的安全性不仅没有得到提升，反而会因刑法惩治及国家在其利益上的"背书"，刺激投资人冒险，最终影响投资人的利益和资金效益。也就是说，过度的金融安全不利于金融的创新，过度的监管往往会适得其反，过度的动用刑法保护投资利益又会引发出了一些借助于创新而产生的新型犯罪。刑事规制应当关注金融安全与金融风险的平衡，在谨慎的入罪与理性的出罪上作出合理的判断与慎重的处理。① 例如，北京"抗癌公社"的集资问题。②

---

① 参见郭华：《互联网金融犯罪概说》，法律出版社2015年版，第120~121页。
② 参见武威、陈玉洁：《网友成立"抗癌公社"每名成员向患癌者捐10元》，载《广州日报》2012年7月18日。

张某丁经过近一年的筹备工作，2011年上线了"抗癌公社"网站，并要求加入抗癌公社的正式成员一旦患癌，每一位社区成员都要为其进行小额捐款。网站对于成员的要求：凡年龄在40周岁以下、尚未患癌症者，均可通过简单申请加入"抗癌公社"，入社及退社均不收取任何费用。公社不设立基金，当公社中任一成员罹患癌症时，其他成员须为该成员捐助10元以下救助款，捐款通过支付宝打入患病者账户，抗癌公社不经手任何钱财。抗癌公社坚持"人人为我，我为人人"的理念，将公社的运作和捐款的筹集建立在相互需要之上，而非靠爱心维持。"抗癌公社"注册近一年，粉丝已有万人。从2015年11月1日起，公社启用新模式：只要加入抗癌公社，一旦有任务就参与分摊，未成年人作为半个人参与计算分摊，如果在等待期不幸患病，公社将返还所有支出。

"抗癌公社"的早期做法是，凡新申请加入的会员在度过观察期后才会参与分摊。实践中对于"抗癌公社"存在不同的观点。有观点认为属于传销式的非法集资。尽管抗癌公社是一个互助组织，因其活动与保险有关，仅在"有照（营业执照）""无证（金融许可证）"经营的情况下有滑向非法经营的可能，一旦资金积累到一定程度，会引发非法集资的危险，甚至酿成实害。也有观点认为，抗癌公社"不存在承诺在一定期限内以货币、实物及其他利益等方式向出资人还本付息给予回报的行为；不向成员预先收取会费，只有当有成员患癌的时候才有捐助行为；捐助是从成员到成员的，互保公社只起到记录统计核实的作用；不设立基金，没有任何资金沉淀；法律地位落实之前作为公益项目，不赢利，依靠投资人和成员捐助生存，不应当认定非法集资。"

非法集资对于我国社会公众的合法权益以及整体的经济生活和社会稳定造成了严重的损害，因法律规定的模糊以及刑事规制的严厉，导致在实践中融资权的行使有可能换来非法集资的否定性评价，最终赚取的是"牢狱之灾"，以至于出现"民营企业家未在监狱则在去监狱的路上"的戏谑之言。基于以上的理论分析与价值评价，需要对非法集资原有的刑事规制进行重新审视，建构将刑事规制落实在危及金融交易秩序的可能危险与造成实害的基本框架下，以此来保障投资人的合法权益，维护正常的资本市场交易秩序。

第二章

非法集资犯罪的结构与认定思路

"财富最大化不仅事实上是普通法审判的指南,而且是一种真正的社会价值,是法官这个位置能很好的促进的唯一价值,因此它提供的不仅是精确描述法官应当如何行为的关键,而且也提供了批评改革的正确基准点。"[1]

融资范围的扩大或者民间借贷的扩张在特定条件下有可能会滑向非法借贷甚至非法集资。只要非法民间借贷未触犯刑律,就不构成非法集资犯罪,仅属于非法集资,通过行政监管即可阻止其风险传染。近年来,由于融资难尤其是从银行贷款难,致使一些企业不得不在社会上进行融资,促使非法集资不断蔓延,"在全国每个省市甚至几乎每个县都有发生"。司法实践中有的司法机关对以"民间借贷"形式吸收社会资金不予定罪,而有的对以"民间借贷"形式吸收社会资金予以定罪,这种对相同非法集资的不同刑事认定引起了社会争议与理论上的分歧。即使是按照罪刑法定原则来认定非法集资犯罪,也存在不同的逻辑推论,又加上社会快速发展、经济下行与金融创新,致使一些新的融资模式在认定非法集资上疑惑重重。2015年《刑法修正案(九)》对集资诈骗罪死刑的取消,从而结束了非法集资犯罪"人为财死"的争议,也为非法集资犯罪的认识带来了新的要求。有的认为,法律删除这条是考虑到当时金融体制改革正在进行,加上当时很多民营企业在融资方面存在着一些困难,导致此类的集资行为多发。但是,从目前施行的情况来看,效果并不好,[2]并提出恢复死刑。对非法集资类犯罪恢复死刑已不具有现实可能性。现实中如何增强社会公众"理性投资、风险自担"的理念,提高社会公众的识别能力,引导社会公众树立正确的投资观,特别是在司法层面如何正确界分非法集资罪与非罪的界限,准确认定非法集资犯罪的罪名,实现类案相似处理,已成为办案机关关注的重要问题。

第一节 非法集资犯罪的结构及逻辑

非法集资犯罪不是法定的罪名,是对集资类犯罪的总称。根据司法解释的规

---

[1] [美]理查德·波斯纳:《法理学问题》,苏力译,中国政法大学出版社1994年版,第453页。
[2] 参见《两会人大代表:集资诈骗数额特别巨大建议判处死刑》,载《新民晚报》2019年3月6日。

定，这类犯罪主要涉及七个罪名。这些罪名分别包括：《刑法》第160条规定的欺诈发行证券罪，第174条第1款规定的擅自设立金融机构罪，第176条规定的非法吸收公众存款罪，第179条规定的擅自发行股票、公司、企业债券罪，第192条规定的集资诈骗罪，第224条规定的组织、领导传销活动罪以及《刑法》第225条规定的非法经营罪。其中，擅自设立金融机构可以视为是非法集资犯罪的基础性前提，非法吸收公众存款，欺诈发行证券，擅自发行股票、债券，组织、领导传销活动以及非法经营当中的非法经营证券、基金五个罪名属于非法集资犯罪的主要罪名。在这五个主要罪名中，非法吸收公众存款罪又属于基础性的罪名，是非法集资犯罪的一般性规定，也是司法实践中常用的"口袋罪"，其他四个罪名属于特别性规定，集资诈骗罪则演变为非法吸收公众存款罪的加重犯或者是非法集资犯罪的加重罪名。[①]

一、非法集资涉嫌罪名的逻辑结构

《2010非法集资司法解释》基本架构了以"非法吸收存款罪"为非法集资活动的基础性罪名。根据该解释第1条"同时具备下列四个条件的，除刑法另有规定的以外，应当认定为刑法第176条规定的'非法吸收公众存款或者变相吸收公众存款'"的规定来分析。如果某个非法集资活动符合了刑法规定的其他罪名，就应当直接以其他罪名定罪；如果不符合这些具体罪名，"除刑法另有规定的以外"按照"刑法第一百七十六条规定的'非法吸收公众存款或者变相吸收公众存款'"罪认定。沿着这一逻辑进行分析，非法集资类犯罪除"非法吸收公众存款罪""集资诈骗罪"外，至少还包括"欺诈发行证券罪""擅自发行股票、公司、企业债券罪""诱骗投资者买卖证券、期货合约罪""吸收客户资金不入账罪""组织、领导传销活动罪"以及"擅自设立金融机构罪"和"非法经营罪"，但不限于以上罪名。

我国刑法规制非法集资类行为，主要是因此类行为破坏了国家金融监管秩序、妨害正常企业资金需求以及干扰金融市场的自我调控。基于此，刑法将非法集资类犯罪集中放置在第三章第三节"妨害对公司、企业的管理秩序罪"、第五节"破坏金融管理秩序罪"、第六节"金融诈骗罪"和第八节"扰乱市场秩序罪"之中。然而理论界对此却存在不同认识与观点。

有论者认为，由刑法规制非法集资类犯罪既是为了保护公众投资者的利益，又是为了防范资金大规模的非法集聚对金融市场秩序造成破坏，因此界定非法集资的具体罪名必须满足以下两个条件：一是该罪名须有可能造成大量资金的转移；二是大量资金必须从为数众多的被（受）害人处获取。如果仅仅侵害一名被（受）害

---

① 参见刘为波：《〈关于审理非法集资刑事案件具体应用法律若干问题的解释〉的理解与适用》，载《人民司法·应用》2011年第5期。

人的财产，即使转移资金的数额再大也不构成非法集资类犯罪，仅属于投资或者民间借款。从为数众多的所谓被（受）害人处获取财物也不是简单犯罪的叠加，不能仅仅以受害人数来认定非法集资类犯罪。根据《商业银行法》和《非法金融机构和非法金融业务活动取缔办法》第4条的规定，非法集资与非法吸收公众存款互相并列，共同作为"非法金融业务活动"这一概念下的两个不同意义的子概念，各自具有不同的含义。

也有论者认为，如果企业集资款是用于企业生产、经营的需要，那么就是非法集资，如果用于商业银行类的业务活动，那么就是非法吸收公众存款。非法吸收公众存款属于间接融资，而非法集资则属于直接融资。[①] 还有论者提出，将非法集资与非法吸收公众存款混为一谈存在着逻辑性缺陷。根据《刑法》和《商业银行法》的规定，法律禁止非法吸收公众存款，并非禁止公民和其他组织吸收资金，而是禁止公民和其他组织未经批准像银行等金融机构那样进行资本和货币经营。非法集资仅指在现行制度规则下一种不具有正当性的筹资行为，本质上是一种违法的借贷活动，它通常不以与存款对应的贷款（或放债行为）行为发生，重在自用或以投资为目的。而非法集资这一概念更恰当的表述形式是不当集资，而不当集资不等于非法吸收公众存款或者集资诈骗。非法吸收公众存款，本质上是一种以非法金融机构的身份从事商业银行业务的行为或者是商业银行等金融机构违反金融法律规定从事吸收公众存款的活动（如违反司法解释利率规定吸收存款），非法吸收公众存款应当与贷款业务相对应，重在放债营利为目的，故两者之间存在着根本的差别。用非法吸收公众存款罪来覆盖现实生活中不正当的集资行为实际上是扩大适用了非法吸收公众存款罪，违背了最基本的罪刑法定原则。在司法实践中的实际表现就是盲目将非法吸收公众存款罪套用到大量的不当集资类案件当中去。[②]

从上述观点可以看出，合法集资与非法集资间往往仅有一线之隔，甚至存在交织和重叠，非法集资与集资犯罪的吸收公众存款犯罪存在一定区隔，非法集资与非法金融业务活动也存在一定的区别。未经有关部门批准借用合法经营的形式向不特定对象筹集资金并承诺回报，可能会从正常的融资滑向非法集资，非法集资后果严重的，也就会陷入非法集资犯罪。

二、非法集资涉嫌罪名认识的基本逻辑

由于我国《刑法》没有规定"非法集资罪"的罪名，而非法集资犯罪的术语多见于国务院文件和相关司法解释，特别是《2010非法集资司法解释》列举了10种非法集资行为的类型，明确了相关行为定罪和量刑的标准，还规定了一些类似

---

① 参见袁爱华：《民间融资合法化趋势下的非法吸收公众存款罪的立法完善》，载《云南大学学报（法学版）》2010年第1期。
② 参见李有星、范俊浩：《论非法集资概念的逻辑演进及展望》，载《社会科学》2012年第10期。

"安全港"的豁免规则,这不但有助于法院审判工作,实际上也有助于民间融资活动的合法开展。[①] 那么,面对来势凶猛的非法集资浪潮,司法解释将一些融资行为界定为非法集资尽管属于无奈之举,针对其无奈之举的争议也不绝于耳。人们不禁要问,为何采用这种方式解决资本交易市场上的集资乱象呢?大致原因如下:

第一,由于立法者没有在法律中对两者的区别作出明确的规定,致使司法实践适用出现较大的任意性。这种不明确区分存在三种可能:一是这种区分没有意义,无区分之必要;二是这种类型无法区分,强行予以区分会导致更加复杂问题的出现,导致实践与理论出现较大分歧;三是故意不予区分,以便适应起来更方便,更富有裁量的弹性,发挥"口袋罪"的作用。非法集资活动在我国现实中屡禁不止甚至愈演愈烈,尽管主要是经济体制方面的原因,但相关立法和司法未能清晰地界定非法集资活动也有不可推卸责任。无论基于何种原因,对非法集资不同类型的区分远比不区分意义更大。例如,在浙江吴某集资诈骗案中,2012年3月14日,十一届全国人大五次会议闭幕后,时任国务院总理的温家宝与中外记者见面回答记者提出的问题说:这件事情反映了民间金融的发展与我们经济社会发展的需求还不适应。现在的问题是,企业特别是中小型微企业需要大量资金,而银行又不能满足,民间又存有不少的资金。这种资金的"供需关系"必然触动供需的活动,应引导和允许民间资本进入金融领域,使其规范化、公开化,既鼓励发展,又加强监管。[②]

第二,因为单纯依靠刑法来管制非法集资行为已经越来越不适应现代社会经济发展的要求,许多新出现的不当集资形式不是《刑法》相关规定所能涵盖的,基于金融秩序或者迫于社会压力使得非法集资的罪名不得不频繁变动,继而通过刑罚威慑对集资犯罪施加控制。针对"e租宝"案件的定性而言,2015年12月8日,新华社消息将案件称为"涉嫌违法经营",而在2015年12月16日多地警方的通报中又将其称为"涉嫌犯罪",深圳公安机关以"涉嫌非法吸收公众存款犯罪"立案侦查。最终集资款因无法归还,则定性为"集资诈骗"。2017年9月12日,北京市第一中级人民法院依法对该案作出一审判决:对钰诚国际控股集团有限公司以集资诈骗罪、走私贵重金属罪数罪并罚,判处罚金18.03亿元;对安徽钰诚控股集团以集资诈骗罪判处罚金1亿元;对丁宁以集资诈骗罪、走私贵重金属罪、非法持有枪支罪、偷越国境罪数罪并罚,判处无期徒刑,剥夺政治权利终身,并处没收个人财产50万元,罚金1亿元;对丁甸以集资诈骗罪判处无期徒刑,剥夺政治权利终身,并处罚金7000万元。同时,分别以集资诈骗罪、非法吸收公众存款罪、走私贵重金属罪、偷越国境罪,对张敏等24人判处有期徒刑15年至3年不等刑罚,并

---

① 参见彭冰:《非法集资行为的界定——评最高人民法院关于非法集资的司法解释》,载《法学家》2011年第6期。
② 参见《温家宝:对民间借贷的法律关系和处置原则应做深入研究》,新华网,http://news.xinhuanet.com/politics/2012lh/2012-03/14/c_131466706.htm。访问时间:2016年1月14日。

处剥夺政治权利及罚金。[①] 我国《刑法》第 192 条规定"以非法占有为目的，使用诈骗方法非法集资"的为集资诈骗，极易让人误认为集资诈骗罪就是专门为打击非法集资行为而设的，而且在现实生活中，只要涉及人数众多的不当集资的终端处置、投资失败或者被部分挥霍且挥霍达到集资诈骗罪的立案数额，而且其募集款项不能归还的数额较大时，通常都会被指控为以非法占有为目的的集资诈骗。这种利用模糊规定来处置毕竟是权宜之计，这种做法尽管可以取得短期内的"打击犯罪"的效果，却存在着一些制度性的隐患，极易助长司法擅断的风气，在一定程度上损害了刑法明确性的基本要求。

综上所述，我国目前非法集资犯罪的刑事规制的确存在一定的问题，特别是民间融资缺乏合法性定位，专门以特定数额作为衡量集资行为的入罪标准不具有合理性，其规制多元化集资行为的罪名设置过于单一，[②] 致使理论与实践存在不同的观点。

有观点认为，我国非法集资的概念逐渐与非法吸收公众存款、集资诈骗概念相混淆，产生了严重的逻辑缺陷。[③] 我国改革开放后，市场经济不断转型升级和金融市场改革的不断深化，原有立法所依据的社会现实业已发生重大变化，刑事对非法集资的规制应当适用变化了的情况。现有的立法规定在民营经济快速发展需要不断注入大量资本的背景下无法解决这一现实问题，出现立法规定与社会现实之间的紧张关系属于一种必然。同时，原有的立法理念落后于金融供给侧改革与创新的实践，亟待从金融管理主义向金融交易主义转变。对于非法集资犯罪的认定应当结合违法案件的发生原因、危害大小等具体情况，严格区分一般违法行为和犯罪行为，将一些形式上的违法行为非犯罪化，并设置一定的豁免条款，从而使刑罚的力量主要集中于打击严重危害社会经济安全的犯罪。[④]

也有观点认为，我国《刑法》第 160 条欺诈发行证券罪、第 176 条非法吸收公众存款罪和第 179 条擅自发行股票、公司、企业债券罪共同构成非法集资犯罪，然而该类犯罪没有明确"合法"与"非法"的界限，缺乏周全的逻辑解释，罪名认定往往以结果为导向，已经难以适应资本市场变化。[⑤] 对于非法集资活动，我国《刑法》中适用最为广泛的是"非法吸收公众存款罪"。这种定罪方式不符合该罪的解释逻辑，况且还会错误地扩大其适用范围，不利于构建对非法集资活动的有效规制体系。这种以"非法吸收公众存款罪"打击非法集资活动，本身就是错误的。无论非法集资活动的形式如何隐蔽、手段如何翻新，都不过是某种投资安排。投资者投入资金到某个共同事业中去，其目的在于依赖他人的努力，获得利润回报，尽管这种回报可能表现为固定收益的承诺（债权型）、收益分享（股权型）或者其他

[①] 参见北京市第一中级人民法院刑事判决书（2016）京 01 刑初 140 号。
[②] 参见范淼：《逻辑进路下非法集资犯罪的立法梳理与检视》，载《山东警察学院学报》2015 年第 5 期。
[③] 参见李有星、范俊浩：《论非法集资概念的逻辑演进及展望》，载《社会科学》2012 年第 10 期。
[④] 参见徐昕等：《非法集资类犯罪的立法反思与对策》，载《学术界》2015 年第 3 期。
[⑤] 参见李有星、李延哲：《股权众筹的逻辑困境与突破》，载《上海证券报》2014 年 12 月 24 日。

安排。这种投资安排无论表现为何种形式,都可被界定为证券,只要集资者未经批准,向社会公众以投资安排的形式募集资金,都可以构成"擅自发行股票或者公司、企业债券罪",应当扩大该条的适用范围。① 也就是说,对非法集资活动的刑事规制应当以"擅自公开发行证券罪"代替"非法吸收公众存款罪"。

由于我国刑法对非法集资罪名的确定游离于金融制度逻辑之外,使得一些金融行为在产生之初就存在合法性的悖论。在个案之中,集资行为相关罪名的罪与非罪、此罪与彼罪的界限并不明朗,从而导致法律适用的困境。② 在实践中,有些因从正规的融资渠道无法获得资金支持或者通过正规融资渠道的融资成本太高,不得已采取非法集资的方式融资,法律对此不能强人所难,也不宜违反经济学基本原理和经济运行的基本规律强行定罪。若这种集资款项运用到生产经营活动中,则不是通常意义上所说的集资犯罪行为,同时,法律也不得对集资者因正常生产经营失败不予保护,不宜简单地以最终能否偿还集资款的后果来作为"入罪"与"出罪"的界限。为此,有论者总结实践经验,形成所谓"三步走"的策略:首先是厘清融资模式,区分直接融资和间接融资,查找前置法;其次是比对涉案融资模式、过程与合法融资模式、过程的差异,查找具体违反的金融管理法律法规;最后是依据金融管理法律法规,以量的区别为标准,考量"资金安全",区分行政违规和刑事违法,慎重入罪。③ 我国非法集资情况严重与民间普遍存在的刚兑情结有关。民间的刚兑情结在一定程度上助长了非法集资行为,如果民间借贷的投资心态回归理性,相关的市场需求会回归到比较正常的状态,这会缩小非法集资的市场空间,才有可能实现政府倡导的"投资有风险,责任应自担"宣传目标。非法集资和正常集资之间究竟存在哪些方面本质的差异与区别,办案机关在认定非法集资时如何不误伤民间正常集资,在经济高速发展抑或下行的时期尤其以投资拉动经济的特殊时期如何善待与处置非法集资犯罪更需要实践探索与理论研究。

第二节 非法集资基础犯罪与认定思路

对非法集资犯罪涉及罪名的分析,尽管应以《刑法》的规定为依据,但司法实践对其结构的分析与认定多以《2010 非法集资司法解释》为标准。对非法集资类犯罪不仅该司法解释涵盖了非法吸收公众存款罪和与其密切相关的集资诈骗罪,以及擅自发行股票、公司、企业债券罪,非法经营罪以及虚假广告罪等罪的定罪与量刑问题,同时还需要对涉及非法集资的工作会议精神予以把握,以免发生错误认定抑制金融的发展或者处置不力放纵违法犯罪,从而影响正常的金融交易秩序和当

---

① 参见彭冰:《以擅自公开发行证券罪取代"非法集资"罪》,载《经济参考报》2014 年 4 月 15 日。
② 参见毛玲玲:《金融犯罪的新态势及刑法应对》,载《法学》2009 年第 7 期。
③ 参见邢飞龙:《非法吸收公众存款罪之"非法"认定的新路径——以法定犯和新型融资案件为中心展开》,载《法律适用》2020 年第 20 期。

事人合法权益的保障。其中，非法吸收公众存款作为非法集资的基础性罪名，且实践中的非法集资多以非法吸收公众存款罪认定，对此需要设立专节对此讨论，以保障非法集资的其他罪作为特别罪的准确适用。

一、非法吸收公共存款罪的类型与认定

我国《刑法》第176条对非法吸收公众存款罪作出了规定即"非法吸收公众存款或者变相吸收公众存款，扰乱金融秩序的"行为。所谓"非法吸收公众存款罪"，是指违反国家金融管理相关法律法规，进行非法吸收公众存款活动或者变相吸收公众存款活动，并扰乱我国金融管理秩序的行为。我国刑法对本罪的立法采用了简要叙明罪状的方式，对犯罪构成规定得相当概括与比较模糊。为此，《2010非法集资司法解释》基于实践的要求，进一步明确了"非法吸收公众存款罪"的犯罪构成要件，其中将原来的以"户"作为定量标准改为以"人"作为定量尺度，降低了非法吸收公众存款罪的入罪门槛，架构了非法吸收公众存款罪与罚的基本内容，为认定非法集资犯罪提供较为详尽的规范依据。

（一）非法吸收公众存款罪的类型

非法吸收公众存款罪存在非法吸收公众存款或者变相吸收公众存款两种行为。前者是典型的非法吸收公众存款罪；后者则为不典型性非法吸收公众存款罪。这两种犯罪行为内在的不同要求，致使其认定也有所区别。

1. 典型的非法吸收公众存款罪。《2010非法集资司法解释》第1条规定："违反国家金融管理法律规定，向社会公众（包括单位和个人）吸收资金的行为，同时具备下列四个条件的，除刑法另有规定的以外，应当认定为刑法第一百七十六条规定的'非法吸收公众存款或者变相吸收公众存款'：（一）未经有关部门依法批准或者借用合法经营的形式吸收资金；（二）通过媒体、推介会、传单、手机短信等途径向社会公开宣传；（三）承诺在一定期限内以货币、实物、股权等方式还本付息或者给付回报；（四）向社会公众即社会不特定对象吸收资金。""未向社会公开宣传，在亲友或者单位内部针对特定对象吸收资金的，不属于非法吸收或者变相吸收公众存款。"该条从正反两个方面对非法吸收公众存款罪作出规定，但对非法吸收公众存款罪的认定却不限于本条的规定，还应与本书第一章对"非法集资含义"界定结合起来分析。对非法集资犯罪而言，除刑法另有规定的以外，均应认定非法吸收公众存款罪。也就是说，非法吸收公众存款行为或者非法吸收公众存款罪是非法集资的基础性犯罪。从该条规定的简单逻辑来看，纳入非法集资犯罪之列的罪名均应以构成非法吸收公众存款罪作为前提条件，不构成非法吸收公众存款罪也就不构成其他非法集资犯罪，刑法另有规定的除外。然而2001年9月10日答复公安部经济犯罪侦查局的征求意见函即《最高人民法院研究室关于认定非法吸收公众存款罪主体问题的复函》认为："金融机构及其工作人员不能构成非法吸收公

众存款罪的犯罪主体。对于银行或者其他金融机构及其工作人员以牟利为目的，采用吸收客户资金不入账并将资金用于非法拆借、发放贷款，构成犯罪的，依照刑法有关规定定罪处罚"。这种复函虽然不是刑法的另有规定，却产生了相同的效果。

我国刑法将非法吸收公众存款罪界定为"扰乱金融秩序行为"，那么，上述四种特征是否均存在"扰乱金融秩序"的情形呢？有论者认为，这样规定存在逻辑上的问题，因为吸收公众款必然扰乱金融秩序，吸收公众存款与扰乱金融秩序是一种相伴而生的行为，司法解释将两者叠加的结果，必然致使"扰乱金融秩序"对于定罪不具有实质意义。对于是否符合非法吸收公众存款的特征，还应当考虑其对扰乱金融秩序的影响程度，尤其是权衡是否损害资金的安全性。① 从本罪立法的发展来观察，立法者的思路由于受国家垄断金融传统观念的影响，导致的结果是，只要融资向公众募集资金影响了银行等金融机构的垄断地位，使其储蓄存款额、贷款额等下降，不管融资是否违背诚信、自由、平等的金融交易原则以及所募集的资金是否用于生产经营，一概被认为是非法吸收公众存款的行为。例如，张某、周某山犯非法吸收公众存款案。②

1994年下半年，被告人张某、周某山合伙承包原如东县栟茶镇杨湾建材厂（1998年4月更名为如东县栟茶镇太杨建材厂），二人为厂里生产筹集周转资金，于1996~1999年，以高于同期银行利息为诱饵，非法向当地16户群众吸收存款人民币254370元，至案发时有人民币117870元未能归还。案发前，张某、周某山在接受侦查人员讯问时，如实供述了自己的犯罪事实。一审判决认定被告人张某犯非法吸收公众罪，判处有期徒刑一年，并处罚金人民币二万元；被告人周某山犯非法吸收公众存款罪，判处有期徒刑九个月，并处罚金人民币二万元。被告人张某、周某山尚未退出的赃款人民币117870元，决定予以追缴，发还被害人。

宣判后，原审被告人张某上诉称：（1）一审判决认定其于1997年上半年和周某山向徐某根借5万元不属实，而是通过徐某根向农行贷款5万元，没有向其他私人借过钱。（2）一审判决认定其于1997年、1998年和周贤山向姜某秀借款不属实，其没有向姜某秀借过钱。（3）其与周某山合作的时间是1994~1998年，1998年底后由周某山负责经营，所有债权债务与其无关。请求二审予以改判。原审被告人周某山上诉称：（1）本案认定非法向当地16户群众吸收存款254370元是假的，实际受害者只有8户。（2）本案掩盖了张某侵占117.9798万元巨款的事实。（3）一审认定的117870元全部由张某侵占，判决对其予以追缴是违法的。

江苏省南通市中级人民法院二审认为，原审对上诉人张某的定罪正确，量刑恰当，且张某的撤诉行为并不规避法律，予以准许。关于上诉人周某山的上诉理由，

---

① 参见林清红：《安全法益维度下的非法吸收公众存款罪分析》，载刘宪权主编《刑法学研究（第9卷）》，上海人民出版社2012年版，第187页。
② 参见江苏省高级人民法院刑事判决书（2016）苏刑再10号。

经查,(1)一审判决认定张某、周某山非法向当地16户群众吸收存款人民币254370元,至审判时仍有人民币117870元未能归还的事实,有上诉人张某、周某山对犯罪事实的供述记录,被害人缪某美等人的陈述笔录,证人缪某等人的证言笔录及借条、还款说明等书证予以证实。对非法吸收公众存款罪的认定,只要吸收了公众存款,不论该存款是否已归还存款人,是否能归还存款人,以及约定的利息能否如数给付,均不影响本罪中受害人数的认定。上诉人周某山认为实际受害人只有8户,不应认定为16户的上诉理由不能成立。(2)本案审理的是张某、周某山涉嫌非法吸收公众存款,对于张某是否侵占117.9798万元巨款,不在本案处理范围内,对此不予理涉。(3)上诉人张某、周某山非法向当地16户群众吸收存款人民币254370元,至今仍有人民币117870元未能归还,两上诉人在共同犯罪中均起主要作用,均系主犯,应当按照其所参与的全部犯罪处罚。原审依据《中华人民共和国刑法》第六十四条之规定,判决追缴张某、周某山尚未退出的赃款人民币117870元并发还被害人符合法律规定。综上,依照《中华人民共和国刑事诉讼法》规定,裁定驳回上诉,维持原判。

原审上诉人周某山申诉称其行为不构成非法吸收公众存款罪,并要求追究张某职务侵占罪的刑事责任。检察员的出庭的意见:申诉人周某山、原审被告人张某因开工厂资金短缺和周转困难,以个人或厂的名义分别向不同的亲戚、工厂职工、同村村民以高息等筹措资金,其行为不属于"向社会不特定对象吸收资金",不符合非法吸收公众存款的"社会性"构成要件,不应以非法吸收公众存款罪追究其刑事责任,原审人民法院适用法律确有错误,建议法院再审撤销原审判决,依法改判申诉人周某山、原审被告人张某无罪。

江苏高院再审认为,原审上诉人张某、周某山虽有违反国家法律规定,非法吸收资金254370元,且117870元尚未能归还的行为,但其借款的目的是用于承包窑厂的生产经营,而没有吸收存款扰乱金融秩序的主观故意,且借款的对象属于相对特定的厂内职工、部分亲友、当地村民,不符合刑法所规定的"向社会不特定对象吸收资金",不具备非法吸收公众存款的"社会性"构成要件,依法不构成非法吸收公众存款罪。故原审上诉人周某山提出其行为不构成非法吸收公众存款罪的申诉理由、检察员提出申诉人周某山及原审被告人张勇的行为不构成非法吸收公众存款罪,原审人民法院适用法律确有错误,建议改判无罪的出庭意见成立,本院予以采纳。关于原审上诉人周某山提出要求追究张某涉嫌职务侵占罪的申诉理由,经查,原审裁判认为本案审理的是张某、周某山涉嫌非法吸收公众存款,对于张某是否涉嫌职务侵占犯罪,不在本案处理范围内于法有据,故原审上诉人周某山提出的该申诉理由无法律依据,本院不予采纳。判决、撤销江苏省南通市中级人民法院(2010)通中刑二终字第0076号刑事裁定和江苏省如东县人民法院(2010)东刑二初字第53号刑事判决;原审上诉人张某、周某山无罪。

对于非法吸收存款罪在犯罪构成上还存在不构成犯罪的判决。例如,北京市东城区人民法院根据起诉事实和证据认为，被告人黄某胜仅直接向陈某、郝某卿、迪贝特公司、北京园林服务咨询公司等少数个人和单位借款，借款对象均与其具有相对特定的关系；且所借款项亦大部分用于生产经营，故被告人黄某胜的行为不具备非法吸收公众存款罪的特征。北京市东城区人民检察院指控被告人黄某胜犯非法吸收公众存款罪不能成立。① 司法实践也存在证据不足的无罪判决。基于证据问题，对被告人是否具有非法吸收公众存款的应审查各类会议记录、纪要、视听资料、相关工作制度、业务培训文件等，并结合其他犯罪嫌疑人、被告人口供，证实是否参与组织、策划；审查各类合同、协议、宣传资料、视听资料并结合证人证言，通过证实犯罪嫌疑人、被告人参与合同签订、公开宣传、游说存款人等活动，从而证实是否明知合同承诺内容、资金运作模式以及针对不特定社会公众吸收公众存款；审查公司营业执照、经营许可是证及相关批准文件，证实犯罪嫌疑人、被告人是否明知公司有无吸收存款主体资格、是否合法、是否超过经营范围、是否以合法形式掩盖非法目的而变相吸收公众存款。

由于非法吸收公众存款犯罪一般会有一个过程，行为人往往先向亲戚、朋友借款，然后通过亲友向他人"借款"，最后向其他不特定的公众甚至放高利贷的人"借款"。行为人最初的借款行为，一般不应认定为"非法吸收公众存款"，因为民间借贷是合法的民事行为，不符合"违法性"特征。而向亲友借款并不需要公开宣传，不符合"公开性"特征；向亲友借款约定的利息也不高，"利诱性"特征不显著，又因借款对象特定，不符合非法集资的"社会性"的特征。但在认定中是否核减最初阶段的借款，对中间过程的"借款"是否纳入定罪数额，存在不同认识。《2010非法集资司法解释》明确规定了未向社会公开宣传，在亲友或者单位内部针对特定对象吸收资金的，不属于非法吸收或者变相吸收公众存款，以及非法吸收或者变相吸收公众存款主要用于正常的生产经营活动，能够及时清退所吸收资金，可以免予刑事处罚，作为出罪处理。特别是"及时清退所吸收资金"作为犯罪情节，尽管体现了宽严相济的刑事政策，符合目前金融体制的现状，有利于民间融资的合法开展，但与违反金融管理秩序关系不密切。尽管该解释对于用于生产经营的解释在一定程度上体现了对吸收资金安全的特别保护，但其沿用上述立法思路的痕迹还是相当明显的，在犯罪构成上只是作了一些细化却无突破，② 仍缺乏对非法集资的实质判断，继而影响对非法集资行为的科学认定。

2. 变相吸收公众存款罪。变相吸收公众存款是指吸收存款方式的变相，其形式上或者表象上未出现"还本付息"，但其投资与回报之间依然存在固有利息的固定性回报，具有经营资本的特性。司法实践结合非法吸收公众存款的性质，对变相非法吸收公众存款作了分类。《2010非法集资司法解释》第二条规定："实施下列

---

① 参见北京市东城区人民法院［2005］东刑初字第376号判决书。其他案件主要有［2009］攸法刑初字第24号；［2013］黄浦刑初字第1008号；［2014］秀刑再初字第1号；［2015］沭刑初字第0487号；［2015］温文刑初字第158号。
② 参见赵星、张晓：《论废除非法吸收公众存款罪》，载《河北学刊》2014年第5期。

行为之一，符合本解释第一条第一款规定的条件的，应当依照刑法第一百七十六条的规定，以非法吸收公众存款罪定罪处罚：（一）不具有房产销售的真实内容或者不以房产销售为主要目的，以返本销售、售后包租、约定回购、销售房产份额等方式非法吸收资金的；（二）以转让林权并代为管护等方式非法吸收资金的；（三）以代种植（养殖）、租种植（养殖）、联合种植（养殖）等方式非法吸收资金的；（四）不具有销售商品、提供服务的真实内容或者不以销售商品、提供服务为主要目的，以商品回购、寄存代售等方式非法吸收资金的；（五）不具有发行股票、债券的真实内容，以虚假转让股权、发售虚构债券等方式非法吸收资金的；（六）不具有募集基金的真实内容，以假借境外基金、发售虚构基金等方式非法吸收资金的；（七）不具有销售保险的真实内容，以假冒保险公司、伪造保险单据等方式非法吸收资金的；（八）以投资入股的方式非法吸收资金的；（九）以委托理财的方式非法吸收资金的；（十）利用民间'会''社'等组织非法吸收资金的；（十一）其他非法吸收资金的行为。"对于变相非法吸收公众存款认定除了需要与典型的非法吸收公众存款结合起来认识外，还要按照其一般规定与特别规定的关系来解释，结合非法吸收公众存款的四个特征要件具体认定。具体分析与解读如下。①

（1）不具有房产销售的真实内容或者不以房产销售为主要目的，以返本销售、售后包租、约定回购、销售房产份额等方式非法吸收资金的，即销售房产形式的非法吸收公众存款的犯罪。这种集资的方式源于 20 世纪六七十年代美国售后返租，后在日本流行。我国出现此模式肇起于 20 世纪 90 年代中期的海南房地产。对于违规销售房产的行为，即便具有真实的房产销售内容，如果销售房产仅仅是一种手段，真实的或者主要的目的是向社会公众非法筹集资金，也可视为非法吸收公众存款行为。因为房地产项目涉及开发建设单位、施工单位、购房者、抵押权人等多个群体，各方权利关系复杂，极易引发不良反应。《商品房销售管理办法》规定，房地产开发企业不得采取返本销售或者变相返本销售的方式销售商品房；不得采取售后包租或者变相售后包租的方式销售未竣工商品房；商品住宅按套销售，不得分割拆零销售。以销售房产形式非法吸收公众存款不仅主要表现为"返本销售""售后包租""约定回购""销售房产份额（拆零销售）"等，还存在房地产开发企业与中介机构相互串通，以投资房地产项目开发建设的名义，向社会公众吸收资金，以及取得商品房预售许可证前，房地产开发企业违规预售或房地产中介机构违规代理销售，以内部认购、发放 VIP 卡、团购优惠等形式，向社会公众吸收资金的形式。

第一，返本销售。返本销售是指定期向购房人返还购房款的销售方式。比如，某房地产开发公司在未取得商品房预售许可证的情况下将 90% 的商品房予以销售，在回收资金仍无法满足经营需要时又以公司名义按每月 3 分至 1 角的（3%~10%）的高息为诱饵，低价与他人签订虚假商品房买卖合同，并约定到期还本。

---

① 以下解读的内容参见刘为波：《非法集资特征的理解与认定》，载《中国审判》2011 年第 2 期。

如果仅仅空有销售之名，并无销售之真实内容，特别是商品房开发企业通过提高房价，通过高价作为返本收益，可认定为非法吸收公众存款行为。

第二，售后包租、约定回购。售后包租是指向购房人承诺对所购商品房由开发商承租或者代为出租并支付回报的销售方式；约定回购是指向购房人承诺在一定期限后回购房产的销售形式。售后包租模式20世纪60年代盛行于美国、日本，90年代传入我国，主要针对商铺。虽然售后包租能够取得良好的促销效果，但也伴随暗中提价、项目经营不善导致预期收益落空或到期无法办理产权、资金断裂出现项目烂尾的诸多风险。其中，约定回购的性质较易认定，但售后包租情形较为复杂，一般具有买卖产权、委托出租、承诺保底回报、定期限或者不定期限支付租金、合同形式完备等特点，实践中可以结合是否具有真实销售内容、是否符合房地产销售管理规定、回报比例是否符合市场规律、主观动机和目的、资金去向等情况，综合判断是真实合法的房产交易行为还是以合法形式掩盖非法目的的吸收公众存款行为，而其中较为直观的一个判断依据是拟售房产是否已经竣工，而竣工的商品房售后返租如何定性存在不同意见。售后包租极易出现产权纠纷，简单地采用刑事制裁诟病较多，与企业经营性融资市场运作不相一致。但对违反《商品房销售管理办法》的行为，应慎重入罪。

第三，销售房产份额（拆零销售）。销售房产份额（拆零销售）是指将成套的商品房产人为分割为数部分出售给购房人的销售方式。故可以认定为没有真实销售内容或者不以房产销售为目的的非法吸收公众存款行为。房地产行业非法集资活动除具有数额大、隐蔽性强等特点外，还往往涉及社会集资、长期租赁、定期返租、收益不确定等情况。房地产交易作为当事人双方的民事行为，管理部门对资金来源、流向和是否涉及非法集资难以把控，许多非法集资参与者只有出现资金链断裂问题才会充分暴露。由于房地产项目涉及开发建设单位、施工单位、投资方、购房人、抵押权人、承租人等多个群体，权利关系复杂，一旦发生非法集资案，极易引发复杂的法律问题，其资产处置成为一大困难。例如兰州科达房地产开发有限公司等非法吸收公众存款案。[①]

公诉机关指控，自2011年以来，兰州科达房地产开发有限公司先后开发了兰州市七里河区"西湖明珠"项目和会宁县北河坪新城区滨河东路"西湖庭院"项目。2013年10月以来，被告人吕某某设立了兰州科达房地产公司售楼部，在五证不全的情况下聘请被告人徐某某组建的销售团队，通过业务员发送彩页的方式对社会公众进行宣传。随后，他们以兰州科达房地产公司名义与客户签订《商铺使用权出让合同》或《酒店房间使用权出让合同》，将"西湖明珠大厦"部分房产非法进行39年的使用权转让销售，再以统一管理为名，将使用权已转让的商铺及公寓进行反租。共有民众968人购买了"西湖明珠"共计1287套铺面、酒店式公寓的

---

① 参见崔琳：《兰州审理房产公司非法吸收公众存款案 涉案金超8亿元》，中国法院网，https：//www.chinacourt.org/article/detail/2018/04/id/3280990.shtml。访问时间：2020年9月2日。

使用权,涉案金额为 3.55 亿余元。

2012 年 3 月 31 日,吕某某在浙江省东阳市注册成立了兰州科达房地产开发有限公司东阳分公司,聘请工作人员,以兰州科达房地产公司在兰州开发房地产需要资金为由,以"西湖明珠大厦"作为抵押,并支付高额利息,在浙江省东阳市公开吸收社会公众资金。2014 年 4 月 2 日,被告人吕某某、沈某某以兰州科达房地产公司的名义与甘肃时代置业有限公司签署《借款合同》,约定由时代置业公司给兰州科达房地产公司借款人民币 3000 万元。同时,兰州科达房地产公司与时代置业公司签订《商品房买卖合同》及《补充协议》,将已经出售了使用权的"西湖明珠",卖给时代置业公司,以此为该笔借款提供保证。

公诉机关认为,被告单位兰州科达房地产有限公司、被告人吕某某、徐某某等 5 人以售后返租的模式向社会不特定公众吸收资金数额巨大,构成非法吸收公众存款罪。吕某某、沈某某以非法占有为目的,虚构事实、隐瞒真相,以签订合同的方法骗取时代置业公司钱款数额特别巨大,构成合同诈骗罪。

不具有房产销售的真实内容或者不以房产销售为主要目的变相非法集资成为犯罪的主要表现为:第一,以预售房屋的形式非法集资。该方式多表现为房地产企业在项目未取得商品房预售许可证前,甚至有的项目还没进行开发建设,就以内部认购、发放 VIP 卡等形式,变相进行销售融资,还存在"一房多卖"的现象。第二,利用房地产项目开发进行非法集资。主要表现为房地产企业自身或者是通过中介公司向社会公众融资,承诺给予远高于银行同期利率的高额利息,有的还以一定的资产作为抵押。第三,以分割销售商铺并承诺售后包租的形式非法集资。该方式多表现为房地产企业违法违规将整幢商业、服务业建筑划分为若干个小商铺进行销售,通过承诺售后包租、定期高额返还租金或到一定年限后回购,来诱导社会公众购买。对于此问题,原建设部颁布了《关于不得给一个平方米单位产权颁发"房屋所有权证"的通知》。该通知要求房地产产权管理部门及房地产开发公司发放一平方米产权证书的行为,违反我国法律规定,涉嫌非法集资。

目前,我国在房产销售管理方面的尚缺法律规定,禁止以融资为目的的销售房产行为多为行政管理上的规章,如原建设部《商品房销售管理办法》等部门规章。然而,对非法吸收公众存款犯罪关键在于是否违反了国家金融管理法律规定,而非房产销售管理规定,能否将房产销售当中的非法性等同于非法吸收公众存款中的"非法性"存在不同认识。对此需要参考《2019 办理非法集资案件意见》的规定,只要实质上实施了向社会公众融资的行为,而又未依法履行相关融资法律手续的,则具有非法吸收公众存款所要求的非法性,符合上述变相非法集资的形式特征的,可进一步认定为非法吸收公众存款。

(2)以转让林权并代为管护等方式非法吸收资金的,即合作(托管)造林等形式的非法吸收公众存款。以合作(托管)造林形式实施的非法吸收公众存款大多具有签订完备林权转让和委托管护合同、经营权和林木回购合同,承诺林木成活率、蓄积量,对公众进行虚假宣传等特点,但在林地林木、返本付息形式和时间、具体资金用途等方面表现各异,需要区别对待,处理上应当谨慎。

第一,对于有真实生产经营内容,有大致相当的林地和林木,资金主要用于生产经营及相关业务活动,所承诺的回报比例符合一般商业规律的,应当结合给付回报的依据和方式、是否约定回购以及林木成活率、蓄积量、成材林砍伐、林业生产投资合理预期风险等技术标准等情况,区分是真实的林权林木转让行为还是融资行为,进而判断是否属于非法集资,继而确定是否构成非法吸收公众存款。以某林业公司非法吸收公众存款案为例,该公司与投资者签订《速生丰产林经营权转让及委托管护合同书》及《速生丰产林经营权及林木回购合同书》,每亩收取投资者4200元(包括500元转让费和3700元委托管护费),约定5年后公司回购经营权并对托管林木以每亩7700元回购,承诺在合同签订后第2年以每亩300元支付回购定金;第3年以每亩1400元支付预付款;第4年以每亩2000元支付预付款;第5年以每亩4000元付清余款,年平均回报率16.9%。该案中的购林人的回报并不取决于林木经营收益,具体体现为在未取得经营收入的情况下即可定期获取回报;而事先决定经营权回购和回购价款,购林人无须承担任何经营风险,可判断不存在真实的林权转让行为,是一种表现为借款的融资行为,可认定为非法吸收公众存款行为。

第二,无林无地,资金主要用于返本付息、支付个人销售提成等。此种情形没有真实的生产经营内容,林业种植或者林权转让只是一个幌子,属于典型的非法吸收公众存款。其中以非法占有为目的的,可以集资诈骗罪定罪处罚。

第三,以传销形式销售林地并代为管护。例如,赵鹏运因非法传销被法院以非法经营罪判处有期徒刑案。[①]

2004年初,赵鹏运在服刑期间曾与屠晓斌、赵代红等人预谋,待出狱后注册公司,效仿"内蒙古万里大造林公司"的经营模式,组织队伍以销售林地获利。同年4月,赵鹏运刑满获释后,在赵代红、屠晓斌等人的帮助下,注册成立了内蒙古亿霖木业有限公司、北京亿霖木业有限公司、亿霖木业集团有限公司及贵州、辽宁、重庆、上海、广州等系列分公司(以下统称亿霖集团),组建了由张建军、黄金辉等多名骨干组织、率领的传销团队,以合作托管造林为名,从事林地传销。赵鹏运系亿霖集团的控股股东和实际控制人,为亿霖集团制定了销售策略、宣传纲要及传销层级和提成比例等重大经营原则。赵鹏运等人在经营中,伪造企业荣誉证书,夸大企业经营规模和资产实力,通过各分公司及所属各销售部采用招聘、社区宣传、媒体广告或亲友间介绍等形式招聘员工、招揽客户,虚假承诺"在亿霖集团投资购林能获得高额回报"等,诱骗他人购买林地。加入亿霖集团的销售人员自上而下分为部长、经理、主管、销售代表四个层级,各级销售人员均无固定工

---

① 参见高法:《"亿霖"非法经营案终审判决》,北京法院网,http://bjgy.chinacourt.gov.cn/article/detail/2009/06/id/869519.shtml。访问时间:2020年9月2日。

资，其所得收入均按销售业绩提成，上级销售人员以下级销售人员的销售业绩为依据计算获取报酬，多数销售人员晋级以销售业绩为主要依据并有不同的晋级标准，从而形成了自上而下逐级按销售业绩比例提成的传销模式。根据审计报告证实，自2004年4月~2006年5月，赵鹏运等28人积极领导、组织、发展传销队伍，以亿霖集团为依托，以合作托管造林为名，在北京、内蒙古、辽宁、河北、河南、贵州、湖南、云南、四川、江西、湖北11个省、区、市的45个县、市、区，累计以传销手段销售林地面积52万余亩，销售金额近20亿元，扣除退地因素，净销售林地面积40余万亩，净销售金额16.8亿余元。

赵鹏运等人通过传销林地，个人违法所得达二三十万元至上亿元不等，用于购买高档汽车、房产、名表饰品等大肆挥霍。北京市第二中级人民法院作出一审判决，以非法经营罪，分别判处赵鹏运等28人有期徒刑十五年至一年，6人被宣告缓刑，并处罚金人民币三亿元至二十万元不等。该案上诉后，北京市高级人民法院经审理认为，原判认定赵鹏运等28名被告人犯非法经营罪的事实清楚，证据确实、充分，定罪及适用法律正确，审判程序合法。鉴于张建军揭发他人重大犯罪，在二审期间查证属实，具有重大立功表现，且系投案自首，积极退出大部分非法所得，依法应减轻处罚；杨玉光在二审期间真诚悔罪，主动退交巨额款物抵赃，且系从犯，依法在原判减轻处罚的基础上，再予减轻并适用缓刑；李建卿和于枫铂在案发后能够自首，且均系从犯，在二审期间能够积极退赃，悔罪态度好，依法可免于刑事处罚。对赵鹏运等其他24名被告人，维持原判。

国家林业局《关于贯彻落实〈国务院办公厅关于依法惩处非法集资有关问题的通知〉的通知》对林业行业涉嫌非法集资总结为以下特征：一是未经监管部门依法批准，违规向社会筹集资金；二是打着"生态建设，惠及子孙后代"的旗号，发布虚假信息，承诺在一定期限内给予投资高额回报等；三是伪装以造林、林权转让等合法生产经营活动，实现骗取资金目的。这三个特征侧重在此类变相非法吸收公众存款行为的客观表象，没有揭示非法吸收公众存款行为的实质，特别是对"未经批准""虚假宣传""无真实生产经营活动"的强调，在一定程度上限缩了非法吸收公众存款行为的认定范围，影响了非法集资的认定。

（3）以代种植（养殖）、租种植（养殖）、联合种植（养殖）等方式非法吸收资金的，即种植（养殖）形式的非法吸收公众存款。对于具有明显的非法融资性质的代种植（养殖）行为以非法吸收公众存款罪定罪处罚实践中不存在争议。而对于租种植（养殖）行为却存在不同意见，而实践中的联合种植（养殖）实质上是代种植（养殖）异化。其具体方式为：

第一，以代种植（养殖）的非法吸收公众存款。例如，某公司以每组獭兔（3母1公）投资1000元为起点，与投资者签订《獭兔委托养殖合同书》，合同期限1年，獭兔由公司代为养殖，自合同签订之日起每36天向投资者返款1次，全期返款10次，回报率为143%~146%不等。代种植（养殖）行为具有明显的非法集资性质，此类行为应以非法吸收公众存款罪定罪处罚，实践中无不同意见。

第二，以租种植（养殖）的非法吸收公众存款行为。例如，辽宁省营口东华集团非法集资近 30 亿元，造成数万人被骗案。①

蚁力神集团的下属公司辽宁煦焱蚁力神蚂蚁养殖有限公司的"委托养殖"模式。交纳蚁种最低保证金一万元人民币，养殖户就可在家养殖蚂蚁，投资 14 个半月后，公司回收养殖好的蚂蚁，并提供箱装蚁种，每窝收取 400 元蚁种保证金，全期繁殖周期共 444 天，公司每隔 74 天回收 1 次蚁干，并向养殖户支付 1 次委托加工养殖费和委托加工劳务费，全期共支付 6 次；同时每隔 74 天退付保证金每窝人民币 80 元，全期共分 5 次退付完毕。一个繁殖周期结束后养殖户可获得的两费收益为保证金的 32.5%，折合年收益率 26.35%。2005 年，蚁力神在册养殖户已达 27 万户，以每户 4.2 万元的数据计算，按照三成的返款比例，蚁力神一年的返款额就达到 40 多亿元。该公司上门收购蚂蚁时，根本不分品质、也不过秤，就是鼓动养殖户继续投资养殖。蚁力神真正目的不是蚂蚁，而是蚁民缴纳的保证金，用后加盟养户交的抵押金给先加盟的养户，以骗取更多养户加盟，以拆东墙补西墙的方式持续经营。首犯汪某东犯集资诈骗罪，一审被判处死刑。其余 15 名被告人也被判处 5~10 年刑期不等的有期徒刑。

第三，以联合种植（养殖）的非法吸收公众存款行为。例如，被告人崔某民非法吸收公众存款案为例。被告人崔某民原系深圳丰祥贸易公司（因未申报年检于 1999 年 12 月被吊销营业执照）法定代表人，于 2000 年 7 月以深圳丰祥贸易公司的名义承包位于北京市房山区官道乡南刘庄村的一个养兔场，向社会发布招商简介，与合作投资方签订合作养殖獭兔合同，约定投资人投资后，使用一周年退还本金，投资者不担风险，一周年分享与投资额相同的固定利润。从该案可以看出，实践中所谓的联合种植（养殖），不过是前述代种植（养殖）的翻版而已，其行为性质同样应认定为非法吸收公众存款。②

（4）不具有销售商品、提供服务的真实内容或者不以销售商品、提供服务为主要目的，以商品回购、寄存代售等方式非法吸收资金，即销售商品（提供劳务）形式的非法吸收公众存款。销售商品（提供劳务）的商业模式经过不断发展，涉及的商品涵盖方方面面，如房产、汽车等大件商品。对于不具有销售商品性质，约定回购、返本销售的行为，如果符合以公开方式宣传，向社会不特定公众集资，承诺保本付息，可视为非法吸收公众存款行为。寄存代售本身是一种正常商业模式，即委托人将商品放在某商店、公司寄卖，一般体现为委托关系和买卖关系。如果将商品出售给消费者后，并不将商品直接交付，而是直接寄存在公司升值、售卖，消费者从而获得差价收益，则具有非法集资性质。因为正常的商业活动以获取商品或

---

① 参见范春生、魏运亨：《辽宁东华蚂蚁集资案首犯一审被判死刑》，央视国际网，http://news.cctv.com/law/20070215/105054.shtml。访问时间：2019 年 8 月 25 日。
② 参见刘为波：《非法集资特征的理解与认定》，载《中国审判》2011 年第 2 期。

者服务为目标即提供商品（服务）→货币→获取商品（服务）；而集资活动则以货币增值为目标即货币→商品（服务）→货币（增值）。在消费全返类非法集资案中，商家往往会承诺百分百保本，包赚不赔，司法机关往往会将其视作一种保本承诺。例如，涉嫌组织、领导传销活动罪的两名"云联惠传销案"的判决。①

广东云联惠网络科技有限公司自 2014 年开始，依托"云联商业大系统"平台进行组织、领导传销活动，宣称"消费全返"，要求参加者缴纳 9.9 元至 999 元不等的费用成为云联惠会员，由普通会员、金钻会员和铂钻会员组成一定的层级。其会员通过发展下级会员和人头数获取非法利益，并以层级计酬的奖励模式，通过网站、微信等途径在全国迅速传播。截至 2017 年 12 月 31 日，云联惠公司在全国 31 个省份发展了 865 家代理商，会员达到 680.6 万人，形成了 118 层的金字塔结构。云联惠的经营模式：商家加入云联惠每单交易要给 16% 成交额给云联惠，云联惠从商家上交的 16% 中给消费者返现，比例约为每天万分之五，按照这个比例计算，全部返还时间为五年。云联惠返还采取积分形式，规定必须消费达到一定额度才会有返还，同时用户提现必须收取 13% 的手续费。根据云联惠的平台规则，如果购买了 1000 元的东西，平台商户收到 1000 元消费额后，立刻就要给云联惠 160 元。这意味着，每天有大量的 16% 注入进入云联惠的账户。根据规则，每天返还的额度是在总额的基础上减去已返还的金额，再乘以万分之五左右。也就是说，每天返还的金额会越来越少，返还的期限会变长。粗略计算，以 10000 元消费为例，5 年返 60%，10 年返 84%，需要 25 年才能返 99%，最后的 1% 无法返还。广州市公安局在广东省公安厅部署下开展收网行动，立案侦查"云联惠"特大网络传销犯罪团伙。大化瑶族自治县人民法院认为，被告人张某来以经营活动为名，要求参加者以缴纳费用方式获得加入资格，并按照一定顺序组成层级，以发展人员的数量作为返利依据，引诱参加者继续发展他人参加"云联惠"，从中获利，其行为已触犯我国刑律，构成组织、领导传销活动罪。对"云联惠"网络传销案依法作出一审判决：被告人张某来犯组织、领导传销活动罪，被判处有期徒刑 2 年 6 个月，并处罚金人民币 2 万元；追缴被告人张某来违法所得人民币 72744.27 元，上缴国库。

实践中商业交易形式的非法吸收公众存款的表现形式极为复杂，对其判断主要是有无真实的商品交易关系，也可从购买方的目的作为逻辑判断依据，其购买是否依赖商品本身应有的价值。一是交易目的。从提供资金方的角度看，商业交易中提供资金方以获取商品或者服务为目的；非法集资中提供资金方以获取高额提成、分红或者返利等回报为目的。从接受资金方的角度看，商业交易中接受资金方以赚取交易利润为目的，非法集资中接受资金方以筹集资金为目的。二是交易条件。非法集资中接受资金方不提供真实的商品和服务，或者以次充好、以少换多，提供商品

---

① 参见《实地探访云联惠：揭秘"全额返现"陷阱》，中国经济网，http://finance.china.com.cn/consume/20170731/4331026.shtml。访问时间：2020 年 9 月 2 日。

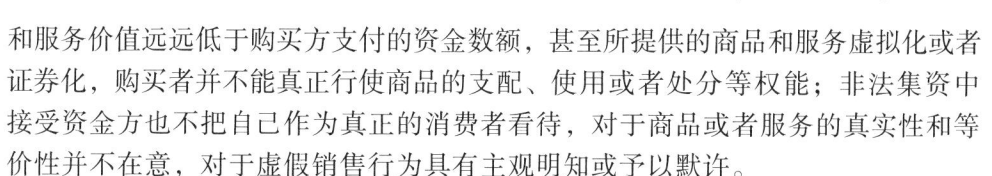

和服务价值远远低于购买方支付的资金数额，甚至所提供的商品和服务虚拟化或者证券化，购买者并不能真正行使商品的支配、使用或者处分等权能；非法集资中接受资金方也不把自己作为真正的消费者看待，对于商品或者服务的真实性和等价性并不在意，对于虚假销售行为具有主观明知或予以默许。

（5）不具有发行股票、债券的真实内容，以虚假转让股权、发售虚构债券等方式非法吸收资金的行为。2015年12月21日，第十二届全国人大常委会第十八次会议公布了《关于授权国务院在实施股票发行注册制改革中调整适用〈中华人民共和国证券法〉有关规定的决定（草案）》。践行股票发行注册制改革以及资产证券化的发展，如果在监管制度上没有随之改变，借助于发行有价证券有可能会刺激集资犯罪的发生。对于非法发行有价证券问题，我国还存在大量的规范性文件。例如，1998年7月29日，中国人民银行发布的《整顿乱 集资乱 批设金融机构和乱办金融业务实施方案》规定："企业通过公开发行股票、企业债券等形式进行有偿集资，必须依照有关法律、行政法规的规定，经国务院主管部门批准。"特别强调，"未经批准，不得擅自突破发行计划，不得擅自设立或批准发行计划外券种。对违反规定的，要依照《企业债券管理条例》的规定，追究法律责任。"针对我国住房抵押证券操作而言，有些行为可能被认定涉嫌非法集资。再如，1998年10月6日，证监会发布的《关于对拟发行上市企业改制情况进行调查的通知》规定了"先改制后发行"规则后，企业通过发行股票或类似股票的"股权卡"方式募集设立公司的行为，可能涉嫌非法集资。实践中，也存在有些企业以为农民提供粮食储存、销售和兑换服务等名义设立"粮食银行"向售粮农户和其他社会人员进行非法集资。我国目前的资产证券化，尽管可以解决小微企业和个人创业者融资难的问题，同时也存在非法发行有价证券的可能，尤其是带有特殊目的载体自己直接发售证券，则有陷入非法吸纳公众存款罪和集资诈骗罪的危险。2015年中国证监会向各地印发函件要求，严禁任何机构和个人以"股权众筹"名义从事非法发行股票活动。在《证券公司企业资产证券化业务试点指引（试行）》实施过程中，有些企业通过与互联网金融平台合作，通过合同将能够产生稳定现金流的债权或其他金融资产收益权等基础资产转让，把该基础资产拆分成份，由普通投资者通过互联网金融平台认购；一定期限后，企业依照约定将该收益权份额赎回，投资者获得兑付。以上这些场内企业资产证券化业务中的受益凭证在场外"资产证券化"中被出售的收益权份额尽管不属于股票、公司债券或国务院依法认定的其他证券，也不是我国《刑法》中的"证券"，但其行为涉嫌非法集资却是可以被认定。

（6）不具有募集基金的真实内容，以假借境外基金、发售虚构基金等方式非法吸收资金的犯罪。私募基金是指以非公开方式向投资者募集资金设立的投资基金。实践中，一些不具有私募投资基金管理人资格，但制作理财产品，采取包干提成方式，通过银行、保险、证券等行业理财部经理向社会不特定公众推荐的方式进行销售，其协助销售虚构基金也可以非法吸收公众存款罪论处。还有一些私募发起人为了获取注册，安排或者默许一些投资能力不足的单个投资者，采取代持股的方

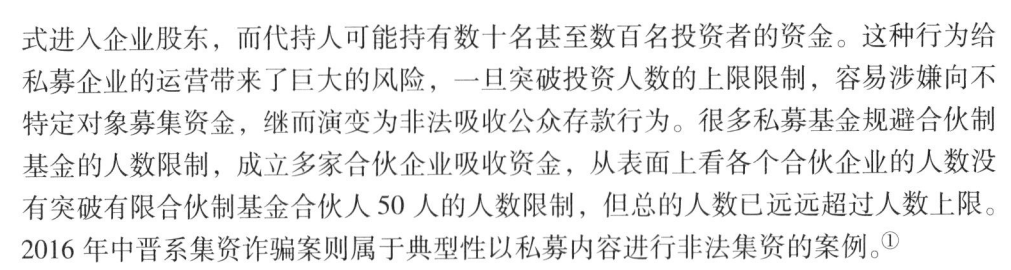

式进入企业股东，而代持人可能持有数十名甚至数百名投资者的资金。这种行为给私募企业的运营带来了巨大的风险，一旦突破投资人数的上限限制，容易涉嫌向不特定对象募集资金，继而演变为非法吸收公众存款行为。很多私募基金规避合伙制基金的人数限制，成立多家合伙企业吸收资金，从表面上看各个合伙企业的人数没有突破有限合伙制基金合伙人 50 人的人数限制，但总的人数已远远超过人数上限。2016 年中晋系集资诈骗案则属于典型性以私募内容进行非法集资的案例。①

2011 年 10 月起，以徐某为实际控制人的"中晋系"公司先后在上海及其他省市投资注册 50 余家子公司，并控制 100 余家有限合伙企业。2016 年 4 月 1 日，中晋一期基金共募集资金 52.6 亿元人民币，超计划筹资 2.6 亿元。通过合伙制股权基金模式，中晋一期以非公开的方式向具有风险识别与风险承受能力的投资者募集，募集资金主要投资于非上市公司可转债。之后，又通过被投资项目资产证券化实现在二级市场退出，为投资人实现投资目的。中晋控制人虽然已向协会备案了"中晋股权投资基金管理（上海）有限公司"，却通过互联网公开募资和宣传，从而使私募基金"公募化"。中晋系通过母公司给关联公司买单的方式，为关联公司增加营业额。以徐某控制的国太控股名下的羽泰信息为例，为了增加羽泰信息的营业额，其让下属找到可以合作的第三方公司，通过购买羽泰开发的软件的方式，提高营业额。第三方公司支付 100 万元购买羽泰信息开发的软件后，国太集团会支付 110 万元再购买这家第三方公司的产品，作为第三方公司赚了 10 万元，从而使羽泰信息增加了 100 万元的营业额。整个过程中，软件的开发成本为 0 元，利润为 100 万元。徐某还希望借此方式推动子公司上市，但未能成功。除了将大量资金用于支付员工佣金，还为了虚增业务收入，额外支付贸易补贴及奖励。其中，个人挥霍近 5 亿元，包括购买豪车 1.48 亿余元、豪宅 3 亿余元、游艇 1390 万元、包机豪华旅游 2300 万余元。上述费用支出均来源于投资者的巨额投资资金。国太集团非法集资共计 400 亿余元，绝大多数集资款被国太集团消耗、挥霍于还本付息、支付高额佣金、租赁豪华办公场地、购买豪车、豪华旅游、广告宣传等。案发时未兑付本金共计 48 亿余元，涉及 1.2 万余名集资参与人。上海市第二中级人民法院认为，被告单位国太集团以非法占有为目的，使用诈骗方法非法集资，其行为已构成集资诈骗罪；徐某等 10 名被告人分别作为国太集团直接负责的主管人员和直接责任人员，其行为亦构成集资诈骗罪。

（7）不具有销售保险的真实内容，以假冒保险公司、伪造保险单据等方式非法吸收资金的行为。没有合法保险业资质却以保险为名吸收存款的行为或者通过销售不具备真实内容的保险，并以高额回报为诱惑，骗取群众信任，进行非法

---

① 参见余东明、梁宗：《中晋系非法集资 400 亿一审宣判　实际控制人徐勤被判无期徒刑》，法制网，http://www.legaldaily.com.cn/index/content/2018－09/19/content_7649942.shtmlnode＝20908。访问时间：2020 年 2 月 19 日。

集资。例如，虚构"申邦财产保险股份公司"非法集资案。[1]

杨某、曹某成于2008年5月至10月间在互联网上虚构"申邦财产保险股份公司"网站，散布虚假信息，私自印制假保险——"申邦财产保险股份公司"的人身意外伤害保险保单、保险卡，以"张华佗"名义多次将假保险共计8万余份卖予被害人林某岛（台湾地区人），获得赃款10.96万元，后林某岛将部分保单转售，获利6.47万元。

检察机关提起公诉后，北京市朝阳区人民法院于2009年7月3日公开开庭审理，依法作出一审刑事判决。法院在审理过程中，对北京银保监局提供的证明材料、物证照片等予以采信。法院认为，杨某、曹某成二人无视国法，以非法占有为目的，虚构事实，隐瞒真相，骗取他人财产，数额巨大，属于共犯，其行为已构成诈骗罪，鉴于其归案后能如实交代所犯罪行，酌情予以从轻处罚。法院分别判决杨某、曹某成2人有期徒刑5年，罚金人民币5000元，并对涉案的赃款赃物6.46万元予以追缴没收。法院宣判后2人均未提起上诉。公安部门在侦办此案过程中，认定台湾人林某岛对杨某、曹某成制售假保单并不知情，只是代理转手了部分假保单，法院也认定其是此案的被害人之一，故未对其追究刑事责任，但要求返还被杨某、曹某成所骗财物共计4.49万元。

（8）以投资入股、委托理财的方式非法吸收资金的集资行为。这种方式主要是以投资理财、投资入股等为名使用自融、新包还旧包、截留融资款等方法非法控制集资款。目前，一些小额贷款公司就把目光放在社会闲散资金和游资上，以投资入股分红的名义，向社会吸取公众资金，以达到获取高额利润的目的。例如，被告人刘某龙非法吸收公众存款案。

2011年2月~2012年3月，被告人刘某龙伙同其姐姐刘某珠谎称秸秆颗粒燃料饲料项目可获得巨额利润、社员入社投资购买农用机械设备可获得国家高额补贴、向其合作社投资入社可获得高利息回报等，以"吉林省双辽市服先镇龙沣农民合作社"名义，先后在辽宁省大连市和吉林省双辽市向社会公众非法募集资金。其中，在大连市骗取82人共计人民币1191万元，在双辽市骗取36人共计人民币1100余万元。被告人邹某彦、姜某系刘某龙在大连地区非法募集资金的负责人员。2011年7月~2012年3月，被告人刘某龙伙同史某侠、叶某刚（均另案处理）、杨某飞（在逃）等人先后在四川省成都市、江苏省无锡市注册成立天津海之龙股权投资基金管理有限公司成都分公司和无锡分公司。刘某龙等通过虚假宣传的方式，虚构该基金产业可产生巨额利润的事实，并向投资人许诺高额利息，从而以投资基金形式向社会非法募集资金。其中，在成都市骗取111人共计人民币599余万元，在无锡市骗取104人共计人民币550余万元。被告人刘某龙共计骗取人民币3400余万元。

---

[1] 参见孙文晔：《假"保险公司"卖出保单8万份》，载《北京日报》2009年4月21日。

2013年12月13日，辽宁大连市中级人民法院以（2013）大刑二初字第39号刑事判决，认定被告人刘某龙犯集资诈骗罪，判处无期徒刑，并处没收个人全部财产；被告人邹某彦犯非法吸收公众存款罪，判处有期徒刑五年，并处罚金人民币20万元；被告人姜某犯非法吸收公众存款罪，判处有期徒刑四年，并处罚金人民币10万元。一审宣判后，被告人刘某龙、邹某彦、姜某提出上诉。2014年4月28日，辽宁省高级人民法院以（2014）辽刑二终字第00027号刑事裁定，驳回上诉，维持原判。[1]

对于以承诺保底收益的委托理财行为符合变相吸收公众存款性质的，其受托机构是否具备委托理财业务资质不影响非法吸收公众存款罪成立。对此，可参考本书第一章"非法集资的界分与解读"的"委托理财与非法集资"的内容。

（9）利用民间"会""社"等组织非法吸收资金的行为。利用民间会社形式进行非法集资源于民间"会""社"作为互助联盟融资方式，主要是满足个人或者企业融资的需求。这种集资形式不仅包括未按法律规定批准设立的基金会、互助会、储金会、农村救灾扶贫储金会、"标会"等，而且还包括利用社会信用体制不完善、民间信用的式微和信用信息不对称的情形进行集资的。目前较为严重的是地下钱庄的非法集资。这些地下钱庄在犯法手法上趋于专业化、智能化、潜伏化，违法犯罪的主体呈现家族化、圈子化、信用化。一般情况，民间标会的发起组织者称为"会头"，其他参与者称为"会脚"。标会的过程是由"会头"召集"会脚"，约定本金规模和开标频率、时间，每期交纳会费，每期凑集的会款按照竞标的方式由"会脚"投标，所出利息最高者中标，会款由该"会脚"使用；会头以优惠利率使用第一次会款，每个"会脚"都在中标后完成一个周期。"会头"与"会脚"的身份在不同的"会"中可能存在转换，只要其中一人携款潜逃就容易发生"倒会"的连锁反应。由于此种"互助"行为完全建立在个人信用的基础上，缺乏有效的监督管理机制，资金安全没有保障，一旦发生倒会，多数"会脚"往往血本无归，致使一些"会头"或"会脚"可能涉嫌犯罪。尤其是一些农民专业合作社或担保公司、投资公司的经营者发起设立，或者以合法身份为幌子仿照银行外观设立营业网点，通过代办员、业务员广泛吸收农民存款，欺骗性极强，严重损害了农民利益，影响农村金融秩序和社会稳定。例如，辽宁河北邢台隆尧县三地农民专业合作社历时7年的非法集资案。[2]

2007年7月，在隆尧县工商局注册了三地合作社。在隆尧县、柏乡县等地的农民纷纷入社。承诺："在三地合作社入股1万元，即可得到100袋面粉。除此之外，4个月利息30%，1年利息100%。如想退社，返还本金和利息，已被食用的面粉免费赠送。"三地合作社没有实体项目，仅仅依靠收取下一个社员的本金，偿

---

[1] 参见张惠：《非法集资骗术多，万变不离回报高》，载《成都日报》2015年6月24日。
[2] 参见《合作社非法集资诈骗80亿元农民上访求释放嫌犯》，人民网，http://legal.people.com.cn/n/2015/0208/c42510-26526304.shtml。访问时间：2020年2月27日。

还上一个社员的利润,长时间下来,资金漏洞越来越大。三地合作社成立伊始,业务并没有太大起色。自 2011 年开始,该社宣称找到了拳头产品——富硒小麦。在三地合作社内部人士提供的宣传材料上,被告人巩某海本人先后获"新农村建设致富领袖人物"等多个称号。而这些却是由民间的团体协会颁发。由于前期入社的人从这场骗局中得到了利益,致使有些集资参与人召集几家亲戚,筹措 260 万元,打给了那位"社长"。该案涉及全国 16 个省市,涉嫌非法集资 80 多亿元,涉及人数众多。

上述变相非法集资的有些问题尽管被后来的解释所细化,但从《2010 非法集资司法解释》规定的"符合本解释第一条第一款规定的条件"来看,第一条则是非法吸收公众存款定罪处罚的基础,只有符合吸收公众存款的行为,再加上各种规定的情形,才能"以非法吸收公众存款罪定罪处罚",解释可以避免司法实践中将不应当构成"变相吸收公众存款"的商品交易等行为认定为犯罪的现象发生。[1] 由于非法吸收公众存款特别是变相吸收公众存款行为发生在不同领域、不同行业,其手法隐蔽、各具特点,在认定过程中依然存在难度。例如,北京巨鑫联盈科贸有限公司法定代表人朱某君伙同公司董事长和总裁等 13 人非法吸收公众存款案。[2]

朱某君、徐某宁、肖某定等 13 人以加盟巨鑫联盈公司可获高额回报的方式,在两年多时间里,非法吸收 4 万余人 26 亿余元。2006 年 8 月,肖某定在浙江衢州经营吾老七日用品公司期间,设计了一套"购物返利"经营模式,朱某君任公司讲师。2009 年,朱某君在"购物返利"经营模式的基础上,创设了"联合加盟方案"的经营模式,并依托巨鑫联盈公司付诸实施。肖某定出狱后,加入巨鑫联盈公司,积极配合朱某君对"联合加盟方案"的推广。2009 年 12 月~2012 年 5 月,朱某君、徐某宁先后伙同张某、刘某川、肖某定,并纠集倪某恩等人,假借销售商品之名,通过网络宣传、推介会等途径,以巨鑫联盈公司为依托,向社会公开宣传"联合加盟方案",通过宣讲巨鑫联盈公司既往业绩,模拟营业额增长比例等方式,吸收公众存款 26 亿余元。中级人民法院认为,朱某君等被告人违反国家法律规定,借用销售商品之名吸收资金,变相吸收公众存款,其行为已构成非法吸收公众存款罪,且犯罪数额巨大,依法均应予惩处。根据各被告人在共同犯罪中的作用及其他量刑情节作出判决。宣判后,13 名被告人中,朱某君等 10 人提出上诉。

朱某君否认指控,他向法庭陈述了公司的运作模式,并称巨鑫联盈公司存在实际销售行为,并不违法,且公司没有承诺在一定期限内给付高额回报。辩护律师认为,巨鑫联盈公司的运作过程是消费者参与销售分配,很多购物都有返利。另一名辩护律师指出,非法吸收公众存款承诺的是固定回报,在巨鑫联盈科贸有限公司的

---

[1] 参见"涉众型经济犯罪问题研究"课题组:《非法吸收公众存款罪构成要件的解释与认定》,载《政治与法律》2012 年第 11 期。
[2] 参见颜斐:《北京非法集资 26 亿案维持原判被告人上诉遭驳回》,载《北京晨报》2015 年 7 月 11 日。

经营模式中,只承诺以赢利的25%返利,是浮动的。北京市高级人民法院认为,一审判决认定事实清楚,证据确实、充分,定罪及适用法律正确,量刑适当,应予维持,故驳回了朱某君等10名被告人的上诉。

另外,近年来又出现了以"养老"为名、打着区块链或者虚拟货币等高科技旗号、以"居家理财"或售卖强身健体"秘方"或"海南自贸港创新发展等"热点新闻、以"静态收益"或"动态收益"等诱饵以及投资"墓地"等新类型非法吸收公众存款的行为。

针对变相吸收存款"以非法吸收公众存款罪定罪处罚"的"以"做何解释,其含义是法律拟制还是法律推定以及如何体现出变相非法吸收公众与非法吸收公众存款之间的差异,这些问题还需要进一步诠释。因为吸收公众存款作为一种融资行为,属于金融活动的组成部分,也是金融管理的重要内容,而融资行为与一般的生产经营行为不同,资金提供者是以获取未来收益为目的,并无实质意义的商品或者服务作为对价,生产经营、商品交易活动是向社会公开出售商品来获取资金,购买者不仅需要支付价款即可获得商品或者服务的对价,而且还受到民法典合同篇、产品质量法以及消费者权益保护法的特别保护。由于融资过程的信息不对称等因素,其活动蕴藏着巨大的风险,以至于从信息披露、准入条件、审批程序等方面法律作出许多要求。如果简单地将融资等同于商品交易或者服务行为,在实践中仍存在一些难以解决的问题。

另外,在非法集资案件中的"刑法另有规定"具体指代何罪?"刑法另有规定"是否还包括非法集资犯罪中擅自发行股票、公司、企业债券罪、非法经营罪等罪名?是否还包括非法集资犯罪以外的其他罪名?这一指示性条款,尽管可以通过特殊条款优先适用的原则解决,如果行为不符合特别法条规定的犯罪构成,则不能再适用普通法条定罪处刑,但因数个法条之间在犯罪构成上具有交叉或包容关系,特别是司法解释不一致,再加上量刑反制定罪的思维模式,法条竞合是否意味着法条间绝对的一概排斥适用,这些问题仍需要深入讨论。

二、非法吸收公众存款的罪与罚

《2010非法集资司法解释》第3条规定:"非法吸收或者变相吸收公众存款,具有下列情形之一的,应当依法追究刑事责任:(一)个人非法吸收或者变相吸收公众存款,数额在20万元以上的,单位非法吸收公众存款,数额在100万元以上的;(二)个人非法吸收或者变相吸收公众存款对象30人以上的,单位非法吸收或者变相吸收公众存款对象150人以上的;(三)个人非法吸收或者变相吸收公众存款,给存款人造成直接经济损失数额在10万元以上的,单位非法吸收或者变相吸收公众存款,给存款人造成直接经济损失数额在50万元以上的;(四)造成恶劣社会影响或者其他严重后果的。""非法吸收或者变相吸收公众存款的数额,以行为人所吸收的资金全额计算。案发前后已归还的数额,可以作为量刑情节酌情考虑。"有论者认为，针对实践中非法吸收公众存款罪的定罪和量刑情节认定标准掌握不统一的问题，司法解释第3条区分个人犯罪和单位犯罪，分别从吸收公众存款数额、吸收公众存款的数额以及单位犯罪与个人犯罪等问题作出了说明，尽管有关数额将来会发生变化（个人非法吸收公众存款可能为100万元等），仍需要对以下问题予以分析和探讨。

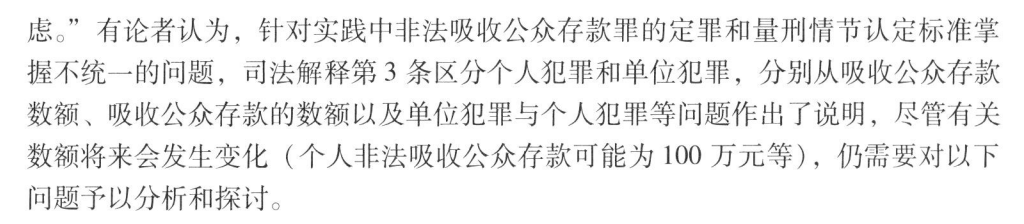

（一）非法吸收公众存款罪数额计算

对于非法吸收或者变相吸收公众存款的数额，存在"损失数额说""实际交付数额说"和"累计数额说"，实践中一般以行为人所吸收的资金全额计算；负责或从事吸收资金行为的犯罪嫌疑人非法吸收公众存款金额，根据其实际参与吸收的全部金额认定，但需要对向亲友或者单位内部人员吸收的资金与向不特定对象吸收的资金予以区分。其中，向亲友或者单位内部人员吸收的资金符合下列情形的，应当归结到犯罪数额：第一，在向亲友或者单位内部人员吸收资金的过程中，明知亲友或者单位内部人员向不特定对象吸收资金而予以放任的；第二，以吸收资金为目的，将社会人员吸收为单位内部人员，并向其吸收资金的；第三，向社会公开宣传，同时向不特定对象、亲友或者单位内部人员吸收资金的。但以下金额不应计入该犯罪嫌疑人的吸收金额：第一，犯罪嫌疑人自身及其近亲属所投资的资金金额；第二，记录在犯罪嫌疑人名下，但其未实际参与吸收且未从中收取任何形式好处的资金。吸收金额经过司法会计鉴定的，可以将上述不计入部分直接扣除。但是，前述两项所涉金额仍应计入相对应的上一级负责人及所在单位的吸收金额。对于集资投资人收回本金或者获得回报后又重复投资的数额不予扣除以及案前后已归还的数额不作为定罪数额。因为《2010非法集资司法解释》规定了非法吸收或变相吸收公众存款案发前已经归还的数额，法院裁定罪定刑时，可以根据情节的严重程度酌情考虑。其中，情节严重程度和酌情，可作为量刑情节酌情考虑。因为非法集资行为的对象只是单笔资金，如果反复进行计算，将会出现投资者的实际投入与集资数额不符的情况。也有观点认为，重复性投资行为所涉及的数额应当重复计算，因为非法吸收公众存款行为是对国家金融管理秩序的破坏，而行为人每重新签订一笔投资协议，就意味着对金融秩序进行破坏一次。

另外，对行为人自身参与数额是否归入犯罪数额。在司法实践，辩护人通常辩解行为人投入的资金应当从其集资的数额中予以扣除。司法实践也存在将行为人自己投资的数额予以扣除的案例。有观点认为，该部分资金应当计算在涉案数额之内，理由是非法吸收存款犯罪是扰乱经济秩序犯罪，投资人不具备"被害人"的身份。

有论者认为，应对免予刑事处罚的情形加以数额限制，对于数额巨大的，不得免予刑事处罚。非法吸收公众存款犯罪案件有其特殊性：一是犯罪数额往往很大，如设定数额限制，该款规定在实践中将可能毫无意义；二是非法吸存犯罪的危害性主要体现在不能归还所吸收资金及由此引发的社会稳定问题,故未采纳。[①] 也有论者认为,将已归还资金在非法吸收公众存款的数额计算中予以扣除,更有利于控制刑事打击面和取得更好的社会效果。由于非法吸收公众存款不属于占有型犯罪,也不属于结果犯,将已归还数额计入犯罪数额,可以更为全面客观地反映非法吸收公众存款的资金规模,更准确地判断其社会危害性的轻重程度。投资人在每期投资结束后,利用投资账户中的资金(包括每期投资结束后归还的本金、利息)进行反复投资的金额应当累计计算,但需对反复投资的数额作出说明。对负责或从事行政管理、财务会计、技术服务等辅助工作的犯罪嫌疑人,应当按照其参与的犯罪事实,结合其在犯罪中的地位和作用,依法确定刑事责任范围。

从上述的论述可以看出,确定吸收金额时,实践中争议较大的在于数额重复计算以及犯罪数额与事实的不符等问题。对互联网金融涉嫌非法吸收公众存款犯罪案件,可通过涉案平台后台数据的吸收金额、还款金额的相关记录获取,重点收集以下证据材料:第一,涉案主体自身的服务器或第三方服务器上存储的交易记录等电子数据;第二,会计账簿和会计凭证;第三,银行账户交易记录、POS机支付记录;第四,资金收付凭证、书面合同等书证。仅凭投资人报案数据不能认定吸收金额。同时,还需要结合相关犯罪嫌疑人或者被告人供述、投资人的陈述等证据,相互对照与印证中判断,不宜简单地以行为人通常与投资人签订各种目的协议中约定相应的投资数额作为唯一依据。

(二)非法吸收公众存款的单位犯罪与个人犯罪

非法吸收公众存款罪是否要区分个人和单位不同的定罪量刑标准,在起草司法解释中存在不同意见。有意见认为,区分个人和单位不同的定罪量刑标准不能体现刑罚平等的精神,况且个人犯罪还是单位犯罪实践中不容易简单分开,往往很难区分,建议不作区分,实行统一的定罪量刑标准。也有观点认为,实践中单位可能实际吸收公众存款的数额远远高于个人,实行不同的定罪量刑标准更符合客观实际,这样有利于体现刑法的谦抑性要求,也有利于确保刑罚的实质平等。对于以单位名义实施的非法吸收公众存款犯罪行为,可根据《2019办理非法集资案件意见》以及部分省份有关非法集资的规范性文件的规定予以认定。

1. 非法吸收公众存款的单位犯罪。单位实施非法集资犯罪活动,全部或者大部分违法所得归单位所有的,应当认定为单位犯罪。对此应注意是否以单位名义集资以及集资是否归于单位使用。个人为进行非法集资犯罪活动而设立的单位实施犯罪的,或者单位设立后以实施非法集资犯罪活动为主要活动的,不以单位犯罪论处,对单位中组织、策划、实施非法集资犯罪活动的人员应当以自然人犯罪依法追究刑事责任。判断单位是否以实施非法集资犯罪活动为主要活动,应当根据单位的

---

① 参见刘为波:《关于审理非法集资刑事案件具体应用法律若干问题的解释的理解与适用》,载《人民司法·应用》2011年第5期。

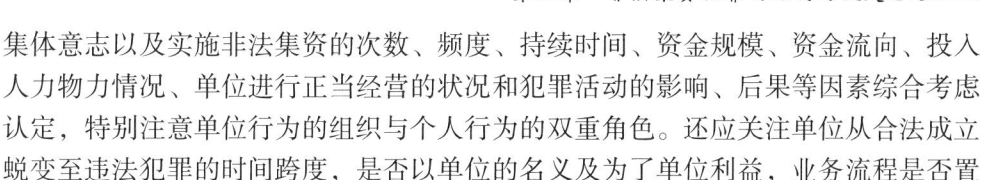

集体意志以及实施非法集资的次数、频度、持续时间、资金规模、资金流向、投入人力物力情况、单位进行正当经营的状况和犯罪活动的影响、后果等因素综合考虑认定,特别注意单位行为的组织与个人行为的双重角色。还应关注单位从合法成立蜕变至违法犯罪的时间跨度,是否以单位的名义及为了单位利益,业务流程是否置于单位控制下,或经过议事程序等。

2. 非法吸收公众存款的上下级单位犯罪。对于存在上下级单位的,应当根据主体资格、层级、关系、地位、作用、资金流向等情况,厘清上下级单位之间的罪责。上级单位已被认定为单位犯罪,下属单位实施非法集资犯罪活动,且全部或者大部分违法所得归下属单位所有的,对该下属单位也应当认定为单位犯罪。上级单位和下属单位构成共同犯罪的,应当根据犯罪单位的地位、作用,确定犯罪单位的刑事责任。上级单位已被认定为单位犯罪,下属单位实施非法集资犯罪活动,但全部或者大部分违法所得归上级单位所有的,对下属单位不单独认定为单位犯罪。下属单位中涉嫌犯罪的人员,可以作为上级单位的其他直接责任人员依法追究刑事责任。上级单位未被认定为单位犯罪,下属单位被认定为单位犯罪的,对上级单位中组织、策划、实施非法集资犯罪的人员,一般可以与下属单位按照自然人与单位共同犯罪处理。上级单位与下属单位均未被认定为单位犯罪的,一般以上级单位与下属单位中承担组织、领导、管理、协调职责的主管人员和发挥主要作用的人员作为主犯,以其他积极参加非法集资犯罪的人员作为从犯,按照自然人共同犯罪处理。

对于应当认定为单位犯罪的案件,检察机关只作为自然人犯罪案件起诉的,法院应及时与检察机关协商,建议检察机关对犯罪单位补充起诉。如检察机关不补充起诉的,法院仍应依法审理,对被起诉的自然人根据指控的犯罪事实、证据及庭审查明的事实,依法按单位犯罪中的直接负责的主管人员或者其他直接责任人员追究刑事责任,并应引用刑罚分则关于单位犯罪追究直接负责的主管人员和其他直接责任人员刑事责任的有关条款。

(三)非法吸收公众存款的中介组织犯罪

对于网络借贷领域的非法吸收公众资金的行为以非法吸收公众存款定罪问题。中介机构以提供信息中介服务为名,实际从事直接或间接归集资金,甚至自融或变相自融等行为,应当依法追究中介机构的刑事责任。但需要注意对变相自融行为的识别,如中介机构通过拆分融资项目期限、实行债权转让等方式为自己吸收资金的,可以认定为非法吸收公众存款。中介机构与借款人存在以下情形之一的,应当依法追究刑事责任:(1)中介机构与借款人合谋或者明知借款人存在违规情形,仍为其非法吸收公众存款提供服务的;中介机构与借款人合谋,采取向出借人提供信用担保、通过电子渠道以外的物理场所开展借贷业务等违规方式向社会公众吸收资金的;(2)双方合谋通过拆分融资项目期限、实行债权转让等方式为借款人吸收资金的。

在对中介机构、借款人进行追诉时,应根据各自在非法集资中的地位、作用确定其刑事责任。中介机构虽然没有直接吸收资金，但是通过大肆组织借款人开展非法集资并从中收取费用数额巨大、情节严重的，可以认定为主犯。借款人故意隐瞒事实，违反规定，以自己名义或借用他人名义利用多个网络借贷平台发布借款信息，借款总额超过规定的最高限额，或将吸收资金用于明确禁止的投资股票、场外配资、期货合约等高风险行业，造成重大损失和社会影响的，应当依法追究借款人的刑事责任。但是，对于借款人将借款主要用于正常的生产经营活动，能够及时清退所吸收资金，可以不作为犯罪处理。

为了能够多吸收存款，一些金融机构出台了"以贷引存""以贷稳存"的政策，即让申请贷款人帮其引资揽储，再将所引资金贷给申请贷款人使用。为能获得贷款，申请贷款人往往会以高息向社会公众揽储。金融机构给储户开出符合国家规定利率的存单，然后再将所揽存款贷给申请贷款人。对行为人为金融机构高息揽存的行为能否认定为非法吸收公众存款罪，理论上意见不一。持肯定观点认为，行为人违反国家规定高息揽储，破坏了国家的利率政策，是一种具有社会危害性的行为。持否定观点的认为，当事人只是劝储，自己并没有吸收公众存款，吸收公众存款的仍是金融机构，且金融机构也是按照正常利率和手续出具存单。当事人取得的款项是向银行贷款取得的，不是直接向公众吸收的存款，因此，不应以非法吸收公众存款罪定罪处罚，但不排除其非法金融业务行为的性质，特别是"以贷收费"等。

（四）非法吸收公众存款罪的量刑

我国《刑法》和司法解释曾规定，具有下列情形之一的，处三年以下有期徒刑或者拘役，并处或者单处二万元以上二十万元以下罚金。"（一）个人非法吸收或者变相吸收公众存款，数额在20万元以上的，单位非法吸收或者变相吸收公众存款，数额在100万元以上的；（二）个人非法吸收或者变相吸收公众存款对象30人以上的，单位非法吸收或者变相吸收公众存款对象150人以上的；（三）个人非法吸收或者变相吸收公众存款，给存款人造成直接经济损失数额在10万元以上的，单位非法吸收或者变相吸收公众存款，给存款人造成直接经济损失数额在50万元以上的；（四）造成恶劣社会影响或者其他严重后果的。"具有下列情形之一的，处三年以上十年以下有期徒刑，并处五万元以上五十万元以下罚金。"（一）个人非法吸收或者变相吸收公众存款，数额在100万元以上的，单位非法吸收或者变相吸收公众存款，数额在500万元以上的；（二）个人非法吸收或者变相吸收公众存款对象100人以上的，单位非法吸收或者变相吸收公众存款对象500人以上的；（三）个人非法吸收或者变相吸收公众存款，给存款人造成直接经济损失数额在50万元以上的，单位非法吸收或者变相吸收公众存款，给存款人造成直接经济损失数额在250万元以上的；（四）造成特别恶劣社会影响或者其他特别严重后果的。"但是，非法吸收或者变相吸收公众存款，主要用于正常的生产经营活动，能够及时清退所吸收资金，可以免予刑事处罚；情节显著轻微的，不作为犯罪处理。由于吸收金额跨度从一百万元到十亿元甚至几百亿元，由于缺少量刑具体的指导和参考，如何实现合理的差异化量刑成为实践中难题之一。

非法吸收公众存款罪的量刑相对比较复杂，不仅需要考虑集资数额，还需要考虑案发前后已归还的数额等其他情节。然而，对非法吸收公众存款罪不同省份、地区间的法院量刑不均衡，为了细化量刑幅度以及从宽处理的程度，最高人民法院《人民法院量刑指导意见（试行）》规定，个人吸收存款100万元的，基准刑为有期徒刑三年；每增加8万元，刑期增加·个月。有些法院作出相应的指导意见。例如，江苏省南京市法院规定非法吸收公众存款罪数额达下列情形之一的，自然人及单位直接负责的主管人员和其他直接责任人员量刑基准为拘役三个月：（1）个人吸收存款20万元或吸收公众存款30户；（2）个人吸收存款额不满20万元或变相吸收存款不满30户，但给存款人造成10万元损失的；（3）单位吸收存款100万元或吸收公众存款150户；（4）单位吸收存款额不满100万元或吸收公众存款不足150户，但给存款人造成50万元损失的；个人每增加吸收存款数额或造成损失2.5万元或增加3户，增加一个月确定基准刑；单位每增加吸收存款数额或造成损失12万元或增加15户，增加一个月确定基准刑；宣判前全部退还存款人存款的，适用罚金刑。个人吸收存款100万元的，量刑基准为有期徒刑三年；数额每增加8万元，增加一个月确定基准刑；单位吸收存款500万元，直接负责的主管人员和其他直接责任人员的量刑基准为有期徒刑三年；数额每增加30万元，增加一个月确定基准刑。有下列情形之一的，不适用缓刑：（1）吸收存款用于非法活动的；（2）在本市影响较大，社会反应强烈的；（3）吸收存款额四分之三以上未退还的；（4）曾因非法吸收公众存款被判刑或行政处罚的。以上规定仅供参考，以免量刑情节幅度问题导致案件量刑的偏差或者畸轻畸重，影响罪刑相适应原则的执行。由于非法集资发生变化和《防范和处置非法集资条例》作为行政法规的处罚额度建议修改非法吸收公众存款入罪的个人数额应为100万元以上，单位为500万或1000万元以上；人数为150人；损失为20万元或50万元。改变司法解释入罪起点低的问题。

2020年12月26日全国人大常委会《刑法修正案（十一）》将刑法第一百七十六条第一款修改为："非法吸收公众存款或者变相吸收公众存款，扰乱金融秩序的，处三年以下有期徒刑或者拘役，并处或者单处罚金；数额巨大或者有其他严重情节的，处三年以上十年以下有期徒刑，并处罚金；数额特别巨大或者有其他特别严重情节的，处十年以上有期徒刑，并处罚金。""单位犯前款罪的，对单位判处罚金，并对其直接负责的主管人员和其他直接责任人员，依照前款的规定处罚。""有前两款行为，在提起公诉前积极退赃退赔，减少损害结果发生的，可以从轻或者减轻处罚。"此次修改调整了非法吸收公众罪的量刑结构，其量刑数额在维持原来一般数额、情节和数额巨大或者有其他严重情节的基础上，增加了"数额特别巨大或者有其他特别严重情节的"情形，即将原来两档式的"处三年以下有期徒刑或者拘役"以及"处三年以上十年以下有期徒刑"量刑区间改为三档式的"处三年以下有期徒刑或者拘役""处三年以上十年以下有期徒刑"以及"处十年以上有期徒刑",将其最高刑由原来的十年有期徒刑提高到十五年有期徒刑。同时,将原来幅度罚金刑改为上不封顶的不确定额的无限罚金刑。其中,将曾因非法集资行为受过刑事追究,或两年内曾因非法集资行为受过行政处罚以及造成恶劣社会影响作为定罪的因素。从形式上看,《刑法修正案(十一)》对刑法第一百七十六条第二款的规定未作修改,由于第二款规定了"单位犯前款罪的""依照前款的规定处罚",实质上,单位犯罪的罚金和直接负责的主管人员和其他直接责任人员的刑事责任也追随其"依照前款"(第一款)规定处罚而发生变化,暗含了相应的修改。同时,对于入罪立案数额,也应随之变化,个人吸收存款100万至200万;单位吸收存款500万至1000万[①]。对上述修改的主要原因与理由分析如下。

一是对非法吸收公众存款罪刑期档次的修改解决了司法实践在涉案数额"巨大"与"特别巨大"的量刑失衡问题。因为"数额巨大"(现个人100万元)可改为500万元与"数额特别巨大"(个人几亿到上百亿元)的量刑难以拉开档次。目前,我国非法吸收公众的涉案数额已由原来的几百万元发展到几亿元、几十亿元到几百亿元,如金银猫涉案金额21.7亿元;善林金融涉案金额高达213亿元;"e租宝"涉案未兑付金额近370亿元等,仅仅依靠3~10年来确定刑期,难以拉开数额巨大(几千万元)与数额特别巨大(几亿元)量刑档次,相反,会造成数额越大量刑越轻的现实。例如,倘若对涉案金额的100万元可以量刑3年(不考虑其他情节,仅以涉案数额作为依据),而200万元最低也应当量刑4年,按照此种方法进行量刑累积,涉案金额达到1亿元则可达到10年,而面对十几亿元与上百亿元的涉案数额的量刑就会面临尴尬。对于涉案数额区分出"数额巨大"和"数额特别巨大"并提高其刑期,可以拉大量刑上的距离,消除该罪在数额之间量刑上的不公平,解决量刑上的失衡问题。

二是对非法吸收公众存款罪刑期的提高可以解决与其他金融犯罪量刑上的外部平衡问题。非法吸收公众存款罪与其他违反金融秩序的犯罪相比在刑罚设置上存在一定的落差。例如,与非法经营罪的比较,两者均存在未经批准非法从事银行的存款业务,而非法经营罪的最高刑为十五年有期徒刑。我国《商业银行法》第十一条规定:"未经国务院银行业监督管理机构批准,任何单位和个人不得从事吸收公众存款等商业银行业务"。尽管非法吸收公众存款与非法经营银行业务的资金存在差异,但是吸收公众存款的行为也是银行业务的一种,没有经过依法批准,非法吸收公众存款实质上也是经营货币,属于非法经营性犯罪。在一定意义上,非法吸收公众存款罪和非法经营罪之间属于特别法和普通法的竞合关系,其主要区别在于特别法的入罪起点数额一般高于普通法,但其最高刑期并非一定低于普通法。例如,从合同诈骗罪、集资诈骗作为诈骗罪的一种特殊形式,在最高刑期上依然保持一致(最高刑为无期徒刑)。基于此,对非法吸收公众存款罪的最高刑期调整到15年有

---

① 郭华:《非法集资行政处置权限配置及认定逻辑》,载《法治研究》2021年第3期。

期徒刑并不违反罪刑相适用原则。

三是此类犯罪的犯罪主体呈精英化趋势,实践中出现十几亿元以及数百亿元的吸收资金不能偿还,甚至出现拒绝退赃的现象。实践中有些被告人"宁愿投案自首,反正在监狱中待个3～4年,过几年出来又是一条好汉,可以说是一人受苦,全家享福。"① 这种最高10年的牢狱之灾可以获取十几亿元的资金不偿还,在实践中产生了"乞浆得酒"的效果,致使一些犯罪分子宁可服刑也不愿意退赃。面对此种情形,尽管可以通过加大罚金刑来解决,其刑罚剂量太低导致有些人铤而走险,基于资本市场的预期收益可大大超过预期付出的成本来算计,这种"诱惑"可能会刺激和启发一些从事此种犯罪的动机,因为以几年的人身自由换取巨额资金有事倍功半的感觉,其低量刑在一定程度上销蚀了此罪的威慑力。尽管在理论上,自由高于一切,但对在资本市场从事交易的人来说,并非如此。也就是说,非法吸收公众存款罪的10年有期徒刑作为最高刑在客观上难以遏制其吸收存款牟利的诱惑,难以起到一般预防和特别预防的作用。

四是可以解决司法实践认定集资诈骗罪犹豫而转定非法吸收公众存款罪刑期过轻的问题。非法集资主要涉及的罪名是非法吸收公众存款罪和集资诈骗罪,由于集资诈骗罪的证明标准较高,特别是非法占有目的认定的困难,况且集资诈骗罪存在被害人,其追赃需要退还被害人,定此罪不仅程序烦琐或者手续复杂,而且极易因追赃挽损不及时导致当事人缠诉与上访,有些办案机关退而求其次,对一些难以证明的或者存在争议的集资诈骗罪按照非法吸收公众存款罪定罪量刑。这样,部分可以集资诈骗罪定罪量刑(最高刑无期徒刑)的案件被非法吸收公众存款罪所替代,由于非法吸收公众存款罪最高刑期为10年有期徒刑,其轻刑化的现实引发处罚威慑力不足问题,况且这种犯罪与纯粹的非法吸收公众存款罪不可同日而语,10年以下有期徒刑不足以遏制其"非法占有"的目的倾向,致使此类边缘性的犯罪重复发生或者有蔓延趋势,尤其是网贷非法集资的大案要案多发、频发以及"跑路"带来社会的不稳定,通过提高法定刑期解决认定上困难及其带来的量刑过低的问题。尽管这不是立法或者修法的问题,仅仅是一个现实问题,但修正案回应现实的焦虑却成为一种趋势,刑法难免会对社会折射出来的重大热点和焦点问题做出回应,同时加大对此的惩处力度也刑法向社会公众宣誓严惩的政治立场。② 但对在提起公诉前积极退赃退赔,减少损害结果发生的,可以减少基准刑的40%以下;犯罪较轻的,可以减少基准刑的40%以上或者依法免除处罚。

对非法吸收公众存款罪还要注意从宽情节与数额在从宽幅度上关系。例如,2010年10月1日试行的广东省高级人民法院《人民法院量刑指导意见(试行)》实施细则规定,对于自首情节,综合考虑自首的动机、时间、方式、罪行轻重、如

---

① 参见潘高峰、毛丽君:《P2P凶猛 人大代表马兰:集资诈骗数额特大建议处死刑》,载《新民晚报》2019年3月4日。
② 参见郭华:《非法集资犯罪的司法扩张与刑法修正案的省察——基于〈刑法修正案(十一)草案〉对非法吸收公众存款罪、集资诈骗罪修改的展开》,载《法治研究》2020年第6期。

实供述罪行的程度以及悔罪表现等情况,可以减少基准刑的40%以下;犯罪较轻的,可以减少基准刑的40%以上或者依法免除处罚。恶意利用自首规避法律制裁等不足以从宽处罚的除外。对于退赃、退赔的,综合考虑犯罪性质,退赃、退赔行为对损害结果所能弥补的程度,退赃、退赔的数额及主动程度等情况,可以减少基准刑的30%以下。对于认罪认罚的,应当从宽处理。然而,对于非法吸收公众存款罪量刑不仅考虑集资的目的和用途、案发后的归还以及造成的后果,还要厘清定罪情节和量刑情节,以免在从宽处理上混淆。例如,毛某东等非法吸收公众存款案的量刑。[①]

江山市安泰房地产有限公司成立于2001年,法定代表人为被告人毛某清,2009年变更为被告人毛某东,毛某东占95.1%股份,被告人汪某珠占4.9%股份。安泰公司经营范围主要为房地产开发销售。2010年7月,安泰公司以人民币1.6亿元拍得原江山啤酒厂地块项目开发权,其中1.3亿元为银行贷款以及向社会不特定对象借款。为运作项目筹集资金以及支付前期借款本息,毛某东、毛某清、汪某珠以安泰公司发展需要资金为由,以个人名义、安泰公司担保或三人互相担保等方式出具借条,许以月利率2~5分的利息,向社会不特定对象借款,所借款项均先存入三人各自银行账户。运作项目需要资金时,从毛某东的银行账户转至安泰公司银行账户,若其账户资金不足,则由毛某清、汪某珠账户转账给毛某东。毛某东、毛某清、汪某珠共向吴某某、王某某等148名社会不特定对象非法吸收存款达人民币27856.3万元,支付利息人民币3984.27万元,归还本金人民币4130.9万元,至案发,尚有本金人民币237254万元无法归还(经公司破产清算后,1178.936万元无法归还)。毛某东等人将借得的资金部分用于购买土地、工程建设、公司运营以及日常开支,部分用于归还前期借款本息,还有部分借贷给余某、邵某、周某等人。

江山市人民法院认为,被告人毛某东、毛某清、汪某珠的行为均已构成非法吸收公众存款罪,且数额巨大。鉴于案发后各被告人能积极配合有关部门处置财产,清偿债务,最大限度减少被害人损失,可对各被告人从轻处罚。据此,依照《中华人民共和国刑法》第一百六十七条第一款,第二十五条第一款,第七十二条第一款、第三款,第五十二条,第六十四条之规定,以非法吸收公众存款罪,分别判处被告人毛某东有期徒刑三年,缓刑五年,并处罚金人民币五万元;判处被告人毛利清有期徒刑三年,缓刑五年,并处罚金人民币五万元;判处被告人汪某珠有期徒刑三年,缓刑四年,并处罚金人民币三万元。

一审宣判后,江山市人民检察院以本案涉案金额大、受害人数多,造成严重经济损失,社会危害性大,不属"情节较轻",不能对三被告人适用缓刑为由,向浙江省衢州市中级人民法院提起抗诉。衢州市中级人民法院经审理认为,原审三被告

---

① 参见杨日洪、方金泉:《毛肖东等非法吸收公众存款案——非法吸收公众存款罪从轻处罚的适用》,载《刑事审判参考》(总第109集),法律出版社2017年版。

人的行为均构成非法吸收公众存款罪，且属数额巨大。基于本案所借款项基本用于生产经营，案发后各被告人悔罪态度好，能够主动配合有关部门处置财产，积极清退所吸资金。原判对各被告人予以从轻处罚并适用缓刑，并无不当。据此依照《中华人民共和国刑法》第一百七十六条第一款，第二十五条第一款，第七十二条第一款、第三款，第五十二条，第五十三条，第六十四条；《中华人民共和国刑事诉讼法》第二百二十五条第一款第一项之规定，裁定驳回抗诉，维持原判。

上述案件的检察机关与审判机关的意见分歧在于对非法吸收公众存款罪具有"数额巨大"等严重情节和从轻处罚及缓刑适用的不同认识与理解。检察机关认为，该案三被告人犯罪数额巨大，情节严重，不属于《刑法》第72条关于缓刑适用条件中"犯罪情节较轻"，故不应对其宣告缓刑；而审判机关认为，该案三被告人非法吸收公众存款的行为虽然属于"数额巨大"，但主要是用于生产经营所需，案发后被告人积极清退了大部分资金，符合《刑法》第72条关于适用缓刑的四个要件，审度权衡全案情节，可以对三被告人从轻处罚并适用缓刑。那么，如何认识和理解非法吸收公众存款罪的"犯罪情节较轻"与缓刑的情节呢？"犯罪情节较轻"的"犯罪情节"侧重于犯罪的整体社会危害性，是对犯罪主体、犯罪主观方面、犯罪客体和犯罪对象以及犯罪客观方面的全面考察和综合评价，其中蕴含了法官自由裁量权的酌定性。缓刑适用条件为"犯罪情节较轻""有悔罪表现""没有再犯罪的危险"以及"不会对所居住社区产生重大不良影响"。"犯罪情节较轻"属于缓刑适用的要件之一，该案并没有完全清退所吸收资金，故不适用免予刑事处罚或作无罪处理，但已具备了司法解释的"主要用于生产经营所需"和"积极清退所吸资金"条件，可以适用司法解释规定的从轻处罚原则。再加上未出现人员伤亡等恶性事件，没有出现大规模的缠访闹访的群体性事件。[①] 该案不存在不宜适用缓刑的"其他严重情节"，适用缓刑不违反法律的规定。在司法解释的"起草过程中有意见认为，应对免予刑事处罚的情形加以数额限制，对于'数额巨大'的，不得免予刑事处罚。经研究，非法吸收公众存款刑事案件有行其特殊性：一是犯罪数额往往很大如设定数额限制本款规定在实践中将可能毫无意义；二是非法吸存犯罪的危害性主要体现在不能归还所吸收资金及由此引发的社会稳定问题，故未采纳。"[②] 对于非法吸收公众存款的犯罪数额巨大的情形，按照司法解释的精神和该罪侵犯金融管理秩序的蕴含，可以适用缓刑。基于上述案例，对非法吸收公众存款罪的量刑需要注意罪刑相适应，对于具有从宽处理情节的，一般应当从宽处理，不应仅仅局限于司法解释的数额规定。为此，最高法、最高检察院于2021年6月17日出台了《关于常见犯罪的量刑指导意见（试行）》

---

① 参见杨日洪、方金泉：《毛肖东等非法吸收公众存款案——非法吸收公众存款罪从轻处罚的适用》，载《刑事审判参考》（总第109集），法律出版社2017年版，第48~54页。
② 参见刘为波：《〈关于审理非法集资刑事案件具体应用法律若干问题的解释〉的理解与适用》，载《人民司法》2011年第5期。

(法发〔2021〕21号），对非法吸收公众存款罪的确定量刑起点作出规定，对构成此罪的，综合考虑吸收存款数额、存款人人数、给存款人造成的直接经济损失数额、清退资金数额等犯罪事实、量刑情节，以及被告人主观恶性、人身危险性、认罪悔罪表现等因素，决定缓刑的适用。

三、非法吸收公众存款犯罪的分析与评价

我国1979年《刑法》未对非法吸收公众存款行为纳入犯罪范围，这源于当时经济体制和融资问题的不突出，即使实践出现此类行为，完全可以依照投机倒把罪或者其他罪名打击此行为。改革开放后的80年代后期，社会上出现一些单位和个人为募集资金而进行集资的事件，特别是有些银行等为争揽储户而擅自提高利率而吸收公众存款，这些行为在一定程度上干扰了金融管理秩序。1995年的《商业银行法》将"乱集资""有偿集资"以及"高利集资"归结为"非法吸收公众存款"并作出禁止性规定。[①] 为了惩治伪造货币和金融票据诈骗、信用证诈骗、非法集资诈骗等破坏金融秩序的犯罪，1995年6月全国人大常委会通过的《关于惩治破坏金融秩序犯罪的决定》（以下简称《决定》）将《商业银行法》禁止非法吸收公众存款上升为非法吸收公众存款罪。[②] 1997年《刑法》吸收了《决定》有关非法吸收公众存款罪的规定，将非法吸收公众存款罪作为独立罪名纳入刑法典，放置在刑法分则中的"破坏金融管理秩序罪"。1996年的《刑法》修订草案曾"在本罪第一档增设了管制刑的规定，后来，出于综合平衡管制在分则中布局的考虑，在1997年3月1日的稿本中最终又删除了管制刑"。[③] 这一时期的非法吸收公众存款罪限于存储的"存款"，这种"存款"不仅针对非法经营银行吸收存款和贷款业务，也包括商业银行擅自吸收存款和贷款行为。1998年国务院发布的《非法金融机构和非法金融业务活动取缔办法》将"非法吸收公众存款或者变相吸收公众存款"界定为"非法金融业务活动"，将"吸收存款"扩大到"吸收资金"，将其行为扩张为"与吸收公众存款性质相同的活动"。[④]《2010非法集资司法解释》进一步明确了该罪的行为特征，[⑤] 吸收了《两非办法》的规定，将"存款"扩大到

[①] 1995年的《商业银行法》第79条规定："未经中国人民银行批准，擅自设立商业银行，或者非法吸收公众存款、变相吸收公众存款的，依法追究刑事责任。"经过2003年、2015年修改为第81条并规定"未经国务院银行业监督管理机构批准，擅自设立商业银行，或者非法吸收公众存款、变相吸收公众存款，构成犯罪的，依法追究刑事责任；并由国务院银行业监督管理机构予以取缔。"其修改仅仅在其前限定了"构成犯罪的，"依法追究刑事责任，使其在立法上表述更科学。

[②] 全国人大常委会《关于惩治破坏金融秩序犯罪的决定》规定："七、非法吸收公众存款或者变相吸收公众存款，扰乱金融秩序的，处三年以下有期徒刑或者拘役，并处或者单处二万元以上二十万元以下罚金；数额巨大或者有其他严重情节的，处三年以上十年以下有期徒刑，并处五万元以上五十万元以下罚金。单位犯前罪的，对单位判处罚金，并对直接负责的主管人员和其他直接责任人员，依照前款的规定处罚。"

[③] 高铭暄：《中华人民共和国刑法的孕育诞生和发展完善》，北京大学出版社2012年版，第386页。

[④] 参见国务院《非法金融机构和非法金融业务活动取缔办法》第4条的规定。

[⑤] 2001年最高人民检察院、公安部发布了《关于经济犯罪案件追诉标准的规定》，对非法吸收公众存款行为追诉标准作出了具体规定。（该规定已失效）。

"资金"并延伸到资本市场的交易领域,犯罪行为扩展到"市场资金流动行为"或者"融资行为"。由于"该解释未能正确地认识到'公众存款'与'社会资金'是两个不同概念,错误地将不特定对象的资金界定为'公众存款',这种混淆内涵的界定不当压缩了非正规金融活动的合法空间。"① 然因这种扩大解释和适用上渐自宽松,一些民间融资的行为便被纳入打击的行列,特别是对房产售后回购、转让林权、以代(租)种植、委托理财、民间"会""社"等十种变相吸收公众存款情形的列举,使得民间融资时常沦落到集资犯罪。② 以上规定与解释逐渐将其罪由行为犯滑向结果犯,司法实践认定多纠缠于与非法吸收公众存款行为相关的"投资是否能够收回"的结果上,最终以集资款能否刚性"兑付投资"作为定罪的标准。由于司法解释不断偏离了《刑法》的规定,也使得非法吸收公众存款罪不断脱离"非法吸收公众存款行为"的本质。有些企业因在金融机构无法贷到足够资金或者不能得到贷款,于是在金融机构外进行融资,这种直接融资极易招致入罪风险,且有些直接融资的企业又是政府招商引资或者重点扶植的,对此认定出现了政策、法律和司法实践的纷争与分歧。政府作为防范和处置非法集资的责任人,由于其部门间推诿认定非法集资行为性质,即使认定的非法集资,因对集资人的取证难以达到司法机关的要求,或者遗漏异地犯罪事实、存在管辖争议等,造成实际查处效果不佳,继而影响公检法机关的处置效果,引起了群众对处置工作的不满。③ 基于此,《2014 办理非法集资案件意见》规定了"行政部门对于非法集资性质认定,不是非法集资刑事案件进入刑事诉讼程序的必经程序",一方面,旨在摆脱行政部门在处置非法集资上的羁绊;另一方面,通过"社会公众"的扩大性解释,为现实扩大打击提供依据。司法解释和相关规定对非法吸收公众存款罪的不断扩张,逐渐将吸收公众存款案件的投资者或者参与人的目光聚焦在司法处理上,司法机关对此的处置便成为焦点,其焦点的背后为集资人不能兑现投资进行上访埋下了隐患,非法吸收公众存款由扰乱金融管理秩序渐渐转化为影响社会稳定的政治事件,应急式修改刑法并不断提高刑罚量便成为一种趋势。基于司法实践的做法和该罪范围的日益扩大,将非法吸收公众"存款"已经演变非法吸收公众"资金",将其罪名修改为"非法吸收公众资金罪"可能更符合司法实践的做法和司法解释扩张的现实。但是,如果刑法修改紧追司法实践做法和扩张的司法解释,积极为司法实践的背书,难免会丧失其刑法的基本立场,成为真实的"现象立法"。以上的分析与观点,并非是否定《刑法修正案(十一)》修改非法吸收公众存款罪提高最高刑期,旨在为正确认识、理解和修改非法吸收公众存款罪提供思路,避免承载过多的政治

---

① 刘新民:《"非法吸收公众存款罪"去罪论》,载《江苏社会科学》2012 年第 3 期。
② 参见杨辉刚、钟会兵:《民间借贷异化为非法吸收公众存款犯罪的特点、成因及对策》,载《西华大学学报》2016 年第 11 期。
③ 参见刘路军、韩玮:《对〈关于办理非法集资刑事案件适用法律若干问题的意见〉的解析及探讨(一)》,载《中国市场》2015 年第 19 期。

因素而丧失其立法的国家立场。[①] 其中，对在提起公诉前积极退赃退赔，减少损害结果发生的，可以从轻或者减轻处罚。

《2010 非法集资司法解释》分三个层次对非法吸收公众存款进行了规定，第 1 条是对非法吸收公众存款行为的规定，第 2 条在认定非法吸收公众存款的基础确认为"以非法吸收公众存款定罪量刑"，第 3 条在前两条的基础上确定了"应当依法追究刑事责任"。从上述司法解释的逻辑来看，这三条规定似乎具有逻辑上的递进关系。也就是说，只有前一个条款规定的事实被确认或者作出评价后，才能进入下一个条款规定事实的认定与价值上的评价。因为第 2 条规定了"以非法吸收公众存款定罪量刑"而在后面又规定"应当依法追究刑事责任"，其中的"定罪量刑"必然包括"刑与责"。基于此种理解，司法解释这种递进式的规定却存在逻辑上的包含关系，在其内容上存在难以解释的问题。如果仅仅将非法吸收公众存款犯罪放置在非法集资的背景下才需要具备"非法性、公开性、利诱性和社会性"，继而会出现其他背景下的吸收公众存款犯罪的"责"可以不以这四个特征要件作为基础性判断依据的"虚象"。尽管司法解释在一定程度上解脱了《刑法》第 176 条以危害金融管理秩序的实质标准作为判断的难度，使得非法吸收公众存款犯罪的特征更鲜明，但是，这种具象性更强以及操作方便的做法却又引发了解释上的新问题。基于我国融投资渠道的现状、中小微企业和资本经济发展的需要以及社会稳定等考虑，对于非法吸收公众存款犯罪存在以下需要讨论的问题。

（一）非法吸收公众存款犯罪是"结果犯"还是"行为犯"

对此主要有两种观点：一种观点认为，非法吸收公众存款罪是结果犯。这种观点主要以非法吸收公众存款的行为是否造成严重后果来界定罪名是否成立，认为应该将扰乱金融秩序理解为造成一定的危害结果，才能构成本罪。也有论者认为，从法律条文内部结构来看，"扰乱金融秩序的"作为第一档法定刑适用条件，与第二档法定刑的"数额巨大或者有其他严重情节的"条件是对应的，而"数额巨大或者有其他严重情节的"或者"数额特别巨大或者有其他特别严重情节的"显然被列入了结果犯的范畴。按照此种思路，基于"扰乱金融秩序的"规定，应当将其划归结果犯的范围。

另一种观点认为，只有利用吸收来的资金从事货币资本的经营时才构成本罪，仅仅吸收公众存款，属于自融的，不构成此罪。只有当行为人将非法吸收的公众存款用于货币资本经营时，才能认定为扰乱金融秩序。前者更注重社会效果，更关注集资行为对社会的影响程度和危害程度；后者关注刑法所保护的法益，合理地界分集资行为是否侵犯国家的金融管理秩序。也有论者认为，从刑法规定的条文章节体系来看，非法吸收公众存款罪隶属于刑法分则第三章第四节"破坏金融管理秩序

[①] 参见郭华：《非法集资犯罪的司法扩张与刑法修正案的省察——基于〈刑法修正案（十一）草案〉对非法吸收公众存款罪、集资诈骗罪修改的展开》，载《法治研究》2020 年第 6 期。

罪",其标题似乎已经明示了该节所列犯罪的性质,如果说非法吸收公众存款罪的条文中"扰乱金融秩序的"表达的是其行为的性质,实为无谓的重复,没有再规定的必要。

还有论者认为,结合社会危害性与法定刑来看,非法吸收公众存款罪在该节中以及与其他非法集资型犯罪相比都相对较低,将"扰乱金融秩序的"理解为结果,并以此限定犯罪的成立,与此情状也是相匹配。如果将"扰乱金融秩序的"理解为行为属性,非法吸收公众存款犯罪属于行为犯,那么按照通说的理解,行为人只要着手实施了非法吸收存款的行为犯罪就成立,吸收存款行为实施完成即告既遂。但是,我国司法解释明确规定了本罪定罪处罚应当考虑存款的数额、范围以及给存款人造成的直接经济损失、清退资金数额,并且作了具体量化规定,显然这一要求体现结果论的属性。行为人非法吸收公众存款数额或范围达到一定程度,就可以认定行为已经违反了国家金融监管秩序,有损合法金融机构的正常融资,影响到国家的币值稳定与宏观调控,进而可以认定为扰乱了金融秩序,至于非法吸收到的存款是否已实际投入到货币资本经营的用途当中,甚至导致公众存款遭受了实际的财产损失结果等,并不是犯罪成立的必要条件,只作为量刑情节考虑。行为人虽然已经实施了吸收存款行为,却没有实际吸纳到司法解释规定成立犯罪标准数额存款的,没有刑事处罚的必要性,不应以犯罪论处。[①] 非法吸收公众存款犯罪一般属于过程犯罪,对于行为犯而言,需要确定犯罪的起点,再进一步确定既遂与未遂,然而,司法解释未如此规定。基于以上的分析,对此以结果犯予以认定,似乎更顺理成章,尽管以结果犯作为本罪的属性还存在一定的问题,相对以此作为行为犯而言,似乎结果犯较为稳妥,具有防止扩大打击的功能,更有利于刑法谦抑性的贯彻。这种结果导向主义的认定方式不仅扩大了其适用范围,以是否"及时清退"以及清退的比例作为定罪要件,还会加剧企业的风险,泛化集资参与人必要责任承担,放纵其群体性举报,增加社会不稳定因素。如果不考虑吸收资金行为的主观目的,忽视其融资目的的必然存在,过度地以融资行为最终产生的投资人损失结果予以倒推式的结果客观归罪,违反了主客观相一致原则。[②]

(二)非法吸收公众存款犯罪是否应当具有贷出资金的目的或者具有经营资本的意图

在所吸收资金问题上,非法吸收的公众存款如果用于正常的生产经营活动是否构成犯罪?对此存在以下三种不同的观点。

一是肯定说。该观点认为,非法吸收公众存款罪的主观方面,以行为人具有贷出资金的目的为要件;行为人吸收资金用于自己的生产经营的,不构成犯罪。其理由为,我国《刑法》第 174 条、第 175 条禁止的是非法从事金融业务,基于这种

[①] 参见谢望原、张开骏:《非法吸收公众存款罪疑难问题研究》,载《法律评论》2011 年第 6 期。
[②] 参见裴长利:《非法吸收公众存款罪实证研究》,复旦大学出版社 2019 年版,第 166 页。

立法逻辑，第176条非法吸收公众存款罪所禁止的应当是从民间获得资金从事金融业务。因为行为人从银行等金融机构贷款后又高息转贷，这种行为不属于非法吸收公众存款罪，则属于高利转贷罪。我国《刑法》第176条没有表述为非法吸收"资金"，而是表述为非法吸收"存款"，事实上是直接表明非法吸收公众存款犯罪的行为人从事了金融业务。如果将吸收公众存款用于货币、资本经营以外的生产、经营活动应当认定为非法吸收公众存款罪，这会影响部分民间借贷行为合法性评价，挤压了民间借贷合法生存的空间，不利于资本经济的发展。

二是否定说。该观点认为，非法吸收公众存款罪并未规定与要求有贷出资金的目的，该目的不应作为非法吸收公众存款犯罪的构成要件。不管行为人吸收资金用于自己的生产经营，还是贷出营利，均构成非法吸收公众存款罪。其理由为，我国《刑法》第176条没有明确规定以行为人将吸收的存款用于信贷的目的作为构成要件。如果承认该目的要件，在一定程度上会放纵吸收公众存款用于生产、经营活动的行为人，因为这种行为破坏了金融秩序，而非法吸收公众存款犯罪又是其他非法集资的基础性罪名，不构成非法吸收公众存款犯罪，则不能通过其他犯罪来处理，必然会放纵这类犯罪。如果吸收公众资金用于正常的生产经营不构成犯罪，非法吸收公众存款罪与擅自发行股票、公司、企业债券罪之间就会存在处罚上的不平衡，难以解决非法集资犯罪中内部罪责的均衡问题。

三是折中说。该观点认为，《2010非法集资司法解释》第2条所规定的非法吸收公众存款罪的典型行为方式中，没有将所吸收资金用于信贷这一目的作为构成要件，但第3条又规定"非法吸收或者变相吸收公众存款，主要用于正常的生产经营活动，能够及时清退所吸收资金，可以免予刑罚处罚；情节显著轻微的，不作为犯罪处理。"[①] 实质上，司法解释没有将用于信贷这一目的作为非法吸收公众存款犯罪构成要件，"主要用于正常的生产经营活动，能够及时清退所吸收资金，可以免予刑罚处罚"是否可以推断出"完全用于正常的生产经营活动，即使不能够及时清退所吸收资金"，可以不予定罪。从"不作为犯罪处理"来分析，"用于正常的生产经营活动"并不是不构成犯罪的要素，而限于是否主要用于生产经营，这在一定程度上降低非法性的因素，对其定罪应当慎重，可以作为"出罪"的情节，结合清退作为相互配合的条件，从而降低了集资参与人的损失。就其本质而言，非法吸收公众存款罪还是一种不彻底的结果犯。如果这种推断是成立的，司法解释可认定为一种带有折中性质的观点。对于互联网金融而言，平台对于借款人的资格、融资用途以及项目的真实性负有审核义务，未尽审核注意义务而使资金不安全，应当承担非法吸收公众存款罪的责任。

对上述三种观点进行分析，需要对"存款"一词进行文理解释。根据《刑法》第176条的规定，非法吸收公众存款罪中行为的对象是"存款"。从词源上看，"存款"一词并非刑法学的固有术语，而是源于金融学的术语，"存款"与银行等

---

① 参见王韬、李孟娣：《论非法吸收公众存款罪》，载《河北法学》2013年第6期。

金融机构的行为相关联。"存款"在我国词典中通常解释为:"企业、机关、团体或居民根据可以收回的原则,把货币资金存入银行或其他信用机构保管的一种信用活动形式。"对"存款"一词的解释,不能脱离也不应抛开金融学的原意或者仅仅从字面作出解释。在金融学中,吸收存款是银行形成资金来源的业务,"是银行的传统业务,在负债业务中占有最重要的地位……是银行与生俱来的基本特征"。而对于银行来讲,其吸收存款,所形成的经营资金,是以从事资本业务为目的的。而资产业务"是指将自己通过负债业务所聚集的货币资金加以运用的业务,是其取得收益的主要途径"。存款本身不仅表明了资金的来源,还表明了资金所具备的特定流向和实际用途。存款是银行经营资金的主要来源,将存款用于贷出或者其他资本业务,也是银行谋求利益的主要渠道。银行吸收存款的行为本身具有天然的目的性,即不是为了自己使用,而是为了贷出牟利,这是金融的基本常识。因此,认为我国《刑法》第176条规定的"存款"一词本身即具有"用来进行货币或资本经营"的目的,符合"存款"一词的本来含义。仅针对具有营业性,将吸收来的资金用于资本、货币经营等银行业务的行为。这样做的好处在于以下方面。

第一,与"集资"之投资性保持一致,明晰出资人在非法集资当中应当承担的责任。既然参与集资是一种投资,出资人当然应该知道投资有风险、回报越高风险越大这一基本的投资常识,所以《防范和处置非法集资条例》中再次明确"因参与非法集资受到的损失,由集资参与人自行承担"的做法是正确的。可是迫于非法集资极易造成群体性事件等危及社会稳定的后果,政府总是给予集资人单方面道德上和刑法上的否定评价。这样既无助于出资人成长为成熟的投资者,不利于培育规范的民间融资市场,也会忽视出资人作为资金提供方在非法集资中的能动作用,疏于追究其与集资人对向合力危害金融秩序的责任。

第二,若继续坚持"存款"的扩大化理解,追求资金安全为前提的资金集中行为与追求高回报过高风险的资金集中行为不分,合法的直接融资空间将继续被挤压,也面临着如何解释存款人(出资人)却得不到存款应有的安全保障,如何确立和维护银行信用的问题。通过'存款'含义的正位,顺应金融领域不断弱化垄断、减少行政干预、强化市场的应然趋势,促进商业银行在内的金融主体不断变革,最大程度地保护投资者利益。

第三,从存款、贷款、借款的功能来识别那些名为借贷、实为从事银行业务的吸收资金活动,有利于正确区分非法集资中的直接融资与间接融资、民间借贷与民间集资,避免打击过度或打击不力。况且,如果使用前文阐述的非法集资定义,非法吸收公众存款罪自然只能用来规制符合该罪特征的间接融资行为。[1] 本罪吸收存款以"用来进行货币或资本经营"为目的,符合文理解释的基本规则。[2]

---

[1] 参见李蕊:《非法集资的界定与集资犯罪的认定——兼评非法集资的司法解释(法释〔2010〕18号)》,载《东方法学》2015年第3期。
[2] 参见王韬、李孟娣:《论非法吸收公众存款罪》,载《河北法学》2013年第6期。

（三）非法吸收公众存款罪有无存在的必要

对于非法吸收公众存款罪有无存在必要，不仅取决于其本身是否正当，还取决于有无其他可替代措施解决此问题。有论者认为，非法吸收公众存款罪的设置属于运用刑罚手段来处罚财产处分、民事自治行为，有违刑法谦抑性。中小微企业向社会融资的过程，实际上是中小企业以不高于民间借贷的年化率的代价获得资金持有人财物的使用权，而财物的持有人按照自愿、平等等原则处分财物的使用权，自愿承担一定的风险，并获取相应的借贷收益。整个过程完全属于意思自治、财产处分、契约自由等范畴，用刑罚手段来惩罚上述行为，涉嫌侵犯公民的宪法权利（财产权、人身权）。因此，应当废除非法吸收公众存款罪。

废除非法吸收公众存款罪后在某种意义上意味着允许中小微企业在市场上自由融资，在事实上形成了与金融业相互竞争的关系，使金融业面临竞争的外在压力，逼迫金融业不断创新，从而真正成为有市场竞争力的主体。废除非法吸收公众存款罪，将更好地保护企业家的人身自由，保护企业家依法使用和处分财产的权利，保护企业家利用契约配置资金和其他生产要素的权利。对一些在民间融资过程中采用欺骗手段骗取他人财物的行为，司法实践中可以适用刑法中规定的集资诈骗罪、合同诈骗罪和诈骗罪等进行处罚。[①]

也有论者认为，非法吸收公众存款罪应当予以修改而非意味着废除或者取消。尽管非法吸收公众存款罪的确立与经济发展存在一定的紧张关系，但是，这种冲突只是调整性的，不能因为出现了与经济发展的不适应而取消。如果任由企业吸取资金，脱离有关金融管理机构的监管，极有可能导致国家不能及时掌握资金的流向，从而冲击国家的金融秩序。如果无限制放开集资吸收的对象及数额，一旦出现不能及时清退所集资金等情况，还会影响整个社会的和谐与稳定。故对于民间借贷等融资的行为，除了依法发起设立或参股村镇银行、放贷公司、农村资金互助社等新型金融组织外，可考虑对该罪的定性予以适当放宽，对存款对象及数额等追诉标准有所提高。

《刑法修正案（十一）》将非法吸收公众存款罪的法定最高刑由10年有期徒刑提高到15年有期徒刑具有必要性。这是基于对非法吸收公众存款罪适用的司法困境、类似罪行的比较以及刑期幅度的限制等问题的梳理与解读获得的结论，仅仅是基于回应现实而提高法定最高法定刑期的评判，未将其放置金融风险本质以及资本市场的交易原理上进行思考，也未放置于其历史发展的过程中予以考虑，这种视角极易放逐对金融管理秩序本身的关注。[②] 司法解释应当针对入罪标准及时跟进，但在提起公诉前积极退赃退赔，减少损害结果发生的，可以从轻或者减轻处罚，充分

[①] 参见朱征夫：《"非法吸收公众存款罪"应尽快废除》，载《新京报》2015年3月10日。
[②] 参见郭华：《非法集资犯罪的司法扩张与刑法修正案的省察——基于〈刑法修正案（十一）草案〉对非法吸收公众存款罪、集资诈骗罪修改的展开》，载《法治研究》2020年第6期。

体现其结果犯的意蕴，发挥其积极的意义。

第三节 非法集资其他犯罪的逻辑与认定

非法吸收公众存款犯罪作为非法集资类的基础性犯罪，对其他犯罪类型具有影响作用。因此，对于非法集资的其他犯罪仅仅论述常见性的集资诈骗罪、非法经营罪以及组织、领导活动传销罪等。

一、非法吸收公众存款犯罪的加重犯——集资诈骗罪

根据我国《刑法》的规定，集资诈骗罪是指"以非法占有为目的，使用诈骗方法非法集资，数额较大的"行为。《2010非法集资司法解释》规定："以非法占有为目的，使用诈骗方法实施本解释第二条规定所列行为的，应当依照刑法第一百九十二条的规定，以集资诈骗罪定罪处罚。"其逻辑结构为，只有符合《2010非法集资司法解释》"第2条"的规定，才能按照集资诈骗定罪，而《2010非法集资司法解释》第2条规定："实施下列行为之一，符合本解释第一条第一款规定的条件的，应当依照刑法第一百七十六条的规定，以非法吸收公众存款罪定罪处罚"。也就是说，集资诈骗罪不仅应当以"非法集资的行为且能够按照非法吸收公众存款罪定罪处罚"为基础，还需要具备非法集资的"非法性、公开性、利诱性、社会性"的"四个"特征，再加上"以非法占有为目的"与"使用诈骗方法"，才能构成集资诈骗罪。

（一）集资诈骗的定罪量刑问题

集资诈骗犯罪作为非法集资入罪的法定门槛。《刑法修正案（十一）》规定："以非法占有为目的，使用诈骗方法非法集资，数额较大的，处三年以上七年以下有期徒刑，并处罚金；数额巨大或者有其他严重情节的，处七年以上有期徒刑或者无期徒刑，并处罚金或者没收财产。""单位犯前款罪的，对单位判处罚金，并对其直接负责的主管人员和其他直接责任人员，依照前款的规定处罚。"集资诈骗罪在量刑上存在"数额较大""数额巨大"和"数额特别巨大"之分，对其追诉标准需要调整还存在"给国家和人民利益造成特别重大损失"的特别情节。根据最高法院、最高检察院《关于常见犯罪的量刑指导意见（试行）》规定，达到"数额较大"起点的，在3~4年有期徒刑幅度内确定量刑起点；达到"数额巨大"或者有其他严重情节的，在7~9年有期徒刑幅度确定量刑起点，应当判无期的除外。在量刑起点的基础上，根据数额等其他影响犯罪构成的犯罪事实增加刑罚量。由于单位犯罪事实的认定需要充分的证据证明，在确定全部犯罪事实的过程中，应全面收集所有被害人的陈述、投资数额及损失情况，确因客观条件的限制无法逐一收集

的，可以结合依法收集并查证属实的其他证据，综合认定全案涉案人数、集资金额、危害后果等犯罪事实。

（二）集资诈骗罪的分析与认定问题

我国规定的非法吸收公众存款罪与集资诈骗罪尽管不在刑法的同一章节，其本质内核因均涉及集资参与人的资金安全，被司法实践作为同类犯罪。基于司法解释对非法吸收公众存款罪规定以及该罪侵犯的复杂客体，与诈骗涉及资金安全又有相似性。对集资参与人的资金安全与金融风险问题前面已经作出区分，在此仍需要解读何为"以非法占有为目的"以及何为"使用诈骗方法"以及采用何种认定方法。

1. 非法占有为目的的分析与认定。理论上对何为"以非法占有为目的"存在不同的认识，实践中也存在不同的认定。传统刑法理论对非法占有目的界定为，"行为人意图非法改变公私财产的所有权"。"将不法占有理解为不法所有，才是各种金融诈骗罪中'以不法占有为目的'的真正含义。"有论者认为，非法占有目的，是指排除权利人，将他人的财物作为自己的所有物进行支配，并遵从财物的用途进行利用、处分的意思，即非法占有目的由"排除意思"与"利用意思"构成，前者重视的是法的侧面，后者重视的是经济的侧面。可以说，这种改变公私财产所有权的意图作为"以不法占有为目的"的金融诈骗犯罪的基本要义，但其后的解释与规范性文件却出现了变化。例如，《最高人民法院关于审理诈骗案件具体应用法律的若干问题的解释》规定，集资诈骗的"非法占有目的"具有以下情形：（1）携带集资款逃跑的；（2）挥霍集资款，致使集资款无法返还的；（3）使用集资款进行违法犯罪活动，致使集资款无法返还的；（4）具有其他欺诈行为，拒不返还集资款，或者致使集资款无法返还的。《全国法院审理金融犯罪案件工作座谈会纪要》对包括集资诈骗罪在内的金融诈骗罪的"非法占有目的"又规定为：（1）明知没有归还能力而大量骗取资金的；（2）非法获取资金后逃跑的；（3）肆意挥霍骗取资金的；（4）使用骗取的资金进行违法犯罪活动的；（5）抽逃、转移资金、隐匿财产，以逃避返还资金的；（6）隐匿、销毁账目，或者搞假破产、假倒闭，以逃避返还资金的；（7）其他非法占有资金、拒不返还的行为。

《2010非法集资司法解释》承继了《纪要》的基本内容，并规定"使用诈骗方法非法集资，具有下列情形之一的，可以认定为'以非法占有为目的'：（1）集资后不用于生产经营活动或者用于生产经营活动与筹集资金规模明显不成比例，致使集资款不能返还的；（2）肆意挥霍集资款，致使集资款不能返还的；（3）携带集资款逃匿的；（4）将集资款用于违法犯罪活动的；（5）抽逃、转移资金、隐匿财产，逃避返还资金的；（6）隐匿、销毁账目，或者搞假破产、假倒闭，逃避返还资金的；（7）拒不交代资金去向，逃避返还资金的；（8）其他可以认定非法占有目的的情形"。这种较为具体的规定，仍不能完全消除在此问题上的认识争议与理解分歧。行为人主观上是否具有非法占有集资款的目的是不是区分集资诈骗罪与非法吸收公众存款罪的关键？这是司法实践中最容易引起争议的问题，也是司法实践最难解决的问题。尤其是最高人民法院就集资诈骗罪中"以非法占有为目的"的列举式规定，实践中如何与之相关联的"诈骗罪""合同诈骗罪"中有关"以非法占有为目的"规定相协调。在列举情形中，特别是对"生产经营活动与筹集资金规模明显不成比例"的理解争议最多。例如，行为人将部分集资款用于装修办公用房是否属于"用于生产经营活动"；何为"逃匿"，行为人无法还本付息，离开集资地，是否就可以直接认定为逃匿？当被告人辩解其离开原因是外出筹集资金，对此如何认定？行为人将集资款投入高风险行业，如炒股、炒期货以及投入房地产等，是否不论盈利情况，一概认定为具有非法占有目的。为了促进理解上的统一，《高检院互联网金融犯罪纪要》采用原则与列举相结合的方式，并规定："以非法占有为目的，使用诈骗方法非法集资，是集资诈骗罪的本质特征。是否具有非法占有目的，是区分非法吸收公众存款罪和集资诈骗罪的关键要件，对此要重点围绕融资项目真实性、资金去向、归还能力等事实进行综合判断。犯罪嫌疑人存在以下情形之一的，原则上可以认定具有非法占有目的：（1）大部分资金未用于生产经营活动，或名义上投入生产经营但又通过各种方式抽逃转移资金的；（2）资金使用成本过高，生产经营活动的盈利能力不具有支付全部本息的现实可能性的；（3）对资金使用的决策极度不负责任或肆意挥霍造成资金缺口较大的；（4）归还本息主要通过借新还旧来实现的；（5）其他依照有关司法解释可以认定为非法占有目的的情形"。其中，"归还本息主要通过借新还旧来实现的"作为非法占有目的情形，其原因是借新还旧的行为可以初步推断行为人不具有归还能力。然而，这一规定却对实践中通过"倒贷""转贷"的借新还旧产生影响，一旦不能偿还，是否可认定非法占有目的值得考虑。因为集资诈骗罪的手段是诈骗还是集资，这涉及"集资"是手段，目的是为了"骗"还是"骗"是手段，目的是为了集资等问题。集资诈骗的手段作为构成要件不能在目的上再次作为要件而重复评价，这主要关系到犯罪构成的主观方面。有论者认为，认定"非法占有"的主观心态时可以从以下几点予以关注。

第一，从动机上看，其发起集资活动时行为人是否基于资金需要，是否具有真实的集资项目。在不以非法占有为目的的集资活动中，行为人多是因对其企业存在扩大生产和经营发展的现实需要，存在真实的项目，而对公众发起集资的。但对因经营不善、市场风险等意志以外的原因，造成较大数额的集资款不能返还的，不应当认定为集资诈骗罪。

第二，从资金的用途上看，其所募集的资金是否用于集资人实际的生产经营活动。集资的本质就在于聚集资金用于生产经营等盈利性活动，通过资本自身的增值在一定期限内偿付出资者本金及利息或其他回报。如果集资人根本就没有把资金投入任何可以投资盈利的实业活动，甚至将集资款用于偿还个人债务、家庭消费和私人挥霍，则可以视为具有非法占有的目的。如果行为人出于生产经营需要，采取一定程度夸大事实甚至欺诈手段进行集资，将全部或者大部分集资款用于生产经营活动的，不应仅以此认定具有非法占有目的；即使最终因生产经营不善或者决策失误而导致集资款无法返还，也不能仅凭该客观结果推定行为人具有非法占有目的。

第三，从回报率上看，其所承诺的投资回报是否符合一般经济活动规律。就目前非法集资案件情况来看，回报率均未违反法定的要求。因为集资活动的强大吸引力在于回报，资本的本质向着利润最大化方向流动。正因如此，集资行为人才能够迅速筹集到大量资金，对所有高额回报的承诺不能一概而论地认定为非法集资。在一定意义上，集资行为人通过集资用于生产经营的利润与回报率与从事投资的经济活动相符合，具有期待可能性，就可认定回报不违背商业规律。

第四，从行为上看，其集资款到期后集资行为人是否有积极筹措资金并还本付息的表现。现实中，集资诈骗行为人往往不积极运作资金予以回款，仅仅采用拆东墙补西墙来迟延，或者隐匿转移财产，或者干脆携款外逃，对原有的集资款不愿意返还或者没有返还行动。同时，应当结合行为人的抗风险能力和受损后果综合分析认定。对于行为人明知自己没有偿还能力仍将集资款项投资到上述风险行业和领域，因投资亏损而导致集资款无法返还的，应当认定行为人具有非法占有目的。但是，对行为人因资金流动性出现问题或者资金周转一时陷入困境仅为躲债、回避矛盾等暂时躲避的，不能一概认定为具有非法占有目的。

以上四点对判断是否集资诈骗具有重要的参考价值。根据我国《刑法》的规定，结合《2010非法集资司法解释》的规定，从行为人"对项目可行性和还款能力认知与否""是否积极创造还款能力""是否恶意拒绝还款""行为人有无使用虚假身份的现象"等情形综合考虑，还需要对"以非法占有为目的"作进一步的认识与理解。

对于非法占有目的的认定应当坚持主客观相一致的原则，既要避免以对诈骗方法的认定来替代非法占有目的的认定，又要避免单纯根据集资后果或者损失结果进行客观归罪，同时也不能仅仅依靠或者凭借行为人自己的供述作出认定。安徽省高级人民法院、安徽省人民检察院《关于办理非法集资刑事案件若干问题的意见》规定："非法集资往往是一个持续过程，集资者的非法占有目的，既可能形成于集资行为前，亦可以形成于集资过程中。对于非法集资开始时并无非法占有目的，后在集资过程中产生该目的的，应根据行为人的经营盈亏情况、集资规模、资金用途、是否虚构事实等结合行为人主观心理状态，进行综合分析，如果能够明确界定的，可以以此节点作为犯意转化点。开始集资时没有虚构事实，且资金均用于合法经营，集资规模与投资规模基本相当，该时段行为实质为非法吸收公众存款的行为，可根据实际返还情况，以非法吸收公众存款罪处罚或者不作为犯罪处理；在集资过程中因经营亏损等丧失偿还能力，仍以投资为由虚构资金用途，集资款主要用于归还前期借贷本息、肆意挥霍或者进行非法活动等，属于集资诈骗，应与前期的非法吸收公众存款罪实行数罪并罚。如果无法明确界定的，则不应人为划分节点，应将集资行为视为一个整体，以集资诈骗论处，集资数额、持续时间等可作为量刑情节予以考虑。"一般来说，对于因经营不善、市场风险等意志以外的原因造成较大数额的集资款不能返还的，不应当认定为集资诈骗罪；对于行为人使用诈骗方法非法集资，具有司法解释规定情形之一，致使数额较大集资款不能返还或者逃避返还，即使没有行为人的供认，结合具体案情与其他证据，也可以认定为集资诈骗罪。

（1）对"明知没有归还能力"与"集资后不用于生产经营活动或者用于生产经营活动与筹集资金规模明显不成比例"的理解与认定。司法实践对《全国法院审理金融犯罪案件工作座谈会纪要》有关"明知没有归还能力"的规定，其标准不易掌握。尽管《2010 非法集资司法解释》第（一）项将其修改为"集资后不用于生产经营活动或者用于生产经营活动与筹集资金规模明显不成比例"，但这种"明知没有归还能力"的具体化依然不够清晰，操作上仍有困难。有论者建议进一步修改为"仅将少量资金（或者小部分资金）用于生产经营活动"。由于实践中的情况较为复杂，将集资规模与生产规模联系起来，通过比例关系进行分析判断，具有科学性，也更能体现其包容性。例如，河南王某等集资诈骗非法吸收公众存款案。①

2008 年～2011 年 9 月，被告人王某虚构做生意、合伙囤车等事实，以高额利息、投资回报为诱饵，承诺还本付息，以个人名义先后向马某某、孙某某、高某某、王某某等 9 名客户并通过他们向社会公众非法集资，共向 78 人吸收资金 1732 次，金额 789663.61 万元。在此期间，王某又由其母亲于某筠（另案处理）通过中介代理，虚假出资，于 2010 年 9 月 1 日注册成立河南圣沃投资担保有限公司（以下简称圣沃公司），由王某实际负责圣沃公司的经营。在未取得河南省工业和信息化厅《融资性担保机构经营许可证》的情况下，被告人王某以高额利息为诱饵，承诺在一定期限内归还本息，指使公司人员购买企业融资资料，模仿借款人签名，谎称用于投资项目，隐瞒资金用途，先后以圣沃公司名义与 563 人签订虚假借款担保合同，非法集资 181178.22 万元。上述两项，王某共计非法集资 970841.83 万元。王某将集资所得资金用于偿还本金 893840.37 万元，用于投资和高息借贷 3966.81 万元，用于以个人及家人名义购房 9687.99 万元，用于支付高额利息 40443.90 万元，其他用于个人购车、挥霍消费及转借给他人购房使用，致使 77001.46 万元集资资金未能兑付。经鉴定，案发后追回钱物价值共计 17227.48 万元。被告人李某华虚假出资担任圣沃公司股东，并任公司财务部主管、副总经理；被告人闫某举任圣沃公司理财二部经理。二被告人明知王某通过圣沃公司与理财客户签订虚假借款担保合同，以高额利息吸收社会公众资金，仍积极参与非法集资活动。李某华协助王某进行管理，负责还本付息和提成、奖金、利差的核实计算，通过朋友找来虚假融资项目资料用于非法集资活动，并先后直接向 40 人非法吸收资金 6428.27 万元；闫某举先后直接向 95 人非法吸收资金 28484.44 万元。郑州市中级人民法院于 2013 年 1 月 13 日以（2012）郑刑一初字第 98 号判决书，认定被告人王某犯集资诈骗罪，判处死刑，缓期二年执行，剥夺政治权利终身，并处没收个

---

① 参见河南省高级人民法院刑事裁定书（2013）豫法刑四终字第 174 号。

人全部财产。被告人李某华犯非法吸收公众存款罪，判处有期徒刑十年，并处罚金人民币50万元。被告人闫某举犯非法吸收公众存款罪，判处有期徒刑七年，并处罚金人民币30万元。赃款、赃物依法予以追缴。宣判后，被告人王某、李某华提出上诉。河南省高级人民法院于2013年9月16日作出（2013）豫法刑四终字第174号刑事裁定书，裁定驳回上诉，维持原判，并核准以集资诈骗罪判处被告人王某死刑，缓期二年执行，剥夺政治权利终身，并处没收个人全部财产。

该案中，王某用于投资经营（包括购房）的资金尚不足集资资金的1.5%或者用于生产经营相对募集资金明显不成比例，且存在肆意挥霍部分集资款的行为，明知无法全部返还仍继续集资，应当认定被告人王某具有非法占有的目的。被告人王某以非法占有为目的，使用诈骗方法非法集资，且集资诈骗数额特别巨大，已构成集资诈骗罪。

也有意见认为，将后期所集资金主要用于支付前期本金和高额回报的情形，可以直接推定为以非法占有为目的，对于"以新还旧""以后还前"可以初步断定不具有归还能力，但其不具有归还能力的根本原因不在于是否支付本息，而是没有具体的生产经营活动，对此可以认定为以非法占有为目的。例如，内蒙古鄂尔多斯市中级人民法院对一起集资诈骗案的一审判决。[①]

武某某2006年起，以投资贩煤为由先后向刘某、苏某等25名社会人员非法集资11302.11万元，其集资款项用于生产经营活动与筹集资金规模明显不成比例，且被其恣意挥霍，用于购买豪华汽车、高额保险以及赌博，案发时个人资产只剩余两套住宅及一套煤机设备，扣减案发前退还的本息，实际诈骗金额6865.46万元。法院认定被告人武某某的集资诈骗罪名成立，判处其无期徒刑，剥夺政治权利终身。

但是，司法解释对"生产经营活动与筹集资金规模明显不成比例"情形判断的关键是"致使集资款不能返还的"，借助于"集资款不能返还的"后果来推定行为人具有非法占有目的，实际上是对"事后故意"理论的采纳，表明非法占有目的的时间点可以扩充到获取集资款之后，在一定意义上扩大集资诈骗罪的处罚范围。

在实践中需要注意的是，集资后经营者因为市场行情有变或者监管政策出现调整，并未进行预定的生产经营活动，也没有进行其他经营活动，但又必须继续支付利息，经营者不得已将集资款贷给另一集资者。在此种情况下，其规定的所谓"比例"根本不存在，对此适用本规定时，可以采用反推的方式，应作"出罪"处理。

（2）对"肆意挥霍"的理解与认定。"挥霍"是指任意性浪费钱财，这种挥霍主要限于"消费性支出"，因为这种支出对于给公司获利无法带来现实可能性。将"肆意"与"挥霍"放置在一起，使得"肆意挥霍"理解为"不计成本、不讲目的、不讲回报"的大规模花费。在集资案件中，行为人将大部分募集的资金用

[①] 参见张驰：《非法集资嫌疑人肆意挥霍被判无期》，载《法制日报》2015年3月27日。

于投资或生产经营活动，而将少量资金用于个人消费或者挥霍的，不应认定其具有非法占有的目的。如行为人将募集的资金作为对外宣传等行骗手段，其投资行为则纯属消耗性的，因为行为人不指望从该投资行为获取收益，对此可以视为"挥霍"。行为人将集资款购买"豪华汽车"或者"名车"即使作为对外显示实力，因是用集资的款项购买而非获得的收益，其本身未摆脱挥霍性消费的本质，如果这种经营策略已经超出公司的能力范围，就可认定为挥霍。也就是说，司法解释强调的"肆意"应当包括实践中的一些"挥霍性投资"的情形。这一规定与集资诈骗罪以行为人实际骗取的数额计算，案发前已经归还的数额应予以扣除保持一致性。因为"挥霍性投资"是无法收回投资的或者无法获得收益。在"吴某案"中，司法机关认定吴某"将非法集资所得的资金除少部分用于注册传统微利行业的公司以掩盖真相外，绝大部分集资款未用于生产经营，而是用于支付前期集资款的本金和高额利息、大量购买高档轿车、珠宝及肆意挥霍"，尤其是"大量购买高档轿车"是公司包装必要的投资还是挥霍？对此应当从两个方面分析：一是是否具有偿还高息的实质性经济保障，存在的仅仅是虚假项目或者谎言；二是公司是否是在欠债下或者入不敷出的情况下依然进行消费，具有冒险性。从司法实践的认定来看，认定挥霍需要综合考虑。例如，山东"蚁王"张某华集资诈骗案。①

法院审理查明，自2000年7月~2006年7月31日，张某华等人非法集资46300人次，集入资金11.86亿元。除支付本金7.34亿元及高额利息2.84亿元外，将1.64亿元资金用于无效益的挥霍性投资项目及广告宣传、企业庆典、赞助活动，最终造成养殖户投资款本金3.52亿元不能归还。山东省临沂市中级人民法院一审认定他集资诈骗罪名成立，判处死刑，缓期两年执行，剥夺政治权利终身，并处没收全部个人财产。

从该案查明的事实来看，张某华搞宣传时用过"山东众志集团""临沂圣庄果园有限公司""四川古鹤松生物产业有限公司""四川沂蒙人家酒业有限公司""成都生物科技研究所"的名义，其中山东众志集团注册后，因虚假出资被吊销；四川沂蒙人家酒业有限公司并没有投资；成都生物科技研究所是四川古鹤松公司的一个股东，与他们无任何关系；圣庄果园没有注册成立。其中"广告宣传、企业庆典、赞助"的资金投入不属于"挥霍性投资项目"，并不排除列入非法集资数额。如果将大部分资金用于投资或生产经营活动，而将少量资金用于个人消费或挥霍的，也不应仅以此便认定具有非法占有的目的。如，高某非法吸收公众存款案。②

1995年3月~1996年11月间，高某以高额"尾息"（即利息）为诱饵，利用"经济互助会"的形式，采取"会书"承诺的方法，先后"邀会"41组，其中5

---

① 参见李玫：《山东蚁王张建华集资近12亿被判死缓》，载《第一财经日报》2009年11月10日。
② 参见杜杰锋：《高远非法吸收公众存款案——利用经济互助会非法集资的行为如何定性》，载《刑事审判参考》2000年第3期。

万元1组，3万元2组，2万元5组，1万元22组，5千元2组，2千元5组，1千元3组，5百元1组。"邀会"金额3394.345万元，加上邀徐等6人会款9.94万元，共非法集资总金额为3404.285万元，放出会款总金额为3222.6万元，扣除"放会"款，高某共非法占有他人"上会"款181.685万元。此外，1993年6月~1996年12月期间，高某接受他人同类型的"邀会"，共"上会"600组，"上会"总金额5840.3803万元，得会总金额5703.8285万元；1996年3月~1997年1月期间，高某以周转会款为名，以高息为诱饵，骗取王某等9人现款53.8万元，后称无力偿还，以会账充抵46.09万元，另有7.71万元至今不能归还。

法院认为：高某以"邀会"的形式集资诈骗181.685万元，并大肆用于个人及家庭挥霍，至案发时仍拒不退还，从而导致张某因自杀致残，何某如自杀死亡，并间接造成6人自杀而死、2人自杀被他人抢救而未成、1人被杀，同时给苏埠地区及与苏埠相邻的部分地区的社会稳定、经济发展、金融秩序均造成了严重危害，其行为已构成集资诈骗罪。且集资诈骗数额特别巨大，情节特别严重，应依法惩处。依照《刑法》第192条、第199条、第57条第一款、第64条的规定，判决如下：被告人高某犯集资诈骗罪，判处死刑；追缴被告人高远的非法所得一百八十一万六千八百五十元。

一审宣判后，高某不服，向省高院提出上诉。其上诉提出：苏埠镇其他会首的"邀会"行为均被法院认定为非法吸收公众存款罪，一审判决对其本人的犯罪行为定性不准；一审判决认定的集资诈骗数额有误。其辩护人提出，高某的"邀会"行为不是导致何某如、张某等多人自杀死残的直接原因。

省高院经审理认为：一审判决认定上诉人犯集资诈骗犯罪的主要事实清楚，证据确实、充分，定罪准确，量刑适当，审判程序合法，但高某集资诈骗的数额应为177.3443万元。上诉人以非法占有为目的，利用"经济互助会"，以"邀会"的方式非法集资总额达3404.285万元，至"炸会"时非法占有他人会款177.3443万元，数额特别巨大，已构成集资诈骗罪。上诉人关于对其行为应定非法吸收公众存款罪的上诉理由不能成立。关于上诉人的辩护人的辩护意见，经查，造成会众自杀、致残均与高某的非法集资行为有联系，高某对此应负一定责任，但不是全部责任，故对辩护人的此节辩护意见部分予以采纳。依照《刑事诉讼法》的规定，裁定如下：驳回上诉，维持原判。

二审宣判后，省高院依法将本案报请最高人民法院核准。最高人民法院经复核认为：被告人以营利为目的，以"经济互助会"为名，非法融资，数额巨大，严重扰乱了国家金融秩序，造成了严重危害后果，其行为已构成非法吸收公众存款罪，应依法惩处。二审裁定认定的事实清楚，证据确实、充分，审判程序合法。但适用法律不当。依照《刑法》第12条第一款、第64条、全国人大常委会《关于惩治破坏金融秩序犯罪的决定》第七条第一款的规定，判决如下：撤销六安地区中院刑事判决和省高院刑事裁定；被告人高某犯非法吸收公众存款罪，判处十年，并处罚金45万元；对被告人高某非法吸收公众存款的犯罪所得予以追缴，返还给被害人。

对于该案的定性存在分歧：一种意见认为，高某的"邀会"行为是以非法占有为目的，且至"炸会"时已实际非法占有他人会款177万余元，数额特别巨大，应定集资诈骗罪；另一种意见认为，以"经济互助会"的形式非法集资的行为符合非法吸收公众存款罪的构成特征，因此，对高某的行为应定非法吸收公众存款罪。被告人高某在"炸会"后尚有177万余元集资款无法返还的主要原因是高某利用"邀来"的会款去"上会"，其他会首尚欠其会款136万余元，形成了连环的非法债权债务关系，并非是其主观上有非法占有他人会款拒不返还的目的。从高某收到"邀会"款后，将其中的绝大部分款项用于"放会""上会"这一事实来看，应当认定被告人高某"邀会"的目的在于通过用邀来的会款去上他人同类型的"邀会"营利，是以非法营利为目的。高某"邀会"和利用"邀会"所得会款购买房屋、家具、电器等实际占有、使用会款的事实，而忽视了其将"邀会"款"上会"的行为，旨在通过"经济互助会"这种形式取得高额尾息、获取利益，不是以非法占有为目的。

（3）对"携带集资款逃匿"的理解与认定。逃匿包含逃跑和藏匿的双重含义。司法解释将司法文件中的"逃跑"修改为"逃匿"，旨在突出行为人逃避刑事追究的一面，以免司法实践中不加区分地将各种逃跑情形一概认定为集资诈骗。而逃匿必须与携款联系起来进行综合分析。逃匿可能出于躲债、筹资等多种原因，只有携款潜逃的，才足以说明行为人具有拒绝返还集资款的主观目的，仅仅潜逃而没有携款不能认定非法占有目的，但在实践中潜逃均需要花费，不携款恐难以生存，因此对携款仅为生活必需的，需要谨慎。仍以上述提到的辽宁省铁岭市中级人民法院审理的非法集资案为例。在庭审中，程某称没有挥霍赃款，全部用于西丰鹿城博物馆的建设，馆内的古董、艺术品拍卖后，足够偿还欠款。对于出走一事，程某表示，有人扬言要伤害她和家人，为了逃避伤害，才让他们出去躲一躲。其儿媳刘某等人携带价值200余万元人民币潜逃至山东省莱芜市。对于程某而言，如果"出走"仅仅携带一般的生活费用，而不宜认定为逃匿，而对其儿媳携带价值200余万元人民币"出走"则应当认定为逃匿。如陈某某受陈某飞指使，明知陈某飞使用诈骗手段非法集资，仍提供其银行账户为陈某飞收取集资款，同时为陈某飞开具收据、进行银行转账，已构成集资诈骗罪。一审判被告人陈某某犯集资诈骗罪，处有期徒刑四年。陈某某及其辩护人在上诉时提出，陈某某是深圳祈富贸易有限公司的出纳，并非公司高级管理人员，只是在老板的安排下从事开立银行卡、保管公章、开具收据等相关工作，对公司具体业务并不知情也未参与。二审认定陈某某已构成非法吸收公众存款罪。根据现有在案证据，认定被告人陈某某具有非法占有故意的证据不足，原判定性有误，予以纠正。判被告人陈某某犯非法吸收公众存款罪，处有期徒刑二年三个月。[1] 再如，在肖某华非法吸收公众存款案中。法院认为，逃匿可能出于躲债、筹资等多种原因，只有携款潜逃的，才足以说明行为人具有拒绝返还

---

[1] 参见（2016）浙07刑终1232号。

集资款的主观目的,而根据公诉机关出示的现有证据不能证明上诉人肖某华所借的该三笔资金存在用于个人挥霍、用于违法犯罪活动或转移、隐匿等情形,故现有证据不能证明肖某华携带该集资款逃匿,且肖某华还发了告知函给部分被害人,委托律师处理债务事宜。综上,认定肖某华主观上具有非法占有111.4万元资金的证据不充分,肖某华的行为不构成集资诈骗罪。①

(4)对"将集资款用于违法犯罪活动"的理解与认定。集资"用于违法犯罪活动"与非法占有目的是否存在必然的联系存在不同意见。有意见建议不作规定,也有建议增加从事高风险行业的情形,与用于违法犯罪活动一并规定。将其作为认定非法占有目的的一种情形,主要是基于政策考虑所作出的一种法律上的拟制,以体现从严打击的需要。因为这种违法犯罪活动不应局限在行政违法与民事违法问题,应当将违法犯罪活动限制在法律禁止行为的范围,如赌博、吸毒等。但将行为人从事并不违反刑法而仅仅是违反民法等其他法律的活动,认定行为人有非法占有的目的,也不合适。② 例如,朱某燕非法集资构成集资诈骗案。③

2012~2014年,朱某燕以投资工程需要资金为名,以高息为诱饵,先后向夏某、向某、程某等143人非法吸收资金人民币21151.54万元。其中,朱某燕支付利息和归还本金共计人民币10247.8万元,用于网络赌博共计人民币7400余万元。截至案发,朱某燕共造成损失10903.74万元无法归还。2014年12月13日,朱某燕主动到公安机关投案。2015年1月19日经重庆市合川区人民检察院批准,并由重庆市合川区公安局执行逮捕。重庆市人民检察院第一分院认为,朱某燕以非法占有为目的,非法集资人民币10903.74万元,数额特别巨大,其行为触犯了《刑法》规定,犯罪事实清楚,证据确实、充分,应当以集资诈骗罪追究其刑事责任。2016年3月,重庆市第一中级人民法审理了该案件,并作出判决。

(5)对"拒不交代资金去向"的理解与认定。鉴于实践中行为人拒不交代资金去向的情形相对突出,此种情形已经明显反映出非法占有的主观故意。为了从严惩治此类犯罪,避免宁愿坐牢,也不愿暴露隐匿的资产,以便出狱后依然可以享受犯罪的成果,同时为了尽可能地挽回集资参与人的投资损失,将"拒不交代资金去向"列为非法占有目的具有一定的合理性。在司法实践中,认定犯罪嫌疑人、被告人拒不交代资金去向,一般有三种情况:一是犯罪嫌疑人、被告人直接拒绝透露资金的流向信息,面对侦查人员、讯问人员的调查和讯问,行为人直接拒绝或不予回答;二是犯罪嫌疑人、被告人出现记忆模糊或错误,交代不清,或者交代的资金去向无法查明,或者难以查明;三是虚假供述,即犯罪嫌疑人、被告人对资金的流向问题作虚假的供述,也会被认定为拒绝交代资金去向。例如,河北邯郸市王某

---

① 参见(2016)赣11刑终318号。
② 参见陈家林、薛丰民:《非法集资犯罪若干问题研究——以〈最高人民法院关于审理非法集资刑事案件具体应用法律若干问题的解释〉为切入点》,载《河南财经政法大学学报》2013年第5期。
③ 参见"渝检一分院刑诉〔2015〕184"的起诉书。

新因涉嫌集资诈骗案。①

检察机关指控王某新以非法占有为目的,虚构其与河北钢铁股份有限公司邯郸分公司签有德国品牌"西马克"设备备件供货合同及澳矿买卖生意,资金周转困难的事实,以高息为诱饵,采取借款、投资、资金周转等手段,向大量被害人非法集资共计十余亿元。经查,王伙同银行工作人员及河北钢铁邯郸分公司有关工作人员,以承兑汇票、供货合同、应付款凭证等为幌子,大肆向不特定对象"吸金",导致大量放贷人受到蒙骗。至案发时,只归还3.301亿元,尚有7亿余元未归还。王某新面对警方有关资金的用途和流向的讯问说:"我在外面做生意,具体什么生意我不能说,我把钱都投到生意上去了,我现在外欠的8亿元我是有能力还上的。"在庭审过程中,当公诉人向王某新发问"你骗的十几亿元去向哪里?"时,王某新回应说,"现在不说!"而审判长也问,这十多亿的用处,王某新回答的仅仅是"合法生意",而被害人诉讼代理人追问是什么生意时,王某新硬硬地说,"不告诉你。"河北省邯郸市中级人民法院以涉嫌集资诈骗罪判处王某新死刑,剥夺政治权利终身,并处没收个人全部财产。

针对上述案件的王某新虚构和邯钢做生意的事实而大量集资被查处后,既不如实供述资金去向,又拒不交代用于其他合法经营的具体线索,以图逃避返还赃款,无论该集资资金由谁占有,均不影响非法占有的目的,足以认定其诈骗故意。再如辽宁省铁岭市中级人民法院公开审理的备受关注的份有市人大代表、政府官员及公职人员的非法集资案。②

辽宁省铁岭市中级人民法院审理的备受关注的非法集资案。检察机关指控,2010年9月~2013年11月,程某编造投资房地产获利等谎言,骗取468人集资款共计1.153亿元人民币,返还本息389万余元人民币,实际骗取1.114亿元人民币。麻某强、麻某明知程某集资诈骗,在程某的指使下,以高额利息回报为诱饵,帮助程某骗取集资款。麻某对集资款肆意挥霍,用于购买车辆等个人消费,数额达160万元人民币。麻某娜等人也存在帮助程某非法集资情况。在骗取大量资金后,程某等人肆意挥霍,购买豪宅、名车、古董价值3667万元人民币,故意销毁收益存根,致使大量资金去向不明。

对于资金去向不明作为集资诈骗罪的非法占有目的,存在被告人拒绝透露去向的不明,如《2010非法集资司法解释》第4条第2款第七项规定的"拒不交代资金去向,逃避返还资金的";也存在资金去向的供述和辩解的虚假,如河南省高级人民法院、河南省人民检察院、河南省公安厅《关于办理非法集资刑事案件适用法律若干问题的指导意见》规定的"关于资金去向的供述或辩解,经查证虚假,

---

① 参见常胜军:《王红新集资诈骗十余亿被判死刑》,载《邯郸日报》2015年5月27日。
② 参见朱明宇:《铁岭人大代表涉亿元非法集资案 一家5口成被告》,中国新闻网,http://news.china.com.cn/2015-03/26/content_35162401.shtml。访问时间:2020年4月4日。

导致无法查清资金真实去向的"。对"拒不交代资金去向"与"交代资金去向无法查明"以及"拒绝交代资金去向"和"无法交代资金去向"以及匿藏资金或者销毁账目应当作出区别。非法集资类案因涉案金额巨大,涉及的人数多、时间跨度长,作为犯罪嫌疑人、被告人,很难将每一笔资金作出详细准确的供述,一般只需要犯罪嫌疑人、被告人对资金的大致流向作如实的供述,提供相关的线索和事实。然后,由办案人员对相关的资金流水、账单、合同、电子数据等进行收集和调取,然后经过会计鉴定,在将鉴定结果与犯罪嫌疑人、被告人的供述作比对,能够做到主要核心事实如实供述就能认定为如实交代资金去向。在集资款有可能投入生产经营活动而无法证明或者资金虚假去向也不能查明,存在合理怀疑的,在认定上需要慎重。因为资金流向的举证责任在办案机关,即使犯罪嫌疑人、被告人供述不清,办案机关也应承担相关的举证责任,对涉案财产的资金流向做一个清晰、专业的统计和分析,如果统计、鉴定结果证明大量资金去向不明,而犯罪嫌疑人、被告人又供述不清且无法提供合理解释,才能认定其"拒绝拒绝交代资金去向"。非法占有目的的本质是犯罪嫌疑人、被告人意图占有他人财物,逃避返还资金给被害人非法占有目的的本质,依然是犯罪嫌疑人、被告人意图非法占有他人财物,逃避返还资金给被害人。

对集资诈骗罪,其非法占有目的是其成立的法定要件,也是集资诈骗罪认定当中的难点。在一些非法集资刑事案件中,行为人一开始是基于扩大生产经营等原因进行集资,涉嫌构成非法吸收公众存款罪;后期因为经营亏损、资金使用成本高而导致无法正常还本付息,为防止资金链断裂,进而使用诈骗方法继续集资,以后期集资资金偿还前期集资本息,涉嫌集资诈骗罪。例如,备受关注的上海泛鑫保险代理有限公司(以下简称泛鑫保险)女高管陈某携带巨额现金、首饰和奢侈品等财物潜逃境外集资诈骗案。[①]

2010年2月,泛鑫公司等公司销售虚假理财产品。陈某与谭某合谋将保险公司20年期的寿险产品拆分成1~3年的短期理财产品对外销售,骗取投资人资金,并对相关保险公司谎称该资金为泛鑫保险代理销售的20年期寿险产品的保费,通过保险公司返还手续费的方式套现。通过此类"长险短做"业务,泛鑫保险迅速发展,至案发,共造成3000余名被害人实际损失8亿余元。2013年7月28日,陈某、江某发现资金链将断裂,遂将近5000万元港币转至香港地区后,携带83万多欧元的巨额现金和首饰、奢侈品等财物潜逃境外。同年8月19日,陈某、江某在斐济群岛共和国被抓获。

在庭审过程中,陈某对起诉指控其犯罪的基本事实没有异议,但辩称其实施的行为不构成集资诈骗罪,而构成职务侵占罪。江某亦辩称其行为不构成集资诈骗罪,其辩护人则认为,此案系单位犯罪,江某实施的行为应当认定为窝藏罪。

[①] 参见潘静波、周凯:《原泛鑫保险高管陈怡集资诈骗被判死缓》,载《中国青年报》2015年2月12日。

该案被告人陈某等"长险短做"的经营模式不能创造任何利润，单位并未获益，且陈某将套现部分中的 1.2 亿元用于个人挥霍，其违法所得不归单位所有，且泛鑫公司等公司经营的唯一业务就是销售虚假理财产品，属于"以实施犯罪为主要活动"，应认定为个人犯罪。被告人陈某具有非法占有的故意、欺骗的行为及针对不特定人群实施诈骗等特点，系使用诈骗方法非法集资，故其行为不构成职务侵占罪，而应认定构成集资诈骗罪。根据被告人江某进入泛鑫公司的时间、工作职责、实际工作内容及其他涉案人员的供述等，依法能够认定江某主观明知泛鑫公司人员拆分寿险产品作为理财产品进行销售的实际情况。基于此，上海一中院经审理认为，被告人陈某、江某以非法占有为目的，共同使用诈骗方法非法集资，造成 3000 余名被害人实际损失 8 亿余元，数额特别巨大，并且给国家和人民利益造成特别重大损失，其行为均构成集资诈骗罪，且系共同犯罪。两名被告人在共同犯罪中所起作用虽有区别，但尚不足以区分主从犯，综合到案后各自的认罪态度、犯罪数额，可在裁量刑罚时予以体现。公诉机关起诉指控的罪名成立，依法应予支持。陈某、江某及其辩护人的意见无事实和法律依据，依法不予采信。[①]

该案的江某作为具备专业知识的保险行业从业者，应当明知公司操作模式不具有可持续性，还帮助陈某收购两家保险代理公司扩展业务范围，维持资金运作，泛鑫保险资金链断裂之后，与陈某共谋携款潜逃，共同联系办理移民手续、通过非法渠道将国内资金转移境外等，其行为构成了非法占有的目的，属于集资诈骗罪的非法占有目的的本质。由于非法集资犯罪活动往往时间较长，且有些犯罪类型属于过程犯罪，行为人在非法集资之初不一定具有非法占有目的。实践中的非法集资犯罪活动参与实施人员众多，部分共犯不一定具有非法占有目的的犯意联络，为避免客观归罪，《2010 非法集资司法解释》第 3 款规定了"集资诈骗罪中的非法占有目的，应当区分情形进行具体认定。行为人部分非法集资行为具有非法占有目的的，对该部分非法集资行为所涉集资款以集资诈骗罪定罪处罚；非法集资共同犯罪中部分行为人具有非法占有目的，其他行为人没有非法占有集资款的共同故意和行为的，对具有非法占有目的的行为人以集资诈骗罪定罪处罚"。

对于非法占有目的产生于非法集资过程当中的，应当只对非法占有目的的支配下实施的非法集资犯罪以集资诈骗罪处理，对于之前实施的行为，应以其他非法集资犯罪处理，实行数罪并罚；对于共同非法集资犯罪案件，应当只对具有非法占有目的的犯罪人以集资诈骗罪处理；对于不具有非法占有目的犯意联络的犯罪人，应对其参与实施的全部事实以其他非法集资犯罪处理。[②] 有论者认为，如果行为人在吸收资金时没有非法占有的目的，在吸收资金后才产生非法占有意图，其行为是否可转化为集资诈骗罪？如果行为人在吸收公众存款时想要还款付息，但募集资金行为

---

① 参见李东华、潘静波：《原泛鑫跑路美女老总一审被判死缓》，载《新闻晨报》2015 年 2 月 12 日。
② 参见刘为波：《关于审理非法集资刑事案件具体应用法律若干问题的解释的理解与适用》，载《人民司法·应用》2011 年第 5 期。

实施完毕后，却产生占有资金的意图，这时，行为人又采取了一系列积极行为，例如，转移资金、携款潜逃等行为，从而使财物完全脱离了权利人的控制范围。行为人集资诈骗的行为才实施完毕，由于非法占有目的不需要与募集资金的行为同时发生，如果行为人没有后面的一系列行为，在募集资金行为实施完毕之后，该行为只能定性为非法吸收公众存款罪，但之后产生了非法占有目的，并实施了一系列使财物完全脱离权利人控制范围的行为之后，非法吸收公众存款罪就转化为集资诈骗罪了。[①] 那么，如何认定非法吸收公众存款罪中的犯意转化的问题呢？行为人在非法吸收公众存款后萌生非法占有集资款意图的，可以说此时行为人的集资犯意已经转化非法占有，因其犯意转化不应再以非法吸收公众存款罪处置，可以集资诈骗定罪处罚。《全国法院审理金融犯罪案件工作座谈会纪要》认为，"对于以非法占有为目的而非法集资，或者在非法集资过程中产生了非法占有他人资金的故意，均构成集资诈骗罪"。也就是说，集资诈骗罪的占有的目的可以不产生于集资行为时或者集资过程中，即使是集资行为实施完毕，存在非法占有集资款项的行为，仍可以认定集资诈骗犯罪的非法占有目的。倘若承认了存在事后的非法占有目的，则有违法行为与责任同时存在原则和主客观相统一原则。行为与责任同时存在原则是指行为人的辨认控制能力、罪过、目的必须存在于行为时。[②] 在认定"非法占有为目的"应当避免两种倾向：一是不能单纯根据不能归还的结果判断来认定"非法占有为目的"存在，这属于客观归罪；二是不能仅根据行为人与被害人之间存在"借条"或"还款协议"等否定"非法占有目的"的真实存在，[③] 否则被表面现象所迷惑，未能抓住集资诈骗行为的本质。

（6）"其他可以认定非法占有目的的情形"的理解与认定。《2010非法集资司法解释》对此作了开放性的规定。那么，何为"其他可以认定非法占有目的的情形"？对此，可参照部分省市的有关规定。例如，河南省高级人民法院、河南省人民检察院、河南省公安厅《关于办理非法集资刑事案件适用法律若干问题的指导意见》规定："对于具有下列情形之一的，可以视为符合《解释》上述条款第（八）项规定的"其他可以认定非法占有目的的情形"认定行为人涉嫌集资诈骗罪：一是高价购买低价转让，随意处置集资款项的；二是背负巨额债务，已经无法经营的情况下继续非法集资的；三是在丧失集资款归还能力后，为拆补资金而继续非法集资的；四是关于资金去向的供述或辩解，经查证虚假，导致无法查清资金真实去向的。"重庆市高级人民法院、重庆市人民检察院、重庆市公安局《关于办理非法集资类刑事案件法律适用问题的会议纪要》规定："行为人出于生产经营需要

---

① 参见魏东、李红：《非法吸收公众存款罪司法实务问题研究》，载《经济犯罪侦查研究》2013年第2期。
② 参见陈家林、薛丰民：《非法集资犯罪若干问题研究——以〈最高人民法院关于审理非法集资刑事案件具体应用法律若干问题的解释〉为切入点》，载《河南财经政法大学学报》2013年第5期。
③ 参见王新达：《集资诈骗罪司法认定若干问题探讨》，http://www.jsfy.gov.cn/llyj/xslw/2014/07/07160319665.html。访问时间：2015年10月22日。

非法集资，将全部或者大部分集资款用于生产经营活动，因经营亏损而丧失返还集资款能力后，为筹措资金，以生产经营为幌子，虚构经营事实、隐瞒经营真相，继续非法集资的，对于后期行为，可以认定行为人具有非法占有目的。""行为人没有实际的生产经营活动，或者生产经营活动收益明显不能支付本息，或者不能保障生产经营活动正常支出，采取'以新还旧''以后还前'等方式非法集资，致使集资款不能返还的，可以认定为行为人具有非法占有目的。""行为人将全部或者大部分集资款用于期货、股票、彩票等高风险投资，或者用于国家禁止投资或已经提示有高风险的行业、领域的，不能认定为用于生产经营活动。在此种情形下，能否认定具有非法占有目的，应当结合行为人的抗风险能力和受损后果综合分析认定。对于行为人明知自己没有偿还能力仍将集资款项投资到上述风险行业和领域，因投资亏损而导致集资款无法返还的，应当认定行为人具有非法占有目的。""行为人出于生产经营需要，采取一定程度夸大事实甚至欺诈手段进行集资，将全部或者大部分集资款用于生产经营活动的，不应仅以此认定具有非法占有目的；即使最终因生产经营不善而导致集资款无法返还，也不能仅凭该客观结果推定行为人具有非法占有目的。"非法占有目的是区分集资诈骗罪与非法吸收公众存款罪的关键，在认定行为人是否具有非法占有为目的时，应当坚持主客观相一致的原则，要避免单纯根据损失结果客观归罪，不能仅凭较大数额的集资款不能返还的结果，推定行为人具有非法占有目的，也不能仅凭行为人的供述进行认定，而应当根据具体情况具体分析。同时，需要收集行为人是否具有非法占有目的的证据，也需要收集对集资款的来源、用途和去向的证据。例如，吴某收犯非法吸收公众存款罪、集资诈骗案。[①]

河北省衡水市人民检察院指控吴某收犯非法吸收公众存款罪、集资诈骗罪。衡水市中级人民法院认为，被告人吴某收将非法吸收的公众资金分别借肖某倩的旭光公司和杜某恩的东亚丝网公司，其在明知所借的资金特别是最后借杜某恩的500万元到期不能归还，其无法偿还自己所借资金的情况下，仍然于2015年6月份非法募集周某良、王某敏、李某君三人人民币60万元，并最终未能归还该款项，其行为符合集资诈骗罪的构成要件。一审法院认定，吴某收明知最后一笔借款到期不能收回，在自己无能力对集资参与人履行约定承诺后，继续隐瞒真相，以公司名义非法集资60万元，至案发未还，对此部分借款构成集资诈骗罪。

被告人提起上诉。二审法院在调查了借款合同、银行转账明细、证人证言等证据后，认定吴某收债券到期未能收回并非吴某收单方面原因，现有证据尚不能证实吴某收使用了诈骗方法非法吸收公众存款，也不能证实吴某收具有将集资款不用于投资经营等"以非法占有为目的"的情形；吴某收出借杜某恩的500万元虽于2015年4月到期，但投资借款合同、银行转账明细、吴某收股票账户、各集资人

---

① 参见王新达：《集资诈骗罪司法认定若干问题探讨》，http://www.jsfy.gov.cn/llyj/xslw/2014/07/07160319665.html。访问时间：2015年10月22日。

证言和杜某恩证言等证据证实，该 500 万元借杜某恩公司有担保公司承担连带偿还责任，同年 7 月份，吴某收主动告知部分集资人其债权无法收回，至 7 月 30 日，吴某收股票账户尚有可支配资金 70 余万元，7 月份之后，吴某收向十名集资人偿还部分款项，现有证据尚不能证实吴某收在 2015 年 4 月之后、6 月底之前杜某恩债权到期不能收回，无履约能力，虚构事实、隐瞒真相李某君等三人集资诈骗 60 万元的事实，故认定吴某收犯集资诈骗罪的证据尚不充分，但吴某收期间继续李某君等三人非法吸收资金 60 万元的行为，构成非法吸收公众存款罪，该 60 万元应计入非法吸收公众存款犯罪数额。

2. 集资诈骗的"使用诈骗方法"认定问题。集资诈骗与一般诈骗具有相同性。对其是集资性诈骗还是诈骗性集资曾存在不同认识。对于集资诈骗罪的"使用诈骗方法"认定是否就是普通诈骗罪的"用虚构事实或者隐瞒真相的方法"呢？对此需要深入探讨。

（1）集资诈骗犯罪与一般诈骗罪的界定。最高人民法院《关于审理诈骗案件具体应用法律的若干问题解释》规定，"诈骗方法"是指行为人采取虚构集资用途，以虚假的证明文件和高回报率为诱饵骗取集资款的手段。就其实质而言，诈骗方法是行为人利用信息不对称的优势骗取他人财物的一种方式。在司法实践中几乎所有的非法集资行为在募集资金的方式上均存在以高回报率作为诱饵的情况，而绝大多数集资参与人也正是看中了高回报率才将大量资金借给行为人。对于此类单纯以高回报率为诱饵进行集资的，能否认定为使用诈骗方法，[①] 这是一个亟待讨论的问题。

一般诈骗是事前故意，即事先预谋、策划，以获得他人财物为唯一目的，得款后往往立即潜逃，其非法占有他人财物的故意一目了然；而集资诈骗更多的是事中、事后故意，集资活动的开始限于规模和集资诈骗人的谨慎性，往往无法判断其故意内容，随着集资金额的增加，集资诈骗人对集资款才表现出挥霍、任意处分的行为，事后（中）故意性更明显。[②] 也有论者认为，本罪是以保护集资款为直接目的，打击的是非法占有集资款的行为。从本罪罪状的表述来看，必须证明集资人采取虚构集资用途，以虚假的证明文件和高回报率为诱饵的行为。但是，实践中经常出现行为人并未隐瞒真相，虚构事实的情形，既未对其主体资格虚构，也未虚构集资款用途，而仅抛出高息诱饵，况且出资人也明知这一事实，这种情形能否认定为刑法理论上的"诈骗方法"存在一定的难度。在特定情况下，将非法集资的手段限定为"使用诈骗方法"，会带来一些不必要的证明困难，也会为行为人规避法律寻找相应的借口，甚至不利于更好地惩治事后的故意行为。对此可通过

[①] 江苏南京中级人民法院：《非法集资刑事案件中刑民交叉问题研究》，http：//www. njfy. gov. cn/www/njfy/xwzx5_mb_a39150311100895. htm。访问时间：2019 年 8 月 22 日。

[②] 参见黄建平、欧阳辉：《浅析集资诈骗罪的认定及几点建议》，http：//www. chinalawedu. com/web/23184/wa20140719152844406 70923. shtml。访问时间：2018 年 8 月 25 日。

中外的案例比较予以说明。例如，1985年日本的丰田商事事件。[①]

丰田商事以老人和家庭主妇为对象，通过纸片推销法，向顾客出售金条，同时与顾客签订金条租赁合同，代顾客保管金条，负责管理个人购买的金条，向顾客收取每年10%的租赁费。这一模式被称为"纸张商法"，丰田商事依靠这种模式，从3万人手中筹集了约2000亿日元。实际上，丰田商事并不持有与合同一致的金条，金条的买卖和租赁均为虚构的，并且丰田商事将顾客的金条购买款主要用于支付员工工资和进行一些看不到收益的投资和投机。如果公司不能陆续劝诱新的顾客购买金条，获取新的资金，将面临破产。1985年，丰田商事破产，众多顾客虽然支付了金条购买款，但无法得到金条或者相应的赔偿，损失总额到达1150亿日元。公司主要负责人被以诈骗罪起诉。对于他们构成诈骗罪没有争议，但就该案具体构成要件问题存在不同的观点。

一种观点认为，丰田商事并不持有与合同一致的金条而假装持有，是一种"欺骗他人"的行为，顾客由此支付金条的购买款就是财产损害。因此，自丰田商事创业开始，所有的"纯金家庭合同"均构成诈骗罪。可以说，"丰田商事并不持有与合同一致的金条，金条的买卖和租赁均为虚构"，具有欺诈的本质。

另一种观点认为，顾客是以增值而不是以实际持有金条为目的，因此，丰田商事没有持有金条而声称持有金条并不构成诈骗，但在经营面临破产后，声称能提供顾客投资回报，仍劝诱顾客继续与公司签订合同时才成立诈骗罪。大阪地方法院采纳了此种观点。由于该案对消费者保护过迟，造成损害扩大，[②] 甚至由于对此案件认识的不统一，导致对该案处理上不及时，出现了丰田商事的会长在家中被人报复杀害，以至于加深了日本人对黄金投资的不信任。

无独有偶。我国也存在与其相似的案件。例如，"河北黄金第一家"非法集资被诉 涉案金额53.9亿元。[③]

2007年6月，黄金佳投资集团成立。公司以"黄金佳迷你金条"、黄金佳标准金条销售与回购为主营业务，在深圳、西安、重庆、大连等地开设分公司数十家，宣称全国共有3000多家"黄金佳"连锁店。由于女董事长肖某是省政协委员，廊坊的人大代表，"常上电视、报纸"，黄金佳集团获得过众多荣誉，这些荣誉主要包括："中国黄金行业十大最具影响力品牌"、中国质量万里行"全国维护消费者权益诚信承诺单位"等。黄金佳公司利用自行设立的预定、预售网络黄金交易平台，与客户签订预定预售中立仓合同，根据购买订单的数量不同收益回报利息不

---

① ［日］松原芳博：《消费者保护与刑事法》，载高铭暄、赵秉志主编《中日经济犯罪比较研究》，法律出版社2005年版，第235页；［日］神山敏雄：《经济犯罪研究（第一卷）》，日本成文堂1991年版，第268页。
② 参见胡春健：《金融消费者刑事保护问题研究》，上海社会科学出版社2015年版，第121页。
③ 参见《"河北黄金第一家"非法集资被诉 涉案金额53.9亿》，中国新闻网，http://www.heb.chinanews.com/shfz/20150202292733.shtml。访问时间：2020年9月5日。

同，并承诺保本付息，并通过在全国设立多家分公司并指定负责人，以高息为诱饵，通过公开宣传，向社会吸纳资金。黄金佳公司销售时承诺，参与者随时可以取走黄金，实际上，黄金佳公司除了极少量用来展示的样品黄金以外，并没有用参与者的资金购买黄金，河北廊坊涉及全国多个省市的黄金佳投资集团涉嫌非法集资案中，全国共有36000余人报案，报案金额达53.9亿元。2014年9月18日，河北廊坊市公安机关依法对黄金佳集团涉嫌非法集资案进行立案查处，对涉及的资金及其他财产采取了查封、扣押、冻结等措施。

集资诈骗犯罪作为非法集资类犯罪，行为人所实施的方法行为在于采用了隐瞒真相或虚构事实的诈骗方法，其目的行为却在于"非法集资"。但是，根据词语之间的逻辑关系可以推论，本罪应是打击使用诈骗方法进行非法集资行为而非以集资作为幌子的诈骗行为，因为后者属于一般诈骗犯罪的立案侦查数额较低（个人诈骗公私财物3000元到10000元），① 不同于个人集资诈骗罪的十万元（后来调整为20万元）以上立案侦查数额标准。由于实践中绝大多数非法集资案均会"使用诈骗方法"，否则，集资难以成功，那么是否意味着集资诈骗与一般诈骗没有区别呢？例如，对不具有主体资格却声称具有资格、知道自己根本不可能兑现承诺却表示能够做到，并且多数非法集资案都不能归还，出现行为人事实上的占有状态，这类案件似乎可以按照《刑法》第192条的规定定罪论处。就《刑法》分则体系而言，集资诈骗罪是置于"金融诈骗罪"一节之中，该节所置各罪均应是对发生在金融领域内的采取各种金融手段行诈骗目的的犯罪进行打击，不应包括对"非法集资"行为的处置条文。在条文的相互关系上，唯有集资诈骗罪，其行文措辞与后文诸罪格格不入，也与《刑法》第176条和第196条的规定发生抵牾。从该罪的立法意图来看，在于打击以集资为幌子而行诈骗之实的行为尤其是"集资"成功后卷款潜逃的行为。对此还需要从法条的内容与形式予以协调，以消除理解上的分歧。②

（2）对于集资人购买的不良资产是否可以视为"诈骗方法"。例如，河南浩亚达投资担保有限公司非法集资案。2015年7月20日，洛阳市公安局浩亚达案专案组发布通报，河南浩亚达投资担保有限公司涉嫌非法吸收公众存款案，已共冻结涉

---

① 参见《最高人民法院关于审理诈骗案件具体应用法律的若干问题的解释》规定：个人诈骗公私财物2000元以上的，属于"数额较大"；个人诈骗公私财物3万元以上的，属于"数额巨大"；个人诈骗公私财物20万元以上的，属于诈骗数额特别巨大。诈骗数额特别巨大是认定诈骗犯罪"情节特别严重"的一个重要内容，但不是唯一情节。诈骗数额在10万元以上，又具有下列情形之一的，也应认定为"情节特别严重"：（1）诈骗集团的首要分子或者共同诈骗犯罪中情节严重的主犯；（2）惯犯或者流窜作案危害严重的；（3）诈骗法人、其他组织或者个人急需的生产资料，严重影响生产或者造成其他重大损失的；（4）诈骗救灾、抢险、防汛、优抚、救济、医疗款物，造成严重后果的；（5）挥霍诈骗的财物，致使诈骗的财物无法返还的；（6）使用诈骗的财物进行违法犯罪活动的；（7）曾因诈骗受过刑事处罚的；（8）导致被害人死亡、精神失常或者其他严重后果的；（9）具有其他严重情节的。参见黄京平：《破坏市场经济秩序罪研究》，中国人民大学出版社1999年版，第274页。

② 参见冯亚东、刘凤科：《非法吸收公众存款罪的本质及立法失误》，载《人民检察》2001年第7期。

案资金 897 万余元，追退违法所得 60 万余元。① 犯罪嫌疑人丁某桥等抛出的所谓优良资产对接项目后附浩亚达贴出的对接项目内容利用烂账套取投资者现金。第一，《河南昇扬硅业发展有限公司》自 2012 年起停产一直官司不断，早已陷入资不抵债的地步，除了厂房已经无资产可言，经法院判决的众多判决书无法执行；第二，对接报告中声称其有三门峡甘棠花园数套商铺可以对接，经实地了解当地商铺价格 7000~8000 元一平米方米，丁某桥要求按 23000 元一平米的价格对接，其对接的商铺根本无法办理产权证，被当地人全部买了；第三，郑州鸿盛商贸公司据对接报告中说鸿盛商贸有大量商铺可以对接，但据实地调查发现中原百姓广场属即将拆迁的项目，且向浩亚达借款之人并不具有商铺的所有权；第四，栾川县城关镇南沟村一组的一幢四层房屋，这样一幢土地产权属于村镇的房屋无法拿来对接。对于以上对接项目有的属于不良资产，有的存在虚高的骗局，也可以认定为"诈骗方法"。

3. 对集资诈骗犯罪的分析与评价。非法吸收公众存款罪与集资诈骗罪作为非法集资刑事案件中的典型罪名，在构成要件上具有一定的相似性，如两罪主体均为一般主体，主观方面均需要直接故意，客观方面均存在非法募集资金的行为，而且往往存在行为人因为各种原因导致不能归还募集资金的后果。在审判实践中两罪的区分经常引起争议，有论者认为，在我们的刑法体系中，有一个"诈骗罪"就足够了，集资诈骗和其他所有以非法占有他人财物为目的的诈骗活动没有什么本质区别，它只属于诈骗活动的不同表现形式而已。保留诈骗罪和细化诈骗数额、影响范围、危害程度等量刑标准，足以实现对诈骗行为的司法惩处，完全没有必要再单独另立一条"集资诈骗罪"。《刑法修正案（十一）》对刑法第一百九十二条进行了修改为，主要内容为：第一，在保留"数额较大"作为量刑档次的基础上，将原来"数额特别巨大或者有其他特别严重情节"并入"数额巨大或者有其他严重情节"中，将原规定的三档量刑即"五年以下""五年以上十年以下"和"处十年以上有期徒刑或者无期徒刑"，压缩为两档量刑即"处三年以上七年以下有期徒刑以及处七年以上有期徒刑或者无期徒刑"；第二，取消了拘役刑，其最低刑由原来"拘役"提高到"三年以上有期徒刑"；第三，将原来"数额较大的"最高刑五年有期徒刑提升到七年，将"数额巨大或者其他情节严重的"起点刑五年有期徒刑提高到七年，对相同情节分别提高了两年有期徒刑的刑期；第四，删除了原来五万元至最高五十万元下的幅度罚金，实行无限额的罚金刑，解除了原有罚金刑的上额限制。这次修改主要是调整了集资诈骗罪的刑期结构，提高了两个档次的起刑点，加大了罚金刑的力度，体现了对集资诈骗罪严刑峻法的基本立场，可以减少犯罪机会成本和增加犯罪的社会成本。对其修改作如下解读与评价。

一是从集资诈骗罪的刑罚结构变化来看，其刑罚结构历经了三次不同的调整。

---

① 参见岳家琛：《浩亚达投资骗局：一家洛阳担保公司如何"还魂"上海自贸区》，载《南方周末》2015 年 7 月 30 日。

我国刑法对集资诈骗罪规定源于1995年全国人大常委会的《关于惩治破坏金融秩序犯罪的决定》。《决定》规定："以非法占有为目的，使用诈骗方法非法集资的，处三年以下有期徒刑或者拘役，并处二万元以上二十万元以下罚金；数额巨大或者有其他严重情节的，处三年以上十年以下有期徒刑，并处五万元以上五十万元以下罚金；数额特别巨大或者有其他特别严重情节的，处十年以上有期徒刑、无期徒刑或者死刑，并处没收财产。"1997年刑法吸收了《决定》的主要内容并作了修改：第一，将原来未有入罪数额的规定改为"数额较大"作为入罪起点，将行为犯演变为结果犯。第二，在保留原有的三档量刑结构基础上提高了第一档次最高刑，即将原来的"三年以下有期徒刑或者拘役"改为"处五年以下有期徒刑或者拘役"，相应提高了最高刑的刑期（二年）。第三，对"数额特别巨大并且给国家和人民利益造成特别重大损失的"确定为死刑。为了"维护金融秩序，保障改革开放和社会主义现代化建设的顺利进行"，为了打击金融诈骗犯罪，依照正在审议的商业银行法等法律草案中规定的应当依法追究刑事责任的犯罪行为，对金融诈骗犯罪的最高法定刑，规定为十五年有期徒刑、无期徒刑或者死刑。[1] 刑法对《决定》而言，在第一档次的最高刑期尽管提升了两年，但因其有行为犯转换结果犯，其最低刑期依然是拘役，在实践中起到了一定的"对冲"作用。2015年的《刑法修正案（九）》取消了集资诈骗罪的死刑，其最高刑为无期徒刑。此次调整并非因集资诈骗罪的危害性减弱，而是基于与票据诈骗罪、金融凭证诈骗罪和信用证诈骗罪删除死刑在量刑上保持平衡，相对涉众的社会稳定而言，集资诈骗罪危害面依然大于票据诈骗罪、金融凭证诈骗罪和信用证诈骗罪。2020年的《刑法修正案（十一）》将集资诈骗罪的量刑从三档调整为两档，集资诈骗入罪的最低刑为三年，并将原来的"数额巨大或者有其他严重情节的"起点刑由原来的"五年以上"改为"七年以上"，变相提高了"两年"刑期，取消了"拘役"，使得其罪完全成为"重罪"。这是因为司法解释将其作为非法吸收公众存款罪的"加重犯"，[2] 标明与其在量刑水平的不同，致使该罪在调整刑罚结构上采用了与非法吸收公众存款罪相反的调整方式，通过压缩量刑档次来加大集资诈骗罪的处罚力度。

二是集资诈骗罪是从诈骗罪分离出来的特殊性犯罪，与票据诈骗罪、金融凭证诈骗罪、信用证诈骗罪具有类似性，其量刑水平需要均衡。由于从诈骗罪分离出来的票据诈骗罪、金融凭证诈骗罪、信用证诈骗罪在《刑法修正案（八）》已经取消了死刑，且集资诈骗罪的母体诈骗罪也早已不存在死刑，致使《刑法修正案（九）》也取消了死刑，如果单独保留其死刑（当时还存在死刑的伪造货币罪）与罪刑相适用原则不相适应，也不符合立法逻辑。虽然集资诈骗罪在犯罪手段上采用"集资"与采用"票据""金融凭证""信用证"具有不同，但其犯罪目的却是一

---

[1] 参见时任全国人大常委会法制工作委员会主任顾昂然1995年5月5日在第八届全国人民代表大会常务委员会第十三次会议上"关于惩治破坏金融秩序的犯罪分子的决定（草案）的说明"。

[2] 参见郭华：《非法集资的认定逻辑与处理策略》，经济科学出版社2016年版，第58页。

致即骗后的"非法占有"。也可以说，集资诈骗罪属于涉众型犯罪保留其死刑对维护金融体制的需要和社会维稳具有必要性，判处死刑也能够让被害人得到一些心理安慰，其涉众性的影响力远高于票据诈骗罪、金融凭证诈骗罪、信用证诈骗罪，以至于在讨论《刑法修正案（十一）》草案时，有人认为，删除集资诈骗罪死刑是考虑到当时金融体制改革正在进行，集资诈骗不是危害比较大的暴力性犯罪。加上当时很多民营企业在融资方面存在着一些困难，导致此类的集资行为多发。同时也体现了少杀慎杀的原则，但是，从目前施行的情况来看，效果并不好，建议恢复死刑。[1] 对此倘若仅仅从维护社会秩序考虑以及引发群体性事件发生社会稳定评价，似乎具有合理性。但是，倘若仅仅依靠死刑来维护金融管理秩序，其理由牵强而缺乏一定的正当性，再加上该罪的被害人存在贪图回报等过错因素，对集资诈骗适用死刑也缺乏合理性，取消集资诈骗罪的死刑是必要的。尤其是对于"舍命不舍财"的人而言，确定死刑也是无效的，加大罚金刑而使其承担"赔了夫人又折兵"沉重罚金刑负担则不失治理金融犯罪的策略。

三是集资诈骗罪的立法经历了一个从无到有、由粗疏到细密的历程。这一历程反映了我国刑法典对集资诈骗罪的刑事立法日臻成熟和得以完善。集资诈骗罪是以集资为手段，其目的是诈骗，在实践中与欺诈集资或者"诈骗集资"出现难以兑付，致使出现涉众事件时常混淆，仅仅以三年以上有期徒刑作为量刑起点，相对压缩了对数额较大行为的量刑空间，面对认罪认罚制度或者能够退回集资诈骗款的，难以从宽到三年以下，有可能阻碍或者影响其退还的行为，其设定三年有期徒刑作为最低刑显得较为苛刻，也打破了原来的三档法定刑可保持个人犯罪与单位犯罪、该罪与非法吸收公众存款罪之间刑罚的内在均衡，仅仅设置两档法定刑的在刑罚结构上有失刑罚内部与其他类似罪间的协调。对此还需要从理论上探讨如下问题。

（1）非法吸收公众存款罪与集资诈骗罪理解与界定。由于司法解释的问题导致了认识偏差，极易使人产生错觉，误认为集资诈骗罪是专门为打击非法集资而设立。对此存在不同的观点：

一种观点认为，本罪是"披着非法集资外衣的诈骗行为"，重点并不在打击构成犯罪的非法集资行为，而是使用了非法集资手段的诈骗行为。如集资诈骗罪是以非法占有为目的，使用诈骗方法非法集资，骗取他人财物，数额较大的行为；[2] 甚至连诈骗方法都可以不要，"只要行为人有欺骗被害人，非法占有集资款的实质，即使没有诈骗的表面行为，也符合集资诈骗罪的客观特征"。

另一种观点认为，集资诈骗罪打击的是以诈骗为手段、以非法占有为目的的非法集资行为。由于实践中绝大多数非法集资活动均会"使用诈骗方法"，否则难以集资成功，所以集资诈骗凭借非法占有目的与其他集资犯罪相区别，并非是特殊的

---

[1] 参见潘高峰、毛丽君：《P2P 凶猛　人大代表马兰：集资诈骗数额特大建议处死刑》，载《新民晚报》2019 年 3 月 4 日。
[2] 参见黄京平：《破坏市场经济秩序罪研究》，中国人民大学出版社 1999 年版，第 274 页。

诈骗行为。

还有论者认为，可以将集资诈骗罪作为非法集资犯罪的加重罪名，但应将罪状表述为"以非法占有为目的，非法集资，骗取集资款，数额较大的行为"。这样一方面明确表明本罪与其他集资犯罪的区别仅在于有无非法占有目的，而不是诈骗行为和非法集资行为的分野；又不至于产生既然集资诈骗罪是集资犯罪的加重罪名，既然集资诈骗罪要求"使用诈骗方法非法集资"，那么其他集资犯罪是不是也应该使用诈骗方法的疑问。另一方面参与非法集资，最终血本无归者并非都是集资人虚构事实、隐瞒真相、以高回报为诱饵骗来的。集资人的利诱是"姜太公钓鱼，愿者上钩"，集资对象是逐利而行，集资对象与集资人存在着互动，并非完全被动、没有选择的待宰羔羊。"诈骗方法"作为集资诈骗罪客观行为特征的一部分就不当限制了本罪的规制范围。改造集资诈骗罪的罪状使得本罪囊括了所有实际非法集资活动，筹资人非法占有集资款的情形，以及非法集资活动本身就是筹资人实现其非法占有集资款过程的情形。[①]

由于集资诈骗罪在司法解释上是放置在"非法集资类犯罪"且依赖非法吸收公众存款罪而存在的，如果"非法吸收公众存款罪"废除，"集资诈骗罪"就失去了法律基础和前提。我国《刑法修正案（九）》取消了集资诈骗罪的死刑，为金融创新释放了一定的空间，以至于在处理集资诈骗犯罪时能够降低所谓"情与法"的纠结，特别是死刑的困惑，在一定程度上体现了对金融规律的遵循与经济犯罪不同于普通刑事犯罪的考虑，具有积极的意义。有论者认为，《2010非法集资司法解释》采用了单一事后推定的方式，过多地考虑了认定方式的普适性，忽略了认定标准要求的全面性。由于主观的不可知性等特点，事前预防和主观推断加大了认定的难度。按照这种证明要求，侦查机关基本不可能找到结果之外的原因来证明非法占有目的的存在，而且也不愿意承担这种风险，往往回避在结果出现之前的初始阶段打击集资诈骗罪。其带来的结果是，等待集资诈骗结果发生才能立案侦查，集资诈骗罪的危害被放大，也加大了打击集资诈骗罪的成本。从这个意义上讲，单一的推定方式排除了案发前提前预防的可能性，使得在初始阶段打击集资诈骗罪的可能性降到最低，不利于犯罪的预防、损失的避免和矛盾的化解。从刑法分则整个体系、条文与条文的关系及第192条的整体逻辑结构来看，非法吸收公众存款罪作为集资诈骗罪的基础罪名，侦查机关对集资类犯罪立案侦查可以从非法吸收公众存款罪作为立案的罪名，随着案件侦查的开展，查明是否存在集资诈骗犯罪的"以非法占有为目的"的各种情形，待侦查终结证据基本固定时，再确定是否还存在非法集资类的其他犯罪。

（2）集资诈骗罪认定需要注意的问题。在具体认定集资诈骗罪时，其关节点在于行为人发起集资活动是否具有真实的集资项目和资金需要，看其为取得集资提

[①] 参见李蠡：《非法集资的界定与集资犯罪的认定——兼评非法集资的司法解释（法释［2010］18号）》，载《东方法学》2015年第3期。

供的条件方面是否全假或者绝大部分虚假；看行为人履行合同的诚意，是否实施了一定的投资行为，或者单方面更改投资项目，其未归还集资款是否是客观不能的原因。在此前提下，必须结合事前、事中、事后的各种因素综合认定。① 如黑龙江圣瑞公司特大集资诈骗案。②

2004年7月21日，唐某邦采用虚报注册资本的方式注册了黑龙江省龙广投资担保有限公司。2006年11月15日，唐某邦、王某峰等人采用虚报注册资本的方式在黑龙江省哈尔滨市注册成立了黑龙江圣瑞投资管理有限公司（以下简称圣瑞管理公司），唐某邦任法定代表人、董事长，王某峰任副董事长，王某国任财务经理，先后聘任被告人闫某为总经理，周某、王某学为市场部经理，金某为证券部经理，并开始实施集资诈骗犯罪。2007年7月~2010年6月，唐某邦、闫某、王某峰、王某国、金某、周某、王某学以开发油田和钼矿为名，在黑龙江省、河北省、内蒙古自治区等21个省、自治区、市向6536名被害人非法集资人民币共计7.23亿余元，返还本息共计人民币1.75亿余元。陈某梅、周某玲等22人均为被告人周某、王某学发展的集资代理人，其在明知圣瑞管理公司及玖鑫公司未经有关部门批准而非法集资的情况下，为了获取高额提成款向社会公开宣传，进行非法吸收公众存款的犯罪活动。

2007年7月10日，在金某的联系运作下，唐某邦以圣瑞管理公司名义与吉林省松原市豫桥油气开发有限公司（以下简称豫桥公司）签订了《引资开发孤店油田31区块合同》。在仅支付定金人民币30万元，未实际开发的情况下，唐某邦便组织他人编造了虚假的宣传资料，谎称圣瑞管理公司正在开发孤店31油田，效益巨大。同时，闫某制定了集资方案，以给付18%~20%高额提成款发展集资代理人，以6%~8%的高额月息和6个月的短期借款周期引诱投资者，以唐某邦此前成立的黑龙江省龙广投资担保有限公司（2009年1月更名为黑龙江省丰源投资担保有限公司）做虚假担保，并向社会公开宣传。同年9月26日，豫桥公司因未收到圣瑞管理公司后续投资款并得知其正在进行非法集资而与之解除了合作开发合同。但是，唐某邦等人却隐瞒了该事实，仍然据此非法集资。为了拒付到期集资款本息，经唐某邦同意，2007年11月15日，金某采取虚报注册资本的方式将圣瑞管理公司更名为黑龙江圣瑞投资股份有限公司（以下简称圣瑞股份公司），将股权托管至哈尔滨股权登记托管中心，并在未实际出让股权的情况下，私自制作了圣瑞股份公司的《股权持有证书》，并以此证书将投资人持有的圣瑞管理公司的借款合同换回，以债权转股权的欺骗手段摆脱了部分还款义务。唐某邦等7人利用虚假的开发油田项目，共向1230人非法集资共计人民币1.31亿余元，返还本息共计人民币4767万余元，骗取人民币8336万余元。唐某邦等人大肆侵吞、挥霍集资款，仅

---

① 参见侯婉颖：《集资诈骗罪中非法占有目的的司法偏执》，载《法学》2012年第3期。
② 参见贾晋璇、宋方雪、张智威：《唐贵邦等9人被控犯集资诈骗罪》，载《黑龙江晨报》2012年9月7日。

有少量集资款用于经营活动。

为进一步扩大非法集资规模,经唐某邦同意,2008年4月,金某委托他人在美国内华达州成立了圣瑞国际控股集团(以下简称圣瑞集团)。同年8月31日,王某国、闫某与他人签订了合作开发黑龙江省逊克县西北沟金属矿协议,2008年9月19日,金某在哈尔滨市以虚报注册资本的方式成立了黑龙江玖鑫矿业投资股份有限公司(以下简称玖鑫公司)。在未探明储量、未取得开发权的情况下,闫某编造了玖鑫公司正在开发大储量钼矿、投资利润巨大的虚假宣传资料,同时套用油田开发项目的集资方案向社会公开宣传。该案涉及全国21个省、市、自治区6536人被骗,共集资诈骗5.47亿元。

法院认为,被告人唐某邦以非法占有为目的,虚构已经取得油田开采权、钼矿开发权,使用诈骗方法非法集资,数额特别巨大,其行为已构成集资诈骗罪。被告人王某峰、王某国、闫某、金某、周某、王某学明知被告人唐某邦具有非法占有目的而积极参与非法集资,被告人刘某珊、刘某旭明知被告人唐某邦具有非法占有的目的而帮助非法集资,均已构成集资诈骗罪。

该案的被告人陈某梅、周某玲等22人明知圣瑞股份公司、玖鑫公司未经有关部门依法批准吸收资金,而向社会公开宣传,以承诺在一定期限内还本付息的方式,向社会公众吸收资金,其行为均已构成非法吸收公众存款罪。尽管非法吸收公众存款罪与集资诈骗存在交集,但在办理非法集资犯罪案件时,应当根据被告人主观上是否具有非法占有目的,分别定罪处罚。对于先行非法吸收公众存款从事经营活动,后因严重亏损而采用欺骗方法吸收资金用于还债或挥霍的,因行为人的主观故意内容和客观上的犯罪对象不同(所涉及的资金应当分别计算和认定),应当分别认定非法吸收公众存款罪和集资诈骗罪,实行数罪并罚。对于多人参与、分工实施的集资诈骗犯罪,其中的组织、策划、指挥者应当以集资诈骗罪定罪处罚;对于确有证据或理由表明并不知晓上述人员的非法占有目的,可以非法吸收公众存款罪定罪处罚。例如,2013年内蒙古鄂尔多斯苏某女集资诈骗案。[①]

2006年,苏某女用购买彩票中奖的7万元开办了俏资美容院。美容院开办后,苏某女在没有任何资金保障的情况下,开始以投资煤矿为由,以月4~5分的利息为诱饵,向社会不特定公众吸收资金,并将吸收回来的资金全部融资给了高某亮。后因高某亮无法返还本金及利息,造成苏某女资金的亏空。为了偿还前面借款人的本金及利息,苏某女再次虚构事实,以投资煤矿、酒店、开发别墅项目、资金周转等名义,继续集资。在此期间,苏某女将集资款投资成立火锅城、农家乐、养生馆、煤场、养殖场等,同时为自己购买房产、车辆、首饰、手机靓号等,并购买福利彩票约2000万元。由于苏某女烧毁了2006~2009年10月间的全部账目及借款

---

① 参见汤计、刘军:《内蒙古鄂尔多斯苏叶女集资诈骗一审被判死刑》,http://news.xinhuanet.com/legal/2013-01/29/c_114545349.htm。访问时间:2019年8月22日。

条，致使这一期间的集资事实无法查清。2011年9月20日，苏某女在巨额资金无法归还的情况下，向当地公安机关投案。公诉机关提起了公诉，一审法院审理后认定，苏某女非法集资人民币12亿多元，扣减案发前归还的本息，实际诈骗5.5亿多元。集资诈骗数额特别巨大，并给众多的被害人利益造成了特别重大的损失，同时严重破坏了国家金融管理秩序，危害特别严重，苏某女虽然自首，依法不予从轻处罚。被告人苏某女犯集资诈骗罪被判处死刑，剥夺政治权利终身，并处没收个人全部财产，其犯罪所得继续予以追缴后退赔被害人。

从该案中可以发现，苏某女非法集资人民币12亿多元，而仅仅认定了5.5亿多元诈骗额，在一定程度上说明集资诈骗数额与非法吸收公众存款数额的不一致，实践中对集资诈骗的认定不完全属于非法吸收公众存款的结果加重犯。另外，要充分注意其与非法吸收公众存款罪的区别和节点的把握。

第一，注意区分犯罪目的发生转变的时间节点。犯罪嫌疑人、被告人在初始阶段仅具有非法吸收公众存款的故意，不具有非法占有目的，但在发生经营失败、资金链断裂等经营难以维持问题后，明知没有归还能力仍然继续吸收公众存款的，这一时间节点之后的行为应当认定为集资诈骗罪，此前的行为应当认定为非法吸收公众存款罪。

第二，注意区分犯罪嫌疑人的犯罪目的的差异。在共同犯罪或单位犯罪中，犯罪嫌疑人、被告人由于层级、职责分工、获取收益方式、对全部犯罪事实的知情程度等不同，其犯罪目的也存在不同。在非法集资犯罪中，有的犯罪嫌疑人、被告人具有非法占有的目的，有的则不具有非法占有目的，对此，应当分别认定为集资诈骗罪和非法吸收公众存款罪。

基于集资诈骗罪与贷款诈骗罪、金融票证诈骗罪、信用证诈骗罪、信用卡诈骗罪、有价证券诈骗罪、保险诈骗罪、合同诈骗罪等作为诈骗罪分离出来的罪名，尽管诈骗的手段不同以及被骗的对象有异，需要在刑罚结构的设置上存在差别，由于非法占有的目的一致性，在最低刑的安排上也需要保持基本平衡，不宜简单根据目前的多发、频发等因监管缺失带来的问题，通过严厉的刑罚予以解决，这样导致刑罚不断抬高并向"重刑化"扩张，不利于资本市场的发展和金融的创新。集资诈骗罪的第二档量刑"从七年以上有期徒刑到无期徒刑，量刑幅度太宽，司法实践中难以把握，建议修改为两个量刑幅度"，[1] 对于集资诈骗罪仍保持的三档量刑较为合适。[2] 对于集资诈骗罪考虑的不限于诈骗，主要采用虚构集资用途及其回报，这是一般诈骗罪难以套用的，同时还应考虑投资的特殊性，集资夸大成分与虚假理由等。

---

[1] 胡云腾：《聚焦〈刑法修正案（十一）（草案）〉》，载《法制日报》2020年7月22日。
[2] 参见郭华：《非法集资犯罪的司法扩张与刑法修正案的省察——基于〈刑法修正案（十一）草案〉对非法吸收公众存款罪、集资诈骗罪修改的展开》，载《法治研究》2020年第6期。

二、高利贷是否定罪问题——非法经营罪抑或高利贷罪

民间融资与非法集资犯罪属于性质不同的行为。前者是指自然人、法人或其他组织之间，在不违反法律规定前提下发生的借贷行为，是为了生产经营需要，解决资金短缺的民事行为；后者则属于破坏金融秩序或以非法占有为目的的犯罪行为。然而，在民间融资中却存在违法放贷或者高利转贷的行为，它们与非法集资存在何种关系，需要以非法经营罪作为分析进路。

（一）非法经营罪与民间融资、高利转贷罪的界分

非法经营罪，是指自然人或者单位违反国家规定，故意从事非法经营活动，扰乱市场秩序，情节严重的行为。有下列非法经营行为之一，扰乱市场秩序，情节严重的，处五年以下有期徒刑或者拘役，并处或者单处违法所得一倍以上五倍以下罚金；情节特别严重的，处五年以上有期徒刑，并处违法所得一倍以上五倍以下罚金或者没收财产：（1）未经许可经营法律、行政法规规定的专营、专卖物品或者其他限制买卖的物品的；（2）买卖进出口许可证、进出口原产地证明以及其他法律、行政法规规定的经营许可证或者批准文件的；（3）未经国家有关主管部门批准非法经营证券、期货、保险业务的，或者非法从事资金支付结算业务的；（4）其他严重扰乱市场秩序的非法经营行为。高利转贷罪是指违反国家规定，以转贷牟利为目的，套取金融机构信贷资金高利转贷他人，违法所得数额较大的行为。

1. 非法集资中的非法经营罪。非法集资中的非法经营罪应当重点集中在未经国家有关主管部门批准非法经营证券、期货、保险业务，特别是非法从事资金支付结算业务。《高检院互联网金融犯罪纪要》规定："支付结算业务（也称支付业务）是商业银行或者支付机构在收付款人之间提供的货币资金转移服务。非银行机构从事支付结算业务，应当经中国人民银行批准取得《支付业务许可证》，成为支付机构。未取得支付业务许可从事该业务的行为，违反《非法金融机构和非法金融业务活动取缔办法》第四条第一款第（三）、第（四）项的规定，破坏了支付结算业务许可制度，危害支付市场秩序和安全，情节严重的，适用刑法第二百二十五条第（三）项，以非法经营罪追究刑事责任。具体情形：第一，未取得支付业务许可经营基于客户支付账户的网络支付业务。无证网络支付机构为客户非法开立支付账户，客户先把资金支付到该支付账户，再由无证机构根据订单信息从支付账户平台将资金结算到收款人银行账户。第二，未取得支付业务许可经营多用途预付卡业务。无证发卡机构非法发行可跨地区、跨行业、跨法人使用的多用途预付卡，聚集大量的预付卡销售资金，并根据客户订单信息向商户划转结算资金。"对于非法集资的非法经营要深入剖析相关行为是否具备资金支付结算的实质特征，准确区分支付工具的正常商业流转与提供支付结算服务、区分单用途预付卡与多用途预付卡业务，充分考虑具体行为与"地下钱庄"等同类犯罪在社会危害方面的相当性以及

刑事处罚的必要性，严格把握入罪标准。对于违反国家规定，使用销售点（POS机）等方法，以虚构交易、虚开价格、现金退货等方式向信用卡持卡人直接支付现金达到100万以上或者造成金融机构资金20万元以上逾期未还或经济损失10万元以上，可以追究刑事责任。例如，2012年6~7月，某公司采用债权转让型P2P融资模式向公众融资。公诉机关认为，这种债权转让业务为金融业务，以非法经营罪对被告人林某甲提起公诉，一审法院以非法经营罪对被告人定罪处罚。

上诉人林某甲及其辩护人诉辩称：上诉人林某甲所在的公司宜信普惠公司只是从事中介服务，提供咨询，收集资料，为借款人和出借人唐某甲牵线搭桥，向贷款人收取中介费，其行为不具有违法性。原判认定上诉人林某甲参与非法放贷，构成非法经营罪，事实不清、证据不足、适用法律错误，请求二审法院宣告上诉人林某甲无罪。

福州市人民检察院出庭检察员意见认为，宜信集团下属宜信普惠（咨询）、宜信惠民（投资）、宜信普诚（信用）均未取得经营金融业务的行政许可，其定位是小额借贷服务平台。本质不参与借款和放款的交易行为，只提供服务性质工作。宜信平台通过唐某甲参与资金的汇集和发放是对"P2P"的一种嫁接。是否是一种金融创新模式，是否属于法律、法规明令禁止的行为，目前没有相关法规予以肯定。媒体宣传报道不能作为认定案件事实的证据，也不能作为否定指控事实的依据。请法院根据上诉人林某甲的犯罪事实、犯罪情节、社会危害性，以及在案证据进行综合分析认定，依法裁判。

唐某甲作为个人与借款人之间的借贷法律关系，属"民间借贷"，应由民事法律关系调整。而上诉人林某甲负责管理的宜信普惠福清分公司只是为借款人和出借人唐某甲牵线搭桥，提供中介服务。原判将"宜信普惠公司"这种经营模式和经营行为界定为刑法打击的对象没有法律依据。上诉人林某甲及其辩护人相关的上诉理由和辩护意见，本院予以采纳。福州市人民检察院出庭履行职务的检察员关于本案"P2P"模式目前尚无明确法律、法规明令禁止的意见，本院予以采纳。原判认定上诉人林某甲犯非法经营罪于法无据，本院应予以纠正。判决如下：撤销福建省福清市人民法院（2013）融刑初字第1400号刑事判决；上诉人（原审被告人）林某甲无罪。①

2. 民间融资与民间借贷。我国民间融资自2013年以来，其市场规模已高达5.28万亿元，大约有22.3%的家庭曾发生过民间金融借债活动，以至于民间借贷引发的纠纷案件数量逐年快速上升。我国民间借贷纠纷案件大幅增加，凸显部分地区民间融资信用出现问题，其风险可能出现集中爆发。民间金融风险存在进一步放大和爆发趋势，容易传导金融风险，冲击实体经济和影响社会稳定。因为民间融资风险不仅受经济大环境影响，也受民间投机性借贷泛滥、中介机构违规操作、地下

---

① 参见福建省福州市中级人民法院刑事判决书（2014）榕刑终字第741号。

运行监管缺失等诸多因素的影响。2015年8月6日，最高人民法院公布了《关于审理民间借贷案件适用法律若干问题的规定》。该司法解释对民间借贷合同利率作出了"两线三区"的规定，即年化利率为24%的部分予以完全保护；年化利率在24%~36%之间的部分，假设债务人在自愿履行的情形后请求债权人返还的，法院不予支持；年化利率在36%以上的部分，法院不予保护，债务人在履行后请求债权人返还的，法院予以支持。对于民间借贷合同逾期利率（含违约金或者其他费用）未超过24%的部分，法院予以保护，总计超过24%的部分，法院不予支持。[1] 2020年8月19日，最高人民法院修订的《最高人民法院关于审理民间借贷案件适用法律若干问题的规定》作出了26点修改，调整了民间借贷利率的司法保护上限，即以中国人民银行授权全国银行间同业拆借中心每月20日发布的一年期贷款市场报价利率（LPR）的4倍为标准确定民间借贷利率的司法保护上限，取代《最高人民法院关于审理民间借贷案件适用法律若干问题的规定》以24%和36%为基准的年利率（以下简称司法利率）。然而，有些法院将某些民间放贷行为以非法经营罪定罪处罚。例如，2003年被称之为"高利贷第一案"的湖北武汉市涂某江、胡某非法经营案。[2]

1998年7月~2002年9月，湖北武汉人涂某江、胡某以个人合法自有资金出借他人，借款人多为熟人或由当地政府部门领导人"打招呼"介绍而来。涂某江使用武汉市贺胜桥贸易有限公司（其法人为涂汉江）及涂某江个人资金向凌云水泥有限公司及庞某权等21家单位及个人发放贷款共计907万元，其中600多万元为无息借款，少数部分约定以月息1.2%~2.5%及逾期连本带利月息为9%的利率向他人出借资金，从中牟取利益共计人民币114万余元。后经人匿名举报被公安机关立案侦查。2004年2月11日，武汉市江汉区人民法院以"非法经营罪"判处涂某江有期徒刑五年，罚金人民币200万元；判处同案胡某有期徒刑三年，罚金人民币120万元。2004年6月15日，武汉市中级人民法院以"非法经营罪"改判涂某江有期徒刑3年，并处以罚金200万元；改判胡某有期徒刑二年，缓刑三年，罚金人民币120万元。

涂某江案在定性问题上颇具分歧。这种分歧不仅在法学理论界与司法实务界存在分歧，司法部门与业务主管部门也存在不同意见，这些问题集中体现在对集资问题的不同理解。针对涂某江案，2002年11月28日，武汉大学法学院教授马克昌等针对该案作出的《关于涂某江等人涉嫌擅自设立金融机构罪的初步法律意见书》。"根据所提供的证据，经过讨论我们认为，涂汉江等人已经涉嫌构成擅自设立金融机构罪"定为"非法经营罪更适合一些"。2003年4月8日，公安部给湖北

---

[1] 对于以上不同的情况，其诉也存在不同。对于请求确认年化利率超过36%或者逾期利率超过24%的约定无效的，只是民事诉讼中的确认之诉；对于债务人请求返还已经支付的年化利率超过36%或者逾期利率超过24%的部分的请求，只是不当得利返还之诉。

[2] 刑事判决书（2003）汉刑初字第711号；刑事判决书（2004）武刑终字第225号。

省公安厅的《关于涂某江等人从事非法金融业务行为性质认定问题的批复》认为，"涂某江等人或假借中国农业银行武汉市某支行及未经批准成立的武汉市某区工商联互助基金会之名，或用武汉市某贸易有限责任公司或个人的名义，以武汉市某贸易有限责任公司或个人资金，向他人非法发放高息贷款的行为，属于从事非法金融业务活动。1998年6月国务院《非法金融机构和非法金融业务活动取缔办法》第22条规定：'设立非法金融机构或者从事非法金融业务活动，构成犯罪的，依法追究刑事责任。'涂某江等人从事非法金融业务活动，数额巨大，其行为属于刑法第二百二十五条第四项所规定的'其他严重扰乱市场秩序的非法经营行为'，应以涉嫌非法经营罪立案侦查。"[①] 2002年12月25日，武汉市政法委召开研讨会，参加人员主要有公检法的相关人员，专家的咨询意见被作为定性的主要依据。然而，武汉市公安局经侦处专门到公安部二局、中国人民银行条法司进行汇报，"中国人民银行条法司认为：'贺胜桥公司是典型的非法金融机构，涂某江以个人名义从事放贷业务也属于非法从事金融业务的行为'。"2003年1月13日最高人民法院刑二庭对公安部经济犯罪侦查局《关于涂汉江非法从事金融业务行为性质认定的复函》认为，"涂某江向他人非法发放高息贷款的行为，属于从事非法金融活动"。高利贷行为系非法从事金融业务活动，数额巨大，属于刑法第225五条第四项所规定的"其他严重扰乱市场秩序的非法经营行为"，构成非法经营罪。

　　从规范的层面而言，对非法经营罪第（四）项"其他严重扰乱市场秩序的非法经营行为"应当作出限制性解释。有论者认为，根据《刑法》第225条的规定，任何非法经营犯罪的成立，均以"违反国家规定"为提，任何"其他严重扰乱市场秩序的非法经营行为"必须具备"非法"的特性。这里的"违反国家规定"，"是指违反全国人民代表大会及其常务委员会制定的法律和决定，国务院制定的行政法规、规定的行政措施、发布的决定和命令"，而不是指违反国家的政策性规定，更不是指违反国务院各部委等管理性的部门规章的有关规定。2013年10月16日，广东省高级人民法院的《全省法院经济犯罪审判工作座谈会纪要》规定："违反国家规定"是构成非法经营罪的必要条件。各级法院在审理相关案件时，应当严格执行最高人民法院《关于准确理解和适用刑法中"国家规定"的有关问题的通知》，即"国家规定"是指全国人民代表大会及其常委会制定的法律和决定，国务院制定的行政法规、规定的行政措施、发布的决定和命令。以国务院办公厅名义制发的文件，同时符合以下条件的，亦应当视为"国家规定"。对违反地方性法规、部门规章的行为，不得认定为"违反国家规定"。对被告人的行为是否"违反国家规定"存在争议，法院拟作有罪判决的，应当作为法律适用问题，逐级向最高人民法院请示。《非法金融机构和非法金融业务活动取缔办法》第22条关于"从事非法金融业务活动，构成犯罪的，依法追究刑事责任"的规定，不应被扩大解释为包括单纯的发放高利贷的行为。因为这一规定中的"从事非法金融业务活

---

① 参见徐恺：《民间借贷者涂汉江的非法经营罪》，载《21世纪经济报道》2004年7月20日。

动",是对在该《办法》第4条与第9条中明文列举的非法吸收公众存款或者变相吸收公众存款以及非法集资行为的概称,而不包括此等活动之外的任何金融业务活动,自然也不包括该《办法》第4条与第9条没有明文列举的发放高利贷的行为。而最高法院刑二庭关于涂某江案的复函,正是犯了将发放高利贷的行为扩大解释为从事非法金融业务活动的错误。中国人民银行《关于取缔地下钱庄及打击高利贷行为的通知》在法的位阶上仅仅属于部门规章,不属于"国家规定",不构成认定民间高利贷行为"非法"的根据。① 目前,在非法集资案件上对"国家规定"扩展到中央金融监管部门的规定,不再限于法律和行政法规,扩大到中央金融监管部门规范性文件。但这些中央金融监管部门规范性文件限定在"根据法律规定精神"制定的,且国家金融管理法律法规存在原则性的规定,而不是中央金融监管部门基于自己管理需要自行制定的规范性文件。

3. 民间借贷与高利转贷犯罪。在司法实践中,对于单纯的高利贷行为仅仅属于违法行为,放高利贷的同时还有其他的行为而这些行为触犯《刑法》的,才认定为犯罪。对于转贷牟利为目的,套取金融机构信贷资金高利转贷他人,涉嫌下列情形之一的,应予追诉:个人高利转贷,违法所得数额在五万元以上的;单位高利转贷,违法所得数额在十万元以上的;虽未达到上述数额标准,但因高利转贷,受过行政处罚二次以上,又高利转贷。以转贷牟利为目的,套取金融机构信贷资金高利转贷他人,违法所得数额较大的,处三年以下有期徒刑或者拘役,并处违法所得一倍以上五倍以下罚金;数额巨大的,处三年以上七年以下有期徒刑,并处违法所得一倍以上五倍以下罚金。单位犯前款罪的,对单位判处罚金,并对其直接负责的主管人员和其他直接责任人员,处三年以下有期徒刑或者拘役。有论者认为,应当将高利贷行为作为以非法经营罪定罪处罚的行为,因为高利贷行为,已经到了足够让人们引起对于先前六种非法经营行为同等重视的程度。民间高利贷行为完全符合非法经营罪的构成要件。将高利贷犯罪化的条款一同出现在刑法中。② 还有论者认为,忽视非刑事法律、社会管理创新对社会的调节功能,片面理解和强调刑法的功能,过于依赖刑法对社会关系的调整,其必然的后果就是对刑法功能定位的错位,从而导致刑法干预社会生活的过度和泛化。运用刑法手段处理私放高利贷行为无疑是一种错上加错的做法,只能是一种权宜之计。③ 对于民间高利贷入罪应当保持慎重的态度,治理上不应在行政不治理而直接动用刑罚治理,保持对此问题治理的阶梯形结构,实行民事否定、行政处罚和刑事制裁的递进型治理模式。

(二) 民间放贷犯罪化与认定

根据最高人民法院《关于审理民间借贷案件适用法律若干问题的规定》第26

---
① 参见邱兴隆:《民间高利贷的泛刑法分析》,载《现代法学》2012年第1期。
② 参见孙昊、陈小炜、李德仁:《对高利贷行为基本理论及入罪合法性研究》,载《中国集体经济》2010年第33期。
③ 参见刘伟:《论民间高利贷的司法犯罪化的不合理性》,载《法学》2011年第9期。

条、第 28 条及第 30 条的规定，即使民间借贷合同约定的利息及逾期利率超过了上限的，人民法院仍将其作为民间纠纷处理，并未作为犯罪行为处理。而最高人民法院在有关刑事的多个司法解释中将下列几种行为解释为《刑法》第 225 条第（4）项"其他严重扰乱市场秩序的非法经营行为"，即"居间介绍骗购外汇、非法从事出版业务以及非法出版严重扰乱社会秩序和市场秩序的出版物、非法进行电信业务、非法传销或者变相传销、生产销售有害饲料及动物饮用水、哄抬物价、囤积居奇的行为、擅自设立淫秽色情网站、擅自发行销售彩票以及非法生产、经营烟花爆竹等行为"。不论是经营资格、内容违法还是经营方法，只要该经营活动被认定为严重扰乱了市场秩序，在没有更合适的罪名的情况下，非法经营罪就成了"不二选择"，非法经营罪成为定罪救火的"口袋罪"。有些法院在调研中认为，"在立法层面，对部分具有严重社会影响、情节恶劣且以高利贷为经营职业的行为，考虑是否规定单独的罪名。在法律未做修改前，可以通过立法解释等途径，对部分具有严重社会影响、情节恶劣且以高利贷为经营职业的行为纳入非法经营罪的范围予以规制。"[①] 也有法院认为："个人或者单位以自有资金对外发放高息贷款的行为目前不宜认定构成非法经营罪。"[②]

1. 民间高利贷行为定罪与刑法的关系。个人或者单位以自由资金对外发放高利贷的行为属于非法从事金融业务活动。国务院《非法金融机构和非法金融业务活动取缔办法》第 22 条规定："设立非法金融机构或者从事非法金融业务活动的，构成犯罪的，依法追究刑事责任"。但是，从《刑法》第 225 条修正情形和最高人民检察院、公安部规定的立案追诉标准来看，没有将"从事非法金融业务活动"情形纳入其范围。刑法修正案对刑法第 225 条增加第 3 项"未经国家有关主管部门批准，非法经营证券、期货或者保险业务的"。而《刑法修正案（七）》在修改上述内容时，仅仅修改为"未经国家有关主管部门批准，非法经营证券、期货或者保险业务的，或者非法从事资金支付结算业务的"。仅将"非法从事资金支付结算业务"增加为犯罪的情形。《最高检察院互联网金融纪要》规定，未取得支付业务许可从事该业务的行为，违反《非法金融机构和非法金融业务活动取缔办法》第四条第一款第（三）、第（四）项的规定，破坏了支付结算业务许可制度，危害支付市场秩序和安全，情节严重的，适用刑法第二百二十五条第（三）项，以非法经营罪追究刑事责任。但未将"非法从事金融活动"纳入，在没有纳入刑法规定的情况下，如果仅仅以第四项"其他严重扰乱市场秩序的非法经营行为"认定构成非法经营罪有违立法本意。例如，轰动一时的茂名李某刚涉黑案中的非

[①] 参见浙江省高级人民法院《关于集资类案件刑名交叉问题的调研报告》，《刑事审判参考》第 89 集，法律出版社 2012 年版，第 235 页。
[②] 参见江苏省高级人民法院《关于当前宏观调控背景下江苏省涉高利贷违法犯罪情况的调研报告》，《刑事审判参考》第 92 集，法律出版社 2013 年版，第 238~239 页。

法经营罪。①

2009年，李某刚因涉黑被立案侦查。一审的七种罪中的非法经营一项罪责最重。广州中级人民法院一审决定判处他有期徒刑二十年，并处罚金人民币一亿零三十万元。李某刚不服上诉。上诉后，案件被广东省高院发回重审。广州中院对重审案件作出改判，推翻了非法经营罪、虚假出资罪、犯敲诈勒索罪三项指控，仅认定组织、领导黑社会性质组织罪、非法拘禁罪、妨害作证罪和行贿罪四项。其中，对李某刚因放高利贷的非法经营罪，法院认为，放高利放贷行为虽非法，根据法律，不足以认定为非法经营罪。

2. 民间高利贷行为与治理方法。高利转贷是在骗取银行贷款、改变贷款用途的基础上进行的，不但滥用了银行的信任、破坏了金融秩序，且增加了银行的贷款风险。如果以自有资金发放高利贷，所存在的风险仅限于行为人自己的资金可能无法收回。前者的危害程度远大于后者。然而，根据刑法规定，高利转贷罪的法定刑最高仅为七年有期徒刑，而非法经营罪的最高法定刑高达十五年有期徒刑。如果将以自有资金发放高利贷的行为以非法经营罪追究刑事责任，其结果必然使刑法陷入"轻罪重判""重罪轻刑"的悖论漩涡，违反罪刑相适应的基本原则。

实践中，个人或者单位以自有资金对外发放高息贷款的情形比较普遍，且很多是作为民间案件由法院判决、调解，如果将此类情形认定为犯罪，不仅会扩大打击面，而且还有可能引起对许多生效的民事案件的大范围申诉、抗诉。该类情形的大量出现，与管理机关的监管不力有一定关系，如果把此情形认定为犯罪，有可能导致管理机关更怠于监管，相反，司法机关在此相对积极和乐此不疲，存在"以刑代管"的嫌疑。2012年2月26日，最高人民法院《关于被告人何某光、张某泉等非法经营案的批复》指出：

广东省高级人民法院：你院（2011）粤高法刑二他字第16号《关于被告人何某光、张某泉等以发放高利贷为业的行为是否构成非法经营罪的请示》收悉。我院经研究认为，被告人何某光、张某泉等人发放高利贷的行为具有一定的社会危害性，但此类行为是否属于刑法第二百二十五条规定的"其他严重扰乱市场秩序的非法经营行为"，相关立法解释和司法解释尚无明确规定，故对何某光、张某泉等人的行为不宜以非法经营罪定罪处罚。

该案的基本情况为：广东省深圳市盐田区法院在审理被告人何某光、张某泉、何某元、何某伦、韩某红、魏某凤、项某进、汤某、刘某清、林某链组织、领导、参加黑社会性质组织、非法经营、敲诈勒索、非法拘禁、非法持有枪支一案中，查明何某光、张某泉等九名被告人设立公司，在未取得贷款业务经营许可的情形下，以发放高利贷为主要业务，向社会不特定人群发放高利贷（贷款月利息2%~15%

---

① 参见林霞虹：《茂名黑社会案重审：老大罪名减少3个 刑期减少8年》，载《广州日报》2014年9月20日；郭海燕、石丽婷：《茂名"黑老大"案重审刑期减八年》，载《新快报》2014年9月20日。

不等），贷款金额上千万元。具体事实：2009年2月，被告人张某泉、汤某等人在深圳市南山区金三角大厦704-705房开设深圳市广诚嘉信投资担保有限公司（以下简称广诚嘉信公司），该公司注册登记日为2009年7月31日，张某泉为公司总经理，汤某为法定代表人，戴某、蔡某玉、罗某辉、宋某林（以上四人均另案处理）等人为投资人，招收刘某青、林某链等人为公司职员。该公司在没有取得贷款金融业务主管部门批准的情况下，超越经营范围，以发放高利贷为主要业务。2009年5月18日，张某泉、汤某、戴某与何某光签订协议，约定陆续出资500万元，在深圳市盐田区北山道裕民大厦701房设立深圳市广诚嘉信投资担保有限公司盐田分公司（未办理营业执照，以下简称盐田分公司），何某光为盐田分公司总经理。盐田分公司成立后，先后招收何某元、韩某红、何某伦、张某兴、戴某明、朱某可、饶某文、汤某桃等人为追债员，招收魏某凤、黄某贤为公司出纳，聘请许某涛代理做账。盐田分公司专门在盐田区域内从事发放高利贷业务。广诚嘉信公司及盐田分公司在非法发放高利贷业务中，通过朋友介绍、发广告、派卡片、群发信息等方式，吸收客户前来借贷，借款利息远高于国家规定的银行同期贷款基准利率的4倍（贷款月利息2%~15%不等），借款人除支付利息外，还需支付管理费、通信费等费用，借款人如果到期未能支付利息的，先进行电话催债，之后就上门追债，或者通过威胁、恐吓等方式向借款人或者借款人亲属强行索债。经深圳市司法会计鉴定中心审计，2009年3月至2010年5月，广诚嘉信公司对外放款人民币24096458元，对外放款产生的收入为8033097.64元（对外放款产生的收入由两部分组成：（1）"对外放款时扣收利息"共2089477.50元；（2）"收回本金同时收取利息"及"借款期间分期收取利息"共5943620.14元）。2009年5月至2010年3月，盐田分公司对外放款8495000.00元，对外放款收入为3393300.00元（对外放款产生的收入由两部分组成：（1）"对外放款时扣收利息"共801400元；（2）"收回本金同时收取利息"及"借款期间分期收取利息"共2591900元），经核查广诚嘉信公司的工商登记资料，其经营范围不包含对外放贷业务，盐田分公司则未进行任何工商注册登记。广东省深圳市盐田区法院经审理认为：被告人何某光等人发放高利贷的行为不构成非法经营罪。一审宣判后，公诉机关对盐田区法院作出的上述判决提出抗诉。广东省深圳市中级人民法院二审审理后，维持了盐田区法院的判决。

最高法院的答复与司法解释在此方面秉承刑法宽严相济的原则。在确定非法集资定罪量刑标准的同时，也给出了一些类似"安全港"的豁免规则。这些豁免规则不仅仅对于案件审理具有一定的指导意义，民间融资者如果能够在上述豁免规则内行动，其合法性将得到保障，这对民间融资活动的合法开展，可能更具有意义。

为了规范民间借贷，遏制高利贷攀升尤其是出现"714高炮""校园贷"等非法金融乱象，各地民间融资中介化，特别是大量的以投资咨询公司、资产管理公司、担保公司等名义经营放贷业务的机构没有纳入监管，以至于民间借贷行为背离其本质问题愈加严重，并逐渐演化为经常性谋利的非法金融活动。2018年3月12

日，国务院办公厅将《非存款类放贷组织条例》纳入国务院2018年立法工作计划。该条例由人民银行起草已经提请全国人大常委会审议。国务院银行业监督管理机构、中国人民银行在金融监管协调部际联席会议制度的框架内，依据条例制定公布非存款类放贷组织监督管理规则，并指导省、自治区、直辖市人民政府对非存款类放贷组织进行监管和风险处置，协调国务院有关部门解决非存款类放贷组织监督管理及发展中的重大问题，从而解决影子银行、资产管理、金融控股、互联网金融等方面存在的问题。2018年4月16日，中国人民银行、银保监会等四部门《关于规范民间借贷行为维护经济金融秩序有关事项的通知》指出：近年来，民间借贷发展迅速，以暴力催收为主要表现特征的非法活动愈演愈烈，严重扰乱了经济金融秩序和社会秩序。各有关方面要充分认识规范民间借贷行为的必要性和暴力催收的社会危害性，从贯彻落实全面依法治国基本方略、维护经济金融秩序、保持经济和社会稳定的高度出发，认真抓好相关工作。"严厉打击利用非法吸收公众存款、变相吸收公众存款等非法集资资金发放民间贷款。严厉打击以故意伤害、非法拘禁、侮辱、恐吓、威胁、骚扰等非法手段催收贷款。严厉打击套取金融机构信贷资金，再高利转贷。严厉打击面向在校学生非法发放贷款，发放无指定用途贷款，或以提供服务、销售商品为名，实际收取高额利息（费用）变相发放贷款行为。严禁银行业金融机构从业人员作为主要成员或实际控制人，开展有组织的民间借贷。""（一）对利用非法吸收公众存款、变相吸收公众存款等非法集资资金发放民间贷款，以故意伤害、非法拘禁、侮辱、恐吓、威胁、骚扰等非法手段催收民间贷款，以及套取银行业金融机构信贷资金，再高利转贷等违反治安管理规定的行为或涉嫌犯罪的行为，公安机关应依法进行调查处理，并将非法发放民间贷款活动的相关材料移送银行业监督管理机构。（二）对银行业金融机构从业人员参与非法金融活动的，银行业金融机构应当予以纪律处分，构成犯罪的，依法严厉追究刑事责任。（三）对从事民间借贷咨询等业务的中介机构，工商和市场监管部门应依法加强监管。"2019年10月21日，最高人民法院、最高人民检察院、公安部、司法部印发的《关于办理非法放贷刑事案件若干问题的意见》（以下简称《非法放贷意见》）对职业性"非法放贷"以非法经营罪定罪，其中第3条规定了虽未达到"情节严重"或"情形特别严重"，但二年内因实施非法放贷行为受过行政处罚2次以上的，或者以超过72%的实际年利率实施非法放贷行为10次以上的，也可认定为情节严重或"特别严重"。在一定程度上降低了"有其他情形"和"黑恶情形"的定罪量刑标准。同时，还出现了与2012年的《关于被告人何伟光、张勇泉等非法经营案的批复》不尽一致的规定。2001年中国人民银行办公厅发布了《关于以高利贷形式向社会不特定对象出借资金行为法律性质问题的批复》。"中国人民银行武汉分行：你分行《关于公民以高利贷形式向社会不特定对象出借资金行为法律性质问题的请示》收悉。经研究，批复如下：

一、民间个人借贷应是个人之间因生产、生活需要的一种资金调剂行为，即个人以其本人合法收入的自有资金出借给另一特定的个人，目的是帮助解决借入人一时的生产、生活需要，出借人为此获取一定利息回报，但出借人一般并不将此作为经常性的牟利手段。若利率超过最高人民法院《关于人民法院审理借贷案件的若干意见》中规定的银行同类贷款利率的四倍，超出部分的利息不予保护，但行为性质仍为民间个人借贷，而不是《非法金融机构和非法金融业务活动取缔办法》中所指的非法发放贷款。

二、《非法金融机构和非法金融业务活动取缔办法》中的非法发放贷款行为是指：未经金融监管部门批准，以营利为目的，向不特定的对象出借资金，以此牟取高额非法收入的行为。非法发放贷款的行为主体可以是单位亦可以是个人，其行为特点是未经有权部门批准、没有合法的经营金融业务资格，经常性地向不特定的单位或个人出借资金，出借款项一般笔数多、累计金额大，多个借贷行为累计持续时间较长，客观上已形成的一种非法金融业务活动。

三、你分行请示中所述的借贷行为人冯祖学，未经人民银行批准，擅自以高于银行同类同期贷款利率四倍的利率向不特定单位和个人发放贷款，放贷笔数多，贷款数额大，扰乱了当地的金融秩序，因此，其行为应认定为非法发放贷款行为。

《非法放贷意见》对2019年10月21日前的职业化高利贷无溯及力，那么，这种治理方式的转变以及对连续状态的非法放贷（跨越《非法放贷意见》生效前后的情形）放贷数额应否计入需要探讨。尽管非法放贷与非法集资犯罪在非法经营罪上存在交集，但与非法集资犯罪区别较大，对此不再赘言。

刑法学界对职业化高利贷能否适用《刑法》第225条第（四）项的兜底条款作犯罪化处理争议较大，司法实践对高利贷定非法经营定罪相对谨慎。例如，2013年10月16日广东省高级人民法院《全省法院经济犯罪审判工作座谈会纪要》规定的"未经批准擅自改变土地用途从事建房出售、出租等房地产开发经营的行为，以及高利放贷的行为，都不应当以非法经营罪论处"。如2017年10月25日，上海市高级人民法院、上海市人民检察院、上海市公安局《关于本市办理"套路贷"刑事案件的工作意见》规定，对未采用明显暴力或者威胁手段，行为特征从整体上属于以非法占有为目的，虚构事实、隐瞒真相骗取被害人财产的"套路贷"案件，一般可以诈骗罪追究刑事责任。《非法放贷意见》规定："违反国家规定，未经监管部门批准，或者超越经营范围，以营利为目的，经常性地向社会不特定对象发放贷款，扰乱金融市场秩序，情节严重的，依照刑法第二百二十五条第（四）项的规定，以非法经营罪定罪处罚。"从上述司法实践和相关解释性规定来看，司法对职业化高利贷的规定由可以认定为非法经营罪—持否定态度—转向诈骗罪—又回归非法经营罪的变化历程。司法解释虽然明确了司法保护利率为一年期LPR四倍，但是利率计算方法问题并未作明确的规定。当前，存在APR和IRR两种算法。APR算法即年化利率，又称名义利率，是按照放款金额进行计息，即当期利息的计息基数是期初放款金额。IRR算法，即内部收益率，也称为真实利率，是按照贷款余额进行计息,即当期利息的计息基数是剩余贷款本金。通常,金融机构的商贷业务多采取 IRR 的计算口径,消费分期、信用卡分期等业务多采取 APR 的计算口径。然而,2016 年央行发布的《中国人民银行关于信用卡业务有关事项的通知》规定,自 2017 年 1 月 1 日起,对信用卡透支利率实行上限和下限管理,透支利率上限为日利率万分之五,透支利率下限为日利率万分之五的 0.7 倍,信用卡透支的计结息方式由发卡机构自主确定。这一利率水平相当于年化 12.78%~18.25%。2020 年央行《中国人民银行发布关于推进信用卡透支利率市场化改革的通知》指出,为深入推进利率市场化改革,中国人民银行决定,自 2021 年 1 月 1 日起,信用卡透支利率由发卡机构与持卡人自主协商确定,取消信用卡透支利率上限和下限管理(即上限为日利率万分之五、下限为日利率万分之五的 0.7 倍)。对此如何与民间借贷协调还需要探索。

随着近年来的以暴力催收为手段的高利贷衍生的恶性案件剧增,司法对高利贷的态度发生了实质性转变,但司法实践也存在以诈骗罪追究高利贷者的刑事责任的情形。我国基于高利贷带来的负面影响深远,这个问题在国外也是争论不休。由于放贷人从内心遵从的力量大于国家对放贷人的政策甚至大于法规的力量,特别是社会存在一定刚性需求,对民间借贷的强制限控,可能导致其不断转移为地下,出现更加难以规范的社会问题。对于民间借贷的始终存在,理论上产生了对高利贷入罪的不同观点。"打击放高利贷者不是解决问题,而是恶化高利贷问题:禁止民间借贷只会令高利贷者走向极端。"[①] 因为刑法设置"其他严重扰乱市场秩序的非法经营行为"作为兜底条款是指向除《刑法》第二百二十五条前三项规定的行为以外的,以牟利为目的,侵害国家特许经营许可制度,破坏市场交易正常秩序的行为。不可否认,这些无序的高利贷行为在一定程度上冲击了金融市场秩序,引发一系列社会问题,具有一定的社会危害性。目前我国民间借贷市场活跃,高利贷行为较为普遍,如果一律入罪处理,必然导致打击面过宽,也不利于民间融资行为的发展。在民法层面"仅仅是在民间借贷中规定借贷合同中约定的利息不得违背国家关于贷款利率的限制规定。有关的司法解释也只是规定民间借贷的年利率超过的部分无效,刑事、行政立法中也并没有明确将其作为犯罪处理,通过司法解释规范文件将本应由全国人民代表大会及其常务委员会制定法律定罪的行为犯罪化,有司法僭越立法的嫌疑"。根据国务院《无证无照经营查处办法》第 3 条规定:"依照法律、行政法规、国务院决定的规定,从事无须取得许可或者办理注册登记的经营活动。"民间借贷不属于无证无照经营,而高利贷行为实质上是较高利息的民间借贷行为,并没有行政规范规定其需要经过国家有关部门批准或许可后才有的活动,它的存在本来是无所谓国家的批准或许可的。对高利贷通过不明确的兜底条款入罪,会导致其兜底条款的适用范围进一步扩大,司法适用中出现违背罪刑法定原则现

[①] 参见聂志玺:《高利贷不是剥削——访耶鲁大学管理学院金融学终身教授陈志武》,载《新财经》2005 年第 8 期。

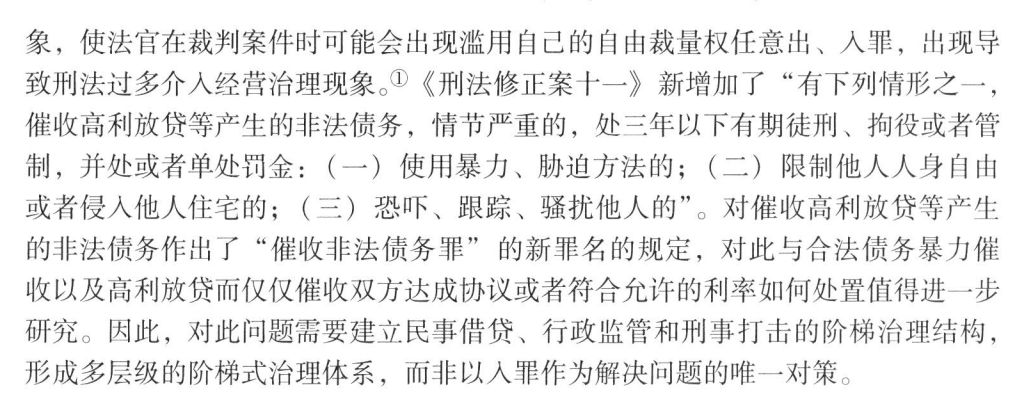

象，使法官在裁判案件时可能会出现滥用自己的自由裁量权任意出、入罪，出现导致刑法过多介入经营治理现象。[①]《刑法修正案十一》新增加了"有下列情形之一，催收高利放贷等产生的非法债务，情节严重的，处三年以下有期徒刑、拘役或者管制，并处或者单处罚金：（一）使用暴力、胁迫方法的；（二）限制他人人身自由或者侵入他人住宅的；（三）恐吓、跟踪、骚扰他人的"。对催收高利放贷等产生的非法债务作出了"催收非法债务罪"的新罪名的规定，对此与合法债务暴力催收以及高利放贷而仅仅催收双方达成协议或者符合允许的利率如何处置值得进一步研究。因此，对此问题需要建立民事借贷、行政监管和刑事打击的阶梯治理结构，形成多层级的阶梯式治理体系，而非以入罪作为解决问题的唯一对策。

三、传销的方式非法集资犯罪——组织、领导传销活动罪抑或吸收公众存款罪

目前，我国利用各种渠道和手段利诱欺骗有关群众误入传销骗局的情况时有发生，特别是严重损害人民群众生命财产安全的案件频繁，影响了社会稳定。近年来，集中爆发了"善林金融案""上海唐小僧案""联璧金融案""天津权健案"等典型的金融传销系列犯罪。这些案件打着资本运作、资本创新、经济新业态等幌子，以理财、众筹、期货、虚拟货币等形式，在网络平台上进行非法集资活动。2017年，原工商总局、教育部、公安部、人力资源社会保障部四部门印发了《关于开展以"招聘、介绍工作"为名从事传销活动专项整治工作的通知》，要求加强对传销重点区域的排查清理，对聚集型传销易发、多发区域，全面反复清查，完善防控、遏制措施，坚决查处一批传销组织和传销骨干。传销与非法集资正呈现一种融合性的趋势，对社会的危害呈几何倍数增加，并且花样翻新，如静态收益、动态收益、直推奖、层推奖、对碰奖、见点奖、领导奖、培育奖、报单奖、管理奖、小区业绩奖等，致使人们眼花缭乱。传销已经成为非法集资的重要方式。

（一）组织、领导传销活动罪及相关规定

组织、领导传销活动罪，是指组织、领导以推销商品、提供服务等经营活动为名，要求参加者以缴纳费用或者购买商品、服务等方式获得加入资格，并按照一定顺序组成层级，直接或者间接以发展人员的数量作为计酬或者返利依据，引诱、胁迫参加者继续发展他人参加，骗取财物，扰乱经济社会秩序的行为。其中，组织者、领导者，是指在传销活动中起组织、领导作用的发起人、决策人、操纵人，以及在传销活动中担负策划、指挥、布置、协调等重要职责，或者在传销活动实施中起到关键作用的人员。对于受单位指派，仅从事劳务性工作的人员，一般不予追究

---

① 参见史丰丽：《非法放贷行为以非法经营罪兜底条款入罪的反思》，载《法制日报》2019年11月27日。

刑事责任。例如，北京健商高科生物技术有限公司的组织、领导传销活动案。[①]

在张某平、刘某波伙同他人组织、策划下，于2007年1月25日至5月25日期间，采用"蜂业合作社盈利返还模式"传销蜂产品，并依据该模式开发成电子商务系统在该公司网站上运行。一审法院经审理认为，张某平、刘某波两人担任健商高科公司直接负责的主管人员期间，在二人伙同他人组织、策划下，健商高科公司，违反国家有关禁止传销之规定，通过传销的方式进行非法经营，严重扰乱了市场秩序，情节特别严重。健商高科公司、张某平、刘某波的行为均已构成非法经营罪，依法应予惩处。该模式以消费者购买一定数额的蜂产品，成为相应级别社员可以得到高额返利，而后发展其他人员购买一定数额的蜂产品，进而可以获得高额的盈利返还和社员岗位津贴方式，发展大量人员购买蜂产品，非法获取钱财。按照现行刑法的规定，则应定性为组织、领导传销活动罪。

我国有关传销的规定可溯及1997年1月10日国家工商总局的《传销管理办法》。1998年4月，国务院发布了《关于禁止传销经营活动的通知》。该通知指出，传销经营不符合我国现阶段的国情，已造成严重危害，对传销经营活动必须坚决予以禁止。2000年8月13日，国务院办公厅发布了《转发工商局等部门关于严厉打击传销和变相传销等非法经营活动意见的通知》规定的以下行为之一的，属于传销或变相传销行为：（一）经营者通过发展人员、组织网络从事无店铺经营活动，参加者之间上线从下线的营销业绩中提取报酬的；（二）参加者通过交纳入门费或以认购商品（含服务）等变相交纳入门费的方式，取得加入、介绍或发展他人加入的资格，并以此获取回报的；（三）先参加者从发展的下线成员所交纳费用中获取收益，且收益数额由加入的先后顺序决定的；（四）组织者的收益主要来自参加者交纳的入门费或以认购商品等方式变相交纳的费用的；（五）组织者利用后参加者所交付的部分费用支付先参加者的报酬维持运作的；（六）其他通过发展人员、组织网络或以高额回报为诱饵招揽人员从事变相传销活动的。2001年3月2日，最高人民法院《关于情节严重的传销或变相传销行为如何定性问题的批复》指出，"实施上述行为之一、情节严重的，依照刑法第二百二十五条的规定，以非法经营罪追究刑事责任。" 2008年8月25日，《刑法修正案（七）》第4条在刑法第224条后增加"组织、领导传销罪"，即"组织、领导以推销商品、提供服务等经营活动为名，要求参加者以缴纳费用或者购买商品、服务等方式获得加入资格，并按照一定顺序组成层级，直接或者间接以发展人员的数量作为计酬或者返利依据，引诱、胁迫参加者继续发展他人参加，骗取财物，扰乱经济社会秩序的传销活动的，处五年以下有期徒刑或者拘役，并处罚金；情节严重的，处五年以上有期徒刑，并处罚金"。

在处理组织、领导传销活动罪时，考虑这类活动属于涉众型犯罪，兼顾类罪平

[①] 参见刘薇：《公司传销蜂产品经营额2800万》，载《金华时报》2010年11月2日。

衡，避免刑事打击面不当扩大等，需要从组织、领导的传销活动的人员的数量与结构形态上予以确定。从公安机关打击传销犯罪和侦办案件的情况来看，按照"五级三阶"制发展的传销组织，如果该组织发展层级达到三级以上时，社会危害性则凸显。同时，此组织形态发展人数大多在三十人以上，其涉众性明显。[①] 为此，2010年最高人民检察院、公安部《关于公安机关管辖的刑事案件立案追诉标准的规定（二）》第78条组织、领导传销活动案立案追诉标准，对组织、领导的传销活动的人员数量，以及组织、领导的传销活动的层级作了量化，即"组织、领导的传销活动人员在三十人以上且层级在三级以上的，对组织者、领导者，应予立案追诉"。然而，实践中有意见认为，《关于公安机关管辖的刑事案件立案追诉标准的规定（二）》规定的"组织、领导的传销活动人员在三十人以上且层级在三级以上"，是指组织者、领导者本人发展的传销活动人员达到三十人且层级达到三级以上（不包括本人本级），否则不能对组织者、领导者定罪处罚。为了澄清一些不正确认识，统一认识、避免歧义，2013年11月20日，最高人民法院、最高人民检察院、公安部联合发布了《关于办理组织领导传销活动刑事案件适用法律若干问题的意见》（公通字〔2013〕37号）。该意见明确了传销组织内部参与传销活动人员在三十人以上且层级在三级以上的，应当对组织者、领导者追究刑事责任。其中，"传销活动的组织者、领导者"是指以下五类人员：（1）在传销活动中发起、策划、操纵作用的人员，如在传销组织中负责发起、策划、操纵的"董事长"类人员。（2）在传销活动中承担管理、协调等职责的人员，如具体负责传销活动整体开展的"总经理"类人员以及承担具体职责、组织开展传销业务的"部门主管"类人员。（3）在传销活动中承担宣传、培训等职责的人员，如在传销组织中传授传销方法、灌输传销理念的"宣教"类人员。（4）曾因组织、领导传销活动受过刑事处罚，或者一年以内因组织、领导传销活动受过行政处罚，又直接或者间接发展参与传销活动人员在十五人以上且层级在三级以上的人员。主要考虑到这类犯罪分子屡教不改，受过处罚后继续重操旧业，主观恶性较大，有必要予以从严惩处。（5）其他对传销活动的实施、传销组织的建立、扩大等起关键作用的人员，如在传销组织中承担资金结算、财务管理等其他重要职责，对传销活动实施起关键作用的人员。这里的"层级"和"级"，系指组织者、领导者与参与传销活动人员之间的上下线关系层次，而非组织者、领导者在传销组织中的身份等级；对传销组织内部人数和层级数的计算包括组织者、领导者本人及其本层级在内。尽管对组织、领导传销犯罪作了如此细化，但在司法实践中仍存在不同认识。例如，2012年风靡珠海的"哈斯根金融集团"被认定为传销组织，主犯胡某某于2013年被抓。胡某某一审被以组织、领导传销活动罪判处有期徒刑6年，处罚金10万元。珠海市中级人民法院二审，却推翻了之前组织、领导传销活动的认定，改判为非法吸收公众

---

① 参见陈国庆等：《三部门发〈意见〉明确组织领导传销活动罪法律适用问题》，载《检察日报》2014年1月20日。

存款罪，刑期也改为 4 年。①

2012 年，"哈斯根金融集团"在珠海卷起了一阵"传销风"，该集团在珠海的"活跃分子"胡某某通过自己的朋友和同事大肆推广"哈斯根集团"的交易账号，号称"哈斯根集团"为境外合法金融机构，投资者投入 1 万美元可取得一个网上交易会员账号，然后再送 1 万美元作为优惠，还声称可以采用智能软件自动交易，稳赚不赔。在 2012 年 3 月至 9 月的短暂"蜜月期"中，胡某某表示，参与者只需要把钱存到"哈斯根"的账户里获得一个账号，然后就可以等着拿利润，投资者可通过发展下线会员取得"管理奖""对碰奖"。"管理奖"是每介绍一名投资者加入可提成 10%，"对碰奖"是介绍两人加入，并将该两名新会员按左右放在自己两边的下线区域可提成 10%。以胡某某为首的团队，一直发展到了四十余名下线，总投入达到了五百多万元人民币，这些款以直接打入或委托胡某某打入的方式进入"哈斯根"在大陆的三个账户中，胡某某也从中获得了十万余元开拓市场的提成。2012 年 10 月，"哈斯根"的网站忽然不能登录，并改名为"飞尼斯集团"，投资者网上投资积分均无法结转返还，高层人员均失去联系，投资者无法取回投资款。2013 年 3 月，胡某某被几个下线投资者扭送到了珠海市公安局。"哈斯根"跨国骗局才浮出水面。2013 年 12 月 3 日，香洲区人民法院一审以组织、领导传销活动罪判处胡某某有期徒刑 6 年，并处罚金人民币 10 万元。胡某某随后提起上诉。

广东珠海市中级人民法院二审判决认为，胡某某的行为并不构成组织、领导传销活动罪。因为投资者缴纳的并非"入门费"，而是为了在该项目网站上开通一个会员账户，多数投资者陆续投资且开通的账户不止一个，且有些投资者已经获得了一定的收益。虽然该项目鼓励投资者去开拓市场，并设置了"管理奖"和"对碰奖"，有一定的以发展人员的数量作为返利依据的色彩，但这只是项目拉拢更多人前来投资、大范围吸收资金的促销手段，很多被害人也正是看到投资返利前景乐观才追加投资或者介绍亲友投资，甚至有的参与人仅仅是单纯投资并不发展下线人员加入，同样也能获得所谓的投资返利，因此该项目不具备传销组织"直接或者间接以发展人员的数量作为计酬或者返利依据"的核心特征。为此，二审法院认为，胡某某的行为应构成非法吸收公众存款罪，判处胡某某犯非法吸收公众存款罪有期徒刑 4 年，并处罚金人民币 10 万元。

（二）组织、领导传销活动犯罪的理解与认定

从传销的源流上进行考察，其属于舶来品，长期以来在我国野蛮生长并疯狂传播，不仅扰乱了经济社会秩序，也导致了一些家破人亡事件的出现，影响了社会稳定。组织、领导传销活动犯罪纳入非法集资类犯罪，不仅与非法经营犯罪之间在罪名认定上多有纠缠，也与非法吸收公众存款罪的认定多有牵连，在非法集资的系谱

---

① 参见朱鹏景、王靖豪：《主犯改判非法吸收公众存款罪》，载《南方都市报》2014 年 8 月 20 日。

中科学地认定组织、领导传销活动犯罪就成为值得探讨的问题。

1. 组织、领导传销活动犯罪与非法经营罪。由于非法吸收公众存款罪与组织、领导传销罪在非法集资的系谱中存在一般罪名与特殊罪名的关系，当集资人以传销的方式实施犯罪未达到所谓"层级在三级以上"的判断标准或者仅仅存在两级却与其他组织、领导传销犯罪在传销手段上、目标上以及结果上没有本质区别，是否可简单以非法吸收公众存款罪定罪处罚始终处于纠结与矛盾之中，然而按照刑法的谦抑原则，可以按照非法吸收公众存款罪定罪处罚，但不宜因非法吸收公众存款罪的刑期过轻而愤愤不平，而遏制此类违法犯罪行为，加强行政监管的力度比加重刑事惩罚更为有效。有些观点认为，团队计酬式传销的身份从此"合法"，不再受刑法规制。也有论者认为，无论《最高人民法院关于情节严重的传销或者变相传销行为如何定性问题的批复》还是《刑法修正案（七）》，传销行为虽然存在分别以非法经营罪与组织、领导传销罪定性的区别，其作为一种被刑法禁止的经营方式的本性未曾改变。从组织、领导传销罪的叙明罪状来看，该罪的显著特征是"推销商品、提供服务为名10人头数目计利"，这与其他集资犯罪"从资金当中获利"的特征相差甚远，即使大多数集资犯罪均具有"未经批准"这一特性，集资犯罪的实质或侵犯的主要客体从来都不是也不应当是国家对于某一经营资格或条件的管制。如果某一集资行为采取了传销的方式，这也仅是其实现集资的手段，显然应当以目的行为而不是手段行为定罪。《2010非法集资司法解释》第8条第2款"明知他人从事……或者组织、领导传销活动等集资犯罪活动"的表述令人难以理解，组织、领导传销活动罪作为集资犯罪圈的一个具体罪名也是有疑问的。① 这一问题不仅在理论上存在争议，在实践认定上也存在分歧。例如，以"扶贫互助"为名的深圳"善心汇"被告人张某明等10人组织、领导传销活动案。②

"善心汇"全称为深圳市善心汇文化传播有限公司，2013年5月24日在深圳市龙华新区注册成立。注册资金100万元，张某明出资51万元。公司申请6个善心汇商标，其中包括殡仪服务的商标。2015年左右，张某明受3M和云互助等大量传销资金盘的启发，形成并完善了善心汇系统即"众扶互生系统"。在这个系统里，根据投入的金额分为贫困区、小康区、富人区、德善区、大德区和永生区六个等级。其中，善心汇会员按平台指令向陌生会员汇款，平台再安排其他会员接受汇款，会员名义上从中可获得静态收益。注册会员需要推荐购买一颗价值300元的"善种子"才能完成激活，才能有资格获得收益。根据金额不同，会员还需向公司购买一至三枚"善心币"，每枚善心币价值100元。如果在贫困区捐赠别人三千元钱，一个月左右就可获利九百元利息。如果投入三万元进入小康区，就能得到六千

---

① 参见李蕴：《非法集资的界定与集资犯罪的认定——兼评非法集资的司法解释（法释〔2010〕18号）》，载《东方法学》2015年第3期。
② 参见王翀鹏程：《"张天师"的善心汇：靠卖"善种子"赚了十几亿》，载《新京报》2019年5月10日。

元钱的利息。善心汇系统还有动态收益。只要推荐朋友加入善心汇,就可以获得系统独有的"管理奖"。下线发展到一定数量,还可以缴费申请成为"功德主""服务中心"。如果拥有"服务中心"的特权,可以以4.5折的价格向公司购买善种子和善心币,再以原价卖给下线。下线又发展了新的下线,都要通过他购买"善种子"和"善心币"。截至2017年7月17日,注册善心汇的会员达到500余万人。平均每天递增注册会员两万多人,从此张某明获得"张天师"的称号。经公安机关核查,张某明靠卖"善种子"获利十几亿元。

湖南双牌县人民法院经审理查明,2016年3月起,张某明和几名被告人开发了"善心汇众扶互生系统"并上线运行,成立、入股了多家公司。其以"扶贫互助"为名,以高额回报为诱饵,采取培训、宣传等多种方式在全国各地发展会员,骗取财物。截至案发,参与"善心汇"传销活动的人员共598万余人,涉案金额1046亿余元。2018年12月14日,对张某明等10人组织、领导传销活动,聚众扰乱公共场所秩序案一审宣判,判处被告人张某明有期徒刑十七年,并处罚金一亿元;对本案其他9名被告人分别以组织、领导传销活动罪判处一年六个月至十年不等的有期徒刑及罚金,同时追缴各被告人违法所得。2019年5月10日,永州中院对张某明等人组织、领导传销活动案二审宣判。裁定驳回上诉,维持原判。

"善心汇"之所以发展得如此迅速,除了其本质未被人们认识和所谓的"善心"利用外,特别是用身份证拍照,注册成为会员,交300元买下一颗"善种子"激活账户,就能轻松获得最高50%的月回报是问题的关键。他在"贫困区"投了3000元,第一轮排单(完成一轮汇款、收款),很快拿到了3900元。"善心汇"成为既能做慈善,使自己成为"合格的善粉",又能轻松赚钱的魔力平台,在其包装的"扶贫济困、均富共生"迷惑下"自投罗网"地步入非法集资陷阱。

2. 组织、领导传销活动的罪与非罪。我国不存在传销罪,其纳入犯罪仅限于领导、组织传销活动罪。由于组织、领导传销活动罪与《禁止传销条例》等行政法并未完全衔接,司法解释立案标准又未予以具体明确,导致实践极易产生分歧,尤其是电子商务领域。在电子商务领域,网络传销与新型电子商务模式容易出现界限不清,新的商业模式出现后,究竟是传销、直销还是模式创新的分销,有时候难以判断,企业的经营模式一直在制度创新和隐蔽传销之间来回游离,特别是将入门费、拉人头、层级等构成要件要素进行创新包装和改头换面后,更难以分辨。因此,对于涉案传销的新型商业模式、利润来源、上下线之间以及不同主体间涉及的法律关系、电子商务模式,特别关注直销裂变的分销,即使是没有直销牌照、在层级代理上偏好虚拟化、金字塔化的奖励体系,如多层次直销、商业返利、团队计酬式等新型代理商模式,更需要分析其是否具有传销的本质。例如,江苏徐州缤诺丝涉嫌传销案的新型商业模式还是涉嫌传销罪的争议。[①]

---

① 参见郑荣昌:《缤诺丝:新型商业模式还是涉嫌传销罪》,法律与生活网。http://www.falvyushenghuo.com/html/2018/dujia_0509/30816.html。访问时间:2019年9月6日。

徐州泉山区人民检察院指控：2013年2月，其北京缤利生物科技有限公司注册商标"JUROSE"（中文名缤诺丝），委托化妆品加工厂代加工成本极其低廉的缤诺丝系列化妆品。2014年，其成立广州缤诺丝美容管理有限公司，以销售缤诺丝系列化妆品这一道具商品为名从事传销活动。要求会员（加盟商）为消费者注射未备案的产品"细胞母液"，借此进行虚假宣传，夸大缤诺丝系列化妆品的效果。将老会员介绍的新会员（下线）分为左右两区形成层级（金字塔结构）。变相收取加盟费（入门费、人头费），即规定顾客必须认购缤诺丝系列化妆品，才能成为会员，并设置小区奖、管理奖等高额奖励。以发展会员的数量作为计酬和返利的依据，引诱他人入会，骗取他人财物。2015年6月起，又向新会员收取5000元"技术加盟费"，加上公司追加的900元共计5900元，用以奖励新会员的上线（新会员的介绍人），以提高传销参与人的积极性，使该传销组织迅速发展、壮大。上述5900元其实是缤诺丝公司向新的经销商收取的。缤诺丝公司将其作为奖金发给上游经销商的行为类似于"收取入门费""拉人头"，其层级和涉及人数也符合传销活动的特征。缤诺丝的产品生产成本很低，利润空间过高，而且存在虚假宣传的情形，实为一种为骗取他人钱财包括骗取上述5900元而设计的"道具产品"。2013年9月~2016年3月，累计发展传销人员2万余人，直接收取传销人员缴纳的传销资金共计人民币8.9亿余元。认为构成组织、领导传销活动罪。

辩方辩称：5900元之中的900元是直推奖，类似于中介服务费；5000元则是服务费，类似于售后服务费，是经销商垫付差旅费、住宿费、通信费向自己推荐的新的经销商提供上述各种服务后获得的综合补偿，不是"入门费"。缤诺丝公司制定的团队计酬式政策在经济学上具有合理性。在该项制度的激励下，每一个经销商小团队的负责人都会去帮助其团队的经销商更好地销售产品、服务客户、开发市场。缤诺丝的产品不是"道具产品"，缤诺丝没有"以销售产品为名，行骗取钱财之实"，缤诺丝的"计酬返利"政策是市场上常见、法律规定无罪的单纯的"计酬返利"，这些基本事实足以证明缤诺丝公司的商业模式合法。企业设置一定的购买标准，达到相应标准才可以成为经销商的做法，是符合正常的商业逻辑的，缤诺丝的"单"也是这种逻辑，而非变相的"拉人头""收取入门费"。

近年来，网络传销违法活动日益突出，有的打着"自愿连锁经营""微商""电商""多层分销""消费投资""商务运作"等名义从事传销活动层出不穷。网络传销因其主体和标的虚拟性、行为跨地域性等特点，与传统传销相比更具隐蔽性、欺骗性和社会危害性，认定上存在困难。而有些新的所谓"创新"也不免与传销交叉。例如，2017年9月4日，中国人民银行等七部委发布的《关于防范代币发行融资风险的公告》指出：代币融资交易平台不得从事法定货币与代币、虚拟货币相互之间的兑换业务，不得买卖或作为中央对手方买卖代币或虚拟货币，不得为代币或虚拟货币提供定价、信息中介等服务。ICO（initial coin offering）本质上是一种未经批准非法公开融资的行为，涉嫌非法发售代币票券、非法发行证券以及非法集资、金融诈骗、传销等违法犯罪活动。然而，ICO的支持者们认为，ICO筹集的虚拟货币非"资金"而是"商品"，因此ICO的募集与非法集资不相干。不过，在法律界以及金融界，不少专家都认为ICO模式可能触及非法集资，尽管不属于存款，可将被集的代币视为被集资的"财物"，如承诺自己的代币绝对不会下跌到成本价以下，或者约定在某个时间段内以高于成本价回购代币，保证投资人不受损失，就可认定为一种保本承诺，如果采取"拉人头"、传递性计酬的方式扩大发币规模和人群，则会陷入传销犯罪。在一些涉众型犯罪中，从外表特征上，ICO和利用平台、网络进行的组织、领导传销罪极其相似。但ICO募集不同于典型的传销，特别是与传销中发展下线、缴纳入门费、团队计酬等能够区别，其本身不代表股权，也不代表产品，属于虚拟资产，其实质上是募集了可用法定货币表示的、可以迅速兑换为法定货币的资金。在ICO阶段看上去正常的项目后期也可能演变成传销项目。在深圳国际仲裁院处理的与比特币相关的股权纠纷案件，认为比特币具有财产属性，能够为人力所支配和控制，具有经济价值，能够给当事人带来经济方面的利益。我国《民法典》第127条规定："法律对数据、网络虚拟财产的保护有规定的，依照其规定"。虚拟货币作为虚拟财产，目前未见到法律的规定，且其具有的财产属性未必成为刑法上的财物，在缺失前置法的情况能否作为财产犯罪值得探讨。北京市海淀区人民法院审结的首例因比特币"分叉"所产生的比特币现金争议案，特别判决乐酷达公司向冯先生注册账户发放比特币现金38.7480个，驳回了冯先生要求赔偿16万余元价格损失的诉讼请求。①

3. 组织、领导传销活动罪的认定。我国《刑法修正案（七）》第4条规定："组织、领导以推销商品、提供服务等经营活动为名，要求参加者以缴纳费用或者购买商品、服务等方式获得加入资格，并按照一定顺序组成层级，直接或者间接以发展人员的数量作为计酬或者返利依据，引诱、胁迫参加者继续发展他人参加，骗取财物，扰乱经济社会秩序的传销活动的，处五年以下有期徒刑或者拘役，并处罚金；情节严重的，处五年以上有期徒刑，并处罚金。"由于一些传销活动不具备"以推销商品、提供服务等经营活动为名"，对此能否构成该罪却成为疑问。对于《刑法修正案（七）》中的传销行为的范围存在不同观点。一种观点认为，不仅如此，还包括了《禁止传销条例》第七条中的三种形式即"拉人头""收取会费"和"团队计酬"。另一种观点认为，只包括"拉人头""收取会费"两种形式，没有规定具有经营内容的团队计酬的传销形式。这一规定，将团队计酬的传销行为作了非犯罪化的处理。《刑法修正案（七）》与《禁止传销条例》中规定的传销内涵和外延的差异，引发了理论上的纷争和实践执法的困惑，尤其是网络微商出现，导致"团队计酬"的传销模式能否构成"组织、领导传销活动罪"产生了疑问。

（1）"拉人头"的认定。组织领导传销活动罪的构成特征主要是"拉人头"

---

① 参见法院网讯：《北京海淀法院审结首例比特币现金争议案》，中国法院网，https：//www.chinacourt.org/article/detail/2018/08/id/3459369.shtml。访问时间：2020年2月23日。

计酬,与单层次直销的按销售计酬和多层次直销的团体计酬行为的区别。直销以销售产品或者提供服务作为公司收益的来源。而传销则以"拉人头"牟利或者借销售伪劣或质次价高的产品变相"拉人头"牟利,有的传销甚至根本无销售产品可言。单层次直销企业的推销员无须缴付任何高额入门费,也不会被强制或者诱骗认购货品,企业都有自己的经营场所,有自己的产品和服务,销售人员直接与公司签订合同,其从业行为直接接受公司的规范与管理。而传销中参加者通过缴纳高额入门费或者被要求先认购一定数量质次价高(通常情况下价格严重高于产品价值)的产品以变相缴纳高额入门费作为参与的条件,进而刺激下线人员不择手段地拉人加入以赚取利润,其"经营者"没有自己的经营场所,也没有从事销售产品或者提供服务的经营活动,仅仅是假借"经营活动"骗取他人信任和逃避有关机关的监管,通过收取高额入门费为整个传销组织的组织者和领导者攫取暴利,其本身不会产生任何的利润和收益,也不会为国家和社会创造任何的经济价值。单层次直销企业的工作人员主要通过销售商品、提供服务获取利润,其薪酬的高低主要与工作人员的销售业绩相挂钩,并且企业作为正规经营的经济体,有合格、规范、快捷的售后服务操作流程,通常能够为顾客提供完善的退货保障。而传销是通过以高额回报为诱饵招揽人员从事"变相销售",其报酬源于高额的会员费。更主要的是,传销不存在销售行为,也没有产品和服务,更没有任何的销售收入,绝大部分即便提供也通常强制约定不可退货。例如,天津权健十多年时间在全国创造了一个年销售额 100 多亿元的保健帝国的传销案。[①]

2004 年束某辉创办的权健集团。该公司横跨医疗、中草药、保健品、中医药化妆品、金融、机械、体育等诸多领域。2007 年以来,权健"以直销之名行传销之实"。面对虚假宣传和传销质疑,权健公司总拿"直销"做挡箭牌,称权健公司于 2013 年 10 月 8 日获得商务部颁发的直销经营许可证。但查询发现,允许直销的产品只包括一系列以"DNA"为开头名称的化妆品、卫生巾/卫生护垫等保洁用品、咀嚼片等保健食品三大种类共 40 种,不包括任何药品。通过"拉人头入会,逐级返利"的模式,权健发展出了近 400 万人的销售队伍,最多的达 600 多个层级,涉及 300 多亿元资金。束某辉手下得力干将、权健高管王某永,发展下线 10 万余人,获利数千万元。

天津市武清区人民法院查明:权健公司以高额奖励为诱饵,引诱他人购买成本与售价严重背离的产品成为会员,再以发展会员的人数为依据进行返利,诱使会员继续发展他人参加,形成金字塔式层级关系,获取巨额经济利益。束某辉作为权健公司实际控制人,对公司组织、领导传销活动起决定作用,其他被告人分别按照束某辉的授意参与组织、领导传销活动,或作为权健公司经销商,发展会员参与传销活动。认定被告单位权健公司及被告人束某辉等 12 人均构成组织、领导传销活动

---

① 参见赵新培:《权健案一审宣判 束昱辉被判九年》,载《北京青年报》2020 年 1 月 9 日。

罪，依法判处被告单位权健公司罚金人民币一亿元，判处被告人束某辉有期徒刑九年，并处罚金人民币五千万元；对其他11名被告人分别判处三年至六年不等的有期徒刑，并处罚金；对违法所得予以追缴，上缴国库。

权健公司在组织、领导传销活动案件中不仅存在"拉人头""入门费""多层次""团队计酬"的所有特征，还存在直销与传销不同特征。目前，对于网络微商是否存在传销需要针对其有无经营许可证、经营店铺、收取入门费、货真价实的产品和退换货保障、退出自由选择以及收入来源是否正当等方面作出判断。微商网络传销犯罪是以微信平台为载体的一种新型传销模式，一般由组织者和经营者利用微信平台，以暴利为诱饵，通过成员缴纳一定费用获得成员资格，以其发展人员的数量作为给付报酬的依据，骗取财物的行为。对其需要注意的微商网络传销活动的发起人、决策人、操纵人集合三种身份于一身的特点。

（2）"团队计酬"的认定问题。"拉人头"和"收取入门费"这两种形式属于诈骗型传销。而"团队计酬"是一种有效的商业激励形式，虽然行为人之间也具有上下线关系，以及上线可以从下线的收入中抽成，但是上线抽成的是其劳动付出的结果，上线管理者为了获得收益，必定会加强对下线人员的管理、指导与激励。目前在很多商业领域，为了刺激销售，往往采取"团队计酬"的形式。为了解决这一法律适用上的困惑，2013年11月14日最高人民法院、最高人民检察院、公安部发布的《关于办理组织、领导传销活动刑事案件适用法律若干问题的意见》第5条"关于'团队计酬'行为的处理问题"从正反两个方面做了解释。该意见规定："传销活动的组织者或者领导者通过发展人员，要求传销活动的被发展人员发展其他人员加入，形成上下线关系，并以下线的销售业绩为依据计算和给付上线报酬，牟取非法利益的，是'团队计酬'式传销活动"。"以销售商品为目的、以销售业绩为计酬依据的单纯的'团队计酬'式传销活动，不作为犯罪处理。形式上采取'团队计酬'方式，但实质上属于'以发展人员的数量作为计酬或者返利依据'的传销活动，应当依照刑法第二百二十四条之一的规定，以组织、领导传销活动罪定罪处罚。"《禁止传销条例》第7条规定了"拉人头"式传销、收取"入门费"式传销、"团队计酬"式传销三种传销活动的形式。《刑法》第224条规定的组织、领导传销活动罪将"拉人头"式传销和收取"入门费"式传销纳入刑事打击范畴，但对"团队计酬"式传销未作规定，处于刑法上"意图性的处罚空白"之中。因此，根据刑法和《禁止传销条例》的规定，对以销售商品为目的、以销售业绩为计酬依据的单纯的"团队计酬"式传销活动，一般不作为犯罪处理，可由市场监督管理部门予以行政处罚。而对于以"团队计酬"方式作为幌子或者掩护，实质属于"拉人头"式传销或者收取"入门费"式传销的，仍应当以组织、领导传销活动罪定罪处罚。司法解释区分了"构成组织领导传销活动罪的团队计酬传销方式"和"不构成犯罪的团队计酬传销方式"，并以传销组织发展人员的数量作为区分的关键点。

(3) 对于"骗取财物"作为构成要件的组成部分,其骗取与诈骗犯罪的"骗取"不同,因其没有设定"非法占有"的目的,因此,将其理解为其经营模式带有不可控制的风险性,即整体上带有一定的欺骗性即可。

另外,认定组织、领导传销活动罪应当注意的问题。传销与直销是两种不同的商品销售模式,在现实生活中两者往往被混同,同时,还存在传销与直销的分销问题,使得问题更加复杂。因为我国界定的"传销"是区别于"直销"(如低价高卖)的一种违法犯罪活动,直销仅限于单层次直销,而传销包括多层次直销(如"团队计酬")、金字塔欺诈销售(如收取"入门费""拉人头")情形。我国的传销与国外营销理论中的"传销"不同,在刑事上仅对组织、领导传销活动定罪处罚。对传销活动的组织者、领导者构成犯罪的,应当依法追究其刑事责任。当组织、领导传销活动中的参与人员未达到人数、级别的标准,但侵犯市场秩序,或者违反了许可证制度时,应根据其在传销活动中的地位、作用区别对待,作出不同的处理。对一般违法人员,应当坚持教育、挽救的原则,由市场监管部门根据禁止传销条例予以行政处罚。

第四节 非法集资的共犯与认定逻辑

非法集资的共同犯罪除了遵循一般共同犯罪的规定与理论外,还应符合非法集资犯罪的特殊规定和要求。根据《刑法》第 25 条的规定,共同犯罪是指二人以上共同故意犯罪。《2014 年办理非法集资案件意见》第 4 项"关于共同犯罪的处理问题"规定:"为他人向社会公众非法吸收资金提供帮助,从中收取代理费、好处费、返点费、佣金、提成等费用,构成非法集资共同犯罪的,应当依法追究刑事责任。能够及时退缴上述费用的,可依法从轻处罚;其中情节轻微的,可以免除处罚;情节显著轻微、危害不大的,不作为犯罪处理。"基于以上规定,结合共犯理论,非法集资案件也分主犯、从犯。其中,一般集资犯罪中的从犯主要是帮助犯,组织、领导传销活动罪等也存在胁从犯。非法集资犯罪单位的实际控制人、首席执行官、首席财务官、风控负责人,在单位能够决策的"头脑"人员,一般可以认定为主犯;单位高级管理人员、销售人员,在经营管理中发挥"左膀右臂"的协助作用,不了解公司资金真实流向和项目真实情况,通常可认定为从犯;普通销售人员和行政人员,仅属于单位的"细枝末节"的辅助性人员,可视为证人,不作犯罪主体。对于一些集资参与人尽管不知情,如果在非法集资过程中起到推动作用或者招揽功能并获得报酬的,可以作为从犯。凡为他人向社会公众非法吸收资金或者变相吸收公众资金提供帮助,从中收取代理费、好处费、返点费、佣金、提成等费用的客户经理或其他人员,达到最高人民检察院、公安部《关于公安机关管辖的刑事案件立案追诉标准的规定》追诉标准的,可确定为非法集资共同犯罪,然而实践中的认定出现了将"从犯""主犯"化的做法。司法实践的多数法院一般认定公司的法定代表人、总经理、财务总监、股东、参与公司决策的其他负责人为主犯，财务主管、业务主管、会计、项目策划为从犯，也有个别案件将普通的业务人员、行政人员、客服人员作为从犯。基于实践中的不同做法，需要对非法集资的共同犯罪进行探讨，厘清主从关系，保障其承担责任符合罪刑相适用原则。

一、非法集资共同犯罪的主犯

主犯是指组织、领导犯罪集团进行犯罪活动或者在共同犯罪中起主要作用的犯罪分子。非法集资犯罪的主犯一般包括组织、领导非法集资犯罪集团进行犯罪活动的犯罪分子或者犯罪集团的首要分子以及其他在非法集资共同犯罪中起主要作用的犯罪分子。主犯除了犯罪集团中为非法集资犯罪活动出谋划策，主持制定计划，指使、安排成员进行非法集资犯罪活动的人外，还存在除犯罪集团的首要分子以外的其他共犯，即对非法集资共同犯罪的形成、实施与完成起决定性或者重要作用的"骨干分子"。

（一）非法集资共同犯罪主犯的认定

基于非法集资犯罪的本质特征，非法集资犯罪活动的组织、策划、指挥者，积极参与犯罪的主要实施者，以及明知非法集资性质而出资入股的主要获利者，应当认定为主犯。例如，重庆市高级人民法院、重庆市人民检察院、重庆市公安局发布的《关于办理非法集资类刑事案件法律适用问题的会议纪要》规定："认定非法集资类刑事案件的主从犯，不能仅以行为人的职务高低作为评判标准，应根据行为人在共同犯罪中的实际地位和作用作出具体判断。""对积极参与谋划决策、组织、领导、指挥、管理以及主动实施非法集资行为等起主要作用的行为人，应当认定为主犯。"其主犯可分为：首要分子和首要分子以外的其他主犯。

1. 非法集资犯罪的首要分子。首要分子在非法集资犯罪中发挥着决定性的统筹作用，所有犯罪活动均是在其影响下进行的。对于组织领导犯罪集团的首要分子，按照非法集资犯罪的全部罪行进行处罚。例如，对起组织领导作用的总公司的直接负责的主管人员和发挥主要作用的其他直接责任人员，可以认定为全案的主犯。基于其在非法集资犯罪中的核心地位，犯罪数额应当按照整个集资犯罪的犯罪总额来确定。

2. 非法集资犯罪中首要分子以外的其他主犯。其他主犯在非法集资犯罪所进行的集资活动中并不起决定性作用，对整个非法集资犯罪活动的影响力不及于首要分子。在有些非法集资案件主从犯关系相对模糊甚至难以分清，特别是主管人员与分公司经理、负责人等其他直接责任人员是否存在主从犯关系并非泾渭分明。对此需要从以下方面考虑：当主管人员与其他直接责任人员在实施犯罪行为过程中主从关系不明显的，可以不区分主从犯；当主从犯的作用难以确定的，可以不予区分主从犯，但应当根据各自在共同犯罪中的地位和作用定罪量刑。为了避免因不分清主从犯带来在同一法定刑档次、幅度内出现罪刑失衡，可以根据主客观情形作出不同认定。例如，对于多人参与、分工实施的集资诈骗犯罪，其中的组织、策划、指挥者应当以集资诈骗罪定罪处罚；对于确有证据或理由表明并不知晓上述人员的非法占有目的，可以非法吸收公众存款罪定罪处罚。

（二）非法集资共同犯罪视为主犯的认定

对于非法集资犯罪中主从犯无法分清，但其犯罪不能均视为从犯，否则，从犯比照主犯处罚难以进行。因此，对于非法集资犯罪中主从犯无法分清的，应将其视为主犯。对于这类视为主犯的，可以根据首要分子与其他行为人的行为分别定罪，这种视为主犯在定罪量刑应与明确的主犯有所区别。例如，对于虽未直接参与实施非法集资犯罪行为，明知非法集资性质而出资入股的主要获利者，应当以共犯论处。但需要出资或者入股者主观上明知非法集资犯罪，客观上已经获利，且其出资行为为非法集资犯罪活动提供了实质的帮助，在客观上推动了非法集资犯罪活动。如果股东不知晓涉案公司非法集资，仅是涉案公司的挂名股东，不能将其认定为非法集资犯罪的共犯。因此，对非法集资罪主犯的认定，特别是对非法集资协助人的认定，应综合各方因素，查证其是否具有参与和实施非法集资的主观故意，主要考虑以下因素：一是个体素质、认知能力、任职情况，如入职时间、职位及主要工作、薪酬计算方式，以及在公司及具体部门中的地位；二是要分析犯罪分子实施了哪些具体犯罪行为，如是否参与组织策划，对集资活动或者结果的发生起了什么作用；三是要分析犯罪分子对其他人的支配作用，特别是与非法集资犯罪主犯之间的关系。当一个共同犯罪案件有两个以上的主犯时，他们在非法集资起的作用仍可能有区别，需要综合主客观各种要素予以区分。

二、非法集资共同犯罪从犯理解与认定

从犯主要包括在非法集资犯罪中起次要或者辅助作用的犯罪分子，即对非法集资类犯罪的形成与共同犯罪行为的实施、完成起次要作用的犯罪分子，以及在非法集资犯罪中起辅助作用的犯罪行为人，即为共同犯罪提供方便、帮助创造有利条件的犯罪行为人，主要是帮助犯。《2014年办理非法集资案件意见》第4条规定："为他人向社会公众非法吸收资金提供帮助，从中收取代理费、好处费、返点费、佣金、提成等费用，构成非法集资共同犯罪的，应当依法追究刑事责任。能够及时退缴上述费用的，可依法从轻处罚；其中情节轻微的，可以免除处罚；情节显著轻微、危害不大的，不作为犯罪处理。"

（一）非法集资共同犯罪从犯认定的一般原则

在非法集资犯罪中，争议较大的是从犯的认定。近年来，非法集资案件中一些单位和个人因受利益驱动帮助非法集资犯罪行为人非法吸收资金，从中收取代理

费、好处费、返点费、佣金、提成等费用，在跨区域非法集资案件中较为突出。由于非法集资犯罪单独一个人难以完成，需要其他人的协助与配合，这些配合的单位和个人被称为"集资协助人""集资代理人""集资中间人"。在实践中，有的根据非法集资犯罪行为人的授意，广泛散布非法集资信息，引诱社会公众投入资金，使非法集资活动迅速蔓延、扩散，为非法集资起到推波助澜的作用；有的帮助非法吸收资金的过程中，按照吸收资金比例收取高额费用，社会公众投入的大量资金被他们非法占有，获得提成的数额较高；有的在案发后散布谣言，阻止集资参与人报案或者煽动聚众上访、冲击国家机关，干扰案件正常的处理活动，企图以此转移视线，逃避打击，维护自身的非法获利。这类行为也是整治的对象，一般也需要纳入从犯范围予以考虑。通过对这类从犯的打击，减少或者降低非法集资犯罪的发生。但是，对于认定从犯需要考虑行为人在非法集资共同犯罪中所处的位置，对共同非法集资故意形成的作用、实际参与的程度、具体行为的样态、对结果所起的作用等因素。基于上述分析，非法集资共同犯罪从犯认定的一般原则为：坚持主观明知集资为主，客观实质参与为辅。主观明知集资为主不仅限于证明其明知，不要求以明知法律的禁止性规定为要件，但需要从客观作出判断，在认定上应当将一般人与一些曾经的金融从业人员作出区分；同时辅助在非法集资中次要、辅助作用。《重庆高院关于办理非法集资类刑事案件法律适用问题的会议纪要》要求："对处于从属于主犯的地位，对主犯的犯罪意图表示能成、附和、服从，没有参与犯罪的谋划决策，在主犯的领导、指挥下实施非法集资行为的行为人，在共同犯罪起次要作用，可以认定为从犯。"对于接受他人指使、管理而实施非法集资行为的次要实行犯，或者仅为非法集资提供支持行为的帮助犯，可以依法认定为从犯。

为贯彻宽严相济刑事政策和落实认罪认罚从宽制度，对于在非法集资共同犯罪中处于从属地位的从犯，主观恶性相对较小，能够及时退缴回报和费用的，可依法从轻处罚；其中情节轻微的，可以免除处罚；情节显著轻微、危害不大的，不作为犯罪处理。对一些仅负责行政的人员以及负责制作公司网站的程序员等从事一般公司均有的业务，不必追究刑事责任。

（二）非法集资共同犯罪从犯的分歧与认定方法

对于接受他人安排、指使而实施非法集资行为的次要实行者，或仅提供后台支持行为的帮助者，或受利益驱动帮助非法集资而从中收取代理费、佣金等费用的"集资中间人"，可认定为从犯。上海市高级人民法院、上海市人民检察院、上海市公安局发布的《关于办理涉众型非法集资犯罪案件的指导意见》规定："对于从犯单位内部人员，应当一律认定为从犯，但应当根据各自在共同犯罪中的地位和作用分别量刑。"对于从犯的认定，存在以下需要讨论的问题。

1. 单纯出资的股东能否为非法集资犯罪的共犯认定。对于单纯出资的股东在非法集资中能否作为共犯认定，基于其在共同犯罪中所处的地位，主要考虑其主观上是否明知非法集资犯罪；客观上是否因自己参与集资活动获得回报或者费用。对于虽未直接参与实施非法集资犯罪行为，但明知非法集资性质而出资入股的主要获利者，应当以共犯论处，依法追究其刑事责任。对于非法集资犯罪活动中的组织、策划、指挥者和主要实施者以外的人，虽然犯罪数额巨大或数额特别巨大，但到案后积极（全部）退缴违法所得，尽力弥补本人行为造成的他人财产损失的，应当依法予以从轻、减轻或者免除处罚。在特定的条件下，对于未直接参与实施非法集资犯罪活动的股东也可以认定为非法集资的共犯，虽然股东的出资行为和非法集资活动无直接关系，但是其出资行为在客观上为非法集资犯罪活动提供了实质的帮助和推动，并且出资行为和股东地位也获得了一定的收益，主观上又知悉涉案活动的非法集资行为。如果股东不知晓涉案平台非法集资的性质，或者只是涉案平台的挂名股东，主观上也不知晓涉案公司的非法集资活动，客观上不参与涉案公司的非法集资，不应将其认定为非法集资犯罪的共犯。

2. 普通职员能否作为非法集资犯罪共犯认定。普通职员因其在非法集资中的地位、职能和作用不同，应当全面分析。对于接受他人指使、管理而实施非法集资行为的次要实行犯，或者仅仅为非法集资提供后台支持行为的帮助犯，可以认定为从犯。对于层级较低的管理人员或者普通职员，如果确有证据或理由表明其并不知晓非法集资性质，而是当作正常经营业务参与实施了非法集资行为的，即使获得报酬，其报酬属于劳务付出的代价，不宜认定为从犯。对非法集资单位的行政、内勤、培训、财务等人员，以及受单位领导指派或者授意参与实施一定犯罪行为，从参加时间点，以及领取薪酬的数额作出判断，一般不作为从犯认定。

3. 非法集资代言人能否作为从犯认定。非法集资过程中，有些从事广告宣传公司利用自身广告宣传优势，协助涉非法集资扩大影响面，甚至有权威媒体、专家、明星的宣传，起到了为其"合法性"及"实力"以及所谓"国资背景"背书。对于涉及广告活动的犯罪，应当根据《2019办理非法集资案件意见》规定处理，即"广告经营者、广告发布者违反国家规定，利用广告为非法集资活动相关的商品或者服务作虚假宣传，具有下列情形之一的，依照刑法第二百二十二条的规定，以虚假广告罪定罪处罚……明知他人从事欺诈发行股票、债券，非法吸收公众存款，擅自发行股票、债券，集资诈骗或者组织、领导传销活动等集资犯罪活动，为其提供广告等宣传的，以相关犯罪的共犯论处"。对于明知他人从事欺诈发行证券，非法吸收公众存款，擅自发行股票、债券，集资诈骗或者组织、领导传销活动等集资犯罪活动，为其提供广告等宣传的，以相关犯罪的共犯论处。但应注意非法集资代言广告与虚假广告罪的区分。虚假集资广告犯罪中的明知，是指明知非法集资所依托的商品或者服务存在虚假信息；集资犯罪共犯的明知，则是指明知他人正在实施集资犯罪活动。虚假集资广告犯罪以违反广告法规定为前提，仅指通过商业广告进行虚假宣传的行为。集资犯罪的共犯的宣传方式既可以是商业广告，也可以是其他形式的广告；既可以是广告宣传，也可以是其他形式的宣传。虚假集资广告犯罪必须以信息虚假为前提；集资犯罪的共犯侧重于违法宣传，不以信息虚假为条件。

(1) 非法集资涉及广告的限制。我国《广告法》第 25 条规定："招商等有投资回报预期的商品或者服务广告，应当对可能存在的风险以及风险责任承担有合理提示或者警示，并不得含有下列内容：（一）对未来效果、收益或者与其相关的情况作出保证性承诺，明示或者暗示保本、无风险或者保收益等，国家另有规定的除外；（二）利用学术机构、行业协会、专业人士、受益者的名义或者形象作推荐、证明。"国家工商行政管理总局、中国银行业监督管理委员会、国家广播电影电视总局、新闻出版总署发布的《关于处置非法集资活动中加强广告审查和监管工作有关问题的通知》规定，禁止发布含有或者涉及下列活动内容的广告：①未经国家有关部门批准的非金融单位和个人以支付或变相支付利息、红利或者给予定期分配实物等融资活动；②房地产、产权式商铺的售后包租、返租销售活动；③内部职工股、原始股、投资基金以及其他未经过证监会核准，公开或者变相公开发行证券的活动；④未经批准，非法经营证券业务的活动；⑤地方政府直接向公众发行债券的活动；⑥除国家有关部门批准发行的福利彩票、体育彩票之外的彩票发行活动；⑦以购买商品或者发展会员为名义获利的活动；⑧其他未经国家有关部门批准的社会集资活动。发布涉及投资咨询业务、金融咨询、贷款咨询、代客理财、代办金融业务活动的广告，广告发布者应当确认广告主的主体资格，查验广告主营业执照是否具有相应的经营范围。商品营销、生产经营活动的广告不得出现保本、保证无风险等内容。房地产销售、造林、种养殖、加工承揽、项目开发等招商广告，不得涉及投资回报、收益、集资或者变相集资等内容。在涉及集资内容的广告中，不得使用国家机关或者国家机关工作人员的名义，包括在职的和已离职的，健在的和已去世的中央、地方党政领导人的题词、照片等。广告发布者在审查广告中，认为广告中含有与集资活动有关的内容，应当查验有关行政主管部门出具的证明文件原件，广告主不能提供的，可以拒绝发布，并主动向行政主管部门报告。广告发布者由于未查验证明、未核实广告内容，导致非法集资活动广告发布的，依法承担相应法律责任；情节严重的，由广告监管机关依据《停止广告主、广告经营者、广告发布者广告业务实施意见》处理。对于公安机关认定涉嫌经济犯罪以及有关职能部门认为已经构成或者涉嫌构成非法集资活动的，广告发布者应当立即停止发布与该活动有关的任何形式的广告。

我国《广告法》第 38 条规定："广告代言人在广告中对商品、服务作推荐、证明，应当依据事实，符合本法和有关法律、行政法规规定，并不得为其未使用过的商品或者未接受过的服务作推荐、证明。"对于广告代言人是否作为犯罪处理存在不同意见。有意见认为，从立法精神、实践需要以及国外做法来看，均应将广告代言人纳入虚假广告罪的犯罪主体范围。然而，《2010 非法集资司法解释》未将广告代言人作为虚假广告罪的犯罪主体。这是因为：（1）对于虚假广告罪的犯罪主体，刑法采取的是列明式规定，仅限于广告主、广告经营者和广告发布者。（2）虚假广告罪属于行政犯，成立虚假广告罪应以行政违法为前提。当时的广告法仅规定了社会团体或者其他组织在虚假广告中向消费者推荐商品或服务应承担民事连带责任,在行政违法尚不成立的前提下,直接将之作为刑事犯罪予以打击,不符合行政犯的一般理论。(3)即便将广告代言人纳入虚假广告罪的主体范围,还将面临诸多实践操作问题。比如,虚假广告罪为故意犯罪,要求行为人具有主观明知,对此,实践中主要是根据行为人的法定注意义务来进行判断或者推定。对于广告代言人的注意义务的内容、范围和程度等,当前还没有相关行政管理法律规定,在行为人辩称自己不具有主观明知的情况下,司法机关很难证明。当然,广告代言人不属于虚假广告罪的主体,不意味着广告代言人在任何情况下均不构成犯罪,对于符合《2010 非法集资司法解释》第 2 款规定情形的,可以非法集资犯罪的共犯论处。[1]

(2)实践中对非法集资广告代言人的处理情况。名人代言虚假广告的问题一度引起人们的热议。由于实践中非法集资广告代言人的同情况不同与身份地位不同,其处理也不尽相同。例如,2008 年辽宁沈阳市中院公开审理辽宁省蚁力神天玺集团有限公司原董事长王某友在内的 55 名涉案人员"蚁力神"案件。该公司的"蚁力神"产品由喜剧演员代言,在实践中没有作为犯罪处理。曾为"康宏中国首席经济学家""中国经济网评论员""中国人民大学财政金融学院客座教授"以及"北京电视台财经频道定期嘉宾"的"杨某",在"e 租宝"的作为"资深经济学家"多次在公共活动中接受采访。后被"e 租宝"委任为"e 租宝"首席经济学家兼高级副总裁,其担负的"使命"是"代表'e 租宝'接受媒体访问,出席行业重要会议,促进平台与广大投资者的交流沟通",后被作为犯罪处理。在"亿霖传销案"中,代言人某著名影星代言"植树造林,首选亿霖",其宣传效果非常明显。据受骗者说,正是因为看了该代言广告,才毫不迟疑地将钱交给了亿霖集团。对于杨某作为犯罪处理,主要是因为他在"e 租宝"非法集资作出了所谓的"为金融创新带来的贡献"以及"对实体经济的促进作用",才被判"涉嫌非法吸收公众存款"。亿霖案件的代言人将获得的代言费 50 万元全部交给了侦查机关。[2] 对于代言人问题,由于其各个影响因素的作用大小不一且相互交叉,其作用效果究竟如何难以区分,究竟有多少集资参与人是因为基于代言人的代言行为才参与非法集资难以判断。若对所有情形不加区分,一旦代言人所代言的产品出现问题,一律要求代言人承担刑事责任有失法律的严肃性,通过退回代理费用或者行政处罚的方式不失为较好的解决方案。

4. 对于非法集资的其他帮助犯作为从犯认定。按照《2019 办理非法集资案件意见》第 4 条的规定,为他人向社会公众非法吸收资金提供帮助,从中收取代理费、好处费、返点费、佣金、提成等费用,构成互联网平台作为涉嫌非法集资犯罪的公司发布募资宣传资料、发售虚构基金、委托理财的技术支撑;金融合规审查、

---

[1] 参见刘为波:《关于审理非法集资刑事案件具体应用法律若干问题的解释》的理解与适用,载《人民司法》2011 年第 5 期。
[2] 参见李娜:《最高法:非法集资案明星代言以共犯论处》,载《法制日报》2011 年 1 月 5 日;《最高法:明星代言非法集资案系共犯 葛优忙喊冤》,载《辽沈晚报》2011 年 1 月 7 日。

财务会计结算、法律风险防范成为公司开展业务的技术服务保障等,构成非法集资共同犯罪的,追究刑事责任。根据刑法规定,个人或单位利用信息网络实施相关犯罪的,依照犯罪的规定定罪处罚;对于个人或者单位明知他人利用信息网络实施包括非法集资在内的犯罪,而为其提供互联网接入、服务器托管、网络存储、通信传输等技术支持,或者提供广告推广、支付结算等帮助,情节严重的,可以认定为帮助网络犯罪活动。从系统解释的角度出发,涉嫌非法集资犯罪单位之内部专业技术服务人员,如网络维护人员、合规审查人员、法律顾问等,不能被视为相对于非法集资犯罪单位而言的"他人"。这些单位内部专业技术服务人员所提供的服务行为,如果系在非法集资犯罪故意的支配下所为,应视为其他直接责任人员非法集资犯罪的帮助行为。对行为人是否亦同样认定为单位犯罪的直接责任人员,应当综合考量其行为对非法集资犯罪实行和完成的作用大小。由于从性质上看,网络服务技术主要服务于社会正常生产、生活。因此,在评价专业技术服务人员是否成立非法集资犯罪的帮助犯时,应全面考查行为人具有违法性认识及帮助的故意。对行为人违法性认识及犯罪故意的判断,同样应当着重考量行为人的专业背景、教育培训经历、工作经验等因素。在无确实充分的证据证明这种主观因素时,不得推定行为人具有犯罪的故意。即使专业技术为非法集资犯罪起了较大作用,行为人也不具有证明自身无违法犯罪意识的责任。非法集资共同犯罪的,应当依法追究刑事责任。[①]

非法吸收公众存款和集资诈骗犯罪因其犯罪故意贯穿于前后相连的资金募集、资金投放、资金回笼等经营环节,且每个环节均由相对独立而又互相联系的不同业务部门为主体加以推进,每个环节基于业务关联以及配合衔接才得以实施和完成的犯罪,对其关键性员工是否定罪应当予以特别关注。但对于银行、证券公司以及基金公司理财产品的销售职员,如果在日常的经营活动中存在虚假宣传,或者给集资参与人的返利明显高于市场的其他理财产品,或者销售职员的业务提成过高而完全超过了一般市场高额提成,如银行的"飞单",可以认定为犯罪。

三、非法集资共同犯罪明知的理解与认定

司法实践对主观是否明知一般会成为非法集资案件控辩争议的焦点。辩方通常会辩称,犯罪嫌疑人或者被告人因为和涉案公司行为没有工作隶属关系,对于涉嫌非法集资的情况没有主观认知,也不应该认知,甚至连高管都没有见过,因此没有参与、帮助非法集资的主观故意,不应认定为犯罪。

对于普通职员主观故意的认定需要参照《最高人民检察院互联网金融犯罪纪要》规定。在非法吸收公众存款罪中,原则上认定主观故意并不要求以明知法律的禁止性规定为要件。特别是具备一定涉金融活动相关从业经历、专业背景或在犯罪活动中担任一定管理职务的犯罪嫌疑人,应当知晓相关金融法律管理规定,如果

---

① 参见肖中华:《准确把握非法集资犯罪共犯成立范围》,载《检察日报》2019年3月5日。

有证据证明其实际从事的行为应当批准而未经批准，行为在客观上具有非法性，原则上就可以认定其具有非法吸收公众存款的主观故意。在证明犯罪嫌疑人的主观故意时，可以收集运用犯罪嫌疑人的任职情况、职业经历、专业背景、培训经历、此前任职单位或者其本人因从事同类行为受到处罚情况等证据，特别是弄虚作假等舞弊行为，可以证明犯罪嫌疑人提出的"不知道相关行为被法律所禁止，故不具有非法吸收公众存款的主观故意"等辩解不能成立。山东省高级人民法院关于印发《常见犯罪量刑指导意见（二）实施细则（试行）的通知》规定：对非法集资协助人的认定，应综合各方因素，查证其是否具有参与和实施非法集资的主观故意，主要考虑以下因素：个体素质、认知能力、任职情况（如入职时间、职位及主要工作、薪酬计算方式、在公司及具体部门中的地位）、实施行为（如是否参与组织策划、在非法集资中起的作用等）及与非法集资犯罪主犯之间的关系等。一般情况下，直接实施非法集资行为的部门负责人以上的中高级管理人员，以及具有非法集资主观故意、特别是对集资行为的违法性有明确认识的财务人员，应认定其主观上具有共同故意。仅是提供劳务、定期领取固定数额工资或对非法集资情况不知情，没有直接实施非法集资行为的工作人员，一般不宜按犯罪处理。例如，被告人赖某明非法集资案。[①]

2012年至2014年5月，被告人郭某向社会公众非法集资18074.9366万元，所集资金大部分用于还本付息及个人挥霍，并转移部分资产，造成集资参与人损失8858.0716万元。被告人赖某明知郭某向社会公众非法集资而为其提供帮助，先后介绍8名社会公众借款给郭某共计2549.2万元，从中获取介绍费187.4万元。本案中并无充分证据证明赖某知晓郭某集资款的用途。一审法院以集资诈骗罪对郭某作出判决。

二审中，对赖某的行为性质存在不同意见：第一种意见认为，根据《2019办理非法集资案件意见》第4条的规定，为他人向社会公众非法吸收资金提供帮助，从中收取代理费、好处费等费用，构成非法集资共同犯罪。因此，本案中赖某与郭某属共同犯罪，赖某应和郭某一样构成集资诈骗罪。第二种意见认为，因《2010非法集资司法解释》并未规定赖某的行为构成集资诈骗或非法吸收公众存款犯罪，而2014年3月25日开始实施的《2019办理非法集资案件意见》第4条虽规定此类行为构成犯罪，但赖某介绍他人借款给郭某的行为均发生在2014年3月25日前，根据从旧兼从轻原则，赖某不构成犯罪。第三种意见认为，因现无充分证据证明赖某知晓郭某对集资款的使用情况，但赖某就郭某非法吸存是知道和应当知道的，故赖某的行为与郭某在非法吸存范围内成立共同犯罪，赖某的行为符合其行为时刑法有关非法吸存的构成要件，构成非法吸收公众存款罪。因审判时的刑法并未对非法吸收公众存款罪的定罪与量刑作出修改，故赖某的行为不适用从旧兼从轻原

[①] 参见肖福林：《为他人非法集资提供有偿帮助如何定性》，载《人民法院报》2016年1月28日。

则。二审法院采纳第三种意见,即赖某的行为构成非法吸收公众存款罪。

该案中,赖某为获得高额介绍费,明知郭某向社会公众非法集资而介绍多名社会公众借款给郭某,赖某的行为符合《2019办理非法集资案件意见》第4条的规定,与郭某构成非法集资共同犯罪。但赖某的行为性质是属于非法吸存还是集资诈骗,关键是看赖某对于郭某挥霍集资款的行为是否明知?如果并不知晓,则与郭某在非法吸存范围内构成共同犯罪;如果知晓,则可认定赖某与郭某一起均对集资款具有非法占有目的,赖某应对其介绍的款项承担集资诈骗的刑事责任。该案并无充分证据证明赖某知晓郭某对集资款的使用情况,因此,应当认定赖某构成的是非法吸收公众存款罪,而不应对郭某的过限行为即挥霍集资款的集资诈骗行为承担刑事责任。对于实践中犯罪嫌疑人提出因信赖行政主管部门出具的相关意见而陷入错误认识的辩解,且其辩解确有证据证明,不应作为犯罪处理,但应当对行政主管部门出具的相关意见及其出具过程进行查证。如存在以下情形之一,仍应认定犯罪嫌疑人具有非法吸收公众存款的主观故意:(1)行政主管部门出具意见所涉及的行为与犯罪嫌疑人实际从事的行为不一致的;(2)行政主管部门出具的意见未对是否存在非法吸收公众存款问题进行合法性审查,仅对其他合法性问题进行审查的;(3)犯罪嫌疑人在行政主管部门出具意见时故意隐瞒事实、弄虚作假的;(4)犯罪嫌疑人与出具意见的行政主管部门的工作人员存在利益输送行为的;(5)犯罪嫌疑人存在其他影响和干扰行政主管部门出具意见公正性的情形的。对于犯罪嫌疑人提出因信赖专家学者、律师等专业人士、主流新闻媒体宣传或有关行政主管部门工作人员的个人意见而陷入错误认识的辩解,不能作为犯罪嫌疑人判断自身行为合法性的根据和排除主观故意的理由。

四、非法集资共同犯罪从犯数额的认识与认定

非法集资作为犯罪帮助犯认定时,其作为从犯是达到其定罪的数额还是仅仅依据主犯来确定,即如何确定其犯罪数额。对于共同犯罪行为人犯罪数额的认定,学界主要有以下观点:一是分赃数额说。这种观点认为,根据最终的分赃数额来确定行为人的犯罪数额,同时参照行为人在共同犯罪中的地位与作用进行综合判断,予以量刑。二是分担数额说。该观点认为共同犯罪的各成员应当"按责担额"。综合考虑各成员在共同犯罪中的地位、作用、在犯罪中参与的数额,分赃所得数额以及其他相关量化因素,先确定各成员对该共同犯罪中责任的比例,结合犯罪总额,依照这个责任比例换算出所要承担的犯罪数额。三是参与数额说。这种观点认为,共同犯罪的各个成员应当根据本人实际参与的犯罪数额来承担责任。四是犯罪总额说。这种观点主张对于犯罪数额实行"一刀切",不搞所谓"分别负责",对共同犯罪各成员均应当对该犯罪行为所造成的犯罪总额负责,而在刑事责任认定时,参考其在共同犯罪中所起作用大小、认罪态度等因素进行综合判断。五是折中说,该

观点并未对犯罪数额的认定提出明确的分配方案,而是笼统地阐明要综合考虑全案的具体因素,结合各成员在共同犯罪中所起作用的大小以及认罪态度等因素进行综合判断。

目前,有些地方公检法机关在非法集资案件中收取代理费、好处费、返点费、佣金、提成等费用人员处理意见的通告常常规定:"凡为他人向社会公众非法吸收资金或者变相吸收公众资金提供帮助,从中收取代理费、好处费、返点费、佣金、提成等费用的客户经理或其他人员,达到《中华人民共和国刑法》第一百七十六条追诉标准的,均为非法集资共同犯罪"。对于从犯与胁从犯,其犯罪份额的认定应当以其参与的数额。由于从犯与胁从犯往往在共同集资犯罪中并不能发挥整体的作用,而从犯与胁从犯只参与一部分或者某个阶段的犯罪活动,对于犯罪活动的影响力有限。上海市高级人民法院、上海市人民检察院、上海市公安局发布的《关于办理涉众型非法集资犯罪案件的指导意见》规定:"对于非法集资活动的参与者,应当按照其实际参与的非法集资活动计算犯罪数额;其离开单位后,下线人员独自实施的非法集资数额,不应计入其犯罪数额。"非法集资案件中,共同犯罪的犯罪数额并非各成员犯罪数额简单总数,考虑其在共同犯罪中作用的大小、参与数额的多寡,结合具体案件中犯罪总额来认定。

五、非法集资犯罪自首的理解与认定

对于非法集资犯罪自首认定,可参考上海市高级人民法院、上海市人民检察院、上海市公安局发布的《关于办理涉众型非法集资犯罪案件的指导意见》的规定。对于等待、配合公安机关处置的行为能否视为"自动投案",进而认定为自首的,应当区分三种情况分别掌握:(1)犯罪嫌疑人在被公安机关抓获前,明知公安机关前来处置,在特定地点等候的,可以视为"自动投案",其后能如实供述犯罪事实的,可以认定为自首。(2)公安机关在抓获犯罪嫌疑人后通常会视情分别采取以下三种管控方式,即刑事拘留、取保候审或者责令随传随到、听候处置。既然公安机关已经明确犯罪嫌疑人并采取了不同的管控方式,则不再发生犯罪嫌疑人"自动投案"的问题。对于其后配合调查、如实供述犯罪事实的,可以依法认定为坦白。(3)犯罪嫌疑人被公安机关抓获并采取相应处置措施后逃跑的,因其违反公安机关确定的配合调查义务,应当酌情从重处罚。对于逃跑后又自动归案的行为,不能认定为"自动投案",但可在量刑时酌情考虑。

如果犯罪嫌疑人因涉嫌非法吸收公众存款罪被立案侦查,到案后如实供述自己的犯罪事实,最终认定为集资诈骗罪的,因两罪的大部分事实重合,通常并不符合《刑法》第六十七条第二款关于"如实供述司法机关还未掌握的本人其他罪行"的规定,不能认定为自首;符合坦白条件的,可以认定为坦白。但认罪认罚的,应当从宽处理。犯罪嫌疑人接电话通知到案配合调查后被取保候审,在取保候审期间继续从事非法集资活动,之后又自动投案、如实供述自己的罪行的,其行为具有自动投案、如实供述自己的罪行的基本特征,可以依法认定为自首,但对其从宽处罚的幅度需要从严把握;如果最终系被公安机关抓获归案的,全案不能认定为自首。

另外,实践中还有其他形式的共犯,建议在上述共犯规定之外,对集资犯罪的共犯问题作出一般性的规定。对于集资犯罪多以单位名义实施,参与人员众多,为贯彻宽严相济刑事政策,有必要严格控制打击面,本着严惩首恶、教育协从的处理原则,对于积极参加人员的打击需要严格掌握,对外部帮助人员则一般不应追究。实践中对于同一起集资犯罪案件需要根据犯罪人的主观方面、主体身份而适用不同的罪名。例如,区分是否具有非法占有目的而分别适用集资诈骗罪和非法吸收公众存款罪。非法集资的共犯行为主要表现为提供资金、场所等,而集资犯罪案件有其特殊性,被害人同时也是资金提供者,被害人与行为人经常交错重叠,先是自己获利,继而提供帮助,以及先是自己被骗继而去骗其他人的,此类人员定罪应慎重。

第五节 非法集资单位犯罪的认定

在非法集资案件中,对单位及相关人员的违法犯罪行为是否知情应当区分对待。根据刑法的规定,单位犯吸收公众存款罪的,对单位判处罚金,并对其直接负责的主管人员和其他直接责任人员,依照规定处罚。如对擅自发行股票、公司、企业债券罪,对单位判处罚金,并对其直接负责的主管人员和其他直接责任人员,处五年以下有期徒刑或者拘役。

一、非法集资一般单位犯罪的理解与认定

对于单位犯罪,是指以单位的名义,并在职务活动范围内或者与单位的业务活动相关实施犯罪后的违法所得归单位所有,即因犯罪行为所产生的非法收益,受益对象是本单位或者本单位的多数员工。

(一)非法集资单位犯罪的认定问题

判断单位是否以实施非法集资犯罪活动为主要活动,应当根据单位实施非法集资的次数、频度、持续时间、资金规模、资金流向、投入人力物力情况、单位进行正当经营的状况以及犯罪活动的影响、后果等因素综合考虑认定。

1. 从非法集资外在的名义与实质的意思决定来看,如果由单位意思决定,以单位名义实施,集资款项主要用于单位的,一般应当以单位犯罪论处,但相关法律或司法解释另有规定的除外。对于集资者原先已注册成立单位并实际经营,之后为解决资金困难、扩大经营规模等,经单位集体研究决定,以单位名义募集资金的,或者单位主要负责人未经集体研究决定,以个人或者单位名义募集资金,但主要用于单位经营、使用的,收益归属单位的也应当以单位犯罪认定。但是,以单位名义

实施的非法集资刑事案件往往涉及人员众多，应严格控制追究刑事责任的人员范围。对于明知单位非法集资，在主管人员授意下，积极参与非法集资活动的，一般认定为"其他直接责任人员"，依法追究刑事责任；对于没有参与预谋，只是受主管人员指派，参与实施某些与自身工作岗位相关的具体行为的，一般不认定为"其他直接责任人员"。

2. 从非法集资的资金拥有来看，单位实施非法集资犯罪活动，全部或者大部分违法所得归单位所有的，应当认定为单位犯罪。个人为进行非法集资犯罪活动而设立的单位实施犯罪的，或者单位设立后，以实施非法集资犯罪活动为主要活动的，不以单位犯罪论处，对单位中组织、策划、实施非法集资犯罪活动的人员应当以自然人犯罪追究刑事责任。

对于实际上的一人公司，如果公司财物与股东财物独立，彼此间并无资金往来，或虽有往，但财务记账规范，非法集资构成犯罪的，应视为单位犯罪。对于那些个人资产与公司资产混同，财务制度不规范，即使非法集资行为以单位名义实施，一般视为自然人犯罪。那么，金融机构是否可以成为非法集资的单位犯罪呢？对此存在截然不同的观点。持否定观点的认为，《商业银行法》对商业银行违反规定提高利率吸收存款的，只是规定给予罚款等行政处罚，并没有"构成犯罪的，依法追究刑事责任"之类的规定。持肯定观点的认为，刑法明文规定，单位可以构成本罪，并没有将金融机构排除在外，如果在主体方面人为地加以限定，缺乏法律依据；判断某一行为是否构成犯罪，唯一依据是刑法，而不是其他法律。持折中观点的认为，从法律规定来看不能绝对地将具有存款业务的金融机构排斥在本罪的犯罪主体之外。但鉴于金融机构本身具有吸收存款业务的特殊性，还本付息有一定保证，其构成犯罪的标准应有别于无权经营存款业务的单位，充分考虑其吸收存款的合理部分。只有非法吸收存款的数额和规模均达到相当程度，且高息达到相当比例，才能作为犯罪处理。对于一般违反行政法规，高息吸收存款的金融机构，可由其主管部门给予行政处罚，一般不宜做犯罪处理。

（二）非法集资涉案下属单位的处理问题

非法集资刑事案件应当全面查清涉案单位。这些单位包括上级单位（总公司、母公司）和下属单位（分公司、子公司）的主体资格、层级、关系、地位、作用、资金流向等，区分情况依法作出处理。

1. 上级单位已被认定为单位犯罪，下属单位实施非法集资犯罪活动，且全部或者大部分违法所得归下属单位所有的，对该下属单位也应当认定为单位犯罪。也就是说，不具备法人资格的分支机构以其名义事实集资活动，且全部或者大部分违法所得归分支机构所有，可认定该分支机构是单位犯罪主体。上级单位和下属单位构成共同犯罪的，应当根据犯罪单位的地位、作用，确定犯罪单位的刑事责任。对属于单位犯罪的，不宜按照自然人犯罪处理。一般单位犯罪的犯罪数额的标准高于自然人标准，单位犯罪对单位判处罚金，并对其直接负责的主管人员和其他直接责任人员追究刑事责任。那么，对于受单位负责人指派或奉命而参与实施了轻微犯罪行为的人员，一般不宜作为直接责任人追究刑事责任。如果将本应作为单位犯罪的以自然人犯罪起诉，就会有相当多的在单位中处于从属，履职性质的人员被列为帮助犯。如果以单位犯罪定性，对于单位中多数人而言不会产生以上情况。

2. 上级单位已被认定为单位犯罪，下属单位实施非法集资犯罪活动，但全部或者大部分违法所得归上级单位所有的，对下属单位不单独认定为单位犯罪。下属单位中涉嫌犯罪的人员，可以作为上级单位的其他直接责任人员追究刑事责任。也就是说，如果募资行为是分支机构实施，资金却流向了上级单位，就应以上级单位为责任主体，分支机构中涉嫌犯罪的人员则以"其他直接责任人员"的地位进行起诉，分支机构不再作为单位犯罪。

3. 上级单位未被认定为单位犯罪，下属单位被认定为单位犯罪的，对上级单位中组织、策划、实施非法集资犯罪的人员，一般可以与下属单位按照自然人与单位共同犯罪处理。

4. 上级单位与下属单位均未被认定为单位犯罪的，一般以上级单位与下属单位中承担组织、领导、管理、协调职责的主管人员和发挥主要作用的人员作为主犯，以其他积极参加非法集资犯罪的人员作为从犯，按照自然人共同犯罪处理。对此，关键点是上级单位或者分支机构的建立，是个人为了进行违法犯罪活动而设立的公司、企业、事业单位实施犯罪的，还是公司、企业、事业单位设立后，以实施犯罪为主要活动的。如果不能证明，则可能无法将案件定性为自然人犯罪。

二、非法集资涉及互联网单位犯罪理解与认定

涉互联网金融犯罪案件多以单位形式组织实施，所涉单位数量众多、层级复杂，其中还包括大量分支机构、关联单位以及提供技术服务的单位，集团化特征明显。有的涉互联网金融犯罪案件中分支机构遍布全国，既有具备法人资格的，又有不具备法人资格的；既有受总公司直接领导的，又有受总公司的下属单位领导的。在立案时做法不一，有的对单位立案，有的不对单位立案，有的被立案的单位不具有独立法人资格，有的仅对最上层的单位立案而不对分支机构立案。对此，应全面揭示犯罪行为基本特征、全面覆盖犯罪活动、准确界定区分各层级人员的地位作用，这样有利于指控犯罪、有利于追缴违法所得。

1. 涉互联网金融犯罪所涉罪名中，刑法规定应当追究单位刑事责任的，对同时具备以下情形且具有独立法人资格的单位，可以单位犯罪追究：（1）犯罪活动经单位决策实施；（2）单位的员工主要按照单位的决策实施具体犯罪活动；（3）违法所得归单位所有，经单位决策使用，收益亦归单位所有。但是，单位设立后专门从事违法犯罪活动的，应当以自然人犯罪追究刑事责任。

2. 对参与涉互联网金融犯罪，但不具有独立法人资格的分支机构，是否追究其刑事责任，可以区分两种情形处理：全部或部分违法所得归分支机构所有并支

配，分支机构作为单位犯罪主体追究刑事责任；违法所得完全归分支机构上级单位所有并支配的，不能对分支机构作为单位犯罪主体追究刑事责任，而是应当对分支机构的上级单位（符合单位犯罪主体资格）追究刑事责任。

3. 分支机构认定为单位犯罪主体的，该分支机构相关涉案人员应当作为该分支机构的"直接负责的主管人员"或者"其他直接责任人员"追究刑事责任。仅将分支机构的上级单位认定为单位犯罪主体的，该分支机构相关涉案人员可以作为该上级单位的"其他直接责任人员"追究刑事责任。

4. 对符合追诉条件的分支机构（包括具有独立法人资格的和不具有独立法人资格）及其所属单位，公安机关均没有作为犯罪嫌疑单位移送审查起诉，仅将其所属单位的上级单位作为犯罪嫌疑单位移送审查起诉的，对相关分支机构涉案人员可以区分以下情形处理。

（1）有证据证明被立案的上级单位，例如，总公司在业务、财务、人事等方面对下属单位及其分支机构进行实际控制，下属单位及其分支机构涉案人员可以作为被移送审查起诉的上级单位的"其他直接责任人员"追究刑事责任。在证明实际控制关系时，应当收集、运用公司决策、管理、考核等相关文件，OA系统等电子数据，资金往来记录等证据。对不同地区同一单位的分支机构涉案人员起诉时，证明实际控制关系的证据、证明标准应基本一致。

（2）据现有证据无法证明被立案的上级单位与下属单位及其分支机构之间存在实际控制关系的，对符合单位犯罪构成要件的下属单位或分支机构应当补充起诉，下属单位及其分支机构已不具备补充起诉条件的，可以将下属单位及其分支机构的涉案集资犯罪嫌疑人直接起诉。

另外，对非法集资提供网络链接的，与非法集资人或单位没意思联络，可构成帮助信息网络犯罪活动罪，不按非法集资共同犯处理。

第三章

非法集资的行刑衔接机制

> 不能简单地直接从刑法中寻找依据，而是应当首先从能否构成犯罪的这些刑法规定赖于建立的其他前置性法律当中去寻找。[1]

面对经济发展的全球化、意识形态的多元化、网络空间的虚拟化、社会容忍的夸张化、资本市场的多层化尤其是金融的混业经营趋势，跨区域涉众型的复杂多变的大案要案频发，如何安排处置非法集资的组织架构和制度以及选择何种处置模式成为实践应用和制度设计的重要任务。尽管我国在处置非法集资事件上安排了多个部门，既有金融稳定发展委员会、人民银行、银保监会、证监会、国家外汇管理局，也有地方政府以及地方金融监管部门、市场监督部门、公安机关以及发改、网监、民政、农业农村、林业、水利等领域，管理部门不仅众多，法律手段也严厉，不惜动用刑法规制，但其效果不显著。非法集资依然是地方政府颇伤脑筋的事情。近年来，非法集资组织化、网络化趋势日益明显，线上线下相互结合，传播速度更快、覆盖范围更广。犯罪分子假借迎合国家政策，打着"金融创新""经济新业态""资本运作""金融科技""数字经济"等幌子，从种植养殖、资源开发、房地产向投资理财、网络借贷、股权众筹、虚拟货币转变，迷惑性更强。"金融互助"、消费返利、养老投资等新型案件层出不穷，互联网＋传销＋非法集资模式案件多发，层级扩张快，传染性很强，监管和防范的难度更大。我国在不断扩大非法集资犯罪圈以及采取更加严厉的刑法予以规制，依然未能有效地遏制非法集资的蔓延。一旦处理不当有可能窒息企业家在资本市场上创新的激情，影响资本市场的繁荣与发展。那么，如何架构出既不违反资本运行的商业规律，又符合现代融资发展要求的监管与处置制度机制，如何保证非法集资的行政管制与刑事制裁的有效衔接，成为理论亟待研究和实践急需解决的焦点问题。

---

[1] 参见杨兴培：《犯罪的二次性违法理论探究》，载《社会转型时期的刑事法理论》，法律出版社 2004 年版，第 417 页。

第一节 非法集资的行政处置机构与程序

为了加强国务院有关部门和省级人民政府的协调配合,对非法集资实施综合治理,加大对非法集资的打击力度,维护正常的经济金融秩序,2007年国务院颁布了《关于同意建立处置非法集资部际联席会议制度的批复》。2018年我国成立了处置非法集资部际联席会议,发布了《处置非法集资工作操作流程(试行)》,并要求:"省(自治区、直辖市)人民政府对辖区内处置非法集资工作负总责,指导、组织、协调有关部门做好处置非法集资工作",初步形成了"地方政府负总责""监管与市场准入、行业管理相挂钩"以及国务院金融监管部门分支机构、派出机构参与的打击非法集资的工作机制。2015年10月19日,国务院下发了《关于进一步做好防范和处置非法集资工作的意见》;2020年12月21日,国务院第119次常务会议通过了《防范和处置非法集资条例》。该条例对其作出了相对完整的规定,这对依法处置非法集资具有重要的意义。

一、非法集资的行政处置机构

我国建立了"处置非法集资部际联席会议"制度,形成了省级人民政府对本行政区防范和处置非法集资负总责,地方各级人民政府建立防范和处置非法集资工作机制,县级以上地方人民政府明确"处置非法集资机制的牵头部门";行业主管、监管部门分工负责,国务院金融监管部门分支机构、派出机构按照职责分工,对所在地处置非法集资工作予以支持、配合;实现处非领导机制省市县乡四级以及线上和线下全覆盖的防范体系。可以说,地方政府已经形成了处置非法集资的组织体系,建立了防范非法集资的机制,确定了处置非法集资的工作机制。

(一)处置非法集资部门的历史变迁

在早期的实践中,因非法集资引起的案件起诉到法院后,法院往往不受理。1991年9月29日,最高人民法院原经济审判庭《关于对南宁市金龙车辆配件厂集资纠纷是否由人民法院受理问题的答复》批复指出:"南宁市金龙车辆配件厂的集资纠纷,已经南宁市人民政府调查组、自治区乡镇企业局和南宁市人民政府联合工作组的查处,历经四年,政府及主管部门已做了大量工作。在此情况下如果将此纠纷交法院处理,将会拖延时间,不利于及时解决。而且,集资纠纷案件不属于人民法院经济审判庭的收案范围。因此该纠纷仍由有关人民政府及主管部门处理……"1992年7月29日,最高人民法院原经济审判庭"关于生效判决的连带责任人代偿债务后应以何种诉讼程序向债务人追偿问题的复函"指出:"吉林省高级人民法院:你院经济审判庭吉高法经请字〔1992〕1号《关于在执行生效判决时,连带责任人代偿债务后，应依何种诉讼程序向债务人追偿问题的请示》收悉。经研究，答复如下：根据生效的法律文书，连带责任人代主债务人偿还了债务，或者连带责任人对外承担的责任超过了自己应承担的份额的，可以向原审人民法院请求行使追偿权。原审人民法院应当裁定主债务人或其他连带责任人偿还。此裁定不允许上诉，但可复议一次。如果生效法律文书中，对各连带责任人应承担的份额没有确定的，连带责任人对外偿还债务后向其他连带责任人行使追偿权的，应当向人民法院另行起诉。"基于以上司法实践的做法，此类案件不属法院主管范围，致使大量的集资纠纷被排除在司法救济之外，从而导致了此类案件最终得不到妥善的处理，对社会的稳定产生了一定的消极作用。① 此类案件由人民政府及有关主管部门处理并非不是一个稳妥的办法。因为行政机关或者主管部门处在非法集资治理的最前端，其对案件发生的原因、案件的性质以及影响程度等因素的判断更具有实质性意义。如果行政机关对一些非法集资行为能及早发现、及时查处，不仅能够打早打小以及防止非法集资行为的蔓延，也能防止其不断演变成犯罪。

根据我国《银行法》规定的"按照规定监督管理金融市场"，央行属于当然的非法集资监管主体。1996 年 8 月 5 日，国务院办公厅颁布了《关于立即停止利用发行会员证进行非法集资等活动的通知》，要求由中国人民银行会同有关部门组成调查组，全面了解会员证的发行和交易情况，制定统一的管理办法。1997 年证监会《关于坚决制止以期货交易为名进行非法集资活动的通知》要求证监会与央行就以期货交易为名的非法集资活动联合清查。由于一些地方和企业违反国家金融管理的有关规定，利用发行会员证（包括席位证、优惠卡等）进行非法集资，并从事炒买炒卖活动，个别地区还设立了会员证交易所，模仿国内证券交易所的管理办法，为会员证提供上市交易服务。会员证不是资本市场上的有价证券，利用发行会员证进行非法集资、炒买炒卖以至上市交易的行为，严重背离了发行会员证的本来目的，干扰了正常的金融秩序，妨碍了证券市场的健康发展。2005 年中编委办公室颁布了《关于明确认定、查处、取缔非法集资部门职责分工的通知》。该"通知"对认定、查处非法集资分工如下：银监会负责非法集资的认定、查处和取缔及相关的组织协调工作；人民银行、公安部、工商总局、证监会、保监会等有关部门及非法集资行为发生地的地方政府密切配合银监会开展有关工作。涉及银行业金融机构的，由银监会负责；涉及证券期货、保险机构的，由银监会会同证监会、保监会以及有关部门负责；涉及工商企业的，由银监会会同工商总局以及有关部门负责。公安机关的职责是配合地方政府、银保监会等部门开展工作。为加强信息互通与共享，确保国务院全面掌握全国处置非法集资工作情况，联席会议建立处置非法集资信息汇总报告制度，各成员单位和省级人民政府要建立本部门、本地区日常报告制度。联席会议负责督促各成员单位和省级人民政府做好信息报告工作，并负责

---

① 倪伟明：《非法集资债务纠纷案件法院应予受理——对一项司法解释的评析》，载《观察与思考》2000 年第 8 期。

向国务院提交处置非法集资工作的年度报告。

2014年8月,国务院《关于界定中央和地方金融监管职责和风险处置责任的意见》确定了地方政府承担对部分金融活动的监管职责,要求加强对民间借贷、新型农村合作金融组织的引导和规范,防范和打击金融欺诈以及非法集资等违法违规行为。2015年4月2日,处置非法集资部联席会议发布了《处置非法集资部际联席会议关于开展2015年防范打击非法集资宣传月活动的通知》。该通知要求加大投资者风险警示教育,着力宣传"非法集资不受法律保护、参与非法集资风险自担",增强公众"理性投资、风险自担"的意识。2015年5月28日,"处置非法集资部际联席会议"确立了"地方政府负总责""监管与市场准入、行业管理相挂钩"打击非法集资的工作要求。2015年10月19日,《国务院关于进一步做好防范和处置非法集资工作的意见》进一步提出了明确具体的职责分工,即:省级人民政府是防范和处置非法集资的第一责任人,对本行政区域防范和处置非法集资工作负总责,地方各级人民政府承担属地管理职责,各行业主管、监管部门承担防控本行业领域非法集资监管职责,部际联席会议加强组织协调、督促指导,强化顶层推动,增强工作合力。2019年处置非法集资部际联席会议(扩大会议)确定了防范与处置非法集资的工作重点:(1)进一步完善工作机制。年内务必实现处非领导机制省市县三级全覆盖。要将防范和处置非法集资工作纳入领导班子和领导干部综合考核评价内容、年度目标绩效考核内容。进一步发挥好综治考评导向作用,科学设计考评细则,严把尺度标准。(2)加快推动出台《防范和处置非法集资条例》。认真做好《条例》修改完善工作,加快立法进程。研究非法集资入刑标准、罪名适用、追赃挽损、涉案财物处置等共性难点问题,进一步完善刑事法律规定。(3)稳妥有序处置案件风险。统筹谋划,稳妥有序打击处置互联网金融领域非法集资。高度关注打着"私募基金""养老扶贫""军民融合""影视文化"等幌子的非法集资活动。继续深入推进非法集资案件处置三年攻坚,加快陈案积案消化。(4)推进监测预警体系建设。加快推进全国非法金融活动风险防控平台建设,高质量完成全国非法集资监测预警体系三年规划编制工作。持续推动举报奖励、风险排查和基层网格化治理,深化群防群治。(5)创新方式提升宣传效果。发挥好各地、各有关部门、各行业协会、各金融机构的作用,积极构筑多层次宣传阵地。继续加大主流媒体公益广告投放力度,优化播出方案。加强与各类新媒体合作,有效占领网络宣传空间。(6)积极推动全链条治理。有效落实金融持牌经营、特许经营原则,把好企业准入关。加强对网络借贷、私募基金、投资理财等重点领域监管。及时制定金融广告监管规则,坚决查处清理涉嫌非法集资广告资讯信息。加大金融机构资金异动监测和风险防控力度。做好处非工作与社会信用体系建设的对接,使非法集资"一处发现,处处受限"。但要防止因处置非法集资风险过程中新添处置本身带来的风险。2020年4月20日,处置非法集资部际联席会议在京召开。会议全面总结2019年以来防范和处置非法集资工作,深入分析形势,研究部署下一阶段重点任务。2020年重点做好以下工作:(1)加快推动《防范和处置非法集资条例》出台。做好贯彻落实《条例》各项准备工作,充分运用行政手段加强源头治理。不断健全执法机制,加快构建行政处置与司法打击并重并举、有机衔接的新格局。(2)审慎稳妥处置风险。完善涉非突发事件应急响应机制,稳妥有序打击处置网络借贷、私募股权等重点领域非法集资活动。深入推进存案攻坚,争取大幅消减存案数量。(3)持续完善监测预警体系。抓紧编制全国非法集资监测预警体系建设三年规划。健全完善国家平台,改造提升地方平台,加快实现互联互通。充分运用反洗钱等手段,更好发挥金融机构"前哨"作用。深入开展涉非广告信息和风险排查整治,建成网上网下、群防群治的风险防控"天罗地网"。(4)推进形成大宣传格局。制定防非宣传教育五年规划,精心组织防非宣传月等品牌活动。进一步发挥主流媒体作用,积极拓展新媒体渠道,推动形成政府全面行动、社会广泛参与、持续协调发力的宣传工作局面。就其任务比较而言,《防范和处置非法集资条例》不仅名称有所变化,也将"《条例》修改完善工作"变为"落实《条例》各项准备工作",保障出台的条例得以实施;在处非法集资风险上,由"稳妥有序"转化"审慎稳妥",旨在建立审慎稳妥有序处理集资风险事件体系;在监测预警体系建设上,由"高质量完成全国非法集资监测预警体系三年规划编制工作"转变为"抓紧编制全国非法集资监测预警体系建设三年规划",似乎原来的计划未能完成;在宣传上,由"构筑多层次宣传阵地"改为"推进形成大宣传格局",面对严峻复杂的国际国内形势,并强调打非处非工作要坚持稳中求进工作总基调,坚持"稳定大局、统筹协调、分类施策、精准拆弹"的基本方针,注重提前部署、下好"先手棋",注重源头管控、打早打小,注重标本兼治、全链条治理,全力保护人民群众财产安全,切实维护社会大局稳定。

(二)我国处置非法集资主体的框架结构

从我国处置非法集资的历史轨迹来看,其监管主体早期以央行为主,其职能逐渐转移到银保监会。银保监会成为处置非法集资的牵头单位。处置非法集资部际联席会议成立,再次反映非法集资与金融业务的关联性。有论者认为,非法集资作为未经批准的第三类集资活动,在大多数国家,第三类集资活动主要属于证券法调整,是直接融资的范畴,应由证监会作为牵头单位。因为集资者为自己使用而吸收资金,属于直接融资的范畴,类似于擅自发行证券。由于我国未将采用股票、债券的名义或者集资载体没有被权益份额化和标准化视为证券发行。当集资者吸收资金再用于投资时,才扮演了金融中介的角色,体现了信用转换的功能,提供资金的公众投资者只向集资者追索,而没有权利直接向实际用款人追索,如一些"地下钱庄"、投资公司、担保公司从事的就是此类型业务。在这种情况下,集资者类似于商业银行,吸收了公众存款,并承担了信用风险。我国在非法集资立法上以非法吸收存款罪作为非法集资的基本类型,直接混同了直接融资和间接融资活动,存在一些逻辑上的混乱,以至于影响了处置非法集资主体的安排。非法集资犯罪客观上是一种变异的经济活动,其发案的过程、环节和阶段涉及行政执法和行业管理等多个部门，而各部门也均负有相应的监管职责。目前，我国处置非法集资属于牵头部门组织和多部门参加的多主体协同监管的框架，其基本架构为：

省级人民政府负总责，行业主管监管部门一线把关，部际联席会议组织协调。根据《防范和处置非法集资条例》和国务院《关于进一步做好防范和处置非法集资工作的意见》要求：省级人民政府对本行政区域防范和处置非法集资工作负总责，要切实担负起第一责任人的责任。地方各级人民政府应当落实属地管理职责，发挥其资源统筹调动、靠近基层一线优势，做好本行政区域内风险排查、监测预警、案件查处、善后处置、宣传教育和维护稳定等工作，确保本行政区域防范和处置非法集资工作组织到位、体系完善、机制健全、保障有力。建立目标责任制，将防范和处置非法集资工作纳入领导班子和领导干部综合考核评价内容，明确责任，表彰奖励先进，对工作失职、渎职行为严肃追究责任，旨在规范约束地方各级领导干部参与民间经济金融活动。这就要求有关部门和省级人民政府对政策界限清楚的非法集资案件，需要果断处置，做到防微杜渐；对认定存在困难的，按程序报联席会议。处置非法集资的工作机制主要包括：建立健全监测预警体系、及时准确认定案件性质、稳妥做好处置善后工作、完善法律法规、加强对社会公众的宣传教育等内容。部分省市根据国务院的规定进一步细化了处置非法集资的主体，如江苏省《关于办理非法集资刑事案件的意见》。该意见要求，司法机关应当积极配合地方党委和政府做好善后工作，确保社会稳定。对于社会影响大的非法集资刑事案件，应由当地政府牵头，成立由财政、审计、公安、检察、法院等部门人员参加的工作小组，负责对被告人的财产、债权、债务进行接管、处理、清算和分配。《防范和处置非法集资条例》在《国务院关于进一步做好防范和处置非法集资工作的意见》基础上，进一步明确了防范和处置非法集资工作机制，以及地方各级人民政府、行业主管、监管部门和市场主体等各方面的职责和义务。一是强调省、自治区、直辖市人民政府对本行政区域内防范和处置非法集资工作负总责。明确县级以上地方人民政府建立健全政府统一领导、有关单位参加的工作机制。考虑到乡镇工作的实际情况，要求乡镇人民政府明确牵头负责防范和处置非法集资工作的人员。二是规定县级以上地方人民政府应当明确防范和处置非法集资工作机制的牵头部门，赋予其相应的调查处置权力和手段。上级地方人民政府应当督促、指导下级地方人民政府做好相关工作。三是考虑到非法集资涉及各行业领域，与行业监管密切相关，要求行业主管、监管部门按照职责分工对本行业、领域非法集资履行防范和配合处置职责。四是国务院建立处置非法集资部际联席会议制度，联席会议由银保监会牵头、有关部门参加，负责督促、指导有关部门和地方开展防范和处置非法集资工作，协调解决重大问题。①

---

① 对此问题可参考郭华：《〈防范和处置非法集资条例〉解读和适用指南》，中国法制出版社2021年版。

(三) 国外处置类似案件的主体考察

从国外的监管经验来看，美国围绕监管系统性风险和消费者金融保护两大核心。一是在机构上主要是消费者金融保护局负责对消费者权益的保护。在美联储体系下建立了消费者金融保护局（Consumer Financial Protection Bureau, CFPB），对向消费者提供信用卡、按揭贷款等金融产品或服务的银行或非银行金融机构进行监管。CFPB拥有检查所有抵押贷款相关业务并对其实施监管的权力，大型非银行金融机构及资产规模超过100亿美元的银行或者信贷机构均将在其管辖范围之内。其职责有：（1）可以通过数据分析和研究，以对相关金融市场进行监管，并对这些产品和服务的适当性进行评估。（2）有权根据现行消费者金融法来设立规则，并采取适当的强制执行来处理违规事件。（3）负责实施金融教育。（4）负责接收、处理和解答消费者的投诉。（5）有责任保护弱势消费者，包括年长者、服役人员及其亲属。此外，CFPB下设金融知识办公室（Office of Financial Literacy）加强对公众的金融知识教育，并设立社区热线，处理消费者对金融产品和服务的投诉。二是金融稳定监管委员会（Financial Stability Oversight Council, FSOC），负责应对系统性风险。该委员会由9家金融监管机构首脑组成，美国财长担任FSOC主席，其成员包括美联储主席、货币监理署主席、联邦存款保险公司主席、美国证监会主席、消费者金融保护局主席等。主要职责：识别和防范系统性风险；有权从各个联邦及州监管机构收集信息；有权就加强美国金融市场稳定性、竞争性、有效性对国会和美联储提出建议；有权将其认为对美国金融市场构成威胁的非银行金融机构或跨国银行附属机构纳入美联储监管范围；定期向国会报告美金融体系形势；特定情况下，有权就具体的金融活动对主要监管机构提出意见，监管机构必须遵照执行，并就执行情况向国会报告。① 我国尽管对美国的模式不能移植，但将其作为我国完善防范和处置非法集资组织架构仍不失有参考价值。

(四) 我国处置非法集资组织架构的分析与评价

我国目前在金融监管上形成了"一委一行二会一局"的基本格局，但其处置非法集资的职能与优势未能充分体现出来，其主要原因在于在形成打击和处置非法集资合力方面存在一些机制性障碍。这些机制性障碍主要表现在以下几个方面。

一是按照《处置非法集资工作操作流程》规定，联席会议在省级政府领导下负责处置非法集资工作的组织协调和监督指导。但是，在地方政府"处非"工作领导小组中，又规定由地方金融监管部门或者金融办（局）负责协调工作。实际工作中联席会议与地方金融监管部门或者金融办（局）的沟通协调机制需要健全。

---

① 参见邵佳伟、赵颖春：《次贷危机后美国金融监管体制改革对我国的启示》，载《时代金融》2016年第35期；尹哲、张晓艳：《次贷危机后美国、英国和欧盟金融监管体制改革研究》，载《南方金融》2014年第6期。

况且，在实践中办案单位疲于调查取证、追赃挽损，由于受客观因素及办案思路阻碍，如部门间推诿认定非法集资行为性质、对集资参与人的取证量难以达到行政处罚的要求、遗漏异地违法事实、存在管辖争议等，造成实际查处效果往往不佳，影响办案机关的工作积极性，引发了群众不满，① 以至于效果不明显，优势不突出。

二是联席会议制度建立了相关的监测预警机制，但限于部门职责，各部门的监测手段、监测范围有限，监测预警一定程度上仍依赖于群众举报、媒体监督，相关部门间的信息共享依然存在障碍。② 有论者认为，在进行非法集资的监管工作过程中，需要对相关的行政资源进行优化整合，通过确立一个适当地行政管理部门来进行非法集资活动的监管工作并对相关企业的交易数据进行实时监测，实现行政资源的全面整合。因此，在进行非法集资的监管工作时，需要通过各个行业领域的多方配合，实现非法集资行为的综合性治理。非法集资行为的监测主体通常由对基层信息掌握程度较大的乡镇政府以及基层银行的监管机构构成。而监测方法则需要在相关企业的投资者或集资者进行主动备案的前提下，相关部门从数据交换、网络信息以及重点账户等方面对企业的集资和投资行为进行合理监控。③ 目前全国非法金融活动风险防控平台上线试运行，28 个省份监测平台已投入使用。在省、市、县三级政府防范处置非法集资力量呈逐级递减的趋势，特别是县级政府贴近基层、靠近一线，但普遍存在机构不完善、人员编制不足以及现代信息技术应用能力不足等问题。由于省市的"三定方案"已经落实，这为建构新的处置非法集资机构或者为其确定新的编制增添了难度，无论是人员队伍还是技术力量均受到限制。

三是权力配置体系不合理和不科学。有论者认为，这种处置非法集资的模式存在浓厚的行政主导色彩，有行政主导非法集资案件的启动、定性甚至资产处置存在诸多弊端：由于专业的隔阂，无法保证监管部门能对各种复杂的非法融资行为准确定性，有的甚至以行政意志取得法律判断，以致错误处置了一些合法的资金融通行为，或者放纵了非法集资犯罪，甚至容易出现在执法时间、执法对象上的"选择性执法"。④ 也有论者认为，《处置非法集资工作操作流程》《部际联席会议制度批复》及其相关附件规定了法院的参加，部际联席会议的程序因为有法院的参加而成为"隐约"的审判程序，给被告人、被害人等的权利救济带来了特别的困难。当省级人民政府和下属各级人民政府、宣传主管部门、公安机关、财政和税务部门、人民银行和金融监管部门、市场监督部门、人民法院和人民检察院等若干机关将其形形色色的行政权、审判权、检察权混为一体之时，任何被告人或被害人都无法对抗如此强大的权力。⑤

---

① 参见刘路军、韩玮：《对〈关于办理非法集资刑事案件适用法律若干问题的意见〉的解析及探讨（一）》，载《中国市场》2015 年第 19 期。
② 参见焦少飞、王蓉：《非法集资的现状、打击难点与对策研究》，载《海南金融》2012 年第 3 期。
③ 参见刘黎明：《浅议当前非法集资案件高发的原因与法律对策》，中国法院网，https：//www.chinacourt.org/article/detail/2020/01/id/4782861.shtml。访问时间 2020 年 10 月 2 日。
④ 参见刘鑫：《民间融资犯罪问题研究》，上海人民出版社 2015 年版，第 120 页。
⑤ 参见陈醇：《非法集资刑事案件涉案财产处置程序的商法之维》，载《法学研究》2015 年第 5 期。

我国构建这种协调性的处置模式的初衷是好的。因为非法集资涉及多个部门,有多个部门齐抓共管也合乎情理。然而,银保监会作为牵头单位协调各部门的执法能力设置"处置非法集资部际联席会议"的实际效果是有限的,其协调能力以及协调效果不显著也是必然的。而地方处置非法集资办公室,多设在地方金融监管部门或者金融办(局),又因专业素养逊于金融监管部门,其处置能力相对较弱。非法集资具有跨地域性甚至涉及全国性,这些跨区域的非法集资案件由地方金融监管部门或者金融办(局)来处置,不仅鞭长莫及,也无能为力。在实践中,在案件暴露前,地方政府则有保护倾向;有的地方政府不敢做非法集资的风险预警,担心影响发展、创新等形象,又能暂时收获大量的收入,基本上就是出事后依赖公安的介入。在处置非法集资问题上,有的地方政府为了保护当地的利益,擅自在辖区内处置资产、清退资金,给跨省的案件的整体处置工作造成阻碍。在一些跨省案件中,牵头省份也不主动与其他涉案地区进行协调,对当地涉案分支机构查处不及时、不彻底。[1]

我国经济较长时期保持了较快增长,资金上有着强劲旺盛的需求,于是一些打着经济新业态、金融创新幌子以及以理财众筹、期货、虚拟货币等名目繁多的网络平台出现。在经济发展速度放缓或者下行压力下,资金流动性趋紧,当企业正当融资需求遇到困难时,各类不规范的地上和地下民间融资机构趁机介入金融领域,跨界经营、模式嵌套、业务交织,因为没有相应法律予以规范,非法集资在投机、寻租、规避等通道下就有了生长的条件与生存环境,甚至在互联网金融领域蔓延,成为影响社会稳定的顽疾。在行政体制改革中,行政管理越来越宏观化,其干预经济行为的能力在不断弱化,在集资未有相应监管制度的情况下,依法行政难以监管,也难以实施。我国金融体制改革后,人民银行不再承担监管职能,而银保监会监管的是有金融经营执照的金融机构,对企业和个人的集资行为无法承接起日常监管和取缔的职能,从而出现了非法集资行政监管的空白区。尽管银保监会牵头成立了处置非法集资部际联系会,地方政府的金融办在处置非法集资活动中也发挥了一定作用,但因对非法集资的行政执法法定主体缺失,必然会出现监管不到位的领域。《防范和处置非法集资条例》不仅是整治非法集资、确保民众生命财产安全、防范化解金融风险、确保社会秩序稳定的现实需要,也是保障金融监管有法可依、严格执法的内在要求,更是促进民间资本市场规范有序健康发展的重要保障。而处置非法集资立法需要解决好以下三个层面问题。

一是改变现有的治理非法集资仅仅依靠刑事手段打击的做法,将行政监管作为处置非法集资的主要措施,从而使非法集资能够在制度上得到有效监管,从源头上而非从结果上处置非法集资,要从法治的层面解决处置非法集资路径的偏差。目前,有部分省市指定公安机关或者市场监督部门为牵头部门欠妥,是其治理非法集资思路未转变的写照。

---

[1] 参见吴雨俭、张莉:《集资骗局大爆发监管真空如何填》,载《财新周刊》2015年12月21日。

二是为行政监管提供法律依据。处置非法集资立法必须严格界定银保监会等国务院金融监管部门派出机构、分支机构及地方政府的职责分工，明确非法集资的查处主体及监督处罚的程序，从而实现对非法集资全链条、穿透式的监管和治理，使各种非法集资活动的高利蒙骗性、隐蔽性能够被及时发现。同时，对行政监管不力与执法不严的，能够有法可责，进而落实"法无授权不可为""法定职责必须为""法定职责不可放弃"的"依法行政"的职责要求。

三是通过立法将非法集资活动界定为违法活动，通过法律明确民众参与非法集资活动的危险性、违法性以及应承担的法律责任，进而提高民众远离非法集资的自觉性。同时，也为解决非法集资提供了法定途径和程序，避免民众出现投资失败就非法上访的现象，这样可以使非法集资丧失生存的社会土壤。①

另外，这种模式还极易导致处置非法集资采取集中整治专项行动，甚至采取"运动式"的处置非法集资。这种运动式的突击处置模式尽管能够消除面上的问题，但隐藏在背后的源头没有得到触及，况且还会因地方保护主义，使其处置模式体现出较强的行政制裁特色，甚至会出现依据领导批示来决定是否查处非法集资的情形。基于以上弊端的分析与目前处理的经验，我国应当将以刑事查处为主、行政配合的非法集资的处置模式。转化为行政执法为主，刑事查处为补充的模式。

二、非法集资的行政性防范和处置程序

根据《防范和处置非法集资条例》的规定，省、自治区、直辖市人民政府对本行政区域内防范和处置非法集资工作负总责，地方各级人民政府应当建立健全政府统一领导的防范和处置非法集资工作机制。县级以上地方人民政府应当明确处置非法集资牵头部门，有关部门以及国务院金融管理部门分支机构、派出机构等单位参加工作机制；乡镇人民政府应当明确牵头负责防范和处置非法集资工作的人员。上级地方人民政府应当督促、指导下级地方人民政府做好本行政区域防范和处置非法集资工作。行业主管部门、监管部门应当按照职责分工，负责本行业、领域非法集资的防范和配合处置工作。对于非法集资的防范机制与权限将在第六章论述。

（一）我国处置非法集资的基本分工

省、自治区、直辖市人民政府对本行政区域内防范和处置非法集资工作负总责，地方各级人民政府应当建立健全政府统一领导的防范和处置非法集资工作机制。县级以上地方人民政府确立的非法集资牵头部门负责对本行政区域内涉嫌非法集资进行行政调查。国家金融监管部门配合和协助地方人民政府处置非法集资工作。联席会议成员单位应当指导和配合地方人民政府处置非法集资职能部门开展非法集资行政调查工作，县级以上地方人民政府确立的非法集资牵头部门应当接受国

---

① 参见郭华：《强化立法与监管 依法处置非法集资乱象》，载《人民政协报》2018年7月24日。

家金融监管部门的指导。

1. 本行政区域内涉嫌非法集资风险或者非法集资的，处置非法集资牵头部门应当及时组织有关行业主管部门、监管部门以及国务院金融管理部门分支机构、派出机构及时进行约谈或者进行调查认定。性质认定后，由非法集资牵头部门组织进行查处和组织后续处置工作。

2. 对跨行政区域的涉嫌非法集资行为非法集资人为单位的，由其登记地处置非法集资牵头部门组织调查认定；非法集资人为个人的，由其住所地或者经常居住地处置非法集资牵头部门组织调查认定。非法集资行为发生地、集资资产所在地以及集资参与人所在地处置非法集资牵头部门应当配合调查认定工作。

处置非法集资牵头部门对组织调查认定职责存在争议的，由其共同的上级处置非法集资牵头部门确定；对跨省、自治区、直辖市组织调查认定职责存在争议的，由联席会议确定。对于重大案件，跨省（区、市）且达到一定规模的案件，前期调查取证事实清楚且证据确凿、但因现行法律法规界定不清而难以定性的，由省级人民政府提出初步认定意见后按要求上报，由联席会议组织认定，由有关部门依法作出认定结论。

3. 对经公安机关未经行政机关移送而立案侦查，事实清楚、证据确凿且触犯刑法的案件，可直接进入刑事诉讼程序。行政机关对非法集资行为的调查认定，不是依法追究刑事责任的必经程序。

（二）处置非法集资的行政调查

处置非法集资坚持"防打结合、打早打小"和"分别施策"原则，源头治理是根本，强化行政处理的源头治理，刑事打击作为后续手段，这就需要建立行刑衔接机制。处置非法集资的行政调查包括调查案件范围和调查措施。

1. 处置非法集资立案调查的案件范围。根据《防范和处置非法集资条例》的规定，处置非法集资职能部门发现未经依法许可或者违反国家有关规定筹集资金的行为，并且有下列情形之一的，应当进行非法集资行政调查，其他有关部门应当予以配合：（1）设立互联网金融企业、资产管理类公司、投资咨询公司、各类交易场所或者平台、农民专业合作社、资金互助组织以及其他组织筹集资金的；（2）以发行或者转让股权、募集资金、销售保险，或者以从事理财及其他资产管理类活动、虚拟货币、融资租赁、信用合作、资金互助等名义筹集资金的；（3）以销售商品、提供服务、种植养殖、项目投资、售后返租等名义筹集资金的；（4）无实质性生产经营活动或者虚构资金用途筹集资金的；（5）以承诺给付货币、实物、股权等高额回报的形式筹集资金的；（6）通过报刊、电视、电台、互联网、现场推介、户外广告、传单、电话、即时通信工具等方式传播筹集资金信息的；（7）其他违法筹集资金的情形。

对于群众举报、其他部门移送的非法集资线索以及监测或者执法中发现上述情形的，应当进行梳理和初步核实，确实存在上述情形，并有相关材料的，及时登记立案以及甄别处理。

（1）对不属于非法集资性质的举报线索，作出终结受理结论，并向举报人回复。

（2）对管理职责明确的涉嫌非法集资活动线索，在职权范围内受理，并可开展立案调查。

（3）对案情复杂或超出部门管理权限的，提出意见和处置建议报上级人民政府。

（4）对涉嫌犯罪的案件线索，按照行政与司法的衔接机制直接移送公安机关。对符合刑事立案条件的，公安机关应当及时查处并采取暂时性措施。

2. 处置非法集资牵头部门非法集资行政调查措施。处置非法集资牵头部门非法集资行政调查措施具体包括：在调查阶段，处置非法集资牵头部门有权进入涉嫌非法集资的场所调查取证，询问与被调查事件有关的单位和个人，查阅、复制与被调查事件有关的资料并依法予以封存，依法查询有关账户，要求暂停集资行为，通知市场监督管理部门或者其他有关部门暂停为涉嫌非法集资的有关单位办理设立、变更或者注销登记等。调查时，调查人员不得少于2人，并应当向被调查单位和个人出示执法证件；非法集资行政调查可以采取现场检查和非现场核查等方式，依法收集、固定相关证据并建立调查档案。

一是行政调查的主体与调查方式。县级以上地方人民政府处置非法集资牵头部门负责组织实施本行政区域内非法集资行政调查工作。根据情况，决定采取现场调查和非现场核查等方式。其中，现场调查，是指行政调查人员直接深入到涉嫌非法集资的公司或者其他组织进行制度、业务检查和风险判断分析，通过核实和查清非现场监管中发现的问题和疑点，达到全面获得和判断涉嫌非法集资企业或者其他组织经营和风险情况，并取得相关证据材料的一种方式。非现场核查，是指行政调查人员对涉嫌非法集资的公司或者其他组织报送的经营管理和财务数据、报表和报告，运用一定的技术方法就其的经营状况、风险管理状况和合规情况进行分析，以发现风险管理中存在的问题，评价其是否存在非法集资的风险状况。

现场调查作为一种行政行为，应当遵循依法行政的原则，其基本流程为：(1) 根据非现场监管与分析，以及其他渠道获得的涉嫌非法集资的线索和信息，确定现场调查的具体对象和时间。(2) 向被调查涉嫌非法集资企业或者其他组织针对有关非法集资的线索事项提出问题。(3) 制定现场调查方案，明确调查的主要领域及重点，同时确定具体的调查工作时间、调查人员及分工。(4) 向涉嫌非法集资企业或者其他组织发出现场调查通知。(5) 进入现场开始调查。根据制定的调查计划和确定的调查重点，通过谈话、查阅文件、核查账表和档案等，对涉嫌非法集资企业或者其他组织进行调查、分析和评价，形成现场调查结论。(6) 完成现场调查报告，向涉嫌非法集资企业或者其他组织反馈监管建议和处理决定。(7) 综合现场调查、非现场监管情况，为综合评价涉嫌非法集资企业或者其他组织是否存在非法集资等提供依据。

二是非法集资的行政调查措施。调查取证应当围绕以下内容进行：涉嫌非法集资单位或个人基本情况；集资方式、数额、范围和人数；经营方式、经营范围、合同兑付、纳税情况；高管人员及家庭成员构成、主要社会关系；涉嫌非法集资单位或个人的资金运作情况；涉嫌非法集资单位或个人的主要关联企业情况；其他可能存在的违法违规问题等。

调查中对非法集资单位的生产经营状况、盈利水平、市场发展前景，特别是经营模式的可持续性进行分析评价，为处置工作定性提供参考。主要措施为：询问相关单位和个人，要求其对有关事项作出说明；进入相关经营活动场所进行现场检查；查阅、复制、封存相关文件、资料；查询相关账户信息；查封相关经营活动场所、查封和扣押相关财物；依法可以采取的其他措施。

涉嫌非法集资的相关单位和个人应当配合处置非法集资部门进行调查，对于经营活动相关的任何文件或记录应交由调查部门审查。对于认定为非法集资行为，又不停止的，处置非法集资部门有权依法采取下列措施：查封、扣押相关财物、文件、资料，申请司法机关冻结相关资金；限制其转让财产或者在财产上设定其他权利；通知出入境管理机构阻止非法集资个人或非法集资单位的"董监高"和其他直接责任人员出境；依法可以采取的其他措施。

另外，在案件调查取证期间，牵头部门应组织相关部门对涉嫌非法集资单位或个人进行动态监控，防止抽逃、转移、藏匿资金以及主要涉案人员出境，发现异常情况要及时采取必要的管控措施。

（三）处置非法集资部际联席会议对上报案件的处理程序

对于省级人民政府提出案件性质认定申请，连同初步认定意见、处置预案和有关调查取证材料，报联席会议。

联席会议对省级人民政府上报案件进行初步审查。初审认为不符合有关要求的，应要求予以补充，补充完善后重新上报。初审认为符合要求的，联席会议组织相关部门对案件进行认定，并及时将认定意见反馈省级人民政府。

重大案件的认定意见按程序报批。公安部专项立案侦查的案件，需要由联席会议组织性质认定的，按照省级人民政府上报案件性质认定程序进行。

（四）认定非法集资后的处置程序

非法集资一经认定，处置非法集资牵头部门有权查封有关经营场所，查封、扣押有关资产，责令非法集资人、非法集资协助人追回、变价出售有关资产用于清退集资资金，按照规定通知出入境边防检查机关限制有关人员出境等。采取上述措施，旨在防止非法集资人挥霍、转移资产或者逃离出境，为处置工作顺利开展提供保障。此外，对涉嫌犯罪的，处置非法集资牵头部门应当按照规定及时将案件移送公安机关，并配合做好相关工作。

非法集资案件有行业主管、监管部门、组建单位或批准单位的，由牵头部门会同行业主管、监管部门、组建单位或批准单位负责债权债务清理清退等工作；没有行业主管、监管部门、组建单位或批准单位的，由牵头部门组织有关部门负责监督债权债务清理清退等工作。

对跨省（区、市）的非法集资案件，公司注册地在涉案地区的，由公司注册地省级人民政府牵头负责；公司注册地不在涉案地区的，由涉案金额最多或者财产集中地的省级人民政府牵头负责，相关省级人民政府积极配合并负责做好本地区工作。作为牵头的省级人民政府应当组织协调其他涉案地区，制定统一的债权债务清理清退原则和方案，保证处置工作顺利进行。

（五）处置非法集资的措施与资金清退

处置非法集资牵头部门根据实际需要，可以通知市场监督管理部门停止为涉嫌非法集资的相关单位办理变更名称、股东、注册地、经营范围等登记事项，并向社会公开。

1. 非法集资行政组织调查紧急措施。这些措施主要有：查询涉嫌非法集资资金异常相关账户信息；对有证据证明已经或者可能隐匿违法资金的，通知公安机关要求金融机构对相关账户紧急止付。申请有关机关冻结相关资金；建议出入境管理机构阻止非法集资个人或非法集资单位的"董监高"和其他直接责任人员出境；责令非法集资人及其协助人依法拍卖、变卖涉案资产。

2. 非法集资资金的清退。坚持最大限度保护人民群众合法权益，明确非法集资人、非法集资协助人应当向集资参与人清退资金；清退过程应当接受处置非法集资牵头部门监督；任何单位和个人不得从非法集资中获取经济利益。非法集资人和非法集资参与人就资金清退方案达成一致意见的，由非法集资人自行清退。非法集资人和非法集资参与人未就资金清退方案达成一致意见的，处置非法集资牵头部门负责协调组织资金清退工作。非法集资参与人应当在规定期限内进行申报登记。清退资金来源包括：非法集资的资金余额；非法集资资金的收益、转换的其他资产及其收益；非法集资人藏匿或者向关联方转移的资产；非法集资人的出资人、主要管理人、其他直接责任人从非法集资中获取的经济利益；非法集资协助人为非法集资提供帮助而获得的收入，包括咨询费、广告费、代言费、代理费、佣金、提成等；依法应当纳入清退资金来源的其他资产。

3. 处置非法集资过程的责任承担。处置非法集资过程中，地方政府应当采取有效措施，维护社会稳定。对于处置措施应当经过处置非法集资牵头部门主要负责人书面批准。处置非法集资牵头部门对非法集资行为涉嫌犯罪的，应当移送公安机关。非法集资犯罪案件涉案财物的处置依照有关法律法规等规定执行，处置非法集资牵头部门应当协调配合做好相关工作。任何单位和个人不得阻挠、妨碍对非法集资的处置，否则，依法追究责任。对于国家机关工作人员有下列行为之一的，依法给予处分；构成犯罪的，依法追究刑事责任：明知单位或者个人所申请的机构或者业务涉嫌非法集资，仍为其办理行政许可或者注册手续的；明知所主管、监管的单位有涉嫌非法集资行为，未依法及时处理或者移送处置非法集资牵头职能部门的；未按照归档履行对非法集资监测职责，造成严重后果的；查处非法集资中滥用职权、玩忽职守、徇私舞弊的；通过职务行为或者利用职务影响，支持、帮助、纵容非法集资的；其他应当依法给予处分的行为。

第二节　非法集资案件的刑事司法程序

对参与非法集资的处置除依照《商业银行法》《保险法》《证券法》《证券投资基金法》《银行业监督管理法》以及《防范和处置非法集资条例》等法律行政法规规章的规定给予没收违法所得、罚款、取缔等行政处罚外，对构成犯罪的，应当依法移送公安机关追究刑事责任。由于非法集资犯罪属于涉众型案件，且呈现多发高发频发的趋势，对此类案件的处置不仅存在法律政策适用上的实体性争议，还存在案件管辖、涉案财产清退追缴、附带民事诉讼等方面程序选择上的分歧，特别是行政认定与司法认定上存在一些交叉与重叠，也会出现一些重复评价，使得这一问题更加复杂。以下仅就几个实践中产生分歧的问题进行论述。

一、非法集资行政确认的性质与实践状况

非法集资涉嫌非法吸收公众存款、集资诈骗等七种犯罪类型，其案件在程序上主要经过公安机关、检察机关、审判机关依职权进行侦查、起诉和审判。在实践中，有些公安司法机关在办理此类案件中基于非法案件处置的组织架构、传统习惯、专业知识等因素的考虑，常常将行政部门出具的对非法集资性质的认定意见作为办理这类案件的前置条件和必经程序。一旦行政机关不作出认定，对此类案件则不予受理，甚至一度出现没有行政认定不予立案的现象。那么，行政确认究竟在办案中具有何种性质以及如何发挥功能，需要研讨。

（一）非法集资行政确认的性质

随着非法集资案件的复杂与繁琐，在现实中的公安机关的立案侦查与检察审查起诉以及法院的审判对是否属于非法集资的认定越来越依赖行政机关对其的确认，行政认定成为非法集资定性的重要依据或者启动司法程序的关键性环节。在实践中，有些办案人员认为，专业行政监管部门出具的行政认定函具有"扫除案件定性障碍"的功效，有必要将其视为非法集资案件定性的基础。有些案件因缺少非法集资的行政认定函，刑事诉讼程序则不启动，即使已经启动的刑事程序也会因没有行政认定函被搁置，导致程序停滞不前。这一问题在金融类案件中表现得较为突出。例如，某非法从事未上市公司股权案件，司法机关要求证券行政监管部门出具"行为属于非法从事证券交易"的行政认定函，否则不以犯罪论处。由于行政认定

的程序性、规范性及可诉性以及机构职责限制，行政监管部门有时会借故拒绝进行行政认定，导致部分案件被拖延。而有些法院的判决书认为，行政认定函作为"公文书证"具有证据效力。为了解决这一问题，2011年8月18日，最高人民法院发布了《关于非法集资刑事案件性质认定问题的通知》。该通知规定：

"各省、自治区、直辖市高级人民法院，解放军军事法院，新疆维吾尔自治区高级人民法院生产建设兵团分院：'为依法、准确、及时审理非法集资刑事案件，现就非法集资性质认定的有关问题通知如下：

一、行政部门对于非法集资的性质认定，不是非法集资案件进入刑事程序的必经程序。行政部门未对非法集资作出性质认定的，不影响非法集资刑事案件的审判。

二、人民法院应当依照刑法和《最高人民法院关于审理非法集资刑事案件具体应用法律若干问题的解释》等有关规定认定案件事实的性质，并认定相关行为是否构成犯罪。

三、对于案情复杂、性质认定疑难的案件，人民法院可以在有关部门关于是否符合行业技术标准的行政认定意见的基础上，根据案件事实和法律规定作出性质认定。

四、非法集资刑事案件的审判工作涉及领域广、专业性强，人民法院在审理此类案件当中要注意加强与有关行政主（监）管部门以及公安机关、人民检察院的配合。审判工作中遇到重大问题难以解决的，请及时报告最高人民法院。'"

不可否认，对非法集资的行政认定在一定程度上体现了司法机关对处置非法集资案件的谨慎，也能够体现刑罚的谦抑性，且与金融类犯罪的行政犯有关。但是，一旦过分倚重于这种行政认定，司法的独立性难免受到怀疑。案件刑事性质的认定不能完全依赖于金融监管部门的判断，金融监管部门对行为性质的行政认定函在罪与非罪的判断中不发挥决定性的作用，案件性质须由司法人员根据案件的事实与证据情况判断。[1] 基于实践状况，《2019办理非法集资案件意见》再次强调："行政部门对于非法集资的性质认定，不是非法集资刑事案件进入刑事诉讼程序的必经程序。公安机关、检察院、法院应当依法认定案件事实的性质，对于案情复杂、性质认定疑难的案件，可参考有关部门的认定意见，根据案件事实和法律规定作出性质认定。"实践中，由中国人民银行做出的认定较少，且其主要针对所负责的黄金市场；银保监部门具有对大多数金融业务活动进行性质认定的权威；处非牵头部门组织相关部门进行研究，并基于实际的权力地位予以认定，具有较高的被认可度。[2] 其主要原因是行政刑法的适用需寻找前置行政法的规定，而行政法的执法主体为行政机关。

---

[1] 参见毛玲玲：《证券刑法的矛盾样态及反思》，载《中外法学》2014年第3期。

[2] 参见刘路军、韩玮：《对〈关于办理非法集资刑事案件适用法律若干问题的意见〉的解析及探讨（一）》，载《中国市场》2015年第19期。

(二) 非法集资行政确认的实践状况

在现实中，地方政府依然默许甚至认同非法集资的行政程序作为确认非法集资行为的前置依据，特别是一些民营企业往往没有财政资金支持，也没有银行贷款资金，有的企业是政府列项后明确其"资金自筹"。就非法集资案件本身而言，即使强调"案情复杂、性质认定疑难的案件"仍要求"有关行政部门予以行政认定"，并将认定的意见作为立案侦查以及审判的重要参考。多数案件先由行政机构予以警示和要求纠正，在难以处置时才移交公安机关，行政机关的性质认定依然在实务中发挥重要作用。例如，江苏省南京市人民检察院诉许某成、许某卿、马某梅集资诈骗案。[①]

2001年6月5日，被告人许某成伙同案外人冯某云（挂名股东）成立北京墨龙公司，并先后在广州、深圳、成都、重庆、南京等地设立分公司。自2002年始，被告人许某成违反中国人民银行有关规定，未依照法定程序经有关部门批准，推行"星炬计划"非法集资，声称"星炬计划"被国务院扶贫办中国老区扶贫工作委员会、中国科技扶贫工作委员会在全国推广，与客户签订特种药蚁销售合同、特种药蚁委托养殖合同、特种药蚁回收合同等三种系列合同，承诺客户每窝蚂蚁投资人民币460元，1年后返还人民币640元，年回报率为39.13%。事实上，国务院扶贫开发领导小组办公室从未成立也未挂靠主管过中国老区扶贫工作委员会和中国科技扶贫工作委员会两个机构。2003年11月17日，许某成伙同案外人马某萍（挂名股东）设立北京冠成公司。2004年1月5日，许某成伙同被告人许某卿成立南京冠成公司。2004年10月后，合同调整为每窝蚂蚁投资人民币460元，1年后返回人民币540元，年回报率为17.39%。2004年1月~2005年3月，被告人许某成、许某卿、马某梅以南京冠成公司名义，在明知无法归还本息的情况下，以高额回报为诱饵，虚构集资用途非法集资，向不特定公众宣称集资款用于开发、研制蚂蚁产品。事实上，许某成虽与相关单位开展过一些有关开发、研制蚂蚁产品的合作，但投入的资金量占其募集资金的比例非常小。北京冠成公司基本没有经营活动，南京冠成公司的主要活动为募集客户资金及返还到期本金及利润，开发研制及销售蚂蚁产品、为养殖蚂蚁投入的资金量非常小。中国冠成集团成立后一直没有开展业务，与南京、北京冠成公司也没有关系，以中国冠成集团名义吸收资金的目的是为了宣传公司经济实力雄厚、规模大，让客户信赖公司有能力返还客户的投资款。被告人用收到的后期投资款兑现前期投资款，骗取客户信任，共骗取社会不特定对象829人投资款合计人民币33278700元，骗取的巨额集资款均打入三被告人的个人账户，由三被告人占有、支配，除用于支付客户投资款和与客户约定的利息外，还用于个人生活消费、以个人的名义购置房产、汽车等。后三被告无力支付客户投资款和与

---

① 参见2009年10月10日中华人民共和国最高人民法院公报 [2009] 第10期。

客户约定的利息。法院认为,被告人许某成、许某卿、马某梅未经有关部门批准,通过与客户签订特种药蚁销售合同、特种药蚁委托养殖合同、特种药蚁回收合同等三种系列合同,承诺客户每窝蚂蚁投资人民币460元,1年后返还人民币640元,年回报率为39.13%。2004年10月后,合同调整为每窝蚂蚁投资人民币460元,1年后返回人民币540元,年回报率为17.39%。该筹集资金的行为属于非法集资。许某成、许某卿、马某梅在非法集资过程中,明知无法归还本息,仍以高额回报为诱饵,虚构集资用途,谎称其集资款用于养殖蚂蚁、开发研制及销售蚂蚁产品,在募集资金过程中虚构其实施的"星炬计划"被国务院扶贫办中国老区扶贫工作委员会、中国科技扶贫工作委员会在全国推广;虚构南京冠成公司、北京冠成公司是2003年2月成立的中国冠成集团的下属公司、子公司,实力雄厚,其行为属于通过虚构和夸大公司实力等手段欺骗不特定公众投资,可以认定三被告人采取了诈骗的方法非法集资。被告人许某成辩护人的辩护意见认为,本案被害人是与涉案公司而非许某成签订的正式合同,因为涉案公司生产经营、管理出现问题以及市场行情变化,使公司项目无法产生预期经济效益导致集资款无法返还,这属于民事纠纷而不构成犯罪。法院没有采用行政认定函的性质认定,也没有采纳辩护人属于民事纠纷的辩护意见。被告人许某成犯集资诈骗罪,判处死刑,缓期二年执行,剥夺政治权利终身,没收个人全部财产。[①]

在蚁力神案件中,蚁力神公司曾经因与许某成案类似,在行政认定上存在不同的认定意见。蚁力神公司改变了许某成等人的交易模式,不再向社会公众出售蚂蚁改为代养殖,委托社会公众为公司养殖蚂蚁,但是养殖户需要向公司交纳很高的保证金。在养殖期满后,保证金退还,同时公司向养殖户支付较高的劳务费,作为养殖的代价。中国人民银行办公厅发布的《关于沈阳长港蚁宝酒业有限公司集资活动性质认定的批复》认为:"该公司以'租养'方式养殖蚂蚁的行为,因养户是通过提供劳务而取得回报,不宜认定为非法集资,其合法性可由工商行政管理部门认定。"

尽管上述两个案件在商业交易模式上的形式不同,就其实质特别是现金流向来看,没有本质的区别,其养殖的主体没有发生变化,仅仅是社会公众获取利润的名目或者名称不同,但在行政认定上存在冰火两重天。前一个被认定为非法集资;后一个却视为经营模式创新。如果这种创新是在非法集资基础上创新,即使有所创新,也是非法集资的创新,就其实质没有发生根本的改变。但是,这种行政认定却影响了案件的科学处置。有观点认为,将这种合法的行政干预前置否定,是一种将政府责任推给企业的从严掌握的法律标准,在实践中将加大辩护的难度,企业主入罪的可能性加大,因此企业的风险也会大大增加。那么,司法解释为何在行政认定问题上否定行政干预作为前置认定?也有论者认为,根据司法解释,在查处可能涉

[①] 需要说明的是,当时的刑法对集资诈骗罪的最高刑仍有死刑,现在最高刑是无期徒刑。

嫌非法集资犯罪的案件时，有关部门对非法集资性质的行政认定意见不再作为公安机关介入及查处此类案件的先决条件，同时，办案机关也可依职权根据案件事实及法律规定直接认定案件性质是否属于非法集资。这一现象似乎是放松了对非法集资案件性质认定的限制，致使相关行政执法、司法机关能充分发挥主观能动性，依法行使职权，有利于打击非法集资犯罪活动。

由于非法集资犯罪属于涉众型犯罪，在实践中常常是非法集资人因其资金链条断裂后出现支付危机，无法向出资人按约定利率兑付本息时，才会引发涉众型的群体性事件，最终导致非法集资的暴露而被动地被查处。在非法集资人已经实施非法集资，但因吸收资金宽裕而未出现支付危机或者危机尚不明显时，出资人往往凭合同、借据等证据向法院提起民事诉讼，对非法集资人主张权利。然因政府参与处置或者公安机关的立案查处，集资参与人不能获得本息而迁怒于政府或者公安机关，继而引发影响社会稳定的风险事件。在非法集资人被查处后清理资产、清退财产时，参与人即使按照比例获得追偿款项，其获偿非常有限，集体上访要求政府予以补偿而导致事件发生。例如，2010年南京市公安机关查处南京润在公司以种植灵芝为诱饵的非法集资案。该案非法集资额40多亿元，参与人达13万人，仅济南一地参与人就达万余名，造成损失12亿元。经公安机关全力追缴，仅挽回损失不到1亿元。[①]

2003年4月，孙某瑜出任金淳蚯蚓粉公司市场部经理，掌握了李某元圈钱方法后，于2004年1月出资人民币100万元，与同事胡某联名注册成立了南京润在生物有限公司，并先后聘用魏某迅、连某刚、梅某良担任该公司的副总经理。公司成立后，孙某瑜等人宣称灵芝种植和开发产业无风险，能产生高利润，利用多种手段进行虚假宣传、鼓动，先后采用与投资者签订所谓的合伙种植灵芝合同、产品销售合同、工矿产品订货合同三种模式，在山东、上海、浙江等数十个省（市）欺骗群众。2005年，他们用集资款进行增资，将公司变为股份有限公司，先后委托国内某投资托管有限公司和美国某公司北京办事处进行财务虚假包装。为骗取投资人的信任，孙某瑜和胡某还用非法集资获得的少部分款项在高淳县租赁了100余亩土地作为灵芝种植基地，以供投资人参观考察，并谎称投资无风险，片面夸大种植灵芝的收益。自2004年4月至2008年7月，被告人孙某瑜、胡某以润在公司的名义采用欺骗的办法，非法集资累计人民币401682.65万元，受骗者达13万多人，最终造成14822名投资人共计人民币65007.07万元无法偿还。南京中院审理后认定，孙某瑜、胡某以非法占有为目的，采用欺骗方法集资401682.65万元，至案发尚有65007.07万元未归还，集资诈骗数额特别巨大，已构成集资诈骗罪，且系共同犯罪。连某刚等11名被告人为获取非法利益，变相吸收公众存款，扰乱金融秩序，数额巨大，已构成非法吸收公众存款罪，且系共同犯罪。最终，法院以集资诈

---

① 参见江苏省高级人民法院二审（2011）苏刑二终字第0012号。

骗罪判处孙某瑜死刑，胡某无期徒刑；连某刚等 11 名被告人被判处两年六个月至十年不等的有期徒刑。扣押在案的犯罪所得予以追缴，发还被害人；责令 13 名被告人继续退赔犯罪所得，发还被害人。

该案非法集资人被移送起诉后，济南受害群众先后共 12 次来南京集体上访，总人数达 7000 余人。为化解矛盾，南京市政府拨款 2.2 亿元用于发还润在公司非法集资案件参与人的经济损失，但因集资参与人对发还比例不满，坚持集体上访。非法集资案件的定性与查处涉及多方利益，不是哪一个部门或者机构能够单独作出性质认定并能够承担起由此产生的一系列后果的。[1] 但是，针对有些新型非法集资案件征求业务主管部门、监管部门等意见是合理，以免主管部门支持创新而被公安机关认定为犯罪，从而降低政府的威信。

（三）非法集资案件的行刑衔接

对于非法集资进行立法尽管可以在短期内能够完成，但非法集资活动不可能在短期内完全消除。非法集资事关人民群众切身利益和国家金融安全，立法不科学或者立法不合理，监管不正当，都会影响民间资本投资利益甚至治理本身也会溢出一些不应有的风险。执法时，需要注意以下问题。

一是对金融监管的认识上，应当采用行为监管或者功能监管的模式。以前对于金融监管主要采取机构监管的模式，与目前金融改革不相匹配。由于金融作为信用具有经营风险或者伴随风险特征，应当作为特许经营的范围，未经批准或者许可，不能经营涉及金融业务。在执法时，在非法集资问题上应当厘清民事、行政和刑事的序位，也要保持其衔接，不可没出问题就按民事处理，出了问题就视为刑事案件，简单地以结果论。

二是在执行中应当着重强调行政监管，行政监管应当保证依法执法。在法定权限范围内严格按照法定程序、采用法定措施，不可混淆行政治理与刑事打击的职能界限，同时还需要区分民间借贷与行政监管的界限，不可对民间借贷出现的纠纷予以行政干预甚至作为非法集资予以处置。因此，在执行中需要明确行政法规解决的范围，不能越过行政法规直接进行刑事打击，也不可对于民法解决的问题采用行政法规解决，在切实保障投资者合法权益的同时，注意融资者的合法利益，也不宜简单套用"法无禁止皆可为"的民事思路。

三是在处置非法集资活动中，还要考虑健全和畅通融资渠道和投资渠道。在治理非法集资的问题上，对于投资不能"只堵""不放"，还应当建立民众投资的正当渠道，建立与投资相适应的制度，为民众投资建立良好的环境，让社会和市场的融资需求和投资需求都能得到满足。[2]

---

[1] 参见何小勇：《银行举报储户金融诈骗的相关法律问题探讨——以公安机关查处非法集资案件为视角》，载《上海政法学院学报》2015 年第 1 期。
[2] 参见郭华：《强化立法与监管 依法处置非法集资乱象》，载《人民政协报》2018 年 7 月 24 日。

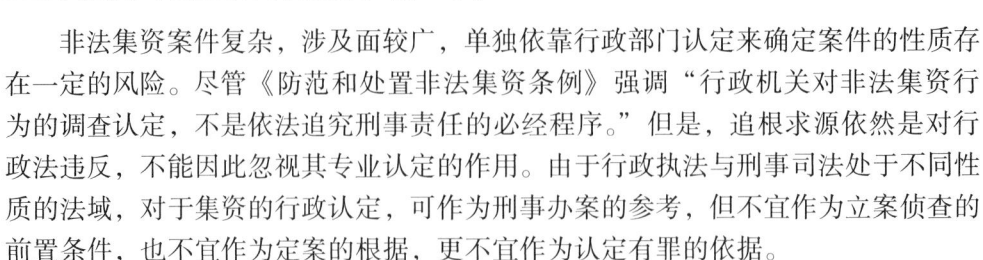

非法集资案件复杂，涉及面较广，单独依靠行政部门认定来确定案件的性质存在一定的风险。尽管《防范和处置非法集资条例》强调"行政机关对非法集资行为的调查认定，不是依法追究刑事责任的必经程序。"但是，追根求源依然是对行政法违反，不能因此忽视其专业认定的作用。由于行政执法与刑事司法处于不同性质的法域，对于集资的行政认定，可作为刑事办案的参考，但不宜作为立案侦查的前置条件，也不宜作为定案的根据，更不宜作为认定有罪的依据。

二、非法集资的刑事处理程序

随着资本市场的不断发展，特别是商业模式的多样性以及企业对资金需求的不断扩张，非法集资现象日益突出。非法集资案件因时间长、涉案地域广、涉案人数多以及违法犯罪存在过程性。如果资金未出现流动性的问题，群众即使知晓企业存在一定的问题一般也不会报案。一旦案发，由于涉案资金链断裂，资金出现大面积的不能回笼，办案机关的追赃挽损不具有可能性，如涉及众多的参与人或者存款人难以偿还，致使参与人以各种方式向办案机关表达自己的希求与不断向政府施加影响，希望办案机关能够及时追回损失的投资，或者政府从非法集资公司已经收取税收予以补偿。这些愿望的复杂性与案件人数的众多且分散，致使刑事程序运行起来比较复杂，处置起来难度较大。

（一）非法集资案件的立案管辖

根据《刑事诉讼法》和2017年11月24日最高人民检察院、公安部《关于公安机关办理经济犯罪案件的若干规定》的规定，刑事案件由犯罪地的人民法院管辖。如果由被告人居住地的人民法院审判更为适宜的，可以由被告人居住地的人民法院管辖。犯罪地是指犯罪行为发生地。以非法占有为目的的财产犯罪，犯罪地包括犯罪行为发生地和犯罪分子实际取得财产的犯罪结果发生地。对于非法集资案件的立案侦查也应当按照上述规定，由非法集资犯罪地的公安机关立案侦查。非法集资涉及擅自发行公司股票、债券、非法吸收公众存款、集资诈骗等涉众型非法集资犯罪，这类案件不仅涉及众多被害人，而且牵扯大量非法中介机构及其相关人员，案件的犯罪行为地和犯罪结果地比较分散，按照上述规定也难以确定管辖，如果由各地分别管辖，势必造成将一个案件拆分为若干个案件，使办案机关难以形成工作合力，甚至会因各地办案标准掌握的不统一而产生处理结果上的不同，尤其是主犯未判决而从犯已经判处带来"从犯比照主犯量刑""主犯与从犯存在不同罪名"的问题。对于非法集资犯罪，应由犯罪的最初发生地或者被告人单位或被告人居住地公安司法机关管辖，但对主要利用通信工具、互联网等技术手段实施的经济犯罪案件，由最初发现、受理的公安机关或者主要犯罪地的公安机关管辖。其中，"最初发现、受理的公安机关"管辖改变了犯罪地、被告人居住地管辖的传统。这样有利于集中力量查明非法集资案件事实，确保及时查处，但带来了与执法处置管辖的不一致。

1. 非法集资案件的立案侦查标准问题。基于以上吸收公众存款犯罪作为非法集资犯罪的基础性罪名的分析，吸收公众存款犯罪的立案标准可以作为非法集资犯罪案件的立案依据。这些依据或者判断标准也有一个不断变化的过程，应按照最高人民检察院、公安部颁布的《关于公安机关管辖的刑事案件立案追诉标准的规定》规定立案。

有些地区对立案作了一些变通规定。例如，河南省高级人民法院、河南省人民检察院、河南省公安厅发布的《关于办理非法集资刑事案件适用法律若干问题的指导意见》规定："涉嫌非法集资犯罪，但有可能对符合返还集资款项的，可以暂缓刑事立案。"这与《2010非法集资司法解释》规定的"非法吸收或者变相吸收公众存款，主要用于正常的生产经营活动，能够及时清退所吸收资金，可以免于刑事处罚；情节显著轻微的，不作为犯罪处理"不尽相同。在办理跨区域涉互联网金融犯罪案件时，在追诉标准、追诉范围以及量刑建议等方面应当注意统一平衡。对于同一单位在多个地区分别设立分支机构的，在同一省（自治区、直辖市）范围内应当保持基本一致。分支机构所涉犯罪嫌疑人与上级单位主要犯罪嫌疑人之间应当保持适度平衡，防止出现责任轻重"倒挂"的现象，影响类案不同判的问题。

2. 非法集资案件的管辖问题。对于非法集资犯罪数额巨大、被害人人数众多、社会影响较大的重大、复杂案件，原则上应当集中审理。非法集资行为涉及多个行政区域需要并案审理的，由主要犯罪地的法院审理。其中，主要犯罪地包括非法集资活动的主要组织、策划、实施地，集资行为人的注册地、主要营业地、主要办事机构所在地，集资参与人的主要所在地等。利用网络实施非法集资的，网络服务使用的服务器所在地、提供者所在地、网络使用的信息系统所在地，可为管辖地。案件需要指定管辖的，依照相关规定办理。对于非法集资犯罪案件侦查应当按照上述情况确定。

非法集资案件涉及多个行政区域，各涉案地分别立案的，相关证据材料应当共享，侦查需要协同，其立案应当与审判管辖保持基本一致。如河南省高级人民法院、河南省人民检察院、河南省公安厅《关于办理非法集资刑事案件适用法律若干问题的指导意见》要求："对于跨区域的非法集资刑事案件，要按照河南省公安机关《侦办跨区域非法集资案件协调办法的规定》，由涉案地公安机关向共同的上级报告备案。如有争议，由该上级公安机关统一制定案件主办地、配合地，统一协调指挥，统一办要求，加强跨地区之间的司法配合，避免主要犯罪嫌疑人漏罪现象发生。"对于跨区域非法集资刑事案件按照《国务院关于进一步做好防范和处置非法集资工作的意见》确定的工作原则办理。如果合并侦查、诉讼更为适宜的，可以合并办理。根据最高人民检察院、公安部《关于公安机关办理经济犯罪案件的若干规定》的规定，公安机关办理跨区域性涉众型经济犯罪案件，应当坚持统一指挥协调、统一办案要求的原则。对跨区域性涉众型经济犯罪案件，犯罪地公安机关应当立案侦查，并由一个地方公安机关为主侦查，其他公安机关应当积极协助。

必要时，可以并案侦查。

（1）对办理跨区域非法集资刑事案件，犯罪地公安机关应当立案侦查，并由一个地方公安机关为主侦查，其他公安机关应当积极协助。必要时，可以并案侦查。如果多个公安机关都有权立案侦查的，一般由主要犯罪地公安机关作为案件主办地，对主要犯罪嫌疑人立案侦查和移送审查起诉。其中，"主要犯罪地"，包括非法集资活动的主要组织、策划、实施地，集资行为人的注册地、主要营业地、主要办事机构所在地，集资参与人的主要所在地等。由其他犯罪地公安机关作为案件分办地，根据案件复杂难易的情况，对本地区犯罪嫌疑人立案侦查和移送审查起诉。办理跨区域性涉众型经济犯罪案件，应当坚持统一指挥协调、统一办案要求的原则。

（2）对管辖不明或者有争议的，按照有利于查清犯罪事实、有利于诉讼的原则，由其共同的上级公安机关协调确定或者指定有关公安机关作为案件主办地立案侦查。需要提请批准逮捕、移送审查起诉、提起公诉的，由分别立案侦查的公安机关所在地的检察院、法院受理。

（3）对重大、疑难、复杂的跨区域非法集资刑事案件，公安机关应当在协调确定或者指定案件主办地立案侦查的同时，通报同级检察院、法院。检察院、法院参照前款规定，确定主要犯罪地作为案件主办地，其他犯罪地作为案件分办地，由所在地的检察院、法院负责起诉、审判。

（4）对主要利用通信工具、互联网等技术手段实施的经济犯罪案件，由最初发现、受理的公安机关或者主要犯罪地的公安机关管辖。

另外，上级公安机关必要时可以立案侦查或者组织、指挥、参与侦查下级公安机关管辖的经济犯罪案件。对跨区域性涉众型经济犯罪案件，公安机关指定管辖的，应当事先向同级人民检察院、人民法院通报和协商。

3. 非法集资的办案工作机制。案件主办地和其他涉案地办案机关应当密切沟通协调，协同推进侦查、起诉、审判、资产处置工作，配合有关部门最大限度追赃挽损。案件主办地办案机关应当统一负责主要犯罪嫌疑人、被告人涉嫌非法集资全部犯罪事实的立案侦查、起诉、审判，防止遗漏犯罪事实或者犯罪嫌疑人；并应就全案处理政策、追诉主要犯罪嫌疑人的证据要求及诉讼时限、追赃挽损、资产处置等工作要求向其他涉案地办案机关及时通报。其他涉案地办案机关应当对本地区犯罪嫌疑人、被告人涉嫌非法集资的犯罪事实及时立案侦查、起诉、审判，积极协同主办地处置涉案资产。

由于涉互联网金融犯罪案件证据种类复杂、数量庞大、且分散于各地，收集、审查、运用证据的难度大。检察机关要紧紧围绕证据的真实性、合法性、关联性，引导公安机关依法全面收集固定证据，加强证据的审查、运用，确保案件事实经得起法律的检验。对于重大、疑难、复杂涉互联网金融犯罪案件，检察机关要依法提前介入侦查，围绕指控犯罪的需要积极引导公安机关全面收集固定证据，必要时与公安机关共同会商，提出完善的侦查思路、侦查提纲的意见建议。对互联网、跨区

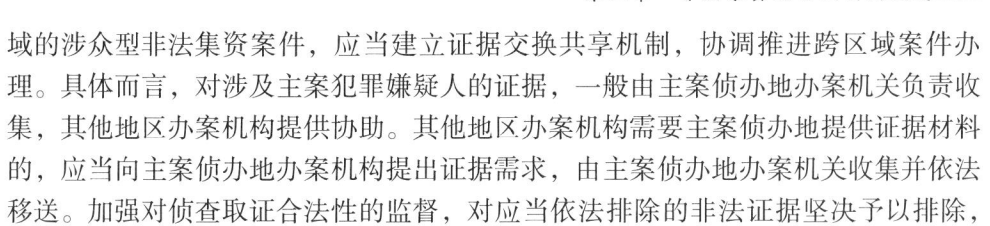

域的涉众型非法集资案件，应当建立证据交换共享机制，协调推进跨区域案件办理。具体而言，对涉及主案犯罪嫌疑人的证据，一般由主案侦办地办案机关负责收集，其他地区办案机构提供协助。其他地区办案机构需要主案侦办地提供证据材料的，应当向主案侦办地办案机构提出证据需求，由主案侦办地办案机关收集并依法移送。加强对侦查取证合法性的监督，对应当依法排除的非法证据坚决予以排除，对应当补正或作出合理解释的及时提出意见。

案件主办地和其他涉案地办案机关应当建立和完善证据交换共享机制。对涉及主要犯罪嫌疑人、被告人的证据，一般由案件主办地办案机关负责收集，其他涉案地提供协助。案件主办地办案机关应当及时通报接收涉及主要犯罪嫌疑人、被告人的证据材料的程序及要求。其他涉案地办案机关需要案件主办地提供证据材料的，应当向案件主办地办案机关提出证据需求，由案件主办地收集并依法移送。无法移送证据原件的，应当在移送复制件的同时，作出说明或者予以解释。

（二）非法集资案件的主要侦查方法

证据是判定非法集资行为人是否构成犯罪以及构成何种犯罪的客观凭证和事实依据。由于非法集资犯罪往往作案周期长、集资参与人数多、涉案金额大以及镶嵌的链条复杂。对非法集资类犯罪的证据收集既要重视对言词证据的收集，又要重视对虚假宣传材料、股权证、协议书等书证及电子数据的收集取证，特别重视非法集资资金流向的追溯。对犯罪嫌疑人、被告人供述的提取，应紧紧围绕非法集资的非法性、公开性、利诱性、社会性四个特征进行，并将非法集资资金的管理、使用、用途作为重点进行取证，同时还应查明涉案款物的去向以及犯罪嫌疑人、被告人的退赔能力。对集资参与人或者被害人陈述的提取，应主要围绕参加集资的起因、方式、金额、回报（方式、次数、金额）、损失金额等方面进行；对集资参与人人数众多的案件，为全面查明集资参与人的实际损失，并及时告知相关权利及义务。对于非法集资案件的立案侦查存在定性难、调查取证难、追赃难以及涉案财物处置难等"四难"问题，但是这种难却是侦查需要突破的重点。基于此，侦查应当围绕上述四个方面的问题展开。其主要侦查方法有以下几种。

1. 对集资参与人或者被害人、证人的询问应当注意场景，询问内容应当详细，尤其是投资的节点以及数额、方式以及获利或者损失情况等内容。由于非法集资追赃的难度较大，加之侦查期限比较长，很容易诱发群体性事件，甚至引发非法集资参与人产生"斯德哥尔摩效应"。有些非法集资参与人为追回资金，不关心刑事处罚、不关心对非法集资企业的处置情况，甚至不配合公安机关侦查工作，唯一关心的是自己投资能否退回。基于此种状况，询问作为被害人的非法集资参与人应当注意其情绪的变化与所持的态度。询问时，应当对被害人讲清法律和政策，打消其不应有的顾虑，敦促他们讲出实情，以免对其获利的一面不讲或者对获得回报避而不谈。其询问要围绕参与非法集资人或者被害人是在何时、何地通过何种方式参加非法集资，非法集资人是以何种集资名义、何种方法进行非法集资以及涉案财物的数额等进行。2013年10月21日,江苏省高级人民法院、江苏省人民检察院、江苏省公安厅《关于办理非法集资刑事案件的意见》要求,主要围绕参加集资的起因、方式、金额、回报(方式、次数、金额)、损失金额等方面进行。对集资参与人作为被害人人数众多的案件,为全面查明被害人的实际损失,办案机关应及时发布公告要求被害人限期申报债权,对被害人进行确认,并及时告知相关权利及义务。询问证人,应当分清哪些是证人亲眼所见、亲耳所听,哪些是道听途说,是否夹杂证人个人的推测、猜想与评论。对集资参与人或者非法集资参与人的陈述、证人的证言前后不一致或者互相矛盾的,要抓住矛盾点和疑问点,反复询问,从中发现虚假的证言。对被害人人数众多的案件,为全面查明被害人的实际损失,公安机关应及时发布公告要求被害人限期申报债权,对被害人进行确认,并及时告知相关权利及义务。涉众型非法集资犯罪与普通刑事犯罪相比,具有犯罪数额巨大、被害群众众多,案件涉及地域广等显著特点,那么,是否对于非法集资每个参与人均需要作为被害人一一询问或者逐一调查核实呢?在侦查终结或者移送起诉上存在不同的意见。以陕西西安交大保赛生物技术股份有限公司擅自发行股票案为例。[①]

2005年7月~2006年8月,郭某安规避公司董事在任职内不得转让股权的法律规定,将其名下的775万股权虚假转让给其亲戚沙某,又安排其弟郭某正等人代持其股权。之后,郭某安将保赛科技的6000万股原始股权在西安某股权托管有限公司托管,举行了海外上市进展情况新闻发布会,并在新闻媒体上发表宣传该公司的文章。在未经法定程序由股东大会作出决议以及未经国家证券监督部门批准的情况下,同意陆某(在逃)成立证券部,在网上发布该公司面向社会发行股票的信息,通过全国多家中介公司与各地股民联系,以2.2元至4.9元不等的价格,向全国3665名股民出售保赛科技的股票5226万股,涉案资金1亿余元,回笼到郭某安账户上的资金达5600多万元。该案涉案资金近2亿元,非法转让股票5226万股,涉案股权人3665人,分布在上海、浙江、福建等全国31个省市。报案人数仅仅有458人,对于是否调查每个股权人,公安机关与检察机关存在分歧。

公安机关认为,调查所有股权人,在人力、物力、财力方面难以达到,也无必要。根据我国《刑法》第179条、最高人民检察院、公安部《关于经济犯罪案件追诉标准》等法律法规、司法解释的规定,该案交大保赛公司发行股票的标的金额、人数已超过累计发行金额50万元、累计人数200人的追诉标准,这些证据足以判处最高刑,该案的定罪量刑无需调查案件所涉及的3665人。而检察机关认为,本着案件"事实清楚,证据确实充分、排除合理怀疑"的证明标准,必须全面调查所有股票投资人的真实投资情况,以准确地计算犯罪数额,并为后期妥善处置财产工作打下基础,退回公安机关补充侦查。有论者认为,对投资群众,在确定取证人数的范围时,如涉嫌集资诈骗犯罪的,因为犯罪数额、损失数额等情节影响到最

[①] 参见岳红革等:《西安批捕擅自发行股票私募亿元资金嫌犯》,载《检察日报》2013年7月11日。

终量刑,故必须逐个全面调查和收集所有被害人的投资数额及损失情况。但对涉嫌擅自发行股票、公司、企业债券和非法吸收公众存款罪的,因为涉案人数、金额累计达到一定数量后,即可顶格判处刑罚,故只要收集具有代表性、相当数量被害人的证言,以准确判断是否向不特定社会公众进行了集资活动即可。也有观点认为,在犯罪数额的查证方面,要查明被告人非法发行股份的数量,也必须确定涉嫌非法集资的犯罪金额,要确定犯罪数额,要查明每个被告人个人分配、控制或者挥霍的数额,以有利于对共同犯罪被告人准确定罪,均衡量刑。[1]

针对非法集资案件涉及受害人群地域分布十分广泛,如果仅仅依靠传统的证据收集方法,到受害人所在地区收集证据或者由被害人到公安机关集中提供证据,对被害人和侦查机关均存在较重的经济负担或者较高的诉讼成本。因此,需要运用现代化信息技术手段,探索使用网络技术进行远程讯问或者询问,依托公安专用网络或者符合保密条件的互联网网络进行询问。通过机要渠道送达电子笔录,在经被害人认可后签字发回。对涉案的其他证据,可以通过加置电子签名、见证人证明、拍照或者录像后传输等方式进行传送。

2. 查清犯罪集团的组织体系。由于非法集资行为往往需要多人共同实施,有的结成非法集资犯罪集团来进行,其中的首要分子或其他主犯一般场合不会亲自出面实施,甚至会采取伪造单位名称或者姓名和身份的方法进行非法集资犯罪活动。对此需要查明以下情况:一是查明犯罪嫌疑人、同案犯供述、员工证言,核实涉案单位的整体架构、部门结构、人员层级、经营流程等,以便明确每名犯罪嫌疑人应承担的刑事责任范围;二是审查涉案主体的服务器或第三方服务器上存储的交易记录等电子数据,核实交易信息;三是审查书面合同、银行账户交易记录、POS机支付记录、会计凭证及会计账簿、资金收付凭证、审计报告、集资参与人的言词证据等,综合认定非法集资对象的人数和吸收资金数额。[2] 需要根据集资参与人或者被害人、证人以及通过其他途径收集到的非法集资团伙的背景资料、惯常聚会和活动地点、所使用的房产、交通工具、通信方式、银行开户资料、工商登记资料等线索,锁定涉嫌犯罪人的范围,依辨认程序,查清他们的真实身份。

3. 收集、调取、保全并核查非法集资犯罪的证据材料。针对非法集资案件有物证、书证的特点,对非法集资时所使用的合同、收据、有价证券、受益凭证、债务凭证、会员卡、彩票、证件、文件、宣传材料、付息凭证等,尤其是网站,均应细致深入地收集并核查。对于保存在金融、市场监督等机构的会计资料,要及时调取;对于发现有可能转移、销毁、伪造、篡改物证、书证的,要及时采取保全证据的措施;对于收集到的物证,要辨别其真伪,分析其形成环境,比对原件与复制品;对于书证,应重点做好"骗"与"假"两方面的核查工作,查明其实施非法

---

[1] 参见顾德镰、赵合理:《涉众型非法集资类犯罪司法实务问题探究》,陕西法院网2010年6月5日。访问时间:2016年1月4日。

[2] 参见姜淑珍、刘丽娜:《非法集资犯罪案件审查疑难问题》,载《人民检察》2019年第14期。

集资的方式、渠道以及具体方法。对涉案书证应当调取包括非法集资方案、宣传手段，资金来源、资金管理、使用、交易情况流向等方面的书证，重点是所集资金的管理、使用、用途等影响非法集资交易情况行为定性方面的书证；对财务账目齐全，犯罪嫌疑人及相关财务人员均能印证财务书证的案件，应以财务账目为核心进行取证；同时，由于司法审计报告是认定犯罪嫌疑人非法集资金额、损失数额、犯罪金额的主要证据，是重要的定罪量刑依据，因此对具有相应财务资料的，侦查机关在立案侦查后一般还应及时委托专业单位进行审计或者出具司法会计意见。

随着互联网技术的不断发展，电子数据的形式、载体出现了许多新的变化，对电子数据的勘验、提取、审查等提出了更高要求，处理不当会对电子数据的真实性、合法性造成不可逆转的损害。因此，应按照最高人民法院、最高人民检察院、公安部《关于办理刑事案件收集提取和审查判断电子数据问题的若干规定》的规定，加强对电子数据收集、提取程序和技术标准的审查，确保电子数据的真实性、合法性。对云存储电子数据等新类型电子数据进行提取、审查时，要高度重视程序合法性、数据完整性等问题，必要时主动征求相关领域专家意见，保障提取客观性、真实性。

4. 及时查封账户、冻结银行款项，并注意运用搜查措施。在侦查过程中，应当按照2013年9月1日的《公安机关办理刑事案件适用查封、冻结措施有关规定》以及2017年《最高人民检察院、公安部关于公安机关办理经济犯罪案件的若干规定》规定依法采取侦查措施。对涉嫌非法集资的场所、犯罪嫌疑人的窝点以及可能隐藏犯罪赃款、赃物及其他证据的地点，要及时、全面地进行搜查。注意采取保密措施，防止毁灭证据、闻风而逃或"跑路"而销毁账目材料。例如，在"e租宝"案件中，钰城公司的分支机构遍及全国，会计账簿相当混乱，案发后，钰城系相关人员将1200余册证据材料装满80余个编织袋掩埋在安徽合肥市长丰县郊外6米深的地下。对此证据材料的搜集对其案件定罪量刑无疑起到重要的作用。对于经搜查发现有用的证据，要依法扣押；对于赃款、赃物，应由被害人或被害单位有关人员进行辨认。在搜查和现场勘查的过程中尤其注意对电脑、手机和移动存储介质等电子产品做好查扣措施，对电子数据信息要妥善保存，通过技术手段予以恢复已经灭失或者被销毁的电子数据，并及时通过现场录像、现场打印等方式予以固定。

5. 讯问犯罪嫌疑人。犯罪嫌疑人、被告人供述的提取，应围绕非法集资的行为入手，结合非法性、公开性、利诱性、社会性四个要件进行，并将非法集资资金的管理、使用、用途作为重点进行取证。对于非法性应通过公司营业执照、经营许可证及相关批准文件审查，了解其成立时间、股东构成、经营范围、资产状况、组织机构、人员结构，通过讯问核实是否经过审批、是否合法经营、是否超出经营业务范围、是否以合法形式掩盖非法目的来变相吸收公众存款。通过审查相关行政监管部门的证明材料核实涉案公司是否获得银行业等监督管理部门的批准，讯问犯罪嫌疑人对涉案公司资质情况，挖掘犯罪线索。通过犯罪嫌疑人的个人账户、公司账户以及关联账户,结合犯罪嫌疑人、同案犯供述和员工证言,讯问其账户是否混同,从中发现是否存在资金池,是否符合相关监管法律规定的主体资格要求,经营方式是否合法,还需要查明涉案款物的去向以及犯罪嫌疑人、被告人的退赔能力。在调查取证上,非法集资犯罪分子为逃避处罚一般不建立规范严谨的财务账簿或者篡改相关账目或者建立虚假账目,被抓获后拒不交代集资款的流向,导致无法追回集资款项。讯问犯罪嫌疑人时,首先讯问犯罪嫌疑人是否实施非法集资犯罪行为,让其陈述有罪的情节或者无罪的辩解,再向他提出问题,告知认罪认罚从宽的法律规定,重点问明集资是如何策划的,非法集资采取的所谓商业方式,所募集资金的数额,资金的使用方式,什么人参与作案,同案人员的具体分工,集资款项中哪些用于了生产经营,哪些用于了消费性支出,哪些用于购买豪车、豪宅,以及高管的工资、福利待遇等。对拒不回答问题的,及时出示物证、书证或者让有关人员指认等,攻破其心理防线。对抱有侥幸心理、回避罪责、不如实回答问题的,要晓以利害,告知认罪认罚从宽的法律规定,善于抓住其言语中的漏洞和矛盾之处,促使其如实供述。

6. 查明非法集资的资金流向。由于非法集资案件涉及受害群众少则数百人、多达上千人,集资的资金、存款流向相对复杂,涉案资金流往外地的,难以追回,以上情况均增加了追赃和财产处置的难度。因此,侦查非法集资案件应当始终以资金流向作为调查主线,关注账户上资金管理、使用、流向和用途,围绕财务账目为核心进行取证。一是从非法集资的最高层级人员入手,控制其行踪及资产的去向。二是控制关联公司实际领导者和实际控制人,限制其出境,保证集资款项不流到境外。三是对从财务人员和管理人员中获得以印证的财务凭证,调查有无通过地下钱庄或者其他渠道进行洗钱。四是对于集资犯罪涉及多个省、市以及涉案账号存在交易频繁的,则需有专业会计、审计等人员介入查清资金流向和账目。

7. 采取其他侦查措施。非法集资犯罪涉及金融业、工商业、服务业等各个领域,行为人种种虚构事实,借助于集资款项支出不明而隐瞒利益输送的事实真相,加之现代科技使得犯罪人的反侦查能力提高,给案件的侦破带来较大的难度。侦查人员要根据案情,注意将高科技、信息化的先进方法运用到传统的勘验、鉴定中。同时,要注意对犯罪嫌疑人的监管,必要时应采取强制措施,防止其串供、逃跑、自杀、隐匿毁弃证据等。现在发生的非法集资案件手段更隐蔽,模式欺骗性更强,特别是互联网金融犯罪案件。在调查非法集资案件时,侦查机关应当同市场监督、金融、税务、网信、电信等部门密切配合,遇到疑难问题邀请有关专家协助,以便及时侦破案件。

8. 侦查过程的撤案。在侦查过程中,公安机关发现具有下列情形之一的,应当及时撤销案件:对犯罪嫌疑人解除强制措施之日起十二个月以内,仍然不能移送审查起诉或者依法作其他处理的;对犯罪嫌疑人未采取强制措施,自立案之日起二年以内,仍然不能移送审查起诉或者依法作其他处理的;人民检察院通知撤销案件的;其他符合法律规定的撤销案件情形的。有前款第一项、第二项情形,但是有证据证明有犯罪事实需要进一步侦查的，经省级以上公安机关负责人批准，可以不撤销案件，继续侦查。

撤销案件后，公安机关应当立即停止侦查活动，并解除相关的侦查措施和强制措施。撤销案件后，又发现新的事实或者证据，依法需要追究刑事责任的，公安机关应当重新立案侦查。

（三）非法集资案件公诉与审理

检察机关对于非法集资案件应当审查，对于符合起诉条件的，依法向法院提起公诉，并根据认罪认罚从宽制度，确定量刑建议；对于不符合起诉条件的或者证据不足的，应当作出不起诉决定，或者退回公安机关补充侦查。

法院在庭审中，对于集资参与人众多的案件，法庭应当引导和允许集资参与人推举代表参与诉讼，应当充分保障集资参与人以及当事人享有的诉讼权利。

1. 非法集资案件的受理。首先建立与集资参与人、被害人的联系制度，在案件到法院后，承办法官对案件中被害人的情况作出列表登记，并对案件可能涉及的维稳风险进行评估，对集资参与人、被害人涉及较少的案件，由承办合议庭直接与集资参与人、被害人取得联系；涉及集资参与人、被害人较多的案件，可以通过互联网公布相关文书，或者要求被害人推选若干代表与办案法官联系。在案件开庭审理前，承办法官一般要召开庭前会议，通报案件审理情况，了解情况，听取意见。发现对被告人没有被查封、冻结的财产应及时进行查封和冻结；对集资参与人、被害人提供的有关被告人财产的线索及时转交办案机关。

2. 非法集资案件的开庭。需要正确确定非法集资案件被害人的范围。充分尊重被害人本人的真实意愿。对于申请参与诉讼的非法集资案件被害人进行身份审查。确定被害人的身份后，决定是否列为当事人参加诉讼。原则上以被害人在人民法院审理阶段书面申请参加诉讼为准。对公诉机关起诉时将被害人列为当事人的，如果被害人要参与诉讼，可告之其以书面形式向人民法院申请。但对被害人坚持要参加诉讼的，区分情况处理。在宣判后，在向被告人送达判决书的同时，也将判决书送达给被列为非法集资案件的被害人，以便充分保障被害人享有案件审理的知情权，但对集资参与人采取公告方式告知。

对参加庭审的被害人，除法律规定仅由被告人享有的最后陈述权外，享有发问、辩论、调取新的证据等权利。在法庭辩论阶段，被害人及其诉讼代理人有权对证据和案件情况发表意见并且可以互相辩论。例如，浙江温州市人民检察院提起公诉的原温州鑫富投资咨询有限公司总经理林某（林海燕）集资诈骗案一审开庭。该案涉案金额大的，达6亿多元，被害人60多人。案件审理过程中，启动了被害人出庭作证的尝试，近20名集资参与人作为被害人到庭作证。[1]

---

[1] 参见《温州首次让被害人当庭作证审理非法集资案件》，中国律师网。访问时间：2016年3月3日。

浙江温州市检察院指控，2008年5月8日，瑞安人林某伙同他人在温州市鹿城区车站大道财富中心608室设立温州鑫富投资咨询有限公司，该公司未经国家有关部门批准擅自从事期货交易。自2008年开始，林某以炒期货很赚钱、为上市公司充资、打新股、银行拉存款等各种名义，以确保本金无风险和高额利息为诱饵，骗取李某等61人共计人民币6亿多元，用以炒期货、归还前期集资款本金和利息等，至今无力偿还。检察院认为，林某以非法占有为目的，使用诈骗方法非法集资，数额特别巨大并且给人民利益造成特别重大损失，应当以非法集资犯罪追究其刑事责任。由于非法集资诈骗案件被害人诉求多，加上该案双方对于集资诈骗数额分歧较大。因此，检察机关积极与法院沟通，通知了涉及争议部分的近20名被害人在法庭调查阶段出庭作证，接受控辩双方交叉询问。被告人林某当庭认可了多名被害人3000多万元的诈骗金额。

该案确保了集资参与人的财产能够及时得到确认，为最大限度地挽回经济损失奠定了基础。在非法集资犯罪案件中，因人数众多而遗漏集资参与人或者被害人、需要追加起诉的，一般应当安排在一审开庭审理前依法进行。一审庭审后，被遗漏的集资参与人或者被害人直接向法院主张权利的，法院应当将相关证据材料移交检察机关先行审核，必要时，可以邀请处非的牵头部门参与，在办案机关审核确认，可以参与涉案资产分配。

三、参与集资人的诉讼地位与权利保障

非法集资形势依然严峻，发案数量、涉案金额、参与集资人数处于高位，参与人的成分相对复杂，处置起来难度较大。无论是政策还是会议文件不断提出"投资有风险""责任需自担"的警示。然而，这种政策性提醒却带来了参与集资人在"责任自担"特别是集资参与人能否作为刑事诉讼的被害人的争议与分歧，并形成了不同的观点。如何看待集资参与人的被害性与法律地位，是一律将其作为被害人认定进而通过司法、行政手段对其施以积极的权利救济，还是不认可其被害人地位，将财产受损的责任归咎于行为人自身的过错与贪欲，使得那些具有投机心理的集资参与人"愿赌服输"，抑或是让集资参与人与非法集资人一同对非法集资损害后果承担刑法意义上的责任？在一定意义上说，集资参与人被害人地位的认定并非只体现为形式意义上的标签功能，其核心价值在于相关主体是否具有获得刑法保护的正当性基础以及刑法能否对集资参与行为作消极、否定性评价。对此，不论司法实务还是理论探讨均存在认识上的纷争，其认识分歧的存在将直接影响刑事司法实践对权利主体的保护态度及对集资犯罪的打击力度。[1]

第一种观点认为，参与集资人不是刑事诉讼的被害人。

---

[1] 参见时仿：《非法集资犯罪中的被害人认定——兼论刑法对金融投机者的保护界限》，载《政治与法律》2017年第11期。

第一,从立法意图上看,参与集资人或者投资人不是刑法所要特殊保护的对象。非法集资犯罪尤其非法吸收公众存款犯罪作为非法集资的基础性犯罪侵害的是单一的客体即"国家的金融监管秩序"。这种监管秩序不包括参与集资人或者投资人的财产权。根据商业银行法的规定,未经国务院银行业监督管理机构的批准,任何单位和个人不得从事吸收公众存款等银行业务。参与集资人或者存款人参与非法集资,也破坏了国家金融监管秩序,不应得到法律的特别保护。参与集资人或者存款人的行为与非法吸收公众存款犯罪行为在效果上具有类似性。前者未被法律定义为犯罪行为,但参与集资人或者存款人的利益并非是犯罪行为所侵犯的法益,所以不应受到刑法的特别保护。《防范和处置非法集资条例》第 25 条规定,因参与非法集资受到的损失,由集资参与人自行承担。作为非法集资犯罪的基础性罪名的非法吸收公众存款罪所保护的法益不包括参与集资人或者投资人的利益。

第二,从被害人地位来看,参与集资人作为被害人不具有该当性。刑法的一般任务是保护社会共同生活的基本价值,如公平、正义、秩序等。参与集资人参加了被法律明令禁止的非法集资活动,本身也是参与了一种违法但不犯罪的行为,进行这种行为所涉财产不是法律应该保护的客体。非法吸收公众存款行为的存款人为贪图小利,参与非法集资,这是无视法律规定,承认其被害人的诉讼地位有可能助长集资犯罪发生的行为。参与集资人的利益不属于刑法保护的价值,因这种非法行为遭到损失的财产利益也不应受到法律保护,行为人作为违法者不论遭到多大的损失,都不具有法律意义上被害人的地位。

第三,在社会活意义上来看,有些参与集资人确实遭受了损失,是被害人;而如果将这些损失作为犯罪侵犯的法益,让参与集资人作为法律意义上的被害人,就会通过法律手段、投入大量的司法资源为违法者追回损失,甚至用纳税人的钱为违法者弥补损失,这样不利于预防犯罪,也不利于维护刑法所要保护的社会共同生活的基本价值,甚至会因政府对非法集资买单刺激非法集资参与人不顾投资的风险链而走险,出现事与愿违的境况。

基于以上理由,参与集资人不应具有法律意义上被害人的地位。当然,考虑到维护社会稳定、有助于案件侦破和避免投资人再次受骗这些因素,司法机关对这些参与集资人可以采用类似于对被害人的一些做法。例如,检察院受案后可以告知参与集资人,在适当时间可以向参与集资人通报案件进展情况等,但这些并不应作为程序性权利,特别是有些参与集资人多次参加非法集资活动的。[1]

第二种观点认为,参与集资人应当视为被害人。

非法集资案件的处理与众多存款人的利益息息相关。实践中,办案机关往往将参与集资人或者投资人认定为刑事案件的被害人。其理由为,非法集资的行为既侵犯了国家的金融管理秩序,又侵犯了参与集资人或者投资人个人的财产权益。我国

---

[1] 参见张珩、杨福明:《非法吸收公众存款案中存款人不应作为被害人》,载《检察日报》2010 年 5 月 19 日。

的民间借贷有深厚的民意基础和社会基础，投资人的行为动机只是获取高额利息回报，并不存在破坏金融管理秩序的意愿与故意，参与集资人或者投资人确实因为行为人的行为受到了物质上的损失。

第一，非法吸收公众存款案中遭受直接经济损失的存款人属于刑事案件中的"被害人"的刑事诉讼法依据。我国《刑事诉讼法》第110条第2款规定："被害人对侵犯其人身、财产权利的犯罪事实或者犯罪嫌疑人，有权向公安机关、人民检察院或者人民法院报案或者控告。"由于法律禁止非法集资，集资参与人与非法集资人约定的不高于司法解释的利息受法律保护，仅仅超过司法解释规定的高额利息不受法律保护。无论利息高到何种地步，即使超过司法解释的规定，也不影响存款人与集资人之间存在的合同关系，集资参与人的财产权利法律应当给予保护依据，即集资参与人依据《民法典》有关合同的规定，仍享有收回本金的权利，这是一项财产权利。遭受直接经济损失的集资参与人向公安机关、检察院或者法院提出控告的，遭受直接经济损失的集资参与人即具有了被害人身份，在诉讼中有权要求被告人赔偿损失。

第二，非法吸收公众存款案中遭受直接经济损失的集资参与人属于刑事案件中的"被害人"的刑法依据。《2010非法集资司法解释》规定：个人非法吸收或者变相吸收公众存款，给存款人造成直接经济损失数额在十万元以上的，单位非法吸收或者变相吸收公众存款，给存款人造成直接经济损失数额在五十万元以上的，应当依法追究刑事责任。那么非法吸收公众存款或者变相吸收公众存款，造成了存款人的直接经济损失，达到了一定数额即"给存款人造成直接经济损失"，这种数额不仅与集资参与人有关，也与"扰乱金融秩序"有关，是作为非法吸收公众存款罪扰乱"金融秩序"的情形之一，即国家金融秩序包含存款人的"直接经济"利益。刑法保护非法吸收公众存款案中存款人的直接经济利益，恰恰是我国刑法所要保护的刑事诉讼的被害人。

第三种观点认为，参与集资人应为证人。

从刑法体系来看，非法吸收公众存款罪属于破坏社会主义市场经济秩序罪，非法吸收公众存款罪名设立的本意在于维护国家金融管理秩序，而非非法集资参与人的财产所有权。换言之，即使非法吸收公众存款案的非法吸收者已对集资参与人还本付息，但依然侵犯了国家金融秩序，仍然构成犯罪。可见，集资参与人在非法吸收公众存款罪中不具有被害人身份，将集资参与人作为证人较为适宜。

第一，从社会稳定以及现实因素考虑，有利于保护集资参与人的合法权益。如向其及时通报案件进展情况及追赃情况等，但这些不应作为程序性权利；赃款追回后，在诉讼过程中，多措并举促使犯罪嫌疑人或被告人退赃。

第二，集资参与人作为证人具有较强的证明力。案发后集资参与人可以提供大量的经历和资料证明吸收存款行为的违法性。集资参与人以证人身份参与诉讼，中立性更强，证明力强于被害人，既有利于案件定性，也便于及时了解案情进展，这样对集资参与人也是一种权益保护的延伸。①

对于集资参与人是否作为被害人不应仅仅根据非法吸收公众存款犯罪确定。从非法吸收公众存款罪作为《刑法》分则第三章破坏社会主义经济秩序罪中的第四节破坏金融管理秩序罪，立法目的主要在于保护金融管理秩序，并不能因犯罪客体而排除对集资参与人或者投资人合法权利的刑法保护。而集资诈骗罪作为非法吸收公众存款罪的结果加重犯，也是非法吸收公众存款罪作为犯罪的基础，却被放置处于第三章的第五节金融诈骗罪，与贷款诈骗罪、票据诈骗罪相邻，同第五章侵犯财产罪中的诈骗罪确有类似之处，即受损失者是由于被欺骗才产生损失，这种财产利益是刑法需要保护的法益之一。如果不承认集资参与在非法集资犯罪的合法权益保护，会导致轻罪不需要刑法保护而重罪需要保护的悖论现象。从实践来说，承认集资参与人即作为投资人的被害人地位有利于案件处理，通过程序吸收不满的功能，也能达到解决因此引发的社会矛盾以及社会问题。有论者认为，保障被害人权益是刑事诉讼追求的重要价值目标，将其作为被害人更有利于获得充分的保障。

一是根据退赃退赔等情节对被告人合理量刑，是对被害人精神抚慰的重要方式。刑事诉讼中，判决被告人承担刑事责任，根据被告人行为的危害程度，同时考虑退赃退赔数额、主动性及弥补损害程度等情况，判处恰如其分的刑罚是抚慰集资参与人作为被害人的主要方式。多数司法解释都力求在这方面作出努力。如《最高人民法院关于贯彻宽严相济刑事政策的若干意见》第12条规定："被告人非法占有、处置被害人财产不能退赃的，在决定刑罚时，应作为重要情节予以考虑，体现从严处罚的精神。"实践中，非法集资人作为被告人退与不退、被动追缴与主动退赔、是否取得被害人谅解等对量刑产生不同的影响。

二是最大限度地挽回被害人的损失，是对被害人最实际的物质抚慰。违法所得的追缴退赔与刑事附带民事赔偿在本源上具有异曲同工的效能。两者权利根基类似，均基于被害人因犯罪而遭受投资损失。前者是因"犯罪分子非法占有、处置被害人财产而遭受的物质损失"；后者则是"因人身权利受到犯罪侵犯而遭受物质损失或者财物被犯罪分子毁坏而遭受的物质损失"。旨在促使被告人尽可能在判决前弥补被害人的损失。

三是充分尊重被害人在刑事司法中的地位，包括在刑事诉讼中的意志和感情，如被害人的从宽处理请求，也是被害人权益保障的重要内容之一。总之，及时恢复、弥补损失，是被害人最迫切、最直观、最关键的诉求，这一权利对于被害人而言是最具有实质意义的。②

基于以上观点分歧以及相关分析，集资参与人或者投资人作为非法集资案件的被害人并不违反刑事诉讼法的规定，又有利于案件的迅速处理，借助于集资款项的

---

① 参见张宇等：《非法吸收公众存款案存款人应为证人》，载《检察日报》2014年6月18日。
② 参见徐振华、范莉：《判前未控违法所得处理方式研究——以涉及侵犯被害人财物的刑事案件为视角》，载《法律适用》2013年第10期。

追回更有利于社会的稳定。有观点认为，应该把财产损失的集资参与人认为被害人。因为遭受财产损失所谓集资参与人并不能成为证人，对集资参与人先要区分其是否遭受财产损失。① 根据《2019办理非法集资案件意见》的规定，集资参与人是指向非法集资活动投入资金的单位和个人，为非法集资活动提供帮助并获取经济利益的单位和个人除外。法院、检察院、公安机关应当通过及时公布案件进展、涉案资产处置情况等方式，依法保障集资参与人的合法权利。集资参与人可以推选代表人向法院提出相关意见和建议；推选不出代表人的，法院可以指定代表人。法院可以视案件情况决定集资参与人代表人参加或者旁听庭审，对集资参与人提起附带民事诉讼等请求不予受理。因此，在办案过程中应当注重保护集资参与人的合法权利，集资参与人可以推举代表向司法机关提出意见和建议。山东省高级人民法院刑一庭《关于审理非法集资案件相关问题的解答》指出，经研究认为，对根据案件情况允许参加庭审的集资参与人代表人提出以被害人身份参加诉讼的，没有法律依据，但人民法院可允许集资参与人代表人在法庭辩论环节结束后、被告人最后陈述之前发表意见。庭审时，集资参与人代表人可与公诉人同侧就座。对集资参与人的知情权、旁听庭审、集资款返还等请求，可通过及时公布案件进展、涉案资产处置情况等方式释明，加大追赃挽损力度，最大限度地挽回集资参与人利益遭受的损失。虽然我国《刑事诉讼法》没有规定被害人代表人制度，但最高法院的司法解释对此作了规定，该解释第224条规定："被害人人数众多，且案件不属于附带民事诉讼范围的，被害人可以推选若干代表人参加庭审"。旨在解决被害人动辄成千，严重占用司法成本，影响审判效率问题。如何保障非法集资案件的集资参与人作为被害人与刑事诉讼其他被害人的诉讼权利等同仍是一个值得讨论的问题。

第三节 非法集资案件行刑衔接机制

党的十八届四中全会决定提出："健全行政执法和刑事司法衔接机制，完善案件移送标准和程序，建立行政执法机关、公安机关、检察机关、审判机关信息共享、案情通报、案件移送制度，坚决克服有案不移、有案难移、以罚代刑现象，实现行政处罚和刑事处罚无缝对接。"基于这一要求，查处非法集资案件的行政执法与刑事司法衔接机制不再是一种过渡性的制度安排，而是作为一种必要的制度组成部分，属于国家行政权与司法权之间的衔接和配合。《2019办理非法集资案件意见》规定："处置非法集资职能部门或者有关行政主管部门，在调查非法集资行为或者行政执法过程中，认为案情重大、疑难、复杂的，可以商请公安机关就追诉标准、证据固定等问题提出咨询或者参考意见；发现非法集资行为涉嫌犯罪的，应当按照《行政执法机关移送涉嫌犯罪案件的规定》等规定，履行相关手续，在规定

---

① 参见汪明亮、唐韵：《非法集资案件审理中的被害人过错因素》，载《法律适用》2020年第11期。

的期限内将案件移送公安机关。""人民法院、人民检察院、公安机关在办理非法集资刑事案件过程中,可商请处置非法集资职能部门或者有关行政主管部门指派专业人员配合开展工作,协助查阅、复制有关专业资料,就案件涉及的专业问题出具认定意见。涉及需要行政处理的事项,应当及时移交处置非法集资职能部门或者有关行政主管部门依法处理。"因此,健全非法集资案件的行政执法和刑事司法衔接机制具有特别重要的意义。其中,非法集资案件的移送、受理与处理以及非法集资案件涉案证据移送与转化是需要解决的主要问题。

一、非法集资信息共享平台的共享机制

对于非法集资应当建立行政执法与刑事司法信息共享平台,从而实现行政执法与刑事司法信息资源共享,实现"互联网+"处置非法集资现代信息化模式。为此,非法集资信息平台的定位与架构,应以互联网和政务信息网为支撑,以各部门信息网络为依托与履行的非法集资职责共同搭建起行政执法与刑事司法非法集资信息共享平台。

(一)非法集资的信息传递机制

行政机关对于涉及非法集资的案件有法律上的义务向公安机关传送非法集资的有关信息。公安机关在对案件作出立案决定时可以将案件的处理情况反馈给行政机关,对于立案侦查的非法集资案件应当通知移送的行政机关。当案件不构成非法集资犯罪而仅需要给予行政处罚时,公安机关应当将非法集资案件送还行政机关,并写出相关建议。主要由非法集资处置机关之间由于职能交叉产生的矛盾和冲突,协商衔接机制中出现的各种问题,应当协商解决,以便保证非法集资的执法信息传递的准确、安全、便捷、透明、高效。

(二)非法集资的情况信息通报机制

行政执法机关与刑事司法机关之间除了要建立非法集资情况信息通报制度外,还必须建立非法集资数据平台、非法集资监测预警平台、技术资源等方面紧密的非法集资信息共享机制,逐步实现行政执法机关处置非法集资信息管理系统与公安机关打击非法集资信息联网共享,做到非法集资信息共享、密切合作。

(三)非法集资的信息共享机制

借助于互联网通过软件、硬件和通信线路建立连接关系,以承载非法集资信息的传递。互通就是指非法集资信息的交流,指一个系统能够与它所联系的系统相互交换信息,实现非法集资信息数据的双向交流。通过信息共享可以快速便捷获得执法部门以及业务主管部门、监管部门最新非法集资执法动态和信息,以便职能部门及时介入,积极配合协作,依法履责,并从中发现有价值的非法集资舆情与线索,

并通过该平台进一步获取有关非法集资的信息和相关证据，为处置和侦查非法集资工作服务。

二、非法集资行政执法机关移送案件的程序

我国《行政处罚法》规定："违法行为构成犯罪的，行政机关必须将案件移送司法机关，依法追究刑事责任。"为了更好地协调非法集资案件移送中行政执法机关与公安机关的关系，应当建立系统完备的案件移送制度，以便规范移送行为。《行政执法机关移送涉嫌犯罪案件的规定》第3条规定："行政执法机关在依法查处违法行为过程中，发现违法事实涉及的金额、违法事实的情节、违法事实造成的后果等，根据刑法关于破坏社会主义市场经济秩序罪、妨害社会管理秩序罪等罪的规定和最高人民法院、最高人民检察院关于破坏社会主义市场经济秩序罪、妨害社会管理秩序罪等罪的司法解释以及最高人民检察院、公安部关于经济犯罪案件的追诉标准等规定，涉嫌构成犯罪，依法需要追究刑事责任的，必须依照本规定向公安机关移送"。根据《刑事诉讼法》的规定，刑事诉讼程序中侦查机关的立案标准为"认为有犯罪事实需要追究刑事责任"。行政执法机关对应当向公安机关移送的涉嫌犯罪案件，应当立即指定二名以上行政执法人员组成专案组专门负责，核实情况后提出移送涉嫌犯罪案件的书面报告，报经本机关正职负责人或者主持工作的负责人审批。行政执法机关正职负责人或者主持工作的负责人应当自接到报告之日起3日内作出批准移送或者不批准移送的决定。处置非法集资部门或者有关行政主管部门，在调查非法集资行为或者行政执法过程中，认为案情重大、疑难、复杂的，可以商请公安机关就追诉标准、证据固定等问题提出咨询或者参考意见；发现非法集资行为涉嫌犯罪的，应当按照《行政执法机关移送涉嫌犯罪案件的规定》等规定，履行相关手续，在规定的期限内将案件移送公安机关。

三、公安司法机关对移送案件的受理及处理程序

公安机关在办理非法集资刑事案件过程中，可商请处置非法集资牵头部门或者有关业务主管部门或者监管部门指派专业人员配合开展工作，协助查阅、复制有关专业资料，就案件涉及的专业问题出具认定意见。涉及需要行政处理的事项，应当及时移交处置非法集资牵头部门或者有关行政主管部门或者监管部门依法处理。

根据《行政执法机关移送涉嫌犯罪案件的规定》和《人民检察院办理行政执法机关移送涉嫌犯罪案件的规定》的规定，公安机关对行政执法机关移送的涉嫌犯罪案件，应当在涉嫌犯罪案件移送书的回执上签字；其中，不属于本机关管辖的，应当在24小时内转送有管辖权的机关，并书面告知移送案件的行政执法机关。

公安机关应当自接受行政执法机关移送的涉嫌犯罪案件之日起3日内，对所移送的案件进行审查，认为属于非法集资犯罪案件，需要追究刑事责任，依法决定立

案的,应当书面通知移送案件的行政执法机关;认为没有犯罪事实,或者犯罪事实显著轻微,不需要追究刑事责任,依法不予立案的,应当说明理由,并书面通知移送案件的行政执法机关,相应退回案卷材料。

四、行政执法与刑事司法证据衔接的机制

《2019办理非法集资案件意见》规定:"办理非法集资刑事案件中,确因客观条件的限制无法逐一收集集资参与人的言词证据的,可结合已收集的集资参与人的言词证据和依法收集并查证属实的书面合同、银行账户交易记录、会计凭证及会计账簿、资金收付凭证、审计报告、互联网电子数据等证据"。根据最高人民法院《关于适用〈中华人民共和国刑事诉讼法〉的解释》、公安部《公安机关办理刑事案件程序规定》以及最高人民检察院、公安部《关于公安机关办理经济犯罪案件的若干规定》的规定,对于不同的证据种类的移送应当采取不同的衔接方式:

一是对于书证、物证和视听资料、电子数据,可以直接作为刑事司法程序中的证据。虽然这些行政执法机关移送的书证、物证等实物证据,已经由其他行政执法机关先行提取。这类证据只要经过公安机关的侦查依法履行调取证据手续后,可以作为证据使用,无需转化或者再行收集。当然,公安机关还应当对收集证据的行政执法人员制作笔录,笔录应随移送的书证、物证等实物证据一同移送。

二是对于证人证言、被害人陈述、当事人供述和辩解等询(讯)问笔录,特别是对证人所作的询问笔录等,在行政执法机关将案件移送到公安机关后,侦查人员首先应当询问或讯问证人以及当事人对行政执法证据内容是否认可。如果认可,可以让其签字后和原材料一起作为证据直接在法庭上使用。如果不予认可,有条件重新提取的,应当重新提取;如果不能重新提取的,询(讯)问笔录与其他证据没有矛盾或者存在矛盾能够作出合理解释、说明的,也可以作为证据使用。办理非法集资刑事案件中,确因客观条件的限制无法逐一收集集资参与人的言词证据的,可结合已收集的集资参与人的言词证据和依法收集并查证属实的书面合同、银行账户交易记录、会计凭证及会计账簿、资金收付凭证、审计报告、互联网电子数据等证据,综合认定非法集资对象人数和吸收资金数额等犯罪事实。对共同犯罪的,应当查明各行为人在共同犯罪中的作用和地位,对资金的分配、控制或挥霍的数额等,以便于判定集资行为人在共同犯罪中的作用与地位,以便准确定罪量刑,违法所得得到充分追缴或者有效退赔。

三是对于行政执法机关处置非法集资案件获取的鉴定意见、扣押清单等,如果是行政执法机关在法律规定的范围内依照法定程序收集的证据,可以提交公安机关作为证据材料。对于有关审计报告、司法会计鉴定意见等专门性的证据材料,只要公安机关经过程序审查,符合法定要求的,可以作为刑事司法程序中的证据。司法实践中,审计报告因为计算方法,审计材料真实性等问题,会导致与事实出现不一致的情况。比如,大量案件中,投资人重复投资是否应该累积计算为被告人的集资

数额,就一直是一个比较复杂的问题;另外,还有诸多比如被告人或者业务员个人投资,亲友投资等被错误计算入涉案金额的问题。对于存在争议的,可以按照对被告人有利的原则,对相关的事实进行综合认定。

对非法集资单位或个人涉案金额、资金流向以及集资利息等情况需要进行审计或者鉴定。办案人员可根据案件情况,指定或聘请中介机构对非法集资单位或个人的资金来源和用途进行审计或者鉴定,对资产、负债进行评估,形成"审计报告""资产评估报告"或者"计核报告""鉴定意见书"。非法集资类案件原则上应当对涉案数额进行司法会计鉴定或者由办案机关指派或者聘请的会计师事务所进行审计,审计的范围应当包括但不限于全案的集资数额、集资参与人数、集资行为人参与集资数额及获利、集资资金的去向、非法集资参与人投入本金及获利、全案及各集资行为人造成的损失金额。鉴定意见或者审计报告与法院审理查明事实不一致的,应当结合集资参与人的证言、书面合同、会计凭证及会计账簿等在案证据,参照鉴定意见或者审计报告,按照对被告人有利的原则,对非法集资的事实进行综合认定。

对于在行政执法过程中制作的调查笔录、询问笔录以及行政相对人的陈述笔录等言词类证据材料,原则上应该是侦查人员重新制作或收集,但因有不可抗拒的原因如原证人、陈述人死亡无法重新收集的,可以将其作为间接证据,经侦查机关查证与其他证据吻合的,也可以作为刑事司法程序的证据。证人亲笔证词、被告人亲笔供词等,因系当事人本人亲自书写,只要经过证人、犯罪嫌疑人、被告人自己的确认,可以作为证据使用。

另外,国家工作人员具有下列行为之一,构成犯罪的,应当依法追究刑事责任:(1)明知单位和个人所申请机构或者业务涉嫌非法集资,仍为其办理行政许可或者注册手续的;(2)明知所主管、监管的单位有涉嫌非法集资行为,未依法及时处理或者移送处置非法集资职能部门的;(3)查处非法集资过程中滥用职权、玩忽职守、徇私舞弊的;(4)徇私舞弊不向司法机关移交非法集资刑事案件的;(5)其他通过职务行为或者利用职务影响,支持、帮助、纵容非法集资的。对上述案件,行政执法机关认为涉嫌构成职务犯罪的,应当依照刑法、刑事诉讼法、监察法等法律规定及时将案件线索移送监察机关或者人民检察院处理。根据监察机关与公安机关分工处理。

第四章

非法集资案件的刑民交叉选择

在司法过程中可以适用的不止一种方法，可以弹奏的也不止一根琴弦。①

非法集资常常与民间借贷、企业融资密切关联，致使基于同一事实或者同一行为出现刑事法律关系与行政法律关系、民事法律关系的交叉与重叠。在这些交叉与重叠的法律关系中，刑民法律关系的交织与竞合，极易发生程序选择上的认识偏差与程序适用上的判断失误，甚至出现被恶意利用程序的问题。实践中，不仅存在不同法院间、同一法院不同时期或者内部不同法庭间裁判尺度不一的现象，还存在公安机关、检察院、法院处理类似问题的立场不尽相同的问题，致使公司企业和社会公众未能获得明确的法律指导，也消极影响着司法维护社会秩序功能的发挥。以上这些问题成为困扰司法实践的难题，特别是在处置涉众型集资类案件中，对这些法律关系的认识、理解和判断更令人关切。由于民间借贷的自发无序和监管的空白，人类的趋利本性内驱和资本流向最大化的本质，导致民间借贷往往从一般的生活消费、生产经营性借贷，不断滑向利用资本获得经常性利益的非法吸收公众存款、集资诈骗、非法经营等刑事犯罪的领域，这就出现了大量的由同一行为引发的民事和刑事两个关系相互交叉的民刑交叉案件。因为非法集资案件在处理这些关系中，案件处置的不妥，不仅会引发复杂利益瓜葛以及涉法上访事件等一些社会问题，还会使得刑法追诉犯罪以及保护公民财产合法权益的功能流失；这类案件处理失当，不仅会导致公民对司法处理能力的怀疑及其对法律信任的丧失，最终会损害司法应有的权威。那么，面对非法集资案件涉及的民刑交叉法律关系，选择何种程序处置始终是处置非法集资案件特别关注的焦点问题。

第一节 非法集资刑民交叉规定的梳理

非法集资案件涉及刑民交叉问题是困扰司法实践的难题。这类案件涉及刑法与民法等实体法，涉嫌非法集资的行为是非法集资犯罪还是民间借贷？即使是非法集

---

① ［美］卡多佐：《法律的成长法律科学的悖论》，董炯、彭冰译，中国法制出版社2002年版，第38页。

资犯罪，还在实体法上还涉及民事合同效力的问题。即使是程序问题，不仅涉及刑事程序、民事程序等程序法的"先刑后民""先民后刑"抑或"刑民并行"等问题，还涉及程序法上的涉案财物处置问题，以及如何配置涉案财物追缴、查扣、保管、甄别、发还以及退赔等工作职能上的协作配合机制的问题。对于处置方式大致有以下四种类型：（1）民事案件审理中只要发现涉及非法集资犯罪的案件，法院就不再审理而移送。因为非法集资案件涉及不特定的多数人的利益，在处理上应当坚持一体化解决的原则，防止有的集资参与人获得足额清偿而有的集资参与人却根本不能得到补偿的现象发生。（2）如果在审理民间借贷案件的过程中，涉及非法集资等犯罪的线索与材料，比如有人非法集资，把非法集资来的钱又转贷给他人，后者转贷会形成民间借贷的案件。如果将涉及非法集资线索的材料移送到公安机关，但对于后面的民间借贷的那部分案件还要继续审理吗？（3）在审理非法集资的案件过程中，可能会涉及担保人的担保责任问题。在审理案件中不因为一部分当事人的非法集资犯罪就认定整个合同无效，担保人的担保责任如何解决。（4）如果民间借贷的案件审理过程中，案件的基本事实需要刑事案件查清以后才能继续审理的，这类案件应当中止审理，因为犯罪事实的行为可能涉及民间借贷案件的基本事实，基本案件事实可能涉及主体、权利义务的确定等。[①]

对非法集资类案件而言，刑民法律关系交叉的情形大致可分为三类：一是为法律事实牵连的交叉型的案件。由于这种案件的非法集资主体实施的不同法律事实涉及刑事法律关系和民事法律关系，而这些不同法律事实之间存在一定的牵连关系，导致了刑民法律关系的交叉。二是法律事实竞合的交叉型的案件。由于同一法律事实同时涉及刑事法律关系和民事法律关系，即非法集资案件的主体所为的特定法律事实均被刑事法律和民事法律所调整，出现了双重评价而产生的刑民重叠案件。三是非法集资案件的主体为一个特定的法律事实，而这一特定事实在认识上还不能完全厘清属于民事法律关系范畴还是刑事法律关系范畴，以至于形成的所谓"难办""混同"型案件。

上述第三种情形不是严格意义上的刑民交叉问题，其本身也不是法律事实的复杂与纠缠所致，主要基于不同认识与不同理解导致，以至有论者认为"先刑后民""先民后刑"或者"刑民并行"是伪命题。因为不同部门法之间并不存在优先劣后之分，只有调整对象或者调整范围、调整方法的差别。但是这些问题依然属于处置非法集资案件必须面对的现实问题，也是处置非法集资案件无法回避且不能绕开的事实问题，应当纳入研究的范围。对于以上三种不同的非法集资案件类型如何解决，需要从司法实践解决的历史轨迹去发现解决这些问题的弊端，并从中窥探出解决问题需要的方法与程序上的选择。

[①] 参见罗书臻：《规范民间借贷，统一裁判标准——杜万华就〈最高人民法院关于审理民间借贷案件适用法律若干问题的规定〉答记者问》，载《人民法院报》2015年8月8日。

一、非法集资案件民刑交叉的相关要求

司法实践早期，公检法机关对于处置非法集资问题存在着不同的理解与处置方式。为了保证及时、合法、准确地打击这类犯罪，1985年8月19日，最高人民法院、最高人民检察院、公安部出台了《关于及时查处在经济纠纷案件中发现的经济犯罪的通知》（现已废止）。该通知规定："各级人民法院在审理经济纠纷案件中，如发现有经济犯罪，应按照1979年12月15日最高人民法院、最高人民检察院、公安部《关于执行刑事诉讼规定的案件管辖范围的通知》，将经济犯罪的有关材料分别移送给有管辖权的公安机关或检察机关侦查、起诉，公安机关或检察机关均应及时予以受理。"从以上通知的要求可以看出，司法实践在处理民刑交叉案件时，坚持了"先刑后民"的观点与程序安排。这是因为民事纠纷中一旦可能涉嫌犯罪的情况，借助于刚性的刑事手段和强大的刑事处理机器，对于公共利益和民众合法权益的保护更有力，甚至通过刑事程序的整体处理能够一次性地解决非法集资所涉及的法律问题。这种处置模式在资本经济不发达和资产关系简单以及财产关系单一的环境下，是妥当有效的。

这一时期，法院在审理经济纠纷案件中经常遇到不少案件在判决后不能执行或者难以执行，而且还发现有些案件形式上属于经济纠纷，实质上是违法犯罪，不同法院审理相同或者类似案件采用不同的程序，其结果相差甚远，以至于影响了司法统一的权威性。为了加强法院在处理上统一以及执法的严肃性，1985年最高人民法院下发了《关于审理经济纠纷案件必须严肃执法的通知》。该通知第3条规定："人民法院在审理经济纠纷案件中，发现经济犯罪，特别是严重经济犯罪，必须追究刑事责任，不能只当作经济纠纷案件来处理，放纵了犯罪分子。人民法院应依照刑事诉讼法规定的程序，把有关犯罪的线索和材料及时移送公安机关或人民检察院查处。"由于经济犯罪是否必须追究刑事责任需要公安机关按照刑事诉讼法判断，所以特别强调"先刑后民"。然而，这种程序未能较好地解决实际操作中的一些问题，尤其是在移送案卷材料上存在较多分歧。1987年，最高人民法院、最高人民检察院、公安部又下发了《关于在审理经济纠纷案件中发现经济犯罪必须及时移送的通知》（现已废止）。该通知强调："各级人民法院在审理经济纠纷案件中，如果发现有经济犯罪事实的，即应及时移送。""人民法院在审理经济纠纷案件中，发现经济犯罪时，一般应将经济犯罪与经济纠纷全案移送"。其强调全案移送并非前期案件材料全部移送，属于案件的移送，坚持的"先刑后民"的立场。

非法集资刑民并存或者交叉案件在遵循"先刑后民"程序选择的同时，在司法实践中又出现了处置上"刑民并行"的做法，从而打破了单一的"先刑后民"的传统做法，却引发了一些不同认识。例如，最高人民法院《关于诈骗犯罪的被

害人起诉要求诈骗过程中的保证人代偿"借款"应如何处理的复函》指出:①

"经研究认为:冯树源从胡强处'借款'的行为既已被认定为诈骗罪行,胡强追索冯树源所'借'四万元则属刑事案件中的追赃问题。因此,对胡要求受冯欺骗的'担保人'代偿'借款'的纠纷,人民法院不宜作为民事案件受理。一审法院裁定驳回起诉是正确的。"

而广东高级法院在审理此类案件中也遇到此类问题,并存在一些不同的处理意见,并认为:

"我们在审理借款合同中执行贵院〔1990〕民他字第 38 号《关于诈骗犯罪的被害人起诉要求诈骗过程中的保证人代偿'借款'应如何处理的复函》中碰到多起这样的案件,即在签订担保合同时保证人收取了担保费用,其后借款人实施了诈骗行为,人和款均去向不明,给出借人造成了严重损失。像这种情况,保证人应否承担'代偿'责任。我们认为,对于收取有偿担保费的保证人应承担相应的'代偿'责任。理由是:

(1) 有偿担保的责任应重于无偿担保的责任。保证合同对保证人来说是一种风险性较高的法律行为,即便是在无偿担保的情况下,保证人所保证的,不仅仅是保证债务人不逃避债务,更重要的是保证债务人履行债务。当债务人不履行债务时,保证人就要承担履行债务或者连带责任。相比较而言,收取了担保费的保证人,就要承担比无偿担保人更大的风险责任。其不但在签订担保前要认真审查被保证人的资信情况,还要在担保期间监督其履行债务,不逃避债务。一旦发生诈骗风险,保证人首先要承担责任,而不能以其'不知情''也是受害者''发生了诈骗犯罪,不以作为民事案件处理'为由,免除保证的责任。这样才能体现权利义务对等的原则和公平原则,有利于从法律本质上体现担保的作用。

(2) 有利于保证正常的借贷活动,维护经济秩序。从我省审理这一类案件的情况来看,有两个共同特点值得注意:一个是由于有保证人担保,金融机构基于对保证人的信赖,发放大量的贷款,但当借款人携款外逃,下落不明,出借人追款无着,造成大量国有资金流失的严重后果;另一个是保证人大多数是公司、法人单位,为了获取有偿担保费用,轻率出具担保书,一旦出事,保证人往往以被保证人是诈骗犯罪,借款合同不成立,保证合同也不成立为由,拒负法律责任,钻了法律的空子。这种现象有愈演愈烈之势。如不针对这种情况采取相应措施加以遏制,就不利于保障借贷活动的正常进行,不利于稳定金融秩序。

因此,我们认为,对诈骗犯罪的被害人起诉要求诈骗过程中收取有偿担保费的保证人代偿'借款'是合理的,应予受理,并判令保证人承担相应的'代偿'责任。"

---

① 参见最高人民法院就新疆维吾尔自治区高级人民法院(1990 新法民请字第 2 号)的复函。

然而，1994年最高人民法院出示的《关于诈骗犯罪的被害人起诉要求诈骗过程中的收取担保费用的保证人代偿"借款"应如何处理的请示的复函》[①]中认为："借款人携款外逃，未被认定为诈骗犯罪，人民法院不宜以借款人借款系欺诈行为为由认定借款合同无效，也不能据此认定作为从合同的保证合同无效。债权人可依法请求保证人履行合同。收取担保费用的保证人较无偿提供担保的保证人承担更多的义务。保证人提出自己也是诈骗犯罪的受害人的免责理由不能成立。同时，最高法院认为，广东省高级人民法院提到的最高人民法院《复函》效力问题，该函是对新疆维吾尔自治区高级人民法院请示的一起具体案件的答复，与你院请示的问题情况不同，不适用于广东省高级人民法院请示的问题。"从该《复函》的要求来看，其处置观点属于"刑民并行"。1997年最高人民法院《关于审理存单纠纷案件的若干规定》第3条规定："人民法院在受理存单纠纷案件后，如发现犯罪线索，应将犯罪线索及时书面告知公安或检察机关。如案件当事人因伪造、变造、虚开存单或涉嫌诈骗，有关国家机关已立案侦查，存单纠纷案件确须待刑事案件结案后才能审理的，人民法院应当中止审理。对于追究有关当事人的刑事责任不影响对存单纠纷案件审理的，人民法院应对存单纠纷案件有关当事人是否承担民事责任以及承担民事责任的大小依法及时进行认定和处理。"该《通知》的观点与前面复函不同，采取相对灵活的"视案件情况"来选择"先刑后民"抑或"刑民并行"，体现了不同情况不同处理的思路。然而，最高法院这种"视案件情况"在实践层面带来了是采用"先刑后民"还是"刑民并行"以及如何"视案件情况"做出选择的困难。为何在此背景下"视案件情况"采用"先刑后民"，而同样背景下"视案件情况"又采用"刑民并行"。这种"视案件情况"在司法实践中却使得不同法院因自己的理解作出不同选择，甚至给予法官基于自己处理案件的需要而"选择性"司法。为此，1998年最高人民法院又下发了《关于在审理经济纠纷案件中涉及经济犯罪嫌疑若干问题的规定》（2020年修订）。该规定第1条、第8条、第10条、第11条、第12条规定："同一自然人、法人或其他经济组织因不同的法律事实，分别涉及经济纠纷和经济犯罪嫌疑的，经济纠纷案件和经济犯罪嫌疑案件应当分开审理。""根据《中华人民共和国刑事诉讼法》第一百零一条第一款的规定，被害人或其法定代理人、近亲属对本规定第二条因单位犯罪行为造成经济损失的，对第四条、第五条第一款、第六条应当承担刑事责任的被告人未能返还财物而遭受经济损失提起附带民事诉讼的，受理刑事案件的人民法院应当依法一并审理。被害人或其法定代理人、近亲属因被害人遭受经济损失也有权对单位另行提起民事诉讼。若被害人或其法定代理人、近亲属另行提起民事诉讼的，有管辖权的人民法院应当依法受理。""人民法院在审理经济纠纷案件中，发现与本案有牵连，但与本案不是同一法律关系的经济犯罪嫌疑线索、材料，应将犯罪嫌疑线索、材料移送有关公安机关或检察机关查处，经济纠纷案件继续审理。""人民法院作为经济纠纷受理的

[①] 参见最高人民法院就广东省高级人民法院（粤高法［1994］25号）的复函。

案件，经审理认为不属经济纠纷案件而有经济犯罪嫌疑的，应当裁定驳回起诉，将有关材料移送公安机关或检察机关。""人民法院已立案审理的经济纠纷案件，公安机关或检察机关认为有经济犯罪嫌疑，并说明理由附有关材料函告受理该案的人民法院的，有关人民法院应当认真审查。经过审查，认为确有经济犯罪嫌疑的，应当将案件移送公安机关或检察机关，并书面通知当事人，退还案件受理费；如认为确属经济纠纷案件的，应当依法继续审理，并将结果函告有关公安机关或检察机关。"该《规定》明确以"同一法律事实"作为区分不同类型刑民交叉案件的处理方式标准。一般来说，如果刑民交叉案件分属不同法律事实的，这些关系具有牵连性质，可以采用"刑民并行"；如果刑民交叉案件属于同一法律事实的，则应采取"先刑后民"。但因"同一法律事实"与"同一事实"可能存在竞合关系而出现不同认识，以至于清晰的理论与明晰的规定在实践中又变得相对模糊，致使程序选择以及如何正当地选择变得相对困难甚至处在争议之中。

　　2000年，最高人民法院发布的《关于刑事附带民事诉讼范围问题的规定》（以下简称《规定》）（2015年1月19日废止）[①] 第5条第2款规定："经过追缴或者退赔仍不能弥补损失，被害人向人民法院民事审判庭另行提起民事诉讼的，人民法院可以受理。"对于刑民交叉案件属于同一法律事实的"先刑后民"做法这一《规定》又予以固定。继后的有关规定又采取了"先刑后民"的观点。《2019办理非法集资案件意见》第7条规定："对于公安机关、人民检察院、人民法院正在侦查、起诉、审理的非法集资刑事案件，有关单位或者个人就同一事实向人民法院提起民事诉讼或者申请执行涉案财物的，人民法院应当不予受理，并将有关材料移送公安机关或者检察机关。人民法院在审理民事案件或者执行过程中，发现有非法集资犯罪嫌疑的，应当裁定驳回起诉或者中止执行，并及时将有关材料移送公安机关或者检察机关。公安机关、人民检察院、人民法院在侦查、起诉、审理非法集资刑事案件中，发现与人民法院正在审理的民事案件属同一事实，或者被申请执行的财物属于涉案财物的，应当及时通报相关人民法院。人民法院经审查认为确属涉嫌犯罪的，依照前款规定处理。"从该规定来看，即使刑民属于同一事实或涉及同一标的财物的，也应采取"先刑后民"。2015年6月23日最高人民法院审判委员会第1655次会议通过并经过2020年8月18日最高人民法院审判委员会第1809次会议修改的《最高人民法院关于审理民间借贷案件适用法律若干问题的规定》对此问题又作了规定。该规定第5条规定："人民法院立案后，发现民间借贷行为本身涉嫌非法集资犯罪的，应当裁定驳回起诉，并将涉嫌非法集资犯罪的线索、材料移送公安或者检察机关。""公安或者检察机关不予立案，或者立案侦查后撤销案件，或者检察机关作出不起诉决定，或者经人民法院生效判决认定不构成非法集资犯

[①] 该规定经2000年12月4日最高人民法院审判委员会第1148次会议通过，由最高人民法院于2000年12月13日发布，自2000年12月19日起施行。经法释〔2015〕2号自2015年1月19日起废止。尽管已经废止，但对于梳理有关问题仍具有积极的参考意义。

罪，当事人又以同一事实向人民法院提起诉讼的，人民法院应予受理。"第6条规定："人民法院立案后，发现与民间借贷纠纷案件虽有关联但不是同一事实的涉嫌非法集资等犯罪的线索、材料的，人民法院应当继续审理民间借贷纠纷案件，并将涉嫌非法集资等犯罪的线索、材料移送公安或者检察机关。"第7条规定："民间借贷的基本案件事实必须以刑事案件审理结果为依据，而该刑事案件尚未审结的，人民法院应当裁定中止诉讼。"第8条规定："借款人涉嫌犯罪或者生效判决认定其有罪，出借人起诉请求担保人承担民事责任的，人民法院应予受理。"根据上述解释的规定，其处置程序仍坚持"先行后民"为原则，同时采取了"非同一事实"的关联性案件的"刑民并行"的观点。这些规定不仅是对《2019办理非法集资案件意见》相关内容的重申，更为司法实践不同做法提供了方向性的指导。处理民间借贷民刑交叉案件应当遵循先刑后民的原则，如民间借贷的案件审理过程中，基本案件事实需要刑事案件查清以后才能继续审理的，这类案件应当中止审理，等到刑事案件结案、犯罪事实认定后，民事案件再恢复审理，以免民刑交叉案件对同一事实的认定出现不同的结果。基于此，在处置刑民交叉案件上应当坚持刑民并行原则，但有两种例外情况：一是民事案件的审理必须以刑事案件的审理结果为依据的情况下实行先刑后民；二是已经受理的民事案件不涉及民事责任承担、不构成民事法律关系、不属于民事纠纷的情况下"只刑不民"。特殊情况下，"只刑不民"在实践中也具有特定的价值。

二、非法集资案件民刑交叉的分析

对非法集资刑民交叉案件处理相关规定的梳理尽管仅限于司法解释的有关规定，但对解释以及相关规定脉络的梳理可以发现，司法实践在坚持先刑后民原则上左右徘徊。这种徘徊不仅反映出不同阶段经济环境和制度要求，也带有借助国家公权力机关强大的事实调查推动案件客观公正处理的传统，但其基本精神却被继承下来，一直影响着现在案件的处置。理论上的影响前面已经做了论述，就非法集资刑民交叉案件的实践来看也是如此。例如，原告单某希诉被告温州淘代民间融资信息服务有限公司一案。[①]

被告温州淘代民间融资信息服务有限公司（以下简称淘代公司）经营了一家名为"淘贷宝"的P2P网上平台。原告于2014年起陆续向"淘贷宝"投资现金，其间也陆续有提取现金。2014年10月28日，原告发现无法从"淘贷宝"平台提取现金。另外，原告账户待收总额有456242.49元。经原告向三被告催讨，原告仍无法从"淘贷宝"平台提取所投资的款项。被告何某系被告淘代公司的法定代表人，其与被告黄某瑜系夫妻关系，原告多次向"淘贷宝"及被告何某、黄某瑜打

[①] 参见浙江省温州市鹿城区人民法院民事裁定书（2015）温鹿东商初字151号。

款,线上线下的打款记录均在"淘贷宝"平台中得以体现,提现也由被告黄某瑜直接汇款给原告。故请求:判令被告淘代公司、何某、黄某瑜立即偿付原告单某希借款456242.49元及利息(自2014年10月29日起至实际履行之日止,按年利率18%计算);本案的诉讼费用由被告方负担。温州市鹿城区法院认为:由于本案的被告淘代公司、何某、黄某瑜可能涉嫌利用网络借贷平台进行非法吸收公众存款的犯罪行为,故本案应移送公安机关立案侦查。裁定如下:驳回原告单某希的起诉。

对此问题,2011年8月23日重庆市高级人民法院《关于审理民间借贷纠纷案件若干问题的指导意见》第2条规定:因非法集资等原因被银行业监督管理部门认定为非法金融业务活动的借贷纠纷,人民法院应当裁定不予受理,但对非法金融机构非法吸收或变相吸收公众存款、非法集资被取缔后,因清退发生的纠纷,协商不成诉至人民法院的,应当受理。公安机关立案侦查涉及的民间借贷纠纷,人民法院应当裁定不予受理。

无论是学术界还是实务界,对非法集资案件刑民交叉的程序选择问题存在绝对的"先刑后民",也存在"先民后刑"或者"刑民并行",甚至还存在"只刑不民"的情况。从目前的司法实践来看,普遍的做法是:一旦查明非法集资人涉嫌非法集资被公安机关立案后,法院直接以"先刑后民"为由,对集资参与人或者被害人提起的民间借贷纠纷决定不予受理,并将案件材料移送公安机关处理或直接退还;对于已经立案的,也不再对案件进行开庭审理,直接裁定驳回起诉。有的法院甚至对不予立案不作任何法律文书或者手续,径直将案件材料退还给起诉人。这些问题随着立案登记制度的推行有些减弱。从上述司法解释或司法解释性文件的沿革来看,对刑民交叉案件的程序选择历经了观念上的变化与解释上的犹豫以及适用上左右摇摆。司法解释从最初的绝对"先刑后民",到后来的区别情况分别对待,即可采取"先刑后民",也存在"刑民并行",不仅体现了对非法集资态度上的逐渐宽容,也体现了理论在此方面的不断发展和程序理性的持续进步。从选择程序的区别标准来看,司法解释从开始的"同一法律事实""同一法律关系"到后来的"同一事实",一方面,折射出这一区分标准的确认难度;另一方面,也反映出对此作出合理解释的困难。有的认为,鉴于民事诉讼与刑事诉讼具有不同的职能与程序,分开审理是基本原则,需要从行为主体、相对人以及行为本身三个方面认定是否属于"同一事实"。从行为实施主体的角度看,"同一事实"指的是同一主体实施的行为,不同主体实施的行为不属于同一事实;从法律关系的角度看,刑事案件的受害人同时也是民事法律关系的相对人的,可以认定为"同一事实";从要件事实的角度看,只有民事案件争议的事实,同时也是构成刑事犯罪的要件事实的情况下,才属于"同一事实"。尽管司法解释力求在为司法实践提供具有说服力的理据,但始终因不同司法解释间的分歧与争议未能如愿以偿,相反,还造成了司法实践做法不尽相同与程序选择上的任性。"既然'先刑后民'只是一个原则性的法则,就不能过于机械地、绝对地理解,否则就容易出现问题。事实上,"先刑后民"的程序便利性也并非是绝对的，一些情况下，'先刑后民'也可能造成一种程序上的非便利和不公正。""'先刑后民'还可能被某些人恶意利用，成为干涉民事案件或者寻求自身不法利益的'挡箭牌'。比如，利用'先刑后民'原则将正在进行的民事或经济纠纷案件中止，已成为地方保护主义干预经济纠纷的一个重要借口。"[1] 尽管这些解释、理论上观点以及实践中的做法不是截然相反的本质分歧，但在如何减少实务部门在选择程序上的分歧与避免滥用上的具有价值。

第二节 民刑交叉案件处理的基本原则

民刑交叉案件处理的主要问题：一是对单一行为，因民刑价值判断不同导致必须择其一进行评价；二是对单一行为，因民刑概念体系不同导致思维方式产生差异，从而在适用何种法律评价时产生分歧；三是对单一行为，因处理程序不统一导致在确定适用民商事或刑事法律的先后顺序时产生分歧。[2] 然而，刑事法律与民事法律分属于不同的法律规范领域，但作为调整人的行为、追求的社会效果以及实现的价值上具有一致性。这种一致性不仅包括刑法所追求的保护社会秩序和公共利益与民法所保护的民事主体权益的趋同性，还包括诉讼程序追求的公正法律价值的同向性。这些利益保障的趋同与价值维护的同向必然会带来民刑规范交叉调整范围的限定。如果某个行为违反刑法而受到刑法的否定评价，那么在民法上也必然会受到否定评价。基于这一原因，如果行为构成犯罪，那么该行为在民事范围内，也应当产生与刑法否定一致的结果。[3] 同样，在存在民事案件与刑事案件在法律事实、法律主体方面完全或部分重合，出现"牵连型"和"竞合型"的刑民交叉案件，涉及刑事法律关系和民事法律关系，致使案件的刑事、民事部分之间在程序处理、追究责任等方面相互交叉、牵连和影响。但是，违反民法承担民事责任不意味一定承担刑事责任。实务中对刑民交叉案件的分析，应考察民商法对当前案件的基本立场，确定其权利归属及其对于行为性质的态度。在交易规则特殊或者存在长期交易惯例场合，被害人应当自担风险，对于纠纷应在民事领域解决。[4] 由于刑法的惩罚或者制裁的力度远高于民法，对刑事法律的违反所造成的危害以及损害较重对民事法律的违反，这就是违反刑法的制裁结果远重于民事法律后果的缘由之所在。

在刑事或者民事责任问题上，刑法与民法保护法益的一致性有时会出现价值维护上的差异性，带来适用法律上的选择性。由于现行法律在非法集资案件上未作出明确的规定，处置非法集资案件的普遍适用的司法原则未能统一。从实践操作层面

---

[1] 参见于同志：《重构刑民交叉案件的办理机制》，载《法律适用》2019年第16期。
[2] 参见廖钰、张璇：《人民法院民刑交叉案件处理机制之探索——以统一法秩序的司法立场为视角》，载《法律适用》2015年第1期。
[3] 参见韩永安：《非法集资类案件清偿程序中的利息处理问题研究》，载《西部法学》2015年第1期。
[4] 周光权：《"刑民交叉"案件的判断逻辑》，载《中国刑事法杂志》2020年第3期。

来看，这又给采取多元化的"综合处理模式"即区分不同情况作出的不同程序选择提供了合理空间。处置非法集资案件需要一套类型化处置规则，也应当遵循处置这类案件需要遵循的基本原则和例外规则，以便能够及时有效地解决程序选择问题。基于实践的需要与理论探索，在处置民刑交叉的非法集资案件时需要坚持以下原则。

一、坚持"刑民并行"为原则，"先刑后民"为补充

对于非法集资类刑民交叉案件采取"先刑后民"的处理模式似乎是我国处置此类案件的传统习惯。这种处置模式不仅有利于司法机关宏观把握，全盘考虑，统筹处置，同样可以避免不同机关之间在非法集资案件处理上产生矛盾和出现冲突，尤其是因刑事的严厉性实践发挥了较好的效果。随着非法集资案件在现代资本市场所处的地位与资本市场的多层次化，这种模式的绝对性或者一味机械性地坚持"先刑后民"的原则，却给处置带来了更为复杂的社会问题。坚持"先刑后民"原则在实践中遇到涉众案件总是以有嫌疑集资犯罪为由移送公安机关处置，公安机关成为处置非法集资案件的主要部门，时而久之，公安机关成为处置非法集资案件的挡箭牌或者成为干预经济纠纷的绝好手段，以至于较少考虑这种处置集资涉嫌犯罪对后来程序的消极影响。因为这种模式极易导致当事人提起的民间借贷纠纷因刑事案件的启动而终止，也会为部分利害关系人在程序交换过程中乘机转移先前被人民法院查封、扣押的财产，再加上公安机关仅仅能控制犯罪嫌疑人或者与刑事案件有关的财产，最终的结果导致利害关系人责任的承担和债权人权益无法实现。法律程序的设计应当在维护公共利益的同时注重对私权利的保障，而不是人为地给维护私权利设置障碍。[①] 如吴某案在后期的财产处理上的问题。东阳市政府曾牵头组成了"吴某案资产处置小组"，东阳市公检法系统配合，并有两家资产评估鉴定机构和吴某案的债权人，组成了吴某案资产处置小组。会议上，东阳市政府的领导通报了吴某案涉案资产处置方案，即将现有扣押资产经过评估鉴定后，进行公开拍卖，按债权比例清偿债务。而吴某的刑事申诉案件代理律师认为，吴某案的终审判决书，只是判决没收吴某的个人财产，但是判决书中没有明确哪些资产属于吴某的个人财产，也没有财产清单。在没有明确吴某的个人财产前，不能随意处置资产。由于非法集资案件受害群众最关心的是损失的挽回，按照此模式处置追回的财物数额与群众损失差距甚大，往往造成群众心理落差较大，甚至造成聚集、围堵、群访、集访等影响社会安定行为的发生。相反，"刑民并行"原则上可以克服刑事法律干预过多而影响集资人、集资参与人以及利害关系人合法权益的情况，但会带来涉案财产性质判定、执行上的冲突。由于"先刑后民"与我国传统社会"重刑轻民"的法制思维相契合，在处置非法集资案件上"重打击轻保护"又会成为司法实践普遍

---

① 参见马淑娟：《兴邦案受害者质疑"先刑后民"》，载《法治周末》2012年3月7日。

运用的规则，与资本市场的理念不相兼容，况且还存在如下问题。

一是非法集资案件简单地坚持"先刑后民"原则，会损害集资参与人的合法权益。在司法实践中如果不区别情况地适用"先刑后民"的处理方法，一定程度上会剥夺集资参与人在程序上的选择权。一些案件移送公安机关后因处置案件复杂或者因犯罪嫌疑人潜逃在外不能结案，刑事程序一直停滞不前，民事权益得不到及时保障，致使民事合法权益因程序的拖延而不具有实际价值。在司法实践中，有些法院基于"先刑后民"的不同解读，导致不同法院、不同法官在此程序上的做法各异，有的采用驳回起诉、中止诉讼，有的则终结诉讼、移送公安机关或者驳回起诉，程序上的异化造成集资参与人的合法权益最终落空。相反，采取"刑民并行"能够克服这一缺陷。例如，四川省检察院打破"先刑后民"这一惯例，积极支持受害方先民事索赔，目的在于及时保护国有资产，保护弱势群体的合法权益。这种做法为"刑民并行"提供了良好的实践诠释。①

二是单纯地坚持"先刑后民"原则，也会损害被告人（非法集资人）的合法权益。在非法集资刑事案件中，由于集资参与人数众多、证据材料纷繁复杂，尽管刑事诉讼与民事诉讼相比程序严谨、证明标准高，但对借款的原因、款项交付的时间地点、款项来源、用途等具体事实和经过一般不作审查，而非法集资犯罪作为过程犯罪常常存在从合法经营到非法集资的较长过程，其经营过程中有些是合法财产，如果单纯地坚持"先刑后民"原则无疑会对被告人合法权益产生不利影响，甚至会导致被告人的合法财产遭受损害，即在侦查、起诉程序中"查冻扣"的犯罪嫌疑人或者被告人合法财产有可能成为追缴和退赔的对象。

三是仅仅坚持"先刑后民"原则，还会损害利害关系人的合法权益。由于非法集资刑事案件案情复杂，在侦查阶段作为涉案财物扣押的财产可能并非全部是集资人本人的合法财产，这些涉案财物有可能属于案外第三人的财产。案外第三人对某项涉案财物具有所有权或其他物权、债权，由于程序没有设置其表达异议的渠道，程序上的不公正难免在一定程度上会损害相关利害关系人的合法权益。

四是一味坚持"先刑后民"的原则，也会造成公检法机关之间以及法院内部刑民部门之间相互推卸责任，造成案件处置上的拖延。例如，法院认为非法集资案件涉嫌犯罪依法移送后，公安机关或检察机关经常以不属于其管辖或者没有证据证明有犯罪事实等事由拒收案件或者将案卷退回，况且在此类案件中还存在以"政府为主导的行政处置程序"，在实践中因认识不一与理解不同会导致案件在公安与法院之间来回移送。特别是有关案件的被告人或者案外人已被刑事程序认定为构成犯罪，非法集资中的民间借贷纠纷案件的法律事实涉嫌应被追究但未被追究的犯罪行为，公安机关均会以没有再行侦查的必要等理由将移送的案件退回法院。因此，在非法集资类刑民交叉案件中绝对地适用"先刑后民"的处理方法，有可能损害司法公正，降低了司法的权威。

---

① 参见德华等：《支持民事索赔四川检察院打破"先刑后民"惯例》，载《法制日报》2005年1月5日。

五是绝对坚持"先刑后民"的原则,也有悖于刑罚的谦抑性要求。无论是从实体上还是程序上,司法作为最后一道防线,应在穷尽一切可能性手段后才使用刑事法调整,刑法应保持其谦抑性。尤其是当刑民交叉案件引起的民事诉讼与刑事诉讼在程序处理不会产生冲突,处理上不存在相互依赖关系,可以按照不同程序分别进行或者并案审理即"刑民并行"。"当一个诉讼以另一诉讼的审理结果为前提和依据时,需要一先一后;当二者之间互不依赖于彼此的诉讼结果时,则宜走'民刑并行'之路。"① 不可机械地"先刑后民"。

基于以上的分析,非法集资案件的程序选择影响着对犯罪主体的刑罚裁量,也关系着每一个集资参与人、案外人以及被告人等的合法利益,处理不当极易引发群体上访事件,增加社会不稳定的因素。因此,处理非法集资案件,更需要从经济利益的视角考虑以及保障财产权利的程序衡量,坚持"刑民并行"原则,以"先刑后民"作为例外。这样有利于司法公正目标的实现,在实践中借助于不同程序的适用更具有现实意义。

二、坚持"同一事实"的刑民程序选择策略

由于民间借贷纠纷往往与非法吸收公众存款、集资诈骗、非法经营等非法集资类案件交织在一起,出现由同一法律事实或相互交叉的两个法律事实引发的、一定程度上交织在一起的刑事案件和民事案件即"民刑交叉案件"。在研究与探讨这一问题时,其前提或者基础应当存在"民刑交叉案件";如果这种案件不存在或者根本就没有交叉,对其选择适用则是一种错误。

司法实践中,基于同一法律事实,民事程序与刑事程序发生冲突的情况下,何种程序优先,基于何种理论予以确定具有积极的意义。然而,司法解释对启动刑民程序选择的标准存在着不同的规定。例如,1998年《最高人民法院关于在审理经济纠纷案件中涉及经济犯罪嫌疑若干问题的规定》(2020年修改)和2007年《最高人民法院关于在审理民事纠纷案件中涉及刑事犯罪若干问题的规定》采用以"同一法律事实"作为选择的标准,而《2019办理非法集资案件意见》和《关于审理民间借贷案件适用法律若干问题的规定》却以"同一事实"作为确定的选择标准。"对于涉嫌非法集资犯罪的民间借贷案件,人民法院应当不予受理或者驳回起诉,并将涉嫌非法集资犯罪的线索、材料移送公安或者检察机关;对于与民间借贷案件虽有关联,但不是'同一事实'的犯罪,人民法院应当将犯罪线索材料移送侦查机关,但民间借贷案件仍然继续审理;借款人涉嫌非法集资等犯罪或者生效判决认定其有罪,出借人起诉担保人承担民事责任的,人民法院应予受理。"我们认为,启动刑民程序选择的标准应为基于同一行为产生的"同一事实"作为必要条件,采取这一标准在司法实践中也得到了反映。例如,2015年6月3日,安徽

---

① 参见王骏:《违法性判断必须一元吗?——以刑民实体关系为视角》,载《法学家》2013年第5期。

省高级人民法院、安徽省人民检察院《关于办理非法集资刑事案件若干问题的意见》规定:"对于集资参与者先行提起民事诉讼,且人民法院已作出生效民事判决的,该部分事实原则上不再作为刑事案件处理。无论是通过民事诉讼所确定的赔偿数额,还是刑事诉讼所确定的赃款返还数额,在统一执行、分配时,应遵循'相同事实,相同处理'的原则,即按照借款数额、已返还本金及支付利息的情况等同一处理。"

"同一事实"之所以作为选择的依据,是因为它在一定程度上符合刑法与民法的某些规定,其事实本身纠缠了交叉、竞合与重叠的法律关系,以至于被涵摄到刑法与民法的调整范围。同一事实是指自然意义上的同一事实,而非法律规范下的同一法律事实或同一法律关系。法律事实是指法律规定的、能够引起法律关系产生、变更和消灭的现象。法律关系是指被法律规范所调整的权利与义务关系。无论是法律事实还是法律关系共同特点均是经过法律规范调整的结果,是已经被法律规范化的问题,不同于法律规范对同一自然事实进行调整。究其实质,同一法律事实或同一法律关系属于纳入法律规范下所考虑的事实已经将其涵摄到刑法规范或者民法规范的范畴,因此,也就不存在所谓的刑民交叉问题。"同一事实"在不同法律规范调整下会形成不同的法律关系。如自然意义上集资人向集资参与人借贷,民法上评价为民间借贷的民事法律事实或民事法律关系,而在刑法上评价为非法吸收公众存款等相关意义上的刑事法律事实或刑事法律关系。同一法律事实或同一法律关系不可能产生刑民交叉问题。例如,集资人涉嫌非法吸收公众存款罪,集资参与人同时以民间借贷纠纷向法院提起民事诉讼的情况下,集资人在刑事案件中是否构成犯罪,对其在民事案件中民事责任的承担并不产生影响。

基于以上分析可以发现,只有刑民案件基于同一事实发生了调整法律规范的交叉,才存在程序选择上的问题。在非法集资刑事案件中,有些犯罪尤其是非法吸收公众存款罪对民间借贷合同的效力一般不会产生影响,民事案件的审理也不需要以非法吸收公众存款的刑事案件的审理结果为依据,况且非法吸收公众存款属于非法集资类犯罪的基础性罪名,采取"同一事实"作为程序选择的标准,更有利于"刑民并行"原则的贯彻。因民间借贷案件仅仅指合同双方为集资人和集资参与人的民事案件,如果涉及第三人(如担保人)的案件,由于其与集资诈骗的刑事案件不是同一事实,因而采取"刑民并行"更为适宜。对于涉及集资诈骗罪而言,由于集资诈骗罪对民间借贷合同效力的认定会产生较大的影响,采取"先刑后民"在一定意义较为妥当。

对于"同一事实"仅限刑事、民事法律规范指向的自然意义上的事实本身同一,而非是刑事、民事法律规范的要件事实同一。实践中案例可作为理解此问题的参考。2015年10月29日,案外人欧阳某清任中信银行股份有限公司大连旅顺支行负责人期间,与丁某签订借款合同,约定丁某借给中信旅顺支行资金壹仟万元;借款期限为一年,自2015年10月29日至2016年10月28日止;年利率24%,到期后中信旅顺支行若不能按期还款,以所欠本金为计算基数按日万分之五向丁某支付违约金。本次借款资金系中信旅顺支行于 2013 年 10 月 31 日向丁某所借款项（期限一年），到期后因中信旅顺支行继续需要资金，故 2013 年起至每年到期后，经双方协商续期一年，借款合同每年签订一次，签订本年度借款合同由后丁某保存，中信旅顺支行收回前一年度借款合同；本借款丁某已于 2013 年 10 月 31 日存入中信旅顺支行指定的中信银行车某中个人账号中（卡号 7212710192008822945）。丁某、欧阳某清在借款合同尾部签字，同时加盖中信旅顺支行财务专用章。

2016 年 9 月 26 日，大连市公安局经侦支队向一审法院出具《关于欧阳某清等人涉嫌集资诈骗案相关问题的函》《关于中信银行大连分行欧阳某清等人涉嫌集重大经济犯罪问题的函》，载明："……以欧阳某清、权某、张某等个人或旅顺支行名义对外签订借款协议、借据、借条等方式，擅自使用旅顺支行专用的中信银行大连分行个贷专用章、旅顺支行财务专用章等印章"。2017 年 1 月 16 日，大连市公安局经侦支队又向一审法院出具《关于欧阳某清等人涉嫌集资诈骗案相关问题的函》，载明："犯罪嫌疑人欧阳某清、权某……以良好的经济效益和优厚的投资回报为诱饵，面向社会公众公开宣传，使用旅顺支行相关印章，采取签订自行起草的理财、借款等协议或合同，以及出具借条、借据等形式，承诺在一定期限内还本付息，骗取巨额资金""依据你院随函提供的相关证据材料复印件显示，原告王某莉……丁某在诉中信旅顺支行委托理财合同纠纷案及借款合同纠纷案中，所涉及的理财、借款等协议均与我局移送审查起诉的犯罪手段一致"。2017 年 3 月 1 日大连市公安局经侦支队再次向一审法院出具《关于欧阳某清等人涉嫌集资诈骗案相关问题的函》，载明："韩某源……丁某等已配合我支队侦查，并作为我局移送审查起诉的集资诈骗案件被害人"。丁某向辽宁省大连市旅顺口区人民法院起诉，请求判令中信旅顺支行立即偿还借款本金 1000 万元，并支付自借款之日起至还清之日止的利息、违约金。

辽宁省大连市旅顺口区人民法院经审理认为，依照最高人民法院《关于审理民间借贷案件适用法律若干问题的规定》第 12 条规定，借款人或出借人的借贷行为涉嫌犯罪或者已经生效的判决认定构成犯罪，当事人提起民事诉讼的，民间借贷合同并不当然无效，人民法院应当根据民法典、本规定第 13 条之规定认定民间借贷合同的效力。本案中，欧阳某清作为中信旅顺支行的负责人，代表中信旅顺支行与丁某签订借款合同，该借款合同不违反法律、行政法规的强制性规定，应有效。依照最高人民法院《关于在审理经济纠纷案件中涉及经济犯罪嫌疑若干问题的规定》第 3 条规定，欧阳某清因涉嫌犯罪被公安机关立案侦查，但无论其将案涉款项用于个人或用于犯罪，中信旅顺支行对借款合同造成的后果，都应承担民事责任。对于中信旅顺支行认为"丁某提起民事诉讼依据事实与欧阳某清涉嫌犯罪事实系同一事实，同一法律关系"，借贷当事人为丁某、中信旅顺支行，与欧阳某清涉嫌犯罪非同一法律关系，民事纠纷应继续审理。丁某已履行向中信旅顺支行指定账号转款义务，中信旅顺支行应按约定向丁某偿还借款本金、利息及违约金。一审法院遂作出（2017）辽0212民初3041号民事判决：中信旅顺支行于判决生效后10日内偿还丁某借款本金1000万元；中信旅顺支行于判决生效后10日内支付丁某借款利息240万元；中信旅顺支行于判决生效后10日内支付丁某违约金（自2016年10月29日起至借款还清之日止，按本金1000万元日万分之五计算）。中信旅顺支行不服一审判决，向大连市中级人民法院提起上诉。

大连市中级人民法院经审理认为，刑民交叉案件中的同一事实并非是指刑事、民事法律规范的要件事实同一，应理解为民事、刑事法律规范指向的自然意义上的事实本身同一。依照《关于审理民间借贷案件适用法律若干问题的规定》，法院认为一审并未审查民间借贷行为本身是否涉嫌非法集资犯罪，且认为"丁某提起民事诉讼依据的事实与作为刑事案件被害人的事实不是同一法律事实"与事实不符，应予纠正。遂裁定：一、撤销大连市旅顺口区人民法院（2017）辽0212民初3041号民事判决；二、驳回丁某的起诉。[①]

对于非法集资类犯罪作出有罪判决后，集资参与人能否提起民事诉讼在实践中仍存在较大争议。一种观点认为，《最高人民法院关于刑事附带民事诉讼范围问题的规定》仅仅是规定人民法院"可以"受理，而不是"应该"或"必须"受理。法院基于利弊分析与选择，往往在司法实践中判令继续追缴或责令退赔，被害人的财产损失可以通过追缴手段得到弥补，无需司法机关再行提供法律救济。如果集资参与人的财产通过强有力的刑事追赃程序尚不能挽回损失，民事诉讼程序也就无力保障其财产权益。因此，法院不应受理当事人另行提起的民事诉讼。另一种观点认为，《最高人民法院关于刑事附带民事诉讼范围问题的规定》仅仅表述"可以"受理，带有较强的倾向性。"追缴"与"责令退赔"作为司法机关在追究犯罪嫌疑人、被告人刑事责任过程中担负的附带性工作职责，不是刑事诉讼法为集资参与人或者被害人专门设置的救济方式。如果不予受理集资参与人或者被害人的诉求，集资参与人就只能依赖刑事司法机关的追赃挽回损失。而我国刑事法律有关追赃程序的规定太过简略、原则，实务中的追赃效果也不理想。集资参与人或者被害人在集资类刑事案件审结后提起民事诉讼的，人民法院应当受理，使得集资参与人或者被害人的民事起诉权得到应有力的保障。但是，最高法院2021年的司法解释规定，对被告人非法占有、处置被害人财产的，应当依法予以追缴或者责令退赔的，被害人提起附带民事诉讼，法院不予受理。追缴、退赔的情况，可以作为量刑情节考虑。

另外，在坚持原则时，需要采取穿透"假性"刑民关系事实的方法。就非法集资案件的有些案件本身而言，不存在所谓的民事关系，却存在以合法民事关系形式掩盖真实非法集资犯罪目的的假性关系，在集资诈骗和组织、领导传销活动的犯罪存在非法集资与其他类犯罪的假性竞合问题。刑民交叉案件的实体问题涉及罪与

[①] 参见王家永、原楠楠：《刑民交叉案件中同一事实的认定》，载《人民司法（案例）》2018年第29期。

非罪的区分直接关系到当事人的各种权利，因而更为重要也更为复杂。有论者认为，在司法实践中的刑民交叉案件分为以下情形：（1）形式看似民事法律行为，实质上属于刑事犯罪行为；（2）形式上看似刑事犯罪行为，实质上属于民事法律行为；（3）刑事犯罪关系和民事法律关系的交织。在刑民交叉案件中，这种假性竞合的案件类型从形式上看似乎存在民事法律关系，实质上是以民事法律关系掩盖犯罪，因此应当排除民事法律关系而构成犯罪。因此，在处理刑民交叉案件的时候，应当注意民法形式思维、强调法律关系与刑法强调实质判断的性质在法律思维方法上的差异，[①] 通过形式分析实体，以免被非法集资的表面现象迷惑。

在处置这类非法集资的案件中，可能会涉及担保人的担保责任问题，也会涉及第三方是否存在善意取得的问题，在处置程序上不能因为一部分当事人的非法集资犯罪就认定整个合同无效，否认担保人的担保责任。一般而言，只要债权人起诉担保人，需要作为民事关系对待。但对涉黑等案件需要保持警惕，按照"两高""两部"《关于办理黑恶势力刑事案件中财产处置若干问题的意见》处理。2018年5月4日，银保监会、公安部、国家市场监督管理总局、中国人民银行联合发布了《关于规范民间借贷行为 维护经济金融秩序有关事项的通知》规定，严厉打击利用非法吸收公众存款、变相吸收公众存款等非法集资资金发放民间贷款。严厉打击以故意伤害、非法拘禁、侮辱、恐吓、威胁、骚扰等非法手段催收贷款。严厉打击套取金融机构信贷资金，再高利转贷。严厉打击面向在校学生非法发放贷款，发放无指定用途贷款，或以提供服务、销售商品为名，实际收取高额利息（费用）变相发放贷款行为。严禁银行业金融机构从业人员作为主要成员或实际控制人，开展有组织的民间借贷。处理这类案件应关注政策的变化与法律间的衔接。

第三节 民刑交叉案件的程序选择

对于犯罪分子非法占有、处置集资参与人财产的行为，在经过刑事追赃仍然不能弥补损失时，可否提起独立的民事诉讼呢？有论者认为，《2010 非法集资司法解释》对刑事附带民事诉讼范围的缩小解释，有超越最高院司法权限之嫌，缩小解释显然不符合刑事诉讼法的立法本意，[②] 旨在它限制了公民的诉权。而根据《最高人民法院关于适用〈中华人民共和国刑事诉讼法〉的解释》第445条的规定，查封、扣押、冻结的财物及其孳息，经审查，确属违法所得或者依法应当追缴的其他涉案财物的，应当判决返还被害人，或者没收上缴国库。判决返还被害人但其没有认领的，应当公告通知；公告满一年无认领的，财物应上缴国库。而第176条规定，被告人非法占有、处置被害人财产的，应当依法予以追缴或者责令退赔。采用

---

① 参见陈兴良：《刑民交叉案件的刑法适用》，载《法律科学》2019 年第 2 期。
② 参见马淑娟：《兴邦案受害者质疑"先刑后民"》，载《法治周末》2012 年 3 月 7 日。

予以追缴或责令退赔的方式弥补损失,不能提起附带民事诉讼。特别是《最高人民法院关于审理民间借贷案件适用法律若干问题的规定》第5条规定:"人民法院立案后,发现民间借贷行为本身涉嫌非法集资犯罪的,应当裁定驳回起诉,并将涉嫌非法吸收公众存款罪的线索、材料移送公安或者检察机关。"结合《2019办理非法集资案件意见》第7条第2款规定的"人民法院在审理民事案件或者执行过程中,发现有非法集资犯罪嫌疑的,应当裁定驳回起诉或者中止执行,并及时将有关材料移送公安机关或者检察机关。"这些规定使得这一问题更加复杂,如何理性地安排程序以及如何科学地选择程序,法律对此是否存在另有规定,对于处置民刑交叉的非法集资案件具有重要的意义。

一、非法集资民刑交叉案件的程序选择

对于非法集资案件涉及民刑交叉案件程序的选择主要是案件如何移送以及移送中的分歧等问题。一类是执法部门与公安机关立案侦查之间移送案件的不断回转问题;另一类是人民法院与公安机关移送案件的来回往返问题。有论者认为,由于不同法律事实、同一法律关系难以界定,许多法院在处理刑民交叉案件时,简单适用裁定驳回起诉,并全案移送公安、检察机关。有学者建议将"裁定驳回起诉"的内容删去,或者对其进行改造,强调由法院移交犯罪线索,实体部分视情况继续审理或中止审理。但对于涉及金融债权案件,则多倾向于认为银行是合法的,对不特定客户开展金融业务,对抵押借款的流向只要尽到相应的审核责任即可,即使债务人被刑事立案,公安要求移送,法院也拒绝移送。然而,涉众型债务危机的形成有一个自然的时序发展过程,往往前期可能是正常的借贷,逐渐出现局部违约,再进而演变成全面性清偿危机,直至被定性为非法集资。如果单以事后被认定为集资犯罪,就推翻前面一切民事法律行为的效力,显然是不合理的,最终会压抑民间融资;刑事保护期间的财产性交易,不论有无担保,有无设置抵押,也不论对象是何(包括金融机构),都强制进入刑事处理领域,法院对发生在刑事保护期间的财产性交易和民间借贷纠纷一律不受理,已受理的驳回起诉,移交刑事处理。判断是否属于保护期内不是以借条落款的时间,而是以债权人将借款支付到债务人的实际到款日为准。交易发生在此期间时点以前的债权人则可以自主决定报案进入刑事处理或选择进行民事诉讼。刑事保护期间的设置解决了很多实务中的难题,为我们的范围界分提供了一个合理化的界分基准,为所有的利益相关人提供了一个合理预期。[①]

我国的处置非法集资工作实行省级人民政府负责制。涉案地人民政府的牵头部门组织有关部门负责案件的受理、调查、立案、认定和处置善后等工作。如果涉嫌非法集资犯罪应当移送公安机关立案侦查。根据《公安部关于改革完善受案立案制度的意见》的要求,对于群众报案、控告、举报、扭送,违法犯罪嫌疑人投案,

---

① 参见林越坚:《非法集资与民间借贷的刑民界分》,载《财经科学》2013年第1期。

以及上级机关交办或者其他机关移送的案件,属于公安机关管辖的,公安机关各办案警种、部门都必须接受,不得推诿。在实践中,常常遇到人民法院移送公安机关的案件被公安机关退回人民法院的情形。一是初次移送公安机关立案侦查的案件,公安机关认为无犯罪嫌疑而退回人民法院;二是人民法院认为发现了被遗漏的犯罪事实而移送公安机关被公安机关退回的案件。按照《刑法》第70条的规定,判决宣告以后,刑罚执行完毕以前,发现被判刑的犯罪分子在判决宣告以前还有其他罪没有判决的,应当对新发现的罪作出判决,把前后两个判决所判处的刑罚合并决定执行的刑罚。因此,被遗漏的事实构成犯罪的,必须就遗漏的犯罪行为作出判决;被遗漏的事实不构成犯罪的,如何处理存在不同意见,处理方法也存在一些不同。第一,新发现的事实构成违法行为,作为行政处罚案件处理;第二,新发现的遗漏事实与新发生的事实共同构成犯罪,依法一并追诉。集资类案件中,无论是否独立构成犯罪,未列入刑事判决的借贷事实大多涉及担保人的责任,若拒绝受理移送不成功的案件,将使债权人处于权利救济的真空状态。对于刑事判决作出后发现民事判决保护的当事人权益范围与刑事判决之间存在一些差异甚至冲突的案件。有论者认为应当撤销其判决,如果不撤销在先的民事判决,刑事裁判的退赔和民事裁判的清偿债务的内容很有可能发生重叠,作为被害人的集资参与人会因此而获得双重利益。

非法集资犯罪属于过程犯罪,其犯罪需要有一个"量变到质变"的过程。在这个过程中,前段属于合法经营,因资金短缺或者回笼延期需要融资,因后期融资导致非法集资的,其前期的行为属于合法民事行为,同时也要关注后期非法集资过程中善意取得制度的适用。单个的集资行为仅仅是引起民间借贷这一民事法律关系的民事行为事实,不同于非法集资犯罪行为。对于单一的法律关系来看,均具有民事关系的性质,均具有不违法性,但将这些民事关系放置在整个关系上来衡量,则具有非法集资犯罪本质。民事判决认定借贷合同有效的法律适用并不存在错误,如果在案件不涉及担保人等的利害关系时,由法院依职权撤销民事判决书不具有实质性意义,也难以得到当事人的认同与配合。

二、非法集资的刑民诉讼程序

司法实践的非法集资案件跨度时间长,涉及法律关系复杂,有些在公安机关立案前,有些集资参与人先行通过民事程序解决或者已进入诉讼。这些既涉及刑事法律关系又涉及民事法律关系,且相互间存在交叉、牵连、影响的案件不断催生出刑民诉讼程序如何选择适用问题。

(一)非法集资的刑事诉讼程序

实践中,不管是当事人主动向公安机关报案要求立案查明有关当事人的非法集资违法犯罪事实,还是在案件进入民事诉讼程序后,法院以发现非法集资犯罪嫌疑线索、材料为由向公安机关移送案件材料,抑或行政执法机关移送的,多数案件经公安机关审查后,难以有直接证据来证明存款人的非法集资的犯罪事实,又因涉及处置主体的政府化,多以证据不足为由不予立案。[①] 一般情况,需要关注以下程序:

1. 公安机关非法集资犯罪案件的受理处置程序。公安机关接到集资参与人报案后,认为集资人行为涉嫌非法集资犯罪,对集资人的集资行为立案侦查,可要求已受理相关民事案件的法院移送案件。如果公安机关以集资人涉嫌非法吸收公众存款罪立案,民事案件的审理不受刑事案件的影响,受案法院可以不予移送,并书面告知公安机关,相关民事案件应当继续审理。如果公安机关以集资人涉嫌集资诈骗罪立案,受案法院应对集资人与集资参与人之间的民间借贷纠纷案件裁定中止审理,及时将有关材料移送公安机关,等待刑事案件的审理结果。如果集资人构成集资诈骗罪,则对民间借贷案件驳回起诉,若集资人被法院确定为不构成犯罪或虽不构成集资诈骗罪而构成非法吸收公众存款罪,民间借贷案件可以恢复审理;对于涉及担保人等第三人的民事案件,受案法院应当不予移送,并书面告知公安机关,相关民事案件继续审理。对于两罪并存的,按集资诈骗罪处理。

公安机关就非法集资案件侦查终结,案件已经移送审查起诉甚至进入法院审理阶段,集资参与人才报案的,应当告知报案人另行提起民事诉讼,不宜按照漏罪继续追诉。集资参与人对通过何种途径维护自身合法权益享有自主选择权,同时非法集资类案件又存在涉案人数众多的特点,非法集资案件应当限制报案期限,一般可以侦查终结作为终点。但是,公安机关就非法集资案件刑事立案后,应当及时向社会发布公告,要求集资参与人前来报案,并明确截止日。在侦查终结后才报案的,一般不予受理,可告知集资参与人另行提起民事诉讼,在财产执行上应与刑事追赃配合,统一按比例进行财产分配。

2. 法院立案发现非法集资的处置程序。法院立案后,发现与民间借贷纠纷案件虽有关联但不是同一事实的涉嫌非法集资等犯罪的线索、材料的,法院应当继续审理民间借贷纠纷案件,并将涉嫌非法集资等犯罪的线索、材料移送公安或者检察机关。在非法吸收公众存款罪案件中,因非法集资人经营不善,导致出借人的款项无法追回,也存在非法集资人获得款项后转贷给他人的情形,该款项仍有追回的可能,出借人据此向人民法院提起诉讼时,法院应当立案受理,法院不得以涉案款项系通过非法集资所得而依据"先刑后民"的原则不予受理案件或将案件中止审理,否则出借人投入的款项陷入无法追回的风险之中,其合法权益得不到保护。但是,法院立案后,发现与民间借贷纠纷案件虽有关联但不是同一事实的涉嫌非法集资等犯罪的线索、材料的,法院应当继续审理民间借贷纠纷案件,并将涉嫌非法集资等犯罪的线索、材料移送公安或者检察机关。即使有些款项属于非法集资人非法集资所获得的,但其随后转贷的行为为普通的民间借贷,此时非法集资行为人与随后行

---

① 参见何小勇:《银行举报储户金融诈骗法律问题探讨——以公安机关查处非法集资案件为视角》,载《上海政法学院学报》2015年第1期。

为的借款人产生诉讼时,法院应继续审理该案。

3. 非法集资案件的投资人参与诉讼程序。在非法集资刑事案件审理中,集资参与人是否可以提起附带民事诉讼的问题。根据《最高人民法院关于适用〈中华人民共和国刑事诉讼法〉的解释》规定的"被害人因人身权利受到犯罪侵犯或者财物被犯罪分子毁坏而遭受物质损失的,有权在刑事诉讼过程中提起附带民事诉讼",集资参与人不能提起民事诉讼。如果经过追缴或者退赔,赃物(原物)没有全部追缴,赃款(本金)没有全部退赔或者兼而有之,被害人的损失仍未得到弥补的情况,为防止刑、民判决的重复、冲突,应继续追缴,不受理相关民事案件。如果原物已经全部追缴,本金已经全部退赔,但被害人的损失仍未得到弥补,如原物损毁、贬值,或本金追回还有利息损失等,是否可以提起民事诉讼仍有分歧意见。刑事判决已无法涵盖民事诉求,已经超出了同一事实的范围,法院可以考虑受理。

4. 非法集资案件涉及财产的查封程序。刑事案件受案法院在审理过程中发现侦查机关查封的涉案财物属于轮候查封,在先查封的法院已就相关民事案件受理、审理或执行,应当对这些涉案财物权属等情况进行全面审查,并作出处理。如果轮候查封的涉案财物系集资人本人的财产或者用集资款购买的财产,则应退赔、返还给集资参与人;如果在先查封的债权属于普通债权,则应在扣除保管等相关费用后,按比例分配;如果在先查封的债权在该涉案财物上设定抵押权,则应适用抵押权优先的原则。如果轮候查封的涉案财物无充分证据证明系集资人本人的财产或者用集资款购买的财产,则刑事案件中无权对其进行处置。

5. 非法集资案件协作程序。对于他人以集资人(被告人)为被告并在其他法院提起民事诉讼,且法院在民事案件审理过程中请求刑事案件受案法院配合提押集资人,一般不予准许。为保证在审刑事案件的顺利进行,对于其他法院以集资人为民事被告的案件,不予准许相关法院异地提押集资人的请求,但不得妨碍其他法院的调查。

(二) 非法集资的民事诉讼程序

非法集资案件的民事诉讼程序相对比较复杂。根据法院的调研报告显示,民间借贷与非法吸收公众存款行为往往相互交织,借款人和贷款人的身份复杂,一起诉讼中的借款人同时也是另一诉讼的贷款人或担保人,而很多担保人本身又是从民间融资机构借贷了大量的资金;一些以自然人名义出借的款项,但实际上是担保公司、地下钱庄等在背后操作。因此,存款人涉及民间借贷时,其真正身份究竟属于非法集资人、高利放贷人抑或资金掮客等?以下内容从法院审判的视角进行论述,[①] 主要参考了江苏南京市法院刑二庭的调研成果。

1. 案件受理后暂时中止审判的处理方式。集资参与人以民间借贷纠纷为由起

---

① 以下内容参考了江苏南京市法院刑二庭课题组:"非法集资刑事案件中刑民交叉问题研究",http://www.njfy.gov.cn/wwww/njfy/xwzx5_mb_a39150311100895.htm,访问时间:2019 年 8 月 22 日。

诉集资人，法院立案审查时发现集资人涉嫌非法集资犯罪，且公安机关已经刑事立案或者相关刑事案件已在审查起诉或审理阶段的，如果公安机关以非法吸收公众存款罪立案，法院可以受理集资参与人以民间借贷纠纷为由起诉集资人的民事案件；如果公安机关以集资诈骗罪立案，法院对相关案件应不予受理，同时告知集资参与人向公安机关报案。例如，黄某诉工商银行厦门分行前埔支行等八个被告4487万元人民币本息连带赔偿责任纠纷案。原告黄某持盖有"中国工商银行厦门前埔支行业务公章"印文的《借款延期还款承诺书》作为其向银行索赔的重要依据。该案一审福建省高级法院判决银行向黄某承担赔偿责任，但是，2013年11月最高人民法院二审终审判决，以经检察院查明李某某从原告黄某手中非法集资9355万元为由，撤销福建高院的一审判决，驳回黄某诉讼请求。[①] 由于审理过程中存在非法吸收公众存款罪与集资诈骗罪存在争议，应当受理而暂时中止审判。

2. 刑民交叉案件的一般处理方式。集资参与人以民间借贷纠纷为由起诉集资人，法院立案审查时发现集资人已被生效刑事判决认定为犯罪的，一般应当受理。《最高人民法院关于审理民间借贷案件适用法律若干问题的规定》第12条第1款规定："借款人或者出借人的借贷行为涉嫌犯罪，或者已经生效的判决认定构成犯罪，当事人提起民事诉讼的，民间借贷合同并不当然无效。"法院应当根据民法典有关合同的规定，结合司法解释的规定，认定民间借贷合同的效力。这条规定赋予了出借人另行起诉犯罪借款人承担还款责任的民事诉权，从实体上解决了理论界和实务界长期争论的有关民间借贷行为涉嫌犯罪是否受理的问题。有观点认为，如果集资人构成非法吸收公众存款罪，法院可以受理民事案件问题。如果集资人构成集资诈骗罪，且集资参与人已被认定为集资诈骗犯罪的被害人，那么法院只有在追赃程序不足以弥补被害人损失的情况下，才能对相关民事案件立案；如果集资参与人未被认定为集资诈骗犯罪的被害人，法院也可以考虑受理相关民事案件。

3. 非法集资案件不影响相关案件受理的处理方式。集资参与人以保证合同纠纷、抵押合同纠纷为由起诉为集资人提供保证或抵押担保的担保人，或者以集资人和担保人为共同被告，法院立案审查时发现集资人涉嫌非法集资犯罪，公安机关已经刑事立案，或者相关刑事案件已在其他法院审理阶段，担保人作为非法集资刑事案件的案外人，且保证合同纠纷、抵押合同纠纷与非法集资犯罪行为并非同一事实，不符合启动刑民程序选择的条件，法院可以考虑受理相关案件。最高人民法院《关于审理民间借贷案件适用法律若干问题的规定》第6条规定："人民法院立案后，发现与民间借贷纠纷案件虽有关联但不是同一事实的涉嫌非法集资犯罪等犯罪的线索、材料的，人民法院应当继续审理民间借贷纠纷案件，并将涉嫌非法集资等犯罪的线索、材料移送公安或者检察机关。"例如，哈尔滨财源宝投资管理有限公

[①] 参见何小勇：《银行举报储户金融诈骗法律问题探讨——以公安机关查处非法集资案件为视角》，载《上海政法学院学报》2015年第1期。

司与王文勇、店连店实业发展有限责任公司等民间借贷纠纷二审民事裁定书。① 对于哈尔滨财源宝投资管理有限公司与王文勇、店连店实业发展有限责任公司等民间借贷纠纷一案认为：

"关于本案的性质以及本案与刑事案件的关系。因公安机关已经就财源宝公司涉嫌非法吸收公众存款罪进行立案侦查，财源宝公司向集资参与人的借贷行为，虽然在形式上表现为民间借贷法律关系，但是同时又因涉嫌非法吸收公众存款罪而在刑事诉讼程序中进行处理。如果此时集资参与人与财源宝公司就所谓民间借贷纠纷提起民事诉讼，因该民间借贷行为本身涉嫌刑事犯罪，按照司法解释规定，人民法院应当裁定驳回起诉。但是，本案系财源宝公司以王文勇、店连店实业公司、店连店科技公司为被告提起的民间借贷纠纷诉讼，在本案中，财源宝公司是出借人，而非借款人、集资人，王文勇等三被告是借款人、保证人，目前没有充分证据证明财源宝公司与王文勇等三被告之间的借款行为、保证行为涉嫌构成刑事犯罪。因此，法释〔2015〕18号司法解释第五条规定的情形与本案的民间借贷纠纷不同，在没有相关证据证明本案的民间借贷行为涉嫌刑事犯罪的前提下，不能适用法释〔2015〕18号规定第五条对本案裁定驳回起诉。"

4. 遗漏事实的民事诉讼处理方式。集资参与人没有刑事报案，导致部分非法集资事实没有在已生效的刑事判决中认定，后集资参与人针对该遗漏事实提起民事诉讼的，法院可以考虑受理集资参与人针对遗漏事实提起的民事诉讼。

5. 移送涉嫌犯罪的线索、材料的处理方式。集资参与人以民间借贷纠纷为由起诉集资人，或者以保证合同纠纷、抵押合同纠纷为由起诉为集资人提供保证或抵押担保的担保人，法院在审理中发现集资人涉嫌非法集资犯罪，公安机关已经刑事立案的，法院应当从保障当事人程序选择权的角度出发，在充分听取各方当事人意见的基础上根据不同情形作出相应处理。如果原告同意移送的，法院应当裁定驳回起诉，并将相关材料移送有管辖权的公安机关和检察机关；如果原告不同意移送的，法院应当继续审理，但应向有管辖权的公安机关和检察机关移送涉嫌犯罪的线索、材料。

6. 继续审理或者中止审理的处理方式。集资参与人以民间借贷纠纷为由起诉集资人，或者以保证合同纠纷、抵押合同纠纷为由起诉为集资人提供保证或抵押担保的担保人，法院在审理中发现集资人涉嫌集资犯罪，刑事案件已在其他法院审理阶段的，法院不能简单以集资人涉嫌犯罪而驳回起诉，否则是剥夺了原告的诉权，影响原告的合法权益。《最高人民法院关于审理民间借贷案件适用法律若干问题的规定》第8条规定："借款人涉嫌犯罪或者生效判决认定其有罪，出借人起诉请求担保人承担民事责任的，人民法院应予受理。"从上述规定可以发现，即便借款人实际已构成犯罪，出借人仍可向担保人追究责任，这意味着最高人民法院确认了非

---

① 参见最高人民法院民事裁定书（2016）最高法民终784号。

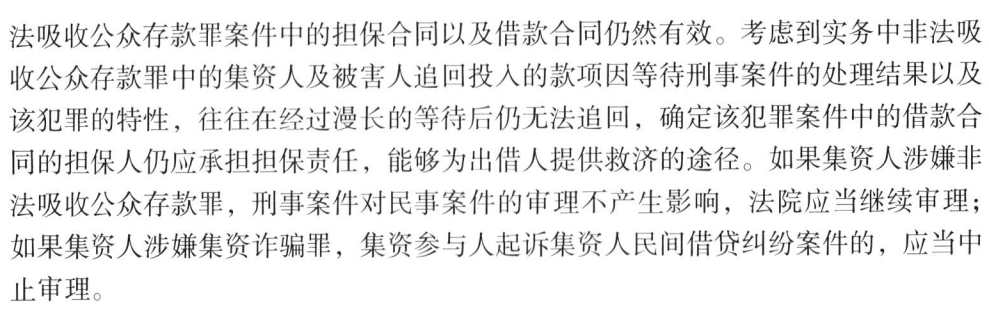

法吸收公众存款罪案件中的担保合同以及借款合同仍然有效。考虑到实务中非法吸收公众存款罪中的集资人及被害人追回投入的款项因等待刑事案件的处理结果以及该犯罪的特性，往往在经过漫长的等待后仍无法追回，确定该犯罪案件中的借款合同的担保人仍应承担担保责任，能够为出借人提供救济的途径。如果集资人涉嫌非法吸收公众存款罪，刑事案件对民事案件的审理不产生影响，法院应当继续审理；如果集资人涉嫌集资诈骗罪，集资参与人起诉集资人民间借贷纠纷案件的，应当中止审理。

7. 非法集资案件执行过程的处理方式。集资参与人以民间借贷纠纷为由起诉集资人，法院判决集资参与人胜诉，集资参与人申请强制执行，法院在执行中发现集资涉嫌经济犯罪的处理程序。江苏省高级人民法院审判委员会会议纪要《民间借贷刑民交叉问题的意见》规定，人民法院在执行民事案件过程中，发现当事人有非法集资犯罪嫌疑的，或者对相关公安机关、检察机关的通报或移送建议，经审查认为确属涉嫌犯罪的，应当裁定中止执行，并及时将有关材料移送公安机关或者检察机关。如果集资人涉嫌非法吸收公众存款罪，民事执行案件不受刑事案件影响，应当继续执行；如果集资人涉嫌集资诈骗罪，民事执行案件应当中止执行，其刑事案件已在其他法院审理阶段的，待刑事案件审结后一并处理。

集资参与人以民间借贷纠纷为由起诉集资人，法院判决集资参与人胜诉，并已执行完毕，后发现相关行为构成犯罪的处理程序。如果集资人构成非法吸收公众存款罪，相关民事案件的判决、执行不受刑事案件的影响，不应执行回转；如果集资人构成集资诈骗罪，则原则上应执行回转将相关执行款并入刑事案件一并处理，但实践中按上述原则难以操作，且会制造新的矛盾，不具有可行性，基于安定性的考虑，不宜再执行回转。[①]

集资参与人以民间借贷纠纷为由起诉集资人，法院判决集资参与人胜诉，集资参与人申请强制执行其享有抵押权的集资人的财产，法院在执行中发现相关财产已作为刑事案件涉案财物被其他法院冻结的，如果涉案财物为同一标的，不论集资人涉嫌犯罪的罪名为何，民事执行案件均应中止执行。为了维护民事判决的既判力，不宜撤销已经生效的民事判决，待刑事案件审结后一并处理。《最高人民法院关于刑事裁判涉财产部分执行的若干规定》第1条规定："本规定所称刑事裁判涉财产部分的执行，是指发生法律效力的刑事裁判主文确定的下列事项的执行：（二）责令退赔；（三）处置随案移送的赃款赃物。"第2条规定："刑事裁判涉财产部分，由第一审人民法院执行。"也就是说，对于非法集资的款项，因已在刑事判决中确定继续追缴或责令退赔，在任何时候，只要发现出借人有财产，法院即可恢复强制执行，无须另行通过民事途径维权，否则会造成民事判决与刑事判决的冲突。有论者认为，如果集资人涉嫌非法吸收公众存款罪，作为民事案件申请执行人的集资参

[①] 参见江苏南京市法院刑二庭课题组："非法集资刑事案件中刑民交叉问题研究"，http://www.nj-fy.gov.cn/www/njfy/xwzx5_mb_a39150311100895.htm，访问时间：2019年8月22日。

与人与其他集资参与人存有担保债权与普通债权的关系，按照民法典相关规定有担保的集资参与人应当优先受偿；如果集资人涉嫌集资诈骗罪，鉴于不应使案件的处理结果因当事人的选择而不同的考虑，应当对在民事案件中认定有效的民间借贷合同作无效合同处理，不宜肯定申请执行债权的优先效力，应当对该集资参与人与其他集资参与人同等按比例受偿。

8. 涉及非法集资案件的审判监督程序。审判监督程序中，当事人以案件涉嫌非法集资犯罪为由申请再审的，经审查认为在原审法院作出生效民事裁判前，侦查机关已对涉案的同一事实立案侦查的，应当裁定再审并驳回起诉；经审查认为在原审法院作出生效民事裁判后，侦查机关才对涉案的同一事实立案侦查的，应当中止执行，对申请再审案件按结案处理。

三、刑事程序和民事执行程序执行问题

对于已经开始实施强制执行的被执行人财产，其他权利主体再申请强制执行或参与分配如何处理也是需要讨论的问题。我国《刑法》第 36 条第 2 款规定："承担民事赔偿责任的犯罪分子，同时被判处罚金，其财产不足以全部支付的，或者被判处没收财产的，应当先承担对被害人的民事赔偿责任。"第 60 条规定："没收财产以前犯罪分子所负的正当债务，需要以没收的财产偿还的，经债权人请求，应当偿还。"一般而言，被判处财产刑，同时又承担附带民事赔偿责任的被执行人，应当先履行民事赔偿责任。判处财产刑之前被执行人所负正当债务，需要以被执行的财产偿还的，经债权人请求，应当偿还。《最高人民法院关于刑事裁判涉财产部分执行的若干规定》第 13 条规定，在被执行人财产不足以支付其同时承担的刑事责任和民事责任时，退赔被害人的损失先于其他民事债务执行，但人身损害赔偿中的医疗费用，以及债权人对执行标的依法享有并主张优先受偿权的情形除外。上述规定确立了民事优先原则。民事债务优先于财产刑执行的原则，体现了责令退赔先于部分民事债务执行的立场，也体现了国家在财产刑执行上"不与民争利"的基本观点。然而，如果严格按照上述规定确定的顺位，执行责令退赔将使被害人财产权获得先于其他普通民事债权的优先顺位，对被害人财产权利保护更为有利。但是，对于非法集资类犯罪责令退赔是否先于普通民事债权执行一直存在争议，实践中也存在将两者按比例平等受偿的做法。例如，周某诉葛某忠民间借贷纠纷案的民间借贷纠纷与非法集资犯罪的执行一案。2012 年，民事调解书确认葛某偿还周某 277 万元借款。2013 年，该案因葛某涉嫌集资诈骗而中止执行。2015 年，法院生效刑事判决以集资诈骗罪判处葛某无期徒刑，并责令退赔包含周某 277 万元在内的总金额 8600 万余元。关于此案的民事执行成为争议焦点。[1]

---

[1] 参见乔宇：《责令退赔与民事执行内容重合的处理——兼论刑民交叉领域理论问题》，载江必新主编《人民法院执行规范全集》（第二版），人民法院出版社 2016 年版，第 58~120 页。

周某诉葛某忠民间借贷纠纷案,山东省莱芜市莱城区人民法院(以下简称莱城法院)于2012年10月17日作出(2012)莱城民初字第2633号民事调解书:[①]葛某忠分别于2012年11月17日偿还周某现金50万元,2012年11月25日偿还周某现金27万元,2012年12月17日偿还周某现金50万元,2013年1月17日偿还周某现金50万元,2013年4月17日偿还周某现金50万元,2013年5月17日偿还周某现金50万元(共计277万元);本案一次性处理完毕,其他事宜互不追究。因葛某忠未履行,经周某申请,莱城法院于2012年12月19日立案执行。

案件审理期间,莱城法院诉讼保全了被执行人名下车辆和房产。进入执行程序后,根据周某的申请,莱城法院对查封的被执行人名下部分房产进行评估拍卖。2013年7月12日,对评估房产进行第一次拍卖,竞拍人以215万元竞拍成交,但竞拍人未在指定的2013年7月24日前支付竞拍款。在第二次拍卖过程中,莱芜市公安局、莱芜市检察院分别函告莱城法院"关于葛某忠、王某因涉嫌集资诈骗犯罪"的情况,2013年10月31日,经莱城法院审判委员会讨论,裁定对该案中止执行。2015年3月19日,山东省莱芜市中级人民法院(以下简称莱芜中院)作出(2014)莱中刑二初字第1号刑事判决,判决内容如下:葛某忠犯集资诈骗罪被判处无期徒刑,剥夺政治权利终身,并处没收个人全部财产;王某犯集资诈骗罪,判处有期徒刑十五年,并处罚金人民币50万元;责令葛某忠、王某将违法所得退赔给被害人。该案退赔清单共涉及41名被害人,退赔总金额86122415元,包含周某的277万元。因葛某忠、王某未退赔,莱芜中院刑二庭移送执行二庭执行。2015年5月8日,莱芜中院立案执行,轮候查封被执行人名下车辆及房产。

(一) 案件争议焦点及执行意见

2014年11月12日,周某向莱城法院申请恢复执行民事调解书,要求处理涉案房产。莱芜中院向其释明应参加刑事裁判涉财产部分的执行,周某不同意。莱城法院认为,本案争议的焦点是:该民事案件是恢复执行还是撤销执行依据后终结执行。莱城法院审判委员会多数意见认为,民事案件不能恢复执行。理由包括:本案当事人的犯罪事实已经被莱芜中院刑事判决书确认,被执行人已被判决没收个人全部财产,并退赔被害人损失,周某案件的款项也在该判决书中被认定为诈骗款,周某被确认为被害人之一,应该在退赔程序中解决诈骗款项问题。民事调解书确认的欠款系葛某忠集资诈骗犯罪的诈骗款,调解书认定为普通民间借贷款不当,应启动审判监督程序,依法撤销民事调解书,终结本案执行。少数意见认为,民事案件可以恢复执行,撤销民事调解书、终结执行没有依据。

莱城法院就本案如何处理向莱芜中院请示,莱芜中院经审判委员会讨论,形成两种意见。多数意见认为,民事案件不能恢复执行,莱城法院应按审判监督程序撤

[①] 需要说明的是,山东省莱芜市目前行政区划已并入济南市,为了保持案件的原貌,没有在山东省莱芜市之前加原山东省莱芜市。

销民事调解书，驳回周某起诉，并裁定终结执行。理由包括：葛某忠以借贷的名义向他人非法集资，虽然民事调解书生效在先，但因被执行人同时构成犯罪，属于应当追究刑事责任的行为，且最终葛某忠因犯集资诈骗被判有罪，这就导致民事调解书确定的基础事实、适用法律、处理结果有错误，应认定借贷合同无效；刑事判决责令被告人葛某忠将违法所得退赔给被害人周某277万元，民事调解书的内容和刑事判决部分内容重合。刑事判决为唯一合法有效的执行依据，应当通过审判监督程序撤销民事调解书，驳回周某起诉，该案终结执行。少数意见认为，民事案件应当恢复执行。理由包括：民间借贷合同一方当事人被追究刑事责任的，并不当然影响合同的效力。《2019办理非法集资案件意见》第7条并没有规定民事案件办结进入执行程序之后刑事案件案发，民事案件应作如何处理。葛某忠虽已因同一事实被生效刑事判决认定为犯罪，但民事调解书生效在先，应当维护生效民事调解书效力。作为执行依据的民事调解书合法有效，应当恢复执行，其他被害人可向莱城法院申请参与分配。

莱芜中院就本案如何处理，向山东省高级人民法院（以下简称山东高院）请示。山东高院认为，人民法院在执行过程中，发现有非法集资犯罪嫌疑的，应当裁定中止执行，并及时将有关材料移送公安机关或者检察机关。中止执行后，刑事判决确认原民事执行依据所审理的借款人构成犯罪的，原来的执行程序是否应当终结，原民事执行依据是否应当撤销，没有明确的规定。

（二）民事案件是否终结执行的问题

山东高院审判委员会一致认为，民事调解书应当终结执行。理由包括：莱芜中院的刑事判决书要求被告人退赔被害人财产，周某民事案件的借款也在该判决书中被认定为集资诈骗款，周某被确认为被害人之一，民事调解书指向的债务包含在了刑事判决的财产部分，应该在退赔程序中解决集资诈骗款项问题，民事调解书案件应当终结执行。根据前述中止执行的规定，按照举轻明重的法律解释原则，可以引申、推导出终结执行的结论，如果因涉嫌犯罪而中止执行，确认犯罪后再恢复执行，则不符合中止执行的目的，终结执行的法律依据为民事诉讼法关于终结执行的"其他"情形。

在被告人财产不足以退赔被害人的情况下，民事调解书案件的首查封没有实际意义，即使不终结执行，各个债权人也可以通过参与分配程序平等分配。《最高人民法院关于刑事裁判涉财产部分执行的若干规定》第13条规定，被执行人在执行中同时承担刑事责任、民事责任，其财产不足以支付的，按照下列顺序执行：医疗费用；退赔被害人的损失；其他民事债务；罚金；没收财产。据此，民事调解书的债权人如果要求执行调解书，也会在退赔之后受偿，对其不利。

（三）民事调解书是否撤销问题

山东高院审判委员会形成两种意见。多数意见认为，民事调解书应当撤销。两个生效的法律文书对同一事实认定发生冲突,仅仅终结民事调解书的执行不能解决问题,可以新的事实认定原民事调解书内容不合法,依照人民法院院长发现调解书确有错误的规定启动再审,撤销民事调解书。刑事裁判的涉财产部分如何执行,是公法调整的范畴,不能由当事人选择。如果民事调解书不撤销,犯罪人的集资诈骗数额就该减掉这部分,就会影响定罪量刑。少数意见认为,民事调解书作出的时候是合法的,不能因为事后刑事判决书来撤销民事调解书。山东高院审判委员会认为,同类案件有增加的态势,法律和司法解释没有明确规定,此案的处理对于同类案件具有指导性,特向最高人民法院请示。

最高人民法院认为,民事调解书的权利义务主体、给付内容与刑事判决书责令退赔一致,案涉款项属于违法所得,应责令退赔被害人,民事调解书符合终结执行的条件。依据《民事诉讼法》第257条第(6)项规定,民事调解书应当终结执行。该民事调解书终结执行后,对刑事案件的执行已无实质影响,执行责令退赔即可保护被害人财产权利,民事调解书可不予撤销。其主要理由:本案民事调解书确定的债务已被刑事判决明确判定责令被执行人退赔,民事调解书和刑事判决均对被执行人应支付申请执行人277万元款项作出认定。两者认定的事实和内容都是完全一致的。刑事退赔和民事调解书确定的内容、主体都是一致的,两者不可能同时执行,否则被执行人将因同一行为重复承担法律责任。既然本案属于刑事诉讼的范畴,民事调解书的执行已无继续进行的必要,符合终结执行的条件,可以根据《民事诉讼法》第257条第(6)项规定,裁定民事调解书终结执行。裁定终结执行并不意味着必须要撤销执行依据。《民事诉讼法》第257条关于终结执行的条款,并没有规定裁定终结执行的同时还要撤销执行依据,裁定终结执行和执行依据的撤销属于两个不同的法律问题。裁定终结执行与撤销执行依据并无本质联系。本案刑事判决是在民事调解书生效之后作出的,民事调解书不撤销也没有影响刑事案件的定罪量刑,被执行人的集资诈骗数额并没有核减,民事调解书的存在没有影响刑事判决的作出。对民事调解书裁定终结执行后,法院只需执行责令退赔即可保障刑事被害人(民事申请执行人)的财产权利,即使该民事调解书不撤销,也不影响刑事退赔的执行。

在处理罚金刑、没收财产刑执行与民事债务执行的关系上,应当遵循民事执行优先原则。这一优先是指优先于刑事罚金、行政罚款等公法上的责任。在执行过程中,被判处财产刑的犯罪分子应当承担对被害人的民事赔偿责任,或对其他债权人负有应当偿还的民事债务时,如果民事责任经人民法院生效法律文书确定,犯罪分子合法所有的财产应当优先承担民事责任,在执行民事债务后,如果还有剩余财产,再执行财产刑。

第五章

非法集资涉案资产的处理策略

相同的人和相同的情形必须得到相同的或者至少是相似的对待，只要这些人和这些情形按照普遍的正义标准在实质上是相同的或相似的。①

根据《防范和处置非法集资条例》、国务院办公厅《关于依法惩处非法集资有关问题的通知》《处置非法集资部际联席会议工作机制》的规定、要求以及相关司法解释，按照打击和处置非法集资工作的机制以及民刑案件交织的特点，处置非法集资涉案资产的一般程序为，人民政府对非法集资人在本辖区登记或者有住所的，负责制定处置方案，组织相关部门开展涉案资产清退或者追缴、集资参与人登记核对、涉案资产拍卖变现以及非法集资款的清退。非法集资款的清退应根据清理后剩余的资金，按照集资人参与的比例给予统一的处置，对于参与非法集资活动受到损失的部分由集资参与人自行承担。那么，涉案资产如何追缴？非法集资的涉案资产如何处置？集资参与人按照何种程序自行承担？如何按照民刑案件的本质以及刑事诉讼程序的要求处置这些涉案资产？这些问题在集资参与人对财产尤其是资金渴求获得返还与追缴资产比例过低的背景下越来越成为难以处置的棘手问题，理论与实践均对此有过高度的关注，实践也亟待理论给予较为圆满的回答。据有关部门反映，"30%已经是目前我们接触到较高的非法集资清退资金比例了，大部分案件清退资金比例都在10%左右，一些案件清退资金甚至低于10%。"②那么，非法集资人利用向社会公众非法吸收的资金进行的投资是否也一定认定为违法所得予以追缴呢？尤其是对于非法集资人集资的款项投入其他领域，其非法集资被立案侦查后，其投入的领域的合同未到期，其合同能否因犯罪而被中止？其投资的期限利益能否作为涉案资产予以处置？如何在这种处置上体现程序和实体的双重功能？这一系列问题是需要讨论的。

---

① ［美］E. 博登海默:《法理学——法哲学及其方法》，邓正来、姬敬武译，华夏出版社1987年版，第282页。
② 参见何光、李骁晋:《北京非法集资全市涉案351亿能追回投资额仅10%》，载《新京报》2015年5月1日。

第一节 非法集资涉案资产的处置现状

非法集资案件的资产处置方法及分配标准由政府处非牵头部门监督实施，而且多数情况下要等法院判决生效以后处置，对于如何有效地查封追缴的涉案资产作出妥当处置也就成为实践的难题。由于非法集资类案件判决周期很长，大多数案件的可供处置剩余资产价值小、与涉案总额相差甚远，难以满足集资参与人的合理预期。例如，"e租宝"事件共涉嫌非法吸存近400亿元，牵涉银行贷款100多亿元，但查封的资产仅150亿元。这150亿元是先还银行还是先还投资人？由于犯罪嫌疑人多数无法退缴现金，房产、车辆等固定资产常因产权不明、债务纠纷复杂等原因导致查封困难，即使查封了也难以到案，再加之犯罪嫌疑人将多数非法吸收的资金放贷给第三方形成三角债、多角债等复杂的链条关系，第三方涉及人数较多，有的无力偿还，有的不积极偿还，有的放弃财产，有的"逃废债"，致使追缴难度较大、困难重重。另外，部分犯罪嫌疑人和第三方将资金投入煤矿、焦化厂、房地产等项目上，特别是一些隐名股份，难以证实，查封困难。大多数集资参与人仅要现金不要资产，由于受宏观经济影响，其查封、扣押、冻结的房产、车辆、土地、股份等涉案财物即使公开拍卖，成交率也很低，因流拍出现变现困难，导致资产处置严重滞后。非法集资案件资产特点也决定了资产处置的复杂性。非法集资的资产形式多样化、涉案资产数额巨大、涉案债权人数目众多、影响范围的广泛性等特点，越来越要求非法集资案件的资产处置的规范化、专业化、司法化，否则会遭遇社会的质疑和当事人的诘问，酿成一些影响社会稳定的敏感性事件。

实践中，各地对涉案资产的处置方法呈现多样化，影响了对集资参与人财产权公平保护。在法院审理的案件中，有的刑事判决表述了涉案被害人及相应的集资款本金数额，但不在判决上载明分配方案，操作中以被告人被扣押财产变现加上被告人及家属退赔后按本金比例直接分配。也有的法院在刑事判决后要求集资参与人或者受害人另行通过民事诉讼解决，还有的法院仅仅表述为"关于涉案资产的处置，由政府相关部门成立的专案组依照有关规定处理"。[1] 实践中，不同法院之间、同

---

[1] 例如天津盛世富邦非法吸收公众存款案。2010年12月5日，刘重光、刘广林侄叔两人注册成立盛世富邦（天津）股权投资基金股份有限公司，盛世富邦主要成员方兰等人，通过网络、推介会、授课等途径向社会公开宣传，以月收益6%、8%、10%的高额回报为诱饵，并承诺以三个月、六个月、一年为期限返还投资款及利润，以股权基金投资协议书、股权基金受托管理协议等合同形式，并在各地设立基金经理，非法向社会公众募集资金。天津市滨海新区人民法院（2013）滨塘刑初字第388号一审刑事判决书显示，截至案发，已查明投资人来自天津、河南、河北、江苏、湖南、安徽、山东、内蒙古等多个省份，投资人数达11128人，投资合同总数达26455份，合同约定金额达6906849508元，非法募集的资金除部分返还投资人、购买企业外，余款全部用于个人购买房产、汽车、高档手表等个人消费和挥霍，致使巨额投资款无法收回，众多投资人蒙受经济损失。法院对非法集资69亿余元资金的流向和具体使用情况，以及公安机关侦查阶段查封、冻结、扣押了多少资金等均无具体说明。"关于涉案资产的处置，由政府相关部门成立的专案组依照有关规定处理"。该案引起学者争议与批评。

一法院不同法庭之间、同一法官不同时期的判决表达不尽一致。而在吴英案中，因终审判决书仅仅判决没收吴英的个人财产，但没有明确哪些资产属于吴英的个人财产，也没有财产清单，致使资产的处置存在争议。

一、非法集资案件资产处置的现状

非法集资刑事案件中，涉案财物的追缴、查扣、保管、退赔或者发还是处置非法集资的重要环节。由于相关制度性规范的模糊或者缺位，使得公检法机关与"处非部门"处置涉案资产上的职能不清，在实践中处置上出现分歧和相互推诿。公安机关已侦查终结，案件进入审查起诉、审判阶段，发现新的涉案财物需要查封、扣押、冻结，由哪个机关来执行；公安机关查封、扣押、冻结的涉案财物到期需要办理续冻、续封手续的，由哪个机关来办理？法院对涉案财物的法庭调查程序如何设置？涉案财物的发还主体是哪个机关，法院刑事判决中是否应当明确涉案财物的发还的主体？法院刑事判决"继续追缴犯罪所得的财物"，判决生效后，集资参与人应当向哪个机关申请执行，是法院还是公安机关；如果是法院，是刑事审判部门还是执行部门？[①] 这些问题一直纠缠不清和纷争不断。根据非法集资案件处置中对政府各部门的职责分工，公安机关常常不得不承担起对非法集资案件被告人违法所得的追缴工作，以及财产追缴或者返还后，负责对受害人的财产发还或者损失退赔工作。特别是非法集资资产变现与清退和发还，处理程序类似特殊的破产程序，没有相应的法律制度安排，谁来管理，谁来变现，谁来发还以及谁来监督；有的是政府牵头处置，有的是公安机关处置，有的是法院发还，各部门不愿去处置，处置迟迟难以启动，即使启动也效率不高，资产在损耗，程序进展很慢。根据我国《刑事诉讼法》规定，公安机关的职责范围限于妥善保管查封、扣押、冻结的涉案财物，并在案件移送检察院提起公诉时，制作详细的清单随案移送。至于对涉案财物的处理，属于法院执行生效判决的范畴，与公安机关的职责无关。法院则认为，刑事判决书中既然对公安机关扣押的财物作出由其返还受害人，并负责继续追缴被告人违法所得的处理决定，公安机关应当根据判决书的判决要求履行其职责。法院处置非法集资案的涉案财产大致可归纳为三类：

1. "继续追缴"式。有些判决明确对尚未追缴的违法所得判决后续追缴。例如，有判决书直接表述，"追缴被告人违法所得的钱款"；也存在对"赃款赃物""犯罪所得""违法所得"追缴的多种表述。然因追缴的主体不确定、责任不明确等原因，多数案件丧失最佳追缴时机，投资人的利益得不到有效保护。无论是理论还是实践都存在不同认识。例如，1987年8月21日《中国人民银行关于依法收回的贷款不能作为赃款追缴和单位之间债务纠纷及经济损失不能令银行承担责任的复

---

① 参见南京市市法院刑二庭课题组：《非法集资刑事案件中刑民交叉问题研究》，http://www.njfy.gov.cn/www/njfy/xwzx5_mb_a39150311100895.htm。访问时间：2020年2月24日。

函》指出：

中国工商银行福建省分行：你行闽工银办［87］038号和闽工银函［87］180号文均已收悉。经研究答复如下：

一九八六年六月二十七日，三明市梅列区人民法院在［86］梅法刑字第28号判决书中决定从中国工商银行三明市列东信托投资公司追回龚永平的非法所得四十三万二千元，并发出协助执行通知书，要三明市工商银行列东营业部扣划银行收回的三明市青少年贸易中心贷款四十三万二千元，作为赃款转入区法院账户。对此，中国人民银行总行以银复［1986］224号文，答复中国工商银行，指出根据有关规定"按信贷原则和业务程序收回该市青少年贸易中心逾期贷款43.20万元，是正确的"，"不能将银行按国家规定在一年零四个月以前已收回的贷款退给法院作为赃款处理"。这个意见依据事实和信贷政策、法规以及银行业务的一贯做法提出的。此后，在一九八七年三月四日，福建省三明市梅列区人民法院又以第005号刑事裁定书裁定："中国工商银行三明市列东信托投资公司于一九八五年二月二日当作罪犯龚永平的贷款"。并要求"工商银行三明市列东营业部从三明建设开发公司的欠贷中扣除四十三万二千元，并从一九八五年二月二日起停止计息"。

三明市梅列区法院以刑事裁定书的形式，要求银行退出早已收回的贷款，强制债务关系转移。而工商银行三明市列东营业部就此裁定向三明市中级人民法院提出申诉后，该院以该案不是贷款，银行管理条例和借款合同条例不适用为理由，驳回了申诉。

2."责令退赔"式。此种类型又可分为以下类型：一是仅仅明确退赔主体及对象，被害人为受赔对象。二是明确退赔金额。部分判决明确退赔"赃物折价款"。三是明确发还被害人。如有的判决书认定，"本案尚未追缴的赃物，责令被告人予以退赔，发还被害人"。四是对于共同犯罪案件明确各被告人退赔的连带责任。如"责令三被告人退还被害人，并互负连带责任"。还存在一些责令被告人"退还被害人尚未返回的投资款""责令退赃"等不规范的表述。

3."追缴+责令退赔"式。如"涉案赃款继续予以追缴，不足部分责令被告人退赔，追缴和退赔的款项返还被害人"。[①]

4."扣押机关发还"式。法院判决"扣押机关发还"或者"扣押的涉案财物及被告人退出的违法所得，由扣押机关依法处理"或者"由涉案资产处置小组依法处理"等。有的判决主文表述为：继续追缴，依法处置后按比例发还集资参与人。有的判决主文表述为：责令被告人退赔。对于没有随案移送的可表述为"由查封、扣押、冻结机关依法处理"或者"由涉案资产处置小组依法处理"。2006年上海高级人民法院《关于刑事判决中财产刑及财产部分执行的若干意见（试行）》

[①] 参见徐振华、范莉：《判前未控违法所得处理方式研究——以涉及侵犯被害人财物的刑事案件为视角》，载《法律适用》2013年第10期。

要求:"因判令追缴、返还、退赔或没收所涉及当事人或财产众多、复杂等情形,不宜在判决主文中列举的,可以在《移送执行书》中予以列明;涉及房地产、机动车等大宗财物,如无法在判决主文中列举的,应制作《涉案财产处理清单》作为判决文书的附件,其中,房地产应列明坐落(指路、弄、号〈幢号〉、室号或者部位四至);对机动车应列明车辆牌照号和发动机号。"

这些形式多样的表达方式,不仅影响了法律的权威性,也影响了在实际执行过程中的社会效果。目前非法集资的涉嫌犯罪人主要采取以下方法规避追查清偿:一是公司经理设立众多关联公司,本人不任显名股东,背后操纵资金转移,隐蔽性强。通过实际控制的关联公司将涉案资金在公司之间转移,致使资金难以查清。二是一旦发觉被调查,立即转移涉案资产或者迅速转让股权等。三是嫌疑人反侦查意识强,不设账目或案发前销毁账目。例如,有些公司不使用银行转账这种易留下书面证据的交易方式,只通过自己的心腹收取现金。由于非法集资类案件具有发案周期长、涉及地域广、受害人数多的特点,办案周期通常较长,导致受害者损失清偿时间过长,很难及时清退资金。2010年6月,河南某投资担保有限公司成立,2012年2月案发,其间经过一二审,直到2015年2月郑州市有关部门才发出该公司集资客户先期兑付公告。从案发到兑付经过长达三年时间,集资户才办理清偿手续,影响了集资户利益。[①] 有观点认为,基于民法"债权平等性原则",未清偿债权最终分配方式应当遵循一个基本原则,即根据借款本金依比例偿还。这种分配方式看似公平,实则不公平。一是这种分配方案没有区分受害人的类型、没有考虑这些受害人在非法集资中的过错情况,带来的实际后果是,参与财产分配的人都得不到公平偿还。二是机械按照查封、扣押、冻结的涉案财物,一般应在诉讼终结后,按照集资参与人的集资额比例返还,会在一定程度上造成返回资产不公平的问题。因为有些集资参与人往往在前期已经获得了大量高额收益,甚至远远超过借款本金,剩余财产的分配对其利益影响远小于正常借贷者。况且非法集资人的亲属朋友在案发前一段时间他们往往已经收回了大部分借款本息,无需参与剩余财产分配。这种实际不公平的分配结果,保护了部分恶意借贷者的既得利益,损害了善意借贷债权人的合法民事权益。司法实践中,有些地方司法机关进行了规范。例如,2013年8月8日《温州市中级人民法院涉众型金融犯罪涉案财产处置办法》第13条、第14条、第15条规定:"退赔被害人经济损失时,涉案财产权属关系明晰的,直接返还原财产所有人;执行到的钱款不足以清偿所有被害人经济损失的,各被害人按损失比例分配钱款。被害人根据财产权属已获得部分财产返还的,参与其他财产分配时,少分或者不分;但该被害人已获得返还的财产仍少于其按照分配比例应获得返还的财产时,可以继续参与分配。涉案财产上又有其他生效民事判决申请执行被告人其他债务的,无优先受偿权的民事债权人可就本金部分按比例与刑事案件被害人共同分配执行到的钱款。""已设定抵押的涉案财产,抵押权优先受偿,其余

---

① 参见党小学、党玉红:《非法集资,重判还是轻责》,载《检察日报》2015年5月27日。

额部分根据第十三条的规定进行分配。""涉案财产上有未偿还的贷款、借款等正当债务的,首先偿还或者保留该项债务的本息,其余额部分根据第十三条的规定进行分配。"地方司法机关的有些尝试与做法值得总结。

对此问题,最高人民法院在其批复中作出了解释。例如,最高人民法院于2013年10月21日就2013年4月1日河南省高级人民法院就刑法第六十四条适用中的有关问题请示的《关于适用刑法第六十四条有关问题的批复》。

河南高院在审判实践中,多次遇到有关刑法第六十四条"犯罪分子违法所得的一切财物,应当予以追缴或者责令退赔"如何适用的问题。具体存在的问题:一是侵财类犯罪,是否应依照刑法第六十四条的规定,在判决主文中判决"继续追缴违法所得的财物";二是如果判决追缴违法所得的财物,判决生效后,被害人能否向人民法院申请执行;如移交公安机关执行,有无法律依据;三是如追缴不能,被害人能否向有管辖权的法院另行提起民事诉讼。鉴于此问题具有普遍性,故请示最高人民法院。

对上述问题,审判实践中有不同意见:第一种意见认为,刑事判决书的判决主文中不应该出现追缴违法所得的内容,因为追缴违法所得不属于刑罚的种类。且判决追缴后,法律规定对追缴的主体、措施、程序均不明确,判决结果无法实际落实。当事人应向法院另行提起民事诉讼。第二种意见认为,刑事判决书的判决主文中可以根据刑法第六十四条规定写明追缴违法所得的内容,但对于如何执行,又有三种不同意见:(1)追缴是公安机关的职责,应由公安机关进行追缴,法院没有追缴权,无法实际执行;(2)应由法院执行部门执行,如不能执行或者执行不足弥补损失,由执行机关作出相关裁定后,当事人可以向有管辖权的法院另行提起民事诉讼;(3)"继续追缴"由人民法院执行机构执行没有法律依据,因司法解释只是规定"财产刑和附带民事裁判由第一审人民法院负责裁判执行的机构执行"。最高人民法院批复认为:

"根据刑法第六十四条和《最高人民法院关于适用(中华人民共和国刑事诉讼法)的解释》的规定,被告人非法占有、处置被害人财产的,应当依法予以追缴或者责令退赔。据此,追缴或者责令退赔的具体内容,应当在判决主文中写明;其中,判决前已经发还被害人的财产,应当注明。被害人提起附带民事诉讼,或者另行提起民事诉讼请求返还被非法占有、处置的财产的,人民法院不予受理。"

二、非法集资涉案资产的处置模式

一般情况,非法集资案件的涉案财产在法院作出终审判决前,涉案财产依然属于犯罪嫌疑人或被告人所有,办案机关仅仅履行管理职能,行使一定范围或者程度的控制权,其权属仅仅受限而未发生变化或者转移。非法集资案件资产处置方式主要有:一是公安机关先期的程序处置。公安机关先期处置方式有:查封、冻结、扣

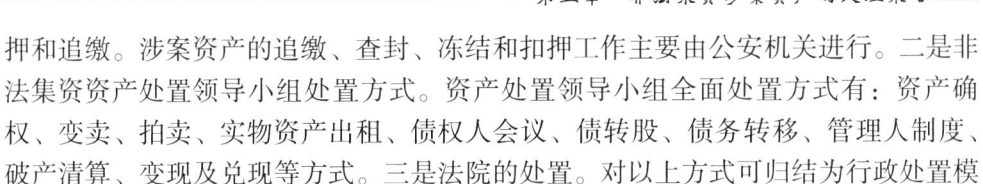

押和追缴。涉案资产的追缴、查封、冻结和扣押工作主要由公安机关进行。二是非法集资资产处置领导小组处置方式。资产处置领导小组全面处置方式有：资产确权、变卖、拍卖、实物资产出租、债权人会议、债转股、债务转移、管理人制度、破产清算、变现及兑现等方式。三是法院的处置。对以上方式可归结为行政处置模式和司法处置模式。

1. 行政处置模式。2008年9月，非法集资部际联席会议关于《处置非法集资工作操作流程（试行）》要求："省（自治区、直辖市）人民政府对辖区内处置非法集资工作负总责，指导、组织、协调有关部门做好处置非法集资工作。"于是，全国各地成立了由公安、司法、市场监督等部门的人员组成的"防非组"，负责非法集资犯罪涉案财物处置工作。根据《防范和处置非法集资条例》的规定，处置非法集资牵头部门对涉案资产的处置一般包括以下步骤：（1）查封、扣押非法集资单位业或个人的房产、车辆、股票等财物；（2）债权债务申报登记；（3）专业机构对涉案资产进行评估；（4）责令拍卖并按照比例返还钱款。

在行政处置中，处置非法集资牵头部门可以发挥行政机关的资源优势，动员相关部门的力量，通过参与不同机关之间的相互联动，可以使得涉案财物的查询、冻结、扣押、评估、拍卖、追回等更加便捷、有效。然而，这种模式对涉案财物的处置发生在案件审结前，没有经过最终的司法定性而先行处置，有可能会因处置范围过大或者处置随意性出现损害涉案人员合法权益现象。

2. 司法处置模式。司法处置模式是指案件审结以后，法院执行部门对涉案财物依法处置，将所得款项按照一定比例返还集资参与人或者被害人。其程序为，公安机关将查封、扣押、冻结非法集资单位或个人的涉案财物，并制作相应清单附卷，移送检察院、法院。在案件办理过程中，如果有易贬值、毁损的财物可以在诉讼终结前依法处置；大部分涉案资产是在案件完全审结后，由法院进行基于裁判处置，所得资金按比例返还集资参与人。司法处置模式能够体现司法的强制性和公正性，但因追缴涉案资产机关不明确或者法院执行能力有限，而非法集资刑事案件涉及人数多、金额大、范围广，由法院作为唯一处置机关难度较大，况且司法处置往往在案件审结之后，由于案件处理的周期较长，审结后再予以处置出现效率较低，影响资产发挥效益。

3. 政府主导的相对独立的涉案资产临时监督管理处置小组模式。基于以上的分析，对非法集资涉案资产的处置可以成立由政府主导的相对独立的涉案资产临时监督管理小组。因为非法集资案件与一般的侵财案件不同，相当一部分非法集资案件中的被告人会将集资款用于个人或者关联公司的投资、置业等经营活动。办案机关查封、扣押的财产中现金相当少，控制的多为不动产、价值较高的动产或者无形资产，如土地、房产、汽车、林木、生产设备、办公用品、公司股份等。这类资产不仅变现需要复杂的程序，而且资产的管理也存在加大的难度，甚至需要付出较高的成本。特别是对那些可以继续经营、产生收益的财产，被查封、扣押后，往往难以继续经营或者濒临停滞，不仅难以获得收益，还有可能造成原有资产的减损，等到案件结束后再进行拍卖变现,其价值往往丧失殆尽。涉案单位实控人及其股东、高管被控制后,关联公司往往因合同的中止或者财产被查封、扣押、冻结也会出现停滞、无人经营的状态。这些单位在之前经营中发生的民事活动存在极大的违约风险,而办案机关对未能履行的合同和继续营业等无暇顾及,不仅给涉案人员及单位的财产因违约而造成更大损失,甚至会出现连锁反应或者资金链断裂而损失惨重,对集资参与人投资款返还极为不利。涉案人员和单位在案发前的经营活动中,实施了大量民事活动,涉案资产往往涉及复杂的民事法律关系。如果仅仅依靠行政手段或者刑事司法将涉案资产一概变卖、拍卖,很有可能会误伤对相应资产的合法权利人以及民事关系相对人的期待利益或者未来利益。

非法集资案件中,涉案人员为了争取从轻处罚,其本人、亲属、涉案单位股东都有返还投资人资金的愿望。但是,办案机关和人员没有经营管理的职权和能力,交由涉案人员直接经营管理涉案资产有可能使其资产保值变得更加恶化。针对有非法集资犯罪嫌疑或者已经立案侦查的单位或个人,地方政府应当及时介入,积极引导涉案企业或者个人退出,特别是那些资可抵债或资不抵债又无相当资产可执行的企业,在其涉案资产管理处置过程中,有必要成立由政府主导多方参与相对独立的涉案资产临时监督管理小组,以便发挥其管理资产的独特优势。

涉案资产临时监督管理处置小组是一个类似于破产管理人性质组织,一般是在政府主管部门的指导下,由涉案企业的股东选举产生,主要是对涉案企业的资产进行管理、处置并监督。其人员由政府主管部门负责人、股东代表、高级管理人员、律师、会计师、债权人代表组成,由政府主管部门负责人担任联合工作小组组长。联合工作小组主要职责为指导、参与、监督公司日常运营,并就重大事项作出决定,具体如下:(1)接管公司的财产、印章和账簿、文书等资料;(2)调查公司资产及负债状况,审查财产及负债状况报告;(3)协助资产清收、保全及部分实物资产的变现;(4)决定公司的内部管理事务;(5)决定公司的日常开支和其他必要开支;(6)其他授权从事的工作。

其工作模式与职权为:(1)调查公司基本情况,包括工商情况、劳动用工情况、资产情况、负债情况、运营情况、关联方情况等;(2)基于对公司的调查了解,采取多样化的方式协助资产清收、保全及部分实物资产的变现;(3)负责出借人、借款人及其他相关各方的接待解释工作,及公司内部员工安抚工作,以及过程中发生的争议纠纷协商化解工作,应对和处理不稳定因素,维护社会稳定;(4)向政府主管部门提交过程所涉资料,做好与各方的沟通、汇报和协调工作。

涉案资产临时监督管理小组开展工作可以通过进驻公司、召开定期会议与临时会议等方式进行。对涉案资产的法律关系予以澄清,哪些是违法所得,哪些是正常经营或者交易获得的合法资产,还应当采取合理的手段对继续经营进行监管,以免因为处置造成的大规模违约,造成交易秩序的混乱。

第二节 非法集资涉案资产处理的原则与流程

司法实践中,当非法集资案件中的集资参与人或者被害人持借款凭证向法院提起民间借贷及其担保纠纷案件时,法院发现案件涉嫌非法集资犯罪的,一般会将案件移送公安机关处理或者不予立案而告知起诉人向公安机关报案。公安机关对此则存在不同的做法,对于不认为集资人涉嫌犯罪或者以不属于其管辖为由拒收案件,将案卷退回原法院,或者告知举报人到法院按照民事纠纷起诉,导致案件在公安机关与法院之间移来送去。即使一些案件被公安机关立案侦查,也会因犯罪嫌疑人"跑路"未抓获或者下落不明等原因,案件长期停滞在侦查阶段,导致刑事和民事程序无法进行,致使集资参与人或者被害人奔走于不同部门。如何解决涉嫌非法集资案件的处置程序问题,尤其是民事权益和惩罚犯罪的对接程序问题,成为非法集资案件处置的难点之一。我国对涉嫌非法集资案件涉案财产如何处置存在一些规定。如《关于财产犯罪的受害者能否向已经司法机关处理的人提起损害赔偿的民事诉讼的复函》《最高人民法院关于审理民间借贷案件适用法律若干问题的规定》《关于刑事附带民事诉讼范围问题的规定》以及《关于适用〈中华人民共和国刑事诉讼法〉的解释》。这些规定与解释规定了对于查封、扣押、冻结的财物,确属违法所得或者依法应当追缴的其他涉案财物的,应当判决返还被害人或者没收上缴国库,判决返还被害人但其没有认领的财物应上缴国库;属于被告人合法所有的,应当在赔偿被害人损失,执行财产刑后及时返还被告人。国务院《关于进一步做好防范和处置非法集资工作的意见》要求:"建立健全非法集资刑事诉讼涉案财物保管移送、审前返还、先行处置、违法所得追缴、执行等制度程序。"我国的刑事诉讼分为不同的阶段,不同的诉讼阶段由不同的职权机关履行相应职责。由于涉案资产与赃款赃物不同,且在实践中存在交叉,特别是有关部门移交执行的涉案财产多处于权属不明的状态,单位和个人、被执行人与案外人财产权属不清导致处置困难。且存在随意扩大查封、扣押、冻结的范围,应当解除查封、扣押、冻结而不予解除,甚至出现截留、挪用涉案财物的现象。那么,在不同诉讼阶段可以按照如下程序处置非法集资的涉案资产。

一、非法集资涉案资产处置的原则

非法集资案件的原因多元、因素复杂、情况综合,既有体制、机制的原因,又有经济政策市场的原因,还有分配方式以及处置不当原因,因此,在办理此类案件时,办案机关除了将案件的主要人员采取强制措施外,为了尽可能减少群众损失、最大化维护投资群众利益的考虑,往往会查封、扣押、冻结大量涉案企业或者涉案个人的财物。在"查扣冻"的财物中,包括涉案人员通过非法集资获取的赃款以及用犯罪所得购买的动产、不动产外，有可能将涉案公司或个人的合法财产甚至案件之外的其他人的财物进行查封或扣押。尽管这种措施能为结案后的集资参与人或者被害人财产返还提供保障，但因非法集资案件办案周期长、涉及人员多，实际控制人因羁押导致涉案公司及其关联公司往往处于停摆状态，即使是合法经营的公司因上下游企业非法集资也可能无法继续经营，致使非法集资案件没有解决，又加速累积或者衍生出新的社会风险或者更为激烈的社会矛盾和影响社会稳定的冲突问题。如何保障非法集资案件处置资产时不影响资产的正常运行也就成为需要思考的问题。在处置非法集资涉案资产需要遵循有关规定，如《2019办理非法集资案件意见》；也要考虑其他的相关规定，如《最高人民法院、最高人民检察院、公安部、司法部关于办理黑恶势力犯罪案件若干问题的指导意见》等。处置非法集资涉案资产应当以下基本原则。

（一）公开透明原则

非法集资案件涉案资产的处置直接影响到投资人资金返还的效果。由于返还率较低，一般不超过本金的20%左右，在处置上公开透明，不仅能够在一定程度上安抚集资参与人的情绪，也能防止后续不稳定的事件发生，避免社会公众认为办案是为了没收涉案资产而充实办案经费，发生一些不应有的误解。

（二）平等保护原则

在处置非法集资涉案资产时，不但要注重投资人资金的返还，但清退或者返还资金时，不得侵犯到涉案人员合法财产，特别是涉案人员亲属的个人合法财产，对他们的合法财产也需要平等保护，在保护合法财产上一视同仁。

（三）民事权利优先受偿原则

在涉案资产返还被害人财产时，应当根据民事法律中的规定保护有担保或其他合法的优先债权。对设定抵押的涉案财产，符合法律规定的，抵押权优先受偿；对于涉案财产上还有未偿还的贷款、借款等正当债务的，也应当予以偿还或保留该项债务的本息；剩余的款项按照比例予以返还集资参与人。

（四）资产价值最大化原则

非法集资案件的投资人最大的诉求还是尽可能地追回投资资金。实现资产最大化是前提，这就需要坚持管理优先、管理与处置并行，创新市场化、法治化的资产保值和处置机制，对涉案资产采用市场化的经营管理，实现涉案资产的保值增值，最大限度地减少投资者损失，而不能因处置再出现贬值。

二、非法集资犯罪涉案资产处置的一般流程

对于涉嫌非法集资犯罪处置涉案资产时，一般应当遵循以下程序，特别注意以

下几个方面的问题。

（一）公安机关立案侦查阶段处置非法集资的涉案资产问题

对涉嫌非法集资的案件立案侦查时，对非法集资单位或个人依法采取强制措施，依法查询、冻结、扣押涉案资产。根据处置非法集资部际联席会议《处置非法集资工作操作流程（试行）》的规定，①公安机关在处理非法集资工作中应当"受理单位或个人举报、报案，移送的涉嫌非法集资案件，及时依法立案侦查；对非法集资活动单位或个人依法采取强制措施；依法查询、冻结、扣押涉案资产，最大限度挽回经济损失；协助省级人民政府做好维护社会稳定等工作"。公安机关在"协助省级人民政府做好维护社会稳定等工作"是否包括处置涉案资产的权力？有观点认为，在案件的侦查阶段，公安机关只能查封和扣押相关的财产，并无权处分。然而，在实践操作中，地方政府特别是公安机关从"维稳"的角度出发，在侦查阶段可以预先处置涉案资产。一是维护社会稳定，避免上访等社会事件不断出现；二是对于损耗过快的资产，尽快处理以保值，减少损失。如果确实由于扣押的涉案财产损耗过快，可以先行处置。

（二）非法集资参与人的登记公告问题

为依法妥善做好涉嫌集资参与人的核查登记工作，按照《处置非法集资工作操作流程》的规定，对于集资参与人需要登记公告。当事人及代理人进行核查登记及报案时，必须提供以下资料：（1）当事人身份证原件及复印件（无身份证的携带其他有效证件）；委托他人代理登记的，还应提交代理人身份证原件、复印件及授权委托书；非法集资活动参加人已死亡的，应提供死亡证明和经公证的继承证明材料原件及复印件。（2）投资合同、协议原件及复印件。（3）付款收据、银行转账凭证、转账流水单原件及复印件。

（三）案件在公诉与审判阶段涉案财物的查封、扣押、冻结问题

最高人民法院《关于刑事裁判涉财产部分执行的若干规定》第5条第1款规定："刑事审判或者执行中，对于侦查机关已经采取的查封、扣押、冻结，人民法院应当在期限届满前及时续行查封、扣押、冻结。人民法院续行查封、扣押、冻结的顺位与侦查机关查封、扣押、冻结的顺位相同。"实践中，对非法集资刑事案件的涉案财物不随案移送，只移送扣押财物清单，所有涉案财物均由公安机关保管。从工作延续性、统一性以及将来资产发还便利的视角考虑，对于审判阶段新发现的涉案财物，由公安机关查扣更为适宜。但审判阶段需要续冻、续封的，因案件已进

---

① 根据国务院《关于进一步做好防范和处置非法集资工作的意见》要求："修订《非法金融机构和非法金融业务活动取缔办法》，研究地方各级人民政府与司法机关在案件查处和善后处置阶段的职责划分，完善非法集资案件处置依据。"这从另外一个层面也反映出《非法金融机构和非法金融业务活动取缔办法》已经不适用处置非法集资涉案财产的需要。

入审判阶段,其措施应由法院实施。公安机关查封、扣押、冻结的涉案财物到期需要办理续冻、续封手续的,仍宜由公安机关来继续办理。

(四)非法集资涉案财物的发还问题

最高人民法院《关于刑事裁判涉财产部分执行的若干规定》第 5 条第 2 款规定:"对侦查机关查封、扣押、冻结的财产,人民法院执行中可以直接裁定处置,无需侦查机关出具解除手续,但裁定中应当指明侦查机关查封、扣押、冻结的事实。"法院享有对涉案财物的处置权限,但对侦查机关是否具有参与的权力未作出明确的规定,以至于在实践中造成侦查机关和法院之间相互推诿。从现实情况来看,非法集资刑事案件中的涉案财物发还工作量大、难度高、矛盾多,由侦查机关负责涉案财物发还更为便捷。由于追缴的本质是追赃,与侦查工作密切相关,公安机关与法院相比,在追缴手段上处于优势,集资参与人应向公安机关申请继续追缴在实践中更为有效。公安机关从刑事立案开始就负责涉案财物的查扣、保管,从工作延续性以及减少涉案财物流转环节的角度考虑,由其负责发还较为适宜,但法院也应将其纳入执行程序,公安机关提供相关协助,不能因便捷或优势判决公安机关执行。

(五)"继续追缴犯罪所得的财物"问题

《2019 办理非法集资案件意见》规定:"将非法吸收的资金及其转换财物用于清偿债务或者转让给他人,有下列情形之一的,应当依法追缴:(一)他人明知是上述资金及财物而收取的;(二)他人无偿取得上述资金及财物的;(三)他人以明显低于市场的价格取得上述资金及财物的;(四)他人取得上述资金及财物系源于非法债务或者违法犯罪活动的;(五)其他依法应当追缴的情形。"[1] 一般而言,追缴被告人违法所得的判决生效后,被害人申请人民法院执行的,人民法院应当受理,在执行过程中可以协调相关部门,相关部门应当予以配合。

(六)恶意转移非法集资案件财产问题

在非法集资中可能存在恶意转移财产情形:(1)对部分亲友及利益关联者的个别突击偿还行为;(2)非法增加亲友及利益关联者债权利益的;(3)完全背离市场价格的财产交易的;(4)受胁迫突击偿还行为的,主要是指受黑恶势力胁迫偿还高利贷的;(5)转移、隐匿自身财产的;(6)通过虚假诉讼或者仲裁、调解转移资产的。由于处置非法集资的法律法规体系不完善,一般应先由公安机关在侦查过程中对集资人资金流向进行初步调查,发现上述情形,应当及时采取紧急性的临时措施。如果非法集资人以及相关人员具有上述情形之一,办案机关也可以予以

---

[1] 对此的相关规定基本相同。如《最高人民法院、最高人民检察院、公安部、司法部关于办理黑恶势力犯罪案件若干问题的指导意见》第 28 条的规定。

撤销，并追回其财产。

第三节　非法集资案件涉及民事关系资产处置的观点与策略

非法集资案件中涉案财物处理关系到集资参与人的利益，处置非法集资案件财产需要特别谨慎，处理不当，极易引发群体上访事件，形成社会不稳定因素。对于跨区域非法集资案件，在查清犯罪事实的基础上，可以由不同地区的公安机关、人民检察院、人民法院分别处理。对于分别处理的跨区域非法集资刑事案件，应当按照统一制定的方案处置涉案财物。国家机关工作人员违反规定处置涉案财物，构成渎职等犯罪的，应当依法追究刑事责任。非法集资刑事案件中办案机关查封、扣押、冻结的涉案财产对集资参与人的返还分配上应当一视同仁。就目前研究状况而言，其主要观点与策略如下。

由于非法集资案件背后多与大量的民事案件交织，刑事损失和民事债权债务互相重合，特别是涉及有抵押权的案件，其财产处置起来相对棘手。针对此问题，司法解释曾对此作出规定。例如，《最高人民法院关于如何确认公民与企业之间借贷行为效力问题的批复》等相应内容可作为处置非法集资犯罪案件涉案财产的重要参考。1999年1月26日，最高人民法院关于如何确认公民与企业之间借贷行为效力问题的批复认为，

"黑龙江省高级人民法院：你院黑高法［1998］192号《关于公民与企业之间借贷合同效力如何确认的请示》收悉。经研究，答复如下：公民与非金融企业（以下简称企业）之间的借贷属于民间借贷。只要双方当事人意思表示真实即可认定有效。但是，具有下列情形之一的，应当认定无效：（一）企业以借贷名义向职工非法集资；（二）企业以借贷名义非法向社会集资；（三）企业以借贷名义向社会公众发放贷款；（四）其他违反法律、行政法规的行为。借贷利率超过银行同期同类贷款利率4倍的，[①] 按照最高人民法院法（民）发［1991］21号《关于人民法院审理借贷案件的若干意见》的有关规定办理。"

由于对此认识上的不一致与理解上的分歧，以至于司法实践中的做法各不相同。在实践中，有的判决认定，"责令被告人退出违法所得，按比例返还给被害人"。这种裁判在认定非法吸收公众存款案中集资款是违法所得、非法集资人与集资参与人之间民间借贷合同自始无效，实质上非法吸收公众存款案中的民间借贷合同并非因集资人构成非法吸收公众存款罪而一概无效。在合同当事人（集资参

[①] 最高人民法院于1991年8月13日发布的《关于人民法院审理借贷案件的若干意见》确定为利率的四倍；2015年6月23日《最高人民法院关于审理民间借贷案件适用法律若干问题的规定》确定了年化率为24%至36%，2020年又改为LPR的4倍。

人）未主张权利、表明诉求的情况下，刑事判决直接认定所有民间借贷合同一律无效，并强行要求合同另一方当事人返还财产，存在侵犯合同双方当事人民事实体和程序权利的嫌疑。对于非法吸收公众存款刑事案件，法院刑事判决应当仅对作为被告人的集资人定罪量刑，不应对涉案财物的处置作出结论。集资参与人对合同效力、财产返还提出请求或者异议的，可通过民事诉讼的途径来解决。

一、非法集资犯罪与民事合同效力涉及财产的处置不同观点

对上述问题如何处置存在不同的观点。主要有三种观点。

第一种观点认为，非法集资人通过签订合同的手段实施非法集资犯罪，被人民法院生效的刑事判决定罪处罚后，对非法集资人与合同相对人签订的合同的效力应当区分不同情况予以认定。一是合同相对人与非法集资人恶意串通的，或者合同相对人明知合同违法仍签订合同的，案件存在《民法典》规定关于合同的其他无效情形的，应当依法认定该合同无效；二是合同相对人向法院提起民事诉讼，主张合同系受欺诈而签订，请求变更或撤销合同，案件不具有《民法典》规定的合同无效情形，且符合《民法典》的规定，法院应予支持；三是合同相对人未提起合同变更或者撤销之诉，主张合同有效，案件不具有合同无效情形的，法院应予支持。

第二种观点认为，只要非法集资人被法院以非法集资犯罪定罪处罚后，对非法集资人与合同相对人签订的合同的效力应当依照《民法典》无效合同的规定一律认为无效。例如，2015年6月3日，安徽省高级人民法院、安徽省人民检察院《关于办理非法集资刑事案件若干问题的意见》规定，"非法集资案件中的借款合同均属于无效合同。对于设定担保的借款合同，担保合同作为借款合同的从合同，其效力也应随主合同的无效而归于无效。该部分数额应当计入非法集资数额。"

第三种观点认为，非法集资人被法院以非法集资犯罪定罪处罚后，对非法集资人与合同相对人订立的合同不因行为人被判处刑罚而认定无效。但合同相对人可以根据《民法典》有关合同的规定，向法院提起变更或撤销之诉。

二、非法集资犯罪与民事合同效力涉及财产的处置实践做法

司法实践中，处理这类案件的基本做法为，一般按照上述第二种观点处置。例如，江苏省高级人民法院审判委员会会议纪要《民间借贷刑民交叉问题的意见》要求，"借款人的借款行为已经被人民法院生效判决认定构成非法集资犯罪，出借人起诉保证人要求承担保证责任的，人民法院应当认定相应的借款合同和担保合同无效"，并依据《民法典》有关担保的规定确定担保人的民事责任。例如，原告吴某军因与被告陈某富、王某祥、德清县中建房地产开发有限公司（以下简称中建公司）发生民间借贷、担保合同纠纷，向浙江省德清县法院提起

诉讼。①

原告吴某军诉称：2008年11月4日，原被告签订一借款协议，被告陈某富共向原告借款人民币200万元，借款期限为2008年11月4日至2009年2月3日，并由被告王某祥和被告中建公司连带责任担保，当日陈某富收到吴某军的200万元的借款，因陈某富拖欠其他债权人款项无法及时偿还，数额较大，并已严重丧失信誉，现陈某富无力归还借款，依照协议，遂要求陈某富提前归还，王某祥、中建公司承担连带责任。请求法院判令：解除原告与三被告之间订立的借款协议；陈某富立即归还原告借款200万元，王某祥、中建公司承担连带清偿责任。

被告王某祥、中建公司辩称：本案的程序存在问题，本案因被告陈某富涉嫌犯罪，故应中止审理，2009年4月15日德清人民法院以（2009）湖德商初字第52号—2号民事裁定，本案中止审理，且明确规定，待刑事诉讼审理终结后再恢复审理本案。现陈某富的刑事案件并未审理终结。本案借款的性质可能为非法吸收公众存款。在未确定本案借款的性质时，该案应该中止审理本案。且如确定陈某富是涉及犯罪的情况下，那么王某祥和中建公司无需承担保证责任。

德清县法院一审查明：2008年11月4日，原、被告签订一借款协议，被告陈某富共向原告吴某军借款人民币200万元，借款期限为2008年11月4日至2009年2月3日，并由被告王某祥和被告中建公司提供连带责任担保，当日原告履行了出借的义务，陈某富于当日收到原告200万元的借款，因陈某富拖欠其他债权人款项无法及时偿还，数额较大，并已严重丧失信誉，现陈某富无力归还借款，依照协议，遂要求陈某富提前归还，王某祥、中建公司承担连带责任。2008年12月14日，陈某富因故下落不明，原告认为陈某富拖欠其他债权人款项数额巨大，已无能力偿还，2008年12月22日，陈某富因涉嫌合同诈骗和非法吸收公众存款罪被公安机关立案侦查，依照协议，遂要求陈某富提前归还，王某祥、中建公司承担连带责任，直至开庭时，三被告均未履行还款义务。

德清县法院一审认为：关于涉案民间借贷合同和担保合同的效力认定点的问题。本案原、被告之间的借贷关系成立且合法有效，应受法律保护。本案中，单个的借款行为仅仅是引起民间借贷这一民事法律关系的民事法律事实，并不构成非法吸收公众存款的刑事法律事实，因为非法吸收公众存款的刑事法律事实是数个"向不特定人借款"行为的总和，从而从量变到质变。原《合同法》第五十二条规定了合同无效的情形，其中符合"违反法律、法规的强制性规定""以合法形式掩盖非法目的"两种情形的合同无效。当事人在订立民间借贷合同时，主观上可能确实基于借贷的真实意思表示，不存在违反法律、法规的强制性规定或以合法形式掩盖非法目的。非法吸收公众存款的犯罪行为与单个民间借贷行为并不等价，民间借贷合同并不必然损害国家利益和社会公共利益，两者之间的行为极有可能呈现为

---

① 参见《吴某军诉陈晓富、王某祥及德清县中建房地产开发有限公司民间借贷、担保合同纠纷案》，载《最高人民法院公报》2011年第11期。

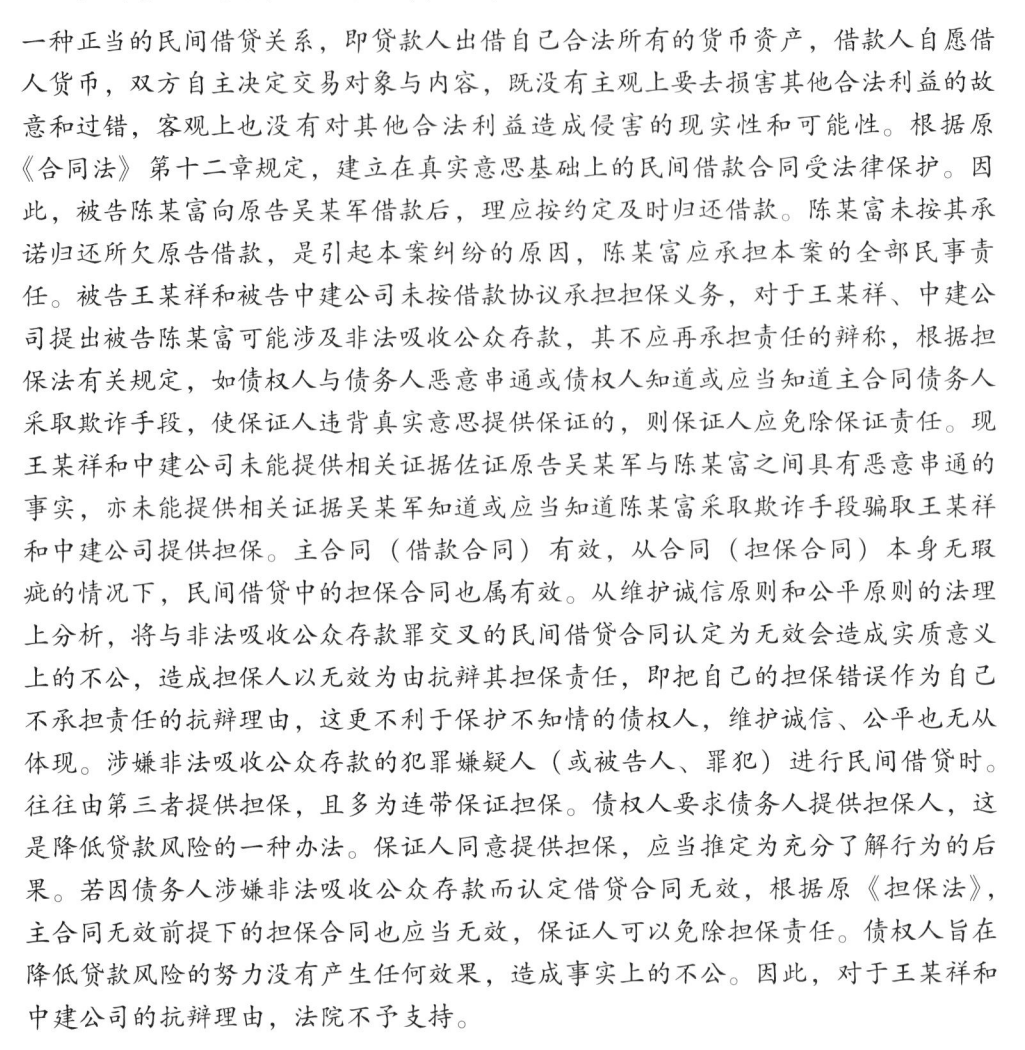

一种正当的民间借贷关系，即贷款人出借自己合法所有的货币资产，借款人自愿借入货币，双方自主决定交易对象与内容，既没有主观上要去损害其他合法利益的故意和过错，客观上也没有对其他合法利益造成侵害的现实性和可能性。根据原《合同法》第十二章规定，建立在真实意思基础上的民间借款合同受法律保护。因此，被告陈某富向原告吴某军借款后，理应按约定及时归还借款。陈某富未按其承诺归还所欠原告借款，是引起本案纠纷的原因，陈某富应承担本案的全部民事责任。被告王某祥和被告中建公司未按借款协议承担担保义务，对于王某祥、中建公司提出被告陈某富可能涉及非法吸收公众存款，其不应再承担责任的辩称，根据担保法有关规定，如债权人与债务人恶意串通或债权人知道或应当知道主合同债务人采取欺诈手段，使保证人违背真实意思提供保证的，则保证人应免除保证责任。现王某祥和中建公司未能提供相关证据佐证原告吴某军与陈某富之间具有恶意串通的事实，亦未能提供相关证据吴某军知道或应当知道陈某富采取欺诈手段骗取王某祥和中建公司提供担保。主合同（借款合同）有效，从合同（担保合同）本身无瑕疵的情况下，民间借贷中的担保合同也属有效。从维护诚信原则和公平原则的法理上分析，将与非法吸收公众存款罪交叉的民间借贷合同认定为无效会造成实质意义上的不公，造成担保人以无效为由抗辩其担保责任，即把自己的担保错误作为自己不承担责任的抗辩理由，这更不利于保护不知情的债权人，维护诚信、公平也无从体现。涉嫌非法吸收公众存款的犯罪嫌疑人（或被告人、罪犯）进行民间借贷时，往往由第三者提供担保，且多为连带保证担保。债权人要求债务人提供担保人，这是降低贷款风险的一种办法。保证人同意提供担保，应当推定为充分了解行为的后果。若因债务人涉嫌非法吸收公众存款而认定借贷合同无效，根据原《担保法》，主合同无效前提下的担保合同也应当无效，保证人可以免除担保责任。债权人旨在降低贷款风险的努力没有产生任何效果，造成事实上的不公。因此，对于王某祥和中建公司的抗辩理由，法院不予支持。

　　针对上述案件，是否需要中止审理是需要讨论的问题。原告吴某军根据借款协议给被告陈某富200万元后，其对陈某富的债权即告成立。至于陈某富可能涉及非法吸收公众存款的犯罪，与本案合同纠纷属于两个法律关系，公安部门立案侦查、检察院起诉以及法院判决构成刑事犯罪，并不影响法院依据民事诉讼法审理该案当事人间的民事合同纠纷。对合同效力进行判断和认定属于民商事审判的范围，判断和认定的标准也应当是民事法律规范。非法吸收公众存款罪和合同的效力问题是两个截然不同的法律问题。判定一个合同的效力问题，应从民事法律的角度去考虑，由于该案涉嫌的是非法吸收公众存款罪，涉嫌犯罪的当事人单个的借贷行为不构成犯罪，只有达到一定量后才发生质变，构成犯罪的犯罪行为与合同行为不重合，故其民事行为应该有效。鉴于此，法院受理、审理可采用"刑民并行"的方式进行。实行"先刑后民"有一个条件：只有符合《民事诉讼法》第150条规定，即"本案必须以另一案的审理结果为依据，而另一案尚未审结的"，才"先刑后民"。不符合《民事诉讼法》第 150 条规定的,应"刑民并行"审理。先刑后民并非审理民刑交叉案件的基本原则,只是审理民刑交叉案件的一种处理方式。因此,该案原、被告之间的民间借贷法律关系明确,被告对该借款应当予以归还,王某祥和中建公司自愿为陈某富借款提供担保,应承担本案连带清偿责任。

三、非法集资犯罪应当具体问题具体分析

民间借贷涉嫌或构成非法吸收公众存款罪,合同一方当事人被追究刑事责任的,并不当然影响民间借贷合同以及相对应的担保合同的效力。

一是民间借贷合同的签订是非法集资人与集资参与人真实意思的表示。非法集资人构成非法吸收公众存款罪,主观方面表现为明知向社会公众吸收资金的行为违反国家金融管理法律法规规定,会导致国家金融管理秩序受到损害的后果,而积极追求这种后果发生的主观心理状态。但是,非法集资人与每一个集资参与人签订民间借贷合同时,并无非法占有集资参与人集资款的意思,相反,其主观上是基于使用资金的目的,借款并按期还本付息是集资人的真实意思。集资参与人出借资金是其真实意思的表示,双方就借款已经达成合意,应当认定其效力。

二是民间借贷合同未违反《民法典》有关合同的规定。非法吸收公众存款罪是非法集资人向社会公众吸收资金,即若干个民间借贷行为的总和才构成犯罪,非法集资行为与单个民间借贷行为并不存在等价的情形。从每个民间借贷合同签订的当时来看,该合同并非"恶意串通,损害国家、集体或者第三人利益""以合法形式掩盖非法目的"或者"违反法律、行政法规的强制性规定"。在此种情况下,民间借贷合同并不因非法集资人构成非法吸收公众存款罪而一律无效。合同效力的认定应当由集资参与人依其个人的意愿,向有管辖权的法院提起民事诉讼,或主张有效,或主张无效,或主张可撤销、可变更,法院根据《民法典》有关合同及相关规定作出判断。

非法集资人被认定构成集资诈骗罪,其与集资参与人签订的民间借贷合同是否有效的问题。对此应当视为合同无效。非法集资人构成集资诈骗罪,表明法院已经认定其主观上具有非法占有集资款的目的,其与集资参与人签订民间借贷合同时,内心的真实意思并非是借款并按期还本付息,而是非法占有集资参与人的财产。因此,按照合同双方的真实意思,并未达成一致,不符合合同成立的基本要件。非法集资人以非法占有为目的,与集资参与人签订的民间借贷合同,属于以合法形式掩盖非法目的,符合《民法典》有关合同的规定,应当认定合同无效。集资人构成集资诈骗罪,按照《刑法》第 64 条的规定,应当向集资参与人(被害人)返还财产,而返还财产的前提是认定民间借贷合同无效,则会使在先的刑事判决与在后的民事判决产生冲突,不尽合理。但是,如果集资诈骗属于集资后期的行为,则应区别对待。如果集资参与人以民间借贷纠纷起诉集资人的民事案件判决在前,集资人构成集资诈骗罪的刑事判决在后,那么刑事判决应当对在先的民事判决进行纠正,

而不应当基于维护民事判决既判力的考虑认定合同有效,以免造成刑、民判决的冲突,以及判决执行的困难。《2019办理非法集资案件意见》规定:"查封、扣押、冻结的易贬值及保管、养护成本较高的涉案财物,可以在诉讼终结前依照有关规定变卖、拍卖。所得价款由查封、扣押、冻结机关予以保管,待诉讼终结后一并处置。""查封、扣押、冻结的涉案财物,一般应在诉讼终结后,返还集资参与人。涉案财物不足全部返还的,按照集资参与人的集资额比例返还。"刑事判决追究集资人作为被告人刑事责任后,原民事判决是否撤销生效?有论者认为,由于民事诉讼认定事实的证明标准低于刑事诉讼,该民事判决认定的事实不具有当然的证明效力,刑事法官可以参考民事判决认定的事实,但不受民事判决的约束,而是根据案件具体情况予以认定。刑事判决不仅不受生效的民事裁判的拘束,而且在判决追究被告人刑事责任后,还应依职权启动审判监督程序撤销对应的民事裁判。就法院的判决而言,无论前一判决为刑事判决还是民事判决,原则上前一判决认定的事实对于后一判决事实的认定具有预决力。法院判决不存在效力高低的问题,生效判决的性质是相同的。但是,当事人在民间借贷纠纷中调解达成协议结案的,只要是当事人的真实意思,且无其他违法情形,调解书原则上不应撤销。

四、集资类犯罪行为是否损害国家利益问题

犯罪行为与民事行为是由刑民两个不同的法律范畴来调整,即使是在刑民交叉案件上,合同的效力问题仍应当根据民法典的有关规定来评判。在行为人构成集资诈骗罪时,是否损害国家利益就成为认定合同是否有效的关键。那么,如何理解"损害国家利益"呢?有论者认为,损害国家利益,主要是指损害国家经济利益、政治利益、安全利益等,而不应当包括国有企业的利益。如果损害了社会公共利益,应适用《民法典》有关合同的规定。其中,"国家利益"不是泛指包括宏观统治秩序在内的整体国家利益,而是特指当事人签订合同时所损害的具体的国家利益。集资诈骗虽然是一种严重的欺诈行为,如果没有对国家的经济、政治、安全利益等造成具体的损害,那么损害的主要是合同相对人的财产权益,不能以欺诈为由直接宣告合同无效。对此问题需予以下探讨。

1. 对于影响合同无效的法律、行政法规是否包括刑事法律问题的探讨。刑事法律作为强制性规范是民法、行政法等乃至宪法实施的"保障法",民法对借贷合同宣告无效、进行干预,是对违法行为的第一次规范,而作为"最后规范"的刑法这时仅仅处于预备状态。基于此,导致合同无效的"法律、行政法规的强制性规定"一般不包括刑事法律。刑法作为民法、行政法等其他法律部门的后盾,既有效力性规范,又包括管理性规范,违反"管理性"规定的合同并不必然无效,只有"效力性"强制性规定足以导致合同无效的,借款合同才能被认定无效。但也应注意《2019办理非法集资案件意见》对国家金融管理机构有关规章或者相关规定等在适用上的变化,尤其是2020年深圳市中院以"违反社会公共利益"撤销

深仲裁案的裁定对其的论述理由。

2. 行为人被追究刑事责任，其签订的单个合同是否损害社会公共利益问题的判断。"社会公共利益"是极富弹性的概念，具有内涵的抽象性、外延的不确定性等特征，适用上必须作出严格的限制。对于与民事权利相比，刑事处罚所保护的利益相对复杂，既有私权的内容，又包括社会公共利益，还包含管理者的管理利益。随着民间借贷的法律政策环境越来越宽松，越来越迫切需要让借款合同的效力评价回归由《民法典》调整。如果认定主合同无效，担保合同随之无效，担保人借此逃脱、减轻责任，有违担保合同成立的初衷，也有可能影响交易安全。一般而言，行为人构成非法吸收公众存款罪，但单个借贷合同无其他无效事由的，不应认定无效；而与集资诈骗罪交叉的借贷合同，被害人有撤销权。被害人行使撤销权合同无效，不行使撤销权的；合同确定有效。①

第四节 非法集资涉案资产的追缴程序与策略

《国务院关于进一步做好防范和处置非法集资工作的意见》提出"建立健全非法集资刑事诉讼涉案财物保管移送、审前返还、先行处置、违法所得追缴、执行等制度程序。"《2014办理非法集资案件意见》第5条规定："向社会公众非法吸收的资金属于违法所得"。然而，我国"违法所得"与"犯罪所得"以及"赃款赃物"存在重叠与交叉。如何正确确定非法所得成为追缴的关键。

一、非法集资违法所得的范围与确定

《刑法》第64条规定："犯罪分子违法所得的一切财物，应当予以追缴或者责令退赔；对被害人的合法财产，应当及时返还；违禁品和供犯罪所用的本人财物，应当予以没收。没收的财物和罚金，一律上缴国库，不得挪用和自行处理"。刑法分则将违法所得在高利转贷罪、内幕交易罪、侵犯著作权罪、非法经营罪、组织他人偷越国（边）境罪、行贿罪等被作为定罪量刑的情节和依据。《刑法》第225条"违反国家规定，有下列非法经营行为之一，扰乱市场秩序，情节严重的……并处违法所得一倍以上五倍以上罚金或者没收财产……"。第321条"运送他人偷越国（边）境的，处五年以下有期徒刑、拘役或者管制，并处罚金；有下列情形之一的，处五年以上十年以下有期徒刑，并处罚金……违法所得数额巨大的"。"犯罪所得"主要作为犯罪对象，集中体现在《刑法》分则中的洗钱罪，掩饰、隐瞒犯罪所得、犯罪所得收益罪，窝藏、转移、隐瞒毒品、毒赃罪等罪名中，并常常与

---

① 参见临安法院课题组：《集资类刑民交叉案件审理的难点与对策——以临安法院的实践为样本》，http://hz.city8.com/life/9/AaTwHX9omwZaJ6e.html 2014/12/12。访问时间：2020年4月25日。

"收益"并列。《刑法》第 312 条、第 191 条规定："明知是犯罪所得及其产生的收益而予以……""……以其他方法掩饰、隐瞒犯罪所得及其收益的来源和性质的……"然而，"赃款赃物"在《刑法》中较少出现，仅仅在第 269 条规定的"犯盗窃、诈骗、抢夺罪，为窝藏赃物、抗拒抓捕或者毁灭罪证而当场使用暴力或者以暴力相威胁的，依照本法第二百六十三条的规定定罪处罚"。《刑法》在 349 条、383 条存在"毒赃""退赃"的术语。如何区分违法所得、犯罪所得与涉案财务、赃款赃物以及非法所得的范围成为问题的关键。由于我国刑法在多个条款中出现了"违法所得"，并且刑事诉讼法作为程序法也采用了这种表述，再加上不同的司法解释，使得"违法所得"出现理解上的分歧与范围划定上的困难，致使"违法所得"出现了不同的理解与理论上的争议。

第一种观点认为，"违法所得"是指获利数额，即以违法生产、销售获得的全部收入（即非法经营数额）扣除其直接用于生产经营活动的合理支出后剩余的数额。例如，2009 年国家工商行政管理总局《工商行政管理机关行政处罚案件违法所得认定办法》规定："以当事人违法生产、销售商品或者提供服务所获得的全部收入扣除当事人直接用于经营活动的适当的合理支出，为违法所得"。

第二种观点认为，"违法所得"是指通过实施犯罪直接、间接产生、获得的任何财产，无需扣除生产、销售成本。例如，1995 年最高人民法院向湖北省高级人民法院下发的《关于审理生产、销售伪劣产品刑事案件如何认定"违法所得数额"的批复》（2013 年 1 月失效）规定："全国人民代表大会常务委员会《关于惩治生产、销售伪劣商品犯罪的决定》规定的'违法所得数额'，是指生产、销售伪劣产品获利的数额"。1998 年最高人民法院《关于审理非法出版物刑事案件具体应用法律若干问题的解释》第 17 条规定："本解释所称'违法所得数额'，是指获利数额"。2012 年最高人民法院、最高人民检察院《关于办理内幕交易、泄露内幕信息刑事案件具体应用法律若干问题的解释》第 10 条规定："……违法所得，是指通过内幕交易行为所获利益或者避免的损失。"

第三种观点认为，需要区别看待，将违法所得分为两类：一类是取得型违法所得。如贪污罪、受贿罪、盗窃罪等犯罪取得的违法所得。"'违法所得'是指因实施犯罪活动而取得的全部财物，包括金钱或者物品"。另一类是经营利益型违法所得。例如，高利转贷罪获得的违法所得。认定取得型违法所得时不需要去除成本，认定经营利益型违法所得需要去除成本，只计算利差。[①]

对于违法所得不仅需要从其与犯罪之间的关系作出阐述，还需要从违法的视角认真对待，将刑法中无刑事责任能力人从事犯罪所得的利益、不起诉的犯罪所得的利益等均纳入违法所得的范围，其界定为违法所得是因行为不法或者非法抑或违法获得的利益。《2014 办理非法集资案件意见》第 5 条规定："向社会公众非法吸收的资金属于违法所得。"我国《刑法》中的"违法所得"与"非法所得"在内涵方

---

① 参见时延安、刘伟：《违法所得和违法收益的界定》，《中国检察官》2007 年第 2 期。

面的区别主要体现在：（1）主体要求不同。"违法所得"对获得财物的主体，并没有身份方面的要求；"非法所得"的主体性要件则严格限定在"国家工作人员"之内。（2）行为要求不同，"违法所得"必须具备违反法律法规规定的具体行为；"非法所得"则只重视结果、要求具有明显超出收入的财产、支出。（3）认定重点不同，"违法所得"的认定重点在于财物获得过程的违法性；"非法所得"的认定重点在于财产、支出获得结果的不正常性。

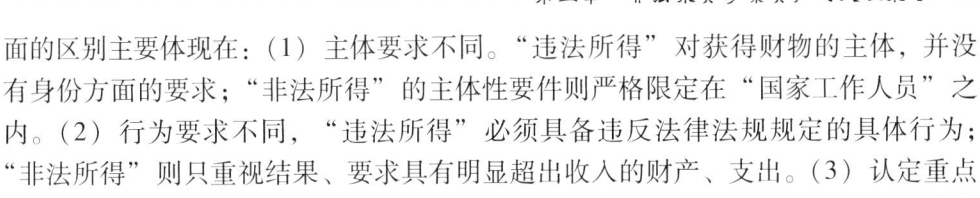

另外，还需要关注其与"其他涉案财产"相区别。如违法所得没收程序中的"违法所得"实际是指"违法所得及其他涉案财产"。从理论上讲，"其他涉案财产"是指犯罪嫌疑人、被告人非法持有的违禁品、供犯罪所用的本人财物以及明知是供犯罪所用而交付犯罪嫌疑人、被告人使用的财物。而根据《刑法》以及《最高人民法院关于适用〈中华人民共和国刑事诉讼法〉的解释》的规定，"其他涉案财产"是指犯罪嫌疑人、被告人非法持有的违禁品、供犯罪所用的本人财物。"其他涉案财产"是否限于"本人财物"，是否包括明知犯罪嫌疑人、被告人实施犯罪而供犯罪所用的他人财物，在理论上需要明确，可以通过实践予以总结。

二、违法所得的追缴程序与策略

《2014办理非法集资案件意见》规定：向社会公众非法吸收的资金属于违法所得。以吸收的资金向集资参与人支付的利息、分红等回报，以及向帮助吸收资金人员支付的代理费、好处费、返点费、佣金、提成等费用，应当依法追缴。集资参与人本金尚未归还的，所支付的回报可予折抵本金。将非法吸收的资金及其转换财物用于清偿债务或者转让给他人，有下列情形之一的，应当依法追缴：（一）他人明知是上述资金及财物而收取的；（二）他人无偿取得上述资金及财物的；（三）他人以明显低于市场的价格取得上述资金及财物的；（四）他人取得上述资金及财物系源于非法债务或者违法犯罪活动的；（五）其他依法应当追缴的情形。其理论依据在于"不让犯罪分子通过实施犯罪获得任何收益"。根据上述规定与理论阐述，结合非法集资处置的实践，确定非法集资追缴范围和程序。

（一）非法集资追缴违法所得的范围

对于非法集资追缴违法所得的范围不仅包括犯罪嫌疑人的犯罪行为的违法所得，还包括在犯罪过程中支付的"回报"和"费用"。对此可按照《防范和处置非法集资条例》第26条的规定，结合有论者总结的非法集资案件资产追缴范围来确定：

一是犯罪直接所得集资资金金额及其孳息，即非法集资人向社会公众非法吸收的资金及其存入金融机构所获得利息。

二是犯罪替代所得，即由犯罪直接所得全部或者部分资金交换后所取得的财物及财产性利益,如非法集资人用集资款租赁的房屋、土地、购买的家具等办公用品、个人消费品、奢侈品等。

三是犯罪衍生所得,即非法集资人利用集资款放贷、投资、置业、购买保险等行为所产生的收益。对于犯罪衍生所得,实践界有不同的认识,有种观点认为,非法集资人的犯罪衍生所得是犯罪直接所得转换而来的收益,均属于"孳息",应一并追缴;也有观点认为,尽管资金主要来源于集资款,即犯罪直接所得,但在其后的投资或经营过程中,非法集资人也付出了脑力或体力劳动,因此,应当认可其劳动的价值,司法机关只能追缴与其犯罪直接所得相等的收益,剩余部分应属于非法集资人的合法财产。基于犯罪直接所得置业、投资所获取的租金、股金红利等财产利益实为犯罪直接所得的转化形态,无论其财产形态发生如何变化,经历几次变化,都不改变其违法所得的本质。对于实践中争议较大的非法集资人的再投资行为中资产混同情形如何计算追缴比例的问题,应重点考察资金来源及份额,按初始投入的个人合法财产与非法集资款比例计算合法收入与犯罪衍生所得。

四是帮助吸收资金人员收益,即帮助吸收资金人员基于其帮助行为而从非法集资人处获取的,以吸收的资金支付的代理费、好处费、返点费、佣金、提成等收益。《上海市高级法院、市检察院、市公安局关于办理涉众型非法集资犯罪案件指导意见》规定,以吸收的资金向集资参与人支付的利息、分红等回报,不论集资参与人是否已先期离场,均应当依法追缴。但应严格区分聘用人员正常工资收入与帮助吸收资金人员收益之间的区别。这里的正常工资收入应综合考量受聘人员的文化程度、岗位要求、工作量以及对集资活动的参与度,可参考各地类似岗位平均工资确定。对于明显高于当地类似岗位平均工资收入,以帮助吸收资金数或人头数作为收益主要依据的,应属追缴对象。

五是集资参与人超出本金收益,即非法集资人以吸收的资金向集资参与人支付的高于其本金投入的利息、分红等回报,既包括货币、也包括实物奖励等如何追缴问题。在实践中,有的认为,在单个集资行为中,集资参与人与非法集资人之间应属民事借贷关系,因此应适用《最高人民法院关于审理民间借贷案件适用法律若干问题的规定》的规定,对集资人认可并已偿付收益的应予保护,不可纳入追缴范围。一般而言,所有源自犯罪行为的收益均属违法收益,法律不允许任何人通过犯罪违法手段获益,但要关注获取的经济利益。[①] 对于非法集资人或者其近亲属投入的资金,应优先用于赔偿其他集资参与人的财产损失。

(二)非法集资追缴违法所得的程序

追缴是指司法机关根据刑事诉讼法的相关规定,对犯罪分子的违法所得进行追查、收缴。对于在办案过程中发现的犯罪分子已转移、隐藏的赃物追查下落,予以收缴。实践中,非法集资犯罪赃款之所以追缴不力,主要原因在于没有明确的追缴

---

① 参见蒋苏淮:《非法集资案件资产追缴范围研究》,载《法制日报》2018年10月17日。

主体和职责，不仅立法对此没有作出规定，法院在判决中也只是笼统地作出"依法对赃款进行追缴"的表述。在司法实务中，由于主体不确定、责任不明确、手段滞后等原因，往往导致丧失最佳追缴时机，涉案群众利益得不到有效保护，为群体性上访等危及社会稳定事件的发生埋下了隐患。

1. 非法集资追缴主体。《处置非法集资工作操作流程（试行）》规定："受理单位或个人举报、报案，移送的涉嫌非法集资案件，及时依法立案侦查；对非法集资活动单位或个人依法采取强制措施；依法查询、冻结、扣押涉案资产，最大限度挽回经济损失；协助省级人民政府做好维护社会稳定等工作。"公安机关应当通过查询、冻结、扣押涉案资产等强制性措施，追缴赃款，挽回被害人的经济损失。当然，赃款的追缴必须在查清犯罪事实的基础上，在侦查、审查起诉、审判和判决生效后的各个阶段进行，直至全部赃款追缴完毕。《人民检察院扣押、冻结涉案款物工作规定》第3条规定："违法所得的一切财物，应当予以追缴或者责令退赔。对被害人的合法财产，应当依法及时返还。违禁品和供犯罪所用的财物，应当予以扣押、冻结，并依法处理。"对于被害人的合法财产，被害人明确的，扣押、冻结机关应当依法及时返还。法律规定在各个诉讼阶段都要对违法所得进行追缴，但在侦查阶段由于犯罪嫌疑人财产的性质很难确定，侦查机关需要承担一定的举证风险，因此侦查机关会尽可能地将风险转移，导致侦查机关在侦查过程中消极追缴，判决后认为案件法院已经处理，停滞追缴。法院、检察院、公安机关应当严格依照刑事诉讼法和相关司法解释的规定，依法移送、审查、处理查封、扣押、冻结的涉案财物。对审判时尚未追缴到案或者尚未足额退赔的违法所得，法院应当判决继续追缴或者责令退赔，并由法院负责执行，处置非法集资牵头部门、检察院、公安机关等应当予以配合。

2. 非法集资追缴程序。侦查机关在办理非法集资案件中，为了最大限度地挽回损失，往往在第一时间将涉案公司、犯罪嫌疑人的全部财产查封、扣押、冻结，常常对犯罪分子的合法财产和涉案的赃款、赃物未予区分。查封、扣押、冻结的易贬值及保管、养护成本较高的涉案财物，可以在诉讼终结前依照有关规定变卖、拍卖。所得价款由查封、扣押、冻结机关予以保管，待诉讼终结后一并处置。法院对涉案财物依法作出裁决后，有关地方和部门应当在处置非法集资职能部门统筹协调下，切实履行协作义务，综合运用多种手段，做好涉案财物清运、财产变现、资金归集、资金清退等工作，确保最大限度追赃挽损，最大限度减少实际损失。

《2019办理非法集资案件意见》规定："办理跨区域非法集资刑事案件，案件主办地办案机关应当及时归集涉案财物，为统一资产处置做好基础性工作。其他涉案地办案机关应当及时查明涉案财物，明确其来源、去向、用途、流转情况，依法办理查封、扣押、冻结手续，并制作详细清单，对扣押款项应当设立明细账，在扣押后立即存入办案机关唯一合规账户，并将有关情况提供案件主办地办案机关。""人民法院、人民检察院、公安机关应当严格依照刑事诉讼法和相关司法解释的规定，依法移送、审查、处理查封、扣押、冻结的涉案财物。对审判时尚未追缴到案或者尚未足额退赔的违法所得，人民法院应当判决继续追缴或者责令退赔，并由人民法院负责执行，处置非法集资职能部门、人民检察院、公安机关等应当予以配合。""人民法院对涉案财物依法作出判决后，有关地方和部门应当在处置非法集资职能部门统筹协调下，切实履行协作义务，综合运用多种手段，做好涉案财物清运、财产变现、资金归集、资金清退等工作，确保最大限度减少实际损失。"对于跨区域非法集资刑事案件，可以由不同地区的公安机关、人民检察院、人民法院分别处理。对于分别处理的跨区域非法集资刑事案件，不仅要注意涉罪的最高刑期超出法定刑，防止重复评价，而且还应当按照统一制定的方案处置涉案财物。

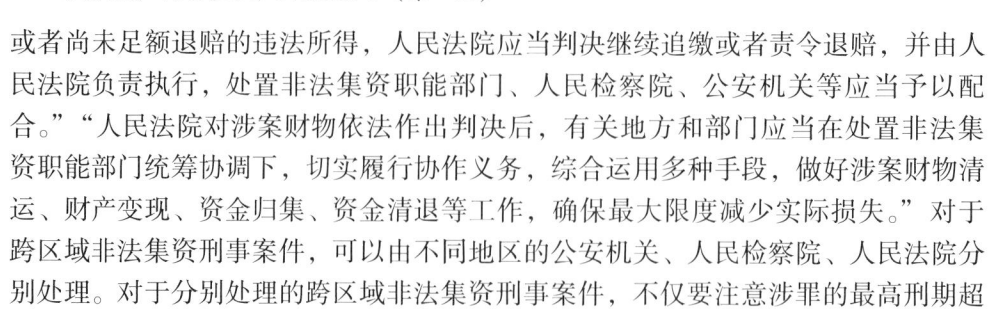

需要注意的是，在非法集资类共同犯罪案件中，办案机关对某一名被告人查封、扣押、冻结的财物价值有时会超过其通过犯罪行为实际获取的违法所得数额，在全案查扣财产不足以全部返还被害人投资款的情况下，对该名被告人超出实际所得部分的财产能否予以收缴在实践中存在争议。有观点认为，共同犯罪惩罚的原则就是"部分行为全部责任"，因此共同犯罪中每一名被告人都应对所有被告人全部违法所得承担责任，其被查扣的财产即使超过了实际获得的违法所得，也应在全部违法所得追缴不足的范围内被追缴。虽然这一意见充分考虑了集资参与人的利益保护，却有可能损害部分被告人的利益，造成实质不公平。共同犯罪的被告人被追缴的违法所得应当仅限于其实际获得的数额。因为"部分行为全部责任"理论中的"全部责任"侧重表明共同犯罪中各个行为人对各自行为共同导致的危害后果承担刑事责任的整体性，但不能否认每个行为人应当根据各自的行为在共同犯罪中的作用和危害后果划分责任的轻重，因此被告人被追缴或退赔的财物价值以实际获得的违法所得为限并不违反"部分行为全部责任"理论。追缴和责令退赔的对象是违法所得，而一个案件中违法所得的总额是确定的。如果对共同犯罪中部分被告人追缴或责令退赔财物价值超出其实际获得的违法所得数额，在之后追诉了其他的被告人或者发现了其他的违法所得，是否要继续追缴。如果追缴，对追缴的财物如何处理，是否要对超额退赔的被告人进行弥补，这些衍生的问题会使司法机关在后续的程序中陷入困境。

三、涉及担保抵押、广告费、税收、公益事业、利息的追缴策略

非法集资案件涉及担保抵押、广告费、税收、利息等其他费用是否追缴以及如何追缴的问题。这个问题不仅是一个理论问题，也是实践亟待解决的现实问题。

（一）涉及抵押担保贷款与非法集资款的处理

由于非法集资涉及的资产部分与民事问题重合，以至于在实践中存在涉及担保合同效力的认定问题。

1. 非法集资人非法集资又向银行抵押贷款的处理。司法实践中，非法集资人不仅吸收社会不特定公众的资金，也会向银行贷款，而银行通常会要求集资人提供

抵押物。一旦集资人因非法集资案发，抵押物是否作为涉案财物予以查扣，而其为之担保的银行贷款的数额是否归入非法集资数额，在理论上存在不同的观点。一种观点认为，非法集资数额为非法集资人通过各种非法手段募集的全部金额，银行贷款也不例外，应当一视同仁。因为有些金融机构明确禁止银行员工参与民间借贷及非法集资；严禁金融机构的员工组织、参与社会非法集资和民间融资借贷活动；严禁其充当票据融资、民间借贷的中介角色或资金掮客，或在活动中充当鉴证人、证明人，以及帮助他人非法集资、参与经营地下钱庄，或者为上述活动提供担保。违反上述要求，应当承担相应的责任，不能因为银行多为国有资产而有例外。另一种观点认为，认定银行贷款是否归入非法集资数额，关键应从非法集资"非法性、公开性、利诱性、社会性"的四个特征来判断。非法集资人向银行抵押贷款，依法履行贷款手续，未向社会公开宣称，贷款利息符合法律规定，因银行不属于不特定社会公众，其贷款不符合非法集资的上述四个特征，因此非法集资人从银行的贷款不应归入非法集资数额。实践中多采用第二种观点。然而，河北省赞皇县人民法院对中国工商银行股份有限公司石家庄桥西支行（以下简称桥西支行）已回收的贷款给予追缴返还给民间过桥资金方的判决引发对此问题的再次关注。[①]

2012年8月，桥西支行员工岳某林和田某涛在办理石家庄市悦坤煤炭贸易有限公司（以下简称悦坤公司）从桥西支行贷款过程中，违反国家规定，没有认真细致进行核查，致使悦坤公司的王某生利用伪造的贷款资料，从桥西支行骗取贷款1200万元。其方法为，王某生将增值税发票复印后再将复印件进行涂改，扩大发票复印件数额后再复印，用伪造的增值税发票复印件组成贷款资料，从桥西支行骗取前述1200万元贷款。同年10月，岳、田两人在桥西支行工作期间，在办理赞皇县石家庄林昌矿业有限公司（以下简称林昌公司）从桥西支行贷款过程中，违反国家规定，没有认真细致进行核查，致使林昌公司安某婷（另案已判）使用租用他人的煤场以及该煤场内他人的存煤、设备等通过银行验收，并伪造贷款所需资料，从桥西支行骗取贷款1500万元。2013年6月份，王某生从桥西支行所贷1200万元贷款即将到期，但其无力偿还，遂经人介绍认识民间资金贷款方霍某梅。后王某生用价值低廉的煤矸石冒充正常价格的煤炭和两套房产做抵押，分别于2013年7月13日、2013年8月29日与霍某梅签订贷款协议，向霍某梅借款用于偿还银行贷款。其间，岳某林为了能将发放的1200万元贷款收回，隐瞒"悦坤公司"实际经济情况，向霍某梅表示归还贷款后即可继续为王某生发放贷款。最终王某生从霍某梅处骗取800万元用于偿还银行贷款，王某生将该款还给桥西支行后，桥西支行不再继续为其发放贷款。经石家庄市涉案物品价格鉴证中心鉴证，王某生用作抵押的5000吨煤矸石作价8.5万元。同年，利用类似手法，安某婷共计骗取霍某梅964万元归还了银行贷款，但桥西支行也不再继续为安某婷发放贷款。经赞皇县物

---

① 参见河北省赞皇县人民法院刑事判决书［2016］冀0129刑初39号。

价局价格认证中心鉴证，安某婷用作抵押的煤渣、存煤作价共计245.5万元。后安某婷陆续归还霍某梅225万元借款，20万元监管费等，至今仍有708.29万元借款未能归还。上述两笔未归还给霍某梅的借款共计1508.29万元。银行顺利回收上述千万贷款。河北省赞皇县法院判决：岳某林帮助安某婷、王某生共同骗取被害人霍某梅归还桥西支行的违法所得1508.29万元依法给予追缴，返还被害人霍某梅；王某生骗取桥西支行违法所得800万元予以追缴，返还被害人桥西支行。

然而，"桥西支行已收回贷款依法给予追缴，返还给霍某梅"的判决引起了社会的特别关注。有观点认为，银行回收贷款是正常业务，已经归还给银行贷款的款项再被追缴返还给民间贷款人值得探讨。对于银行而言，在后续回收贷款时，要考虑借款人所归还贷款的资金来源是否合法，是否存在被追缴的风险，同时需要关注如何保护善意第三人的正常交易与正当权益，不能以维护被害人权益为目的而任意侵害第三人合法权益。对此案的处置，难免会发生示范效应，导致大量民间过桥资金不再担心借款人的还款风险，认为有银行做最后的兜底不用担心收不回所放贷款，会让此类过桥资金规模快速放大，风险将大面积转移到银行身上，从而快速放大银行此类贷款回收的风险。但这种示范作用又可强化银行的管理能力和制度完善，降低类似情况的发生，从长远利益来看有利于银行。

2. 集资参与人以自有房产为集资人向银行借款作担保涉及资产的处理。

（1）集资参与人以自有房产为非法集资人向银行借款作担保，非法集资人以集资参与人为其担保的借款额度为集资款项，向集资参与人支付相应利息。非法集资人被认定非法吸收公众存款罪或集资诈骗罪，双方签订的民间借贷合同、房产抵押合同是否有效？一般来说，对于非法集资人向银行借款，集资参与人作担保的情形应当根据所涉及的罪行不同而在处理上有异。由于银行不属于非法集资犯罪的犯罪对象，非法集资人与银行签订的贷款合同不受集资人构成犯罪的影响，如果其他影响合同效力的情形，应当认定有效。若集资人构成非法吸收公众存款罪，因为集资人不存在虚构事实、隐瞒真相等诈骗行为，则集资参与人与银行签订的房产抵押合同也不受集资人构成犯罪的影响，如无其他影响合同效力的情形，应当认定有效；若非法集资人构成集资诈骗罪，可以认定集资人通过使用诈骗手段使集资参与人提供房产担保，在该情况下集资参与人与银行签订的房产抵押合同为受第三人欺诈订立的合同，合同效力取决于银行是否善意或者知情，即银行对集资人虚构事实、隐瞒真相的诈骗手段是否知情。若银行知情，则合同属于恶意串通，损害第三人利益，应当认定合同无效；若银行不知情且履行贷款的注意和审查义务，则应当保护善意第三人的利益，应当认定合同有效。

（2）集资参与人以自有房产作抵押，向银行或职业放贷公司借款，并以自己名义将借得款项参与集资，集资人被认定构成非法吸收公众存款罪或集资诈骗罪，双方签订的民间借贷合同、房产抵押合同是否有效的问题。若非法集资人构成非法吸收公众存款罪，相关民间借贷合同、房产抵押合同的效力不受刑事判决的影响，由合同当事人通过民事诉讼途径主张权利。非法集资人若构成集资诈骗罪，集资人与集资参与人之间的民间借贷合同无效；银行或职业放贷公司与集资参与人签订的民间借贷合同、房产抵押合同与集资人的集资诈骗犯罪无关，其合同效力由合同当事人通过民事诉讼途径主张权利。

（3）集资人与集资参与人约定，集资参与人以自有房产作抵押，向银行或职业放贷公司借款，借得款项作为集资参与人参与集资的款项，集资人除了支付其与集资参与人约定的资金使用利息外，还替集资参与人支付银行、职业放贷公司的利息。集资人被认定构成非法吸收公众存款罪或集资诈骗罪，双方签订的民间借贷合同、房产抵押合同是否有效。这一问题的关键在于集资人替集资参与人支付本应由集资参与人支付给银行或职业放贷公司的利息，这种行为是集资人与集资参与人对集资款使用成本即利息的约定，不影响合同效力的认定。非法集资人与集资参与人约定，由集资参与人将自有房产的产权证等相关证明文件交给集资人，集资人以自己名义向银行或职业放贷公司借款，并以集资参与人的房产作抵押，借得款项作为集资参与人参与集资的款项，集资人除了支付其与集资参与人约定的资金使用利息外，还替集资参与人支付银行、职业放贷公司的利息。

（4）非法集资人与集资参与人约定，集资参与人将自有房产过户给集资人，集资人以该房产作抵押向银行或职业放贷公司借款，集资人向集资参与人以及银行、职业放贷公司支付相应利息。集资人被认定构成非法吸收公众存款罪或集资诈骗罪，双方签订的房屋买卖合同、民间借贷合同、房产抵押合同，若集资人构成非法吸收公众存款罪，集资人与集资参与人签订的房屋买卖合同是双方真实意思的表示，且不属于恶意串通损害国家、集体或第三人利益，也不属于以合法形式掩盖非法目的的情形的，合同应当有效；其后集资人与银行或职业放贷公司签订的借贷合同、房产抵押合同如不存在其他影响合同效力的情况，均应认定有效；若集资人构成集资诈骗罪，集资参与人与集资人签订房屋买卖合同是在集资参与人受到集资人诈骗的情况下签订的，应当认定无效，但物权变动已经发生，且其后标的房产又作为抵押物设定了抵押，应当维护市场交易安全和善意第三人的利益，即房屋买卖合同无效，房屋产权转让的行为有效。其后非法集资人与银行或职业放贷公司签订的借贷合同、房产抵押合同效力的认定，取决于集资人是否对银行或职业放贷公司使用诈骗手段，若未采取诈骗手段，相关合同有效；若采取了诈骗手段，则因集资人提供了有效抵押物，可在合同相对人申请的情况下，按照可撤销合同、可变更合同处理。

另外，注意这类案件与带有黑社会性质"套路贷"案件的区别。

3. 集资参与人作为担保人涉及资产的处理。

（1）集资人向职业放贷公司借款，集资参与人作担保的情形。若集资人构成非法吸收公众存款罪，则集资人与职业放贷公司签订的民间借贷合同、集资参与人与职业放贷公司签订的房产抵押合同的效力均不受集资人构成犯罪的影响，如无其他影响合同效力的情形，均应认定有效。若集资人构成集资诈骗罪，集资人对职业放贷公司使用诈骗手段，即职业放贷公司是因集资人的诈骗而借款的情况下，集资人与职业放贷公司签订的民间借贷合同因集资人构成犯罪而无效，集资参与人与职业放贷公司签订的房产抵押合同作为从合同亦无效，集资参与人为集资人与职业放贷公司的借贷合同提供有偿担保，存在过错的，应承担相应民事责任。集资人未对职业放贷公司使用诈骗手段，即职业放贷公司并非因为被集资人诈骗而借款的情况下，集资人与职业放贷公司签订的民间借贷合同效力不受集资人构成犯罪的影响，如无其他影响合同效力的情形，借贷合同有效，集资参与人与职业放贷公司签订的房产抵押合同属于受集资人欺诈订立的合同。

（2）集资人在与他人的担保借款中，担保人要求集资人提供反担保，集资人与集资参与人约定，集资参与人以自有房产为集资人的上述担保借款提供反担保，集资人以集资参与人反担保的债权额为集资款项，向集资参与人支付利息。后集资人被认定构成非法吸收公众存款罪或集资诈骗罪，双方签订的民间借贷合同、房产抵押合同是否有效的问题。若集资人构成非法吸收公众存款罪，集资人与集资参与人签订的民间借贷合同实际上是关于集资参与人提供有偿担保的合同，虽名实不副，但系双方真实意思的表示，如无其他影响合同效力的情形，应当认定有效；其后集资参与人与担保人签订的反担保合同亦系双方真实意思的表示，如无其他影响合同效力的情形，亦应认定有效。若集资人构成集资诈骗罪，则集资参与人因受诈骗签订的民间借贷合同无效，其与担保人签订的反担保合同属于受第三人欺诈签订的合同，合同效力取决于担保人是否善意，若担保人对集资人的诈骗行为不知情，则反担保合同有效；若担保人明知集资人是采取诈骗手段欺骗集资参与人提供反担保，则反担保合同无效。集资参与人向集资人提出，其出借资金的前提是集资人必须提供房产抵押；集资人遂向集资参与人提出，集资参与人以自有房产为集资人与集资人的借款作抵押，非法集资人以抵押款额为集资款项，向集资参与人支付利息。

(二)非法集资案件的广告费用的追缴问题

2019年11月，在深圳警方通报"钱富通""投之家"等多个平台的最新情况中，要求上述公司涉嫌非法集资的员工将自己工作期间的工资、提成、奖金等费用全额退缴的要求，继后引发了高价明星代言费、专家站台费、广告费等是否退还的讨论。在深圳市公安局南山分局通报"投之家"案件中，曾委托第三方有权审计部门对"投之家"平台各借款合作方进行分项审计，以确定各借款合作方的涉案金额。警方要求清退组继续加大催收力度，包括标的借款、股权款、广告费预付款、返利渠道（羊头）获取的返利款，要求相关企业和个人及时将以上款项归还至"投之家"专案账户。其中，广告费预付款作为重要一项内容。据透露，"e租宝"在2015年上半年仅电视渠道的投放体量在1.5亿元左右。其中，央视投放广告费是3102万元，北京卫视2454万元，江苏卫视1440万元、东方卫视1479万元，天津卫视1440万元，总计就是9915万元，如果再加上湖南卫视、浙江卫视、安徽卫视，预估至少每家 1500 万元，河北卫视也有 300 万～500 万元。[①] 特别是"名星"代言的"鑫琦资产""东虹桥金融""理想宝""团代网"等，更成为追缴代言费的焦点。实践中，曾有投资者起诉"九球天后"潘某婷代言"中晋系"，法院因难以判断"明知"而没有支持。

我国对涉及非法集资或者非法金融业务活动的广告宣传，法律法规以及规范性文件对此有特殊要求。中国人民银行、中国银行保险监督管理委员会、中国证券监督管理委员会、国家外汇管理局《关于进一步规范金融营销宣传行为的通知》规定，不得非法或超范围开展金融营销宣传；不得以欺诈或引人误解的方式对金融产品或金融服务进行营销宣传；不得利用政府公信力进行金融营销宣传；不得利用互联网进行不当金融营销宣传等。有观点认为，广告等相关主体助长了非法集资现象，如果对这些相关主体进行一定处罚或者司法判决，可以提高整个行业的违法违规成本。对于那些充当非法集资吹鼓手的媒体，包括自媒体，在处置非法集资中，也应实行严厉的责任追究和利益追缴。因为，广大居民会受骗上当，一定程度上，也与媒体的宣传与相信媒体密不可分，与媒体对非法集资的推波助澜关系紧密。因此，媒体应当承担责任。否则，难以遏制违法者的违法冲动，也很难消除媒体的利益驱动。对广告代理费用是否作为《2014 办理非法集资案件意见》"向帮助吸收资金人员支付的代理费"予以追缴是问题的关键。其中，包括两个层面的判断：一是广告代言人是否是帮助吸收资金人员。二是广告代言费用是否是来自非法集资的费。一般而言，对于广告代言费是否追缴应当按照广告法的规定予以衡量。《广告法》规定了"广告主应当对广告内容的真实性负责"，而没有对在广告中以自己的名义或者形象对商品、服务作推荐、证明的自然人、法人或者其他组织的广告代言人作出如此要求。《广告法》第 38 条规定："广告代言人在广告中对商品、服务作推荐、证明，应当依据事实，符合本法和有关法律、行政法规规定，并不得为其未使用过的商品或者未接受过的服务作推荐、证明。"对此应注意"明星代言费"与电视、广播、报纸、网络等媒体在此方面的不同。前者因收取代言费颇丰，且有不实宣传，对投资人损失扩大具有过错，要求其承担责任。其判断依据为《广告法》第 63 条以及《消费者权益保护法》等行政法规，没有将其作为非法集资协助人规定刑事责任。后者主要依据为《广告法》第 56 条。对违背法定义务性规定的，由市场监督管理部门没收违法所得，并处违法所得一倍以上二倍以下的罚款。只要不是虚假广告或者发布广告未有违反法律规定，提供了真实的服务评价，特别是不存在共谋，按照法定程序竞标获得的广告播放，从保护善意第三人的视角出发，非法集资企业支付的广告费用一般不应因广告停播而追缴。

---

① 参见王大勤：《上过央视的 e 租宝涉嫌违法经营被查已暂停日常业务》，载《创投时报》2015 年 12 月 9 日。

(三) 非法集资案件税务部门的税金追缴问题

对于非法集资涉案税收问题，中央有关部门曾召开了专题会议，并认为，集资诈骗案件上缴的税金等"均系其骗取或非法吸收的犯罪所得，且数额较大，应当协调有关部门将这些费用中属于官方机构收取的部分予以追缴或者退还"。如何处理涉案税款问题以及如何合法合理地处理好这类问题，特别是如何防止这类案件不因处置引发群体性事件，已经成为政府与司法机关亟待解决的焦点、热点与难点问题。

1. 主要问题与争议。非法集资案件尤其是集资诈骗案件的犯罪嫌疑人、被告人对涉案财产一般都存在转移、挥霍等，其现有的财产及取得的违法所得无法足额返还投资者，给政府维护社会稳定增添了巨大的压力。作为被害人投资者的资产除了被犯罪嫌疑人、被告人非法占有且现存财产外，个别案件的犯罪嫌疑人、被告人为掩盖犯罪还将骗取的部分财产用于纳税，以至于出现了国家税收利益与作为被害人的投资者利益在一定范围内的冲突。这种冲突又以国家税收利益与公众利益的矛盾呈现在涉众非法集资类案件中，特别是对于已交纳税款是否适用返还或者是否应当退缴抑或适用追缴程序问题上，因在实践中鲜见类似的做法以及法律制度上的不明晰，以至于存在不同意见与观点。

税收是以纳税人享受国家提供的公共商品作为对价，在一定程度上是对公民财产的一种合法的剥夺。税收的本质决定违法所得不具备征税的基础。当以"违法所得"或者骗取的财产作为"纳税"对象时，其所缴纳税款是否符合税收的本质存在不同认识与观点。一种意见认为，法律并未对非法所得款项或者集资诈骗款项征税应当返还进行规定，税务机关作为专司征收管理机关，而非专门查处和没收非法所得机关，在其实施具体征管行为时无法甄别纳税主体的活动是否违法犯罪，也不存在甄别纳税对象合法性的法定义务，对按照征收程序征收的税款应当认定为合法，况且以往没有退税的类似做法。另一种意见认为，将非法集资尤其是集资诈骗骗取他人资金予以的纳税，其纳税行为并未改变其骗取财产违法所得的性质，按照"违法所得的一切财物应当予以追缴或者责令退赔"的法律规定，应当予以退还。无论从法律上还是事实上，作为犯罪人的"纳税人"对其非法所得不具有法律上的所有权或控制权，根据税收法定原则以及实质课税原则，纳税人不符合课税要件，其纳税也就丧失了征税事项的基础，犯罪嫌疑人、被告人缴纳的税款因属于非法所得而具有不可转移性，税务部门对于这一部分非法所得征收的税款应当予以退还。基于上述不同意见与争论，其问题的关键点在于纳税对象的性质是否对税收的性质产生影响。对此，需要从法理上予以分析、探索与研究。

2. 法理分析与探索。税务部门基于犯罪嫌疑人、被告人隐瞒其非法集资的犯罪行为非法所得征收的税款，实质上是将其骗取的作为被害人的投资者的资产作为纳税对象，这种财产不因纳税行为而改变财产的性质，纳税对象的非法所得性质不因纳税行为而转化为合法所得。当税收法律关系以法律事实为基础时，这些法律事实因其事由违法犯罪，必然导致税收法律关系成立的基础消失。在一定意义上说，此时税务机关征收的税款也就有不当得利之嫌疑。追根溯源，作为犯罪嫌疑人、被告人的纳税是拿着骗取财产的一部分送给了政府，政府与犯罪行为之间似乎存在"瓜分"作为被害人的投资者的合法财产之虞。作为被害人的投资者要求犯罪嫌疑人、被告人退还其被骗的财产时，存在继续追求其"瓜分"其合法财产政府予以退还的权利。也就是说，作为被害人的投资者对犯罪嫌疑人、被告人非法集资骗取财产的纳税税款具有返还的请求权。根据法理与我国相关法律法规以及规范性文件规定，税务机关对于非法集资案件基于非法所得征收的税款也可以适用法律规定的追缴或责令退赔的规定。对此，可以基于以下几个方面考虑。

第一，任何人不得从非法中获得利益。"任何单位和个人不得从非法集资中获得经济利益"。因为违法或者错误行为在道德层面具有非难性，在法律层面具有可责性，并为以追求公平正义的法律制度和法治社会所不容。如果允许通过非法或者错误行为谋取利益，人们将会为实现个人目的而不择手段，人性中的"恶"就会被毫无遮拦地释放出来，政府为了实现自身的政治目的也不例外。税务机关对非法集资犯罪企业或者个人征税的实质是对"非法所得"的征税，如果对非法集资案件征收税款，尽管征税行为不违法，存在从非法集资犯罪中获得利益的事实却是毋庸置疑的，基于法律面前人人平等的基本要求，遵循任何人（包括政府）不得从非法中获得利益的法律要求，税务部门对非法集资案件获得的税款予以退还，似乎更符合公平正义的基本要求。

第二，法律以及规范性文件的基本要求。我国《刑法》第64条规定："犯罪分子违法所得的一切财物，应当予以追缴或者责令退赔；对被害人的合法财产，应当及时返还；违禁品和供犯罪所用的本人财物，应当予以没收。没收的财物和罚金，一律上缴国库。"从上述规定可以发现，纳税并不能改变该所得财产的非法性，特别是非法集资案件的集资诈骗获得的财产应当依据法律规定予以返还。《2019办理非法集资案件意见》也规定，向社会公众非法吸收的资金属于违法所得，以吸收的资金向集资参与人支付的利息、分红等回报，以及向帮助吸收资金人员支付的代理费、好处费、返点费、佣金、提成等费用，应当依法追缴。集资参与人本金尚未归还的，所支付的回报可折抵本金。最高人民检察院《人民检察院刑事诉讼涉案财物管理规定》规定："违法所得的一切财物应当予以追缴或者责令退赔。对被害人的合法财产，应当依照有关规定返还。违禁品和供犯罪所用的财物，应当予以查封、扣押、冻结，并依法处理。"然而，司法解释认为，被告人非法占有、处置被害人财产的，应当依法予以追缴或者责令退赔。在非法集资案件中，犯罪嫌疑人、被告人通过非法集资手段获取的非法财产，按照上述法律以及相关解释的规定，这种财产依然属于作为被害人投资者的合法财产，投资者有权要求返还。况且，上述法律和规范性法律文件对"非法所得"的界定是清晰的，基于法律与规范性文件"要求对非法所得予以追缴或责令退还"的规定，对源于非法集资案件的非法所得征收的税款予以退还是理所当然的。

第三，司法处置实践的诉求。我国《宪法》第 13 条规定："公民的合法的私有财产不受侵犯"。1992 年 8 月 26 日，最高人民法院研究室对新疆维吾尔自治区高级人民法院《关于对诈骗后抵债的赃款能否判决追缴的问题的电话答复》认为，"即使用于抵债的非法所得财产，也应依法予以追缴"，以此实现对公民合法私有财产的保护。《2014 办理非法集资案件意见》规定，"将非法吸收的资金及其转换财物用于清偿债务或者转让给他人，有下列情形之一的，应当依法追缴：……（二）他人无偿取得上述资金及财物的；（四）他人取得上述资金及财物系源于非法债务或者违法犯罪活动的；……"从以上司法实践的要求来看，税收既属于"无偿取得"，也属于"源于非法债务或者违法犯罪活动"，其征收的税款应当属于依法追缴的对象。在处置非法集资的实践中，为维护公众利益，保障社会稳定，江苏省在处置孙海瑜非法吸收公众存款案件以及辽宁省在处置"蚁力神"非法集资案件中，不惜由当地政府动用财政拨款来弥补作为被害人的投资者的损失。尽管这种完全依靠国家财政拨款实现救济存在一定的不妥，却在一定程度上表明政府在处置非法集资案件上对作为被害人的投资者的持有态度与基本立场。其税款返还相对于财政拨款而言，更具有正当性。以此来作为解决问题的途径与动用国家财政拨款相比，其正当性是无法比拟的，有利于维护政府在公众利益中的良好形象。

第四，维护公共利益的需要。国家应当以社会公共利益为优先目标。当国家利益和社会公共利益发生冲突时，除非有正当依据，国家仍应以社会公共利益为先。对涉及社会公共利益的税款基于公共利益考虑，尽管税收征收应当以"实质重于形式"为原则，当国家利益与公共利益存在紧张关系时，国家利益让位于社会公共利益则是一个较优的选择，因此将确实属于违法所得征收的税款应当予以返还是顺理成章的。此做法在制度和实务中也是有迹可循的。例如，《税收征收管理法》第 51 条规定："纳税人超过应纳税额缴纳的税款，税务机关发现后应当立即返还。"然而，非法集资案件的纳税人作为犯罪行为人，其犯罪所得的数额不应成为应纳税额，从文义解释来思考，这种对非法所得征收的税款也属于《税收征收管理法》"超过应纳税额缴纳的税款"，对此应当"返还"作为被害人的投资者。因为超额征收的税款与对违法所得进行缴纳的税款均有不应当缴纳的特质，只是其不应缴纳的依据不同，前者是超范围缴纳，后者是不属于纳税对象，这种不属于纳税对象的非法所得，可以解释为超范围缴纳。因此，税务机关在被司法机关认定为非法集资犯罪的案件征收了不应缴纳的税款，对其应当"返还"。一般而言，税务机关对应税收入的认定是建立在纳税人依法纳税申报基础之上，除非纳税人有偷逃税款的嫌疑，否则不做实质审查。依照征税的实现原则，税务机关对形式上具有合法收入外观的收入均应征税，对纳税人的收入是否是违法犯罪所得没有法定的判断义务。因此，税务机关在非法集资案件中涉案财物因犯罪嫌疑人的故意隐瞒欺骗而多征收的行为是不存在过错的。相反，税务机关多征收的税款因存在返还机制不仅没有对被害人造成二次伤害，还在客观上形成了对被害人合法财产的另外一种保护。

第五，从税收公平与公共利益来分析。从税收的本质和目的来看，税收是纳税人享受国家提供的公共服务的对价，是对公民财产一种合法的剥夺，而对非法集资类案件中的违法所得征税实质上是将被害人财产的一部分作为了国家收入，因其并不存在相应公共服务对价，应当予以返还。税收是国家基于实现社会公平的目的而对收入进行的二次分配，国家对基于犯罪的非法所得进行二次分配存在失去公平的嫌疑，甚至会导致新的不公平的产生，出现对作为被害人的投资者的二次伤害。如果利用违法所得征收的税款进行公共事业建设，将会严重挫伤作为被害人的投资者的情感，有可能出现"多数人对少数人的暴政"的违反法律公平的问题。倘若国家以税收服务于多数人为由不返还相应部分的税款，将会与税收的目的相悖，危害社会的公平正义。根据税法的一般原理，税收是纳税人在收入实现时对国家负有的一项纳税负债，犯罪嫌疑人、被告人用违法所得偿还税收负债，因该项税收属于违法所得返还的范围，国家税收利益应当让位于公众财产权利。况且，这类案件涉及的税款与国家正常税收相比总体数量不大，退还非法集资案件涉及非法所得征收的税款不会对国家税收产生实质性影响。

3. 主要建议与处置程序。中共中央办公厅、国务院办公厅《关于进一步规范刑事诉讼涉案财物处置工作的意见》要求："进一步规范刑事诉讼涉案财物的处置工作，应当坚持公正与效率相统一、改革创新与于法有据相统一、保障当事人合法权益与适应司法办案需要相统一的原则，健全处置涉案财物的程序、制度和机制。"税务部门对非法所得征税退还符合法理的基本要求，即使没有先例，并不失作为改革创新的思路，相反，也体现了"两办"改革创新与依法行政相统一原则的基本要求。

对退税以及程序上的操作问题，是否对于涉及非法集资案件征收的税款一律退还。对此应当分清案件的不同性质。一般而言，对于没有法定明确被害人的非法集资案件，如非法经营罪、非法吸收公众存款罪等案件不适用，而对于集资诈骗犯罪等欺诈类非法集资案件应当适用。因为集资诈骗犯罪的投资者进行所谓投资是违反投资者意愿的"骗资"，尽管这种"骗资"在形式上存在"愿者上钩"的表象，但在实质上是违反投资者自有意志的，形式上的"自愿"，实质上的"不自愿"。因此，对于非法集资案件中的带有诈骗性质的犯罪以及存在《刑事诉讼法》被害人的案件适用税款退还的规定。但应注意非法集资案件中"任何单位和个人不得从非法集资中获取经济利益"的"经济利益"的含义。

在实践中，将相关税款退还给作为被害人的投资者还是缴纳税款的犯罪嫌疑人、被告人。我国《税收征收管理法》规定将税款退还纳税人。虽然非法集资的犯罪嫌疑人、被告人是相关税款的缴纳者，但这仅仅是形式上的"纳税人"，退还的税款实质上是作为被害人投资者的财产。那么，是否意味着非法集资案件征收的税款处置到最终状态即退还给作为被害人的投资者。由于此时的刑事案件还处于办理过程中，税务机关将税款等案件处理完毕再退回较为妥当。但不宜将其与赃款赃物、没收非法所得混同。对于非法集资案件中税款退还需要设置一个前置条件，即这类案件税款退还必须基于司法机关依法定程序确认，确认需要退还的税款属于非法集资案件中基于"非法所得"缴纳的，且这类案件存在刑事诉讼上被害人。对于未经司法机关依法定程序确认的，其税款均推定为合法，不得退还。尽管税务机关对非法集资案件中涉案税款的退还有可能会对税务系统带来一定的风险，但是这种风险可以通过建立科学、合理的退税机制来控制。

（四）对非法集资涉案资产被无偿捐赠或者捐助的追缴问题

对非法集资案件的资产用于捐助公益事业能否追回？对此，可以分两种类型：对于非法集资的资产正常的公益事业，如希望小学、科研活动等，一般不予追缴；对于基于政府的要求或者需要政府投资的公益项目，这些项目本来应当由政府负责退赔，一般不适用善意取得。这些项目尽管带有公益的性质，但属于政府职责，不宜鼓励政府集资兴办，且有些集资兴办带有摊派性质。

（五）非法集资类案件投资利息的追缴问题

非法集资投资利息等回报一般存在如下情况：（1）已按照约定还本付息。此种情况即指已经按照投资协议的约定支付了本金及约定的利息。这种已付的利息约定有的在法定允许范围之内，[①] 有的超出法律规定的保护范围。（2）原来约定的利息在某个时间段已经转化为本金，并按照利转本后的本金重新计算利息，且已经支付了部分利息。（3）利息未转化为本金，仅是按照约定的本金及利率计算利息，已经支付了部分利息。（4）案发时投资期限尚未到期，本金利息均未付。非法集资类案件的利息是否支持以及如何支持，特别是利息数额巨大的情况下，有些案件数额特别巨大且利率奇高、牵涉复利等问题时，又如何处置。

对于非法集资案件的利息合法性需考虑两个因素：一是形成利息的基础法律关系是否合法；二是利息的约定是否合法。利息的计算、支付，其赖以存在的基础法律关系——借款协议须合法有效，同时关于计算利息的利率约定也必须合法。也就是说，如果基础法律关系无效，在基础法律关系上所生之利息支付的法律关系也应无效。如果借款协议无效，其利息的约定无效，出借人也就不能再向借款人按照利息约定主张利息。当然，不能按照约定主张利息的，并不代表权利人不能提出任何主张。根据民法典的规定，如果合同被确定无效，应当按照过错原则进行责任划分，并最终确定因无效合同而生的民事法律责任。在非法集资类案件中，签订的民事借款协议因刑事犯罪而无效，但不能主张利息的，并不妨碍法律所保护的利益相关方提出其他主张。出借人作为无过错方可以主张退赔。对于已经还本付息的情况，因协议已经在案发时履行完毕，在法律上和实务角度看已无再行追究的必要，

[①] 对于之前民间借贷利息规制中的"四倍利率限制"，有观点认为，四倍利率限制最早来自邓子恢1964年《关于城乡高利贷活动情况和取缔办法的报告》，其中说明"一切借贷活动，月息超过1分5厘，视为高利贷"，而1分5厘是当时银行利率的4倍，1991年司法解释借鉴了该标准。以年利率24%，年利率36%的确定标准，代替银行同类贷款利率四倍的浮动标准，在适用时将更为便捷。我国目前规定了"LPR的4倍"。

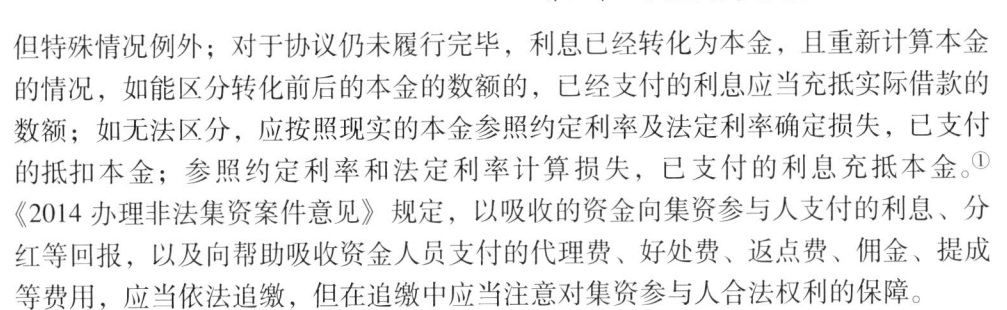

但特殊情况例外；对于协议仍未履行完毕，利息已经转化为本金，且重新计算本金的情况，如能区分转化前后的本金的数额的，已经支付的利息应当充抵实际借款的数额；如无法区分，应按照现实的本金参照约定利率及法定利率确定损失，已支付的抵扣本金；参照约定利率和法定利率计算损失，已支付的利息充抵本金。①《2014办理非法集资案件意见》规定，以吸收的资金向集资参与人支付的利息、分红等回报，以及向帮助吸收资金人员支付的代理费、好处费、返点费、佣金、提成等费用，应当依法追缴，但在追缴中应当注意对集资参与人合法权利的保障。

四、涉及资产转移第三人的追缴

非法集资的违法所得已由犯罪人处置给第三人的情况下，有关部门能否向第三人追缴。《最高人民法院研究室关于对诈骗后抵债的赃款能否判决追缴问题的电话答复（1992）》以及"两高两部"《关于没收和处理赃款赃物若干问题的暂行规定（1965）》规定，犯罪所得不能视为善意取得，只要认定为犯罪所得，不管是否交付给第三方，也不管第三方取得这个财产是否善意，一律追缴。根据《关于办理诈骗刑事案件具体应用法律若干问题的解释》第10条规定，行为人已将诈骗财物用于清偿债务或者转让给他人，具有下列情形之一的，应当依法追缴：（1）对方明知是诈骗财物而收取的；（2）对方无偿取得诈骗财物的；（3）对方以明显低于市场的价格取得诈骗财物的；（4）对方取得诈骗财物系源于非法债务或者违法犯罪活动的。他人善意取得诈骗财物的，不予追缴。基于以上规定，确认了赃款赃物在处理给第三人的情况下是否追缴，取决于第三人是善意还是恶意取得的认定。善意取得的情况下，即使获得的是他人的赃款赃物，在一定程度上也受法律保护，而不予追缴，体现了保护善意第三人财产权利的精神和交易的秩序与安全。对于第三人恶意所得的赃款赃物，则依法追缴。如果是犯罪嫌疑人用自有资金先付还是非法集资后运用违法所得后付，对于先付是作为犯罪工具没收还是作为违法所得追缴需要讨论，尽管先付资金是合法融资，其目的是为了非法集资，将其以作为犯罪工具予以没收在理论上更为恰当。

另外，对于非法集资支付其他费用是否追缴问题。这不仅需要衡量是否存在善意，即使存在善意也不同于民法上的善意，还要考虑支付费用与实际付出之间的比例。例如，非法集资款支付律师费用是否追缴问题。2018年5月4日，犯罪嫌疑人余某的亲属将300万元犯罪所得汇入上海一律师事务所。鹰潭警方立即与律师事务所取得联系，告知对方这笔款系嫌疑人犯罪所得。需将该款项予以扣押，但协商未果。2018年5月31日，江西鹰潭警方将上海该律师事务所账户限额冻结300万元。鹰潭警方认为，上海该律师事务所收取犯罪嫌疑人余某300万元"高额"刑事代理费的行为，明显违反《上海市律师服务收费管理办法》等相关规定。上海

---

① 参见韩永安：《非法集资类案件清偿程序中的利息处理问题研究》，载《西部法学》2015年第1期。

律协收到函件后，经与涉事律师事务所协调，该律师事务所向鹰潭市警方指定账户打入 300 万元，之后银行账户限额冻结资金解冻。而在 2020 年 10 月 6 日，包头市公安局东河区分局找到了已经解除委托的律师在呼和浩特市所入住的酒店，告知包头王某明案的律师费是赃款，应予查扣，要求将律师费转至公安局的指定账户。这两起事件引发了涉嫌非法集资款作为律师费用应否追缴的讨论。有观点认为，货币属于特殊的动产，既是一种特殊的财产，又是一种支付媒介。货币在流通过程中所有权与占有是一致的。善意取得制度以无权处分动产为前提，而货币由于占用与所有的合一，任何人只要持有货币就拥有货币的所有权，所以货币不会出现无权处分的情形，不具备善意取得的前提。其受让货币的第三人，从所有人那里取得货币的所有权，国家是以其信用背书，保障取得货币的人享有货币所有权。如果使用货币的交易关系无法得到保障，随时可以被公安机关撤销和追讨，就会动摇货币的公信力。如果公安机关直接将律师费用扣划，就等于利用公权力直接将律师事务所与嫌疑人之间的委托合同予以解除。实际上，律师与当事人之间建立的委托关系不是民事上的合同关系，而是基于诉讼法的规定产生的诉讼法律关系，不宜简单地按照民事合同的方式采用追缴来处理。如果律师被作为共同犯罪人或者没有提供法律服务或者费用超出正常的，可以考虑追缴。有观点认为，律师费是基于律师事务所与委托人签订的法律服务合同，律师费是打入律师事务所，不是直接打给律师的，那么被告知的对象就是律师事务所而不是律师。公安机关如果认为律师费用涉案，可以邮寄送达给该案的律师事务所，而不是直接强行送达给承办律师本人。

五、缴涉及资产的处理程序

非法集资资产如何科学合理的处置，法律没有相应的制度安排，我国法律规定，被判处罚金的罪犯，期满不缴纳的，由法院强制缴纳；没收财产的判决由法院执行，必要时可以会同公安机关执行。即生效判决中附加刑的执行，原则上由法院负责。对于公安机关查封、扣押、冻结的财物及其孳息的处理，我国《刑事诉讼法》规定，公安机关应当妥善保管，以供核查，并制作清单，随案移送，任何单位和个人不得挪用或者自行处理；法院作出的判决应当对查封、扣押、冻结的财物及其孳息作出处理；判决生效以后，应当根据判决的规定进行处理，除依法返还被害人的以外，一律上缴国库。然而，这一内容不属于"执行"的范畴，而属于"审判"环节中对公安机关暂扣财物的实体权利处分，但应由谁具体负责，未予明确。[①] 对这些问题不仅需要法律明确，也需要实践予以总结经验。以下针对不同的类型予以讨论。

---

① 参见芦磊：《关于非法集资案件涉案资产处置机制研究》，载《人民司法》2019 年第13 期。

（一）对追缴资产的变价处理

新中国成立以后，相当长的一段时间内，我国对罚没物品和追回赃物的处理，一直沿用国营商业部门作价收购的方式。也有一些部门通过各自的渠道甚至在本系统内部作价处理，缺乏公开、透明，成为财政流失的一个渠道，也影响了执法部门的形象。1992年国务院办公厅《关于公物处理实行公开拍卖的通知》提出，要逐步建立和完善公物处理的公开拍卖制度。最高人民法院的《关于刑事裁判涉财产部分执行的若干规定》第12条规定："被执行财产需要变价的，人民法院执行机构应当依法采取拍卖、变卖等变价措施。涉案财物最后一次拍卖未能成交，需要上缴国库的，人民法院应当通知有关财政机关以该次拍卖保留价予以接收；有关财政机关要求继续变价的，可以进行无保留价拍卖。需要退赔被害人的，以该次拍卖保留价以物退赔；被害人不同意以物退赔的，可以进行无保留价拍卖。"实践中，刑事案件从立案到最终判决生效需要经历较长的诉讼过程，而扣押的一些易贬值的物品或者价格波动较大的财产，如果等到案件审理终结时再处理，可能已经严重损耗或者贬值，这无论是对被害人还是对被告人都是一种利益损失。对易损毁、灭失、变质等不宜长期保存的物品，易贬值的汽车、船艇等物品，或者市场价格波动大的债券、股票、基金份额等财产，如果经权利人同意或者申请，经批准后可以依法出售、变现或者先行变卖、拍卖，所得款项统一存入合规账户，以期保证罚没财物实现变现价值的最大化。

（二）被害人的合法财产的及时返还

赃款赃物首先应用于返还合法所有的被害人。我国《刑事诉讼法》第245条规定："公安机关、人民检察院和人民法院对查封、扣押、冻结的犯罪嫌疑人、被告人的财物及其孳息，应当妥善保管，以供核查，并制作清单，随案移送。任何单位和个人不得挪用或者自行处理。对被害人的合法财产，应当及时返还。"有观点认为，"及时返还并不意味着在诉讼过程中随时返还，司法机关应当在作出终结诉讼程序的决定后才能将赃款赃物返还给被害人，即先定案，后返还。"这种观点有可能扩大被害人的实际损失，不利于被害人的权利得到及时救济。如果查明属于被害人所有的合法财产，可以先行返还给被害人。"对被害人的合法财产，权属明确的，应当依法及时返还，但须经拍照、鉴定、估价，并在案卷中注明返还的理由，将原物照片、清单和被害人的领取手续附卷备查。"凡先行返还不损害其他被害人或者利害关系人的利益、不影响诉讼正常进行的，都应当及时返还。不过，"判决前已经发还被害人全部或者部分财产的，人民法院应当审查先行返还是否合理合法，尤其对于被告人、其他被害人或者第三人对先行返还提出异议的，应当在法庭上查证清楚，并在判决主文中予以明确。"返还被害人的财产以司法机关追缴和犯罪人退赔的财产为限，如果有孳息的，孳息（自然孳息和法定孳息）也可一并返还给被害人。根据最高人民法院《关于适用刑法第六十四条有关问题的批复》的规定，判决前已经发还被害人的财产，应当在判决中注明。涉案财产权属不明的，如集资诈骗案中，被害人众多，扣押的财产又不足以清偿被害人的全部损失，此时，扣押财产的权属不明确状态，待判决生效后，根据判决按比例发还给各被害人，以平等保护各被害人的合法权益。向犯罪人追缴的营利所得是否可以作为被害人的损失予以返还。例如，集资诈骗案中，虽然绝大部分集资款已经被犯罪人挥霍或者损失，但尚有部分集资款在股市或房地产投资，并获得了部分收益。投入股市或房地产的本金属于被害人的合法财产，应予以返还。而盈利所得也应作为非法所得追缴，追缴后是上缴国库还是弥补被害人的损失，在实践中做法不一。犯罪人的收益来自被害人的财产。因此，这部分所得应首先满足于归还被害人的本金。当然，这仅是指合法投资而言，如果用于违法犯罪活动的非法所得（如将集资款用于走私、贩毒等违法犯罪行为），则盈利所得一般应予没收。

（三）上缴国库的涉案财物

对于应当予以没收的赃款赃物以及自然或者法定孳息之外的犯罪所得收益、作为犯罪工具使用的财物以及被害人无法联系、被害人明确表示放弃退赔财产所有权或被害单位已经不存在也无财产继承单位的财产，应统一上缴国库。1986年3月7日，财政部《对〈关于罚没财物管理办法〉作两点原则修改的紧急通知》规定："罚没收入一律上缴国库，不提成，不退库，办案费用补助由财政机关专项拨付。"1986年12月3日财政部印发的《罚没财物和追回赃款赃物处理办法》再次规定："执法机关依法收缴的罚没款、赃款和没收物资、赃物的变价款一律作为国家'罚没收入'或'追回赃款和赃物变价款收入'，如数上缴国库。任何机关都不得截留、坐支。对截留、坐支或拖交的，财政机关有权扣发其机关经费或通知银行从其经费存款中扣交。除因错案可予以退还外，财政机关不得办理收入退库。"一般来说，对于赃款赃物，除依法返还被害人的财物及依法销毁的违禁品外，必须一律上缴国库。任何单位和个人不得挪用或者私自处理。这就从制度上确立了赃款如数上缴国库的原则。

六、部分涉案赃物交相关职能部门处理

非法集资案件涉及资产如果涉案财物系珍贵文物、珍贵动物及其制品、珍稀植物及其制品，按照国家有关规定移送主管机关处理。违禁品（如毒品、武器弹药等），也应交由药品管理部门或者公安机关依法处理。实务中，涉案的违禁品一般予以销毁或者没收。如果违禁品为第三人所有，是否没收，则需要视第三人所有是否被特许。如果第三人所有也是违禁的，则予以没收。如果行为人是从合法所有的人或者单位通过犯罪取得违禁品，则仍列入返还范围。例如，行为人通过欺诈手段从医院骗取了杜冷丁等精神药物，虽然对普通人来讲是违禁品，但对医院而言，是合法持有人，应予以返还被害单位（医院）。法院作出的判决，

应当对查封、扣押、冻结的财物及其孳息作出处理。判决生效以后，有关机关应当根据判决对查封、扣押、冻结财物及其孳息进行处理。对查封、扣押、冻结的赃款赃物及其孳息，除依法返还被害人的以外，一律上缴国库。在法庭审理过程中，对查封、扣押、冻结的财物及其孳息，应当调查其权属情况，比如，是否属于违法所得或者依法应当追缴的其他涉案财物。在此基础上，应分别作出不同情况处理。

另外，通过犯罪直接得到的赃款、赃物也应当认定为"犯罪所得"。上游犯罪行为人对犯罪所得进行处理后得到的孳息、租金等，应当认定为"犯罪所得产生的收益"；采取窝藏、转移、收购、代为销售以外的方法，如居间介绍买卖、收受、持有、使用、加工、提供资金账户，协助将财物转换为现金、金融票据、有价证券，协助将资金转移、汇往境外等，可以认定为《刑法》第312条规定的"其他方法"。犯罪所得收益是间接获益，包括对犯罪所得进行处理而得到的增值、租金、利息及投资、经营的收益，对犯罪所得的处理可以是合法的投资、经营活动，也可以是非法的高利贷等形式，只要它们与犯罪所产生的利益存在因果关系即可。但在具体认定收益数额上，应当扣除行为人投入的合法因素，如将犯罪所得进行投资，所获得的利益应当扣除其所付出的劳动价值。[①]

第五节 非法集资涉案资产的退赔程序与策略

司法实践中，有的法院直接在刑事判决书中采用"责令退赔"判决，司法解释也对其作出了规定。对于"责令退赔、退赃"的判决能否在刑事判决中明确具体金额存在不同意见，基于法律规定缺失以及执行中产生分歧备受关注。

一、非法集资责令退赔的基本性质与范围

我国《刑法》第64条规定"责令退赔"旨在作为量刑考虑的因素。最高人民法院《全国法院维护农村稳定刑事审判工作座谈会纪要》的通知第5条规定，对因犯罪分子非法占有、处置被害人财产而使其遭受的物质损失，应当根据《刑法》第64条的规定处理，即应通过追缴赃款赃物、责令退赔的途径解决。如赃款赃物尚在的，应一律追缴，已被用掉、毁坏或挥霍的，应责令退赔。无法退赔的，在决定刑罚时，应作为酌定从重处罚的情节予以考虑。实践中少数法院对"责令退赔"作为判决的事项。

[①] 参见陆建红、杨华、曹东方：《最高法关于〈掩饰、隐瞒犯罪所得罪司法解释〉的理解与适用》，载《人民司法》2015年第17期。

(一) 责令退赔的性质

责令退赔的"责令"是指为督促他人完成任务之义。退赔包括"退"和"赔"。其中,"退"的标的物是犯罪分子违法所得的一切财物,而"赔"则需要犯罪分子的合法财产,在一定意义上等同于"赔偿"。"退"着重强调将追缴的赃款赃物(含转化物及收益)退还给受害人;"赔"侧重于赃款赃物退还不足后,以被执行人个人合法财产予以赔偿。责令退赔与附带民事诉讼中判令赔偿是不同的,能否退赔,最终还是看被告人是否主动履行。责令退赔不是附加刑的种类,也不是刑法规定的任何一种判决刑罚种类。"责令退赔"解决的是民事主体间的债务纠纷问题,较多地具有民事赔偿的性质。被害人因为犯罪分子非法占有、处置被害人财产而遭受物质损失的情况设计的,其本质属于民事赔偿。因此,责令退赔是针对犯罪分子违法所得财物的清退不能,且有明确具体的被害人。

责令退赔不同于追缴。其对象主要限于犯罪所得的现存财物,对被告人已将被害人合法财产处置,原物已无法追回且案发后未退的,可责令其退赔。因此,"退赔"应该在刑事诉讼的过程中进行并在量刑前进行完毕,作为法院量刑情节予以考虑。犯罪嫌疑人、被告人将违法所得挥霍、使用或者毁坏的情况下,责令其按照违法所得财物的价值退赔。具体而言,(1) 追缴与责令退赔性质不同。追缴是一种程序性的措施,根据《刑法》第64条所体现的法理和表述方式来看,追缴只是对违法所得的暂时性处理措施,至于违法所得的最终处理结果如何,还要根据违法所得的性质来决定,如果是被害人的合法财产,应当及时返还;违禁品和供犯罪所用的本人财物,应当予以没收。"返还"和"没收"是违法所得的最终处理措施。而责令退赔是实体性措施,是对违法所得的最终处理措施。(2) 追缴与责令退赔适用顺序不同。违法所得存在的情况,可以适用追缴。如果违法所得被用掉、毁坏或挥霍的,只能适用退赔,但是责令退赔的适用情况不仅限于此,还包括违法所得的原物被转让或因案外人的侵权或损坏等情况。(3) 追缴和退赔适用的对象不同。追缴的意思是追查缴获,强令上交,退赔的意思是向原主退还或赔偿非法取得的财物等。由追缴适用于无明确的被害人的情形,一般是上交国库;退赔适用于有明确的被害人的情形。犯罪嫌疑人、被告人将违法所得挥霍、使用或者毁坏的情况下,责令其按照违法所得财物的价值退赔。同时,注意二者与"清退"的区别。

(二) 责令退赔的"赔"的范围

在共同犯罪中,无论是主犯、从犯、胁从犯应对共犯的共同犯罪行为所获得的非法所得承担连带退赔责任。即使在同案犯中,只有部分涉案人员到案,到案的共犯均要承担连带的返还责任。犯罪嫌疑人、被告人将违法所得用于家庭生活或者一部分用于家庭生活开支的,被告人或者家庭成员对用于家庭生活的非法所得也负有退赔的义务。例如,2019年山东省高级人民法院刑一庭《关于审理非法集资案件相关问题的解答》要求,"对于在诉讼终结前不能追缴到案和不能继续追缴的,对于犯罪行为造成的损失，应当责令被告人承担相应的退赔责任。集资行为的组织、策划、指挥者、积极参与犯罪的主要实施者、主要获利者应当对其组织、策划、指挥、实施的非法集资行为造成的全部损失承担退赔责任。对于接受他人指挥、管理而实施非法集资行为或者仅为非法集资提供支持的行为人，可只追缴其获取的代理费、好处费、返点费、佣金、提成等费用，不能追缴的应当承担退赔责任"。其退赔责任限于犯罪行为造成的损失范围。在同案犯中，只有部分涉案人员到案，到案的共犯要承担连带的返还责任。

但在实践中，刑事审判部门往往因难以查清赃物持有人，或者难以查清是否属于善意取得，一般笼统判决继续追缴赃物发还被害人；而执行部门反映，如果没有具体写明向谁追缴，就无法执行，等于空判。基于此，如果部分赃款赃物尚在部分赃款赃物已经不在的，判决主文可以不作区分，只写责令退赔；如果赃物虽然尚在但已被毁坏，或者不能排除第三方属于善意取得的，判决可采用责令退赔。

一般而言："追缴被告人违法所得的判决生效后，被害人申请人民法院执行的，人民法院应当受理，在执行过程中可以协调相关部门予以配合。查明被告人确实没有财产可供执行的，可以裁定终结本次执行程序。裁定终结本次执行程序后，发现被告人有可供执行的财产的，应当恢复执行。"这主要考虑：根据刑法第六十四条的规定，追缴或者责令退赔是公安司法机关的共同职责，并不因为法院判决追缴，就变成法院的义务。但是，为有效维护被害人合法权益，避免有关部门相互推诿，故特别强调，被害人申请法院执行的，法院应当受理。被害人申请法院执行，法院如果移交公安机关，既无法律依据，也不合适。但是，考虑到追缴的本质是追赃，与前期的刑事侦查工作相关，故法院在执行过程中可以协调公安机关等相关部门予以配合。

《防范和处置非法集资条例》对行政处置过程的清退集资资金规定了"责令非法集资人、非法集资协助人追回、变价出售有关资产用于清退集资资金"，最大限度地为集资参与人"追赃挽损"，强调"任何单位和个人不得从非法集资中获得经济利益，"并规定非法集资人及其股东、实控人、董事、监事、高级管理人员和其他相关人员从非法集资中获得的经济利益和在非法集资中获得的广告费、代言费、代理费、好处费、返点费、佣金、提成等经济利益作为清退集资资金的来源，以此来降低社会公众参与非法集资的财产损失。同时明晰了处置过程中处置非法集资牵头部门有权采取的措施，并规定了非法集资人、非法集资协助人的清退集资资金责任和缴纳罚款义务不能同时承担和履行时，"清退资金优先于缴纳罚款"，以最大限度地挽回社会公众的损失，同时防止处置部门在处置非法集资中单纯处置或者基于地方经济利益处置现象出现，建立了"挽损"最大化的规则指引，使其处置非法集资的措施能够担当起维护社会公众合法权益的职责，发挥最大限度地挽回社会公众经济损失和守护好广大人民群众合法利益的作用。

二、责令退赔的执行程序

根据《最高人民法院关于刑事裁判涉财产部分执行的若干规定》的规定，被执行人在执行中同时承担刑事责任、民事责任，其财产不足以支付的，按照下列顺序执行：（1）人身损害赔偿中的医疗费用；（2）退赔被害人的损失；（3）其他民事债务；（4）罚金；（5）没收财产。债权人对执行标的依法享有优先受偿权，其主张优先受偿的，法院应当在前款第（1）项规定的医疗费用受偿后，予以支持。刑事退赔执行顺位优先于一般民事债务。《民法典》第187条也强调民事责任和行政责任、刑事责任竞合下民事主体的财产优先权。

（一）退赔被害人损失与民事债务的顺位问题

对此问题，理论和实践均有争议。从理论上说，"退"的部分以赃款赃物的追缴为前提，追缴的对象是犯罪分子违法所得，用特定的财物发还特定的受害对象，具有明确的针对和指向。刑事追赃是一追到底，因追缴的对象是赃款赃物，本系被害人的合法财产或来源于处置被害人财产而获得的财产，故追缴的对象具有物权性，被害人具有绝对的受偿权。被害人请求"退"的权利，属于物权请求权或者类似于物权请求权性质的权利，具有"物权化"的效力。当被执行人同时承担他人债务的情况下，不能将赃款赃物用于履行债务，故刑事追缴绝对优先于其他民事债务，涉及善意第三人除外，具有一定的合理性。由于"赔"的部分与其他民事债权一样，均是用被执行人的合法财物清偿，均系债权请求权，所指向的对象均是被执行人个人的合法财产，该财产没有明确的指向和特定化，也没有上述"物权化"的效力。当被执行人同时承担"赔"的责任和其他民事债务的，理论上"赔"的部分并不具备优先于其他民事债务的特性，执行标的物应按债权的一般分配原则进行分配。按照物权优于债权的原理，债权之间具有平等性的原则。"退"的部分优先于一般债权；"赔"的部分不具有优先性。所以，"追缴违法所得发还被害人损失优先于其他民事债务，但执行被执行人合法财产赔偿受害人损失应与其他民事债务处于同一顺位，按债权比例受偿"做法较为合理。而《2019办理非法集资案件意见》第10条又规定：根据有关规定，查封、扣押、冻结的涉案财物，一般应在诉讼终结后返还集资参与人。涉案财物不足全部返还的，按照集资参与人的集资额比例返还。退赔集资参与人的损失一般优先于其他民事债务以及罚金、没收财产的执行。其中的"一般"的强调，在一定程度上是对《最高人民法院关于刑事裁判涉财产部分执行的若干规定》第13条规定的纠正和补充。那么，是不是意味着执行法院可以根据个案情况在退赔集资参与人损失时与其他民事债务平等受偿呢？执行法院能否按照依据《2019办理非法集资案件意见》改变司法解释第13条规定的顺位？对这些问题还有待于实践的检验。

(二) 被告人亲属积极退赃和赔偿处理问题

被告人亲属积极退赃和赔偿处理问题涉及非法集资案件退赔的激励机制。行政机关抑或司法机关在赃款赃物追缴过程中，不仅要积极鼓励被告人尤其是鼓励被告人亲属积极退赃和赔偿，还应当按照认罪认罚从宽制度对积极退赃的，作为从轻处罚的情节。在非法集资案件违法所得追缴中，一般不涉案的犯罪人亲友的财产，他们也无退赔的义务，但其亲属代为退赔的，在一定程度上减轻了犯罪的社会危害性，应当从宽处理，尽管亲属的代为退赔行为具有明显的功利目的。1987年，最高人民法院《关于被告人亲属主动为被告人退缴赃款应如何处理的批复》中指出，被告人是成年人，其违法所得都由自己挥霍，无法追缴的，应责令被告人退赔，其家属没有代为退赔的义务。被告人在家庭共同财产中有其个人应有部分的，只能在其个人应有部分的范围内，责令被告人退赔。如果被告人对责令其本人退赔的违法所得已无实际上的退赔能力，但其亲属应被告人的请求，或者主动提出并征得被告人的同意，自愿代被告人退赔部分或者全部违法所得的，法院也可考虑具体情况，收下亲属自愿代被告人退赔的款项，并视为被告人主动退赔的款项。对于符合上述情况的，"已经作了退赔的，均可视为被告人退赃较好，可以依法适当从宽处罚"。为了保证亲友代为退还或者赔偿的自愿性，《人民检察院刑事诉讼涉案财物管理规定》要求，代为退还或者赔偿的人员应当在清单上注明系受犯罪嫌疑人委托或者主动代为犯罪嫌疑人退还或者赔偿。对于犯罪行为本人或者近亲属投入的资金，有的地方实行优先用于赔偿其他集资参与人的财产损失。

激励措施不仅在量刑过程中予以考虑，还应在刑罚执行中体现。2014年中央政法委发布的《关于严格规范减刑、假释、暂予监外执行，切实防止司法腐败的意见》要求，对职务犯罪、破坏金融管理秩序和金融诈骗犯罪、组织（领导、参加、包庇、纵容）黑社会性质组织犯罪三类罪犯"确有悔改表现"的认定，不仅应当考察其是否认罪悔罪，认真遵守法律法规及监规、接受教育改造，积极参加思想、文化、职业技术教育，积极参加劳动、努力完成劳动任务，而且应当考察其是否通过主动退赃、积极协助追缴境外赃款赃物、主动赔偿损失等方式，积极消除犯罪行为所产生的社会影响。2014年的《最高人民法院关于减刑、假释案件审理程序的规定》第5条规定："人民法院审理减刑、假释案件，除应当审查罪犯在执行期间的一贯表现外，还应当综合考虑犯罪的具体情节、原判刑罚情况、财产刑执行情况、附带民事裁判履行情况、罪犯退赃退赔等情况。"对于罪犯案发后拒不供述赃款去向，且不退赃，在一定意义上给被害人以及社会造成损失、社会影响未能消除，不宜认定其"确有悔改表现"，可以作为不予减刑的情节，从而起到警示的作用，促使其积极退赃。

另外，判决生效后新发现的涉案财物，经审查属于应当追缴、没收或者责令退赔范围的，法院应当依法作出裁定。当事人、利害关系人认为执行行为违反法律规定，或者案外人对执行标的主张足以阻止执行的实体权利的，可以向执行法院提出书面异议。

第六章

非法集资犯罪的流变趋势与防控对策

"见兔而顾犬,未为晚也;亡羊而补牢,未为迟也。"①

防范和处置非法集资犯罪是一项长期、复杂、艰巨的系统性工程。这项工程不仅涉及金融安全、经济发展,还涉及民生福祉和社会稳定。为此,《国务院关于进一步做好防范和处置非法集资工作的意见》指出:"省级人民政府对本行政区域防范和处置非法集资工作负总责,要切实担负起第一责任人的责任。地方各级人民政府要有效落实属地管理职责,充分发挥资源统筹调动、靠近基层一线优势,做好本行政区域内风险排查、监测预警、案件查处、善后处置、宣传教育和维护稳定等工作,确保本行政区域防范和处置非法集资工作组织到位、体系完善、机制健全、保障有力。"《防范和处置非法集资条例》设专章规定了非法集资"防范"问题。对于非法集资的防控必须精准施策,建立起立体化、信息化、智能化的网络体系,借助于科技手段和现代信息化措施来遏制其日益高涨的趋势。既要防止"黑天鹅"事件,又要防止"灰犀牛"事件,牢牢守住不发生系统性金融风险的底线。

第一节 非法集资的基本类型与流变趋势

我国非法集资违法犯罪案件数量急剧上升,其范围已经逾越单一领域向多行业、多领域不断蔓延,频繁创造出"新概念",形成名目繁多的投资赚钱项目在"线上"的虚拟空间活跃,并呈现出由重点地区向全国发展以及由国内向国外渗透的趋势。此类违法犯罪因涉案数额巨大,涉及面广,人数众多,处置难度大,资金兑付比例低,处理不及时或者不妥当容易引发群体社会治安事件,影响社会稳定。由于缺乏有效监测预警体制和监管机制,非法集资者骗取投资者资金后,一旦出现问题则会迅速转移、隐匿资产或者卷款"跑路"。案发后资金去向不明,损失惨重,参与的群众将其归错于政府,在群情激动中会出现集体围攻、上访等过激行为,从而影响了社会的和谐与秩序的稳定,尤其是在我国经济下行背景下,一些投

---

① 参见《战国策·楚策四》。

机性借贷泛滥、非法中介机构违规操作,致使非法集资案件数量与民间金融市场规模"同步增长"甚至"并驾齐飞"。再加上非法集资和民间借贷等外部风险不断向银行业传染,一旦防控无效或者防范失守,有可能造成系统性金融风险。因此,及时把握非法集资的基本类型,科学预测非法集资的未来趋势,构建有效的防控非法集资机制具有特别重要的意义。

一、非法集资发展的基本状况

早期的非法集资犯罪主要集中在传统的生产、商贸领域,而违法犯罪也多以销售产品返利的旗号获取高额回报为主要内容。随着国家房地产市场调控和金融体制的改革,非法集资犯罪在房地产融资、养老产业和担保行业集中爆发。科技发达带来了非法集资的网络化和虚拟化,非法集资犯罪利用现代信息技术,互联网非法融资成为引发非法集资高发频发的策源地,2018~2020年P2P网络平台的集中"爆雷"被完全清出后,非法集资正不断变换名目,以项目投资、理财产品、高息分红等形式活跃于"线上线下"。许多非融资性担保公司、投资咨询等中介机构、小额贷款公司、私募股权投资等融资性机构涉嫌非法集资。民间投融资的局部坍塌、经济下行压力下的结构调整和企业经营困难、监管不匹配、民间投资者缺乏风险防控意识等因素的交织,促使了新一轮非法集资出现新的类型。

(一)非法集资案件的数量状况

1999年中国人民银行《关于进一步打击非法集资等活动的通知》指出,截至1998年底,"各种名义的非法集资活动共7900多起,集资金额超过390亿元"。2000年,中国人民银行认为,"由于非法集资活动手段花样翻新,形式比较隐蔽,近几年来,非法集资问题还是屡禁不止,带来了严重的社会危害"。2004年最高人民法院发布的《关于依法严厉打击集资诈骗和非法吸收公众存款犯罪活动的通知》指出:"近年来,一些地方集资诈骗、非法吸收公众存款犯罪活动十分猖獗,大案要案接连发生,严重扰乱金融市场秩序。"

2012年,银监会办公厅发布的《关于深入开展防范和打击非法集资宣传教育活动的通知》提出:"当前非法集资形势严峻,案件持续高发,参与集资者众多,涉案金额激增,给人民群众造成巨大的经济损失,严重影响经济金融秩序和社会稳定。"据统计,2005年至2010年6月,非法集资类案件共计超过1万起,涉案金额1000多亿元,每年约以2000起、集资额200亿元的规模快速增加。[①] 据处置非法集资部际联席会议办公室介绍,全国公安机关2013年侦破非法集资案件3700余起,挽回经济损失64亿余元。2014年非法集资案件不仅案发数量、涉案金额、参

---

① 参见刘为波:《〈关于审理非法集资刑事案件具体应用法律若干问题的解释〉的理解与适用》,载《人民司法》2011年第5期。

与人数等,同比增长近两倍,而且,大案要案数量显著高于 2013 年。其中,跨省案件 133 起,同比上升 133.33%;参与人数逾千人的案件 145 起,同比增长 314.28%;涉案金额超亿元的 364 起,同比增长 271.42%。[1] 2015 年国务院《关于进一步做好防范和处置非法集资工作的意见》指出:"当前非法集资形势严峻,案件高发频发,涉案领域增多,作案方式花样翻新,部分地区案件集中暴露,并有扩散蔓延趋势。"2016~2018 年,全国检察机关办理非法吸收公众存款罪、集资诈骗罪的案件数量呈逐年上升态势。其中 2018 年,起诉涉嫌非法吸收公众存款犯罪案件被告人 15302 人,起诉涉嫌集资诈骗犯罪案件被告人 1962 人。办理涉嫌非法吸收公众存款犯罪案件,2016 年起诉 14745 人,2017 年起诉 15282 人,2018 年起诉 15302 人;办理涉嫌集资诈骗犯罪案件,2016 年起诉 1661 人,2017 年起诉 1862 人,2018 年起诉 1962 人。[2] 2019 年上半年新发案件中,通过主动排查发现的有 410 余件,通过群众举报发现的达 1200 余件。在新发案件中,通过主动排查发现的有 410 余件,通过群众举报发现的达 1200 余件。[3] 据最高人民检察院统计,2019 年全国检察机关起诉非法吸收公众存款犯罪案件 10384 件、23060 人,同比分别上升 40.5% 和 50.7%;起诉集资诈骗犯罪案件 1794 件、2987 人,同比分别上升 50.13% 和 52.24%。[4] 有些地市非法集资案件集中、连锁式爆发,引发较大的区域性风险。

从以上非法集资案件来看,非法集资从"屡禁不止"到"十分猖獗",凸显出非法集资不断蔓延而治理措施力所不逮的无奈。非法集资"十分猖獗"致使其出现"形势严峻,案件持续高发"的态势,这一态势曾现"扩散蔓延趋势"和"高发多发态势",特大规模非法集资案件不断增多;犯罪手段不断翻新,欺骗性和迷惑性增强,一些违法犯罪分子以金融创新为名实施违法犯罪活动,涉案公司也从层级简单的"作坊式"组织向现代化企业模式转变,具有金融专业背景的涉案人员明显增多;利用互联网实施非法集资犯罪较为普遍,危害后果更趋严重;追赃挽损难度加大,其带来的结果是不得不动用刑法甚至不惜采用死刑(集资诈骗罪原存在死刑)予以遏制。

(二)非法集资案件的分布与类型情况

随着实体经济利润的下滑,现有资金进行投资理财已成为大多数人用来提高收入、改善生活质量的首要选择,衍生出投资的冲动,非法集资案件基于投资理财获取高额回报的欲望发生的较为广泛。目前涉及 31 个省份 87% 的市(地、州、盟)以及港、澳、台地区。除江苏、浙江、山东、福建、河南、湖南等原有高发地区

---

[1] 参见周芬棉:《六月至八月将开展全国非法集资问题专项整治》,载《法制日报》2015 年 5 月 19 日。
[2] 参见陈菲、王琦:《检察机关办理非法集资案数量上升》,新华网,http://www.xinhuanet.com/legal/2019-02/10/c_1124096286.htm。访问时间:2020 年 2 月 24 日。
[3] 参见张末冬:《防范和处置非法集资取得新成效》,载《金融时报》2019 年 8 月 30 日。
[4] 参见李万祥:《最高检:对假借复工复产之名诈骗犯罪严惩不贷》,载《经济日报》2020 年 3 月 28 日。

外、北京、河北及山西、陕西、四川、重庆、甘肃、新疆成为新的高发区域。① 非法集资案件发案区域早期主要集中在东部地区，特别是江浙一带，逐渐向中西部扩散。河北、江苏、浙江、山西、山东、河南等部分东中部省份为传统高发地区，重点地区不断扩散，西部省份增幅明显。非法集资涉及行业领域众多，在部分行业中集中暴露，较多集中于以下领域：（1）重点风险集中在金融和互联网金融、批发零售、房地产、涉农合作组织等领域，房地产、建筑领域非法集资案件几乎遍布全国所有省份，多年来持续高位运行。（2）投资理财、农民专业合作社、理财产品、私募股权投资、众筹等成为重灾区。后者案件数量迅速上升。原来非法集资集中于医药保健、造林，牵涉药管局、林业局，现在是融资租赁等形式，再加上很多非法集资通过网上传播，致使非法集资的生态发生了变化。从案件类型看，当前金融类案件增多，其中私募股权投资基金类、投资理财类案件呈爆发态势。而犯罪分子利用互联网等高技术，采取智能化、网络化、数据化手段作案成为新趋势。② 非法集资案件持续高发，隐蔽性、欺诈性、诱惑性特征依然凸显。

从目前发生的非法集资类案件来看，主要有以下三种：一是以组织民间"标会"、互助会形式非法吸收公众存款，经济较为发达的沿海区、县（市）成为此类犯罪的高发地区，且涉案数额呈越来越大的发展趋势；二是犯罪嫌疑人以非法占有为目的，假借各种投资、生意资金周转、短期借款等名义，以高额回报为诱饵向社会公众大肆吸收资金；三是成立公司，租赁办公地点，打造公司实力雄厚假象，通过召开联谊会、网上视频等形式，夸大公司或个人资产、利润，承诺按期偿还集资款、绝对零风险，向群众许诺的回报（年息）均在15%以上，有的甚至达到100%。因受高利润、高回报的诱惑，一些群众纷纷"投资加盟"。③ 据北京朝阳区检察院发布金融检察白皮书显示，2019年前11个月，朝阳区检察院受理金融犯罪审查逮捕案件703件、1170人，审查起诉案件555件、1467人。其犯罪案件呈现八大特点与趋势：（1）非法集资案件持续高发，隐蔽性、欺诈性特征凸显；（2）私募基金行业风险逐步显现；（3）涉私募金融乱象频发；（4）网贷借贷平台资金池"变种"，变相自融增加监管难度；（5）犯罪主体精英化，包括技术人员陷入"罪与罚"；（6）金融犯罪运作模式组织化、集团化，形成黑灰产业链；（7）"地下钱庄"经营跨境外汇兑换，社会危害性大；（8）第三方机构不中立，违规操作助长非法集资、套路贷等犯罪行为。就非法集资犯罪罪名来看，多为集资诈骗罪、非法吸收公众存款罪和组织、领导传销活动罪。

---

① 参见王雷：《2014年非法集资案值过千亿 呈爆发式增长》，央视新闻网，http://m.news.cntv.cn/2015/04/28/ARTI1430185883150572.shtml。访问时间：2020年2月24日。
② 参见马元月、岳品瑜：《P2P成非法集资重灾区两类案件等呈爆发态势》，载《北京商报》2015年6月12日。
③ 参见林玲：《非法集资类案件高发多以"高利润"为诈骗诱饵》，中国新闻网，访问时间：2020年8月25日。

二、非法集资发展的基本趋势

非法集资正在从传统领域向投资理财、私募股权、金融科技等新型领域转变，其发展空间也在从实体项目向高科技数字经济逐步发展，并呈现涉案金额增大、地域相对集中、涉及领域较广、跨区域案件增多、合法形式掩护和职业化、技术化的趋势。

（一）非法集资案件集中爆发与大案频发

非法集资案件呈爆发式增长，从点到面的大要案件高发频发，呈现"一大""三多"的现象。"一大"是指案件经济损失大，平均每起案件的涉案总价值超过千万元，数亿元甚至数十亿元、几百亿元的大案屡见不鲜。如"e租宝"涉嫌非法集资800亿元。据数据显示，从2014年7月21日上线到2015年7月10日，一年时间里，"e租宝"平台累计投资额已突破125亿元。截至2015年12月7日，"e租宝"实际充值并投资用户数为90余万户。第三方平台数据显示，"e租宝"累计成交超过700多亿元，公安机关初步查证显示，"e租宝"实际吸收资金金额为500余亿元。钰诚国际控股集团风控总监雍某供述，"e租宝"平台上的项目基本都是假的，假项目占比达95%以上，成交量不到半年的时间便增长了5倍。"三多"是指即被害人数量多，有的案件被害人达数千人甚至逾万人。昆明泛亚有色金属交易所非法集资涉及20多个省份的22万人，资金总计超过430亿元。非法集资涉及区域多，除传统发案较多的东中部省份外，一些西部省份显著上升；涉及行业和领域多，投资担保、私募股权投资、农民专业合作社、金融科技以及数字经济等领域案件多发，十几个亿至上百亿案件不断。

（二）非法集资的主体趋于年轻化、女性化与职业化

从非法集资的主体来看，在年龄上逐渐趋于年轻化，并向职业化发展。非法集资的主体，与受害人年龄偏高不同，呈现年轻化的态势，"90后"占犯罪人数的八成以上。如"e租宝"涉嫌非法集资的丁宁属于"80后"；浙江"80后"施晓洁因集资诈骗被判死刑缓期两年执行。[①] 再如，河南焦作中宏昌盛投资控股集团有限公司老板廉金枝作为80后曾拥有"孟州市人大代表""投资焦作十大风云人物""中国高层决策委员会副会长""焦作市十佳农业合作社女理事长""焦作市农村信用合作促进会会长"等称谓，非法集资涉案金额达12.3亿元，涉及的省份除河南外，还有山西、山东、安徽、陕西、北京等。同时，非法集资实施人向职业化、团

[①] 如2007年至2011年8月间，1982出生的施晓洁明知自己不具有偿还能力，以帮顺吉集团融资、帮企业还贷、投资等名义，以高额利息为诱饵向被害人胡某等23人非法集资，并将大部分集资款用于归还他人借款、利息、银行承兑汇票贴现等，实际骗取被害人资金共计30512.74万元。浙江永嘉市中院一审宣判，施晓洁犯集资诈骗罪死刑缓期两年执行。上诉后，浙江高院二审维持原判。

队化发展。非法集资不断有金融机构从业人员参与，还存在一些非法集资代理人。据统计，非法集资代理人的非法获利占集资总额的10%~30%。而银行工作人员涉入此类案件呈现高发趋势。据绍兴市检察院统计，2011年以来，绍兴市检察院共审查起诉集资诈骗、非法吸收公众存款等非法集资类刑事案件9件、10人，其中银行工作人员涉案3件、4人。[①] 有的银行工作人员利用自身对借贷、转账等业务流程的熟悉和经手相关业务工作的便利，通过伪造相关文件的方式实施非法集资。非法集资者一般要为被害人提供银行账户以收取资金，特别是当其编造帮企业银行转贷等理由时，需要伪造该企业负责人或企业的中转账户，银行工作人员则较易利用工作关系而伪造成功。

在实施非法集资类犯罪的嫌疑人中，多为社会经验丰富的中年人，文化程度普遍较高，女性所占比重相对较大。近年来，北京朝阳区非法集资类案件受害者220余人，其中女性人数比例为63%，多为50岁以上中老年女性，平均年龄为54岁。这一比例远远高于其他类型犯罪中女性受害者所占的比重。她们手里有一定积蓄，大多有时间和精力，听宣传、参与活动，同时充满对子女或孙辈的爱，希望利用自己有限的能力，能为子女、孙辈留下更多的财富。目前有向高校学生、城市白领、个体企业老板等方面扩展的趋势。

（三）非法集资犯罪走向组织化与集团化

集资犯罪组织更为严密，伪装更为巧妙、欺骗性更为突出，尤其是利用大数据收集个人数据信息便利，集资诈骗集团化运作，越来越精准，"高知人群"已成为大额集资诈骗的重灾区，"智商低才被骗"成为认知上的误区。目前的非法集资模式已由早期的"拆后账补前账式"转变为依托实业项目、侵权标的、担保物、租赁场所的集资模式，涉案公司与投资人签订的合同文本、担保协议等文书格式规范，善用现代化术语，逻辑严谨，外观上"严肃"正规。例如，有些公司声称登陆"四板"的公司，在未来两三年后可从区域股交中心"转升"至新三板或中小板，因而，鼓吹其发售的原始股具有暴涨潜力，吸引投资者购买。个别区域性股权市场的少数挂牌企业，宣称已经或者即将在区域性股权市场"上市"，向社会公众发售或转让"原始股"，还承诺固定收益。涉嫌非法集资主体大多数有合法的身份，具有行为组织化、手段智能化、方式网络化的态势。例如，从"伦敦金"到"现货白银"再到"原油交易"，号称在短期内可以获利数十倍，很多不了解风险的投资者迅速投身这种投资方式，平台公司利用互联网技术修改行情的K线图，以控制投资者和误导投资者的投资行为，采用与客户对赌的方式获利。当前，集资诈骗、非法吸收公众存款犯罪与非法传销活动方式融合，主要策划者居于幕后，或者在外地遥控指挥，在同一地区或不同地区设立

[①] 参见刘晓雯、陈波、史春波：《近来银行职员屡涉集资案 绍兴检方发警示报告》，载《钱江晚报》2013年4月8日。

若干分公司，再临时雇用一些人员进行宣传和发展"下线"。分公司负责人多为先期投资获利者，骨干成员的报酬根据集资额按比例提成。有的新式传销，借助电子商务为幌子进行网络传销，集资人不需要到外地，只要把钱支付至相应账号，拉长链条，嵌套其他金融形式，使得非法集资传播速度快、覆盖范围广、产品销售便捷、资金转移迅速，以至于更加复杂，更具有较强迷惑性。

（四）非法集资地域的普及化与跨领域化

投资领域的集资发展迅速，参与非法集资已经出现从城市职工向农村转化。例如，辽宁的"蚁力神"在2007年末倒闭前卷入了东北100万农村投资者。这种非法集资地域性转移有可能会成为未来非法集资新动向、新趋势。非法集资损害社会诚信体系，损害基于血缘关系、地缘关系以及业缘关系形成的群体间的信任关系，尤其是社会公众对欺诈的道德非难，对应有的传统信任关系带来较大的冲击。例如，北京今朝汇元珠宝首饰有限公司在1年多时间，开设156家实体金店、17家虚拟金店，涉及19个省份，以高利返还为诱饵，涉嫌非法吸收公众存款31亿元。[1]

辽宁省锦州市检察院以非法吸收公众存款罪，对王某杰、邵某旺等13名主要嫌疑人批准逮捕。检察机关经审查认定，北京今朝汇元珠宝首饰有限公司通过开设加盟店的形式收取加盟费和保证金，同时利用"质押销售""股权代持""股权认购"三种看似合法的方式为幌子，以高利返还为诱饵，诱骗群众参与。该公司没有任何经营活动和利润，而是采用"拆东墙补西墙"的方法，使用后续吸收的公众存款支付先期本金和利息。敛得巨款后，王某杰拿出9000万元，在北京、锦州等地购买豪华房产，大肆挥霍，资金链最终断裂。辽宁省锦州市凌河区人民法院认定为非法吸收公众存款罪并作出一审判决。王某杰等各上诉人及王某杰的辩护人所提质押销售的经营模式不违反国家法律、行政法规规定，其行为不构成犯罪的相关上诉理由及辩护意见。其理由：被告人公司的经营行为不具备向社会公开宣传，试戴期间，商品的所有权属于公司，顾客仅仅是试戴，没有"卖出去"，也不存在"买回来"。试戴销售到期后，顾客如果选择不购买商品，则只能无息拿回押金，没有任何报酬，而选择购买商品的，则以一定折扣来销售，也是一种经营行为，与"回报"无关。打折销售不等于"高额回报"。而法院认为，王某杰、邵某旺采取的质押销售方式，虽宣称"免费试戴，打折销售"，但其实质是以承诺在一定期限内零折或一折低价购买商品为回报作为诱饵，通过收取商品价格几倍押金的方式，吸收不特定公众资金，进而实现其变相吸收公众存款的目的。主观上具有非法牟利的目的，客观上未经中国人民银行或者国务院批准，擅自以质押销售所称的"免费试戴，打折销售"方式吸收公众资金，其行为符合非法吸收公众存款罪"不以销售商品为主要目的，以商品回购等方式非法吸收资金"的行为要件。[2]

---

[1] 参见范春生：《北京"今朝汇元"涉嫌非法集资31亿元》，载《邯郸日报》2015年2月9日。
[2] 参见辽宁省锦州市中级人民法院（2018）辽07刑终217号。

上述案件"经营"的基本模式：顾客来到金店里，可以挑选任何的黄金饰品，假设顾客选了一个黄金饰品，既可以正常的销售，按照正常的方式购买，也可免费试戴，打折销售，即通过顾客选的商品，允许顾客试戴一段时间，其时间长短由顾客确定。但是，免费试戴必须先交一笔押金。假设一名顾客选择了一条价值1200元左右的金项链，可拿回家试戴，其条件是在金店里质押一万元，期限为一年；一年期满后，该名顾客可以把质押的一万元取回，以一折的超低价格保留这条金项链；如果不想要金项链，珠宝店退回所有押金，还支付高额利息给顾客。质押期限越长，利息就越高，分别是：45天是2%；4个月是3%；7个月是6%；一年期则高达12%。普通商业银行一万元存款一年期定存的利息不到3%，如果作为质押金存在上述案例中的今朝汇元珠宝店，年回报率却达到12%以上，最高到25%。而公司内部的业务员提成方案，其业务员最少有一万元的押金一年期置换体验，多者不限，每介绍一个十万元享受押金业绩3%的提成，最高10%，凡推荐的业务员可享受推荐业务员体验押金的5%的提成。第二层和第三层分别享受1%指导奖。介绍金店股权投资代理商业务员或虚拟金店可以享受3%~10%以及一万元的提成。在从公司创立到立案的短短一年多的时间，今朝汇元珠宝有限公司交易达12306笔，交易金额达到51亿余元，参与群众达20000多名。其中，还通过在全国吸纳加盟店来扩大经营范围。每个加盟店要交10万元的保证金，在2014年之后每个店还要额外交5万元的加盟费且需要向总店购买黄金珠宝。加盟店把吸收到的客户资金打到个人账户上，再以一定的比例返还给加盟店。根据每个加盟店和业务员集资的业绩，总店会给予高额晋级奖励。事实上公司没有经营，没有利润，通过大量获取的集资人的资金来偿还先期集资人的本金和利息。

随着社会经济发展带来的股票、债券、期货等投资方式的活跃，部分金融领域监管的薄弱区被不法分子利用。这类犯罪的工具化、智能化特征也日益突出。不法分子多利用互联网、QQ群、微信朋友圈等网络平台，通过"画大饼"的方式引诱被害人上当受骗。再如，李某华等人成立的重庆晨优电子商务有限公司在重庆、上海、山西等地发展多家代理商，晨优公司在不具备正规现货电子商务平台资质，没有农产品现货更无仓库的情况下，私自搭建电子现货交易平台，并开设虚假农副产品现货交易，以高回报、低风险、实物保证为诱饵，诱骗被害人进入平台进行交易，后通过注入大额虚拟资金、控制交易行情、强行平仓等手段，骗取被害人钱财4700余万元。[①] 在农村，多数人员金融知识的匮乏以及基于对国有银行购买理财产品的相信，面对现代融资尤其是名目繁多的理财产品极易参与集资并成为被害者。

（五）非法集资媒体化与数据化

非法集资多以虚假广告宣传作为途径，利用名人效应作为非法集资的增信手

---

① 参见吴晓锋：《剖析非法集资诈骗案件四大特点：涉案金额大挽回损失难》，载《法制日报》2015年11月23日。

段。除了传统的广告、产品推介等宣传方式外，集资人精心策划，邀请名人加盟，以赚取"名人效应"，增强迷惑性。例如，宣传内容为，"1块钱就能投资，预期年化收益率达12%，100%本息保障，账户资金安全由银行和保险公司共同保障"。辽宁营口东华集团蚂蚁养殖集资诈骗案则是例证。① 汪某某利用上述手段与投资者共签订10万多份合同，非法募集资金29.95亿元，其中有14.76亿元和7.21亿元分别偿还了投资者本金和利息，有7.98亿元被汪某某用于挥霍性投资项目、广告宣传、企业庆典、赞助、偿还个人贷款、借给个人或单位使用等。汪某某的东华集团之所以短时间内声名鹊起，主要原因在于其善于"烧钱造势"，在报纸、电视台发布广告，制造大量"软新闻"，宣传企业形象，号称东华集团拥有养殖、酒业、饮料业、电缆、丝业纺织、酒店业六大产业，给人实力雄厚的假象，还通过庆典、赞助活动等方式，获得机会和领导、明星合影，增加公众的信任度。据统计，这些活动花费集资款上亿元。2004年，汪某某还以"东华集团"冠名赞助辽宁某电视台春节晚会。2004年下半年，在资金链出现危机时，东华集团又开始铺天盖地地宣传，以诱惑更多的人把钱砸进来，辽宁某主流媒体为东华集团做了几个整版的形象宣传；2004年10月18日，东华集团在公司所在地盖州举行声势浩大的一周年庆典，不仅大批明星应邀表演，而且还请到重量级主持人，在当地引起轰动，营造出"高大上"的假象。

目前，自媒体以及直播带货等不断发展与迅速传播，不法分子借助网络的虚拟性，利用网络发布虚假的高利借款消息。由于互联网金融的虚拟性以及经济市场向资本市场转化，投机心理加重，为此，2020年10月28日银保监会消费者权益保护局下发了《关于防范金融直播营销有关风险的提示》，提醒公众防范其可能隐藏的误导风险，犯罪发生的速度更快、影响也更大。

（六）非法集资跨区域化与跨境化

非法集资犯罪活动具有跨省跨地区，甚至跨国作案的特点，资金流动和转移很快，产生的影响和损害很大。非法集资不断"引进"境外以及国外一些集资的模式。如我国台湾地区媒体报道，2013年顾姓女子将"万×奇迹社交资本云计算平台"（以下简称"万×奇迹"）引进台湾，吸引上千人投资，非法吸金4.1亿元新台币。报道称"万×奇迹"公司在美国加州、我国香港地区设立分支机构，结合社交网络、云端产品与直销体系，开设"万×奇迹网"，发行"云空间"等7种云端产品，推销399至1999美元等5种产品，实施7种高获利奖金制度。案发后，共有17人遭起诉。在我国香港地区的香港公司注册网上查册中心，发现注册于2013年7月2日的"万×奇迹香港分公司"已于2014年10月24日解散。2013年3月~2014年8月，犯罪嫌疑人徐某伙同他人利用"万×奇迹"，以电子币为交易

---

① 参见霍仕明：《非法集资近30亿"蚂蚁集资诈骗案"主犯判死刑》，中国法院网，https://www.chinacourt.org/article/detail/2007/02/id/235929.shtml。访问时间：2021年6月23日。

载体，以投资 399～1999 美元不等即可注册成为"万×会员"，每天可得到最高 16 美元不等的高额回报为诱饵，通过举办推荐会、互联网宣传等方式，在内地向社会不特定公众以投资入股形式推销"万×奇迹"系列套装产品，非法吸收公众存款约 2 亿元人民币（约 2.4 亿港元）。2014 年 8 月后，犯罪嫌疑人徐某等人在未返还投资人投资款的情况下，停止了"万×奇迹"系列套装产品。然后改头换面先后成立"万×通国际投资发展有限公司""国×金控投资公司"及"百×网络科技""所×门游戏"等分公司共十余家，以"万×奇迹"的客户资源为基础继续在全国各地发展新客户。[①] 同时，还存在一些在国外注册甚至与国外勾结的非法集资案件。据有关材料显示，一些职业犯罪分子利用互联网隐藏在幕后操纵犯罪，在境外注册公司，设立资金盘，并将客户数据服务器托管在境外，境内外不法分子相互勾结，以投资虚拟货币、原始股权、网络商城、金融互助社区等名义，通过拉人头提成等传销手法在境内发展投资者，利用境内投资者的信息不对称来骗取其信任。[②] 再如，安徽兴邦特大非法集资案。[③]

1998 年，吴尚澧注册成立兴邦公司。初创阶段，公司采取农户购种自种，公司收购加工销售的"公司＋农户"生产经营方式，在北京、山东、四川、河南等地发展，主要经营蚂蚁、土元养殖和供种回收业务。1998 年由农业部从墨西哥引进"米邦塔"食用仙人掌，并被列入国务院"948 计划"重点项目之一。兴邦公司先后与农业部优质农产品开发服务中心、中华全国供销总社、上海第二军医大学中西药研究所等建立合作关系，进行产品研发。由于分散种植、运输成本高，各地种植户对化肥和农药使用不规范，仙人掌质量难以保证，吴尚澧想了一个新的方式：将提供种片、回收改为联合种植，即由公司统一租用农民的土地，建立种植基地，种植户自行购买种片统一种在基地里，公司统一种植、管理、采收，种植户缴纳生产种植所需的租地、建棚、有机肥料、管理费用，形成"公司＋基地＋农户＋投资人"的共同经营模式，并获得了政府的支持。2002 年下半年至 2008 年 12 月，兴邦公司在未经金融管理部门批准的情况下，通过开发推行仙人掌种植、欧莎丽代理、万店工程等十一个项目，向全国 27 个省份 4 万余人非法募集资金，集资数额达 355743.18 万元。2011 年 3 月，安徽亳州中院一审认定吴尚澧犯集资诈骗罪，判处死刑。安徽高院于 2011 年 6 月 28 日公开开庭，维持对吴尚澧的死刑判决，并报请最高人民法院核准。2012 年 11 月 1 日，最高人民法院以"事实不清、证据不足、二审审判程序没有传全案被告人到庭进行审理严重违法"等为由，撤销一、二审判决，发回重审。重审法院认为，公诉机关指控吴尚澧等 16 人犯集资诈骗罪的事实不清，证据不足，应按非法吸收公众存款追究刑事责任。吴尚澧

---

① 参见解树森：《利用虚拟货币非法集资 10 亿 涉及全国 5800 多投资人》，载《深圳特区报》2016 年 1 月 15 日。
② 参见李荣华：《P2P 非法集资今年涉案近 24 亿》，载《南方日报》2015 年 11 月 27 日。
③ 参见庞清辉：《安徽男子被控集资诈骗 4 万"被骗者"联名为其喊冤》，载《中国新闻周刊》2013 年 1 月 11 日。

最终被判处有期徒刑十年，罚金五十万元。随着涉案公司宣传广度和深度的不断深入，非法集资范围已逐渐突破传统行政区划和地理范围，遍布全国，甚至向境外地区发展。[①]

目前，非法集资呈现出组织化、集团化的同时，以产业链形态运作，并出现擅自从事跨境汇款、买卖外汇、资金支付结算业务的黑灰产业的跨境态势。

三、非法集资的主要表现形式

实践中，非法集资可以说多种多样，花样翻新，其手段层出不穷，涉及的集资项目更是琳琅满目，其"创新"的速度令人瞠目结舌。就其实质而言，非法集资多为"庞氏骗局"的翻版或者改造，然后孵化出数量不等的关联公司不断拉长链条并滚雪球式卷钱集资。根据银监会《关于进一步打击非法集资等活动的通知》、农业农村部关于贯彻落实《国务院关于进一步做好防范和处置非法集资工作的意见》以及国务院《关于进一步做好防范和处置非法集资工作的意见》相关规定以及实践中非法集资的基本状况，除《2010非法集资司法解释》的类型外，还存在以下主要形式。

（一）非法发行会员卡、会员证、席位证、优惠卡或消费卡等非法集资

由于新型金融产品和业务往往涉及不同的金融领域，新型犯罪利用银行、保险和证券业交叉"缝隙"，不断变换集资手法。我国的发卡模式林林总总，目前用卡消费成为一种时尚与潮流。我国非法发行的卡不仅限于企业、商场购物卡，还包括养老会员卡以及美容、健身、超市、高尔夫球场等行业会员卡。针对发卡情况，1993年4月22日国务院办公厅下发的《关于立即停止利用发行会员证进行非法集资等活动的通知》要求，各种形式的会员证发行一律暂停发行和交易活动。1998年11月11日，中国人民银行、国家工商局发布的《会员卡管理试行办法》（2007年废止）对通知的绝对化要求进行了修正，规定了会员卡发行和交易的批准程序后，可按照《试行办法》办理批准程序的会员卡发行。也就是说，发卡行为并非一定是非法集资。2012年8月24日商务部公布了《单用途商业预付卡管理办法（试行）》。2020年8月中国支持清算协会发布了《关于个别商业企业违法违规经营多用途预付卡业务的风险提示》。对于未取得《支付业务许可证》的商业企业发行能够跨法人使用预付卡，属于非法从事支付结算业务，情节严重的，以非法经营罪追究责任。就目前较为突出的养老会员卡退卡还本付息而言，如果支付的利息高于银行贷款利息，发卡人即可能涉嫌非法吸收或者变相吸收公众存款，达到一定数额，即可涉嫌犯罪。为此，2021年5月全国老龄办、公安部、民政部、银保监会

[①] 参见徐日丹：《检察机关关注新趋势聚焦新问题严厉打击金融犯罪》，载《检察日报》2015年9月24日。

发布了《关于养老领域非法集资的风险提示》，强调一些机构明显超过床位供给能力承诺服务，以办理"贵宾卡""会员卡""预付卡"，预交"养老服务费用"等名义非法集资问题。有的是与土地使用权同期限的房屋租赁权凭证，租金另付；有的可退本金不付利息，但可以免费使用房屋；有的不退本金也不付息，但可以转让和继承；还有的可退本金，对未消费金额按月或按年支付高额利息，这些行为可能涉嫌非法集资。"会员制非法融资手段隐蔽、受害群众多，是一种突出的新型非法集资方式。"但对企业或者公司为顾客办理会员卡仅仅用于打折，按照承诺确实比同行有一定优惠，这种行为属于吸引顾客的一种经营方式，但假借办理预付卡或者预付消费的名义，则涉及非法集资。

（二）发行私彩或变相发行彩票等形式的非法集资

1991年12月9日《国务院关于加强彩票市场管理的通知》规定："发行彩票的批准权集中在国务院。需发行彩票的省、自治区、直辖市、计划单列市人民政府和国务院有关部门，应提前半年向中国人民银行报送发行计划及发行办法，经人民银行审查后，报国务院批准。"1999年1月25日，中国人民银行《关于加强彩票市场管理的通知》规定以下行为属于非法集资："（一）以有奖销售为名，变相发行彩票的；（二）私人擅自发行与销售彩票的；（三）在境内发行境外彩票的；（四）以传销方式发行彩票的。"例如，李某、王某等人擅自在互联网上设立世纪星网站非法销售彩票涉嫌非法经营罪。[1]

李某，河南省周口市人，初中文化，非常喜欢钻研计算机知识，尤其是计算机软件。初中毕业后，外出打工并在一个销售彩票网站购买了几次，一直没有中奖，于是产生自己开设一个这样网站的念头。李某先在网上花500元购买了一套网站销售彩票软件，并动手对软件进行了完善和改进。2009年5月，李某办的世纪星网站开张，但世纪星网站的彩票销售量并不高。于是李某采取代理制和会员制，他选中了四个人作为彩票销售的总代理，其他人要想成为世纪星网站的会员必须向这四个人申请，由总代理在网站注册后，方可进入网站购买彩票，同时每购买10元彩票，给总代理返还1.2元，总代理下面还可以发展次级代理，由总代理从1.2元中拿出一部分返还给下级代理，形成金字塔形的会员组织。这种模式果然有效，不仅在世纪星网站注册的会员人数迅速膨胀，有时同时在线人数达到千人以上，而且彩票销量也大增。李某还先后把其叔兄弟、姨兄弟等人招到自己的麾下，分别安排他们负责客户服务、资金管理、网络维护等工作，付给他们高额工资。截至2010年5月，世纪星网站的注册会员达到9万多人，总交易额3.9亿元，李某也获得了6000多万元的丰厚"利润"，相反，却有无数人血本无归。正当李某信心百倍地想把世纪星网站做大做强的时候，公安机关发现世纪星网站非法销售彩票这一情况，

---

[1] 参见赵慧武等：《"世纪星网站"被关闭老板被批捕》，载《齐鲁晚报》2010年8月12日。

将李某等人抓获并关闭了世纪星网站。

（三）利用传销或秘密串联等形式的非法集资

"互联网+传销+非法集资"的犯罪模式，更具有隐蔽性，更容易迅速扩散和复制，危害性更大。利用传销或秘密串联的形式非法集资主要是"交会费、拉下线、收提成"的模式集资。1998年《国务院关于禁止传销经营活动的通知》禁止企业采取传销经营方式，同时也禁止如下变相传销方式："（一）将传销由公开转入地下的；（二）以双赢制、电脑排网、框架营销等形式进行传销的；（三）假借专卖、代理、特许加盟经营、直销、连锁、网络销售等名义进行变相传销的；（四）采取会员卡、储蓄卡、彩票、职业培训等手段进行传销和变相传销骗取入会费、加盟费、许可费、培训费的；（五）其他传销和变相传销的行为。"2000年2月17日，国家工商局、公安部、中国人民银行发布的《关于严厉打击传销和变相传销等非法经营活动的意见》明确认定了数种变相传销行为为非法经营行为。例如，2013年3月，深圳警方破获一起非法集资案。①

案件主要犯罪嫌疑人于某在2011年初，到深圳与几名从事过基金行业的人员合伙注册了深圳金博亿股权投资基金管理有限公司（下称金博亿）。金博亿在成立之初有意识地招聘了众多银行的客户经理，利用其手中的客户名单，使用传销的方式，通过发展下线寻找各种代理人，推销其所谓的基金产品。金博亿还印制了大量的产品说明书，雇人在大街上或写字楼内进行派发。根据其与金博亿签订的协议书，金博亿的这款产品封闭期为6个月，封闭期内每月按照投资金额的6%作为回报，封闭期满后金博亿将返还全部本金。在购买后的6个月内，每月会按时收到金博亿打入账户的6%的收益，但在封闭期结束后，金博亿不再归还本金。当向金博亿追讨时，金博亿工作人员以各种理由一再推脱，随后人去楼空。该案涉案金额高达3.6亿元，涉及全国各地投资者2000多人。2015年全国工商系统网络传销监测查处工作座谈会分析了"WV梦幻之旅""云在指尖""商务商会""中绿资本运作"等网络传销案件。"WV梦幻之旅"是美国专做旅游营销的公司，②交511美元（折合人民币大约3500元）入会费，就可加入环球旅游俱乐部，然后每月支付60美元（折合人民币大约380元）的会员费，就可以低价享受环球之旅。况且会员还能一边玩一边赚大钱。这种被冠以"玩商"概念的新模式，并标榜商业模式为"O2O电商+旅游会籍+会员众筹+逆向团购+直销推广+资金沉淀"。以梦想为名，吸引了很多银行、企业的高收入人群加入。公司采用的是对碰奖，左三右三，销售团队分为左区和右区。如果一个月发展1个人，奖金是20美元。第二个月发展了1个人，这个人也发展了1个人就变成了3个人，以此类推，第三个月7

---

① 参见李荣华：《金博亿非法集资诈骗3.6亿 2000余受害人遍布全国》，载《南方日报》2013年3月7日。
② 参见麦东奉、詹军：《"WV梦幻之旅"是直销还是传销?》，载《每日商报》2015年2月26日。

个人,第四个月15个人……一年就有400多人,奖金就有42万元人民币左右,实际上还不止。第一步我们也不用赚那么多,我们先发展100个左右的人,只发展63人,就能赚1万多元。

就其实质而言,这些案件以制造赚钱的假象进而骗取更多的投资,发展下线越多赚钱也就越多,属于庞氏骗局的改进版即传销。而"云在指尖"自称是一个创新的购物商城。"云在指尖"的营销模式为,微信用户只要分享了"云在指尖"的链接,且被其他人关注,这位分享链接的用户就能成为"云在指尖"的会员。此外,关注链接的在该商家买任何东西,分享人就可以获得该笔消费利润40%的收益;同时会员可以发展代理,如果会员下一级的朋友买东西,可从第二级直到六级均可获得利润的10%,从第7~8级可获利润的8%。云在指尖采用"拉人头"作为体系内人员盈利模式,被称为全新商业模式,消费者升级为消费商,从分散走向联盟。实质上,云在指尖属于涉嫌多级分销模式的传销。

(四)利用果园或庄园开发等形式的非法集资

1998年,部分地区陆续出现以开发"果园""庄园"的名义非法集资的现象。例如,某果园开发公司通过宣传"只要投入7800元,拥有50年私人果园,33株龙眼树"进行非法集资。针对上述问题,国务院办公厅发布了《关于加强土地转让管理严禁炒卖土地的通知》明文禁止利用土地开发进行非法集资,并规定:"农林开发用地必须依法进行土地登记,明确规划要求和转让、转租的限定条件,未经批准不得擅自进行分割转让、转租。"中国人民银行发布的《关于加强农林开发项目信贷管理,严禁利用土地开发和土地转让名义非法集资的通知》也有相关禁止性规定,实践中仍禁而不止。例如,广东茂名三家庄园非法集资案。[①]

广东绿色山河开发有限公司、广东龙汇庄园有限公司、广东民昌果业有限公司是广东省化州市的民营企业,从1997年起,三家企业在大力发展"三高"农业的形势下,利用城市居民热衷农业投资,以共同经营果园等名义,先后在北京、上海、浙江、山西、广州、深圳、沈阳等地进行招商活动。有的还在当地设立分公司,采取向投资人出具股东权益证等方式,承诺如投资果园开发、将获得定期回报,从而吸引了大批投资者。从1997年9月至2003年底,这些公司共对外签订合作开发果园合同8600余份,开发果园44000亩,吸纳人民币4.5亿元,其中境内投资者3.2亿元,境外投资者1.3亿元,涉案人数5200多人。

北京鑫世伟博公司集资诈骗案。刘某某为河北省饶阳县人,初中文化,曾在北京注册多家公司,但没有进行实际、真实的经营。2004年10月,他与北京无业人员崔某某商议后,通过中介公司虚假出资500万元,注册成立了北京鑫世伟博科贸

---

① 参见广东省湛江市处置非法集资领导小组办公室、湛江市人民政府金融工作局:《处置非法集资典型案例》,载《湛江日报》2015年11月30日。

有限责任公司，崔某某任董事长，刘某某任总经理。2004年12月~2005年6月，两人在北京市朝阳区承租写字楼，虚构投资合作托管造林项目，大肆进行宣传。在半年时间里，先后诱骗70余人向鑫世伟博公司投资1029万元，签订了560亩林地托管合同。由于鑫世伟博公司没有经济实体，没有正当的经营业务，公司的运转完全依靠后面投资者的投资来支付前面投资者的到期本息及介绍人的提成返点，维持到2005年5月，公司开始出现入不敷出，资金链断裂，刘某某、崔某某随后潜逃。刘某某、崔某某非法吸纳的资金除小部分用于购买林地、支付投资人短期回报外，大部分资金被他们挥霍一空，造成投资人损失600多万元。在销售林地的同时，刘某某还另起炉灶，2005年6~11月，以其实际控制的北京万森源科贸有限责任公司的名义，谎称购买该公司的成材林、投资该公司的煤炭物流等项目可以获取远高于银行存款利息的高额回报，骗取20余人投资款84万元。2005年9月至2006年2月，刘某某采取类似方法，以其任法定代表人的北京久阳恒通科贸有限责任公司等名义，谎称投资久阳恒通公司的煤炭及物流项目可获取高额回报，骗取30余人投资款196万元。①

涉农非法集资往往以响应国家政策、发展现代农业生产、推动特种农产品开发等名义，编织关于产品、市场、高科技等方面的谎言，虚构一个高收入、高盈利的产业链条，让投资人上当。绝大部分投资者并没有对投资项目进行实地考察，仅仅为了追逐高额回报，轻信虚假宣传，继而盲目投资。合作托管造林通常的操作方式是，公司通过租赁、承包或以其他方式获取林地使用权及林木所有权，转让给社会零散投资者；投资者再将林地和林木委托公司经营，公司向投资者承诺一定的投资回报率。即使托管造林不作为非法集资，也存在着五大风险：林木的培育过程中存在气候、森林火灾、病虫害等不确定因素带来的风险；林木的成长受林木品种、经营管理和科技含量的制约；林木收益受林木生长量、市场行情、经营成本和社会环境等因素的影响；林权证的发放程序复杂，如果是在基本农田、行洪道区、湿地自然保护区造林的，由于不符合国家有关政策，因此不可能发证；一些林业公司签订林地租赁协议时一般是分期付款，给投资人留下风险隐患。

（五）采用教育储备金等形式的非法集资

各地民办学校大量采取教育储备金的教育收费方式，即要求学生（家庭）一次性缴纳一笔大额资金（10万~30万），称为"教育储备金"。学校承诺学生在校期间无须再交纳其他费用，并且在学生离校时可原数返还所缴"教育储备金"。湖南、武汉等地先后爆发巨额教育储备金无法返还学生家长的现象，有些地方政府先后出台政策禁止民办学校收取任何形式的教育储备金。例如，2002年，南洋集团以子公司北京南洋教育投资公司的名义，与山东三联集团共同投资兴办，成立了山

---

① 裴晓兰：《公司老总非法集资1270余万被判无期》，载《京华时报》2009年1月17日。

东新南洋教育发展有限公司,三联出资50万元,持股比例为10%。按当时的约定,这所集小学、初中、高中于一体的全日制寄宿学校由南洋教育发展集团全面管理,三联集团不参与管理。按照"南洋"的管理规定,学校收取的上亿元的"储备金",连同数百万元学杂费被总公司抽走。学校每月所需的八九十万元的费用,均由公司拨付。由于拨付不到位,造成学校运转困难,引发了办学危机。2004年2月5日,济南市教育局下发文件严令学校立即停止违规集资,要求学校立即退还收缴的"教育储备金"。学校表示不再收取,可以按家长要求随时退还。2005年8月9日,济南市教育局书面向南洋教育发展集团和济南南洋学校发出对违规收费问题的处理意见。9月10日,南洋教育发展集团向市教育局再次发函承诺退还。南洋教育发展集团涉嫌合同诈骗,公安机关立案侦查。山东和辽宁两省公安机关以帅某伦涉嫌集资诈骗罪,将其定为网上A级逃犯进行全国通缉。2005年1月17日,被公安机关定为网上A级逃犯的原南洋教育集团董事长帅某伦在黑龙江黑河口岸落网。[①]

对于上述问题,1991年5月3日,教育部发布了《关于坚决制止中小学乱收费的规定》。该规定第9条规定:"集资办学应贯彻自愿、量力和群众受益的原则,按地方人民政府的有关规定进行。中小学校不得自行向群众和社会硬性摊派费用,也不得向学生征收集资费。"《民办教育促进法》第37条规定:"民办学校对接受学历教育的受教育者收取费用的项目和标准由学校制定,报有关部门批准并公示;对其他受教育者收取费用的项目和标准由学校制定,报有关部门备案并公示。民办学校收取的费用应当主要用于教育教学活动和改善办学条件。"因此,民办学校未经有关部门批准并公示即向学生家长收取教育储备金的,涉嫌非法集资。

(六)地方政府发行或变相发行地方政府债权等形式的非法集资

我国《预算法》第28条规定:"除法律和国务院另有规定外,地方政府不得发行地方政府债券"。然而,各地普遍都有种种债务,不少地方政府进行投融资体制创新,并在这个名义之下,相继建立了一些隶属于地方政府的投融资平台,将原属于财政拨款的项目拿到银行去贷款融资,以解决资金不足的问题。《整顿乱集资乱批设金融机构和乱办金融业务实施方案》明确禁止地方政府发行或变相发行地方政府债权进行非法集资行为。经国务院决定并报全国人民代表大会常务委员会备案,财政部将提前下达2020年新增地方政府债务限额8480亿元,其中一般债务限额5580亿元、专项债务限额2900亿元。加上此前提前下达的专项债务1万亿元,共提前下达2020年新增地方政府债务限额18480亿元。截至2019年8月末,全国地方政府债务余额214139亿元。2021年城投债到期债务3.3万亿元。地方政府一直面临着巨大的筹措配套资金的压力,因而以地方融资平台作为筹集资金的重要来源,除了发行城投债外,有些地方政府选择了以地方财政为担保的各种"信托理

---

① 参见郑燕峰:《济南南洋学校非法集资1亿教育储备金难追》,载《中国青年报》2005年12月14日。

财产品",出现涉嫌非法集资问题。以黑龙江牡丹江市的"政信富民"信托理财产品为例,其合约中标明:所募集的资金委托信托公司对牡丹江市广兴国有资产经营有限公司进行信托股权投资,信托到期时由牡丹江市国有资产监督管理委员会溢价回购信托投资股权,牡丹江市政府财政担保,同时经过市人大常委会批准,列入财政支出预算。目前,有些基层政府出现了政府融资平台公司等主体由财政担保,向行政事业单位职工等社会公众集资,用于开发区、工业园等的拆迁及基础设施建设的现象。因此,财政部下文件,"严禁(地方政府)违反或规避相关法律的规定,为平台公司向社会公众集资等直接或变相提供财政担保"。目前,我国地方政府债务风险尤其是隐性债务风险突出,中央强调严控其风险,2021年4月30日中共中央政治局会议要求"建立地方党政主要领导负责的财政金融风险处置机制"。

(七)以"招商"名义等形式的非法集资

原国家工商行政管理局《关于查处企业以招商等名义非法集资有关问题的紧急通知》要求,坚决查处企业借"招商"名义非法集资,并规定:"各级工商行政管理机关要严格按规定核定企业经营范围,不得核定'招商'以及类似的不规范用语。"例如,北京分红科技发展有限公司和刘某、吴某通非法吸收公众存款案。[1]

北京分红公司主要办事机构为北京分红公司江苏分公司(北京分红公司华东办事处),刘某任法定代表人、董事长兼总经理,吴某通任副总经理。2006年11月至2009年8月,北京分红公司在经营"分红广告招商网"期间,为了达到推销该网站上的网络广告位、提高网站知名度的目的,将网站的页面分割成不同区域的广告位,并设定相应的价位。北京分红公司先后在江苏、浙江、江西、河北、河南、北京、安徽七个省、直辖市设立了34个市县级直属机构及代理办事处,通过招聘的经纪人以高额分红回报为诱饵,以宣传册等方式向社会公众公开宣传"一年投资几万元,每年回报几十万元",诱使社会公众与该公司签订"广告位代理招商合同",并以交纳"广告位代理订金"的名义购买公司广告位,从而成为该公司的"广告位代理商"。北京分红公司为了支付"广告位代理商"到期的高额分红回报,维持公司的正常运行,不断地收取"广告位代理商"的代理订金,并以收取后期参与者的"广告位代理订金",支付前期参与者的到期分红及给予办事处、经纪人一定比例的业务提成等方式,吸收参与者资金累计达人民币178211357元,涉及人数7859人。尚有69768375元未兑付,涉及参与者达5100人。江苏连云港市新浦区法院以非法吸收公众存款罪,判处北京分红公司罚金人民币五十万元,判处刘某有期徒刑六年,判处吴某通有期徒刑三年六个月。刘某、吴某通不服,提出上诉,二审维持原判。

---

[1] 参见丁国锋:《江苏一广告网站非法吸收存款近1.8亿》,载《法制日报》2012年11月29日。

（八）利用社会福利机构等养老形式的非法集资

1999 年 12 月 30 日，民政部发布的《社会福利机构管理暂行办法》第 27 条规定，社会福利机构"进行非法集资"由民政部门根据情况给予警告、罚款，直至建议登记管理机关取缔或者撤销登记，并按管理权限对直接责任人给予批评教育、行政处分，构成犯罪的依法追究刑事责任。例如，被告人杜某是西安周至县人，2006 年他虚报注册资本 200 万元，注册成立了陕西楼观台绿色能源环保开发有限公司，并成立了专门的融资团队，并以投资开发"旅游、福利院"项目为名，并以返年息 12%～24% 的高额回报为诱饵，引诱社会公众跟他们签订借款合同。

被告人杜某在未取得周至县旅游局、周至县西楼观台风景名胜区管理处批准的情况下，向社会公众虚假宣传陕西楼观台绿色能源环保开发有限公司系周至县政府批复同意成立。此后融资团队业务员持楼观台开发公司虚假宣传资料，公开向社会公众宣传楼观台开发公司开发"西楼观旅游、福利院项目"的简况及发展前景，后又带领有借款意向的群众到周至县西楼观地区进行参观考察。杜某筹集到大量资金后，仅有 10% 的资金用于项目开发，其余的资金都进了杜某等人的个人账户。截至 2014 年 11 月 11 日，共有 1104 人报案，合同金额达到 6905 万元。而已返还的金额只有 160 多万元，剩余的金额均未返还并且去向不明，杜某本人也拒不交代资金去向。法院一审判决被告人杜某犯集资诈骗罪，判处无期徒刑，并处没收个人全部财产，樊某等其余三名被告均被判决犯非法吸收公众存款罪，判处有期徒刑四年至八年不等的刑罚。[①]

随着我国人口老龄化加剧，以"养老服务、养老公寓、养老产品以及养老项目"等为名非法集资愈发严重。据统计，自 2018 年至 2020 年养老产业相关非法集资案件多达 6614 件。为此，民政部发布了《关于以养老服务名义非法集资、欺诈销售"保健品"的风险提示》以及 2021 年《关于养老领域非法集资的风险提示》等。

（九）以从事期货交易为名等形式的非法集资

目前，国内合法期货仅限经国务院批准的郑州商品期货交易、大连商品期货交易、上海商品期货交易、上海黄金交易所等期交所和期货公司交易的品种。证监会发布的《关于坚决制止以期货交易为名进行非法集资活动的通知》禁止期货经纪机构以从事期货交易为名从事非法集资。以吴某波集资诈骗案为例。[②]

吴某波等人在未经国家有关主管部门批准向社会公众募集资金，为了诱骗客户

[①] 参见刘望：《伪造政府文件借口办福利院男子非法集资近七千万》，西部网（西安）2015 年 8 月 25 日。访问时间：2016 年 1 月 10 日。
[②] 参见江苏省无锡市中级人民法院刑事判决书（2013）锡刑二初字第 0006 号。

将资金交给其进行从事"期货交易",在社会上公开宣传无锡市永事达贸易有限公司"炒期货"能带来较高收益,通过与投资人订立《委托理财协议》,承诺由永事达公司代为操作期货交易,与客户风险共担,盈利按照3:7的比例与客户分配,亏损时客户最多承担投资额的9%,其余部分由永事达公司承担,并虚构期货交易的品种、点位和盈利情况,造成其为他人代为操作期货交易回报率高的假象,从而吸引更多的人投入资金。2009年6月至2012年5月,吴某波先后向江某、上海等地的陆某芳、王某芬、翟某坤等400余人非法募集资金共计1.7亿余元。上述骗取的资金除大部分被吴某波作为"盈利"用于给投资者"分红"外,还分别用于开办公司、支付借款利息、弥补投资损失以及购买房产、汽车和个人挥霍、到澳门赌博等,造成投资人实际损失共计7000余万元。无锡市中院以集资诈骗罪判处吴某波有期徒刑十五年,并处罚金四十万元。扣押在案的赃款由扣押机关按比例发还集资人;责令吴某波向各集资人退赔未归还赃款,并发还各集资人。以期货交易为名进行非法集资的主要手段为:(1)以期货操盘手代客理财为幌子,获取客户交易账号和密码,通过与他人通谋,以扮演买方卖方,经过"对敲"的交易方式,将客户资金转移到可控账户并迅速提现。(2)通过非法手段获取他人银行账户和身份信息,然后冒名在期货公司开立期货账户,并委托期货公司代为开通银期转账功能即"银期直通车",之后将受害人资金转移到期货账户,继而利用期货对敲交易将他人资金转移到可控账户并提现。[1]

(十)以代租、代养等及其回购为名的非法集资

非法集资由原来的代养海狸鼠、蚂蚁等动物不断向代养玉器、免费试戴金银首饰等奢侈品发展,继而向网上代养植物、游戏、养生等所谓增值、健康等领域扩散。以云南玉灵宝之堂珠宝有限公司玉器代养集资诈骗案为例。[2]

2009年8月,刘某与朋友共同出资成立云南玉灵宝之堂珠宝有限公司,并于两年后通过增加注册资金等方式,成为该公司的法定代表人,职位为执行董事兼经理,主要经营珠宝玉器、工艺美术品、针纺织品、日用百货等。刘某先后在泸州市、南充市、遂宁成立宝之堂分公司,以玉器戴养业务为名收取不特定人员资金。

经查,刘某以云南玉灵宝之堂珠宝有限公司为依托设立的泸州、南充、遂宁三家分公司,在开展玉器戴养业务非法集资期间至案发,共收取社会不特定人员资金6242.68万元,其间已返还"劳务费"和退合同款共计427.885万元,尚欠集资款项5814.795万元。遂宁分公司募集资金期间,以高额回报为诱饵,聘请了一些人缘好又有一定宣传号召能力的客户为"理财顾问",并发予所谓的理财顾问聘书,按照理财顾问发展业务的多少分为初级、中级、高级三个级别,以所发展业务的

---

[1] 参见林妹霏:《合法期交所国内仅有4家非法期货交易骗局多投资应理性盲目跟风要不得》,载《成都晚报》2015年12月25日。
[2] 参见四川省遂宁市中级人民法院刑事判决书(2013)遂中刑初字第16号。

1%、2%、3%为回报率。该分公司共聘请理财顾问100多人,采用顾问与业务员口口相传的办法以及客户对"顾问"的信任程度广泛向社会宣传,鼓动社会不特定人员积极缴纳资金。遂宁公安机关已追回赃款1342.4118万元。但因刘某将大部分钱用于还贷款、放高利贷、公司员工高额提成、分公司日常开支运转、寻宝被骗等,致使大部分资金无法追回。

宝之堂泸州分公司、南充分公司、遂宁分公司成立后,先后在泸州、南充、遂宁市城区人流量较大的城区商务中心通过向不特定人员(特别是针对中老年人为重点宣传对象)散发宣传单、宣传画册等进行宣传,谎称:翡翠是玉的一种,其中含有大量对人体有益的微量元素,长期佩戴具有保健作用,且其"水头"就会越好,价值也就越高,也就是达到"人养玉、玉养人"的效果。鼓动不特定人员投资购买其公司提供的翡翠玉器进行戴养,并按所缴纳资金的2%按月支付"劳务费",合同期限为一年,一年期满承诺客户将所领玉器交回公司就退还本金。每户最低缴纳资金为1万元起,上不封限。但在实际操作过程中,绝大多数客户缴纳资金后怕损坏玉器要赔偿而并未领取玉器戴养,公司对于客户已经按公司标价选中,但未领取戴养的玉器,未予以封存而是继续将该玉器诱骗不特定人员继续缴纳资金,签订《翡翠戴养合同》。缴纳资金后,是否戴养玉器且没有付出"劳务"的人员同样可以每月获得缴纳资金2%的"劳务费"。被告人刘玉珊利用三分公司还虚假宣传在四川的康定县有矿山、云南的腾冲有加工厂等,给投资人员一个其资金雄厚,投资有保障无风险的假象,并鼓吹公司与"重庆一品堂珠宝公司"等众多珠宝公司同属"香港一品堂珠宝投资集团有限公司"旗下,可能3~5年内在香港包装上市。通过在农家乐等地组织茶话会、宣传会、发放纪念品等手段诱骗被害人,掩盖公司没有任何投资盈利性收入的情况,且每月发放给所交押金人员2%的劳务费或中止合同的退费均是从后面人员中收取的押金中开支,采取"拆东墙补西墙、边集资边返还部分资金和利息"的手段,不考虑自身偿还能力,甚至在2011年10月26日因为虚假宣传而私自制作"中国著名品牌""诚信经营质量信得过优秀示范单位""中国珠宝行业领先示范企业"三块铜牌被泸州市江阳区工商行政管理局作出过行政处罚的事实。为取得受害人的信任,宝之堂遂宁分公司曾组织部分受害人到四川的康定县参观其所谓的矿山。截至案发,云南玉灵宝之堂珠宝有限公司、泸州、南充、遂宁三分公司以及刘玉珊等人在康定、腾冲根本没有矿山和加工厂。被告人刘玉珊在侦查机关的供述及当庭均陈述其公司与宣传的香港一品堂珠宝公司、重庆一品堂珠宝公司之间是相互独立的,没有任何关系,对于本案涉案玉器是在成都梨花街玉器批发市场和昆明螺丝湾翡翠市场进购的,最低价格在几百、几千元人民币不等。而与受害人签订的"翡翠戴养合同"中虚假承诺为"纯天然翡翠(A货)",并在所开分公司的专柜展出且最低标价一万元以上。

一审法院认为,刘某以非法占有为目的,采用欺诈的手段,以养玉为名先后在泸州、南充、遂宁等地成立分公司非法集资,集资后用于生产经营活动的资金与筹集资金规模明显不成比例,导致其大部分集资款无法返还,数额特别巨大,其行为已构成集资诈骗罪。公司员工杨某强等5人在刘某的指使下,以高额回报"劳务费"为诱饵向社会公开集资,扰乱金融管理秩序,其行为均已构成非法吸收公众存款罪。刘某组织、领导集资诈骗活动,应对公司全部集资诈骗金额承担法律责任,以刘某犯集资诈骗罪,被判处其无期徒刑。

随着科技的发达与网络普及,特别是对奢侈品的崇拜,采用顾客试戴或者戴养翡翠等高档奢侈品的方式集资,甚至出现了操盘手采用"区块链"技术的虚拟宠物"比特猪",号称养猪15天后被平台收购,有28%的收益的案件。自从"区块链""比特币"概念火热,各种打着此类概念的新型投资项目就如雨后春笋一般层出不穷,以高息投资理财为名义实施的非法吸收公众存款、集资诈骗等行为层出不穷,利用高收益无限"拉人头"奖励利诱,诱导投资者参与投资。类似"比特猪"的区块链宠物类项目主要有:蜜蜂、兔子、地主、名剑、淘金矿、熊猫、龙凤呈祥、莱茨猫、数字宠物、莱特猪、好运锦鲤、地主链、中原区块玉、玫瑰花园、区块猪、摩登十二生肖、时和年丰、鱼、华登松鼠、水果、全民养鱼、种树、十二生肖以及区块狗等。为此,银保监会、中央网信办、公安部、人民银行、市场监管总局等部门曾联合发布《关于防范以"虚拟货币""区块链"名义进行非法集资的风险提示》,提醒广大公众理性看待区块链,不要盲目相信其承诺,树立正确的货币观念和投资理念。

从目前的非法集资类型来看,互联网金融领域的非法集资呈现高发趋势,随着P2P网贷的清出,以此较为突出的非法集资转化为其他形式。根据《南方法制报》报道,非法集资案件呈现以下几种常见的作案方式。

第一,在城区重点部位派发传单,通过免费旅游、赠送小礼品等方式引诱群众,特别是游说一些老年群体到公司参观、听课,以扩大生产经营规模、加快企业发展步伐等为由,以投资保健品、粮油食品等项目,与投资者签订《资产担保借款合同》等,许诺20%~30%的高额年化收益进行非法集资。

第二,利用在区域股权(托管)交易中心挂牌的公司引诱社会公众投资,宣称为境外实力雄厚集团在境内的分支机构,编造吸引人的投资增值项目,许诺高额年化收益,承诺借款到期一次性返还本金,进行非法集资。例如,上海优索环保科技发展有限公司发行"原始股"投资骗局案。[①] 犯罪嫌疑人段某帅利用由他控制的上海优索环保科技发展有限公司在河南多地设立分公司,自称"环保产业的先锋企业",利用该企业在上海某地方股权交易市场挂牌的身份,对外宣称"上市公司",并通过互联网宣传造势,召开"增资扩股"发布会,宣布该"上市公司"将定向发行"原始股"。其所谓的"上市公司"还一度发售股权理财集资,承诺年收益达48%,超过同期银行存款收益20多倍。投资者误以为是一家潜在的"绩优股"企业,在听信了其所说的企业的上市,原始股能获得几倍甚至几十倍的收益

---

① 参见杜放等:《透视"原始股"骗局》,载《人民法院报》2015年11月30日。

以及对 A 股"打新"高收益的惯性思维下，纷纷投资。上海优索环保科技发展有限公司利用"原始股"向群众非法融资 2 亿多元，涉及上千名投资者。

第三，利用投资连锁酒店，将酒店经营收益权承包给投资者，投资者按投资额获取酒店收益分配权，合作承包期内可获得投资金额 20% 以上年利润预期收益，分期退还本息，进行非法集资。例如，广东深圳市万众财富酒店管理有限公司非法集资案。[①]

万众财富公司宣称拥有全国数十家连锁酒店的万众财富公司，没有一家酒店的所有权归万众财富所有，法定代表人李某怀通过投资者的集资款，将各地本身经营不景气的小酒店租赁下来，然后改头换面，统一挂上万众财富公司的招牌。李某怀每年交给这些小酒店租金，然后利用这些酒店，当成吸纳巨额投资的诱饵，再把自己包装起来，自诩为上市公司董事长，公司市值超千亿元。万众财富公司专门制作了宣传片，宣称他们公司是一家全国性的连锁企业，公司规模毋庸置疑，在东莞、深圳市和上海市等地经营酒店就有三十家。按投资来获取酒店收益分配权，两年可获得投资金额的年利润预期 24%～28% 收益。分 24 个月逐月退回本金利息，承包出资 5 万元以上的可获得酒店 1 个房间的经营收益权。犯罪嫌疑人李某怀通过与投资者签订《万众财富酒店承包协议书》或《预存消费卡合同》等方式，以酒店旅游业的经营收益权承包给客户为名吸引群众投资，为了掩人耳目，显示出自己的经济实力，他哄骗投资者，让他们针对性地认租某个酒店的某个房间。深圳市万众财富资产管理有限公司涉嫌非法吸收公众存款的资金高达 7.5 亿元，但在公安机关冻结的深圳市万众财富资产管理有限公司江门分公司等 14 个银行账户上，资金只剩下 125 万元，佛山、东莞等公安机关冻结的 5 个银行账户，也只有 45 万元，大笔资金已被挥霍。该案用租来的酒店做幌子，骗取投资者巨额资金，然后再通过这个空壳酒店套现，这就是为诱惑投资者设计的一个陷阱。

第四，"互联网+传销+非法集资"的犯罪模式，声称将线上的消费者带到现实商店中，让互联网成为线下交易的前台，以经营进口商品获得高增长为契机，引诱群众签订加盟网店投资合同，成为公司投资人及网站会员，许诺高额回报，进行非法集资。例如，广东珠海某上品互联网公司涉嫌非法集资案。[②] 某上品互联网公司隔 1～2 个月就会召开 1 次投资推介会或者经济论坛，花巨资邀请会员前来参与，住五星级酒店，请知名经济学家举办讲座。在论坛上，该公司会吹嘘自己公司的实力，打着"互联网+"跨境电商的概念进行游说，讲具体的投资项目，引诱会员上钩。先与投资者签订一个加盟网店的投资合同，让投资者从公司租一个网店，投资 2 年，声称可以获得 75% 的本金返还。然后，再以珠海某某网络科技有限公司的名

---

① 参见叶前：《广东查获多起跨省非法集资案涉案金额逾 33 亿元》，中央政府网，http://www.gov.cn。访问时间：2021 年 7 月 12 日。
② 参见李栋、曾祥龙、王旌：《广东警方"利剑 2 号"破案 35 起涉非法集资约 40 亿元》，载《广州日报》2015 年 7 月 22 日。

义，与投资人签订利用所加盟的网店推广业务的合同，由该公司再来租客户的网店，进行返利，2年为期，声称可返还2倍本金的利润。通过这两份合同承诺，该公司向客户吹嘘最后的年化回报率可高达137.5%。该公司并没有海外进口的渠道，其所谓的"进口商品"有的是从跨境工业区买来的，有的是从其他店买来的，从会员的投资款里扣一部分强制销售。同时，其线下的实体店规模非常有限，只有成都一家，还一直亏损运营。该案涉及全国多省份6000多人约20亿元，其中北京、成都的受骗者较多。

第五，随着新能源、生物养殖等高新技术热门行业的兴起，不法分子利用广大投资者对高新技术行业的热忱，打着高科技、新经营理念、先进营销模式等旗号，有的甚至借国家新兴或扶持的产业之说，以高科技、新模式规避法律、模糊犯罪界限，以更具隐蔽和欺骗性的手段集资，如设置不固定回报率、提成返现、投资股份等手段，混淆视听、迷惑投资者。开设股权投资基金管理公司或者文化交易所，宣称该公司经营项目经过国家相关部门认证，并以该项目得到了国家相关部委的支持、拨款为幌子，对投资者承诺高额回报，实施非法集资。特别是以"文化交易所"的旗号，采用的保真保值艺术品交易的方式，进行非法集资。有的艺术品保真保值交易平台在传统的专家鉴定、技术鉴定等保真手段之外，引入专业的市场价值评估机构，依据科学的方法对交易品的市场价值作出相对准确的评估，并通过提供担保、回购等措施，保证投资者的利益免遭损失。实质上是将非法集资伪装成艺术品交易，艺术品仅仅是非法集资的货币凭证。

第六，假借金融机构工作人员、社会成功人士的身份，以帮客户开展银行验资、打资金流水、办理信贷"过桥"等银行业务为借口，承诺支付高额利息；采用在现场兑现红利，让参与人员先尝到甜头，为非法集资活动宣传"现身说法"，进行非法集资。例如，广东深圳市南山区将犯罪嫌疑人陈某梅、黄某贤夫妇以开展银行验资、帮助客户打银行流水、帮信贷客户"过桥"等银行业务为借口，承诺支付3分至5分月息的高额回报方式向事主借钱，实施非法集资，涉案金额高达7亿多元。其中，为了能争取到受害人信任，陈某梅多次采取"放长线钓大鱼"的作案手法，先以银行贷款需要过桥资金为由，向受害人借贷小额资金，期限一般几日，并许诺以高息。借款到期后，都按时返还，给受害人一种讲信誉、有实力的虚假印象。在骗取受害人信任后，陈某梅继续以虚构投资经营或者向银行贷款到期需要"过桥"为由，向被害人借贷大笔款项，并以虚假的房产、土地权证或者银行贷款合同、印章等骗取大额资金。

第七，打着"军民融合""一带一路"和"振兴农村经济"等国家政策旗号的非法集资活动。社会组织在快速发展的同时，各类非法社会组织也呈增长态势，特别是一些非法社会组织拉大旗作虎皮，行骗敛财，侵害了群众合法权益，损害了社会组织的公信力，影响了市场秩序和社会稳定。2018年4月1日至12月31日，民政部门和公安机关在全国范围内联合开展打击整治非法社会组织专项行动，重点对利用"一带一路"建设、"军民融合""精准扶贫"等国家战略名义骗钱敛财和冠以"中国""中华""国际"等字样开展活动的非法社会组织予以打击整治。①

第八，随着我国资产证券化的不断深化，特别是信贷资产证券化业务由审批制改为备案制，不仅出现利用资产证券化进行非法集资，而且还有场外的资产证券化，证券化如果不被规范则会出现非法集资。目前越来越多的金融机构加入，包括城商行、农商行等一些区域性或者行业性的金融机构，还包括公司贷款、汽车贷款、住房抵押贷款以及铁路专项贷款、信用卡贷款、小额消费贷款、金融租赁资产等产品。特别是场外资产证券化企业依照自己对资产证券化的初步理解，对企业资产证券化的法定流程进行了修剪，既砍去了破产隔离环节，又省略了 SPV 环节，同时也降低了真实销售的形式标准；企业通过与互联网金融平台合作，通过一纸合同将能够产生稳定现金流的债权或其他金融资产收益权等基础资产转让，把该基础资产拆分成份，由普通投资者通过互联网金融平台认购；一定期限后，企业依照约定将这些收益权份额赎回，投资者获得兑付，极易引发非法集资问题。

第九，销售返利或者消费返利的非法集资花样翻新。"消费返利"原本是一种常见的促销手段，商家通过设定一个消费梯度，满额有返利的活动。消费返利非法集资假借消费和高收益的幌子，"高额返利"本身不具有持续的可操作性，旨在通过商品价格远远高于市场正常价格非法吸收百姓的资金进行所谓理财或投资。例如，杭州"龙炎电商"非法集资案一审判决两人无期，退赔57亿元。2008年1月8日，杭州市中级人民法院对杭州龙炎电子商务公司非法集资案进行一审宣判，黄某方、蔡某意、孙某佳等21名被告因涉嫌集资诈骗罪、非法吸收公众存款罪被判处不同刑期，其中黄某方、蔡某意被判处无期徒刑。同时，判令21人退赔57亿元发还各集资人。"龙炎电商"被诉通过网络平台投单、销售股权换购证等非法集资超过156亿元，30多个省区市的21万人被骗，造成受害人损失57亿多元。②

经审理查明：2014年9月起，浙江温岭人黄某方在西安等地参与非法传销活动。当年12月，他结识江苏闰大公司的汤某俊（另案处理），发现杭州炎黄茶叶公司实际控制人蔡某意以提供茶叶的方式与汤合作，进行非法集资。随后，黄某方模仿其操作模式，筹备设立杭州龙炎电子商务有限公司，以"购物返利"的幌子进行非法集资。2015年1月，黄某方、蔡某意商定，由炎黄公司为"龙炎电商"提供茶叶和公司股份，由后者以销售茶叶返利的方式非法集资。具体模式为：投资者投资4000元成为会员后，以每单4000元购买茶叶等商品，或介绍新会员投单，均可每单分十周陆续获得6653元的现金返利、2866个可兑换炎黄公司股份的股权积分、2149个可在"龙炎电商"网上商城消费的购物积分，相当于年化收益率250%以上；会员发展60个以上新会员，连续两周投单300单以上，可成为"龙炎电商"服务站负责人；服务站发展新会员600人以上、累计业绩达到15000单以

---

① 参见张维：《利用"一带一路"建设骗钱敛财是重点》，载《法制日报》2018年3月29日。
② 参见王羽：《"龙炎"非法集资案一审宣判"龙炎"致17万人损失57亿元》，载《上海企业》2018年第3期。

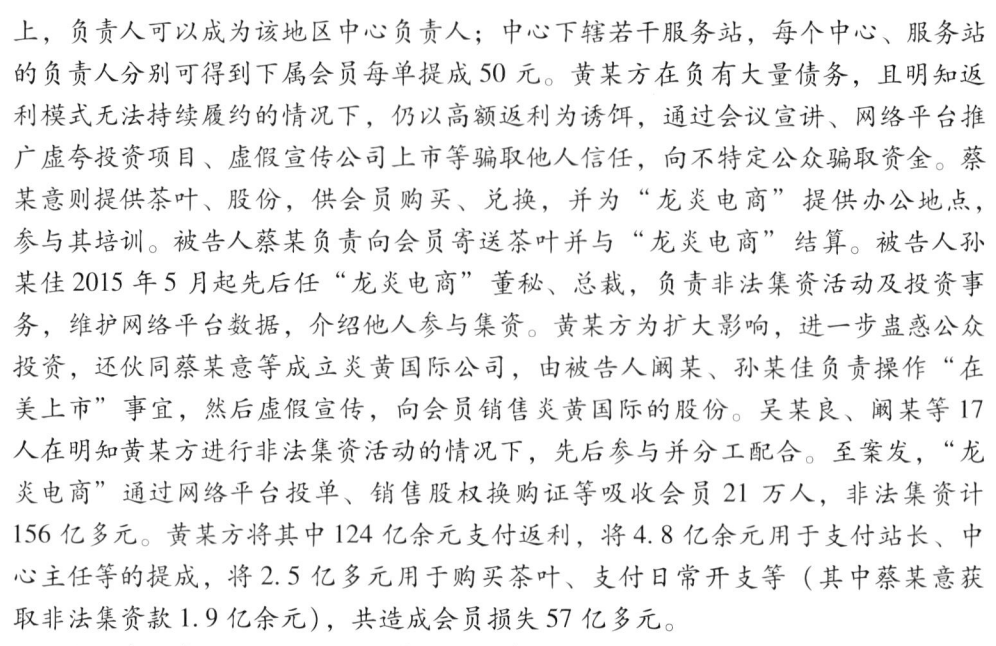

上，负责人可以成为该地区中心负责人；中心下辖若干服务站，每个中心、服务站的负责人分别可得到下属会员每单提成50元。黄某方在负有大量债务，且明知返利模式无法持续履约的情况下，仍以高额返利为诱饵，通过会议宣讲、网络平台推广虚夸投资项目、虚假宣传公司上市等骗取他人信任，向不特定公众骗取资金。蔡某意则提供茶叶、股份，供会员购买、兑换，并为"龙炎电商"提供办公地点，参与其培训。被告人蔡某负责向会员寄送茶叶并与"龙炎电商"结算。被告人孙某佳2015年5月起先后任"龙炎电商"董秘、总裁，负责非法集资活动及投资事务，维护网络平台数据，介绍他人参与集资。黄某方为扩大影响，进一步蛊惑公众投资，还伙同蔡某意等成立炎黄国际公司，由被告人阚某、孙某佳负责操作"在美上市"事宜，然后虚假宣传，向会员销售炎黄国际的股份。吴某良、阚某等17人在明知黄某方进行非法集资活动的情况下，先后参与并分工配合。至案发，"龙炎电商"通过网络平台投单、销售股权换购证等吸收会员21万人，非法集资计156亿多元。黄某方将其中124亿余元支付返利，将4.8亿余元用于支付站长、中心主任等的提成，将2.5亿多元用于购买茶叶、支付日常开支等（其中蔡某意获取非法集资款1.9亿余元），共造成会员损失57亿多元。

杭州中院审理认为，被告人黄某方、蔡某意、丁某萍、孙某佳以非法占有为目的，以高额利息为诱饵，明知投单返利模式不可持续、企业未真实上市，仍虚夸投资项目、虚假宣传上市，以投资平台投单、销售股权换购证等方式向社会不特定人员非法集资，数额特别巨大，构成集资诈骗罪。判处黄某方、蔡某意无期徒刑，判处丁某萍有期徒刑12年，孙某佳有期徒刑10年。被告吴某良等17人非法吸收公众存款罪，分别判处九年及以下有期徒刑，部分被告人适用缓刑。

这种采用"购物返利"方式进行非法集资出现了大量会员不实际购物、与商家协商订立虚假订单后直接将"推广费"缴纳至联购公司参与返利的情况，将未实际分割的商铺的使用权进行销售，再与买受人约定包租、到期回购，此类合同中商铺使用权的买受者无法实际执掌商铺，购买的使用权形同虚设。销售者实为利用销售使用权吸收资金，承诺的支付租金、到期回购本质即吸收资金后的"还本付息"，属于变相吸收公众存款的行为。

目前，非法集资与传销、合同诈骗等经济违法犯罪行为相互交织，采用现代化传销手段或者引入国外的传销计策，通过组织"在线学习"等对集资人员进行洗脑，许诺种种优惠条件和获利模式；然后再引诱集资，环环嵌套，层层下套。近期出现了"债事咨询""化解债务"的解债服务行为，通过收取咨询费、服务费和保证金等非法集资。其非法集资一般在初期，集资人往往积极"兑现"回报承诺，骗取信任，吸引更多的人踊跃加入，集资规模迅速呈几何级放大，风险迅速传染，严重影响社会稳定和经济发展。

第二节 非法集资的动因与防控措施

2015年12月21日，中央经济工作会议公报提到，"要加强全方位监管，规范各类融资行为，抓紧开展金融风险专项整治，坚决遏制非法集资蔓延势头，加强风险监测预警，妥善处理风险案件，坚决守住不发生系统性和区域性风险的底线。"2015年12月23日，国务院常务会议又提到，"强化监管和风险防范，加强相关制度建设，坚决依法依规严厉打击金融欺诈、非法集资等行为，切实保护投资者合法权益"。2016年1月12日，中央政法会议指出，有的不法分子利用网络借贷、网上理财等名义，以高息回报为诱饵，大肆进行非法集资等违法犯罪活动，涉及人数多、金额大，处理不好，极易引发社会风险。目前形式多样、花样翻新，非法集资不仅似有愈演愈烈之势，在一定程度上损害了实体经济以及影响了正常的金融秩序，导致缺少资金支持的企业更加难以运转，而且对社会影响之深，已触发一些影响稳定社会的问题，引发集体上访等社会事件。这种不稳定与传统社会不稳定相比，表现出参与人员成份复杂、延续周期长、处置难度大等威胁社会治安的新问题。尤其是在"温和的谎言、浪漫的欺骗、巧妙的手法"下，有数以万计的普通群众不断上当受骗。这些现象不仅反映了中央对"打击非法集资"的重视，也折射出非法集资对社会威胁的程度。2019年3月28日，处置非法集资部际联席会议（扩大会议）在全面总结2018年防范和处置非法集资工作，分析研判形势时指出：当前非法集资形势依然严峻，新案高发与陈案积压并存，区域及行业风险集中，上网跨域特点明显，集资参与人量大面广。2020年4月20日，处非联办提出稳妥有序打击处置网络借贷、私募股权领域非法集资。人们禁不住扪心自问，为何非法集资案件多发、频发、屡发不止？为何部分人员在非法集资中在频频失手而仍然前赴后继？非法集资的魔力何在？非法集资不断蹿升的背后究竟隐藏着何等魔力，持续跌入非法集资的泥潭的背后究竟有何牵制力量？对此需要予以深入分析，更需要认真探索，以便寻找到非法集资的真正动因，进而建构控制非法集资蔓延的防控机制，从而实现"以预防为主，及时化解"以及"打早打小"的目标。

一、非法集资高发、频发的动因

非法集资案件高发的动因既存在资本市场泡沫的刺激，也有制度不完善等漏洞的利诱，还有追逐利益的私欲膨胀，社会、制度与个人多重因素交织塑造出具有"多因一果"的非法集资恶果。由于我国经济规模的不断扩张，投资和发展资金缺口的陡增，融资渠道的狭窄与艰难，再加上经济发展给民众带来了宽裕红利，在民间闲散资金投资欲望驱使下促成了一桩桩骇人听闻的非法集资案件。银监会在2015年5月发布的报告表示："导致非法集资活动上升的许多因素不会在短期内发生根本改变。我们估计，在当前及今后一段时期，非法集资活动仍会频繁发生。在一些地区、行业和领域甚至还可能表现得比较激烈。""长期以来，我国经济社会保持较快发展，资金需求旺盛，融资难、融资贵问题比较突出，民间投资渠道狭窄的现实困难和非法集资高额回报的巨大诱惑交织共存。当前，经济下行压力较大，企业生产经营困难增多，各类不规范民间融资介入较深的行业领域风险集中暴露，非法集资问题日益凸显。"上述政策性文件对我国非法集资经过多个部门的围追堵截和打击惩治仍然频发甚至趋于激烈的原因作了一些揭示，其影响因素大致如下。

（一）虚拟经济的刺激为非法集资提供了生存条件与漫延环境

我国经济发展进入了"新常态"，经济下行压力较大，国际贸易摩擦，致使经济结构调整阵痛显现，企业生产经营困难增多，资金供给链趋紧。有论者将此类案件层出不穷归因于中国经济增长放缓和融资链条上信贷趋紧。自2012年以来，商业银行不良贷款余额呈现逐季上升趋势，由2012年第一季度的0.94%上升至2015年第二季度的1.50%，三季度进一步升至1.59%，环比上升0.09%，同期拨备覆盖率由287.40%下降到190.79%。这些因素导致了融资难融资贵，也导致部分地区非法集资问题抬头。① 2018年8月13日，银保监会发布《2018年二季度银行业主要监管指标数据》指出，2018年二季度末，商业银行不良贷款余额1.96万亿元，较上季末增加1829亿元；商业银行不良贷款率1.86%，较上季末上升0.12个百分点。截至2018年第三季度末，我国商业银行关注类贷款达3.53万亿元。如果转变为不良贷款的比例为20%~40%，不良贷款规模将增加7000亿元~10000亿元。截至2018年第三季度末，商业银行不良贷款余额为2.03万亿元，不良贷款率为1.87%，如果加上7000亿元~10000亿元的不良贷款，不良贷款率可能会达到2.7%以上。面对资金需要的旺盛，各地出现大量以投资理财咨询为名从事各类金融业务活动的公司，如投资咨询、非融资性担保、第三方理财、财富管理等。现实资金的需求与难以通过合法渠道获得资金支持之间的"需供矛盾"，为非法集资提供了生长的土壤与环境。有论者认为，原本就寄生于金融生态中的非法集资，有集中式爆发和立体式蔓延的可能。如若控制不好，可能成为"脱缰之马"，构成利率市场化进程中最不确定、最大可能和最难把控的破坏性因素。②

在市场经济向资本经济发展的过程中，无论是在中国还是在国际上，均存在"资本挣钱太容易，劳动挣钱太难"的态势。市场经济中牟利性商业资本和金融资本的出现，使得这一问题更加明显，尽管通过融资促进生产经营的发展是必要的，但商业资本尤其是金融资本的过度膨胀，必然会侵害生产的效率。如果资本不受限制，就会引发部分实体经济禁不住高息的诱惑，纷纷加入到非法集资"虚拟经济"

---

① 参见国家发展改革委员会经济研究所课题组：《中国经济发展长期向好基本面没有变——2015年经济形势分析与2016年展望》，载《经济日报》2015年12月21日。
② 参见杜静：《放开存款利率后务必拧紧非法集资"龙头"》，载《上海证券报》2015年11月12日。

中去,导致实体经济不断流失,进一步加剧实体经济融资的困难,从而刺激了非法集资的"多米诺骨牌效应"。例如,2016年1月23日,农业银行发布公告称,票据买入返售业务发生重大风险事件,涉及金额39.15亿元,则是有力的例证。据财新网报道,案件的大致脉络是,农行北京分行与某银行进行银行承兑汇票转贴现业务。在回购到期前,票据应存放在农行北京分行的保险柜里,不得转出。但实际情况是,票据在回购到期前,就被某重庆票据中介提前取出,与另外一家银行进行了回购贴现交易,而资金并未回到农行北京分行的账上,而是非法进入了股市。有可能农行北京分行保险柜中的票据换成了报纸,公安机关对此案件已立案侦查。[1]

在我国金融改革的大背景下,市场活力进一步激发,民间投融资活动积极活跃,由于金融领域法律制度缺失,如投资咨询、第三方理财、非融资性担保以及助贷机构等投融资中介机构没有明确的监管部门和监管规则,致使大量机构超范围经营,从事吸收资金、经营放贷的业务,为非法集资活动提供了生存空间。当集资者打开集资魔匣后,看到一个利润丰厚又可以无限复制的模式后,迅速掌控和管理巨额资金的快感犹如鸦片一样成瘾,促使其勇往直前,甚至不惜代价而迅速走向集资深渊。

我国早期在金融监管以及金融改革上过度仿效美国发展金融的思维,在一定程度上激活了资本市场活力,但也带来一些负面效应。由于我国相关制度的不发达或者落后,利益的刺激促发了资本的迅速积聚与投资心态膨胀,为非法集资生存与蔓延创造了动机。特别是我国经济发展以投资作为推动力以及作为拉动经济发展的驱动力,严重的产能过剩使得资金需要不断加速,在利率市场化改革进程中,其问题不仅未得到实质性的缓解,相反,靠投资收益高低刺激的投资冲动与市场中某些特殊要素、特别方式和特定对象交织纠结,使得资金供给变得更加复杂。由于融资市场的"刚性兑付"没有打破,投资者没有靠风险约束的投资选择,面对融资手段、内容、模式和主体的技术性变革与冲击,监管漏出或者留下了若干可供非法集资发展的空间与机遇。投资理财、非融资担保和网络借贷、私募基金成为非法集资的重点领域,投资公司、农民专业合作社、民办教育机构和养老机构成为非法集资的新风险点。[2] 例如,网络借贷、众筹融资等互联网金融新业态不断涌现,法律政策相对滞后,极易被不法分子利用,打着金融创新名号进行非法集资。特别是传统民间借贷涌向投资与资金掮客出现,促进了非法集资的攀升。

(二)金融制度落后为非法集资监管套利提供了空间与机遇

目前我国以银行业金融机构为主导的间接融资占整个社会融资总额的80%以上,而资本市场直接融资占比不足20%;加之银行信贷重大轻小、重国企轻民企,

---

[1] 参见夏心愉、宋易康:《农行现"39亿票据变报纸"案2名员工被立案》,载《第一财经日报》2016年1月25日。
[2] 参见杜静:《放开存款利率后务必拧紧非法集资"龙头"》,载《上海证券报》2015年11月12日。

把大量中小微企业逼向小贷公司、典当行或互联网金融平台融资，使融资成本普遍高达20%～30%，甚至达到40%、50%。① 有论者认为，现有金融体制下的金融市场既不能满足民营经济发展所带来的巨大融资需求，也不能满足民间游资的投资需求，是此类犯罪发生的内在因素。② 这些问题无疑与我国的金融制度的结构性、制度性的障碍问题有关。随着金融业的膨胀，以衍生产品为代表的所谓"金融工程"使金融业偏离了为实体经济服务的特征，走向"货币—金融产品—货币"的自我内部循环，金融衍生工具的功能也逐渐从保值、规避风险走向投机、逐利。尽管合理的杠杆率可以充分发挥资本的效用，但我国高杠杆率再加上产品的透明度不够，在计算上比较复杂，影响了监管制度的有效性，在监管问题上不断出现失灵，对于非法集资也表现为失控。

由于中小企业有正当的融资需求，约占中小企业的2/3，超三成却遇到了融资难和融资贵的问题，因财务制度不健全、信息透明度差，使银行难以对中小企业信用准确评估，导致其向金融机构贷款困难，催生了向民间非法集资的出现。金融机构在现代社会创新中的利益流失，也促使其通过一些不正当的手段弥补其流失的利益，在弥补利益的过程与非法集资不谋而合，不仅自身利益未得到保障，而且促使中小企业融资在非法集资的道路上越走越远。我国银行业隐性不良贷款风险仍需要高度关注，潜在信用风险尚未完全出清，受经济结构调整、金融去杠杆、监管要求促使金融机构资产回表等多重因素影响，预计商业银行不良资产供给将持续增加。在一定意义上说，监管制度的失灵与失控为非法集资提供了蔓延的营养，非法集资获利的"蝴蝶效应"加剧了非法集资不断漫延。例如，黑龙江省海林市福禄珠宝饰品经销有限责任公司集资诈骗案。③ 该案自受理立案以来，办案人员历时6个月转战9省20多市，成功抓获13名涉案嫌疑人，控制了部分赃款，案件取得重大突破。海林珠宝公司案件主要嫌疑人刘某为福禄珠宝公司法人，老家在东北，系在徐州进行集资和成立组织的发起人，但公司的实际操纵者和财物实际控制人为山东人程某和张某，二人为掩人耳目，任命徐某为经理负责徐州市场的管理，分别设立6个分公司具体实施集资活动，而6个分公司的负责人又各自以高额的提成吸引了大批的职业介绍人为其拉客户。据统计，投资人约4400余人。基于以上的原因分析，金融供给侧改革应当纳入我国总体供给侧改革之中，改变银行统一标准的贷款考核指标评价体系。

（三）高额利益的诱惑为非法集资提供的冲动与资源

随着经济的快速发展，人民群众的收入也"水涨船高"，家庭在财富上有了一定积累，在"以钱生钱""利滚利"的理财意识刺激下，投资炒房、炒股一些风险

---

① 参见莫开伟：《金融业供给侧改革迫在眉睫》，载《中国企业报》2016年1月19日。
② 参见王佳丽：《非法集资犯罪的制度性成因分析——以现行金融体制为考察》，载《中外企业家》2013年第1期。
③ 参见张本硕：《跨省非法集资案受害人达4400人》，载《江南时报》2011年9月6日。

大而利益丰厚的愿望旺盛，希冀将手中大量闲散资金投入高收益的项目。非法集资者向投资者许诺的正是高额利益的固定收益，使投资者认为既可以得到高额投资回报，又不必承担投资失败的风险，因而踊跃投入资金。集资参与者普遍存在浮躁的暴富心态，幻想快速赚钱"一夜暴富"，这种心态正好迎合了犯罪分子鼓吹的"高额回报""钱生钱利滚利"宣传，与下海经商和投资股票比，显然获利更高，加上初期投资已经获得回报，欲望膨胀，警惕性放松，防范意识降低，甘冒钱财落空的危险而加入集资大军。据调查发现，非法集资受骗人趋利暴富心理类占46.7%，侥幸投机心理类占26.98%，盲从理财类占13.49%，依赖上访类占7.14%。[①] 从众心理在信用制度缺失的背景下极易上当受骗。

从投资人群的心态来看，中国处于社会经济转型期，人们的整浮躁冲动、投机暴富的社会心态比较严重，投资心理不成熟。一些集资参与人不富裕，只是看到别人获利了，便受到鼓动，盲目跟从，基于攀比心理，不惜借钱参与，将未来寄托于虚无缥缈的回报承诺。即使历经一次上当受骗，明知道是诈骗，还是抱着一丝侥幸心理，期望自己不是那"最后一棒"，不断加速了"击鼓传花"频率。在信息化社会中，由于信用制度的缺失，在信息虚假交织的情形下难以分辨，再加上对政府的信任、专家的信赖以及明星的崇拜等，致使一些非法集资犯罪分子通常采取聘请"明星"或者"专家"代言，请政府官员参与相关活动，在一些媒体上刊登专访文章，利用报道宣传企业的"业绩"；将部分非法集资款投入公益事业或进行捐赠；雇用业务员转入社区散发传单，传播集资信息；举办各种活动，并在现场兑现红利，让参与人员先尝到甜头，进行"现身说法"等方式，大力进行宣传造势，以引诱更多的人参与非法集资活动。多数群众在不了解非法集资相关的法律政策知识的情形下容易堕入非法集资的陷阱。由于传统的银行储蓄方式已不能满足投资增值的需要，对股市、期货市场等正规资本市场的风险性存在顾虑，在从众心理驱使下，极易"前赴后继"地投入非法集资的怀抱。

（四）行政控制能力减弱为非法集资蔓延提供了时机与区间

我国正在进行行政体制改革，行政管理越来越宏观化，其干预经济行为的能力也在不断弱化，在未有相关制度配合的情况下，"简单"地理解简政放权或者"放管服"，在一定程度上必然会放纵非法集资的蔓延。非法集资出现后，因处理上不及时或者打击不力，在一定程度上降低了犯罪成本以及风险，影响了对其打击的力度。尤其是地方保护主义的影响，遏制非法集资的机制在实践中难以发挥应有的作用。目前，有些公司打着经营模式创新的旗号，致使管理部门在无法辨清的情况下对此监管予以回避。民间融资项目以类似于直销的方式运营，投资者被高额回报所吸引。所以，奇金投资咨询公司（J Capital Research）的创始合伙人杨思安（Anne

---

[①] 参见李林安：《安阳市非法集资人员心理分析与健康干预对策》，载《健康教育与健康促进》2013年第3期。

Stevenson – Yang）表示："我们正徘徊在危机的悬崖边，监管机构需要到处灭火。"① 而投资人对于非法集资带来的不良后果的诉求内容发生了较大变化，常常将投资失败完全归咎于政府监管不力，要求政府为投资人的冒险投资承担"经济责任"，希冀司法机关和政府部门能够帮助返还本金，甚至视司法机关为应然的"讨债公司"。由于政府担心出现一些不稳定因素，常常通过遮蔽等方式自行处理非法集资问题，而这种低调处置非法集资并未换来非法集资的消退，仅仅是掩盖了一些非法集资的现象，当政府无法遮蔽时，非法集资问题已经变得相当严重。这就是对非法集资"政府一直在强管，效果始终不理想"的根源之一。

美国加尔布雷斯指出："金融运作不适宜于革新，因为所有接踵而来的金融革新都涉及以更加有限的资产来应付由杠杆引起的债务。"② 面对汹涌来袭作为金融新型业态的互联网金融，需要同步和适度监管因金融创新带来的新风险。如果监管缺位或者监管不当，新型业态必然会对金融稳定和金融秩序带来重大的负面影响。对于目前出现的影响社会稳定和金融秩序的非法集资是强化其行政监管，而非通过事后的刑罚打击。因为过分僵硬的规定由于缺乏广泛的社会认同，往往导致普遍的违规行为和违法不究现象，从而给金融欺诈者以更大的可乘之机。"③

（五）资本市场的多元化为非法集资提供滋生环境

民间金融活动因缺乏法律规范和法律保护，时常会处于一种严重的无序状态，很容易引发非法集资。如果将融资用于生产经营的行为，刑法不仅不应加大刑罚力度，反而应当予以适当的宽宥。然而我国在定罪上未对吸收公众存款的目的和用途作出区分，仅仅一味提高刑罚的力度，在民间融资政策与民事规范的不断放开的时期，相反会加剧公司企业尤其民营企业的融资风险。2010年《国务院关于鼓励和引导民间投资健康发展的若干意见》"鼓励民间资本发起或参与设立村镇银行、贷款公司、农村资金互助社等金融机构"。"支持民间资本发起设立信用担保公司，完善信用担保公司的风险补偿机制和风险分担机制。""鼓励民间资本发起设立金融中介服务机构，参与证券、保险等金融机构的改组改制。"2011年12月6日，最高人民法院发布的《关于依法妥善审理民间借贷纠纷案件促进经济发展维护社会稳定的通知》提出，对民间金融实行了一定的保护举措。2020年最高人民法院发布的《关于审理民间借贷案件适用法律若干问题的规定》对民间借贷放开了公司、企业等法人、其他组织的限制，对于借款人数和数额上也未作出限制。根据"经金融监管部门批准设立的从事贷款业务的金融机构及其分支机构，因发放贷款等相关金融业务引发的纠纷，不适用本规定"的要求，那么"自然人、法人、其

---

① 参见韩碧如：《英媒：中国面临"非法集资"之困》，载《金融时报》2015年9月25日。
② 参见安辉：《金融监管、金融创新与金融危机的动态演化机制研究》，中国人民大学出版社2016年版，第169页。
③ 王卫国：《金融欺诈对商事立法的挑战》，载陈光中主编《金融欺诈的预防和控制》，中国民主法制出版社1999年版，第52~53页。

他组织之间及其相互之间进行资金融通"的金融监管部门批准的发放贷款等相关金融业务引发的纠纷就应当适用该规定,即作为民事案件处理,对此不宜作为违法犯罪处理。近年来,金融生态发生了结构性的变化,民营银行的解禁、银行的混业经营、金融产品的增多以及互联网金融的野蛮生长,激化了资本无序化扩张,从而加剧金融的不稳定性。如果简单地采用刑罚打击"以重刑净化市场,不仅是刑法懒惰的表现,更是把体制缺陷转嫁给集资者。"[1] 这不仅违反了"利益与风险同在"的市场基本法则,也违反了"付出与回报对等"的基本伦理,[2] 从而降低合法交易的成功率,使得合法企业在不断增加成本的场景下铤而走险。

二、非法集资的防控措施与对策

我国在对待非法集资问题上,早期的文件多采用"取缔""整顿""打击""处理"等术语,在处置方式上过分倚重于简单打压的直接禁止的做法,对其如何预防与控制未予以足够的重视。随着国际国内经济金融形势复杂多变,我国经济发展不确定因素增加,非法集资活动出现抬头之势,大案要案频发,手段不断翻新,呈现出从单一行业、单一领域向多行业多领域渗透,由部分地区向全国蔓延,由国内向国外发展趋势,非法集资形势持续复杂和严峻。基于以上严峻的形势与蔓延的趋势,我国对非法集资的处置方式渐渐改变了原有强调打击的做法,建立了"疏堵并举、防治结合"的综合治理的机制。2007年7月25日,国务院办公厅发布的《关于依法惩处非法集资有关问题的通知》强调,对于非法集资"要坚持预防为主的方针"。2015年10月23日,国务院召开防范和处置非法集资工作电视电话会议强调:高度重视并做好非法集资防范处置工作,是维护金融平稳运行与安全、维护社会稳定的重要举措,要全面开展摸底排查、依法严厉打击非法集资行为、妥善处置跨区域案件、进一步完善监管、加强风险监测预警、健全有效治理非法集资的各项法规和制度,形成"防打结合、打早打小、综合施策、标本兼治"的防控机制。2020年国务院通过的《防范和处置非法集资条例》要求,各地区、相关行业主管部门和金融监管机构要认真履职尽责,各地协调机制要切实加强组织协调和督促职能,各方共同努力,坚决守住不发生系统性、区域性风险底线,维护好人民群众的切实利益,促进经济社会平稳发展。

(一) 非法集资的判断与识别

非法集资表现形式多样,其隐蔽性和欺骗性越来越强。对于普通人来说,要求其掌握金融知识或者相关法律知识等并非是简单的事情,即使具有相应的金融知

---

[1] 高艳东:《诈骗罪与集资诈骗罪的规范超越:吴英案的罪与罚》,载《中外法学》2012年第2期。
[2] 郭华:《非法集资犯罪的司法扩张与刑法修正案的省察——基于〈刑法修正案(十一)草案〉对非法吸收公众存款罪、集资诈骗罪修改的展开》,载《法治研究》2020年第6期。

识,还会因非法集资的模糊性与商业模式创新的复杂性出现一些盲点,尤其现代社会信息化迅猛发展,再加上有些非法集资行为本身就存在理论上的争议,强求普通人来辨识、抵制非法集资有一定的难度。那么,是否非法集资就不能识别和防范呢?答案当然是否定的。对非法集资可从以下方面予以判断与识别。

第一,从宣传的方式来看,是否存在借用官员、名人以及广告效应来开展宣传。对于在发放的宣传单上印制中央领导同志照片、所谓的领导讲话、重要会议文件内容,用以证明所推销的投资、理财项目受国家支持的;或者招揽群众参加在宾馆、饭店、写字楼举行的"投资"推介会的;或者通过群发短信、微信、QQ 聊天、电话等通信方式推销"投资项目""理财产品"的,应当谨慎,不可轻信。

第二,从集资的手段来看,是否存在采取传销金字塔网络模式,通过发展下线,将募集的资金滚动偿还利息。例如,"MMM 金融互助平台"的投资项目。[①]

某名为 MMM 的金融互助平台火爆异常,它以"普通人的社区,互相之间无私帮助"的名义,以月收益 30% 的超高收益率,吸引了众多的参与者。据推广人员介绍,在这个金融互助社区里,投资额是 60 元~6 万元之间,固定收益都是每月 30% 的利息。当有人需要资金帮助时,就直接把你的钱打给对方;当 30 天后,你需要资金时,就可以在平台提出申请,等别人打款给你。就这样,不断地提供帮助和接受帮助,就可以赚到钱。每个会员在为期一个月的投资过程中,需扮演投资人和借款人两种角色。按照平台给出的利息来计算,假设投资者上个月投入 30000元,下个月可收获的利息高达 9000 元。MMM 社区此类平台设置"管理奖",鼓励成员发展会员,并以发展会员的投资额度为"领导人"计酬的模式,并设置 4 层,每层有不同的提成。例如,如果你是 A 的经理,A 是 B 的经理和 B 是 C 的,你会得到 A 存款 5%,会得到 B 存款 3%,会得到 C 存款 1%,因此越是顶层管理者,收益就越高。正是这样轻松得到高额收益的诱惑,让不少市民加入其中。这种所谓的 MMM 金融互助平台有十几个之多,在微信中搜索也可以得到上百个公共账号,有的还通过了腾讯的企业认证。虽然这些网站和公众账号都宣称自己是"官方""权威",网站的网址却并不相同,有些在打开时甚至会遭到电脑防火墙拦截。与正规网站不同,这类网站既没有通信管理部门颁发的《电信与信息服务业务经营许可证》(ICP 证书),也没有其在公安机关和工商机关备案的认证标识,甚至连联系地址和电话也查不到。如果想开展业务,只能通过 QQ、微信等方式联系所谓的指导老师。

该模式其实是借新还旧金融模式的翻版。简单地说,就是将后来投资者的本金当作"收益"直接分给先前的投资者。一旦没有新的资金流入,或后续投入的资金不足以支付前人的"收益",局面就会瞬间土崩瓦解,投资者也将血本无归。

---

① 参见刘乙端:《MMM 平台涉嫌非法集资和传销投资可能血本无归》,载《东江时报》2015 年 11 月 19 日。

第三,从非法集资的对象来看,面向中老年人、下岗职工、农民等弱势群体。如果在街头、超市、商场等人群流动、聚集场所摆摊、设点发放"理财产品"广告,尤其以老年人为主要招揽对象,存在非法集资的嫌疑。据大数据分析,发现集资参与人中,老年人占比较高,其中,60~68岁的老人上当受骗最多,占了老年投资人的60%。由于老人刚刚进入退休年龄,退休前后收入会有一个落差,投资欲望强,心态上,也希望能继续参与到社会事务中,从众心理强,自主意识弱,最容易被钱生钱冲昏脑袋。同时,这个群体并非是网购的主流,对于网购不熟悉,出于对返利的追逐和对于新生事物的热衷,极易落入非法集资犯罪精心编织的陷阱。

第四,从集资人的心理来看,常利用群众急于致富的心理,许诺远远超出市场正常收益率诱饵。一般情况下,企业正常的年利润不会超过200%,如果过高的投资回报使一个企业不可能维持太久,其中必有疑问。有关部门提示,如果所承诺的收益率大幅超过同期社会平均利率水平的,就可能属于非法集资。对此的判断,主要看预期收益率。如果收益率为8%~12%,这可以用机构产品解释收益;如果是收益率在12%~15%,这可以理解为民间借贷,但风险很高;如果收益率超过15%,则可信度更低。但是,对于非法集资而言,收益率属于诱惑的因素,其风险却不完全取决收益率,收益率不高的集资风险依然存在。

第五,从集资的政策来看,是否存在钻政策和法律空子,是否存在逃避监管。如利用互联网技术构造虚拟产品,以虚拟产品的销售与返租、回购与转让、发展会员有奖励或提成、商家联盟、"快速积分法"等形式,以传销手法进行非法集资。用股权投资基金,以签订商品经销合同,以高价回购收藏品,或者认领股份、入股分红,以及对物产等资产进行分割再出售其份额的处置权等多种形式进行集资,则有非法集资的嫌疑。

另外,对于以上事项仍然无法识别的,或者在辨别后依然存在疑问的,需要在相关部门查找该公司是否合法合规、是否正常纳税、是否属于法院执行的"失信人"以及是否存在一些负面信息。首先需要看其是否明显超出公司注册登记的经营范围,尤其是有没有从事金融业务活动资格、频繁变换公司及投资项目名称。对于这些可通过查询政府网站,看该企业是不是经过国家批准的合法上市公司,是不是可以发行公司股票、债券,是不是国家批准设立的交易场所等。如果不具备发行、销售股票、出售金融产品以及开展存贷款业务的主体资格,该公司就存在疑点。如不法分子以"证券投资咨询公司""股权投资基金公司"等为名,推销所谓即将在境内外证券市场上市的股票,可通过政府网站查阅是否已经批准发行等。例如,云南老板关义注册多家"空壳公司"非法吸收公众存款案。[①]

公诉机关指控,2012年4月18日,关某注册成立钰锽公司,任法定代表人。公司成立后,在未经国家金融管理部门批准、无资金保证和经营能力的情况下,关

---

① 参见石飞、夏年雷:《注册空壳公司非法集资5.3亿 云南一建筑老板一审被判9年6个月》,载《法治周末》2018年6月12日。

某虚构公司拥有较强实力,隐瞒资金用途,以投资项目为由,许以月息2.5%~3.5%的高额回报,通过签订借款合同书和借条的形式向社会公众吸收资金。钰锽公司其他股东为挂名股东,对外投资经营等没有股东会决议等公司行为,完全是关某一个人在操控公司;涉案集资款全部打到关某及其控制的其他账户上;关某用集资款购买了部分资产(含房产、股份)在其儿子名下。文山中院对该案作出一审判决,以非法吸收公众存款罪判处关义有期徒刑9年零6个月,并处罚金人民币50万元。

以上仅仅提供了衡量是否存在非法集资可能的一些指标和要素,对于非法集资的识别还需要结合其他相关因素综合分析判断。例如,向政府地方金融监管、公安、市场监督、银保监等相关部门询问或者向有关专家咨询等。

(二) 非法集资的防范职责

根据《防范和处置非法集资条例》的规定,非法集资的防范赋予了地方政府、行业主管部门、监管部门和联席会议等部门的不同职责,并要求建立健全全国非法集资监测预警体系和预警机制,加强大数据监测。地方各级人民政府应当建立非法集资监测预警机制,发挥网格化管理和基层群众自治的优势,运用大数据等信息手段,加强对非法集资的监测预警,构建了立体化、社会化、信息化的监测预警体系。行业主管、监管部门应当强化日常监督管理,加强对本行业、领域非法集资风险的排查和监测预警。联席会议应当推动地方、部门实现信息资源整合、共享,加强对非法集资风险的研判,及时预警提示。

1. 处置非法集资协调部门的职责。处置非法集资部际联席会议推动建设国家监测预警平台,促进地方、部门实现信息共享,加强非法集资风险研判,及时预警提示。处置非法集资部际联席会议在国务院的领导下,会同有关部门和省级人民政府,建立"疏堵并举、防治结合"的综合治理长效机制,切实有效地贯彻落实党中央、国务院处置非法集资的方针和政策;研究处置非法集资的相关法律法规,提出起草、修改建议,为及时、准确、有效地预防、认定和处置非法集资提供保障;制定处置非法集资的工作制度和工作程序,建立"反应灵敏、配合密切、应对有力"的工作机制、上下联动的宣传教育体系、齐抓共管的监测预警体系、准确有效的性质认定体系、稳妥有力的处置善后体系和及时灵敏的信息汇总报告体系;组织有关部门对涉嫌非法集资案件进行性质认定,由有关部门依法作出认定结论。重大案件的认定意见按程序报批;指导、配合省级人民政府建立处置非法集资组织协调机制,提示、督促省级人民政府和有关部门按照处置非法集资工作机制和工作程序要求,做好相关工作。联席会议召集人由银保监会负责人担任,承担日常工作,落实联席会议的有关决定。

2. 地方政府的职责。地方各级人民政府应当建立非法集资监测预警机制,纳入社会治安综合治理体系,运用大数据等现代信息技术手段,加强对非法集资的监测预警。行业主管部门、监管部门应当强化日常监督管理，负责本行业、领域非法集资的风险排查和监测预警。省级人民政府在国家金融稳定发展委员会的指导和监督下，建立金融工作议事协调机制，完善地方金融监督管理体系，落实地方金融监督管理职责。处置非法集资工作实行省级人民政府负总制。省级人民政府全面负责本行政区域内的处置非法集资工作，主要负责指导、组织、协调有关部门做好处置非法集资工作。县级以上地方人民政府确定的处置非法集资职能部门履行非法集资预防监测、行政调查处理和行政处罚等职责。

县级以上人民政府承担本行政区域内防范和处置非法集资工作第一责任人的责任，制定风险突发事件应急处置预案，组织、协调、督促相关部门做好对非法集资活动的监测预警、性质认定、案件处置等工作，维护社会稳定。县级以上地方人民政府处置非法集资牵头部门对监测发现、群众举报和有关部门依法移送的涉嫌非法集资线索，应当及时甄别处理，并协同有关部门采取相应措施。县级以上地方人民政府应当建立举报奖励制度，鼓励社会公众举报涉嫌非法集资行为。发现可能存在非法集资风险单位或者个人，有权进行警示约谈，责令整改，并及时向公众预警提示具有苗头性、倾向性的非法集资风险。县级以上地方人民政府的实际履行调查非法集资的职责为地方金融监管部门的职责。地方金融管理部门应当会同有关部门、中央金融监管部门在沪派出机构，对擅自设立地方金融组织或者非法从事地方金融组织业务活动开展风险防范和处置。

3. 宣传主管部门以及媒体的职责。宣传主管部门负责新闻媒体对涉嫌非法集资宣传的管理，组织开展处置非法集资宣传教育工作。广播电视、报刊、网络等媒体对证据确凿、危害严重的非法集资案件依法予以报道，营造打击非法集资违法犯罪活动的舆论氛围。

4. 互联网信息内容管理部门和电信主管部门的职责。互联网信息内容管理和电信主管部门应当按照职责分工，加强互联网信息传播的监督管理，加强互联网和网站、移动应用程序等互联网应用的监测，完善监测措施。对于属于非法集资信息的，应当责令互联网信息服务提供者停止传输该信息，并采取消除等措施。

5. 市场监督管理部门的职责。通过广告和互联网传播非法集资信息，是非法集资风险扩散、蔓延的重要渠道。市场监督管理部门在市场主体登记管理中心，除国家另有规定外，任何单位和个人不得发布包含集资内容的广告或者以其他方式向社会公众进行集资宣传。除法律、行政法规和国家另有规定外，企业、个体工商户名称和经营范围中不得包含"金融""交易所""交易中心""理财""财富管理""股权众筹"等字样或者内容。发现企业名称或者经营范围包含与集资有关字样或者内容，应及时通报处置非法集资职能部门。加强广告监督管理，完善监测措施，压实广告经营者、广告发布者责任。发现涉嫌非法集资的广告，应当及时移送处置非法集资职能部门予以认定；对于经认定属于非法集资广告的，应当依法查处。发布融资广告的广告主应当取得相关金融业务资质或者其他证明文件。广告经营者、广告发布者应当查验有关金融业务资质或者证明文件，核对广告内容。

6. 金融机构、非银行支付机构或者金融从业机构的职责。国务院金融管理部门及其分支机构、派出机构按照职责分工督促、指导金融机构、非银行支付机构加强对资金异常流动情况及其他涉嫌非法集资可疑资金的监测工作。金融机构、非银行支付机构或者金融从业机构的职责应当履行下列职责：加强内部管理，确保机构和内部人员不参与非法集资，不允许他人利用经营场所、销售渠道从事非法集资；加强社会公众防范非法集资宣传教育，在营业场所醒目位置张贴警示标识；严格执行大额交易和可疑交易报告制度；对各类账户交易涉嫌非法集资资金异常流动进行分析识别，并将有关情况及时提供所在地处置非法集资职能部门和中央金融监督管理部门。

7. 商会、行业协会的职责。商会、行业协会属于社会组织，应当加强自律管理，督促成员单位自我约束，引导成员不参与非法集资并积极防范。金融组织依法建立行业自律组织。行业自律组织应当承担通过制定行业自律规则，督促、检查会员及其从业人员行为，实施自律管理措施；依法维护会员合法权益，反映行业的建议和诉求，促进行业与监管部门定期沟通；督促会员开展金融消费者和投资者的教育活动，维护金融消费者和投资者合法权益；对会员违法违规行为的投诉进行调查和处理；对会员之间以及会员与金融消费者或者投资者的纠纷进行调解。

8. 公安司法机关的职责。公安机关受理单位或个人举报、报案、移送的涉嫌非法集资案件，及时依法立案侦查；对非法集资活动单位或个人依法采取强制措施；依法查询、冻结、扣押涉案资产，最大限度挽回经济损失；协助省级人民政府做好维护社会稳定等工作。检察机关依法做好非法集资案件的审查批捕、审查起诉和诉讼监督工作；加强与有关部门的沟通与联系，积极参与处置非法集资工作中需要协调的事项；为非法集资案件办理工作中的法律问题提供咨询和指导等工作。人民法院负责非法集资案件的受理、审判和执行工作；对非法集资案件审理活动中的法律适用问题适时制定司法解释；积极参与处置非法集资工作中需要协调的事项；配合有关部门开展处置非法集资案件的宣传工作；为打击非法集资活动提供法律咨询和指导等工作。

另外，居民委员会、村民委员会也应积极参与涉嫌非法集资治理工作，发现问题及时报告。

（三）非法集资的防控对策

根据非法集资早预警、早防控以及打早打小的要求，依托信息化技术、网格化管理和基层群众自治力量，不断提升监测预警能力。国家非法集资监测预警平台线上采用技术手段开展大数据监测预警，线下群防群治深入推进和非法集资举报奖励制度实施，及时发现并处置了一批苗头性风险。对于非法集资的防控应当基于非法集资动因与特点，特别需要广泛利用报刊、电视、广播、网络等媒体，多方位、多角度地进行风险提示，通报非法集资的表现形式、特点，宣传打击和处置非法集资有关的法律法规政策，普及相关金融知识，通过以案释法，揭示非法集资的欺骗性、风险性及社会危害性，引导广大群众提高识别能力，自觉抵制非法集资。从源头上减少投资非法集资的资金固然重要,但是这种防控策略并非现实,投资获利的经济规律在资本市场上并非是"远离非法集资"与"责任自担"的警语能够抑制的,也非是普及金融知识能够减少的。因为"投机获利"与"风险机遇"有时相向而行,仅仅依靠教育投资者难以有效遏制非法集资。坚持"稳定大局、统筹协调、分类施策、精准拆弹"的基本方针,注重提前部署,注重源头管控、打早打小,注重标本兼治、全链条治理,全力保护人民群众财产安全,切实维护社会大局稳定。因此,建立非法集资的防控机制尤为必要,即使是亡羊补牢,也是必不可缺的。建立现代化、信息化、智能化的非法集资监控系统,区构建立体化、社会化、信息化的监测预警体系。建立全国非法金融活动风险防控平台建设,不断通过科技手段完善非法集资的防控机制,提高非法集资防控能力的现代化。

1. 建立非法集资的情报系统,主动获取涉嫌非法集资的线索,采用大数据分析系统,确定需要关注的风险事件。非法集资舆情与情报线索的获得尤其重要。例如,北京非法集资的所谓"冒烟指数"分析与预警。[①] 预警平台的工作原理:通过使用市场监督、招聘、舆情、法院行为信息数据、投诉举报、客户提供风险企业、监管机构数据和网络爬虫数据多源异构数据共 150 个数据项,从中提取 320 个变量,形成非法性指数、收益率指数、传播力指数、投诉率指数、特征性指数等。在对上述数据处理后,从中抽象出五个特征:合规性指数、特征词命中指数、传播力指数、收益率偏离指数以及投诉率指数,分别对应非法集资的非法性、社会性、公开性、利诱性。对多个数据源的数据,在内存式计算平台上进行分布式计算,经过数据清洗、数据集成、数据变换、数据规约等一系列预处理过程,把数据集合统一转换成可供分析的结构化数据。最后,通过分析算法,依照此前建立的多个风险预测模式,计算出不同的风险指数,再通过整合,可最终得出非法集资风险指数。通过对这些指数进行加权平均,就可以得出一个非法集资风险指数,也称"冒烟指数"。如果指数为 60~80 区间,则意味着其非法集资的风险非常高,需要公安机关介入;指数为 40~60 区间,则需要监管部门密切关注。这种追踪舆情、精准检测的预警系统值得参考,更需要在上述模式中进行不断完善。

2. 建立利用互联网、大数据、区块链等现代信息化技术手段非法集资监测平台。落实《全国非法集资监测预警体系建设规划(2020—2022 年)》的要求,整合各地各有关部门信息资源,提高信息互通共享水平。对非法集资的法人、实际控制机制、代理人、中间人等建立经营异常名录和信用记录,纳入全国信用信息共享交换平台。充分发挥金融机构监测防控作用,资金流向监测是发现并防范非法集资的关键,非法集资大部分要通过金融机构转账,金融机构是发现非法集资的"前哨",使非法集资"一处发现,处处受限"。充分利用各种技术手段,在严格执行大额可疑资金报告制度基础上,对各类账户交易中具有分散转入集中转出、定期批量小额转出等资金异动进行监测分析,及早发现并报告非法集资资金动向。同时,

---

① 参见马淑娟:《揭秘:北京用大数据打击非法集资》,载《法治周末》2015 年 6 月 4 日。

还需要加强对门户网站、微博、微信、手机客户端、百度搜索等新兴媒体发布融资类广告的管控。在监管科技领域积极探索与实践研发的防控金融风险的利器，实现对非法集资、高利贷、套路贷等非法金融活动的预警和研判，并依托"冒烟指数"风险防控模型和多年服务地方金融监管以及一线经侦的实践经验，研发可实现金融企业准入预警、重点金融领域监管、非法集资广告监管等功能的"火眼金睛"金融风险监测预警平台；透过资金异动实现精确破案的"定海神针"大数据经济犯罪智能侦查平台，平台基于全面清洗整合情报线索信息及各类技战法模型，清晰还原涉案过程、锁定涉案规模、固化犯罪证据、识别资金去向；服务于社会治理及信用管理的"天罗地网"金融监管 AI 中台等产品，平台通过整合工商、法院、舆情等海量互联网公开数据和地方政务数据，应用大数据、云计算技术实时监测地方类金融企业，平台预警提示风险。

3. 完善非法集资的预警系统，及时追踪舆情，精准检测嫌疑重大的非法集资。各地区要建立立体化、社会化、信息化的监测预警体系，充分发挥网格化管理和基层群众自治的经验和优势，群防群治，贴近一线开展预警防范工作。创新工作方法，充分利用互联网、大数据等技术手段加强对非法集资的监测预警。部际联席会议要积极整合各省市、各有关部门信息资源，推动实现市场主体公示信息、人民银行征信信息、行政执法信息公安打击违法犯罪信息、法院立案判决执行信息等相关信息的依法互通共享，进一步发挥好全国统一的信用信息共享交换平台作用，加强风险研判，及时预警提示。监管部门应当利用大数据手段，从非法集资特征命中率、收益合理性、举报率、合规性等多个要素综合分析集资活动，从而及时反映。对于非法集资案件一般交易数额较大、交易次数频繁，而且大部分非法集资行为选择自然人开立账户而不是单位账户进行交易，对此应当给予足够的关注。银行等金融机构应当严格按照《金融机构大额交易和可疑交易报告管理办法》对自然人银行账户频繁进行现金收付、一次性大额存取现金、短期内相同收付款人之间频繁发生资金收付且交易金额接近大额交易标准等可疑情形进行监管，并及时向有关机关报告，将有利于案件的及时发现和查处。

4. 完善非法集资的部门协作与合作的衔接机制。完善防范和处置非法集资组织协调机制，完善中央和地方防范和处置非法集资工作机制。中央层面，充分发挥部际联席会议作用，银保监会要强化部门联动，加强顶层推动，加大督促指导力度，增强工作合力。地方各级人民政府要建立健全防范和处置非法集资工作领导小组工作机制，由政府分管领导担任组长，明确牵头部门和有关人员，落实职责分工，优化工作程序，强化制度约束，提升工作质效。非法集资的部门协作机制需要从以下方面考虑：（1）建立健全防范和处置非法集资工作领导小组工作机制和联席会议；（2）建立完善非法集资疏堵并举、防治结合的综合治理长效机制和预防、预警、打击、处置四位一体的防治工作体系。（3）完善对重大、跨省案件的督导协调机制，完善对重点地区、重点行业风险的调研、提示和督导制度，保证协调机制的有效性。（4）地方政府建立非法集资监测预警体系，发挥网络化监管和基层群众自治优势,形成非法集资天罗地网的监管协作机制。

5. 完善非法集资的研判机制,提供防控非法集资的预警机制和对策方案。非法集资活动不会因打击而销声匿迹,屡禁不止可能是趋势。行为人为攫取暴利,其集资的模式花样翻新,手段升级,甚至借助现代信息技术等开展非法集资等行为,隐蔽性强、风险传染快,风险不容忽视。需要对其未来的发展趋势、手段等进行研判,未雨绸缪,提出预判对策。以 2015 年出现的 MMM 为例。①

MMM 平台模式早在 20 多年前就被定性为"世界上最大的庞氏骗局之一。MMM 平台发布一种名为"马夫罗"的虚拟物品,用户首先必须以"提供帮助者"的身份购买"马夫罗"。然而,账户必须经过 15 天冻结期,冻结期后又以"寻求帮助者"的身份等待其他人来买你的"马夫罗"。买家由 MMM 系统自动匹配,期限为 1~14 天,在等待期间,每天都有 1% 的利息。获得收益回报的投资者如果在 MMM 平台发表感谢视频,还能获得奖金奖励:带有正脸的感谢视频,有 5% 的奖金,如果没有露脸,会得到 3% 的奖金。购买"马夫罗",每次必须以 10 的倍数买入,最少也要投入 60 元,冻结期 15 天,在此期间不能取消订单,否则账户会被冻结,钱也回不来。1994 年 2 月,俄罗斯人谢尔盖·马夫罗季创立 MMM 股份公司,注册资金仅为 10 万卢布(当时约合 1000 美元)。MMM 公司在俄罗斯全国几乎所有知名媒体投放广告,以高投资回报为诱饵吸引投资者。当时的俄罗斯,曾有数百万人参与 MMM 金融金字塔,总计被骗走上百亿美元。在持续 3 年之后,1997 年 MMM 项目破产,其创始人谢尔盖·马夫罗季被判 4 年半监禁。2007 年他出狱之后,又跑到印度、中国、南非、印尼等国家,用在俄罗斯行骗的手法骗外国人,仍然可以屡屡得手。2015 年 5 月,MMM 平台传入中国,形成了"MMM 中国社会金融网络"网站,或者"万达 MMM 中国互助社区",并声称"只要先投一笔钱,每个月就能收获 30% 的'利息'"? 同时宣称投资门槛低、周期短、收益高。例如,免费注册后,投资 60~60000 元,满 15 天可提现,日收益 1%,月收益 30%,年收益 23 倍,无手续费。此外,参与者发展他人加入,还可获得推荐奖(下线投资额的 10%)、管理奖(根据会员等级确定相应比例)等额外收益,发展人员无上限、返利无上限。

原银监会、工业和信息化部、人民银行、原工商总局对此种模式提出警示:"近期国内多地出现以'金融互助'为名,承诺高额收益,引诱公众投入资金的行为。""有的打着'境外名人'旗号,声称以'摧毁不公正世界金融体系、打破金融家的控制、创建普通人的社区'为目标,通过建立所谓'公平、公正、互惠、诚实的人助人金融平台',让社会公众通过资助别人从而得到更多人的帮助。同时宣称'经过市场检验,已在多个国家成熟运作多年,拥有全球数亿会员'等。""多由境外人员远程操控,投资款往往通过个人银行账户网银转账或通过第三方支

---

① 参见孟凡霞:《公众号被封 MMM 互助社区面临崩盘》,载《北京商报》2016 年 4 月 13 日。

付平台流转。此类运作模式违背价值规律,资金运转难以长期维系,一旦资金链断裂,投资者将面临严重损失。请广大公众切实提高风险意识,理性审慎投资,防止利益受损。同时,对掌握的违法犯罪线索,可积极向有关部门反映。"有关部门及早向社会提醒,同时采取有效的措施避免灾难的继续蔓延。

6. 建立非法集资风险的控制机制,及时采用应急预案,阻隔对其他领域的风险传导。针对重点领域、行业、动态,采取社会面排查、行业排查、互联网排查、大额和可疑资金交易排查、发动公众监督等多种方式,广泛摸排涉嫌非法集资线索,全面摸清相关底数及风险状况。发现非法集资或者线索的妥善处置,及时启动应急预案,防止风险蔓延扩散。

7. 建立防范非法机制宣传教育工作机制,形成分层级的宣传教育体系。根据《防范和处置非法集资条例》的规定,国家建立健全防范非法集资宣传教育工作机制。联席会议应当制定防范非法集资宣传教育总体规划,推动全国范围内防范非法集资宣传教育工作。地方各级人民政府应当建立健全常态化的防范非法集资宣传教育工作机制加强防范非法集资宣传工作,教育社会公众认识非法集资的违法性和危害性,提高其对非法集资的识别能力和防范意识。通过开展宣传教育活动,建立"面线结合、广泛覆盖、上下联动、行之有效"的长效机制,全面提高广大企业和社会公众的辨别能力和风险防范意识,从源头上遏制非法集资案件高发势头。充分运用电视、广播、报刊、互联网、手机、公共交通设施等各类媒介或载体,通过政府公告、动漫宣传片、法律解读、案件剖析、金融理财博览会、宣传彩页等群众易于接受的方式和渠道开展宣传教育工作,引导广大群众对非法集资不参与、能识别、敢揭发,提高宣传教育的广泛性、针对性和有效性。

8. 构建层级不同的融资体系,丰富拓宽畅通融资渠道。2018年底召开的中央经济工作会议指出:"我国经济运行主要矛盾仍然是供给侧结构性的,必须坚持以供给侧结构性改革为主线不动摇。"2019年12月10日至12日中央经济工作会议认为,我国正处在转变发展方式、优化经济结构、转换增长动力的攻关期,结构性、体制性、周期性问题相互交织,"三期叠加"影响持续深化,经济下行压力加大。当前世界经济增长持续放缓,仍处在国际金融危机后的深度调整期,世界大变局加速演变的特征更趋明显,全球动荡源和风险点显著增多。而我国民营企业难以从银行等正规金融渠道获得融资,银行愿意借钱给央企和国有企业,而不愿借给他们这些民营企业,被迫民营企业转向民间金融市场进行集资。当高息借贷和非法集资活动出现大面积无法兑付,就会催生集资犯罪,将其风险向银行转嫁,导致银行业潜在风险加速暴露。如此往复循环,最终也会造成银行重大损失。因此,深化金融供给侧结构性改革,平衡好稳增长和防风险的关系,精准有效处置重点领域风险,建立多层次的资本供给体系,降低非法集资的供给来源,这种改革不仅有利于传统金融的健康发展,也有利于减少对传统金融机构利益的不应有减损,更有利于资本市场繁荣。2020年12月中央经济工作会议强调,保持货币供应量和社会融资规模增速同名义经济增速基本匹配。

对于非法集资需要的不仅仅是要重视处置,防止出现影响社会稳定的事件,更为重要的是从源头上进行治理,积极对融资进行疏导,拓宽合法融资的渠道,满足融资的需要。由于我国民营企业迅速崛起和迅猛发展,促进我国市场主体多元化结构的形成,也造成了社会资金需求高度紧张的局面。而我国以金融机构为主导的单一的间接融资体系,特别是社会资金供给呈现出渠道单一性、供给有限性和对象歧视性的特征,使得作为多元化市场主体结构中重要组成部分的民营企业面临着融资困难的尴尬境地。随着我国社会经济的快速发展,民众财富的增加和资金迅速积累,对资金需求主体形成了强有力的刺激,再加上现代信息化技术尤其是互联网的发达,触发了民间融资多样化、便捷化方式的发展。当通过银行间接融资渠道难以有效满足需求的市场主体,尤其是资金需求和获取资金的途径难以形成有效的对接时,融资将会投向社会闲散资金,民间直接融资顺势而风靡一时。国家在通过经济和行政手段严格控制金融机构运行的同时,必然会以刑事制裁手段规制民间的直接融资活动。国家特殊的金融制度安排给中小企业造成了融资难的困境,却又以非法吸收公众存款罪这种严厉的刑事制裁手段压制民间直接融资行为。因此,非法吸收公众存款罪规制范围的大小在相当程度上取决于国家金融政策的需求。从统计数据可以看出,非法吸收公众存款的行为主体中个体户、中小企业主以及小规模的公司高管等直接从事商业活动的主体占到51%,农民也占有较大比重,达到14%,而其他职业主体只占到总数的35%。[1] 在立法、司法和社会层面,刑事立法的过度前置不仅无益于预防法益侵害,反而会降低刑罚效益和司法公信力,导致部门法之间关系失调。而刑法过度前置化现象的形成,则源于对刑罚预防功能的过度倚重,对宽严相济刑事政策的错误践行,以及对社会公众安全焦虑的盲目回应。[2] 由于我国在非法集资上存在刑法过度前置化现象,在一定程度上造成刑法与非法集资的行政监管方面的法律缺失,影响了非法集资防范功能的发挥。面对当前非法集资"新案高发与陈案积压并存"的严峻形势,防范和处置非法集资不仅需要政策的支持,更需要法治方法的治理。通过立法明确政府部门、行业部门以及监管部门的防范处置非法集资的法定职责,改变原来处置非法集资主要依靠刑事打击的做法,注重源头治理、标本兼治和全链条治理,构建出行政防范处置与司法打击惩治并重并举、有机衔接的格局,这对建立多层次的非法集资处置体系,更好保障投资者合法权益均具有重要意义。一言以蔽之,处置非法集资的行政源头治理不能缺位,法治方式不可缺席。[3] 需要构建层级不同的融资体系,丰富拓宽畅通融资渠道,从融资的根源和供给侧结构上进行改革,建立融资政策引导、民事融资调整、行政监管防范和刑事制裁的阶梯式防范与处置体系,体现国家治理非法集资的鲜明政治立场,守护好社会公众的"钱袋子"。

---

[1] 参见陈伟、郑自飞:《非法吸收公众存款罪的三维限缩——基于浙江省2013-2016年397个判决样本的实证分析》,载《昆明理工大学学报(社会科学版)》2017年第6期。
[2] 参见陈伟、霍俊阁:《刑法过度前置化批判及其纠正》,载《山东警察学院学报》2018年第1期。
[3] 参见郭华:《处置非法集资,法治方式不可缺席》,载《法治日报》2020年12月30日。

附录

附录一：《国务院关于进一步做好防范和处置非法集资工作的意见》

国务院
关于进一步做好防范和处置非法集资工作的意见

（2015年10月19日国发〔2015〕59号）

各省、自治区、直辖市人民政府，国务院各部委、各直属机构：

近年来，在处置非法集资部际联席会议（以下简称部际联席会议）成员单位和地方人民政府的共同努力下，防范和处置非法集资工作取得积极进展。但是，当前非法集资形势严峻，案件高发频发，涉案领域增多，作案方式花样翻新，部分地区案件集中暴露，并有扩散蔓延趋势。按照党中央、国务院决策部署，为有效遏制非法集资高发蔓延势头，加大防范和处置工作力度，切实保护人民群众合法权益，防范系统性区域性金融风险，现提出以下意见：

一、充分认识当前形势下做好防范和处置非法集资工作的重要性和紧迫性

长期以来，我国经济社会保持较快发展，资金需求旺盛，融资难、融资贵问题比较突出，民间投资渠道狭窄的现实困难和非法集资高额回报的巨大诱惑交织共存。当前，经济下行压力较大，企业生产经营困难增多，各类不规范民间融资介入较深的行业领域风险集中暴露，非法集资问题日益凸显。一些案件由于参与群众多、财产损失大，频繁引发群体性事件，甚至导致极端过激事件发生，影响社会稳定。

防范和处置非法集资是一项长期、复杂、艰巨的系统性工程。各地区、各有关部门要高度重视，从保持经济平稳发展和维护社会和谐稳定的大局出发，加大防范和处置力度，建立和完善长效机制，坚决守住不发生系统性区域性金融风险底线。

二、总体要求

（一）指导思想。深入贯彻党的十八大和十八届三中、四中全会精神，认真落

实党中央、国务院决策部署，主动适应经济发展新常态，坚持系统治理、依法治理、综合治理、源头治理，进一步健全责任明确、上下联动、齐抓共管、配合有力的工作格局，加大防范预警、案件处置、宣传教育等工作力度，开正门、堵邪路，逐步建立防打结合、打早打小、综合施策、标本兼治的综合治理长效机制。

（二）基本原则。

一是防打结合，打早打小。既要解决好浮出水面的问题，讲求策略方法，依法、有序、稳妥处置风险；更要做好防范预警，尽可能使非法集资不发生、少发生，一旦发生要打早打小，在苗头时期、涉众范围较小时解决问题。

二是突出重点，依法打击。抓住非法集资重点领域、重点区域、重大案件，依法持续严厉打击，最大限度追赃挽损，强化跨区域、跨部门协作配合，防范好处置风险的风险，有效维护社会稳定。

三是疏堵结合，标本兼治。进一步深化金融改革，大力发展普惠金融，提升金融服务水平。完善民间融资制度，合理引导和规范民间金融发展。

四是齐抓共管，形成合力。地方各级人民政府牵头，统筹指挥；中央层面，部际联席会议顶层推动、协调督导，各部门协同配合，加强监督管理。强化宣传教育，积极引导和发动广大群众参与到防范和处置非法集资工作中来。

（三）主要目标。非法集资高发势头得到遏制，存量风险及时化解，增量风险逐步减少，大案要案依法、稳妥处置。非法集资监测到位、预警及时、防范得力，一旦发现苗头要及早引导、规范、处置。政策法规进一步完善，处置非法集资工作纳入法治化轨道。广大人民群众相关法律意识和风险意识显著提高，买者自负、风险自担的意识氛围逐步形成。金融服务水平进一步提高，投融资体系进一步完善，非法集资生存土壤逐步消除。

三、落实责任，强化机制

（四）省级人民政府是防范和处置非法集资的第一责任人。省级人民政府对本行政区域防范和处置非法集资工作负总责，要切实担负起第一责任人的责任。地方各级人民政府要有效落实属地管理职责，充分发挥资源统筹调动、靠近基层一线优势，做好本行政区域内风险排查、监测预警、案件查处、善后处置、宣传教育和维护稳定等工作，确保本行政区域防范和处置非法集资工作组织到位、体系完善、机制健全、保障有力。建立目标责任制，将防范和处置非法集资工作纳入领导班子和领导干部综合考核评价内容，明确责任，表彰奖励先进，对工作失职、渎职行为严肃追究责任。进一步规范约束地方各级领导干部参与民间经济金融活动。

（五）落实部门监督管理职责。各行业主管、监管部门要将防控本行业领域非法集资作为履行监督管理职责的重要内容，加强日常监管。按照监管与市场准入、行业管理挂钩原则，确保所有行业领域非法集资监管防范不留真空。对需要经过市场准入许可的行业领域，由准入监管部门负责本行业领域非法集资的防范、监测和预警工作；对无需市场准入许可，但有明确主管部门指导、规范和促进的行业领域，由主管部门牵头负责本行业领域非法集资的防范、监测和预警工作；对没有明确主管、监管部门的行业领域，由地方各级人民政府组织协调相关部门，充分利用现有市场监管手段，强化综合监管，防范非法集资风险。

（六）完善组织协调机制。进一步完善中央和地方防范和处置非法集资工作机制。中央层面，充分发挥部际联席会议作用，银监会作为牵头单位要进一步强化部门联动，加强顶层推动，加大督促指导力度，增强工作合力。地方各级人民政府要建立健全防范和处置非法集资工作领导小组工作机制，由政府分管领导担任组长，明确专门机构和专职人员，落实职责分工，优化工作程序，强化制度约束，提升工作质效。

四、以防为主，及时化解

（七）全面加强监测预警。各地区要建立立体化、社会化、信息化的监测预警体系，充分发挥网格化管理和基层群众自治的经验和优势，群防群治，贴近一线开展预警防范工作。创新工作方法，充分利用互联网、大数据等技术手段加强对非法集资的监测预警。部际联席会议要积极整合各地区、各有关部门信息资源，推动实现工商市场主体公示信息、人民银行征信信息、公安打击违法犯罪信息、法院立案判决执行信息等相关信息的依法互通共享，进一步发挥好全国统一的信用信息共享交换平台作用，加强风险研判，及时预警提示。

（八）强化事中事后监管。行业主管、监管部门要加强对所主管、监管机构和业务的风险排查和行政执法，做到早发现、早预防、早处置。对一般工商企业，各地区要综合运用信用分类监管、定向抽查检查、信息公示、风险警示约谈、市场准入限制等手段，加强市场监督管理，加强部门间信息共享和对失信主体的联合惩戒，探索建立多部门联动综合执法机制，提升执法效果。对非法集资主体（包括法人、实际控制人、代理人、中间人等）建立经营异常名录和信用记录，并纳入全国统一的信用信息共享交换平台。充分发挥行业协会作用，加强行业自律管理，促进市场主体自我约束、诚信经营。

（九）发挥金融机构监测防控作用。加强金融机构内部管理，确保分支机构和员工不参与非法集资。加强金融机构对社会公众的宣传教育，在营业场所醒目位置张贴警示标识。金融机构在严格执行大额可疑资金报告制度基础上，对各类账户交易中具有分散转入集中转出、定期批量小额转出等特征的涉嫌非法集资资金异动进行分析识别，并将有关情况及时提供给地方各级防范和处置非法集资工作领导小组办公室。人民银行、银监会、证监会、保监会、外汇局要指导和督促金融机构做好对涉嫌非法集资可疑资金的监测工作，建立问责制度。

（十）发动群众防范预警。充分调动广大群众积极性，探索建立群众自动自发、广泛参与的防范预警机制。加快建立非法集资举报奖励制度，强化正面激励，加大奖励力度，鼓励广大群众积极参与，并做好保密、人身安全保护等工作。部际联席会议研究制订举报奖励办法，地方各级人民政府组织实施。

五、依法打击，稳妥处置

（十一）防控重点领域、重点区域风险。各地区、各有关部门要坚决依法惩处非法集资违法犯罪活动，密切关注投资理财、非融资性担保、P2P网络借贷等新的高发重点领域，以及投资公司、农民专业合作社、民办教育机构、养老机构等新的风险点，加强风险监控。案件高发地区要把防范和处置非法集资工作放在突出重要位置，遏制案件高发态势，消化存量风险，最大限度追赃挽损，维护金融和社会秩序稳定。公安机关要积极统筹调配力量，抓住重点环节，会同有关部门综合采取措施，及时发现并快速、全面、深入侦办案件，提高打击效能。有关部门要全力配合，依法开展涉案资产查封、资金账户查询和冻结等必要的协助工作。

（十二）依法妥善处置跨省案件。坚持统一指挥协调、统一办案要求、统一资产处置、分别侦查诉讼、分别落实维稳的工作原则。牵头省份要积极主动落实牵头责任，依法合规、公平公正地制定统一处置方案，加强与其他涉案地区的沟通协调，定期通报工作进展情况。协办省份要大力支持配合，切实履行协作义务。强化全局观念，加强系统内的指挥、指导和监督，完善内部制约激励机制，切实推动、保障依法办案，防止遗漏犯罪事实；加强沟通、协商及跨区域、跨部门协作，共同解决办案难题，提高案件查处效率。

（十三）坚持分类施策，维护社会稳定。综合运用经济、行政、法律等措施，讲究执法策略、方式、尺度和时机，依法合理制定涉案资产的处置政策和方案，分类处置非法集资问题，防止矛盾激化，努力实现执法效果与经济效果、社会效果相统一。落实维稳属地责任，畅通群众诉求反映渠道，及时回应群众诉求，积极导入法治轨道，严格依法处置案件，切实有效维护社会稳定。

六、广泛宣传，加强教育

（十四）建立上下联动的宣传教育工作机制。建立部际联席会议统一规划，宣传主管部门协调推动，行业主管、监管部门指导落实，相关部门积极参与，各省（区、市）全面落实，中央和地方上下联动的宣传教育工作机制。

（十五）加大顶层引领和推动力度。中央层面要加强顶层设计，制定防范和处置非法集资宣传总体规划，推动全国范围内宣传教育工作。部际联席会议要组织协调中央媒体大力开展宣传教育，加强舆论引导。行业主管、监管部门要根据行业领域风险特点，制定防范和处置非法集资法律政策宣传方案，有针对性地开展本行业领域宣传教育活动。

（十六）深入推进地方强化宣传教育工作。地方各级人民政府要建立健全常态化的宣传教育工作机制，贴近基层、贴近群众、贴近生活，推动防范和处置非法集资宣传教育活动进机关、进工厂、进学校、进家庭、进社区、进村屯，实现宣传教育广覆盖，引导广大群众对非法集资不参与、能识别、敢揭发。充分运用电视、广播、报刊、网络、电信、公共交通设施等各类媒介或载体，以法律政策解读、典型案件剖析、投资风险教育等方式，提高宣传教育的广泛性、针对性、有效性。加强广告监测和检查，强化媒体自律责任，封堵涉嫌非法集资的资讯信息，净化社会舆论环境。

七、完善法规，健全制度

（十七）进一步健全完善处置非法集资相关法律法规。梳理非法集资有关法律规定适用中存在的问题，对罪名适用、量刑标准、刑民交叉、涉案财物处置等问题进行重点研究，推动制定和完善相关法律法规及司法解释。建立健全非法集资刑事诉讼涉案财物保管移送、审前返还、先行处置、违法所得追缴、执行等制度程序。修订《非法金融机构和非法金融业务活动取缔办法》，研究地方各级人民政府与司法机关在案件查处和善后处置阶段的职责划分，完善非法集资案件处置依据。

（十八）加快民间融资和金融新业态法规制度建设。尽快出台非存款类放贷组织条例，规范民间融资市场主体，拓宽合法融资渠道。尽快出台P2P网络借贷、股权众筹融资等监管规则，促进互联网金融规范发展。深入研究规范投资理财、非融资性担保等民间投融资中介机构的政策措施，及时出台与商事制度改革相配套的有关政策。

（十九）完善工作制度和程序。建立健全跨区域案件执法争议处理机制，完善不同区域间跨执法部门、司法部门查处工作的衔接配合程序。建立健全防范和处置非法集资信息共享、风险排查、事件处置、协调办案、责任追究、激励约束等制度，修订完善处置非法集资工作操作流程。探索在防范和处置有关环节引进法律、审计、评估等中介服务。

八、深化改革，疏堵并举

（二十）加大金融服务实体经济力度。进一步落实国务院决策部署，研究制定新举措，不断提升金融服务实体经济的质量和水平。不断完善金融市场体系，推动健全多层次资本市场体系，鼓励、规范和引导民间资本进入金融服务领域，大力发展普惠金融，增加对中小微企业有效资金供给，加大对经济社会发展薄弱环节的支持力度。

（二十一）规范民间投融资发展。鼓励和引导民间投融资健康发展，大幅放宽民间投资市场准入，拓宽民间投融资渠道。完善民间借贷日常信息监测机制，引导民间借贷利率合理化。推进完善社会信用体系，逐步建立完善全国统一、公开、透明的信用信息共享交换平台，营造诚实守信的金融生态环境。

九、夯实基础，强化保障

（二十二）加强基础支持工作。在当前非法集资高发多发形势下，要进一步做好防范和处置非法集资的人员、经费等保障工作。各级人民政府要合理保障防范和处置非法集资工作相关经费，并纳入同级政府预算。

各地区、各有关部门要认真落实本意见提出的各项任务，结合本地区、本部门实际，研究制定具体工作方案，采取切实有力措施。部际联席会议要督促检查本意见落实情况，重大情况及时向国务院报告。

国务院

2015 年 10 月 19 日

（有删减）

附录二：最高人民法院《关于审理非法集资刑事案件具体应用法律若干问题的解释》

最高人民法院
《关于审理非法集资刑事案件具体应用法律若干问题的解释》

（2010年11月22日最高人民法院审判委员会第1502次会议通过法释〔2010〕18号）

为依法惩治非法吸收公众存款、集资诈骗等非法集资犯罪活动，根据刑法有关规定，现就审理此类刑事案件具体应用法律的若干问题解释如下：

第一条 违反国家金融管理法律规定，向社会公众（包括单位和个人）吸收资金的行为，同时具备下列四个条件的，除刑法另有规定的以外，应当认定为刑法第一百七十六条规定的"非法吸收公众存款或者变相吸收公众存款"：

（一）未经有关部门依法批准或者借用合法经营的形式吸收资金；

（二）通过媒体、推介会、传单、手机短信等途径向社会公开宣传；

（三）承诺在一定期限内以货币、实物、股权等方式还本付息或者给付回报；

（四）向社会公众即社会不特定对象吸收资金。

未向社会公开宣传，在亲友或者单位内部针对特定对象吸收资金的，不属于非法吸收或者变相吸收公众存款。

第二条 实施下列行为之一，符合本解释第一条第一款规定的条件的，应当依照刑法第一百七十六条的规定，以非法吸收公众存款罪定罪处罚：

（一）不具有房产销售的真实内容或者不以房产销售为主要目的，以返本销售、售后包租、约定回购、销售房产份额等方式非法吸收资金的；

（二）以转让林权并代为管护等方式非法吸收资金的；

（三）以代种植（养殖）、租种植（养殖）、联合种植（养殖）等方式非法吸收资金的；

（四）不具有销售商品、提供服务的真实内容或者不以销售商品、提供服务为主要目的，以商品回购、寄存代售等方式非法吸收资金的；

（五）不具有发行股票、债券的真实内容，以虚假转让股权、发售虚构债券等方式非法吸收资金的；

（六）不具有募集基金的真实内容，以假借境外基金、发售虚构基金等方式非法吸收资金的；

（七）不具有销售保险的真实内容，以假冒保险公司、伪造保险单据等方式非法吸收资金的；

（八）以投资入股的方式非法吸收资金的；

（九）以委托理财的方式非法吸收资金的；

（十）利用民间"会""社"等组织非法吸收资金的；

（十一）其他非法吸收资金的行为。

第三条 非法吸收或者变相吸收公众存款，具有下列情形之一的，应当依法追究刑事责任：

（一）个人非法吸收或者变相吸收公众存款，数额在20万元以上的，单位非法吸收或者变相吸收公众存款，数额在100万元以上的；

（二）个人非法吸收或者变相吸收公众存款对象30人以上的，单位非法吸收或者变相吸收公众存款对象150人以上的；

（三）个人非法吸收或者变相吸收公众存款，给存款人造成直接经济损失数额在10万元以上的，单位非法吸收或者变相吸收公众存款，给存款人造成直接经济损失数额在50万元以上的；

（四）造成恶劣社会影响或者其他严重后果的。

具有下列情形之一的，属于刑法第一百七十六条规定的"数额巨大或者有其他严重情节"：

（一）个人非法吸收或者变相吸收公众存款，数额在100万元以上的，单位非法吸收或者变相吸收公众存款，数额在500万元以上的；

（二）个人非法吸收或者变相吸收公众存款对象100人以上的，单位非法吸收或者变相吸收公众存款对象500人以上的；

（三）个人非法吸收或者变相吸收公众存款，给存款人造成直接经济损失数额在50万元以上的，单位非法吸收或者变相吸收公众存款，给存款人造成直接经济损失数额在250万元以上的；

（四）造成特别恶劣社会影响或者其他特别严重后果的。

非法吸收或者变相吸收公众存款的数额，以行为人所吸收的资金全额计算。案发前后已归还的数额，可以作为量刑情节酌情考虑。

非法吸收或者变相吸收公众存款，主要用于正常的生产经营活动，能够及时清退所吸收资金，可以免予刑事处罚；情节显著轻微的，不作为犯罪处理。

第四条 以非法占有为目的，使用诈骗方法实施本解释第二条规定所列行为的，应当依照刑法第一百九十二条的规定，以集资诈骗罪定罪处罚。

使用诈骗方法非法集资，具有下列情形之一的，可以认定为"以非法占有为目的"：

（一）集资后不用于生产经营活动或者用于生产经营活动与筹集资金规模明显

不成比例，致使集资款不能返还的；

（二）肆意挥霍集资款，致使集资款不能返还的；

（三）携带集资款逃匿的；

（四）将集资款用于违法犯罪活动的；

（五）抽逃、转移资金、隐匿财产，逃避返还资金的；

（六）隐匿、销毁账目，或者搞假破产、假倒闭，逃避返还资金的；

（七）拒不交代资金去向，逃避返还资金的；

（八）其他可以认定非法占有目的的情形。

集资诈骗罪中的非法占有目的，应当区分情形进行具体认定。行为人部分非法集资行为具有非法占有目的的，对该部分非法集资行为所涉集资款以集资诈骗罪定罪处罚；非法集资共同犯罪中部分行为人具有非法占有目的，其他行为人没有非法占有集资款的共同故意和行为的，对具有非法占有目的的行为人以集资诈骗罪定罪处罚。

第五条 个人进行集资诈骗，数额在10万元以上的，应当认定为"数额较大"；数额在30万元以上的，应当认定为"数额巨大"；数额在100万元以上的，应当认定为"数额特别巨大"。

单位进行集资诈骗，数额在50万元以上的，应当认定为"数额较大"；数额在150万元以上的，应当认定为"数额巨大"；数额在500万元以上的，应当认定为"数额特别巨大"。

集资诈骗的数额以行为人实际骗取的数额计算，案发前已归还的数额应予扣除。行为人为实施集资诈骗活动而支付的广告费、中介费、手续费、回扣，或者用于行贿、赠与等费用，不予扣除。行为人为实施集资诈骗活动而支付的利息，除本金未归还可予折抵本金以外，应当计入诈骗数额。

第六条 未经国家有关主管部门批准，向社会不特定对象发行、以转让股权等方式变相发行股票或者公司、企业债券，或者向特定对象发行、变相发行股票或者公司、企业债券累计超过200人的，应当认定为刑法第一百七十九条规定的"擅自发行股票、公司、企业债券"。构成犯罪的，以擅自发行股票、公司、企业债券罪定罪处罚。

第七条 违反国家规定，未经依法核准擅自发行基金份额募集基金，情节严重的，依照刑法第二百二十五条的规定，以非法经营罪定罪处罚。

第八条 广告经营者、广告发布者违反国家规定，利用广告为非法集资活动相关的商品或者服务作虚假宣传，具有下列情形之一的，依照刑法第二百二十二条的规定，以虚假广告罪定罪处罚：

（一）违法所得数额在10万元以上的；

（二）造成严重危害后果或者恶劣社会影响的；

（三）二年内利用广告作虚假宣传，受过行政处罚二次以上的；

（四）其他情节严重的情形。

明知他人从事欺诈发行股票、债券，非法吸收公众存款，擅自发行股票、债券，集资诈骗或者组织、领导传销活动等集资犯罪活动，为其提供广告等宣传的，以相关犯罪的共犯论处。

第九条 此前发布的司法解释与本解释不一致的，以本解释为准。

附录三：最高人民法院　最高人民检察院　公安部《关于办理组织领导传销活动刑事案件适用法律若干问题的意见》

最高人民法院　最高人民检察院　公安部
《关于办理组织领导传销活动刑事案件
适用法律若干问题的意见》

（2013年11月14日公通字〔2013〕37号）

各省、自治区、直辖市高级人民法院，人民检察院，公安厅、局，解放军军事法院、军事检察院，新疆维吾尔自治区高级人民法院生产建设兵团分院，新疆生产建设兵团人民检察院、公安局：

为解决近年来公安机关、人民检察院、人民法院在办理组织、领导传销活动刑事案件中遇到的问题，依法惩治组织、领导传销活动犯罪，根据刑法、刑事诉讼法的规定，结合司法实践，现就办理组织、领导传销活动刑事案件适用法律问题提出以下意见：

一、关于传销组织层级及人数的认定问题

以推销商品、提供服务等经营活动为名，要求参加者以缴纳费用或者购买商品、服务等方式获得加入资格，并按照一定顺序组成层级，直接或者间接以发展人员的数量作为计酬或者返利依据，引诱、胁迫参加者继续发展他人参加，骗取财物，扰乱经济社会秩序的传销组织，其组织内部参与传销活动人员在三十人以上且层级在三级以上的，应当对组织者、领导者追究刑事责任。

组织、领导多个传销组织，单个或者多个组织中的层级已达三级以上的，可将在各个组织中发展的人数合并计算。

组织者、领导者形式上脱离原传销组织后，继续从原传销组织获取报酬或者返利的，原传销组织在其脱离后发展人员的层级数和人数，应当计算为其发展的层级数和人数。

办理组织、领导传销活动刑事案件中，确因客观条件的限制无法逐一收集参与传销活动人员的言词证据的，可以结合依法收集并查证属实的缴纳、支付费用及计

酬、返利记录，视听资料，传销人员关系图，银行账户交易记录，互联网电子数据，鉴定意见等证据，综合认定参与传销的人数、层级数等犯罪事实。

二、关于传销活动有关人员的认定和处理问题

下列人员可以认定为传销活动的组织者、领导者：
（一）在传销活动中起发起、策划、操纵作用的人员；
（二）在传销活动中承担管理、协调等职责的人员；
（三）在传销活动中承担宣传、培训等职责的人员；
（四）曾因组织、领导传销活动受过刑事处罚，或者一年以内因组织、领导传销活动受过行政处罚，又直接或者间接发展参与传销活动人员在十五人以上且层级在三级以上的人员；
（五）其他对传销活动的实施、传销组织的建立、扩大等起关键作用的人员。

以单位名义实施组织、领导传销活动犯罪的，对于受单位指派，仅从事劳务性工作的人员，一般不予追究刑事责任。

三、关于"骗取财物"的认定问题

传销活动的组织者、领导者采取编造、歪曲国家政策，虚构、夸大经营、投资、服务项目及盈利前景，掩饰计酬、返利真实来源或者其他欺诈手段，实施刑法第二百二十四条之一规定的行为，从参与传销活动人员缴纳的费用或者购买商品、服务的费用中非法获利的，应当认定为骗取财物。参与传销活动人员是否认为被骗，不影响骗取财物的认定。

四、关于"情节严重"的认定问题

对符合本意见第一条第一款规定的传销组织的组织者、领导者，具有下列情形之一的，应当认定为刑法第二百二十四条之一规定的"情节严重"：
（一）组织、领导的参与传销活动人员累计达一百二十人以上的；
（二）直接或者间接收取参与传销活动人员缴纳的传销资金数额累计达二百五十万元以上的；
（三）曾因组织、领导传销活动受过刑事处罚，或者一年以内因组织、领导传销活动受过行政处罚，又直接或者间接发展参与传销活动人员累计达六十人以上的；
（四）造成参与传销活动人员精神失常、自杀等严重后果的；
（五）造成其他严重后果或者恶劣社会影响的。

五、关于"团队计酬"行为的处理问题

传销活动的组织者或者领导者通过发展人员，要求传销活动的被发展人员发展其他人员加入，形成上下线关系，并以下线的销售业绩为依据计算和给付上线报酬，牟取非法利益的，是"团队计酬"式传销活动。

以销售商品为目的、以销售业绩为计酬依据的单纯的"团队计酬"式传销活动，不作为犯罪处理。形式上采取"团队计酬"方式，但实质上属于"以发展人员的数量作为计酬或者返利依据"的传销活动，应当依照刑法第二百二十四条之一的规定，以组织、领导传销活动罪定罪处罚。

六、关于罪名的适用问题

以非法占有为目的，组织、领导传销活动，同时构成组织、领导传销活动罪和集资诈骗罪的，依照处罚较重的规定定罪处罚。

犯组织、领导传销活动罪，并实施故意伤害、非法拘禁、敲诈勒索、妨害公务、聚众扰乱社会秩序、聚众冲击国家机关、聚众扰乱公共场所秩序、交通秩序等行为，构成犯罪的，依照数罪并罚的规定处罚。

七、其他问题

本意见所称"以上""以内"，包括本数。

本意见所称"层级"和"级"，系指组织者、领导者与参与传销活动人员之间的上下线关系层次，而非组织者、领导者在传销组织中的身份等级。

对传销组织内部人数和层级数的计算，以及对组织者、领导者直接或者间接发展参与传销活动人员人数和层级数的计算，包括组织者、领导者本人及其本层级在内。

附录四：最高人民法院　最高人民检察院　公安部《关于办理非法集资刑事案件适用法律若干问题的意见》

最高人民法院　最高人民检察院　公安部
《关于办理非法集资刑事案件适用法律若干问题的意见》

（2014年4月25日公通字〔2014〕16号）

各省、自治区、直辖市高级人民法院，人民检察院，公安厅、局，解放军军事法院、军事检察院，新疆维吾尔自治区高级人民法院生产建设兵团分院，新疆生产建设兵团人民检察院、公安局：

为解决近年来公安机关、人民检察院、人民法院在办理非法集资刑事案件中遇到的问题，依法惩治非法吸收公众存款、集资诈骗等犯罪，根据刑法、刑事诉讼法的规定，结合司法实践，现就办理非法集资刑事案件适用法律问题提出以下意见：

一、关于行政认定的问题

行政部门对于非法集资的性质认定，不是非法集资刑事案件进入刑事诉讼程序的必经程序。行政部门未对非法集资作出性质认定的，不影响非法集资刑事案件的侦查、起诉和审判。

公安机关、人民检察院、人民法院应当依法认定案件事实的性质，对于案情复杂、性质认定疑难的案件，可参考有关部门的认定意见，根据案件事实和法律规定作出性质认定。

二、关于"向社会公开宣传"的认定问题

《最高人民法院关于审理非法集资刑事案件具体应用法律若干问题的解释》第一条第一款第二项中的"向社会公开宣传"，包括以各种途径向社会公众传播吸收资金的信息，以及明知吸收资金的信息向社会公众扩散而予以放任等情形。

三、关于"社会公众"的认定问题

下列情形不属于《最高人民法院关于审理非法集资刑事案件具体应用法律若

干问题的解释》第一条第二款规定的"针对特定对象吸收资金"的行为，应当认定为向社会公众吸收资金：

（一）在向亲友或者单位内部人员吸收资金的过程中，明知亲友或者单位内部人员向不特定对象吸收资金而予以放任的；

（二）以吸收资金为目的，将社会人员吸收为单位内部人员，并向其吸收资金的。

四、关于共同犯罪的处理问题

为他人向社会公众非法吸收资金提供帮助，从中收取代理费、好处费、返点费、佣金、提成等费用，构成非法集资共同犯罪的，应当依法追究刑事责任。能够及时退缴上述费用的，可依法从轻处罚；其中情节轻微的，可以免除处罚；情节显著轻微、危害不大的，不作为犯罪处理。

五、关于涉案财物的追缴和处置问题

向社会公众非法吸收的资金属于违法所得。以吸收的资金向集资参与人支付的利息、分红等回报，以及向帮助吸收资金人员支付的代理费、好处费、返点费、佣金、提成等费用，应当依法追缴。集资参与人本金尚未归还的，所支付的回报可予折抵本金。

将非法吸收的资金及其转换财物用于清偿债务或者转让给他人，有下列情形之一的，应当依法追缴：

（一）他人明知是上述资金及财物而收取的；

（二）他人无偿取得上述资金及财物的；

（三）他人以明显低于市场的价格取得上述资金及财物的；

（四）他人取得上述资金及财物系源于非法债务或者违法犯罪活动的；

（五）其他依法应当追缴的情形。

查封、扣押、冻结的易贬值及保管、养护成本较高的涉案财物，可以在诉讼终结前依照有关规定变卖、拍卖。所得价款由查封、扣押、冻结机关予以保管，待诉讼终结后一并处置。查封、扣押、冻结的涉案财物，一般应在诉讼终结后，返还集资参与人。涉案财物不足全部返还的，按照集资参与人的集资额比例返还。

六、关于证据的收集问题

办理非法集资刑事案件中，确因客观条件的限制无法逐一收集集资参与人的言词证据的，可结合已收集的集资参与人的言词证据和依法收集并查证属实的书面合同、银行账户交易记录、会计凭证及会计账簿、资金收付凭证、审计报告、互联网电子数据等证据，综合认定非法集资对象人数和吸收资金数额等犯罪事实。

七、关于涉及民事案件的处理问题

对于公安机关、人民检察院、人民法院正在侦查、起诉、审理的非法集资刑事案件，有关单位或者个人就同一事实向人民法院提起民事诉讼或者申请执行涉案财物的，人民法院应当不予受理，并将有关材料移送公安机关或者检察机关。人民法院在审理民事案件或者执行过程中，发现有非法集资犯罪嫌疑的，应当裁定驳回起诉或者中止执行，并及时将有关材料移送公安机关或者检察机关。公安机关、人民检察院、人民法院在侦查、起诉、审理非法集资刑事案件中，发现与人民法院正在审理的民事案件属同一事实，或者被申请执行的财物属于涉案财物的，应当及时通报相关人民法院。人民法院经审查认为确属涉嫌犯罪的，依照前款规定处理。

八、关于跨区域案件的处理问题

跨区域非法集资刑事案件，在查清犯罪事实的基础上，可以由不同地区的公安机关、人民检察院、人民法院分别处理。对于分别处理的跨区域非法集资刑事案件，应当按照统一制定的方案处置涉案财物。国家机关工作人员违反规定处置涉案财物，构成渎职等犯罪的，应当依法追究刑事责任。

附录五：最高人民检察院《关于办理涉互联网金融犯罪案件有关问题座谈会纪要》

最高人民检察院
关于办理涉互联网金融犯罪案件有关问题座谈会纪要

（高检诉〔2017〕14号　2017年6月2日）

互联网金融是金融与互联网相互融合形成的新型金融业务模式。发展互联网金融，对加快实施创新驱动发展战略、推进供给侧结构性改革、促进经济转型升级具有积极作用。但是，在互联网金融快速发展过程中，部分机构、业态偏离了正确方向，有些甚至打着"金融创新"的幌子进行非法集资、金融诈骗等违法犯罪活动，严重扰乱了金融管理秩序，侵害了人民群众合法权益。2016年4月，国务院部署开展了互联网金融风险专项整治工作，集中整治违法违规行为，防范和化解互联网金融风险。各级检察机关积极参与专项整治工作，依法办理进入检察环节的涉互联网金融犯罪案件。针对办案中遇到的新情况、新问题，高检院公诉厅先后在昆明、上海、福州召开座谈会，对办理涉互联网金融犯罪案件中遇到的有关行为性质、法律适用、证据审查、追诉范围等问题进行了深入研究。纪要如下：

一、办理涉互联网金融犯罪案件的基本要求

促进和保障互联网金融规范健康发展，是检察机关服务经济社会发展的重要内容。各地检察机关公诉部门应当充分认识防范和化解互联网金融风险的重要性、紧迫性和复杂性，立足检察职能，积极参与互联网金融风险专项整治工作，有效预防、依法惩治涉互联网金融犯罪，切实维护人民群众合法权益，维护国家金融安全。

1. 准确认识互联网金融的本质。互联网金融的本质仍然是金融，其潜在的风险与传统金融没有区别，甚至还可能因互联网的作用而被放大。要依据现有的金融管理法律规定，依法准确判断各类金融活动、金融业态的法律性质，准确界定金融创新和金融违法犯罪的界限。在办理涉互联网金融犯罪案件时，判断是否符合"违反国家规定""未经有关国家主管部门批准"等要件时，应当以现行刑事法律和金融管理法律法规为依据。对各种类型互联网金融活动，要深入剖析行为实质并据此判断其性质,从而准确区分罪与非罪、此罪与彼罪、罪轻与罪重、打击与保护的界限,不能机械地被所谓"互联网金融创新"表象所迷惑。

2. 妥善把握刑事追诉的范围和边界。涉互联网金融犯罪案件涉案人员众多,要按照区别对待的原则分类处理,综合运用刑事追诉和非刑事手段处置和化解风险,打击少数、教育挽救大多数。要坚持主客观相统一的原则,根据犯罪嫌疑人在犯罪活动中的地位作用、涉案数额、危害结果、主观过错等主客观情节,综合判断责任轻重及刑事追诉的必要性,做到罪责适应、罚当其罪。对犯罪情节严重、主观恶性大、在犯罪中起主要作用的人员,特别是核心管理层人员和骨干人员,依法从严打击;对犯罪情节相对较轻、主观恶性较小、在犯罪中起次要作用的人员依法从宽处理。

3. 注重案件统筹协调推进。涉互联网金融犯罪跨区域特征明显,各地检察机关公诉部门要按照"统一办案协调、统一案件指挥、统一资产处置、分别侦查诉讼、分别落实维稳"(下称"三统两分")的要求分别处理好辖区内案件,加强横向、纵向联系,在上级检察机关特别是省级检察院的指导下统一协调推进办案工作,确保辖区内案件处理结果相对平衡统一。跨区县案件由地市级检察院统筹协调,跨地市案件由省级检察院统一协调,跨省案件由高检院公诉厅统一协调。各级检察机关公诉部门要加强与公安机关、地方金融办等相关单位以及检察机关内部侦监、控申等部门的联系,建立健全案件信息通报机制,及时掌握重大案件的立案、侦查、批捕、信访等情况,适时开展提前介入侦查等工作,并及时上报上级检察院。省级检察院公诉部门要发挥工作主动性,主动掌握社会影响大的案件情况,研究制定工作方案,统筹协调解决办案中遇到的问题,重大、疑难、复杂问题要及时向高检院报告。

4. 坚持司法办案"三个效果"有机统一。涉互联网金融犯罪影响广泛,社会各界特别是投资人群体十分关注案件处理。各级检察机关公诉部门要从有利于全案依法妥善处置的角度出发,切实做好提前介入侦查引导取证、审查起诉、出庭公诉等各个阶段的工作,依法妥善处理重大敏感问题,不能机械司法、就案办案。同时,要把办案工作与保障投资人合法权益紧密结合起来,同步做好释法说理、风险防控、追赃挽损、维护稳定等工作,努力实现司法办案的法律效果、社会效果、政治效果有机统一。

二、准确界定涉互联网金融行为法律性质

5. 互联网金融涉及 P2P 网络借贷、股权众筹、第三方支付、互联网保险以及通过互联网开展资产管理及跨界从事金融业务等多个金融领域,行为方式多样,所涉法律关系复杂。违法犯罪行为隐蔽性、迷惑性强,波及面广,社会影响大,要根据犯罪行为的实质特征和社会危害,准确界定行为的法律性质和刑法适用的罪名。

(一)非法吸收公众存款行为的认定

6. 涉互联网金融活动在未经有关部门依法批准的情形下,公开宣传并向不特定公众吸收资金，承诺在一定期限内还本付息的，应当依法追究刑事责任。其中，应重点审查互联网金融活动相关主体是否存在归集资金、沉淀资金，致使投资人资金存在被挪用、侵占等重大风险等情形。

7. 互联网金融的本质是金融，判断其是否属于"未经有关部门依法批准"，即行为是否具有非法性的主要法律依据是《商业银行法》、《非法金融机构和非法金融业务活动取缔办法》（国务院令第 247 号）等现行有效的金融管理法律规定。

8. 对以下网络借贷领域的非法吸收公众资金的行为，应当以非法吸收公众存款罪分别追究相关行为主体的刑事责任：

（1）中介机构以提供信息中介服务为名，实际从事直接或间接归集资金，甚至自融或变相自融等行为，应当依法追究中介机构的刑事责任。特别要注意识别变相自融行为，如中介机构通过拆分融资项目期限、实行债权转让等方式为自己吸收资金的，应当认定为非法吸收公众存款。

（2）中介机构与借款人存在以下情形之一的，应当依法追究刑事责任：①中介机构与借款人合谋或者明知借款人存在违规情形，仍为其非法吸收公众存款提供服务的；中介机构与借款人合谋，采取向出借人提供信用担保、通过电子渠道以外的物理场所开展借贷业务等违规方式向社会公众吸收资金的；②双方合谋通过拆分融资项目期限、实行债权转让等方式为借款人吸收资金的。在对中介机构、借款人进行追诉时，应根据各自在非法集资中的地位、作用确定其刑事责任。中介机构虽然没有直接吸收资金，但是通过大肆组织借款人开展非法集资并从中收取费用数额巨大、情节严重的，可以认定为主犯。

（3）借款人故意隐瞒事实，违反规定，以自己名义或借用他人名义利用多个网络借贷平台发布借款信息，借款总额超过规定的最高限额，或将吸收资金用于明确禁止的投资股票、场外配资、期货合约等高风险行业，造成重大损失和社会影响的，应当依法追究借款人的刑事责任。对于借款人将借款主要用于正常的生产经营活动，能够及时清退所吸收资金，不作为犯罪处理。

9. 在非法吸收公众存款罪中，原则上认定主观故意并不要求以明知法律的禁止性规定为要件。特别是具备一定涉金融活动相关从业经历、专业背景或在犯罪活动中担任一定管理职务的犯罪嫌疑人，应当知晓相关金融法律管理规定，如果有证据证明其实际从事的行为应当批准而未经批准，行为在客观上具有非法性，原则上就可以认定其具有非法吸收公众存款的主观故意。在证明犯罪嫌疑人的主观故意时，可以收集运用犯罪嫌疑人的任职情况、职业经历、专业背景、培训经历、此前任职单位或者其本人因从事同类行为受到处罚情况等证据，证明犯罪嫌疑人提出的"不知道相关行为被法律所禁止，故不具有非法吸收公众存款的主观故意"等辩解不能成立。除此之外，还可以收集运用以下证据进一步印证犯罪嫌疑人知道或应当知道其所从事行为具有非法性，比如犯罪嫌疑人故意规避法律以逃避监管的相关证据：自己或要求下属与投资人签订虚假的亲友关系确认书，频繁更换宣传用语逃避监管，实际推介内容与宣传用语、实际经营状况不一致，刻意向投资人夸大公司兑付能力，在培训课程中传授或接受规避法律的方法，等等。

10. 对于无相关职业经历、专业背景，且从业时间短暂，在单位犯罪中层级较低，纯属执行单位领导指令的犯罪嫌疑人提出辩解的，如确实无其他证据证明其具有主观故意的，可以不作为犯罪处理。另外，实践中还存在犯罪嫌疑人提出因信赖行政主管部门出具的相关意见而陷入错误认识的辩解。如果上述辩解确有证据证明，不应作为犯罪处理，但应当对行政主管部门出具的相关意见及其出具过程进行查证，如存在以下情形之一，仍应认定犯罪嫌疑人具有非法吸收公众存款的主观故意：

（1）行政主管部门出具意见所涉及的行为与犯罪嫌疑人实际从事的行为不一致的；

（2）行政主管部门出具的意见未对是否存在非法吸收公众存款问题进行合法性审查，仅对其他合法性问题进行审查的；

（3）犯罪嫌疑人在行政主管部门出具意见时故意隐瞒事实、弄虚作假的；

（4）犯罪嫌疑人与出具意见的行政主管部门的工作人员存在利益输送行为的；

（5）犯罪嫌疑人存在其他影响和干扰行政主管部门出具意见公正性的情形的。

对于犯罪嫌疑人提出因信赖专家学者、律师等专业人士、主流新闻媒体宣传或有关行政主管部门工作人员的个人意见而陷入错误认识的辩解，不能作为犯罪嫌疑人判断自身行为合法性的根据和排除主观故意的理由。

11. 负责或从事吸收资金行为的犯罪嫌疑人非法吸收公众存款金额，根据其实际参与吸收的全部金额认定。但以下金额不应计入该犯罪嫌疑人的吸收金额：

（1）犯罪嫌疑人自身及其近亲属所投资的资金金额；

（2）记录在犯罪嫌疑人名下，但其未实际参与吸收且未从中收取任何形式好处的资金。

吸收金额经过司法会计鉴定的，可以将前述不计入部分直接扣除。但是，前述两项所涉金额仍应计入相对应的上一级负责人及所在单位的吸收金额。

12. 投资人在每期投资结束后，利用投资账户中的资金（包括每期投资结束后归还的本金、利息）进行反复投资的金额应当累计计算，但对反复投资的数额应当作出说明。对负责或从事行政管理、财务会计、技术服务等辅助工作的犯罪嫌疑人，应当按照其参与的犯罪事实，结合其在犯罪中的地位和作用，依法确定刑事责任范围。

13. 确定犯罪嫌疑人的吸收金额时，应当重点审查、运用以下证据：（1）涉案主体自身的服务器或第三方服务器上存储的交易记录等电子数据；（2）会计账簿和会计凭证；（3）银行账户交易记录、POS机支付记录；（4）资金收付凭证、书面合同等书证。仅凭投资人报案数据不能认定吸收金额。

（二）集资诈骗行为的认定

14. 以非法占有为目的，使用诈骗方法非法集资，是集资诈骗罪的本质特征。是否具有非法占有目的，是区分非法吸收公众存款罪和集资诈骗罪的关键要件，对此要重点围绕融资项目真实性、资金去向、归还能力等事实进行综合判断。犯罪嫌疑人存在以下情形之一的，原则上可以认定具有非法占有目的：

（1）大部分资金未用于生产经营活动，或名义上投入生产经营但又通过各种方式抽逃转移资金的；

（2）资金使用成本过高，生产经营活动的盈利能力不具有支付全部本息的现实可能性的；

（3）对资金使用的决策极度不负责任或肆意挥霍造成资金缺口较大的；

（4）归还本息主要通过借新还旧来实现的；

（5）其他依照有关司法解释可以认定为非法占有目的的情形。

15. 对于共同犯罪或单位犯罪案件中，不同层级的犯罪嫌疑人之间存在犯罪目的发生转化或者犯罪目的明显不同的，应当根据犯罪嫌疑人的犯罪目的分别认定。

（1）注意区分犯罪目的发生转变的时间节点。犯罪嫌疑人在初始阶段仅具有非法吸收公众存款的故意，不具有非法占有目的，但在发生经营失败、资金链断裂等问题后，明知没有归还能力仍然继续吸收公众存款的，这一时间节点之后的行为应当认定为集资诈骗罪，此前的行为应当认定为非法吸收公众存款罪。

（2）注意区分犯罪嫌疑人的犯罪目的的差异。在共同犯罪或单位犯罪中，犯罪嫌疑人由于层级、职责分工、获取收益方式、对全部犯罪事实的知情程度等不同，其犯罪目的也存在不同。在非法集资犯罪中，有的犯罪嫌疑人具有非法占有的目的，有的则不具有非法占有目的，对此，应当分别认定为集资诈骗罪和非法吸收公众存款罪。

16. 证明主观上是否具有非法占有目的，可以重点收集、运用以下客观证据：

（1）与实施集资诈骗整体行为模式相关的证据：投资合同、宣传资料、培训内容等；

（2）与资金使用相关的证据：资金往来记录、会计账簿和会计凭证、资金使用成本（包括利息和佣金等）、资金决策使用过程、资金主要用途、财产转移情况等；

（3）与归还能力相关的证据：吸收资金所投资项目内容、投资实际经营情况、盈利能力、归还本息资金的主要来源、负债情况、是否存在虚构业绩等虚假宣传行为等；

（4）其他涉及欺诈等方面的证据：虚构融资项目进行宣传、隐瞒资金实际用途、隐匿销毁账簿；等等。司法会计鉴定机构对相关数据进行鉴定时，办案部门可以根据查证犯罪事实的需要提出重点鉴定的项目，保证司法会计鉴定意见与待证的构成要件事实之间的关联性。

17. 集资诈骗的数额，应当以犯罪嫌疑人实际骗取的金额计算。犯罪嫌疑人为吸收公众资金制造还本付息的假象，在诈骗的同时对部分投资人还本付息的，集资诈骗的金额以案发时实际未兑付的金额计算。案发后，犯罪嫌疑人主动退还集资款项的，不能从集资诈骗的金额中扣除，但可以作为量刑情节考虑。

（三）非法经营资金支付结算行为的认定

18. 支付结算业务（也称支付业务）是商业银行或者支付机构在收付款人之间提供的货币资金转移服务。非银行机构从事支付结算业务，应当经中国人民银行批准取得《支付业务许可证》，成为支付机构。未取得支付业务许可从事该业务的行为，违反《非法金融机构和非法金融业务活动取缔办法》第四条第一款第（三）、（四）项的规定，破坏了支付结算业务许可制度，危害支付市场秩序和安全，情节严重的，适用刑法第二百二十五条第（三）项，以非法经营罪追究刑事责任。具体情形：

（1）未取得支付业务许可经营基于客户支付账户的网络支付业务。无证网络支付机构为客户非法开立支付账户，客户先把资金支付到该支付账户，再由无证机构根据订单信息从支付账户平台将资金结算到收款人银行账户。

（2）未取得支付业务许可经营多用途预付卡业务。无证发卡机构非法发行可跨地区、跨行业、跨法人使用的多用途预付卡，聚集大量的预付卡销售资金，并根据客户订单信息向商户划转结算资金。

19. 在具体办案时，要深入剖析相关行为是否具备资金支付结算的实质特征，准确区分支付工具的正常商业流转与提供支付结算服务、区分单用途预付卡与多用途预付卡业务，充分考虑具体行为与"地下钱庄"等同类犯罪在社会危害方面的相当性以及刑事处罚的必要性，严格把握入罪和出罪标准。

三、依法认定单位犯罪及其责任人员

20. 涉互联网金融犯罪案件多以单位形式组织实施，所涉单位数量众多、层级复杂，其中还包括大量分支机构和关联单位，集团化特征明显。有的涉互联网金融犯罪案件中分支机构遍布全国，既有具备法人资格的，又有不具备法人资格的；既有受总公司直接领导的，又有受总公司的下属单位领导的。公安机关在立案时做法不一，有的对单位立案，有的不对单位立案，有的被立案的单位不具有独立法人资格，有的仅对最上层的单位立案而不对分支机构立案。对此，检察机关公诉部门在审查起诉时，应当从能够全面揭示犯罪行为基本特征、全面覆盖犯罪活动、准确界定区分各层级人员的地位作用、有利于有力指控犯罪、有利于追缴违法所得等方面依法具体把握，确定是否以单位犯罪追究。

21. 涉互联网金融犯罪所涉罪名中，刑法规定应当追究单位刑事责任的，对同时具备以下情形且具有独立法人资格的单位，可以以单位犯罪追究：

（1）犯罪活动经单位决策实施；

（2）单位的员工主要按照单位的决策实施具体犯罪活动；

（3）违法所得归单位所有，经单位决策使用，收益亦归单位所有。但是，单位设立后专门从事违法犯罪活动的，应当以自然人犯罪追究刑事责任。

22. 对参与涉互联网金融犯罪，但不具有独立法人资格的分支机构，是否追究其刑事责任，可以区分两种情形处理：

（1）全部或部分违法所得归分支机构所有并支配，分支机构作为单位犯罪主体追究刑事责任；

（2）违法所得完全归分支机构上级单位所有并支配的，不能对分支机构作为单位犯罪主体追究刑事责任，而是应当对分支机构的上级单位（符合单位犯罪主体资格）追究刑事责任。

23. 分支机构认定为单位犯罪主体的，该分支机构相关涉案人员应当作为该分支机构的"直接负责的主管人员"或者"其他直接责任人员"追究刑事责任。仅将分支机构的上级单位认定为单位犯罪主体的，该分支机构相关涉案人员可以作为该上级单位的"其他直接责任人员"追究刑事责任。

24. 对符合追诉条件的分支机构（包括具有独立法人资格的和不具有独立法人资格）及其所属单位，公安机关均没有作为犯罪嫌疑单位移送审查起诉，仅将其所属单位的上级单位作为犯罪嫌疑单位移送审查起诉的，对相关分支机构涉案人员可以区分以下情形处理：

（1）有证据证明被立案的上级单位（比如总公司）在业务、财务、人事等方面对下属单位及其分支机构进行实际控制，下属单位及其分支机构涉案人员可以作为被移送审查起诉的上级单位的"其他直接责任人员"追究刑事责任。在证明实际控制关系时，应当收集、运用公司决策、管理、考核等相关文件，OA系统等电子数据，资金往来记录等证据。对不同地区同一单位的分支机构涉案人员起诉时，证明实际控制关系的证据体系、证明标准应基本一致。

（2）据现有证据无法证明被立案的上级单位与下属单位及其分支机构之间存在实际控制关系的，对符合单位犯罪构成要件的下属单位或分支机构应当补充起诉，下属单位及其分支机构已不具备补充起诉条件的，可以将下属单位及其分支机构的涉案犯罪嫌疑人直接起诉。

四、综合运用定罪量刑情节

25. 在办理跨区域涉互联网金融犯罪案件时，在追诉标准、追诉范围以及量刑建议等方面应当注意统一平衡。对于同一单位在多个地区分别设立分支机构的，在同一省（自治区、直辖市）范围内应当保持基本一致。分支机构所涉犯罪嫌疑人与上级单位主要犯罪嫌疑人之间应当保持适度平衡，防止出现责任轻重"倒挂"的现象。

26. 单位犯罪中，直接负责的主管人员和其他直接责任人员在涉互联网金融犯罪案件中的地位、作用存在明显差别的，可以区分主犯和从犯。对起组织领导作用的总公司的直接负责的主管人员和发挥主要作用的其他直接责任人员，可以认定为全案的主犯，其他人员可以认定为从犯。

27. 最大限度减少投资人的实际损失是办理涉互联网金融犯罪案件特别是非法集资案件的重要工作。在决定是否起诉、提出量刑建议时，要重视对是否具有认罪认罚、主动退赃退赔等情节的考察。分支机构涉案人员积极配合调查、主动退还违法所得、真诚认罪悔罪的，应当依法提出从轻、减轻处罚的量刑建议。其中，对情节轻微、可以免予刑事处罚的，或者情节显著轻微、危害不大、不认为是犯罪的，应当依法作出不起诉决定。对被不起诉人需要给予行政处罚或者没收违法所得的，应当向行政主管部门提出检察意见。

五、证据的收集、审查与运用

28. 涉互联网金融犯罪案件证据种类复杂、数量庞大，且分散于各地，收集、审查、运用证据的难度大。各地检察机关公诉部门要紧紧围绕证据的真实性、合法性、关联性，引导公安机关依法全面收集固定证据，加强证据的审查、运用，确保案件事实经得起法律的检验。

29. 对于重大、疑难、复杂涉互联网金融犯罪案件，检察机关公诉部门要依法提前介入侦查，围绕指控犯罪的需要积极引导公安机关全面收集固定证据，必要时与公安机关共同会商，提出完善侦查思路、侦查提纲的意见建议。加强对侦查取证合法性的监督，对应当依法排除的非法证据坚决予以排除，对应当补正或作出合理解释的及时提出意见。

30. 电子数据在涉互联网金融犯罪案件的证据体系中地位重要，对于指控证实相关犯罪事实具有重要作用。随着互联网技术的不断发展，电子数据的形式、载体出现了许多新的变化，对电子数据的勘验、提取、审查等提出了更高要求，处理不当会对电子数据的真实性、合法性造成不可逆转的损害。检察机关公诉部门要严格执行《最高人民法院、最高人民检察院、公安部关于办理刑事案件收集提取和审查判断电子数据问题的若干规定》（法发〔2016〕22号），加强对电子数据收集、提取程序和技术标准的审查，确保电子数据的真实性、合法性。对云存储电子数据等新类型电子数据进行提取、审查时，要高度重视程序合法性、数据完整性等问题，必要时主动征求相关领域专家意见，在提取前会同公安机关、云存储服务提供商制定科学合法的提取方案，确保万无一失。

31. 落实"三统两分"要求，健全证据交换共享机制，协调推进跨区域案件办理。对涉及主案犯罪嫌疑人的证据，一般由主案侦办地办案机构负责收集，其他地区提供协助。其他地区办案机构需要主案侦办地提供证据材料的，应当向主案侦办地办案机构提出证据需求，由主案侦办地办案机构收集并依法移送。无法移送证据原件的，应当在移送复制件的同时，按照相关规定作出说明。各地检察机关公诉部门之间要加强协作，加强与公安机关的协调，督促本地公安机关与其他地区公安机关做好证据交换共享相关工作。案件进入审查起诉阶段后，检察机关公诉部门可以根据案件需要，直接向其他地区检察机关调取证据，其他地区检察机关公诉部门应积极协助。此外，各地检察机关在办理案件过程中发现对其他地区案件办理有重要作用的证据，应当及时采取措施并通知相应检察机关，做好依法移送工作。

六、投资人合法权益的保护

32. 涉互联网金融犯罪案件投资人诉求复杂多样，矛盾化解和维护稳定工作任务艰巨繁重，各地检察机关公诉部门在办案过程中要坚持刑事追诉和权益保护并重，根据《刑事诉讼法》等相关法律规定，依法保证互联网金融活动中投资人的合法权益，坚持把追赃挽损等工作贯穿到侦查、起诉、审判各个环节，配合公安、法院等部门最大限度减少投资人的实际损失，加强与本院控申部门、公安机关的联系沟通，及时掌握涉案动态信息，认真开展办案风险评估预警工作，周密制定处置预案，并落实责任到位，避免因部门之间衔接不畅、处置不当造成工作被动。发现重大风险隐患的，及时向有关部门通报情况，必要时逐级上报高检院。

随着互联网金融的发展，涉互联网金融犯罪中的新情况、新问题还将不断出现，各地检察机关公诉部门要按照会议纪要的精神，结合各地办案实际，依法办理涉互联网金融犯罪案件；在办好案件的同时，要不断总结办案经验，加强对重大疑难复杂案件的研究，努力提高办理涉互联网金融犯罪案件的能力和水平，为促进互联网金融规范发展、保障经济社会大局稳定作出积极贡献。在办案过程中遇到疑难问题的，要及时层报高检院公诉厅。

附录六：最高人民法院　最高人民检察院　公安部 《关于办理非法集资刑事案件若干问题的意见》

最高人民法院　最高人民检察院　公安部
印发《关于办理非法集资刑事案件若干问题的意见》的通知
关于办理非法集资刑事案件若干问题的意见

各省、自治区、直辖市高级人民法院、人民检察院、公安厅（局），解放军军事法院、解放军军事检察院，新疆维吾尔自治区高级人民法院生产建设兵团分院、新疆生产建设兵团人民检察院、公安局：

为依法惩治非法吸收公众存款、集资诈骗等非法集资犯罪活动，维护国家金融管理秩序，保护公民、法人和其他组织合法权益，最高人民法院、最高人民检察院、公安部现联合印发《关于办理非法集资刑事案件若干问题的意见》，请认真贯彻执行。

最高人民法院　最高人民检察院
公安部
2019 年 1 月 30 日

为依法惩治非法吸收公众存款、集资诈骗等非法集资犯罪活动，维护国家金融管理秩序，保护公民、法人和其他组织合法权益，根据刑法、刑事诉讼法等法律规定，结合司法实践，现就办理非法吸收公众存款、集资诈骗等非法集资刑事案件有关问题提出以下意见：

一、关于非法集资的"非法性"认定依据问题

人民法院、人民检察院、公安机关认定非法集资的"非法性"，应当以国家金融管理法律法规作为依据。对于国家金融管理法律法规仅作原则性规定的，可以根据法律规定的精神并参考中国人民银行、中国银行保险监督管理委员会、中国证券监督管理委员会等行政主管部门依照国家金融管理法律法规制定的部门规章或者国家有关金融管理的规定、办法、实施细则等规范性文件的规定予以认定。

二、关于单位犯罪的认定问题

单位实施非法集资犯罪活动,全部或者大部分违法所得归单位所有的,应当认定为单位犯罪。

个人为进行非法集资犯罪活动而设立的单位实施犯罪的,或者单位设立后,以实施非法集资犯罪活动为主要活动的,不以单位犯罪论处,对单位中组织、策划、实施非法集资犯罪活动的人员应当以自然人犯罪依法追究刑事责任。

判断单位是否以实施非法集资犯罪活动为主要活动,应当根据单位实施非法集资的次数、频度、持续时间、资金规模、资金流向、投入人力物力情况、单位进行正当经营的状况以及犯罪活动的影响、后果等因素综合考虑认定。

三、关于涉案下属单位的处理问题

办理非法集资刑事案件中,人民法院、人民检察院、公安机关应当全面查清涉案单位,包括上级单位(总公司、母公司)和下属单位(分公司、子公司)的主体资格、层级、关系、地位、作用、资金流向等,区分情况依法作出处理。

上级单位已被认定为单位犯罪,下属单位实施非法集资犯罪活动,且全部或者大部分违法所得归下属单位所有的,对该下属单位也应当认定为单位犯罪。上级单位和下属单位构成共同犯罪的,应当根据犯罪单位的地位、作用,确定犯罪单位的刑事责任。

上级单位已被认定为单位犯罪,下属单位实施非法集资犯罪活动,但全部或者大部分违法所得归上级单位所有的,对下属单位不单独认定为单位犯罪。下属单位中涉嫌犯罪的人员,可以作为上级单位的其他直接责任人员依法追究刑事责任。

上级单位未被认定为单位犯罪,下属单位被认定为单位犯罪的,对上级单位中组织、策划、实施非法集资犯罪的人员,一般可以与下属单位按照自然人与单位共同犯罪处理。

上级单位与下属单位均未被认定为单位犯罪的,一般以上级单位与下属单位中承担组织、领导、管理、协调职责的主管人员和发挥主要作用的人员作为主犯,以其他积极参加非法集资犯罪的人员作为从犯,按照自然人共同犯罪处理。

四、关于主观故意的认定问题

认定犯罪嫌疑人、被告人是否具有非法吸收公众存款的犯罪故意,应当依据犯罪嫌疑人、被告人的任职情况、职业经历、专业背景、培训经历、本人因同类行为受到行政处罚或者刑事追究情况以及吸收资金方式、宣传推广、合同资料、业务流程等证据,结合其供述,进行综合分析判断。

犯罪嫌疑人、被告人使用诈骗方法非法集资,符合《最高人民法院关于审理非法集资刑事案件具体应用法律若干问题的解释》第四条规定的,可以认定为集资诈骗罪中"以非法占有为目的"。

办案机关在办理非法集资刑事案件中,应当根据案件具体情况注意收集运用涉及犯罪嫌疑人、被告人的以下证据:是否使用虚假身份信息对外开展业务;是否虚假订立合同、协议;是否虚假宣传,明显超出经营范围或者夸大经营、投资、服务项目及盈利能力;是否吸收资金后隐匿、销毁合同、协议、账目;是否传授或者接受规避法律、逃避监管的方法,等等。

五、关于犯罪数额的认定问题

非法吸收或者变相吸收公众存款构成犯罪,具有下列情形之一的,向亲友或者单位内部人员吸收的资金应当与向不特定对象吸收的资金一并计入犯罪数额:

(一)在向亲友或者单位内部人员吸收资金的过程中,明知亲友或者单位内部人员向不特定对象吸收资金而予以放任的;

(二)以吸收资金为目的,将社会人员吸收为单位内部人员,并向其吸收资金的;

(三)向社会公开宣传,同时向不特定对象、亲友或者单位内部人员吸收资金的。

非法吸收或者变相吸收公众存款的数额,以行为人所吸收的资金全额计算。集资参与人收回本金或者获得回报后又重复投资的数额不予扣除,但可以作为量刑情节酌情考虑。

六、关于宽严相济刑事政策把握问题

办理非法集资刑事案件,应当贯彻宽严相济刑事政策,依法合理把握追究刑事责任的范围,综合运用刑事手段和行政手段处置和化解风险,做到惩处少数、教育挽救大多数。要根据行为人的客观行为、主观恶性、犯罪情节及其地位、作用、层级、职务等情况,综合判断行为人的责任轻重和刑事追究的必要性,按照区别对待原则分类处理涉案人员,做到罚当其罪、罪责刑相适应。

重点惩处非法集资犯罪活动的组织者、领导者和管理人员,包括单位犯罪中的上级单位(总公司、母公司)的核心层、管理层和骨干人员,下属单位(分公司、子公司)的管理层和骨干人员,以及其他发挥主要作用的人员。

对于涉案人员积极配合调查、主动退赃退赔、真诚认罪悔罪的,可以依法从轻处罚;其中情节轻微的,可以免除处罚;情节显著轻微、危害不大的,不作为犯罪处理。

七、关于管辖问题

跨区域非法集资刑事案件按照《国务院关于进一步做好防范和处置非法集资工作的意见》(国发〔2015〕59号)确定的工作原则办理。如果合并侦查、诉讼更为适宜的,可以合并办理。

办理跨区域非法集资刑事案件,如果多个公安机关都有权立案侦查的,一般由主要犯罪地公安机关作为案件主办地,对主要犯罪嫌疑人立案侦查和移送审查起诉;由其他犯罪地公安机关作为案件分办地根据案件具体情况,对本地区犯罪嫌疑人立案侦查和移送审查起诉。

管辖不明或者有争议的,按照有利于查清犯罪事实、有利于诉讼的原则,由其共同的上级公安机关协调确定或者指定有关公安机关作为案件主办地立案侦查。需要提请批准逮捕、移送审查起诉、提起公诉的,由分别立案侦查的公安机关所在地的人民检察院、人民法院受理。

对于重大、疑难、复杂的跨区域非法集资刑事案件,公安机关应当在协调确定或者指定案件主办地立案侦查的同时,通报同级人民检察院、人民法院。人民检察院、人民法院参照前款规定,确定主要犯罪地作为案件主办地,其他犯罪地作为案件分办地,由所在地的人民检察院、人民法院负责起诉、审判。

本条规定的"主要犯罪地",包括非法集资活动的主要组织、策划、实施地,集资行为人的注册地、主要营业地、主要办事机构所在地,集资参与人的主要所在地等。

八、关于办案工作机制问题

案件主办地和其他涉案地办案机关应当密切沟通协调,协同推进侦查、起诉、审判、资产处置工作,配合有关部门最大限度追赃挽损。

案件主办地办案机关应当统一负责主要犯罪嫌疑人、被告人涉嫌非法集资全部犯罪事实的立案侦查、起诉、审判,防止遗漏犯罪事实;并应就全案处理政策、追诉主要犯罪嫌疑人、被告人的证据要求及诉讼时限、追赃挽损、资产处置等工作要求,向其他涉案地办案机关进行通报。其他涉案地办案机关应当对本地区犯罪嫌疑人、被告人涉嫌非法集资的犯罪事实及时立案侦查、起诉、审判,积极协助主办地处置涉案资产。

案件主办地和其他涉案地办案机关应当建立和完善证据交换共享机制。对涉及主要犯罪嫌疑人、被告人的证据,一般由案件主办地办案机关负责收集,其他涉案地提供协助。案件主办地办案机关应当及时通报接收涉及主要犯罪嫌疑人、被告人的证据材料的程序及要求。其他涉案地办案机关需要案件主办地提供证据材料的,应当向案件主办地办案机关提出证据需求,由案件主办地收集并依法移送。无法移送证据原件的,应当在移送复制件的同时,按照相关规定作出说明。

九、关于涉案财物追缴处置问题

办理跨区域非法集资刑事案件,案件主办地办案机关应当及时归集涉案财物,为统一资产处置做好基础性工作。其他涉案地办案机关应当及时查明涉案财物,明确其来源、去向、用途、流转情况,依法办理查封、扣押、冻结手续,并制作详细清单,对扣押款项应当设立明细账,在扣押后立即存入办案机关唯一合规账户,并将有关情况提供案件主办地办案机关。

人民法院、人民检察院、公安机关应当严格依照刑事诉讼法和相关司法解释的规定，依法移送、审查、处理查封、扣押、冻结的涉案财物。对审判时尚未追缴到案或者尚未足额退赔的违法所得，人民法院应当判决继续追缴或者责令退赔，并由人民法院负责执行，处置非法集资职能部门、人民检察院、公安机关等应当予以配合。

人民法院对涉案财物依法作出判决后，有关地方和部门应当在处置非法集资职能部门统筹协调下，切实履行协作义务，综合运用多种手段，做好涉案财物清运、财产变现、资金归集、资金清退等工作，确保最大限度减少实际损失。

根据有关规定，查封、扣押、冻结的涉案财物，一般应在诉讼终结后返还集资参与人。涉案财物不足全部返还的，按照集资参与人的集资额比例返还。退赔集资参与人的损失一般优先于其他民事债务以及罚金、没收财产的执行。

十、关于集资参与人权利保障问题

集资参与人，是指向非法集资活动投入资金的单位和个人，为非法集资活动提供帮助并获取经济利益的单位和个人除外。

人民法院、人民检察院、公安机关应当通过及时公布案件进展、涉案资产处置情况等方式，依法保障集资参与人的合法权利。集资参与人可以推选代表人向人民法院提出相关意见和建议；推选不出代表人的，人民法院可以指定代表人。人民法院可以视案件情况决定集资参与人代表人参加或者旁听庭审，对集资参与人提起附带民事诉讼等请求不予受理。

十一、关于行政执法与刑事司法衔接问题

处置非法集资职能部门或者有关行政主管部门，在调查非法集资行为或者行政执法过程中，认为案情重大、疑难、复杂的，可以商请公安机关就追诉标准、证据固定等问题提出咨询或者参考意见；发现非法集资行为涉嫌犯罪的，应当按照《行政执法机关移送涉嫌犯罪案件的规定》等规定，履行相关手续，在规定的期限内将案件移送公安机关。

人民法院、人民检察院、公安机关在办理非法集资刑事案件过程中，可商请处置非法集资职能部门或者有关行政主管部门指派专业人员配合开展工作，协助查阅、复制有关专业资料，就案件涉及的专业问题出具认定意见。涉及需要行政处理的事项，应当及时移交处置非法集资职能部门或者有关行政主管部门依法处理。

十二、关于国家工作人员相关法律责任问题

国家工作人员具有下列行为之一，构成犯罪的，应当依法追究刑事责任：

（一）明知单位和个人所申请机构或者业务涉嫌非法集资，仍为其办理行政许可或者注册手续的；

（二）明知所主管、监管的单位有涉嫌非法集资行为，未依法及时处理或者移

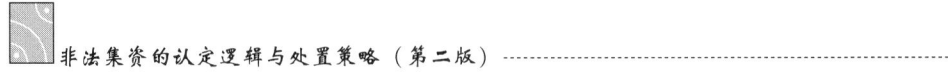

送处置非法集资职能部门的；

（三）查处非法集资过程中滥用职权、玩忽职守、徇私舞弊的；

（四）徇私舞弊不向司法机关移交非法集资刑事案件的；

（五）其他通过职务行为或者利用职务影响，支持、帮助、纵容非法集资的。

附录七：最高人民法院　最高人民检察院　公安部　司法部《关于办理非法放贷刑事案件若干问题的意见》

最高人民法院　最高人民检察院　公安部　司法部
关于办理非法放贷刑事案件若干问题的意见

（法发〔2019〕24号）

为依法惩治非法放贷犯罪活动，切实维护国家金融市场秩序与社会和谐稳定，有效防范因非法放贷诱发涉黑涉恶以及其他违法犯罪活动，保护公民、法人和其他组织合法权益，根据刑法、刑事诉讼法及有关司法解释、规范性文件的规定，现对办理非法放贷刑事案件若干问题提出如下意见：

一、违反国家规定，未经监管部门批准，或者超越经营范围，以营利为目的，经常性地向社会不特定对象发放贷款，扰乱金融市场秩序，情节严重的，依照刑法第二百二十五条第（四）项的规定，以非法经营罪定罪处罚。

前款规定中的"经常性地向社会不特定对象发放贷款"，是指2年内向不特定多人（包括单位和个人）以借款或其他名义出借资金10次以上。

贷款到期后延长还款期限的，发放贷款次数按照1次计算。

二、以超过36%的实际年利率实施符合本意见第一条规定的非法放贷行为，具有下列情形之一的，属于刑法第二百二十五条规定的"情节严重"，但单次非法放贷行为实际年利率未超过36%的，定罪量刑时不得计入：

（一）个人非法放贷数额累计在200万元以上的，单位非法放贷数额累计在1000万元以上的；

（二）个人违法所得数额累计在80万元以上的，单位违法所得数额累计在400万元以上的；

（三）个人非法放贷对象累计在50人以上的，单位非法放贷对象累计在150人以上的；

（四）造成借款人或者其近亲属自杀、死亡或者精神失常等严重后果的。

具有下列情形之一的，属于刑法第二百二十五条规定的"情节特别严重"：

（一）个人非法放贷数额累计在1000万元以上的，单位非法放贷数额累计在

5000万元以上的；

（二）个人违法所得数额累计在400万元以上的，单位违法所得数额累计在2000万元以上的；

（三）个人非法放贷对象累计在250人以上的，单位非法放贷对象累计在750人以上的；

（四）造成多名借款人或者其近亲属自杀、死亡或者精神失常等特别严重后果的。

三、非法放贷数额、违法所得数额、非法放贷对象数量接近本意见第二条规定的"情节严重""情节特别严重"的数额、数量起点标准，并具有下列情形之一的，可以分别认定为"情节严重""情节特别严重"：

（一）2年内因实施非法放贷行为受过行政处罚2次以上的；

（二）以超过72%的实际年利率实施非法放贷行为10次以上的。

前款规定中的"接近"，一般应当掌握在相应数额、数量标准的80%以上。

四、仅向亲友、单位内部人员等特定对象出借资金，不得适用本意见第一条的规定定罪处罚。但具有下列情形之一的，定罪量刑时应当与向不特定对象非法放贷的行为一并处理：

（一）通过亲友、单位内部人员等特定对象向不特定对象发放贷款的；

（二）以发放贷款为目的，将社会人员吸收为单位内部人员，并向其发放贷款的；

（三）向社会公开宣传，同时向不特定多人和亲友、单位内部人员等特定对象发放贷款的。

五、非法放贷数额应当以实际出借给借款人的本金金额认定。非法放贷行为人以介绍费、咨询费、管理费、逾期利息、违约金等名义和以从本金中预先扣除等方式收取利息的，相关数额在计算实际年利率时均应计入。

非法放贷行为人实际收取的除本金之外的全部财物，均应计入违法所得。

非法放贷行为未经处理的，非法放贷次数和数额、违法所得数额、非法放贷对象数量等应当累计计算。

六、为从事非法放贷活动，实施擅自设立金融机构、套取金融机构资金高利转贷、骗取贷款、非法吸收公众存款等行为，构成犯罪的，应当择一重罪处罚。

为强行索要因非法放贷而产生的债务，实施故意杀人、故意伤害、非法拘禁、故意毁坏财物、寻衅滋事等行为，构成犯罪的，应当数罪并罚。

纠集、指使、雇佣他人采用滋扰、纠缠、哄闹、聚众造势等手段强行索要债务，尚不单独构成犯罪，但实施非法放贷行为已构成非法经营罪的，应当按照非法经营罪的规定酌情从重处罚。

以上规定的情形，刑法、司法解释另有规定的除外。

七、有组织地非法放贷，同时又有其他违法犯罪活动，符合黑社会性质组织或者恶势力、恶势力犯罪集团认定标准的，应当分别按照黑社会性质组织或者恶势力、恶势力犯罪集团侦查、起诉、审判。

黑恶势力非法放贷的，据以认定"情节严重""情节特别严重"的非法放贷数额、违法所得数额、非法放贷对象数量起点标准，可以分别按照本意见第二条规定中相应数额、数量标准的50%确定；同时具有本意见第三条第一款规定情形的，可以分别按照相应数额、数量标准的40%确定。

八、本意见自2019年10月21日起施行。对于本意见施行前发生的非法放贷行为，依照最高人民法院《关于准确理解和适用刑法中"国家规定"的有关问题的通知》（法发〔2011〕155号）的规定办理。

附录八：最高人民法院关于在审理经济纠纷案件中涉及经济犯罪嫌疑若干问题的规定

最高人民法院
关于在审理经济纠纷案件中涉及经济
犯罪嫌疑若干问题的规定

（1998年4月9日由最高人民法院审判委员会第974次会议通过，根据2020年12月23日最高人民法院审判委员会第1823次会议通过的《最高人民法院关于修改〈最高人民法院关于在民事审判工作中适用《中华人民共和国工会法》若干问题的解释〉等二十七件民事类司法解释的决定》修正）

根据《中华人民共和国民法典》《中华人民共和国刑法》《中华人民共和国民事诉讼法》《中华人民共和国刑事诉讼法》等有关规定，对审理经济纠纷案件中涉及经济犯罪嫌疑问题作以下规定：

第一条 同一自然人、法人或非法人组织因不同的法律事实，分别涉及经济纠纷和经济犯罪嫌疑的，经济纠纷案件和经济犯罪嫌疑案件应当分开审理。

第二条 单位直接负责的主管人员和其他直接责任人员，以为单位骗取财物为目的，采取欺骗手段对外签订经济合同，骗取的财物被该单位占有、使用或处分构成犯罪的，除依法追究有关人员的刑事责任，责令该单位返还骗取的财物外，如给被害人造成经济损失的，单位应当承担赔偿责任。

第三条 单位直接负责的主管人员和其他直接责任人员，以该单位的名义对外签订经济合同，将取得的财物部分或全部占为己有构成犯罪的，除依法追究行为人的刑事责任外，该单位对行为人因签订、履行该经济合同造成的后果，依法应当承担民事责任。

第四条 个人借用单位的业务介绍信、合同专用章或者盖有公章的空白合同书，以出借单位名义签订经济合同，骗取财物归个人占有、使用、处分或者进行其他犯罪活动，给对方造成经济损失构成犯罪的，除依法追究借用人的刑事责任外，出借业务介绍信、合同专用章或者盖有公章的空白合同书的单位，依法应当承担赔偿责任。但是，有证据证明被害人明知签订合同对方当事人是借用行为，仍与之签订合同的除外。

第五条 行为人盗窃、盗用单位的公章、业务介绍信、盖有公章的空白合同书，或者私刻单位的公章签订经济合同，骗取财物归个人占有、使用、处分或者进行其他犯罪活动构成犯罪的，单位对行为人该犯罪行为所造成的经济损失不承担民事责任。

行为人私刻单位公章或者擅自使用单位公章、业务介绍信、盖有公章的空白合同书以签订经济合同的方法进行的犯罪行为，单位有明显过错，且该过错行为与被害人的经济损失之间具有因果关系的，单位对该犯罪行为所造成的经济损失，依法应当承担赔偿责任。

第六条 企业承包、租赁经营合同期满后，企业按规定办理了企业法定代表人的变更登记，而企业法人未采取有效措施收回其公章、业务介绍信、盖有公章的空白合同书，或者没有及时采取措施通知相对人，致原企业承包人、租赁人得以用原承包、租赁企业的名义签订经济合同，骗取财物占为己有构成犯罪的，该企业对被害人的经济损失，依法应当承担赔偿责任。但是，原承包人、承租人利用擅自保留的公章、业务介绍信、盖有公章的空白合同书以原承包、租赁企业的名义签订经济合同，骗取财物占为己有构成犯罪的，企业一般不承担民事责任。

单位聘用的人员被解聘后，或者受单位委托保管公章的人员被解除委托后，单位未及时收回其公章，行为人擅自利用保留的原单位公章签订经济合同，骗取财物占为己有构成犯罪，如给被害人造成经济损失的，单位应当承担赔偿责任。

第七条 单位直接负责的主管人员和其他直接责任人员，将单位进行走私或其他犯罪活动所得财物以签订经济合同的方法予以销售，买方明知或者应当知道的，如因此造成经济损失，其损失由买方自负。但是，如果买方不知该经济合同的标的物是犯罪行为所得财物而购买的，卖方对买方所造成的经济损失应当承担民事责任。

第八条 根据《中华人民共和国刑事诉讼法》第一百零一条第一款的规定，被害人或其法定代理人、近亲属对本规定第二条因单位犯罪行为造成经济损失的，对第四条、第五条第一款、第六条应当承担刑事责任的被告人未能返还财物而遭受经济损失提起附带民事诉讼的，受理刑事案件的人民法院应当依法一并审理。被害人或其法定代理人、近亲属因被害人遭受经济损失也有权对单位另行提起民事诉讼。若被害人或其法定代理人、近亲属另行提起民事诉讼的，有管辖权的人民法院应当依法受理。

第九条 被害人请求保护其民事权利的诉讼时效在公安机关、检察机关查处经济犯罪嫌疑期间中断。如果公安机关决定撤销涉嫌经济犯罪案件或者检察机关决定不起诉的，诉讼时效从撤销案件或决定不起诉之次日起重新计算。

第十条 人民法院在审理经济纠纷案件中，发现与本案有牵连，但与本案不是同一法律关系的经济犯罪嫌疑线索、材料，应将犯罪嫌疑线索、材料移送有关公安机关或检察机关查处，经济纠纷案件继续审理。

第十一条 人民法院作为经济纠纷受理的案件，经审理认为不属经济纠纷案件而有经济犯罪嫌疑的，应当裁定驳回起诉，将有关材料移送公安机关或检察机关。

第十二条 人民法院已立案审理的经济纠纷案件，公安机关或检察机关认为有经济犯罪嫌疑，并说明理由附有关材料函告受理该案的人民法院的，有关人民法院应当认真审查。经过审查，认为确有经济犯罪嫌疑的，应当将案件移送公安机关或检察机关，并书面通知当事人，退还案件受理费；如认为确属经济纠纷案件的，应当依法继续审理，并将结果函告有关公安机关或检察机关。

附录九：国务院《防范和处置非法集资条例》

国务院
《防范和处置非法集资条例》

2020年12月21日国务院第119次常务会议（国令第737号）

第一章 总 则

第一条 为了防范和处置非法集资，保护社会公众合法权益，防范化解金融风险，维护经济秩序和社会稳定，制定本条例。

第二条 本条例所称非法集资，是指未经国务院金融管理部门依法许可或者违反国家金融管理规定，以许诺还本付息或者给予其他投资回报等方式，向不特定对象吸收资金的行为。

非法集资的防范以及行政机关对非法集资的处置，适用本条例。法律、行政法规对非法从事银行、证券、保险、外汇等金融业务活动另有规定的，适用其规定。

本条例所称国务院金融管理部门，是指中国人民银行、国务院金融监督管理机构和国务院外汇管理部门。

第三条 本条例所称非法集资人，是指发起、主导或者组织实施非法集资的单位和个人；所称非法集资协助人，是指明知是非法集资而为其提供帮助并获取经济利益的单位和个人。

第四条 国家禁止任何形式的非法集资，对非法集资坚持防范为主、打早打小、综合治理、稳妥处置的原则。

第五条 省、自治区、直辖市人民政府对本行政区域内防范和处置非法集资工作负总责，地方各级人民政府应当建立健全政府统一领导的防范和处置非法集资工作机制。县级以上地方人民政府应当明确防范和处置非法集资工作机制的牵头部门（以下简称处置非法集资牵头部门），有关部门以及国务院金融管理部门分支机构、派出机构等单位参加工作机制；乡镇人民政府应当明确牵头负责防范和处置非法集资工作的人员。上级地方人民政府应当督促、指导下级地方人民政府做好本行政区域防范和处置非法集资工作。

行业主管部门、监管部门应当按照职责分工，负责本行业、领域非法集资的防范和配合处置工作。

第六条 国务院建立处置非法集资部际联席会议（以下简称联席会议）制度。联席会议由国务院银行保险监督管理机构牵头，有关部门参加，负责督促、指导有关部门和地方开展防范和处置非法集资工作，协调解决防范和处置非法集资工作中的重大问题。

第七条 各级人民政府应当合理保障防范和处置非法集资工作相关经费，并列入本级预算。

第二章 防 范

第八条 地方各级人民政府应当建立非法集资监测预警机制，纳入社会治安综合治理体系，发挥网格化管理和基层群众自治组织的作用，运用大数据等现代信息技术手段，加强对非法集资的监测预警。

行业主管部门、监管部门应当强化日常监督管理，负责本行业、领域非法集资的风险排查和监测预警。

联席会议应当建立健全全国非法集资监测预警体系，推动建设国家监测预警平台，促进地方、部门信息共享，加强非法集资风险研判，及时预警提示。

第九条 市场监督管理部门应当加强企业、个体工商户名称和经营范围等商事登记管理。除法律、行政法规和国家另有规定外，企业、个体工商户名称和经营范围中不得包含"金融""交易所""交易中心""理财""财富管理""股权众筹"等字样或者内容。

县级以上地方人民政府处置非法集资牵头部门、市场监督管理部门等有关部门应当建立会商机制，发现企业、个体工商户名称或者经营范围中包含前款规定以外的其他与集资有关的字样或者内容的，及时予以重点关注。

第十条 处置非法集资牵头部门会同互联网信息内容管理部门、电信主管部门加强对涉嫌非法集资的互联网信息和网站、移动应用程序等互联网应用的监测。经处置非法集资牵头部门组织认定为用于非法集资的，互联网信息内容管理部门、电信主管部门应当及时依法作出处理。

互联网信息服务提供者应当加强对用户发布信息的管理，不得制作、复制、发布、传播涉嫌非法集资的信息。发现涉嫌非法集资的信息，应当保存有关记录，并向处置非法集资牵头部门报告。

第十一条 除国家另有规定外，任何单位和个人不得发布包含集资内容的广告或者以其他方式向社会公众进行集资宣传。

市场监督管理部门会同处置非法集资牵头部门加强对涉嫌非法集资广告的监测。经处置非法集资牵头部门组织认定为非法集资的，市场监督管理部门应当及时依法查处相关非法集资广告。

广告经营者、广告发布者应当依照法律、行政法规查验相关证明文件，核对广告内容。对没有相关证明文件且包含集资内容的广告，广告经营者不得提供设计、制作、代理服务，广告发布者不得发布。

第十二条　处置非法集资牵头部门与所在地国务院金融管理部门分支机构、派出机构应当建立非法集资可疑资金监测机制。国务院金融管理部门及其分支机构、派出机构应当按照职责分工督促、指导金融机构、非银行支付机构加强对资金异常流动情况及其他涉嫌非法集资可疑资金的监测工作。

第十三条　金融机构、非银行支付机构应当履行下列防范非法集资的义务：

（一）建立健全内部管理制度，禁止分支机构和员工参与非法集资，防止他人利用其经营场所、销售渠道从事非法集资；

（二）加强对社会公众防范非法集资的宣传教育，在经营场所醒目位置设置警示标识；

（三）依法严格执行大额交易和可疑交易报告制度，对涉嫌非法集资资金异常流动的相关账户进行分析识别，并将有关情况及时报告所在地国务院金融管理部门分支机构、派出机构和处置非法集资牵头部门。

第十四条　行业协会、商会应当加强行业自律管理、自我约束，督促、引导成员积极防范非法集资，不组织、不协助、不参与非法集资。

第十五条　联席会议应当建立中央和地方上下联动的防范非法集资宣传教育工作机制，推动全国范围内防范非法集资宣传教育工作。

地方各级人民政府应当开展常态化的防范非法集资宣传教育工作，充分运用各类媒介或者载体，以法律政策解读、典型案例剖析、投资风险教育等方式，向社会公众宣传非法集资的违法性、危害性及其表现形式等，增强社会公众对非法集资的防范意识和识别能力。

行业主管部门、监管部门以及行业协会、商会应当根据本行业、领域非法集资风险特点，有针对性地开展防范非法集资宣传教育活动。

新闻媒体应当开展防范非法集资公益宣传，并依法对非法集资进行舆论监督。

第十六条　对涉嫌非法集资行为，任何单位和个人有权向处置非法集资牵头部门或者其他有关部门举报。

国家鼓励对涉嫌非法集资行为进行举报。处置非法集资牵头部门以及其他有关部门应当公开举报电话和邮箱等举报方式、在政府网站设置举报专栏，接受举报，及时依法处理，并为举报人保密。

第十七条　居民委员会、村民委员会发现所在区域有涉嫌非法集资行为的，应当向当地人民政府、处置非法集资牵头部门或者其他有关部门报告。

第十八条　处置非法集资牵头部门和行业主管部门、监管部门发现本行政区域或者本行业、领域可能存在非法集资风险的，有权对相关单位和个人进行警示约谈，责令整改。

第三章　处　置

第十九条　对本行政区域内的下列行为，涉嫌非法集资的，处置非法集资牵头部门应当及时组织有关行业主管部门、监管部门以及国务院金融管理部门分支机构、派出机构进行调查认定：

（一）设立互联网企业、投资及投资咨询类企业、各类交易场所或者平台、农民专业合作社、资金互助组织以及其他组织吸收资金；

（二）以发行或者转让股权、债权，募集基金，销售保险产品，或者以从事各类资产管理、虚拟货币、融资租赁业务等名义吸收资金；

（三）在销售商品、提供服务、投资项目等商业活动中，以承诺给付货币、股权、实物等回报的形式吸收资金；

（四）违反法律、行政法规或者国家有关规定，通过大众传播媒介、即时通信工具或者其他方式公开传播吸收资金信息；

（五）其他涉嫌非法集资的行为。

第二十条 对跨行政区域的涉嫌非法集资行为，非法集资人为单位的，由其登记地处置非法集资牵头部门组织调查认定；非法集资人为个人的，由其住所地或者经常居住地处置非法集资牵头部门组织调查认定。非法集资行为发生地、集资资产所在地以及集资参与人所在地处置非法集资牵头部门应当配合调查认定工作。

处置非法集资牵头部门对组织调查认定职责存在争议的，由其共同的上级处置非法集资牵头部门确定；对跨省、自治区、直辖市组织调查认定职责存在争议的，由联席会议确定。

第二十一条 处置非法集资牵头部门组织调查涉嫌非法集资行为，可以采取下列措施：

（一）进入涉嫌非法集资的场所进行调查取证；

（二）询问与被调查事件有关的单位和个人，要求其对有关事项作出说明；

（三）查阅、复制与被调查事件有关的文件、资料、电子数据等，对可能被转移、隐匿或者毁损的文件、资料、电子设备等予以封存；

（四）经处置非法集资牵头部门主要负责人批准，依法查询涉嫌非法集资的有关账户。

调查人员不得少于2人，并应当出示执法证件。

与被调查事件有关的单位和个人应当配合调查，不得拒绝、阻碍。

第二十二条 处置非法集资牵头部门对涉嫌非法集资行为组织调查，有权要求暂停集资行为，通知市场监督管理部门或者其他有关部门暂停为涉嫌非法集资的有关单位办理设立、变更或者注销登记。

第二十三条 经调查认定属于非法集资的，处置非法集资牵头部门应当责令非法集资人、非法集资协助人立即停止有关非法活动；发现涉嫌犯罪的，应当按照规定及时将案件移送公安机关，并配合做好相关工作。

行政机关对非法集资行为的调查认定，不是依法追究刑事责任的必经程序。

第二十四条 根据处置非法集资的需要，处置非法集资牵头部门可以采取下列措施：

（一）查封有关经营场所，查封、扣押有关资产；

（二）责令非法集资人、非法集资协助人追回、变价出售有关资产用于清退集资资金；

（三）经设区的市级以上地方人民政府处置非法集资牵头部门决定，按照规定通知出入境边防检查机关，限制非法集资的个人或者非法集资单位的控股股东、实际控制人、董事、监事、高级管理人员以及其他直接责任人员出境。

采取前款第一项、第二项规定的措施，应当经处置非法集资牵头部门主要负责人批准。

第二十五条　非法集资人、非法集资协助人应当向集资参与人清退集资资金。清退过程应当接受处置非法集资牵头部门监督。

任何单位和个人不得从非法集资中获取经济利益。

因参与非法集资受到的损失，由集资参与人自行承担。

第二十六条　清退集资资金来源包括：

（一）非法集资资金余额；

（二）非法集资资金的收益或者转换的其他资产及其收益；

（三）非法集资人及其股东、实际控制人、董事、监事、高级管理人员和其他相关人员从非法集资中获得的经济利益；

（四）非法集资人隐匿、转移的非法集资资金或者相关资产；

（五）在非法集资中获得的广告费、代言费、代理费、好处费、返点费、佣金、提成等经济利益；

（六）可以作为清退集资资金的其他资产。

第二十七条　为非法集资设立的企业、个体工商户和农民专业合作社，由市场监督管理部门吊销营业执照。为非法集资设立的网站、开发的移动应用程序等互联网应用，由电信主管部门依法予以关闭。

第二十八条　国务院金融管理部门及其分支机构、派出机构，地方人民政府有关部门以及其他有关单位和个人，对处置非法集资工作应当给予支持、配合。

任何单位和个人不得阻挠、妨碍处置非法集资工作。

第二十九条　处置非法集资过程中，有关地方人民政府应当采取有效措施维护社会稳定。

第四章　法律责任

第三十条　对非法集资人，由处置非法集资牵头部门处集资金额20%以上1倍以下的罚款。非法集资人为单位的，还可以根据情节轻重责令停产停业，由有关机关依法吊销许可证、营业执照或者登记证书；对其法定代表人或者主要负责人、直接负责的主管人员和其他直接责任人员给予警告，处50万元以上500万元以下的罚款。构成犯罪的，依法追究刑事责任。

第三十一条　对非法集资协助人，由处置非法集资牵头部门给予警告，处违法所得1倍以上3倍以下的罚款；构成犯罪的，依法追究刑事责任。

第三十二条 非法集资人、非法集资协助人不能同时履行所承担的清退集资资金和缴纳罚款义务时，先清退集资资金。

第三十三条 对依照本条例受到行政处罚的非法集资人、非法集资协助人，由有关部门建立信用记录，按照规定将其信用记录纳入全国信用信息共享平台。

第三十四条 互联网信息服务提供者未履行对涉嫌非法集资信息的防范和处置义务的，由有关主管部门责令改正，给予警告，没收违法所得；拒不改正或者情节严重的，处10万元以上50万元以下的罚款，并可以根据情节轻重责令暂停相关业务、停业整顿、关闭网站、吊销相关业务许可证或者吊销营业执照，对直接负责的主管人员和其他直接责任人员处1万元以上10万元以下的罚款。

广告经营者、广告发布者未按照规定查验相关证明文件、核对广告内容的，由市场监督管理部门责令改正，并依照《中华人民共和国广告法》的规定予以处罚。

第三十五条 金融机构、非银行支付机构未履行防范非法集资义务的，由国务院金融管理部门或者其分支机构、派出机构按照职责分工责令改正，给予警告，没收违法所得；造成严重后果的，处100万元以上500万元以下的罚款，对直接负责的主管人员和其他直接责任人员给予警告，处10万元以上50万元以下的罚款。

第三十六条 与被调查事件有关的单位和个人不配合调查，拒绝提供相关文件、资料、电子数据等或者提供虚假文件、资料、电子数据等的，由处置非法集资牵头部门责令改正，给予警告，处5万元以上50万元以下的罚款。

阻碍调查人员依法执行职务，构成违反治安管理行为的，由公安机关依法给予治安管理处罚；构成犯罪的，依法追究刑事责任。

第三十七条 国家机关工作人员有下列行为之一的，依法给予处分：

（一）明知所主管、监管的单位有涉嫌非法集资行为，未依法及时处理；

（二）未按照规定及时履行对非法集资的防范职责，或者不配合非法集资处置，造成严重后果；

（三）在防范和处置非法集资过程中滥用职权、玩忽职守、徇私舞弊；

（四）通过职务行为或者利用职务影响，支持、包庇、纵容非法集资。

前款规定的行为构成犯罪的，依法追究刑事责任。

第五章　附　则

第三十八条 各省、自治区、直辖市可以根据本条例制定防范和处置非法集资工作实施细则。

第三十九条 未经依法许可或者违反国家金融管理规定，擅自从事发放贷款、支付结算、票据贴现等金融业务活动的，由国务院金融管理部门或者地方金融管理部门按照监督管理职责分工进行处置。

法律、行政法规对其他非法金融业务活动的防范和处置没有明确规定的，参照本条例的有关规定执行。其他非法金融业务活动的具体类型由国务院金融管理部门确定。

第四十条 本条例自 2021 年 5 月 1 日起施行。1998 年 7 月 13 日国务院发布的《非法金融机构和非法金融业务活动取缔办法》同时废止。

参考文献

1. 郭华：《防范和处置非法集资条例解读和适用指南》，中国法制出版社2021年版。
2. 胡启忠等：《非法集资刑法应对的理论与实践研究》，法律出版社2019年版。
3. 最高人民检察院法律政策研究室：《金融犯罪指导性案例实务指引》，中国检察出版社2019年版。
4. 徐海波：《刑事不法内涵在犯罪化立法中的作用研究》，法律出版社2019年版。
5. 裴长利：《非法吸收公众存款罪实证研究》，复旦大学出版社2019年版。
6. 廖斌：《非法集资犯罪防控研究》，中国政法大学2018年版。
7. 徐彰：《刑民交叉视野下的民间借贷问题研究》，法律出版社2018年版。
8. 吴光升：《刑事涉案财物处理程序研究》，法律出版社2018年版。
9. 乔宇：《刑事涉案财物处理程序》，中国法制出版社2017年版。
10. 郭华：《互联网金融犯罪概说》，法律出版社2015年版。
11. 刘鑫：《民间融资犯罪问题研究》，上海人民出版社2015年版。
12. 毛玲玲：《金融犯罪的实证研究——金融领域的刑法规范与司法制度反思》，法律出版社2015年版。
13. 卢忠勤：《非法集资犯罪刑法理论与实践》，上海人民出版社2014年版。
14. 刘宪权：《刑法学研究（第9卷）》，上海人民出版社2012年版。
15. 黄韬：《"金融抑制"与中国金融法治的逻辑》，法律出版社2012年版。
16. 何帆：《刑民交叉案件审理的基本思路》，中国法制出版社2007年版。
17. 白建军：《金融犯罪研究》，法律出版社2000年版。
18. 冯亚东、刘凤科：《非法吸收公众存款罪的本质及立法失误》，载《人民检察》2001年第7期。
19. 彭冰：《非法集资活动的刑法规制》，载《清华法学》2009年第3期。
20. 毛玲玲：《金融犯罪的新态势及刑法应对》，载《法学》2009年第7期。
21. 袁爱华：《民间融资合法化趋势下的非法吸收公众存款罪的立法完善》，载《云南大学学报法学版》2010年第1期。
22. 刘为波：《关于审理非法集资刑事案件具体应用法律若干问题的解释的理解与适用》，载《人民司法—应用》2011年第5期。
23. 刘伟：《论民间高利贷的司法犯罪化的不合理性》，载《法学》2011年第

9期。

24. 谢望原：《非法吸收公众存款罪疑难问题探究》，载《法学评论》2011年第6期。

25. 邱兴隆：《民间高利贷的泛刑法分析》，载《现代法学》2012年第1期。

26. 刘新民：《"非法吸收公众存款罪"去罪论——兼评〈关于审理非法集资刑事案件具体应用法律若干问题的解释〉（法释［2010］18号）第一条》，载《江苏社会科学》2012年第3期。

27. 侯婉颖：《集资诈骗罪中非法占有目的的司法偏执》，载《法学》2012年第3期。

28. 刘宪权：《刑法严惩非法集资行为之反思》，载《法商研究》2012年第4期。

29. 李有星、范俊浩：《论非法集资概念的逻辑演进及展望》，载《社会科学》2012年第10期。

30. "涉众型经济犯罪问题研究"课题组：《非法吸收公众存款罪构成要件的解释与认定》，载《政治与法律》2012年第11期。

31. 林越坚：《非法集资与民间借贷的刑民界分》，载《财经科学》2013年第1期。

32. 孙海泉等：《非法集资若干疑难问题研究》，载《黑龙江省政法干部管理学院学报》2013年第1期。

33. 陈家林、薛丰民：《非法集资犯罪若个问题研究——以〈最高人民法院关于审理非法集资刑事案件具体应用法律若干问题的解释〉为切入点》，载《河南财经政法大学学报》2013年第5期。

34. 孙琳、王琳：《非法集资犯罪"不特定公众"的司法认定》，载《犯罪研究》2013年第5期。

35. 王韬、李孟娣：《论非法吸收公众存款罪》，载《河北法学》2013年第6期。

36. 张洪成：《非法集资行为违法性的本质及其诠释意义的展开》，载《法治研究》2013年第8期。

37. 徐振华、范莉：《判前未控违法所得处理方式研究——以涉及侵犯被害人财物的刑事案件为视角》，载《法律适用》2013年第10期。

38. 林越坚等：《非法集资与民间借贷的界限与刑民处分研究》，载《西南政法大学学报》2014年第3期。

39. 赵星、张晓：《论废除非法吸收公众存款罪》，载《河北学刊》2014年第5期。

40. 王荣芳：《合法私募与非法集资的界定标准》，载《政法论坛》2014年第6期。

41. 何小勇：《银行举报储户金融诈骗的相关法律问题探讨——以公安机关查处非法集资案件为视角》，载《上海政法学院学报》2015年第1期。

42. 韩永安：《非法集资类案件清偿程序中的利息处理问题研究》，载《西部法

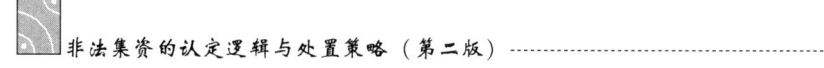

学》2015 年第 1 期。

43. 李蕴:《非法集资的界定与集资犯罪的认定——兼评非法集资的司法解释（法释［2010］18 号）》，载《东方法学》2015 年第 3 期。

44. 范淼:《逻辑进路下非法集资犯罪的立法梳理与检视》，载《山东警察学院学报》2015 年第 5 期。

45. 陈醇:《非法集资刑事案件涉案财产处置程序的商法之维》，载《法学研究》2015 年第 5 期。

46. 司伟攀:《非法集资犯罪若干问题研究》，载《法律适用》2017 年第 9 期。

47. 时方:《非法集资犯罪中的被害人认定——兼论刑法对金融投机者的保护界限》，载《政治与法律》2017 年第 11 期。

48. 黄芳:《非法集资定罪困局之解析》，载《法律适用（司法案例）》2018 年第 24 期。

49. 芦磊:《关于非法集资案件涉案资产处置机制研究》，载《人民司法》2019 年第 13 期。

50. 汪明亮、唐韵:《非法集资案件审理中的被害人过错因素》，载《法律适用》2020 年第 11 期。

51. 郭华:《非法集资犯罪的司法扩张与刑法修正案的省察——基于《刑法修正案（十一）草案》对非法吸收公众存款罪、集资诈骗罪修改的展开》，载《法治研究》2020 年第 6 期。

52. 江苏南京市法院刑二庭课题组:"非法集资刑事案件中刑民交叉问题研究"，http：//www. njfy. gov. cn/www/njfy/xwzx5_mb_a39150311100895. htm。

53. 临安法院课题组:《集资类刑民交叉案件审理的难点与对策——以临安法院的实践为样本》，http：//hz. city8. com/life/9/AaTwHX9omwZaJ6e. html。

54. 王新达:《集资诈骗罪司法认定若干问题探讨》，http：//www. jsfy. gov. cn/llyj/xslw/2014/07/07160319665. html。

55. 黄建平、欧阳辉:《浅析集资诈骗罪的认定及几点建议》，http：//www. chinalawedu. com/web/23184/wa201407191528440670923. shtm。